Althammer

Brüssel IIa
Rom III

Brüssel IIa
Rom III

Kommentar
zu den Verordnungen (EG) 2201/2003
und (EU) 1259/2010

Herausgegeben von

Prof. Dr. Christoph Althammer

bearbeitet von
Christoph Althammer, Stefan Arnold, Veronika Gärtner,
Helge Großerichter, Claudia Mayer, Daniel Schäuble,
Madeleine Tolani, Matthias Weller

C.H.BECK

Zitiervorschlag
Althammner/*Weller* Art. 21 Brüssel IIa Rn. 3
Althammner/*Mayer* Art. 5 Rom III Rn. 12

www.beck.de

ISBN 978 3 406 65819 8

© 2014 Verlag C. H. Beck oHG
Wilhelmstraße 9, 80801 München
Druck und Bindung: Beltz Bad Langensalza GmbH
Neustädter Straße 1–4, 99947 Bad Langensalza

Satz: Meta Systems Publishing & Printservices GmbH, Wustermark

Gedruckt auf säurefreiem, alterungsbeständigem Papier
(hergestellt aus chlorfrei gebleichtem Zellstoff)

Vorwort

Die Zahl der in Europa und weltweit geschlossenen „Ehen mit Auslandsberührung" ist in den vergangenen Jahren signifikant gestiegen. Als Kehrseite geht mit dieser Entwicklung auch eine auffällige Zunahme binationaler Ehescheidungsverfahren und internationaler Kindschaftssachen einher, was den großen Stellenwert des internationalen Privat- und Verfahrensrechts in diesen Bereichen vor europäischen Gerichten erklärt.

Die vorliegende Kommentierung beschäftigt sich eingehend und in gegenüberstellender Betrachtungsweise mit den **zwei wichtigsten europäischen Regelwerken,** die der Rechtsanwender zur praktischen Lösung entsprechender Fallgestaltungen zu Rate ziehen muss. Während die **Brüssel IIa-VO** (= Verordnung (EG) Nr. 2201/2003 des Rates vom 27. November 2003) Regelungen zur internationalen Zuständigkeit sowie zur Anerkennung und Vollstreckung von Entscheidungen in Ehesachen sowie Vorschriften für (nicht zwingend in Zusammenhang mit Ehesachen stehende) Verfahren betreffend die elterliche Verantwortung enthält, bestimmt die neu geschaffene **Rom III-VO** (= Verordnung (EU) Nr. 1259/2010 des Rates vom 20.12.2010) in internationalen Fallgestaltungen die für Ehescheidungen und Trennungen ohne Auflösung des Ehebandes anzuwendende materielle Rechtsordnung. Diese erstmals in der Geschichte der Europäischen Union im Rahmen der „Verstärkten Zusammenarbeit" geschaffene Verordnung kann bereits jetzt als Erfolgsmodell bezeichnet werden, das demnächst in mehr als der Hälfte der Mitgliedstaaten gelten wird. In ihrem Beschluss vom 27.1.2014 hat die Europäische Kommission bestätigt, dass nun auch Griechenland als 16. EU-Mitgliedstaat an der Verstärkten Zusammenarbeit teilnimmt und die Rom III-VO ab 29.7.2015 anwenden wird.

Die Rom III-VO bedeutet zwar einen „Quantensprung" für die Vereinheitlichung des internationalen Ehescheidungsrechts (Stärkung der Parteiautonomie, Wechsel zum Aufenthaltsprinzip), enthält aber keine kollisionsrechtlichen Regelungen für Angelegenheiten, welche die elterliche Verantwortung betreffen. Insoweit fehlt es für die in der Brüssel IIa-VO enthaltenen verfahrensrechtlichen Bestimmungen zur elterlichen Verantwortung an einer kollisionsrechtlichen Parallele. Zur Ermittlung des anwendbaren Rechts ist hier vorrangig das KSÜ (Haager Kinderschutzübereinkommen vom 19.10.1996) zu befragen, das für Deutschland am 1.1.2011 in Kraft getreten ist und das MSA (Haager Minderjährigenschutzabkommen vom 5.10.1961) weitgehend verdrängt. Aus diesem Grund ist dem Kommentar ein **Anhang zum IPR der Elterlichen Verantwortung** angefügt, der das einschlägige europäische Kollisionsrecht komplettiert. Da die Durchführung der Brüssel IIa-VO in Deutschland das **IntFamRVG** vom 26.1.2005 regelt, wurde zudem ein (unkommentierter) Abdruck dieses Bundesgesetzes aufgenommen, der die praktische Rechtsanwendung erleichtern soll.

Aufgrund des im Vordergrund stehenden **Sachzusammenhangs zwischen Brüssel IIa-VO und Rom III-VO** und um die Handlichkeit des Werks zu gewährleisten, wurde von einer selbständigen Kommentierung weiterer familienrechtlicher Verordnungen und von Staatsverträgen bewusst abgesehen, deren Einfluss aber mitgedacht, wenn er im Einzelfall thematisch von Bedeutung ist.

Vorwort

Wie in anderen Kommentaren der „gelben Reihe" wurde von den Autorinnen und Autoren, einem Kreis aus jüngeren Wissenschaftlern, Richtern, Rechtsanwälten und Notaren, auf eine den Erfordernissen der Praxis angepasste, inhaltlich prägnante Darstellung Wert gelegt, dieses Anliegen aber zugleich mit wissenschaftlichem Anspruch verwirklicht, was an den umfangreichen Rechtsprechungs- und Literaturnachweisen sichtbar wird. Insbesondere die einschlägigen Judikate des EuGH werden möglichst flächendeckend berücksichtigt. Ein erklärtes Ziel dieses Werkes ist es dabei, auf praktische und wissenschaftliche Streitfragen mit klar formulierten eigenen Standpunkten zu antworten und dem Leser strukturierte Leitlinien an die Hand zu geben. Dabei wurde aber auch im Interesse der Wissenschaftlichkeit den Autoren die Freiheit gelassen, wiederkehrende Einzelprobleme (z. B. die Auslegung des Anknüpfungspunktes des „gewöhnlichen Aufenthalts") voneinander abweichend zu beurteilen, wobei Querverweisungen auf die jeweilige Parallelkommentierung angebracht wurden. Den meisten Vorschriften wurde eine ausführliche Übersicht zum einschlägigen Spezialschrifttum vorangestellt, die dem Leser die Vertiefung erleichtern soll. Rechtsprechungs- und Literaturnachweise sowie etwaige Gesetzesänderungen befinden sich durchgehend auf dem Stand vom 31.1.2014.

Für Korrekturarbeiten und redaktionelle Unterstützung bei der Herstellung des Kommentars danke ich meinen Mitarbeiterinnen Ricarda Lorenz, Victoria Marini und Beatrice Stapf. Für Anregungen zur Verbesserung dieses Werks bin ich jederzeit sehr dankbar.

Freiburg i.Br., im Mai 2014   Christoph Althammer

Inhaltsverzeichnis

Verordnung (EG) Nr. 2201/2003 des Rates vom 27. November 2003 über die Zuständigkeit und die Anerkennung und Vollstreckung von Entscheidungen in Ehesachen und in Verfahren betreffend die elterliche Verantwortung und zur Aufhebung der Verordnung (EG) Nr. 1347/2000

Kapitel I. Anwendungsbereich und Begriffsbestimmung

Kapitel II. Zuständigkeit

Abschnitt 1. Ehescheidung, Trennung ohne Auflösung des Ehebandes und Ungültigerklärung einer Ehe

Abschnitt 2. Elterliche Verantwortung

Abschnitt 3. Gemeinsame Bestimmungen

Inhaltsverzeichnis

Inhaltsverzeichnis

Verordnung (EU) Nr. 1259/2010 des Rates vom 20. Dezember 2010 zur Durchführung einer Verstärkten Zusammenarbeit im Bereich des auf die Ehescheidung und Trennung ohne Auflösung des Ehebandes anzuwendenden Rechts

Inhaltsverzeichnis

Inhaltsverzeichnis

Bearbeiterverzeichnis

Prof. Dr. Christoph Althammer — Direktor des Instituts für Deutsches und Ausländisches Zivilprozessrecht, Abteilung 1, an der Albert-Ludwigs-Universität Freiburg i.B.

PD Dr. Stefan Arnold, LL.M. (Cambridge) — Privatdozent und akademischer Oberrat a. Z. an der Ludwig-Maximilians-Universität München sowie Mitglied des Jungen Kollegs der Bayerischen Akademie der Wissenschaften

Dr. Veronika Gärtner, LL.M. (Aberdeen) — Richterin, z.Zt. Kiel

Prof. Dr. Helge Großerichter — Rechtsanwalt, Honorarprofessor für Internationales Privatrecht und Internationales Zivilprozessrecht an der Ludwig-Maximilians-Universität München

Dr. Claudia Mayer, LL.M. (Chicago) — Akademische Rätin a. Z. an der Universität Passau

Dr. Daniel Schäuble — Richter als Notarvertreter; Notariat II Villingen, Villingen-Schwenningen

Dr. Madeleine Tolani, LL.M. (Golden Gate University) — Akademische Rätin a. Z. an der Albert-Ludwigs-Universität Freiburg i.B., Lehrbeauftragte der Verwaltungs- und Wirtschaftsakademie für den Regierungsbezirk Freiburg und der Steinbeis-Hochschule (SHB) Berlin

Prof. Dr. Matthias Weller, Mag. rer. publ. — Inhaber des Lehrstuhls für Bürgerliches Recht, Zivilverfahrensrecht und Internationales Privatrecht an der EBS Universität für Wirtschaft und Recht, Wiesbaden

Abkürzungsverzeichnis

Abkürzungsverzeichnis

Bsp	Beispiel
BT-Drs	Bundestags-Drucksache
Buchst	Buchstabe
BVerfG	Bundesverfassungsgericht
BVerfGE	Entscheidungen des Bundesverfassungsgerichts
bzgl	bezüglich
bzw	beziehungsweise
ca	circa
Cass	Cour de cassation; Corte di cassazione
Cass Bull Civ	Bulletin des arrest de la Cour de Cassation en matière civile
Cass civ	Cour de cassation, chambre civile
CC	Code civil (Frankreich); Codice civile (Italien); Código civil (Spanien/Portugal)
Ch	Chapter
CIEC	Commission Internationale de l'Etat civil
ders	derselbe
deutschspr	deutschsprachig
dh	das heißt
dies	dieselbe
Diss	Dissertation
DJ	Deutsche Justiz (Zeitschrift)
dt	deutscher/deutsche/deutsches
EG	Europäische Gemeinschaft
EGBGB	Einführungsgesetz zum Bürgerlichen Gesetzbuch
EGMR	Europäischer Gerichtshof für Menschenrechte
EGV	Vertrag zur Gründung der Europäischen Gemeinschaft
EheVO 2000	Brüssel II-VO Verordnung
Einl	Einleitung
EJN	Europäisches Justizielle Netz
EMRK	Europäische Konvention zum Schutz der Menschenrechte und Grundfreiheiten v 4.11.1950
ESÜ	Haager Übereinkommen über den internationalen Schutz von Erwachsenen v. 13.1.2000
EU	Europäische Union
EuBagatellVO	Verordnung (EG) Nr. 861/2007 zur Einführung eines europäischen Verfahrens für geringfügige Forderungen v 11. Juli 2007f
EuEheVO	s Brüssel IIa-VO
EuErbVO	Verordnung (EU) Nr. 650/2012 über die Zuständigkeit, das anzuwendende Recht, die Anerkennung und Vollstreckung von Entscheidungen und die Annahme und Vollstreckung öffentlicher Urkunden in Erbsachen sowie zur Einführung eines Europäischen Nachlasszeugnisses v 4.7.2012
EuGH	Gerichtshof der Europäischen Gemeinschaften
EuGVÜ	Brüsseler EWG-Übereinkommen über die gerichtliche Zuständigkeit und die Vollstreckung gerichtlicher Entscheidungen in Zivil- und Handelssachen v 27.9.1968
EuGVVO	s Brüssel I-VO
EuLF	The European Legal Forum
EuMahnVO	Verordnung (EG) Nr. 1896/2006 des Europäischen Parlaments und des Rates vom 12. Dezember 2006 zur Einführung eines Europäischen Mahnverfahrens

EuUnterhVO ..... Verordnung (EG) Nr 4/2009 über die Zuständigkeit, das anwendbare Recht, die Anerkennung und Vollstreckung von Entscheidungen und die Zusammenarbeit in Unterhaltssachen v 18.12.2008
EUV .... Vertrag über die Europäische Union v 7.2.1992 idF des Vertrages von Lissabon v 13.12.2007
EuVTVO .... Verordnung (EG) Nr 805/2004 zur Einführung eines europäischen Vollstreckungstitels für unbestrittene Forderungen v 21.4.2004
EuZVO .... Verordnung (EG) Nr 1393/2007 über die Zustellung gerichtlicher und außergerichtlicher Schriftstücke in Zivil- oder Handelssachen in den Mitgliedstaaten v 13.11.2007
EuZVO 2000 ..... Verordnung (EG) Nr 1348/2000 über die Zustellung gerichtlicher und außergerichtlicher Schriftstücke in Zivil- oder Handelssachen v 29.5.2000
EuZW .... Europäische Zeitschrift für Wirtschaftsrecht
evtl .... eventuell
EWG .... Europäische Wirtschaftsgemeinschaft
EWR .... Europäischer Wirtschaftsraum

f .... folgende
FamFG .... Gesetz über das Verfahren in Familiensachen und in den Angelegenheiten der freiwilligen Gerichtsbarkeit v 17.12.2008
FamFR .... Familienrecht und Familienverfahrensrecht
FamG .... Familiengericht
Fam.Law .... Family Law (Zeitschrift/Großbritannien)
FamRÄndG .... Familienrechtsänderungsgesetz v 11.8.1961
FamRB .... Der Familienrechtsberater
FamRBint .... Der Familienrechtsberater International (Zeitschrift)
FamRZ .... Zeitschrift für das gesamte Familienrecht
ff .... fortfolgende
FGG .... Gesetz über die Angelegenheiten der freiwilligen Gerichtsbarkeit
Fn .... Fußnote
FPR .... Familie, Partnerschaft, Recht
frz .... französisch
FS .... Festschrift
FuR .... Familie und Recht

G .... Gesetz
gem .... gemäß
GewSchG .... Gesetz zur Verbesserung des zivilrechtlichen Schutzes vor Gewalttaten und Nachstellungen sowie zur Erleichterung der Überlassung der Ehewohnung bei Trennung v 11.12.2001
GG .... Grundgesetz für die Bundesrepublik Deutschland v 23.5.1949
ggf .... gegebenenfalls
GKG .... Gerichtskostengesetz v 5.5.2004
GPR .... Zeitschrift für Gemeinschaftsprivatrecht
grds .... grundsätzlich
GRUR-RR .... Gewerblicher Rechtsschutz und Urheberrecht, Rechtsprechungsreport
GVG .... Gerichtsverfassungsgesetz

Hk-FamR .... Handkommentar zum Familienrecht
HKÜ .... Haager Übk über die zivilrechtlichen Aspekte internationale Kindesentführung v 25.10.1980
hM .... herrschende Meinung

Abkürzungsverzeichnis

MSA	Haager Übk über die Zuständigkeit und das anzuwendende Recht auf dem Gebiet des Schutzes von Minderjährigen v 5.10.1961
MüKoBGB	Münchener Kommentar zum BGB
MüKoZPO	Münchener Kommentar zur ZPO
mwN	mit weiteren Nachweisen
mWv	mit Wirkung vom
Nachw	Nachweis(e)
nF	neue Fassung
NIPR	Netherlands International Privaatrecht (Zeitschrift/Niederlande)
NJOZ	Neue Online-Zeitschrift
NJW	Neue Juristische Wochenschrift
NJWE-FER	NJW−Entscheidungsreport Familien und Erbrecht
NJW-RR	Neue Juristische Wochenschrift, Rechtsprechungsreport
NJW-Spezial	NJW Spezial (Zeitschrift)
NK-BGB	Nomos-Kommentar zum BGB
Nr	Nummer
NZFam	Neue Zeitschrift für Familienrecht
Oä	oder Ähnliches
OGH	Oberster Gerichtshof
ÖJZ	Österreichische Juristen-Zeitung
OLG	Oberlandesgericht
OLGR	OLG-Report, Zivilrechtsprechung der Oberlandesgerichte
österr	österreichisch
port	portugiesisch
PStG	Personenstandsgesetz v 19.2.2007
RabelsZ	Zeitschrift für ausländisches und internationales Privatrecht
Rb	Rechtbank
Rev.crit. DIP	Revue critique de droit international privé
Rev.trim.dr.fam	Revue trimestrielle de droit familial
RGBl	Reichsgesetzblatt
RGZ	Entscheidungen des Reichsgerichts in Zivilsachen
Riv.dir.int.priv.proc.	Rivista di diritto internazionale privato e processuale
RIW	Recht der internationalen Wirtschaft (Zeitschrift)
Rn.	Randnummer
Rom I-VO	Verordnung (EG) Nr 593/2008 über das auf vertragliche Schuldverhältnisse anzuwendende Recht v 17.6.2008
Rom II-VO	Verordnung (EG) Nr 864/2007 des Europäischen Parlaments und des Rates über das auf außervertragliche Schuldverhältnisse anzuwendende Recht v 11.7.2007
Rom III-VO	Verordnung (EU) Nr 1259/2010 des Rates zur Durchführung einer Verstärkten Zusammenarbeit im Bereich des auf die Ehescheidung und Trennung ohne Auflösung des Ehebandes anzuwendenden Rechts v 20.12.2010
Rs	Rechtssache
Rspr	Rechtsprechung
S	Satz, Seite
s.	siehe, section
sa	siehe auch
SGB	Sozialgesetzbuch
Slg	Sammlung der Rechtsprechung des Gerichtshofs der Europäischen Gemeinschaften (nunmehr: der Europäischen Union)

Abkürzungsverzeichnis

sog	sogenannte
span	spanisch
st	ständige
str	streitig
StAZ	Das Standesamt
Trib	Tribunal, Tribunale
ua	und andere(s); unter anderem
UAbs	Unterabsatz
UN	Vereinte Nationen
Urt	Urteil
usw	und so weiter
uU	unter Umständen
v	von; vom
va	vor allem
vAw	von Amts wegen
Vgl	Vergleiche
VO	Verordnung
Vorbem	Vorbemerkung
weit	Weiteren
YbPIL	Yearbook of Private International Law
z	zum
zahlr	zahlreich
zB	zum Beispiel
ZEuP	Zeitschrift für Europäisches Privatrecht
ZEV	Zeitschrift für Erbrecht und Vermögensnachfolge
ZfRV	Zeitschrift für Rechtsvergleichung (Österreich)
ZGB	Zivilgesetzbuch (DDR; Schweiz)
Ziff	Ziffer
zit	zitiert
ZKJ	Zeitschrift für Kinder- und Jugendrecht
ZNotP	Zeitschrift für die Notar-Praxis
ZPO	Zivilprozessordnung idF v 12.9.1950
zT	zum Teil
zust	zustimmend
zutr	zutreffend
ZZPInt	Zeitschrift für Zivilprozess International

Allgemeines Literaturverzeichnis

Bamberger/Roth (Hrsg.) ...... Beck'scher Online-Kommentar zum BGB, Stand: 2014

Bassenge/Roth (Hrsg.) .... FamFG/RpflG, 12. Aufl., 2009

Erman .... Handkommentar zum BGB, Band 2, 13. Aufl, 2011

Gebauer/Wiedmann (Hrsg.) .. Zivilrecht unter europäischem Einfluss, 2. Aufl, 2010

Geimer/Schütze (Hrsg.) ...... Europäisches Zivilverfahrensrecht, 3. Aufl, 2010

dies (Hrsg.) .... Internationaler Rechtsverkehr in Zivil- und Handelssachen, Loseblatt, Stand: Januar 2014

Handkommentar .... zum Familienrecht (Hrsg.: *Schulz/Hauß*), 2. Aufl, 2011

Hausmann .... Internationales und europäisches Ehescheidungsrecht, 1. Aufl., 2013

Jayme/Hausmann .... Internationales Privat- und Verfahrensrecht, 16. Aufl., 2012

Kropholler .... Internationales Privatrecht, 6. Aufl., 2006

Kropholler/von Hein .... Europäisches Zivilprozessrecht, 9. Aufl., 2011

Münchener Kommentar .... zum BGB (Hrsg.: *Säcker/Rixecker*), Band 10, 5. Aufl., 2010

Münchener Kommentar .... zum FamFG (Hrsg.: *Rauscher*), 2. Aufl., 2013

Münchener Kommentar .... zur ZPO (Hrsg.: *Rauscher*), Band 3, 4. Aufl., 2013

Musielak/Borth (Hrsg.) .... Familiengerichtliches Verfahren, 4. Aufl., 2013

Nomos-Kommentar .... zum BGB, Band 1 (Hrsg.: *Heidel/Hüßtege/Mansel/Noack*), 2. Aufl., 2011

Nomos-Kommentar .... zum BGB, Band 6 (Hrsg.: *Hüßtege/Mansel*), 1. Aufl., 2013

Palandt .... BGB, 73. Aufl., 2014

Prütting/Gehrlein (Hrsg.) ..... ZPO, 6. Aufl., 2014

Prütting/Helms (Hrsg.) .... FamFG, 3. Aufl., 2013

Rauscher (Hrsg.) .... Europäisches Zivilprozess- und Kollisionsrecht, 4 Bände, 2010–2011

Saenger (Hrsg.) .... Handkommentar zur ZPO, 5. Aufl., 2013

Staudinger/Hausmann .... Art. 3–6 EGBGB, Neubearbeitung 2013

Staudinger/Mankowski .... Art. 13–17 EGBGB, Neubearbeitung 2011

Staudinger/Pirrung .... Internationales Kindschaftsrecht, Neubearbeitung 2009

Staudinger/Spellenberg .... IntVerfREhe, Neubearbeitung 2005

Thomas/Putzo (Hrsg) .... ZPO, 35. Aufl., 2014

Zöller (Hrsg) .... ZPO, 30. Aufl., 2014

VERORDNUNG (EG) Nr. 2201/2003 DES RATES vom 27. November 2003 über die Zuständigkeit und die Anerkennung und Vollstreckung von Entscheidungen in Ehesachen und in Verfahren betreffend die elterliche Verantwortung und zur Aufhebung der Verordnung (EG) Nr. 1347/2000

(ABl. EU Nr. L 338 vom 23.12.2003, S. 1, zuletzt geändert durch Verordnung (EG) Nr. 2116/2004 vom 2.12.2004, ABl. EU Nr. L 367 vom 14.12.2004, S. 1)

DER RAT DER EUROPÄISCHEN UNION –[*]
gestützt auf den Vertrag zur Gründung der Europäischen Gemeinschaft, insbesondere auf Artikel 61 Buchstabe c) und Artikel 67 Absatz 1,
auf Vorschlag der Kommission,[1]
nach Stellungnahme des Europäischen Parlaments,[2]
nach Stellungnahme des Wirtschafts- und Sozialausschusses,[3]
in Erwägung nachstehender Gründe:

(1) Die Europäische Gemeinschaft hat sich die Schaffung eines Raums der Freiheit, der Sicherheit und des Rechts zum Ziel gesetzt, in dem der freie Personenverkehr gewährleistet ist. Hierzu erlässt die Gemeinschaft unter anderem die Maßnahmen, die im Bereich der justiziellen Zusammenarbeit in Zivilsachen für das reibungslose Funktionieren des Binnenmarkts erforderlich sind.

(2) Auf seiner Tagung in Tampere hat der Europäische Rat den Grundsatz der gegenseitigen Anerkennung gerichtlicher Entscheidungen, der für die Schaffung eines echten europäischen Rechtsraums unabdingbar ist, anerkannt und die Besuchsrechte als Priorität eingestuft.

(3) Die Verordnung (EG) Nr. 1347/2000 des Rates vom 29. Mai 2000[4] enthält Vorschriften für die Zuständigkeit und die Anerkennung und Vollstreckung von Entscheidungen in Ehesachen sowie von aus Anlass von Ehesachen ergangenen Entscheidungen über die elterliche Verantwortung für die gemeinsamen Kinder der Ehegatten. Der Inhalt dieser Verordnung wurde weitgehend aus dem diesbezüglichen Übereinkommen vom 28. Mai 1998 übernommen.[5]

(4) Am 3. Juli 2000 hat Frankreich eine Initiative im Hinblick auf den Erlass einer Verordnung des Rates über die gegenseitige Vollstreckung von Entscheidungen über das Umgangsrecht vorgelegt.[6]

---

[*] Die bei den Erwägungsgründen wiedergegebenen Fußnoten sind Bestandteil des amtlichen Textes. Etwaige Ergänzungen werden in kursiver Schreibweise wiedergegeben.

[1] ABl. C 203 E vom 27.8.2002, S. 155.

[2] Stellungnahme vom 20. September 2002 (noch nicht im Amtsblatt veröffentlicht); [*aktualisierter Hinweis: Stellungnahme vom 20. November 2002 (ABl. C 25 E vom 29.1.2004, S. 171)*].

[3] ABl. C 61 vom 14.3.2003, S. 76.

[4] ABl. L 160 vom 30.6.2000, S. 19.

[5] Bei der Annahme der Verordnung (EG) Nr. 1347/2000 hatte der Rat den von Frau Professorin Alegria Borras erstellten erläuternden Bericht zu dem Übereinkommen zur Kenntnis genommen (ABl. C 221 vom 16.7.1998, S. 27).

[6] ABl. C 234 vom 15.8.2000, S. 7.

(5) Um die Gleichbehandlung aller Kinder sicherzustellen, gilt diese Verordnung für alle Entscheidungen über die elterliche Verantwortung, einschließlich der Maßnahmen zum Schutz des Kindes, ohne Rücksicht darauf, ob eine Verbindung zu einem Verfahren in Ehesachen besteht.

(6) Da die Vorschriften über die elterliche Verantwortung häufig in Ehesachen herangezogen werden, empfiehlt es sich, Ehesachen und die elterliche Verantwortung in einem einzigen Rechtsakt zu regeln.

(7) Diese Verordnung gilt für Zivilsachen, unabhängig von der Art der Gerichtsbarkeit.

(8) Bezüglich Entscheidungen über die Ehescheidung, die Trennung ohne Auflösung des Ehebandes oder die Ungültigerklärung einer Ehe sollte diese Verordnung nur für die Auflösung einer Ehe und nicht für Fragen wie die Scheidungsgründe, das Ehegüterrecht oder sonstige mögliche Nebenaspekte gelten.

(9) Bezüglich des Vermögens des Kindes sollte diese Verordnung nur für Maßnahmen zum Schutz des Kindes gelten, das heißt i) für die Bestimmung und den Aufgabenbereich einer Person oder Stelle, die damit betraut ist, das Vermögen des Kindes zu verwalten, das Kind zu vertreten und ihm beizustehen, und ii) für Maßnahmen bezüglich der Verwaltung und Erhaltung des Vermögens des Kindes oder der Verfügung darüber. In diesem Zusammenhang sollte diese Verordnung beispielsweise für die Fälle gelten, in denen die Eltern über die Verwaltung des Vermögens des Kindes im Streit liegen. Das Vermögen des Kindes betreffende Maßnahmen, die nicht den Schutz des Kindes betreffen, sollten weiterhin unter die Verordnung (EG) Nr. 44/2001 des Rates vom 22. Dezember 2000 über die gerichtliche Zuständigkeit und die Anerkennung und Vollstreckung von Entscheidungen in Zivil- und Handelssachen[7] fallen.

(10) Diese Verordnung soll weder für Bereiche wie die soziale Sicherheit oder Maßnahmen allgemeiner Art des öffentlichen Rechts in Angelegenheiten der Erziehung und Gesundheit noch für Entscheidungen über Asylrecht und Einwanderung gelten. Außerdem gilt sie weder für die Feststellung des Eltern-Kind-Verhältnisses, bei der es sich um eine von der Übertragung der elterlichen Verantwortung gesonderte Frage handelt, noch für sonstige Fragen im Zusammenhang mit dem Personenstand. Sie gilt ferner nicht für Maßnahmen, die im Anschluss an von Kindern begangenen Straftaten ergriffen werden.

(11) Unterhaltspflichten sind vom Anwendungsbereich dieser Verordnung ausgenommen, da sie bereits durch die Verordnung (EG) Nr. 44/2001 geregelt werden. Die nach dieser Verordnung zuständigen Gerichte werden in Anwendung des Artikels 5 Absatz 2 der Verordnung (EG) Nr. 44/2001 in der Regel für Entscheidungen in Unterhaltssachen zuständig sein.

(12) Die in dieser Verordnung für die elterliche Verantwortung festgelegten Zuständigkeitsvorschriften wurden dem Wohle des Kindes entsprechend und insbesondere nach dem Kriterium der räumlichen Nähe ausgestaltet. Die Zuständigkeit sollte vorzugsweise dem Mitgliedstaat des gewöhnlichen Aufenthalts des Kindes vorbehalten sein außer in bestimmten Fällen, in denen sich der Aufenthaltsort des Kindes geändert hat oder in denen die Träger der elterlichen Verantwortung etwas anderes vereinbart haben.

---

[7] ABl. L 12 vom 16.1.2001, S. 1. Zuletzt geändert durch die Verordnung (EG) Nr. 1496/2002 der Kommission (ABl. L 225 vom 22.8.2002, S. 13).

(13) Nach dieser Verordnung kann das zuständige Gericht den Fall im Interesse des Kindes ausnahmsweise und unter bestimmten Umständen an das Gericht eines anderen Mitgliedstaats verweisen, wenn dieses den Fall besser beurteilen kann. Allerdings sollte das später angerufene Gericht nicht befugt sein, die Sache an ein drittes Gericht weiterzuverweisen.

(14) Die Anwendung des Völkerrechts im Bereich diplomatischer Immunitäten sollte durch die Wirkungen dieser Verordnung nicht berührt werden. Kann das nach dieser Verordnung zuständige Gericht seine Zuständigkeit aufgrund einer diplomatischen Immunität nach dem Völkerrecht nicht wahrnehmen, so sollte die Zuständigkeit in dem Mitgliedstaat, in dem die betreffende Person keine Immunität genießt, nach den Rechtsvorschriften dieses Staates bestimmt werden.

(15) Für die Zustellung von Schriftstücken in Verfahren, die auf der Grundlage der vorliegenden Verordnung eingeleitet wurden, gilt die Verordnung (EG) Nr. 1348/2000 des Rates vom 29. Mai 2000 über die Zustellung gerichtlicher und außergerichtlicher Schriftstücke in Zivil- oder Handelssachen in den Mitgliedstaaten.[8]

(16) Die vorliegende Verordnung hindert die Gerichte eines Mitgliedstaats nicht daran, in dringenden Fällen einstweilige Maßnahmen einschließlich Schutzmaßnahmen in Bezug auf Personen oder Vermögensgegenstände, die sich in diesem Staat befinden, anzuordnen.

(17) Bei widerrechtlichem Verbringen oder Zurückhalten eines Kindes sollte dessen Rückgabe unverzüglich erwirkt werden; zu diesem Zweck sollte das Haager Übereinkommen vom 24. Oktober 1980, das durch die Bestimmungen dieser Verordnung und insbesondere des Artikels 11 ergänzt wird, weiterhin Anwendung finden. Die Gerichte des Mitgliedstaats, in den das Kind widerrechtlich verbracht wurde oder in dem es widerrechtlich zurückgehalten wird, sollten dessen Rückgabe in besonderen, ordnungsgemäß begründeten Fällen ablehnen können. Jedoch sollte eine solche Entscheidung durch eine spätere Entscheidung des Gerichts des Mitgliedstaats ersetzt werden können, in dem das Kind vor dem widerrechtlichen Verbringen oder Zurückhalten seinen gewöhnlichen Aufenthalt hatte. Sollte in dieser Entscheidung die Rückgabe des Kindes angeordnet werden, so sollte die Rückgabe erfolgen, ohne dass es in dem Mitgliedstaat, in den das Kind widerrechtlich verbracht wurde, eines besonderen Verfahrens zur Anerkennung und Vollstreckung dieser Entscheidung bedarf.

(18) Entscheidet das Gericht gemäß Artikel 13 des Haager Übereinkommens von 1980, die Rückgabe abzulehnen, so sollte es das zuständige Gericht oder die Zentrale Behörde des Mitgliedstaats, in dem das Kind vor dem widerrechtlichen Verbringen oder Zurückhalten seinen gewöhnlichen Aufenthalt hatte, hiervon unterrichten. Wurde dieses Gericht noch nicht angerufen, so sollte dieses oder die Zentrale Behörde die Parteien entsprechend unterrichten. Diese Verpflichtung sollte die Zentrale Behörde nicht daran hindern, auch die betroffenen Behörden nach nationalem Recht zu unterrichten.

(19) Die Anhörung des Kindes spielt bei der Anwendung dieser Verordnung eine wichtige Rolle, wobei diese jedoch nicht zum Ziel hat, die diesbezüglich geltenden nationalen Verfahren zu ändern.

---

[8] ABl. L 160 vom 30.6.2000, S. 37; [*Diese Verordnung wurde mit Wirkung vom 13.11.2008 durch die Verordnung (EG) Nr. 1393/2007 vom 13.11.2007 ersetzt*].

(20) Die Anhörung eines Kindes in einem anderen Mitgliedstaat kann nach den Modalitäten der Verordnung (EG) Nr. 1206/2001 des Rates vom 28. Mai 2001 über die Zusammenarbeit zwischen den Gerichten der Mitgliedstaaten auf dem Gebiet der Beweisaufnahme in Zivil- oder Handelssachen[9] erfolgen.

(21) Die Anerkennung und Vollstreckung der in einem Mitgliedstaat ergangenen Entscheidungen sollten auf dem Grundsatz des gegenseitigen Vertrauens beruhen und die Gründe für die Nichtanerkennung auf das notwendige Minimum beschränkt sein.

(22) Zum Zwecke der Anwendung der Anerkennungs- und Vollstreckungsregeln sollten die in einem Mitgliedstaat vollstreckbaren öffentlichen Urkunden und Vereinbarungen zwischen den Parteien „Entscheidungen" gleichgestellt werden.

(23) Der Europäische Rat von Tampere hat in seinen Schlussfolgerungen (Nummer 34) die Ansicht vertreten, dass Entscheidungen in familienrechtlichen Verfahren „automatisch unionsweit anerkannt" werden sollten, „ohne dass es irgendwelche Zwischenverfahren oder Gründe für die Verweigerung der Vollstreckung geben" sollte. Deshalb sollten Entscheidungen über das Umgangsrecht und über die Rückgabe des Kindes, für die im Ursprungsmitgliedstaat nach Maßgabe dieser Verordnung eine Bescheinigung ausgestellt wurde, in allen anderen Mitgliedstaaten anerkannt und vollstreckt werden, ohne dass es eines weiteren Verfahrens bedarf. Die Modalitäten der Vollstreckung dieser Entscheidungen unterliegen weiterhin dem nationalen Recht.

(24) Gegen die Bescheinigung, die ausgestellt wird, um die Vollstreckung der Entscheidung zu erleichtern, sollte kein Rechtsbehelf möglich sein. Sie sollte nur Gegenstand einer Klage auf Berichtigung sein, wenn ein materieller Fehler vorliegt, d.h., wenn in der Bescheinigung der Inhalt der Entscheidung nicht korrekt wiedergegeben ist.

(25) Die Zentralen Behörden sollten sowohl allgemein als auch in besonderen Fällen, einschließlich zur Förderung der gütlichen Beilegung von die elterliche Verantwortung betreffenden Familienstreitigkeiten, zusammenarbeiten. Zu diesem Zweck beteiligen sich die Zentralen Behörden an dem Europäischen Justiziellen Netz für Zivil- und Handelssachen, das mit der Entscheidung des Rates vom 28. Mai 2001 zur Einrichtung eines Europäischen Justiziellen Netzes für Zivil- und Handelssachen[10] eingerichtet wurde.

(26) Die Kommission sollte die von den Mitgliedstaaten übermittelten Listen mit den zuständigen Gerichten und den Rechtsbehelfen veröffentlichen und aktualisieren.

(27) Die zur Durchführung dieser Verordnung erforderlichen Maßnahmen sollten gemäß dem Beschluss 1999/468/EG des Rates vom 28. Juni 1999 zur Festlegung der Modalitäten für die Ausübung der der Kommission übertragenen Durchführungsbefugnisse[11] erlassen werden.

(28) Diese Verordnung tritt an die Stelle der Verordnung (EG) Nr. 1347/2000, die somit aufgehoben wird.

(29) Um eine ordnungsgemäße Anwendung dieser Verordnung sicherzustellen, sollte die Kommission deren Durchführung prüfen und gegebenenfalls die notwendigen Änderungen vorschlagen.

[9] ABl. L 174 vom 27.6.2001, S. 1.
[10] ABl. L 174 vom 27.6.2001, S. 25.
[11] ABl. L 184 vom 17.7.1999, S. 23.

(30) Gemäß Artikel 3 des dem Vertrag über die Europäische Union und dem Vertrag zur Gründung der Europäischen Gemeinschaft beigefügten Protokolls über die Position des Vereinigten Königreichs und Irlands haben diese Mitgliedstaaten mitgeteilt, dass sie sich an der Annahme und Anwendung dieser Verordnung beteiligen möchten.

(31) Gemäß den Artikeln 1 und 2 des dem Vertrag über die Europäische Union und dem Vertrag zur Gründung der Europäischen Gemeinschaft beigefügten Protokolls über die Position Dänemarks beteiligt sich Dänemark nicht an der Annahme dieser Verordnung, die für Dänemark nicht bindend oder anwendbar ist.

(32) Da die Ziele dieser Verordnung auf Ebene der Mitgliedstaaten nicht ausreichend erreicht werden können und daher besser auf Gemeinschaftsebene zu erreichen sind, kann die Gemeinschaft im Einklang mit dem in Artikel 5 des Vertrags niedergelegten Subsidiaritätsprinzip tätig werden. Entsprechend dem in demselben Artikel genannten Verhältnismäßigkeitsprinzip geht diese Verordnung nicht über das für die Erreichung dieser Ziele erforderliche Maß hinaus.

(33) Diese Verordnung steht im Einklang mit den Grundrechten und Grundsätzen, die mit der Charta der Grundrechte der Europäischen Union anerkannt wurden. Sie zielt insbesondere darauf ab, die Wahrung der Grundrechte des Kindes im Sinne des Artikels 24 der Grundrechtscharta der Europäischen Union zu gewährleisten –

HAT FOLGENDE VERORDNUNG ERLASSEN:

Vorbemerkungen

Literatur: *Andrae,* Zur Abgrenzung des räumlichen Anwendungsbereichs von EheVO, MSA, KSÜ und autonomem IZPR/IPR, IPRax 2006, 82; *Andrae/Schreiber,* Zum Ausschluss der Restzuständigkeit nach Art. 7 EuEheVO über Art. 6 EuEheVO, IPRax 2010, 79; *Boele-Woelki/González-Beilfuss* (Hrsg.), Brussels II bis – Its Impact and Application in the Member States, 2007; *Bonomi,* Le divorce en droit communautaire entre règles de droit international privé et objectifs de droit matériel, in: Epiney/Haag/Heinemann (Hrsg.), Die Herausforderung von Grenzen, FS Bieber, 2007, S. 771; *Borrás,* From Brussels II to Brussels II bis and further, in: Boele-Woelki/González-Beilfuss (Hrsg.), Brussels II bis – Its Impact and Application in the Member States, 2007, S. 3; *Busch/Rölke,* Europäisches Kinderschutzrecht mit offenen Fragen – Die neue EU-Verordnung Brüssel IIa zur elterlichen Verantwortung aus der Sicht der Jugendhilfe, FamRZ 2004, 1338; *Coester-Waltjen,* Die Berücksichtigung des Kindesinteressen in der neuen EU-Verordnung „Brüssel IIa", FamRZ 2005, 241; *Dilger,* Die Regelungen zur internationalen Zuständigkeit in Ehesachen in der Verordnung (EG) Nr. 2201/2003, 2004; *Dörner,* Internationale Scheidungszuständigkeit und Anerkennung von Scheidungsurteilen nach der EG-Verordnung Nr. 2201/2003, in: Großfeld/Yamauchi/Ehlers/Ishikawa (Hrsg.), Probleme des deutschen, europäischen und japanischen Rechts, 2006, S. 17; *Dötsch,* Internationale Zuständigkeit in Familiensachen, NJW-Spezial 2005, 247; *Finger,* VO Nr. 2201/2003 des Rates der EU (Brüssel IIa) – ein erster Überblick, FamRB 2004, 234; *ders.,* Internationale gerichtliche Zuständigkeiten in kindschaftsrechtlichen Streitverfahren nach Brüssel IIa – ein Überblick mit Beispielen, FamRBint 2005, 13; *ders.,* Internationale Zuständigkeiten nach der Brüssel IIa-VO – Eine Übersicht anhand von Fallbeispielen, FamRBint 2008, 90; *ders.,* Haager Abkommen über die zivilrechtlichen Aspekte internationaler Kindesentführung, FamFR

2012, 316; *Gärtner,* Die Privatscheidung im deutschen und gemeinschaftsrechtlichen Internationalen Privat- und Verfahrensrecht, 2008; *Garber,* Zum Begriff der Ehe iSd Art. 1 Abs. 1 lit. a EuEheKindVO, FS Simotta, 2012, S. 145; *P. Gottwald,* Probleme der Vereinheitlichung des Internationalen Familienverfahrensrechts ohne gleichzeitige Kollisionsrechtsvereinheitlichung, in: Freitag/Leible/Sippel/Wanitzek (Hrsg.), Internationales Familienrecht für das 21. Jahrhundert – Symposium zum 65. Geburtstag von Ulrich Spellenberg, 2006, S. 55; *ders.,* Scheidungen im neuen „Raum der Freiheit, der Sicherheit und des Rechts", FS Simotta, 2012, S. 187; *Gruber,* Die neue EheVO und die deutschen Ausführungsgesetze, IPRax 2005, 293; *ders,* Die neue „europäische Rechtshängigkeit" bei Scheidungsverfahren, FamRZ 2000, 1129; *ders.,* Das HKÜ, die Brüssel IIa-Verordnung und das Internationale Familienrechtsverfahrensgesetz, FPR 2008, 214; *Hau,* Zum Anwendungsbereich des obligatorischen Anerkennungsverfahrens für ausländische Ehestatusentscheidungen, in: FS Spellenberg, 2010, S. 435; *ders.,* Internationales Eheverfahrensrecht in der Europäischen Union, FamRZ 1999, 484; *ders.,* Zur internationalen Entscheidungszuständigkeit im künftigen Europäischen Güterrecht, FS Simotta, 2012, S. 215; *Helms,* Die Anerkennung ausländischer Entscheidungen im europäischen Eheverfahrensrecht, FamRZ 2001, 257; *ders.,* Internationales Verfahrensrecht für Familiensachen in der Europäischen Union, FamRZ 2002, 1593; *Holzmann,* Brüssel IIa-VO: Elterliche Verantwortung und internationale Kindesentführungen, 2008; *Hohloch,* Feststellungsentscheidungen im Eltern-Kind-Verhältnis, IPRax 2010, 567; *Janzen/Gärtner,* Kindschaftsrechtliche Spannungsverhältnisse im Rahmen der EuEheVO – die Entscheidung des EuGH in Sachen Detiček, IPRax 2011, 158; *Kress,* Internationale Zuständigkeit für elterliche Verantwortung in der Europäischen Union, 2006; *Laborde,* Abschaffung des Exequaturverfahrens im Europäischen Internationalen Familienverfahrensrecht, FS Spellenberg, 2006, S. 77; *Looschelders,* Die Europäisierung des internationalen Verfahrensrechts für Entscheidungen über die elterliche Verantwortung, JR 2006, 45; *ders.,* Scheidungsfreiheit und Schutz des Antragsgegners im internationalen Privat- und Prozessrecht, FS Kropholler, 2008, S. 329; *Maguire/Rosenblatt,* Brussels II Revised: Recent developments, Fam. Law 2007, 517; *Meyer-Götz/Noltemeier,* Internationale Scheidungszuständigkeit im europäischen Eheverfahrensrecht, FPR 2004, 282; *dies.,* Internationales Verfahrensrecht für Familiensachen in der Europäischen Union, FPR 2004, 296; *Mc Eleavy,* Brussels II bis: Matrimonial matters, parental responsibility, child abduction and mutual recognition, Int. Comp. L. Q. 53 (2004), 503; *Mohs,* Brüssel IIa – Die neue EG-Verordnung zum internationalen Familienverfahrensrecht, FamPRA.ch 2005, 39; *Motzer,* Die Restzuständigkeiten deutscher Familiengerichte nach inländischem Verfahrensrecht, FamRBint 2007, 20; *Niethammer-Jürgens,* Ehescheidung und Folgesachen mit Auslandsbezug, FPR 2011, 440; *Pabst,* Entscheidungszuständigkeit und Beachtung ausländischer Rechtshängigkeit in Ehesachen mit Europabezug, 2009; *ders.,* Gerichtsstandsvereinbarungen im Sorgerechtsstreit?, in: Liber amicorum T. Rauscher, 2005, S. 115; *Pauly,* Einstweilige Maßnahmen im Lichte der Verordnung (EG) Nr. 2201/2003 – Eine Darstellung der Verordnung (EG) Nr. 2201/2003 unter besonderer Berücksichtigung der Bestimmungen zu einstweiligen Maßnahmen, 2009; *Pietsch,* Die Anerkennung von ausländischen Ehescheidungen in Deutschland, FF 2011, 237; *Pirrung,* Internationale Zuständigkeit in Sorgerechtssachen nach der Verordnung (EG) 2201/2003, FS Schlosser, 2005, S. 695; *ders.,* Brüche zwischen internationaler und europäischer Rechtsvereinheitlichung – Das Beispiel des Internationalen Kindschaftsrechts in der Brüssel IIa-Verordnung, FS Spellenberg, 2006, S. 89; *ders.,* Auslegung der Brüssel IIa-Verordnung in Sorgerechtssachen – zum Urteil des EuGH in der Rechtssache C vom 27.11.2007, FS Kropholler, 2008, S. 399; *Rausch,* Ehesachen mit Auslandsbezug vor und nach „Brüssel IIa", FuR 2004, 154; *ders.,* Elterliche Verantwortung – Verfahren mit Auslandsbezug vor und nach „Brüssel IIa", 1. Teil: Internationale Zuständigkeit, FuR 2005, 53; *ders.,* Elterliche Verantwortung – Verfahren mit Auslandsbezug vor und nach „Brüssel IIa", 2. Teil: Anderweitige Anhängigkeit, Anerkennung und Vollstreckung, FuR 2005, 112; *Rieck,* Ehescheidung bei ausländischen Ehepartnern, FPR 2007, 251; *Schulz,* The New Brussels

II Regulation and the Hague Conventions of 1980 and 1996, I. F. L. 2004, 22; *Simotta,* Wann kommt in Ehesachen die EuEheKindVO, wann autonomes Recht zur Anwendung?, FS Kaissis, 2012, S. 897; *dies.,* Die internationale Zuständigkeit für Verfahren betreffend die elterliche Verantwortung für die gemeinsamen Kinder der Ehegatten (Art. 3f EheVO), FS Jelinek, 2002, S. 291; *dies.,* Die internationale Zuständigkeit Österreichs in eherechtlichen Angelegenheiten – Ein Vergleich zwischen der EheVO und dem autonomen österreichischen Recht, FS Geimer, 2002, S. 1115; *Spellenberg,* Die Zuständigkeiten für Eheklagen nach der EheGVO, FS Geimer, 2002, S. 1257; *Spickhoff,* Zur Qualifikation der nichtehelichen Lebensgemeinschaft im Europäischen Zivilprozess- und Kollisionsrecht, FS Schurig, 2012, S. 285; *Stevens,* The new interface between the European Union and the local family proceedings court – the practical impact of Council Regulation (EC) No. 2201/2003, Justice of the Peace 169 (2005), S. 211; *Tödter,* Europäisches Kindschaftsrecht nach der Verordnung (EG) Nr. 2201/2003, 2010; *Verschraegen,* Die Brüssel IIa-Verordnung: ein Danaergeschenk?, in: König/Mayr (Hrsg.), Europäisches Zivilverfahrensrecht in Österreich – Bilanz nach 10 Jahren, 2007, S. 91; *Wicke/Reinhardt,* Die Auswirkungen der sog. „Brüssel IIa-Verordnung" auf die Arbeit der Jugendämter, JAmt 2007, 453; *Winkler v. Mohrenfels,* Die gleichgeschlechtliche Ehe im deutschen IPR und im europäischen Verfahrensrecht, FS Ansay, 2006, S. 527.

I. Einführung

Die Verordnung (EG) Nr. 2201/2003 (= Brüssel IIa-VO = EuEheVO = **1** EheVO) hat als Nachfolgeverordnung zum 1.3.2005 die Verordnung (EG) Nr. 1347/2000 (= EheVO 2000 = Brüssel II-VO) abgelöst (Art. 71).[1] Sie dient der **verfahrensrechtlichen Harmonisierung** in der Europäischen Union (unter Ausnahme Dänemarks), wenngleich sie lediglich autonome Bestimmungen zur internationalen Zuständigkeit und der Anerkennung und Vollstreckung von Entscheidungen in Ehesachen sowie in Angelegenheiten der elterlichen Verantwortung enthält.[2] Gleichwohl wird sie mit Recht als wichtigste Verfahrensordnung im Bereich des internationalen Familienrechts angesehen.[3] Die Brüssel IIa-VO regelt insoweit auch einen familienrechtlichen Teilbereich zu Fragen des Personenstandes, der in Art. 1 Abs. 2 lit. a EuGVVO (= Brüssel I-VO) ausgeschlossen ist.[4] Die Verordnung gründet sich in **kompetenzrechtlicher Hinsicht** auf Art. 61 lit. c iVm Art. 65 lit. b EG, an deren Stelle durch den Vertrag von Lissabon v. 13.12.2007[5] die Regelung in Art. 81 Abs. 1 und Abs. 2 lit. c AEUV getreten ist.[6] Für das intertemporale Verhältnis der Brüssel IIa-VO zur Vorgängerverordnung gilt Art. 64 Brüssel IIa-VO (vgl. dazu → Rn. 6).

---

[1] Prütting/Gehrlein/*Völker* Brüssel IIa-VO Art. 1 Rn. 1; Rauscher/*Rauscher* Einl. Brüssel IIa-VO Rn. 1; Saenger/*Dörner* Vorbemerkung zur EheGVVO Rn. 4; Thomas/Putzo/*Hüßtege* EuEheVO Vorb. Art. 1 Rn. 3. Ausführlich zur Entstehungsgeschichte beider Verordnungen beginnend mit dem sog. "Heidelberger Entwurf" Geimer/Schütze/*Dilger* Internationaler Rechtsverkehr, Einl. VO (EG) 2201/2003 Rn. 18 f.

[2] Saenger/*Dörner* Vorbem. zur EheGVVO Rn. 1; Thomas/Putzo/*Hüßtege* EuEheVO Vorb. Art. 1 Rn. 3.

[3] NK-BGB/*Gruber* Vorbem. Brüssel IIa-VO Rn. 1.

[4] Zöller/*Geimer* EuEheVO Art. 1 Rn. 1.

[5] ABl EU C 306, S. 1.

[6] Saenger/*Dörner* Vorbem. zur EheGVVO Rn. 1.

II. Geltungsbereich

2   Der Geltungsbereich ist durch die Brüssel IIa-VO festgelegt und steht einer Modifikation durch die Parteien nicht offen.[7]

1. Räumlicher Geltungsbereich

3   Die Brüssel IIa-VO kann nach Art. 288 Abs. 2 AEUV **in allen Mitgliedstaaten der Europäischen Union** (mit Ausnahme von Dänemark)[8] Geltung beanspruchen. Sie gilt dabei unmittelbar und ist in all ihren Teilen verbindlich.[9] Ein innerstaatlicher Umsetzungsakt ist damit nicht erforderlich. Dass **Dänemark kein Mitgliedstaat** ist, folgt dabei aus Erwägungsgrund Nr. 31 sowie Art. 2 Nr. 3 Brüssel IIa-VO. Dänemark hat insoweit auch kein Parallelabkommen mit der Europäischen Union abgeschlossen (vgl. aber für die Brüssel I-VO das Abkommen vom 19.10.2005, ABl. EU L 299, 62).[10] Hingegen beteiligen sich das Vereinigte Königreich und Irland an der Anwendung der Verordnung (vgl. Erwägungsgrund Nr. 30). Bereits seit 1.1.2007 kommt die Brüssel IIa-VO auch in den neuen Beitrittsstaaten Bulgarien und Rumänien zur Anwendung und in Kroatien seit dem 1.7.2013.[11]

       In seiner Vollständigkeit ist der räumliche Anwendungsbereich der Brüssel IIa-VO aus **Art. 52 EUV ivm Art. 355 AEUV** zu ersehen.[12] Die Brüssel IIa-VO gilt damit in Belgien, Bulgarien, Tschechien, Deutschland, Estland, Irland, Griechenland, Spanien, Frankreich, Kroatien, Italien, Zypern, Lettland, Litauen, Luxemburg, Ungarn, Malta, den Niederlanden, Österreich, Polen, Portugal, Rumänien, Slowenien, Slowakei, Finnland, Schweden sowie im Vereinigten Königreich Großbritannien und Nordirland.

4   Art. 355 AEUV erweitert den Anwendungsbereich über das Mutterland hinaus auf weitere (überseeische) Territorien wie Guadeloupe, Frz.-Guayana, Martinique, Réunion, Saint-Barthélemy, Saint-Martin, Madeira, die Azoren, die Kanarischen Inseln, die Balearen und Gibraltar.[13] Keine Anwendung findet die Brüssel IIa-VO hingegen mit Blick auf die britischen Kanalinseln, die Isle of Man und die Hoheitszonen des Vereinigten Königreichs auf Zypern (vgl. Art. 355 Abs. 5 lit. b und c AEUV).[14]

5   Dieser **umfassende räumliche Anwendungsbereich** kennt keine personellen Einschränkungen. Art. 3 Abs. 1 lit. a Brüssel IIa-VO stellt vielmehr für die internationale Zuständigkeit auf den gewöhnlichen Aufenthalt des Antragsgegners oder des Antragstellers ab und blendet damit Fragen der Staatsangehörigkeit größtenteils aus. Die Brüssel IIa-VO kann deswegen in persönlicher Hinsicht auch für die Ermittlung der internationalen Zuständigkeit von Gerichten für **Angehörige**

---

[7] Ebenso Thomas/Putzo/*Hüßtege* EuEheVO Vorb. Art. 1 Rn. 1.

[8] Ausführlich Rauscher/*Rauscher* Einl. Brüssel IIa-VO Rn. 26.

[9] Rauscher/*Rauscher* Einl. Brüssel IIa-VO Rn. 24 f.; Thomas/Putzo/*Hüßtege* EuEheVO Vorb. Art. 1 Rn. 2.

[10] Geimer/Schütze/*Dilger* Internationaler Rechtsverkehr, Einl. VO (EG) 2201/2003 Rn. 40 f.

[11] *Hausmann,* A Rn. 13.

[12] Vgl. auch Geimer/Schütze/*Dilger* Internationaler Rechtsverkehr, Einl. VO (EG) 2201/2003 Rn. 40 f.

[13] So auch *Hausmann* A Rn. 14.

[14] So auch *Hausmann* A Rn. 14.

eines Drittstaates herangezogen werden, sofern sich diese in einem Mitgliedstaat aufhalten,[15] beispielsweise dänische Kinder mit gewöhnlichem Aufenthalt in Deutschland. Für die Anwendung von Art. 3 Brüssel IIa-VO wird nach ganz hM auch kein inhaltlicher Bezug zu einem anderen Mitgliedstaat der Verordnung vorausgesetzt. Auch der BGH hat zutreffend klargestellt, dass es mit Blick auf den persönlich-räumlichen Anwendungsbereich der Verordnung eines kompetenz-rechtlichen Bezuges zu einem anderen EU-Mitgliedstaat nicht bedarf.[16] Nach einigen Stimmen[17] soll für die grundsätzliche Anwendbarkeit der Verordnung überhaupt kein internationaler Sachverhalt vorliegen müssen, was aber nicht unbedenklich erscheint.[18] Dass die Anwendbarkeit der Rechtshängigkeitssperre nach Art. 19 Brüssel IIa-VO jedoch eine Konkurrenz zweier mitgliedstaatlicher Verfahren voraussetzt, ergibt sich aus den speziellen Normvoraussetzungen (näher → Art. 19 Rn. 8).[19] Im Hinblick auf die **Anerkennung und Vollstreckung von Entscheidungen** nach Art. 2 Nr. 4, Art. 21 Abs. 1 Brüssel IIa-VO findet die Verordnung nur Anwendung, wenn es sich um Entscheidungen handelt, welche von einem Gericht eines anderen Mitgliedstaats erlassen worden sind.[20] Dänemark ist auch hier wiederum nicht als Mitgliedstaat anzusehen. Drittstaatliche Entscheidungen werden dagegen nach den bestehenden Staatsverträgen oder nach dem autonomen nationalen Recht vollstreckt.

2. Zeitlicher Geltungsbereich

Die Brüssel IIa-VO kann grundsätzlich in zeitlicher Hinsicht für gerichtliche **6** Verfahren Geltung beanspruchen, welche zwischen den Parteien nach dem **1. März 2005** eingeleitet wurden. Gleiches gilt für ab diesem Datum aufgenommene öffentliche Urkunden oder getroffene Vereinbarungen (Art. 64 Abs. 1 iVm Art. 72 S. 2 Brüssel IIa-VO).[21] Im Hinblick auf die Anerkennung und Vollstreckung von Entscheidungen sind in der Übergangsvorschrift Art. 64 Abs. 2–4 Brüssel IIa-VO aber entsprechende Erweiterungen vorgesehen.[22]

3. Sachlicher Anwendungsbereich

Nach Art. 1 Abs. 1 lit. a gilt die Verordnung für Zivilsachen mit dem Gegen- **7** stand der Ehescheidung, der Trennung ohne Auflösung des Ehebandes und der

---

[15] EuGH 29.11.2007 – C-68/07, Slg. 2007, I-10403 = IPRax 2008, 257 (259) m. Anm. *Borrás* 233 ff.; OLG Stuttgart FamRZ 2004, 1382; AG Leverkusen FamRZ 2005, 1684; Bassenge/Roth/*Althammer* § 98 FamFG Rn. 3; Rauscher/*Rauscher* Einl. Brüssel IIa-VO Rn. 28; Thomas/Putzo/*Hüßtege* Vorb. Art. 1 Rn. 5.

[16] BGH NJW-RR 2008, 1169 Rn. 14; ebenso *Dilger* IPRax 2006, 617 (618); *ders.* in: Geimer/Schütze Internationaler Rechtsverkehr, Einl. VO (EG) 2201/2003 Rn. 46; Zöller/*Geimer* Art. 1 EuEheVO Rn. 14; aA *Hohloch* JuS 2006, 1134.

[17] So etwa Rauscher/*Rauscher* Einl. Brüssel IIa-VO Rn. 29; Geimer/Schütze/*Dilger* Internationaler Rechtsverkehr, Einl. VO (EG) 2201/2003 Rn. 46.

[18] Offen gelassen von BGH NJW-RR 2008, 1169 Rn. 14.

[19] Geimer/Schütze/*Dilger* Internationaler Rechtsverkehr, Einl. VO (EG) 2201/2003 Rn. 47.

[20] Geimer/Schütze/*Dilger* Internationaler Rechtsverkehr, Einl. VO (EG) 2201/2003 Rn. 48.

[21] *Hausmann* A Rn. 15. Vgl. im Übrigen zur Gleichstellung von öffentlichen Urkunden und getroffenen Vereinbarungen Art. 46 Brüssel IIa-VO.

[22] *Hausmann* J Rn. 22.

Ungültigerklärung einer Ehe. Die Brüssel IIa-VO bezieht demnach in ihren Anwendungsbereich nur **Statusänderungsverfahren (Gestaltungsanträge)** ein, hingegen **nicht Feststellungsanträge** mit Ausnahme der Ungültigerklärung der Ehe, wenngleich die Frage umstritten ist.[23] Erfasst werden mit Blick auf Art. 2 Nr. 7 Brüssel IIa-VO auch staatliche Schutzmaßnahmen.[24] Dabei spielt keine Rolle, dass diese vom jeweiligen nationalen Recht öffentlich-rechtlich qualifiziert werden.[25] In den Anwendungsbereich einbezogen sind gem. Art. 1 Brüssel IIa-VO nur Verfahren vor staatlichen Gerichten und Behörden.[26] Nicht erfasst ist somit (anders als im Rahmen der Rom III-VO) eine **rechtsgeschäftliche Privatscheidung**.[27] Bedeutung erlangt diese Frage aber ohnehin lediglich mit Blick auf die Anerkennung gem. Art. 21 ff. (→ Art. 1 Rn. 10). Auch für Verfahren vor nichtstaatlichen Institutionen beansprucht die Brüssel IIa-VO keine Geltung.[28] Die Diskussion, ob die **Auflösung gleichgeschlechtlicher Verbindungen** in den Anwendungsbereich der Verordnung fällt, ist derzeit noch offen. Insoweit will die überwiegende Auffassung wegen des traditionellen Begriffsverständnisses darin keine Ehescheidung im Sinne der Brüssel IIa-VO erkennen (näher → Art. 1 Rn. 6).[29] Dies betrifft **gleichgeschlechtliche Ehen**, wie sie bereits in Belgien, Dänemark, den Niederlanden, Portugal, Schweden und Spanien zugelassen sind (→ Rom III-VO Vorbemerkungen Rn. 11). Die Brüssel IIa-VO gilt ebenso nicht für die Auflösung gleichgeschlechtlicher Lebenspartnerschaften, nichtehelicher Lebensgemeinschaften oder etwaige scheidungsrelevante Folgesachen.[30]

8   Des Weiteren beansprucht die Brüssel IIa-VO nach Art. 1 Abs. 1 lit. b Brüssel IIa-VO in sachlicher Hinsicht Geltung für die Zuweisung, die Ausübung, die Übertragung und die vollständige oder teilweise Entziehung der **elterlichen Verantwortung**. Eine Konkretisierung dieser Zivilsachen wird in Art. 1 Abs. 2 und 3 Brüssel IIa-VO vorgenommen. Für die Festlegung des sachlichen Anwendungsbereichs entfaltet die Ansicht des Gerichts im Ursprungsmitgliedstaat aber keine Bindungswirkung für ein zweitstaatliches Gericht.[31] Art. 53–58 Brüssel IIa-VO enthalten schließlich Vorschriften zur Zusammenarbeit der Zentralen Behörden in Verfahren betreffend die elterliche Verantwortung.[32] Kennzeichnend für die Brüssel IIa-VO ist auch der Einsatz von Verbindungsrichtern im Rahmen des Europäischen Justiziellen Netzes (EJN) für Zivil- und Handelssachen zur Förderung des Informationsaustausches.[33]

---

[23] *Helms* FamRZ 2001, 257 (259); *Zöller/ Geimer* Art. 1 Rn. 1, 21; aA aber etwa *Hau* FamRZ 2000, 1333; Thomas/Putzo/*Hüßtege* Vorb. Art. 1 Rn. 2.

[24] EuGH 27.11.2007 – C-435/06, Slg. 2007, I-10141 = FamRZ 2008, 125; BGH FamRZ 2008, 45; *Dutta* FamRZ 2008, 835; Bassenge/Roth/*Althammer* § 99 FamFG Rn. 3.

[25] *Zöller/ Geimer* Art. 1 Rn. 1; *Dutta* FamRZ 2008, 835; *ders.* StAZ 2010, 193 (196).

[26] *Zöller/ Geimer* Art. 1 Rn. 1 f.

[27] Vgl. etwa Rauscher/*Rauscher* Art. 1 Rn. 12.

[28] *Zöller/ Geimer* Art. 1 Rn. 1, 20: Die VO komme allerdings dann zur Anwendung, wenn kirchliche oder sonstige religiöse Gerichte im staatlichen Auftrag Recht sprechen. Vorrang kommt den Konkordaten mit dem Heiligen Stuhl zu, vgl. Art. 63 Brüssel IIa-VO.

[29] *Helms* FamRZ 2002, 1593 (1594); *Gruber* IPRax 2005, 293; *Garber* in: FS Simotta, 2012, 145; aA: *Gruber* IPRax 2012, 381 (382); *Hausmann* A Rn. 27.

[30] Bassenge/Roth/*Althammer* § 98 FamFG Rn. 3.

[31] Vgl. auch *Hausmann* A Rn. 8; *Schlosser* Art. 1 Rn. 10.

[32] Prütting/Gehrlein/*Völker* Art. 1 Rn. 1.

[33] Thomas/Putzo/*Hüßtege* Vorb. Art. 1 Rn. 10; *Carl/Menne* NJW 2009, 3537.

Für Ehesachen hat die Brüssel IIa-VO keine **sachlichen Veränderungen**   **9** **gegenüber der Brüssel II-Verordnung** mit sich gebracht.[34] Lediglich für Verfahren, welche die elterliche Verantwortung regeln, haben sich Erweiterungen ergeben. Vom Anwendungsbereich der Brüssel IIa-VO wird nach Art. 2 Nr. 7 Brüssel IIa-VO die Gesamtheit der Rechte und Pflichten erfasst,[35] die einer natürlichen oder juristischen Person durch Entscheidung oder kraft Gesetzes oder durch eine rechtlich verbindliche Vereinbarung betreffend die Person oder das Vermögen eines Kindes übertragen wurden. Die Zuständigkeiten der Brüssel IIa-VO sind nun unabhängig davon anwendbar, ob eine Entscheidung über die elterliche Verantwortung mit einer Ehesache in Zusammenhang steht.[36] Zudem können sie auch für nicht gemeinschaftliche Kinder von Ehegatten Geltung beanspruchen.[37] Als weitere Neuerung gegenüber der Brüssel II-VO verlangt die Brüssel IIa-VO für die Durchsetzung von Umgangsentscheidungen und Rückführungsanordnungen im Falle von Kindesentführungen kein Exequaturverfahren mehr (Kapitel III Abschn. 4 Art 40–45).[38]

In der Brüssel IIa-VO sind **keine Kollisionsnormen** vorgesehen. Der Vor-   **10** schlag der Europäischen Kommission zur Reform der Brüssel IIa-VO vom 17.7.2006,[39] der vorsah, die Brüssel IIa-VO um Kollisionsnormen für Ehesachen zu ergänzen, hat keine Umsetzung gefunden (→ Rom III-VO Vorbemerkungen Rn. 3). Seit dem 21.6.2012 gilt für das Scheidungsstatut aber die **Rom III-VO** (= Verordnung (EU) Nr. 1259/2010 des Rates vom 20.12.2010 zur Durchführung einer Verstärkten Zusammenarbeit im Bereich des auf die Ehescheidung und Trennung ohne Auflösung des Ehebandes anzuwendenden Rechts). Im Hinblick auf Verfahren, welche die **elterliche Verantwortung** betreffen, ist dagegen für die kollisionsrechtliche Ermittlung des Sachrechts weitgehend auf das **KSÜ**[40] zurückzugreifen (näher → Anhang: IPR der Elterlichen Verantwortung (KSÜ) Rn. 1 ff.).[41]

III. Verordnungsautonome Auslegung und Vorabentscheidungsverfahren

Die Begrifflichkeiten der Brüssel IIa-VO sind inhaltlich im Wege **verord-**   **11** **nungsautonomer Auslegung** zu ergründen, wie dies auch für die Brüssel I-

---

[34] Vgl. Rauscher/*Rauscher* Einl. Brüssel IIa-VO Rn. 1; Thomas/Putzo/*Hüßtege* Vorb. Art. 1 Rn. 3.

[35] *Solomon* FamRZ 2004, 1409.

[36] Rauscher/*Rauscher* Einl. Brüssel IIa-VO Rn. 22.

[37] Saenger/*Dörner* Vorb. zur EheGVVO Rn. 5; Rauscher/*Rauscher* Einl. Brüssel IIa-VO Rn. 22.

[38] Thomas/Putzo/*Hüßtege* EuEheVO Vorb. Art. 1 Rn. 3.

[39] Vorschlag für eine Verordnung des Rates zur Änderung der VO (EG) 2201/2003 im Hinblick auf die Zuständigkeit in Ehesachen und zur Einführung von Vorschriften betreffend das anwendbare Recht in diesem Bereich, KOM (2006) 399 endgültig; dazu *Helms* FamRZ 2011, 1765.

[40] Übereinkommen über die Zuständigkeit, das anzuwendende Recht, die Anerkennung, Vollstreckung und Zusammenarbeit auf dem Gebiet der elterlichen Verantwortung und der Maßnahmen zum Schutz von Kindern, BGBl. 2009 II 603; vgl. zu den Vertragsstaaten des KSÜ Jayme/Hausmann Nr. 53.

[41] Vgl. auch NK-BGB/*Gruber* Vorbem. Brüssel IIa-VO Rn. 13.

VO (= EuGVVO) und andere Rechtsakte des sekundären Unionsrechts der Fall ist.[42] Nach der Rechtsprechung des EuGH zur Brüssel IIa-VO kommt dabei den Zielen und der Systematik der Brüssel IIa-VO besonderes Gewicht zu.[43] Insoweit kann uU auch die Judikatur zur Brüssel II-VO als Vorgängerverordnung herangezogen werden, soweit keine sachlichen Diskrepanzen erkennbar sind. Zur Stützung der Auslegung kann zudem auf den **Bericht** von *A. Borrás* (ABl. 1998 EG C 221, 27 ff.) zurückgegriffen werden.[44] Zudem ist nach Erwägungsgrund 10 der Rom III-VO darauf zu achten, dass beide Verordnungen möglichst im Einklang miteinander ausgelegt werden. Es gilt also das **Gebot einer einheitlichen verordnungsübergreifenden Auslegung.**[45] Ein Unterschied zur Rom III-VO liegt aber bereits darin, dass dort die Ungültigerklärung der Ehe vom Anwendungsbereich ausgeschlossen ist (Art. 1 Abs. 2 lit. c Rom III-VO). Für die autonome Auslegung der Brüssel IIa-VO kommt zudem den vorangestellten Erwägungsgründen besondere Bedeutung zu.

Nach Art. 267 Abs. 1 lit. b AEUV (Art. 23 EuGH-Satzung; Art. 103 f. EuGH-VerfO) können mitgliedstaatliche Gerichte bei Auslegungszweifeln den EuGH zur **Vorabentscheidung** anrufen. Über diese Möglichkeit verfügt nicht nur der BGH, sondern seit dem Inkrafttreten des Vertrags von Lissabon durch Wegfall der früheren Beschränkung (ex-Art. 68 Abs. 1 EGV: Begrenzung der Vorlagebefugnis auf letztinstanzliche Gerichte) auch das „einfache Familiengericht" in erster Instanz.[46] Letztinstanzliche Gerichte sind bei Auslegungszweifeln ohnehin zur Vorlage verpflichtet (Art. 267 Abs. 3 AEUV).[47] Mit Blick auf die große Zahl an Vorabentscheidungsverfahren, welche den EuGH im Rahmen seiner Zuständigkeit jedes Jahr beschäftigen, erscheint ein Hinweis auf das zum 1. März 2008 neu eingeführte Eilvorabentscheidungsverfahren (vgl. Art. 53 Abs. 5, Art. 107 ff. VerfO-EuGH) sinnvoll, das sich gerade in Sorgerechtssachen bewährt hat.[48]

IV. Verhältnis zur Brüssel I-VO, zu Staatsverträgen und zum nationalen Recht

12   **Abgrenzungsschwierigkeiten** zwischen der Brüssel IIa-VO und der **Brüssel I-VO** können der Sache nach nicht virulent werden. Denn die Brüssel IIa-VO regelt ausschließlich Materien, welche nicht in den Anwendungsbereich der

[42] *Winkler von Mohrenfels* ZEuP 2013, 703.
[43] EuGH 27.11.2007 – C-435/06, Slg. 2007, I-10141 = FamRZ 2008, 125; EuGH 2.4.2009 – C-523/07, Slg. 2009, I-2905 Rn. 27 = NJW 2009, 1868.
[44] *Hausmann* A Rn. 17. Im Übrigen existiert ein von der Europäischen Kommission herausgegebener Leitfaden für die Anwendung der Brüssel IIa-VO, vgl. dazu auchThomas/Putzo/*Hüßtege* Vorb. Art. 1 Rn. 11 (Internetadresse: http://ec.europa.eu/civiljustice/parental_resp/parental_resp_ec_vdm_de.pdf).
[45] Zu diesem Aspekt auch *Hausmann* A Rn. 223, 224.
[46] *Hausmann* A Rn. 17; Geimer/Schütze/*Dilger* Internationaler Rechtsverkehr, Einl. VO (EG) 2201/2003 Rn. 50. Bedeutung erlangt hat diese Kompetenz erstinstanzlicher Gerichte vor allem in der Rechtssache *Purrucker.* EuGH 9.11.2010 – C-296/10, Slg. 2010 I-11163 ff. = NJW 2011, 364.
[47] Vgl. auch NK-BGB/*Gruber* Vorbem. Brüssel IIa-VO Rn. 24.
[48] Näher Geimer/Schütze/*Dilger* Internationaler Rechtsverkehr, Einl. VO (EG) 2201/2003 Rn. 50.

Brüssel I-VO fallen (vgl. auch Art. 1 Abs. 2 lit. a Brüssel I-VO).[49] Unterhalts-rechtliche Streitsachen, welche den Scheidungs- und Kindesunterhalt betreffen, werden dagegen ausschließlich von der EuUnterhVO erfasst. In den Anwendungsbereich der Brüssel IIa-VO gehören auch nicht namensrechtliche (Art. 1 Abs. 3 lit. c) oder güterrechtliche Fragen.[50]

Die Art. 59–63 Brüssel II-VO geben Auskunft über das Verhältnis der Brüs- **13** sel IIa-VO zu **anderen internationalen Rechtsinstrumenten.**[51] In Verfahren auf Scheidung, Trennung ohne Auflösung des Ehebandes und Ungültigerklärung der Ehe kommt den in Art. 3 Brüssel IIa-VO enthaltenen Zuständigkeiten der Vorrang gegenüber den Vorschriften des nationalen Verfahrensrechts zu, so dass in Deutschland für Scheidungsverfahren insbesondere die Zuständigkeit nach § 98 FamFG verdrängt wird.[52] Multilaterale oder bilaterale Abkommen existieren insoweit ohnehin nicht. § 98 FamFG gilt somit nur im Rahmen der engen Voraussetzungen der Restzuständigkeit nach Art. 6 und Art. 7 Abs. 1 Brüssel IIa-VO.[53] § 98 FamFG ist somit regelmäßig nur gegenüber den Angehörigen eines Drittstaates ohne gewöhnlichen Aufenthalt in einem Mitgliedstaat anwendbar.[54] Da aber die Brüssel IIa-VO keine Vorschrift für eine internationale Verbundzuständigkeit für Folgesachen enthält, kann insoweit (mangels vorrangigem staatsvertraglichen Recht) auf § 98 Abs. 2 iVm 137 Abs. 2 und 3 FamFG zurückgegriffen werden.[55]

In Angelegenheiten der elterlichen Verantwortung tritt § 99 FamFG hinter der **14** internationalen Zuständigkeit nach dem MSA[56] und dem KSÜ[57] (in Kraft seit 1.1.2011) zurück. Gegenüber dem MSA vorrangig ist aber im Verhältnis der EU-Mitgliedstaaten wiederum die Brüssel IIa-VO nach Art. 60 lit. a Brüssel IIa-VO. Der Vorrang der Brüssel IIa-VO gegenüber dem KSÜ folgt aus Art. 61 lit. a Brüssel IIa-VO und Art. 52 KSÜ. Dieser Vorrang gilt aber nur, soweit das Kind seinen gewöhnlichen Aufenthalt im Hoheitsgebiet eines EU-Mitgliedstaates hat.[58] Weiter neben der Brüssel IIa-VO anwendbar ist hingegen das Haager Kindesent-führungsübereinkommen (HKÜ)[59] (vgl. Art. 11 Brüssel IIa-VO), welches aber in seiner Anwendung modifiziert wird (Erwägungsgrund 17).[60] Auch im Bereich der Anerkennung und Vollstreckung (Art. 21–52 Brüssel IIa-VO) werden §§ 108 ff. FamFG durch die entsprechenden Vorschriften der Brüssel IIa-VO verdrängt.

---

[49] Saenger/*Dörner* Vorb. zur EheGVVO Rn. 6; Thomas/Putzo/*Hüßtege* Vorb. Art. 1 Rn. 6; zu solchen Personenstandssachen etwa BGH FamRZ 1992, 1058; NJW 1985, 552.

[50] NK-BGB/*Gruber* Vorbem. Brüssel IIa-VO Rn. 8.

[51] Prütting/Gehrlein/*Völker* Art. 1 Rn. 1.

[52] EuGH 29.11.2007 – C-68/07, Slg. 2007, I-10403 = FamRZ 2008, 128; OLG Zweibrücken FamRZ 2006, 1043; näher Bassenge/Roth/*Althammer* § 97 FamFG Rn. 1.

[53] EuGH 29.11.2007 – C-68/07, Slg. 2007, I-10403 = FamRZ 2008, 128.

[54] Ausführlicher Bassenge/Roth/*Althammer* § 98 FamFG Rn. 2, 5.

[55] Ebenso NK-BGB/*Gruber* Vorbem. Brüssel IIa-VO Rn. 18.

[56] Übereinkommen über die Zuständigkeit der Behörden und das anzuwendende Recht auf dem Gebiet des Schutzes von Minderjährigen v. 5.10.1961, BGBl. 1971 II 217.

[57] Übereinkommen über die Zuständigkeit, das anzuwendende Recht, die Anerkennung, Vollstreckung und Zusammenarbeit auf dem Gebiet der elterlichen Verantwortung und der Maßnahmen zum Schutz von Kindern, BGBl. 2009 II 603; vgl. zu den Vertragsstaaten des KSÜ Jayme/Hausmann Nr. 53. Das KSÜ verdrängt seinerseits das MSA (Art. 51 KSÜ).

[58] *Andrae* IPRax 2006, 84; *de Sousa* FamRZ 2005, 1612.

[59] Vgl. BGBl. 1990 II 207.

[60] Bassenge/Roth/*Althammer* § 99 FamFG Rn. 2, 3.

V. Deutsches Ausführungsgesetz (IntFamRVG)

15 Für die Durchführung der Brüssel IIa-VO gilt in Deutschland das **Int-FamRVG v. 26.1.2005** (vgl. § 1 Nr. 1 des Gesetzes).[61] Dabei handelt es sich um ein eigenständiges und umfassendes Durchführungsgesetz. Dieses enthält vor allem Regelungen zur Anerkennung (Abschnitte 3 (§§ 10 ff.) und 5 (§§ 16 ff.)) und zur Vollstreckung. Von praktischer Bedeutung ist hier insbesondere die Einführung von Ordnungsmitteln in § 44 IntFamRVG.[62]

---

[61] Gesetz zur Aus- und Durchführung bestimmter Rechtsinstrumente auf dem Gebiet des internationalen Familienrechts (Internationales Familienrechtsverfahrensgesetz – Int-FamRVG) v. 26.1.2005, BGBl. I 162 – abgedruckt als Anhang, S. 415 ff.

[62] Vgl. auch Geimer/Schütze/*Dilger* Internationaler Rechtsverkehr, Einl. VO (EG) 2201/2003 Rn. 34.

Kapitel I. Anwendungsbereich und Begriffsbestimmung

Art. 1 Anwendungsbereich

(1) Diese Verordnung gilt, ungeachtet der Art der Gerichtsbarkeit, für Zivilsachen mit folgendem Gegenstand:
a) die Ehescheidung, die Trennung ohne Auflösung des Ehebandes und die Ungültigerklärung einer Ehe,
b) die Zuweisung, die Ausübung, die Übertragung sowie die vollständige oder teilweise Entziehung der elterlichen Verantwortung.

(2) Die in Absatz 1 Buchstabe b) genannten Zivilsachen betreffen insbesondere:
a) das Sorgerecht und das Umgangsrecht,
b) die Vormundschaft, die Pflegschaft und entsprechende Rechtsinstitute,
c) die Bestimmung und den Aufgabenbereich jeder Person oder Stelle, die für die Person oder das Vermögen des Kindes verantwortlich ist, es vertritt oder ihm beisteht,
d) die Unterbringung des Kindes in einer Pflegefamilie oder einem Heim,
e) die Maßnahmen zum Schutz des Kindes im Zusammenhang mit der Verwaltung und Erhaltung seines Vermögens oder der Verfügung darüber.

(3) Diese Verordnung gilt nicht für
a) die Feststellung und die Anfechtung des Eltern-Kind-Verhältnisses,
b) Adoptionsentscheidungen und Maßnahmen zur Vorbereitung einer Adoption sowie die Ungültigerklärung und den Widerruf der Adoption,
c) Namen und Vornamen des Kindes,
d) die Volljährigkeitserklärung,
e) Unterhaltspflichten,
f) Trusts und Erbschaften,
g) Maßnahmen infolge von Straftaten, die von Kindern begangen wurden.

Literatur: *Andrae*, Zur Abgrenzung des räumlichen Anwendungsbereichs von EheVO, MSA, KSÜ und autonomem IZPR/IPR, IPRax 2006, 82; *Boele-Woelki*, Brüssel II: Die Verordnung über die Zuständigkeit und die Anerkennung von Entscheidungen in Ehesachen, ZfRV 2001, 121; *Coester*, Kooperation statt Konfrontation: Die Rückgabe entführter Kinder nach der Brüssel IIa-Verordnung, FS Schlosser, 2005, 135; *Dilger*, Die Regelungen zur internationalen Zuständigkeit in Ehesachen in der Verordnung (EG) Nr. 2201/2003, 2004; *Dornblüth*, Die europäische Regelung der Anerkennung und Vollstreckbarerklärung von Ehe- und Kindschaftsentscheidungen, 2003; *Dutta*, Staatliches Wächteramt und europäisches Kindschaftsverfahrensrecht, FamRZ 2008, 835; *Finger*, Haager Abkommen über die zivilrechtlichen Aspekte internationaler Kindesentführung, FamFR 2012, 316; *Ganz*, Internationales Scheidungsrecht – Eine praktische Einführung, Teil 1, FuR 2011, 69; *Ganz*, Internationales Scheidungsrecht – Eine praktische Einführung, Teil 2, FuR 2011, 369; *Garber*, Zum Begriff der Ehe iSd Art. 1 Abs. 1 lit. a EuEheKindVO, FS Simotta, 2012, 145; *Gördes*, Internationale Zuständigkeit, Anerkennung und Vollstreckung von Entscheidungen über die elterliche Verantwortung, 2004; *Gruber*, Die neue „europäische Rechtshängigkeit" bei Scheidungsverfahren, FamRZ 2000, 1129; *Gruber*, Die neue EheVO und die deutschen Ausführungsgesetze, IPRax 2005, 293; *Gruber*, Das HKÜ, die Brüssel IIa-Verordnung und das Internationale Familienrechtsverfahrensgesetz, FPR 2008, 214; *Hau*, Internationales Eheverfahrensrecht in der Europäischen Union, FamRZ 1999, 484; *Hau*, Zur internationalen Entscheidungszuständigkeit im künftigen Europäischen Güterrecht, FS Simotta, 2012, 215; *Hausmann*, Internationales und Europäisches Ehescheidungsrecht, 2013; *Helms*, Die Anerkennung ausländischer Entscheidungen im europäischen Eheverfahrensrecht, FamRZ 2001, 257; *Helms*, Internationales Verfahrensrecht für Familiensachen in der Europäischen Union, FamRZ 2002, 1593; *Holzmann*, Brüssel IIa VO: Elterliche Verantwortung und internationale Kindesentführungen, 2008; *Kohler/Pintens*, Entwicklungen im europäischen Personen- und Familienrecht 2012–2013, FamRZ 2013, 1437; *Kropholler*, Europäisches Internationales Zivilverfahrensrecht ohne europäisches Kollisionsrecht – ein Torso. Das Beispiel der Kinderschutzmaßnahmen, FS Schlosser, 2005, 449; *Laborde*, Abschaffung des Exequaturverfahrens im Europäischen Internationalen Familienverfahrensrecht, FS Spellenberg, 2006, 77; *Looschelders*, Die Europäisierung des internationalen Verfahrensrechts für Entscheidungen über die elterliche Verantwortung, JR 2006, 45; *Looschelders*, Scheidungsfreiheit und Schutz des Antragsgegners im internationalen Privat- und Prozessrecht, FS Kropholler, 2008, 329; *Lowe*, Negotiating the revised Brussel II Regulation, IFL 2004, 205; *Mceleavy*, Free Movement of Persons and Cross-Border Relationships, International Law FORUM du droit international 2005, 153; *Meyer-Götz/Noltemeier*, Internationale Scheidungszuständigkeit im europäischen Eheverfahrensrecht, FPR 2004, 282; *Pabst*, Entscheidungszuständigkeit und Beachtung ausländischer Rechtshängigkeit in Ehesachen mit Europabezug, 2009; *Pintens*, Marriage and Partnership in the Brussels IIa Regulation, Liber Memorialis Petar Šarčević, 2006, 335; *Pirrung*, Internationale Zuständigkeit in Sorgerechtssachen nach der Verordnung (EG) 2201/2003, FS Schlosser, 2005, 695; *Pirrung*, Brüche zwischen internationaler und europäischer Rechtsvereinheitlichung – Das Beispiel des Internationalen Kindschaftsrechts in der Brüssel IIa-Verordnung, FS Spellenberg, 2006, 89; *Pirrung*, Auslegung der Brüssel IIa-Verordnung in Sorgerechtssachen – zum Urteil des EuGH in der Rechtssache C vom 27.11.2007, FS Kropholler, 2008, 399; *Rausch*, Ehesachen mit Auslandsbezug vor und nach „Brüssel IIa", FuR 2004, 154; *Rieck*, Kindesentführung und die Konkurrenz zwischen dem HKÜ und der EheEuGVVO 2003 (Brüssel IIa), NJW 2008, 182; *Schack*, Das neue Internationale Eheverfahrensrecht in Europa, RabelsZ 2001, 615; *Schulte-Bunert*, Die Vollstreckung von Entscheidungen über die elterliche Verantwortung nach der VO (EG) 2201/2003 in Verbindung mit dem IntFamRVG, FamRZ 2007, 1608; *A. Schulz*, Das Internationale Familienrechtsverfahrensgesetz, FamRZ 2011, 1273; *Simotta*, Die internationale Zuständigkeit für Verfahren betreffend die elterliche Verantwortung für die gemeinsamen Kinder der Ehegatten (Art. 3f EheVO), FS Jelinek, 2002, 291; *Simotta*, Die internationale Zuständigkeit Österreichs in eherechtlichen Angelegenheiten – Ein Vergleich zwischen der EheVO und dem autonomen österreichischen Recht, FS Geimer, 2002, 1115; *Solomon*, Brüssel IIa – Die neuen europarechtlichen Regeln zum internationalen Verfahrensrecht in Fragen der elterlichen Verantwortung, FamRZ 2004, 1409; *Spellenberg*, Der Anwendungsbereich der EheGVO („Brüssel II") in Statussachen, FS Schumann, 2001, 423; *Spellenberg*, Die Zuständigkeiten für Eheklagen nach der EheGVO, FS Geimer, 2002, 1257; *Spickhoff*, Zur Qualifikation der nichtehelichen Lebensgemeinschaft im Europäischen Zivilprozess- und Kollisionsrecht, FS Schurig 2012, 285; *Wagner*, Die Anerkennung und Vollstreckung von Entscheidungen nach der Brüssel II-Verordnung, IPRax 2001, 73; *Winkler v. Mohrenfels*, Die gleichgeschlechtliche Ehe im deutschen IPR und im europäischen Verfahrensrecht, FS Ansay, 2006, 527.

Übersicht

I. Allgemeines

1. Regelungsbereich

Art. 1 regelt den **sachlichen Anwendungsbereich** der Verordnung.[1] Er **1**
bestimmt so auch darüber, in welchem Umfang das nationale Zuständigkeitsrecht

---

[1] Zum räumlich-persönlichen Anwendungsbereich → Vorbem. Rn. 3 ff., zum zeitlichen
Anwendungsbereich → Art. 64 Rn. 1 ff.

(insbes. §§ 89, 99 und 103 Abs. 3 FamFG) verdrängt ist. Art. 1 verkörpert daher
eine für die Rechtspraxis bedeutsame Weichenstellung für die Ermittlung der
jeweils maßgeblichen Kompetenzordnung. Schon deshalb muss seine Auslegung
in besonderem Maße Rechtssicherheit und Rechtsklarheit verpflichtet sein. Dieses
Anliegen ist auch anhand der konkretisierenden Begriffsbildung in Abs. 2 erkennbar. Selbstverständlich sind auch die in Art. 1 verwendeten Begriffe **autonom
auszulegen,** um eine einheitliche Anwendung des Unionsrechts zu gewährleisten.

2. Überblick

2 Die Verordnung erfasst zwei große Regelungsbereiche: Zum einen die **Auflösung von Ehen** und damit verwandte Rechtsvorgänge. Die Einzelheiten dazu
ergeben sich aus Art. 1 Abs. 1 lit. a. Zum anderen die **elterliche Verantwortung.** Dies ergibt sich zunächst aus Art. 1 Abs. 1 lit. b. Der zweite große Rege-
lungsbereich ist in Art. 1 Abs. 2 zusätzlich konkretisiert: Hier gibt der Verordnungsgeber dem Rechtsanwender konkretisierende Definitionen an die Hand,
die größere Klarheit über die relevanten Maßnahmen im Bereich der elterlichen
Verantwortung gewähren sollen. Art. 1 Abs. 3 beinhaltet schließlich einen – zum
Teil nur klarstellenden – Negativkatalog von Sachfragen, die nicht der Verordnung unterliegen. Für beide Regelungsbereiche der Verordnung ist die **Art der
Gerichtsbarkeit irrelevant.** Auch innerhalb ihres sachlichen Anwendungsbereichs lässt die Verordnung nationalen Gerichten die Möglichkeit, **einstweilige
Maßnahmen** in dringenden Fällen zu ergreifen.[2]

3. Die Beschränkung auf Zivilsachen

3 Die Brüssel IIa-VO beinhaltet eine für das gesamte europäische Zivilverfahrensrecht typische Eingrenzung: Sie gilt nur für „**Zivilsachen**". Öffentlich-rechtliche
Streitigkeiten fallen daher nicht in den Anwendungsbereich der Verordnung.
Damit ist es auch im Rahmen der Brüssel IIa-VO **erforderlich, das öffentliche
vom privaten Recht zu trennen.**[3] Konzeptionell ist diese Trennung schwer
durchführbar, zur Kompetenzbestimmung aber erforderlich und mit Hilfe prag-
matisch erarbeiteter Leitlinien auch möglich. Dabei ist im Rahmen der Brüssel IIa-
Verordnung ein **weites Verständnis des privaten Rechts geboten,** um den
einheitlichen Justizraum im Anwendungsbereich der Verordnung nicht unnötig
einzuengen.[4] Zivilsachen sind daher auch etwa Kinderschutzmaßnahmen, die
nach öffentlich-rechtlichen Regeln nationalen Rechts durch Behörden vorgenommen werden.[5] Auch solche Maßnahmen betreffen die elterliche Sorge als
Urform privater Verantwortlichkeit. Das bei autonomer Auslegung gebotene
weite Verständnis ergibt sich zudem aus dem ebenfalls weit formulierten Positiv-

---

[2] Vgl. Art. 20 sowie Erwägungsgrund 16. Näher dazu → Art. 20 Rn. 1 ff.

[3] Zu dieser Frage im Kontext des europäischen Zivilverfahrensrechts S. *Arnold* ZEuP
2012, 315.

[4] *Holzmann*, S. 70 f.; *Lowe* [2004] IFL 205 (206).

[5] EuGH 27.11.2007 – C-435/06, Slg. 2007, I-10141 – C; EuGH 2.4.2009 – C-523/07,
Slg. 2009 I-2805 – A. (Beide Entscheidungen betrafen die Inobhutnahme und Unterbringung
von Kindern außerhalb der eigenen Familie); dazu etwa *Pirrung*, FS Kropholler, 2008, 399
(402 ff.); *Dutta* FamRZ 2008, 835; EuGH FamRZ 2012, 1466 – Health Service Executives
(Unterbringung eines Kindes in einer geschlossenen Therapie- und Erziehungseinrichtung
eines anderen Mitgliedstaates).

katalog des Art. 1 Abs. 2 (insbes. dessen lit. d und e). Sie verhindert zudem mögliche Kompetenzspaltungen und Ungleichbehandlungen.

II. Ehescheidung, Trennung ohne Auflösung des Ehebandes und Ungültigerklärung

1. Ehescheidung

a) Begriff. Mit Ehescheidung ist – dem natürlichen Sprachgebrauch und der **4** gemeinsamen Tradition der Mitgliedstaaten entsprechend – die Auflösung der Ehe mit Wirkung *ex nunc* gemeint.[6] Die Auflösung muss in einem staatlichen Verfahren erfolgen. Dies ergibt sich insbesondere aus einer Zusammenschau von Art. 1 Abs. 1 lit. a und Art. 2 Nr. 1. Die Scheidung muss nicht zwingend gerichtlich ausgesprochen werden. Auch Scheidungsverfahren vor Verwaltungsbehörden werden erfasst, wie sich insbesondere aus Art. 2 Nr. 1 ergibt. Nicht ohne Ironie ist, dass damit insbesondere die behördliche Scheidung Dänemarks einbezogen werden sollte,[7] also Besonderheiten eines Staates berücksichtigt werden, der an der Verordnung gar nicht beteiligt ist. In der Sache ist die Gleichstellung begrüßenswert und unschädlich, wenn die Abgrenzung zu reinen Privatscheidungen ohne konstitutiven behördlichen Akt[8] nicht verwischt wird.[9]

b) Ehe. Die Ehescheidung setzt begrifflich zunächst eine bestehende Ehe **5** voraus. Der Begriff der Ehe ist im Wege der **verordnungsautonomen Auslegung** zu konkretisieren.[10] Dabei müssen auch die rechtsvergleichend ermittelten Begriffsverständnisse der Mitgliedstaaten berücksichtigt werden.[11] Dies gilt schon deshalb, weil diese Begriffsverständnisse den hermeneutischen Hintergrund der Begriffsverwendung durch den EU-Gesetzgeber prägten. Unter Ehe im Sinne der Verordnung ist deshalb im Grundsatz jede im Herkunftsstaat rechtlich als Ehe anerkannte rechtlich konstituierte Verbindung von Mann und Frau auf Lebenszeit zu verstehen.[12] Ob die Ehe auch im Rahmen eines staatlichen Verfahrens begründet wurde, ist dagegen irrelevant.[13] Die Ehe muss nur nach dem kollisionsrechtlich berufenen Eheschließungsstatut wirksam sein. Das kann – etwa im islamischen Rechtskreis – auch bei formlosen Eheschließungen außerhalb staatlicher Verfahren der Fall sein. Erfasst ist auch die Auflösung polygamer Ehen.[14]

c) Auflösung gleichgeschlechtlicher Verbindungen. Die Auflösung **6** gleichgeschlechtlicher Verbindungen ist **keine Ehescheidung** im Sinne der Ver-

---

[6] Rauscher/*Rauscher* EuZPR/EuIPR Brüssel IIa-VO Art. 1 Rn.1.

[7] Borrás-Bericht, Abl. EG 1998 – C 221, 27 Rn. 27a.

[8] Zum Begriff der Privatscheidung eingehend *Gärtner* S. 3 ff.

[9] Dazu → Rn. 10.

[10] *Pabst* Rn. 223.

[11] *Pabst* Rn. 223: „Mischung aus autonomen Elementen und Rückgriff auf nationales materielles Recht".

[12] *Pabst* Rn. 224.

[13] Rauscher/*Rauscher* Rn. 9; *Pabst* Rn. 227.

[14] *Dilger* Rn. 114 ff.; MüKoFamFG/*Gottwald* Art. 1 Rn. 5; *Pabst* Rn. 230 ff. (alle mwN); aA: Rauscher/*Rauscher* Rn. 6 (nur verschiedengeschlechtliche monogame Verbindungen).

ordnung.[15] Dies folgt aus dem autonomen Begriff der Ehe, der vor allem wegen
des in den Mitgliedstaaten (noch) herrschenden traditionellen Begriffsverständnisses auf verschiedengeschlechtliche Verbindungen beschränkt ist.[16] Teilweise wird
zwar in den Rechtsordnungen der Mitgliedstaaten der Ehebegriff auch auf gleichgeschlechtliche Verbindungen angewandt.[17] Auch kann das Recht Änderungen
eines alltäglichen Sprachgebrauchs integrieren. Mit Blick auf den Ehebegriff ist
indes noch keine umfassende Änderung vollzogen. Die ersten Ansätze eines Wan-
dels im Sprachgebrauch sind nicht stark genug, um eine rechtliche Integration zu
erzwingen, die nicht explizit vom Gesetzgeber angeordnet ist.[18] Dies gilt umso
mehr als eine auch rechtspolitisch umstrittene Materie betroffen ist.[19] Sie muss
dem EU-Gesetzgeber überlassen bleiben.[20] Dabei ist unerheblich, ob die gleichgeschlechtliche Verbindung als „Ehe", „Lebenspartnerschaft" oder in ähnlicher
Weise besonders bezeichnet ist. Ebenso wenig ist relevant, ob die gleichgeschlechtliche Verbindung registriert oder eingetragen ist.[21]

7   **d) Auflösung verschiedengeschlechtlicher Partnerschaften.** Auch eingetragene bzw. registrierte Lebensgemeinschaften zwischen verschiedengeschlecht-
lichen Personen, die nach dem anwendbaren Recht keine Ehe bilden, **fallen
nicht unter die Verordnung.**[22] Andernfalls würde der Ehebegriff überdehnt.
Auch die Rechtsordnungen, die solche Lebensgemeinschaften kennen und
bestimmte vermögensrechtliche Rechtsfolgen für diese vorsehen, unterscheiden
diese Lebensgemeinschaften von der Ehe.[23] Dies alles gilt erst recht für rein
faktische nichteheliche Lebensgemeinschaften.[24] Für deren „Auflösung"
besteht zudem kein Regelungsbedürfnis.[25]

8   **e) Umwandlung der Ehe in eine registrierte Partnerschaft.** Unter den
Begriff der Ehescheidung fällt aber auch die Umwandlung der Ehe in eine registrierte Partnerschaft, wie sie das niederländische Recht vorsieht.[26] Das ist konsequent, weil und soweit mit der Eheumwandlung zugleich die Auflösung der
bisherigen Ehe verbunden ist. Die Ausgestaltung der Umwandlung nach nieder-

---

[15] *Dilger* Rn. 128 f.; *Helms* FamRZ 2002, 1593 (1594); *Gruber* IPRax 2005, 293; *Garber*,
FS Simotta, 2012, 145; *Schack* RabelsZ 2001, 615 (620 f.), alle mwN; aA: *Gruber* IPRax 2012,
381 (382).

[16] → Rn. 5.

[17] Beispielsweise in den Niederlanden, Belgien und Spanien. S. dazu den rechtsvergleichenden Überblick bei *Winkler v. Mohrenfels*, FS Ansay, 2006, 527 sowie *Spernat* S. 30 ff..

[18] *Pintens*, LM Šarčević, 2006, 335 (338 ff.); *Rauscher/Rauscher* Rn. 7 mwN auch zur
Gegenauffassung; aA: *Winkler v. Mohrenfels*, FS Ansay, 2006, 527.

[19] *Helms* FamRZ 2002, 1593 (1594); *Pintens*, LM Šarčević, 2006, 335 (342 ff.).

[20] *Rauscher/Rauscher* Rn. 7; *Dilger* Rn. 128 f.; *Helms* FamRZ 2002, 1593 (1594); *Gruber*
IPRax 2005, 293; *Garber*, FS Simotta, 2012, 145 (alle mwN).

[21] *Helms* FamRZ 2002, 1593 (1594); *Gruber* IPRax 2005, 293; *Garber*, FS Simotta, 2012,
145; *Dilger* Rn. 98 ff. (zusammenfassend Rn. 129); MüKoFamFG/*Gottwald* Art. 1 Rn. 5 (alle
mwN.); aA: *Winkler v. Mohrenfels*, FS Ansay, 2006, 527 (537 ff.); Prütting/Gehrlein/*Völker*
Rn. 4; NK-BGB/*Gruber* Rn. 3.

[22] *C. Kohler* NJW 2001, 10 (15); *R. Wagner* IPRax 2001, 281 (282); Rauscher/*Rauscher*
Rn. 8.

[23] Rauscher/*Rauscher* Rn. 8.

[24] *Spickhoff*, FS Schurig, 2012, 285 (292).

[25] *Pintens*, LM Šarčević, 2006, 335 (338 ff.).

[26] *Fachausschuss* StAZ 2008, 250; offen gelassen in OLG Celle OLGR 2006, 13.

ländischem Recht legt allerdings nahe, dass es hier um eine Privatscheidung geht;[27] auf diese findet die Verordnung keine Anwendung.[28]

f) Kirchengerichtliche Scheidungsverfahren. Scheidungsverfahren vor **9** Kirchengerichten fallen als solche **nicht** in den Anwendungsbereich der Verordnung.[29] Dies lässt sich schon daraus ableiten, dass die Verordnung auf Zivilsachen beschränkt ist,[30] aus denen man kirchliche Scheidungsverfahren begrifflich ausschließen kann. Die Verordnung ist allerdings **anwendbar, wenn** die Kirchengerichte auch in **staatlicher Funktion** tätig werden.[31] Das ist der Fall, wenn Mitgliedstaaten in **Konkordaten** mit dem Heiligen Stuhl die staatliche Scheidungsbefugnis auf die Kirchengerichte übertragen haben.[32] Auch wenn kirchengerichtlichen Entscheidungen durch eine staatliche Entscheidung rechtliche Wirkung verliehen wird, ist der Anwendungsbereich der Verordnung (für die staatliche Entscheidung) eröffnet.[33]

g) Privatscheidungen. Privatscheidungen ohne konstitutive staatliche Mit- **10** wirkung liegen ebenfalls **außerhalb des Anwendungsbereichs** der Verordnung.[34] Die Frage ist nur im Rahmen der Anerkennung gem. Art. 21 ff. relevant: Eine „Zuständigkeitsordnung" für Privatscheidungen wäre gegenstandslos; zudem kennt ohnehin kein Mitgliedstaat das Institut der Privatscheidung. Gerade mit Blick auf die verfahrensrechtliche Anerkennung ist die Ausklammerung von Privatscheidungen aber konsequent, wenn man sich auf die Rechtsgrundlage der Verordnung besinnt:[35] Als Maßnahme der justiziellen Zusammenarbeit setzt die verfahrensrechtliche Anerkennung des Art. 21 einen hoheitlichen Akt voraus, auf den sich das gegenseitige Vertrauen der Mitgliedstaaten stützen könnte.[36] Hieran fehlt es aber bei privaten Rechtsgeschäften wie der Privatscheidung. Solche Scheidungen können natürlich gleichwohl wirksam sein. Ihre „Anerkennung" erfolgt aber nach hM nicht verfahrensrechtlich, sondern kollisionsrechtlich: Entscheidend ist, ob die Scheidung nach dem kollisionsrechtlich maßgeblichen Sachrecht rechtswirksam ist.[37]

2. Trennung ohne Auflösung des Ehebandes

Auch **Trennungsverfahren,** bei denen das Eheband nicht gelöst wird, fallen **11** in den sachlichen Anwendungsbereich.[38] Die Trennung ohne Auflösung des Ehe-

---

[27] *Fachausschuss* StAZ 2008, 250 (252). Zur Anwendbarkeit der Verordnung auf Privatscheidungen → Rn. 10.

[28] Näher dazu → Rn. 10.

[29] OLG Frankfurt IPRax 2008, 352 für die Scheidung zweier griechischer Muslime vor dem Mufti in Griechenland; *Spellenberg*, FS Schumann, 2001, 423 (435 ff.); *Gärtner* S. 318 ff.; MüKoFamFG/*Gottwald* Art. 1 Rn. 5; Rauscher/*Rauscher* Art. 1 Rn. 11.

[30] Borrás-Bericht, Abl. EG 1998 – C 221, 27 Rn. 20.

[31] *Gärtner* S. 322 ff.; MüKoFamFG/*Gottwald* Brüssel IIa-VO Art. 1 Rn. 5 mwN.

[32] *Spellenberg*, FS Schumann, 2001, 423 (435 f.).

[33] *Spellenberg* FS Schumann, 2001, 423 (436). Vgl. auch → Art. 2 Rn. 9.

[34] *Gärtner* S. 323; Rauscher/*Rauscher* Art. 1 Rn. 12 mwN.

[35] Staudinger/*Spellenberg* EheGVO Art. 21 Rn. 9; Rauscher/*Rauscher* Art. 1 Rn. 12.

[36] Eingehend *Gärtner* S. 313 ff.

[37] S. etwa BGHZ 110, 267; BGH NJW-RR 2008, 1169 (1172); Staudinger/*Spellenberg* EheGVO Art. 21 Rn. 9; BeckOK-BGB/*Heiderhoff* EGBGB Art. 17 Rn. 81 f.

[38] AG Leverkusen FamRZ 2007, 565.

bandes bildet in aller Regel eine Vorstufe zur Scheidung.[39] Auch hier muss es allerdings um Verfahren vor Gerichten oder Behörden gehen. Bekannt ist das Institut insbesondere im **romanischen Rechtskreis.**[40] Auch Verfahren, die eine Trennungsvereinbarung der Ehegatten bestätigen, unterfallen der Verordnung, ebenso Trennungsverfahren, die eine Scheidung ersetzen. Die rein faktische Trennung der Ehegatten, wie sie etwa in § 1566 BGB geregelt ist, genügt nicht.[41]

3. Ungültigerklärung einer Ehe

12   Die Ungültigerklärung einer Ehe meint ähnlich wie die Scheidung die Auflösung der Ehe. Allerdings gründet die Auflösung bei der Ungültigerklärung in **spezifischen Fehlern bei der Eheschließung.** Nicht unbedingt erforderlich ist, dass die Ungültigerklärung Rechtswirkung *ex tunc* zeitigt. Wenn einer der Ehegatten oder beide gestorben sind, erfasst die Verordnung mögliche Verfahren der Ungültigerklärung oder Auflösung allerdings nicht mehr.[42] Zum Ausschluss der Ungültigerklärung aus dem Anwendungsbereich der Rom III-VO → Rom III-VO Art. 1 Rn. 6 und 18.

4. Feststellungsklagen

13   Positive und negative Feststellungsklagen, die auf die Feststellung des Bestehens bzw. Nichtbestehens einer Ehe gerichtet sind, fallen **nicht in den sachlichen Anwendungsbereich** der Verordnung.[43] Dafür sprechen der Wortlaut und der systematische Zusammenhang des Art. 1 Abs. 1 lit. a.[44] Das Feststellungsurteil ist auf die bloße Feststellung einer bereits eingetretenen Rechtsfolge gerichtet. Demgegenüber zielt die Ungültigerklärung einer Ehe auf die Änderung des rechtlichen *status quo*, auch wenn diese möglicherweise mit Rückwirkung erfolgt. Feststellungsklagen fehlt es also an der intendierten rechtsgestaltenden Wirkung, wie sie für alle Gegenstände des Art. 1 Abs. 1 lit. a der Verordnung kennzeichnend ist. Sie stehen zwar in einem engen sachlichen Zusammenhang zur Auflösung der Ehe. Der sachliche Zusammenhang kann allerdings für sich genommen nicht ausschlaggebend sein – sonst müssten auch etwa Folgesachen in den Anwendungsbereich der Verordnung gezogen werden. Auch mögen zwar Verfahren der Feststellung und der Ungültigerklärung funktionell austauschbar sein, so dass die zufällige Ausgestaltung der nationalen Familienrechte über den sachlichen Anwendungsbereich der Verordnung entscheiden kann. Dieser

---

[39] MuKoFamFG/*Gottwald* Brüssel IIa-VO Art. 1 Rn. 6; Staudinger/*Mankowski* EGBGB Art. 17 Rn. 459 f.

[40] S. etwa zum italienischen Recht *V. Ramon* FamRBint 2009, 65.

[41] Rauscher/*Rauscher* Art. 1 Rn. 2.

[42] Borrás-Bericht, Abl. EG 1998 – C 221, 27 Rn. 27; MüKoFamFG/*Gottwald* Art. 1 Rn. 7 mwN.

[43] *Helms* FamRZ 2001, 257 (259); *Simotta,* FS Geimer, 2002, 1115 (1145 ff.); *Spellenberg,* FS Geimer, 2002, 1257 (1258); *Dilger* Rn. 131 ff.; MüKoFamFG/*Gottwald* Art. 1 Rn. 8 (alle mwN); aA: *Boele-Woelki* ZfRV 2001, 121 (122); *Hau* FamRZ 1999, 484 (485); *ders.* FPR 2002, 616 (617 Rn. 3); *Schack* RabelsZ 2001, 615 (620); *Gruber* FamRZ 2000, 1129 (1130); differenzierend etwa: *Dornblüth* S. 60 ff.; *Pabst,* Entscheidungszuständigkeit und Beachtung ausländischer Rechtshängigkeit in Ehesachen mit Europabezug, 135 ff.; *Vogel* MDR 2006, 1045 (1046): Anwendung nur bei negativen Feststellungsanträgen; dagegen zutreffend *Simotta,* FS Geimer, 2002, 1115 (1145 ff.); Rauscher/*Rauscher* Art. 1 Rn. 15 f.

[44] Eingehend *Dilger* Rn. 142 ff.

Aspekt genügt indes nicht, um die aus dem **Wortlaut folgende Begrenzung** des Anwendungsbereichs zu sprengen.[45] *De lege ferenda* scheint eine Erweiterung des Anwendungsbereichs auf Feststellungsklagen sinnvoll.[46] Ebenfalls **ausgeklammert** bleiben Verfahren über die Herstellung des ehelichen Lebens und Verfahren zur Feststellung des Bestehens oder Nichtbestehens eines Rechts zum Getrenntleben.[47]

5. Folgesachen

Die Verordnung erfasst mit Ausnahme der elterlichen Verantwortung **keine** **14** Folgesachen.[48] Dies folgt bei autonomer Auslegung des Art. 1 Abs. 1 lit. a aus den Grenzen seines Wortlauts und wird in Erwägungsgrund 8 auch ausdrücklich ausgesprochen.[49] Sie ist daher insbesondere auf das Scheidungsfolgenrecht (vor allem: Zugewinnausgleich, Versorgungsausgleich, Unterhaltsrecht) nicht anwendbar. Für das internationale **Ehegüterrecht** ist eine europarechtliche Regelung absehbar, die in ihren Anknüpfungsprinzipien auf Harmonie zur Brüssel IIa-VO bedacht sein sollte. Die Kommissionsvorschläge zum Ehegüterrecht[50] und zum Güterrecht eingetragener Partnerschaften[51] haben die rechtspolitische Zustimmung des Rats Justiz und Inneres gefunden.[52] Im **internationalen Unterhaltsrecht** gilt die Unterhaltsverordnung, im Übrigen Völkerverträge oder autonomes Verfahrensrecht.[53]

III. Zuweisung, Ausübung, Übertragung sowie Entziehung der elterlichen Verantwortung (Art. 1 Abs. 1 lit. b)

1. Allgemeines

Der sachliche Anwendungsbereich der Verordnung erstreckt sich auch auf **15** Maßnahmen, die die elterliche Verantwortung betreffen. Der Begriff der „**elterlichen Verantwortung**" schien dem Unionsgesetzgeber wohl auch deshalb als **Leitbegriff** akzeptabel, weil er im internationalen Verfahrensrecht bereits eingeführt ist.[54] Er findet sich etwa in Art. 18 der UN-Kinderkonvention vom 20.11.1989[55] und im KSÜ.[56] So definiert Art. 1 Abs. 2 KSÜ den Begriff der

---

[45] Näher Geimer/Schütze/*Dilger* Rn. 16.

[46] *Dilger* Rn. 155.

[47] Geimer/Schütze/*Dilger* Rn. 18; MüKoFamFG/*Gottwald* Art. 1 Rn. 9.

[48] S. nur *H. Roth* IPRax 2013, 188 (189).

[49] S. auch *H. Roth* IPRax 2013, 188 (189).

[50] Vorschlag für eine Verordnung des Rates über die Zuständigkeit, das anzuwendende Recht, die Anerkennung und die Vollstreckung von Entscheidungen im Bereich des Ehegüterrechts, KOM (2011) 126 endg.

[51] Vorschlag für eine Verordnung des Rates über die Zuständigkeit, das anzuwendende Recht, die Anerkennung und die Vollstreckung von Entscheidungen im Bereich des Güterrechts eingetragener Partnerschaften, KOM (2011) 127 endg.

[52] Pressemitteilung Nr. 17315/12, S. 15. Dazu *Kohler/Pintens* FamRZ 2013, 1437.

[53] Zu Initiativen des EU-Gesetzgebers im Bereich des Güterrechts vgl. nur *Hau*, FS Simotta, 2012, 215.

[54] Borrás-Bericht, Abl. EG 1998 – C 221, 27 Rn. 24.

[55] BGBl. 1992 II 122.

[56] Vgl. zum Verhältnis der Verordnung zu MSA und KSÜ etwa *Andrae* IPRax 2006, 82.

„elterlichen Verantwortung" als „die elterliche Sorge und jedes andere entsprechende Sorgeverhältnis, das die Rechte, Befugnisse und Pflichten der Eltern, des Vormunds oder eines anderen gesetzlichen Vertreters in Bezug auf die Person oder das Vermögen des Kindes bestimmt".

16   Die **entscheidende Neuerung** gegenüber der Brüssel II-VO liegt in einer wichtigen Erweiterung der sachlichen Zuständigkeit in diesem Bereich.[57] Sie ist **nicht auf Sorgerechtsentscheidungen** beschränkt, die **im Zusammenhang mit Ehesachen** zu treffen sind.[58] Der Leitgedanke dieser Erweiterung ist in Erwägungsgrund 5 ausgesprochen: „Um die Gleichbehandlung aller Kinder sicherzustellen, gilt diese Verordnung für alle Entscheidungen über die elterliche Verantwortung, einschließlich der Maßnahmen zum Schutz des Kindes, ohne Rücksicht darauf, ob eine Verbindung zu einem Verfahren in Ehesachen besteht." Der EuGH betont zu Recht den Charakter dieses Erwägungsgrundes als Leitmotiv für die autonome Auslegung des Art. 1 Abs. 1 lit. b und schließt daraus auf die Notwendigkeit, den Anwendungsbereich im Bereich der elterlichen Verantwortung weit zu verstehen.[59]

2. Begriff der elterlichen Verantwortung

17   **a) Legaldefinition (Art. 2 Nr. 7).** Die Verordnung beinhaltet ihrerseits eine Legaldefinition der „elterlichen Verantwortung" in **Art. 2 Nr. 7**. Sie umfasst danach „die gesamten Rechte und Pflichten, die einer natürlichen oder juristischen Person durch Entscheidung oder kraft Gesetzes oder durch eine rechtlich verbindliche Vereinbarung betreffend die Person oder das Vermögen eines Kindes übertragen wurden". Art. 2 Nr. 8–10 enthält weitere Definitionen, die wichtige Begriffe innerhalb der elterlichen Verantwortung näher konkretisieren (Träger der elterlichen Verantwortung, Sorgerecht, Umgangsrecht).[60]

18   **b) Träger der elterlichen Verantwortung.** Mit „elterlicher" Verantwortung ist über die alltagssprachliche Bedeutung hinaus unstreitig **nicht nur die Verantwortlichkeit der leiblichen oder rechtlichen Eltern** gemeint.[61] Vielmehr geht es auch um die Verantwortung anderer Personen und Institutionen, die die Verantwortung der Eltern ergänzen oder ersetzen, indem sie die Personen- oder Vermögenssorge wahrnehmen. Dies betrifft insbesondere Vormünder, Pfleger, Beistände, Umgangsberechtigte, Pflegeeltern und Großeltern.[62]

19   **c) Umfang der elterlichen Verantwortung.** Ob und in welchem Umfang einer Person oder Einrichtung elterliche Verantwortung zukommt, ist eine **Vorfrage;** die Verordnung selbst beantwortet diese nicht. Maßgeblich für die Beurteilung dieser Vorfrage sind das **kollisionsrechtlich berufene Sachrecht**[63] oder

---

[57] Zur elterlichen Verantwortung in der Brüssel II-VO s. etwa *Simotta*, FS Jellinek, 2002, 291.

[58] *Solomon* FamRZ 2004, 1409; *Looschelders* JR 2006, 45; *Holzmann* S. 67 f.

[59] EuGH 2.4.2009 – C-523/07, Slg. 2009 I-2805 Rn. 25 – A. Dazu näher → Art. 1 Rn. 3.

[60] → Art. 2 Rn. 14 ff.

[61] *Solomon* FamRZ 2004, 1409 (1410).

[62] *Holzmann* S. 68; MüKoFamFG/*Gottwald* Brüssel IIa-VO Art. 1 Rn. 15; Rauscher/*Rauscher* EuZPR/EuIPR (2010) Einl Brüssel IIa-VO Rn. 28.

[63] MüKoFamFG/*Gottwald* Art. 1 Rn. 15; so auch das Vorgehen des OLG Celle FamRZ 2007, 1587.

die Voraussetzungen der **Anerkennung,** wenn sich die elterliche Verantwortung aus einer mitgliedstaatlichen Entscheidung ergeben soll.[64]

d) Der Begriff des „Kindes". Ebenfalls eine **Vorfrage** in diesem Sinne ist,   **20** ob eine Person als Kind anzusehen ist, also potentiell Bezugspunkt der elterlichen Verantwortung sein kann. Auch diese Vorfrage ist in der Verordnung nicht beantwortet. Sie beinhaltet keine Definition des Begriffs „Kind", insbesondere keine Regelung zum Volljährigkeitsalter. **Maßgeblich** für die Beantwortung dieser Frage ist wiederum **das kollisionsrechtlich berufene Sachrecht,** also regelmäßig das Personalstatut.[65] So können unterschiedliche Volljährigkeitsalter nach Aufenthalts- und Heimatrecht zu negativen Kompetenzkonflikten führen. Das angerufene Gericht kann etwa nach den Art. 8 ff. unzuständig sein, während die Aufenthaltsgerichte das Kind als volljährig behandeln.[66] **Unterschiede** können sich auch daraus ergeben, dass in manchen Mitgliedstaaten Minderjährige durch Eheschließung volljährig werden, in anderen nicht (vgl. Art. 7 Abs. 1 S. 2 EGBGB).[67] Um diese Konflikte zu vermeiden, wird teilweise eine **autonome Definition** des Begriffs „Kind" vorgeschlagen. „Kinder" sind danach mit Blick auf die weitgehende Übereinstimmung in den mitgliedstaatlichen Rechtsordnungen nur Personen, die das 18. Lebensjahr noch nicht vollendet haben.[68] Diese rechtsfortbildende Auslegung ist allerdings **abzulehnen.** Das praktische Bedürfnis für sie hält sich schon deshalb in Grenzen, weil die genannten Fälle selten vorkommen dürften. Wenn Aufenthaltsgerichte nach ihrer autonomen Zuständigkeitsordnung unzuständig sind, sollte die zugrunde liegende Wertentscheidung durch das europäische Verfahrensrecht nur beiseitegeschoben werden, wenn der Unionsgesetzgeber eine andere Wertentscheidung zum Ausdruck gebracht hat. Auch entspricht es dem Ausschluss von Statusfragen und Volljährigkeitserklärung aus dem Anwendungsbereich der Verordnung (Art. 1 Abs. 3 lit. a und d), dass der Begriff des „Kindes" als Vorfrage vom Personalstatut beantwortet wird.[69]

Das **nationale Kindschaftsrecht** entscheidet auch darüber, ob und ab wel-   **21** chem Zeitpunkt ein **nasciturus** als Kind anzusehen ist.[70]

3. Der Positivkatalog des Art. 1 Abs. 2

Der Positivkatalog des Art. 1 Abs. 2 ist **nicht abschließend** („insbeson-   **22** dere").[71] Er beinhaltet die wichtigsten Maßnahmen der Personen- und Vermögenssorge, des Umgangsrechts sowie einzelne Schutzmaßnahmen zum Schutz des Kindes oder seines Vermögens.

---

[64] Geimer/Schütze/*Dilger* Rn. 24.

[65] *Solomon* FamRZ 2004, 1409 (1410 f.).

[66] Rauscher/*Rauscher* EuZPR/EuIPR (2010) Rn. 24.

[67] *Looschelders* JR 2006, 45 (46). Der Grundsatz „Heirat macht mündig" ist etwa im romanischen Rechtskreis verbreitet, vgl. Staudinger/*Hausmann* EGBGB Art. 7 Rn. 52 f.

[68] *Holzmann* S. 87 ff.; Rauscher/*Rauscher* EuZPR/EuIPR (2010) Rn. 24; MüKoFamFG/ *Gottwald* Art. 1 Rn. 14; Geimer/Schütze/*Dilger* Art. 2 Rn. 13 (alle mwN).

[69] So im Ergebnis auch Magnus/Mankowski/*Pintens* Rn. 65; *Lowe*, [2004] IFL 205 (207); *Solomon* FamRZ 2004, 1409 (1410); *Looschelders* JR 2006, 45 (46); *Schulte-Bunert* FamRZ 2007, 1608 (1610).

[70] Rauscher/*Rauscher* EuZPR/EuIPR (2010) Rn. 25.

[71] EuGH 27.11.2007 – C-435/06, Slg. 2007 I-10141 Rz. 30 – C; *Gruber* IPRax 2005, 293 (296); *Dutta* FamRZ 2008, 835 (836).

23   **a) Sorgerecht.** Der Begriff des Sorgerechts ist in Art. 2 Nr. 9 legaldefiniert
(→ Art. 2 Rn. 14). In den sachlichen Anwendungsbereich fällt auch die deklaratorische Feststellung eines *ex lege* **bestehenden Sorgerechtsverhältnisses.**[72] Die
autonome Auslegung muss auch hier beim Wortlaut ihren Ausgangspunkt nehmen. Art. 1 Abs. 1 lit. b spricht von „Zuweisung, Ausübung, die Übertragung
sowie die vollständige oder teilweise Entziehung der elterlichen Verantwortung".
Dies ist zwar wohl auf konstitutive Sorgerechtsentscheidungen zugeschnitten.
Doch mit „Zuweisung der elterlichen Verantwortung" kann dem Wortlaut nach
auch eine deklaratorische Feststellung eines Sorgerechtsverhältnisses umschrieben
sein, mit der die Verantwortung insoweit „zugewiesen" wird, als Unklarheiten
über ihr Bestehen beseitigt werden.[73] Zudem ist lit. a des Art. 1 Abs. 2 denkbar
weit formuliert und überdies nicht abschließend. Auch die teleologische Auslegung spricht für die Einbeziehung deklaratorischer Feststellungsverfahren: Die
Verordnung zielt auf eine **umfassende Regelung der elterlichen Verantwortung** (vgl. auch Erwägungsgrund 5) und strebt die unionsweite Gleichbehandlung
aller Kinder an. Eine deklaratorische Entscheidung über das gesetzliche Bestehen
eines Sorgerechtsverhältnisses liegt zwar nahe bei der Feststellung der Elternschaft
als Statusfrage,[74] die sicher nicht von der Verordnung erfasst wird.[75] Gleichwohl
ist die Feststellung auf die elterliche Sorge begrenzt und erstreckt sich nicht auf
die anderen Wirkungen des Status.

24   **b) Vormundschaft, Pflegschaft und ähnliche Rechtsinstitute.** Die
Erstreckung der elterlichen Verantwortung auf Vormundschaft, Pflegschaft und
ähnliche Rechtsinstitute ist **an Art. 3 lit. c KSÜ angelehnt.** Ein Beispiel für ein
ähnliches Rechtsinstitut bietet das deutsche Familienrecht mit der **Beistandschaft**
(§§ 1712 ff. BGB). Betreuungsmaßnahmen gegenüber Volljährigen (also im
Regelfall, vgl. § 1896 Abs. 1 S. 1 BGB) sind nicht erfasst.[76] Sie können aber
bei vorsorglichen Maßnahmen für 17-jährige gem. § 1908a S. 1 BGB in den
Anwendungsbereich der Verordnung fallen. Zwar werden sie gem. § 1908a S. 2
BGB erst mit dem Eintritt der Volljährigkeit wirksam. Schon im Zeitpunkt ihres
Erlasses kann sich aber etwa die Frage nach der internationalen Zuständigkeit
stellen.

25   **c) Bestimmung und Aufgabenbereich jeder Person oder Stelle, die für
die Person oder das Vermögen des Kindes verantwortlich ist, das Kind
vertritt oder diesem beisteht.** Die Regelung ist an Art. 3 lit. d KSÜ angelehnt.
Erfasst ist also auch die Bestellung von Vormündern, Pflegern oder Beiständen,[77]
ebenso die Bestellung von Betreuern im Fall des § 1908a BGB.[78]

26   **d) Unterbringung des Kindes in einer Pflegefamilie oder einem Heim.**
Als Schutzmaßnahme benennt lit. d **exemplarisch** die Unterbringung des Kindes

---

[72] S. dazu OGH Wien B. v. 8.5.2008 – 6 Ob 30/08t, IPRax 2010, 542; aA: *Hohloch*
IPRax 2008, 567.

[73] AA: *Hohloch* IPRax 2008, 567 (569).

[74] *Hohloch* IPRax 2008, 567 (569).

[75] → Rn. 20.

[76] Rauscher/*Rauscher* EuZPR/EuIPR (2010) Rn. 30; MüKoFamFG/*Gottwald* Art. 1
Rn. 14.

[77] Rauscher/*Rauscher* EuZPR/EuIPR (2010) Rn. 31.

[78] Von diesem Sonderfall abgesehen ist minderjährigen Kindern kein Betreuer zu bestellen,
vgl. Rauscher/*Rauscher* Rn. 30.

in einer Pflegefamilie oder einem Heim. In den sachlichen Anwendungsbereich der Verordnung fallen aber **auch nicht explizit benannte Maßnahmen,** etwa die **behördliche Inobhutnahme.**[79] Auch diese Maßnahmen betreffen den Kern der elterlichen Verantwortung. Blieben sie ausgeklammert, könnte die Verordnung ihr umfassendes Schutzanliegen (vgl. auch Erwägungsgrund 5) nicht erreichen. Schutzmaßnahmen der in lit. d exemplarisch benannten Art sind darüber hinaus regelmäßig auch als **Zivilsachen** iSd Art. 1 Abs. 1 anzusehen.[80]

27   e) **Maßnahmen zum Schutz des Kindes im Zusammenhang mit der Verwaltung und Erhaltung seines Vermögens oder der Verfügung darüber.** Auch Schutzmaßnahmen zugunsten des Kindesvermögens sind erfasst. Zur Eingrenzung des sachlichen Anwendungsbereichs in diesem Bereich ist Erwägungsgrund 9 aufschlussreich. Die Verordnung erfasst nur unmittelbar das Vermögen schützende Maßnahmen. Das betrifft zunächst die Kompetenzzuweisung zugunsten der betrauten Schutzperson. Darüber hinaus sind **unmittelbar verwaltende und erhaltende Maßnahmen** angesprochen. Geht es dagegen nicht mehr unmittelbar um den Schutz des Vermögens, sondern nur mehr um den rechtlichen Vollzug von Geschäften, die als Schutzmaßnahme getroffen worden waren, ist die Brüssel I-VO anwendbar. Ein Beispiel bieten Klagen des Sorgeberechtigten aus genehmigungsbedürftigen Rechtsgeschäften.[81]

28   f) **Umgangsrecht.** Der Begriff des Umgangsrechts ist in Art. 2 Nr. 10 legaldefiniert. Er entspricht Art. 5 lit. b HKÜ. Erfasst ist insbesondere auch ein **Wechsel des Aufenthaltsortes** des Kindes für begrenzte Zeit, auch wenn der Wechsel grenzüberschreitend ist.[82] Der Begriff ist bei autonomer Auslegung **weit zu verstehen** und umfasst nicht nur das Umgangsrecht der Eltern, sondern auch Umgangsrechte anderer dem Kind nahestehender Personen (beispielsweise der Großeltern).[83]

4. Der Negativkatalog des Art. 1 Abs. 3

29   Der Negativkatalog **entspricht** im Wesentlichen demjenigen des Art. 4 lit. a bis f sowie lit. i KSÜ. Für die Anwendung der Verordnung von höchster Bedeutung ist der **Ausschluss von Statusfragen** in lit. a. Statusfragen wie das Bestehen eines Eltern-Kind-Verhältnisses sind **entscheidende Vorfragen** im internationalen Kindschaftsrecht. Die Verordnung klammert diese Fragen allerdings aus.[84] Während lit. d nur das Eltern-Kind-Verhältnis benennt, spricht Erwägungsgrund 10 S. 2 explizit von allen sonstigen Fragen im Zusammenhang mit dem Personenstand. Lit. b, c und d beziehen sich auf **das Adoptions- und Namensrecht** sowie die **Volljährigkeitserklärung.** Lit. e und f schließen Unterhalts- und Erbrecht aus. Für Unterhaltspflichten ist die VO (EG) Nr. 4/2009 maßgeblich, für das Erbschaftsrecht derzeit autonomes Recht, ab dem 17.8.2015 die VO (EU) Nr. 650/2012. Auch diese schließt allerdings in ihrem Art. 1 Abs. 2 lit. j die Errichtung, Funktionsweise und Auflösung von Trusts aus ihrem Anwendungsbe-

---

[79] EuGH 27.11.2007 – C-435/06, Slg. 2007 I-10141 – C; EuGH 2.4.2009 – C-523/07, Slg. 2009 I-02805 – „A"; dazu auch *Gruber* IPRax 2008, 490 ff.

[80] → Rn. 3.

[81] Rauscher/*Rauscher* EuZPR/EuIPR (2010) Einl Brüssel IIa-VO Rn. 33.

[82] *Holzmann* S. 71.

[83] *Holzmann* S. 72 ff.

[84] Vgl. auch AG Leverkusen FamRZ 2007, 2087 Rn. 7.

reich aus. Lit. g betrifft schließlich Maßnahmen aufgrund von **Straftaten von Kindern.**

5. Weitere Maßnahmen

30   Einige Maßnahmen, die in inhaltlicher Nähe zum Anwendungsbereich der Verordnung stehen, haben keine ausdrückliche Regelung gefunden. **Nicht** erfasst sind **soziale Sicherheit, öffentliche Maßnahmen allgemeiner Art** in Angelegenheiten der Erziehung und Gesundheit sowie **Asyl** und **Einwanderungsentscheidungen.** Diese finden sich explizit im Negativkatalog der Art. 4 lit. g, h und j KSÜ. Der Verordnungsgeber erwähnte ihren Ausschluss neben dem Ausschluss von Erziehungs- und Gesundheitsangelegenheiten lediglich in Erwägungsgrund 10 S. 1.

31   Die Verordnung **erstreckt sich** dagegen auf die **Herausgabe des Kindes,** insbesondere in Fällen der Kindesentführung.[85] Dies setzen die Art. 10 f. stillschweigend voraus.[86] Ebenso erfasst sind Anträge, die auf eine **gerichtliche Vermittlung** zwischen den Standpunkten der Eltern zur Organisation des Umgangsrechts gerichtet sind.[87] Auch die Vermittlung solcher Streitfragen liegt im Kernbereich der elterlichen Verantwortung.[88] Gleiches gilt für Maßnahmen der behördlichen Aufsicht über die Kinderbetreuung, nicht aber für öffentlich-rechtliche Aufsichtsmaßnahmen wie die Dienstaufsicht über einen Jugendamtsmitarbeiter als Beistand.[89]

Art. 2 Begriffsbestimmungen

Für die Zwecke dieser Verordnung bezeichnet der Ausdruck

1.   „Gericht" alle Behörden der Mitgliedstaaten, die für Rechtssachen zuständig sind, die gemäß Artikel 1 in den Anwendungsbereich dieser Verordnung fallen;

2.   „Richter" einen Richter oder Amtsträger, dessen Zuständigkeiten denen eines Richters in Rechtssachen entsprechen, die in den Anwendungsbereich dieser Verordnung fallen;

3.   „Mitgliedstaat" jeden Mitgliedstaat mit Ausnahme Dänemarks;

4.   „Entscheidung" jede von einem Gericht eines Mitgliedstaats erlassene Entscheidung über die Ehescheidung, die Trennung ohne Auflösung des Ehebandes oder die Ungültigerklärung einer Ehe sowie jede Entscheidung über die elterliche Verantwortung, ohne Rücksicht auf die Bezeichnung der jeweiligen Entscheidung, wie Urteil oder Beschluss;

5.   „Ursprungsmitgliedstaat" den Mitgliedstaat, in dem die zu vollstreckende Entscheidung ergangen ist;

---

[85] Dazu etwa *Coester,* FS Schlosser, 2005, 135; zum Haager Abkommen über die zivilrechtlichen Aspekte internationaler Kindesentführung v. 25.10.1980 (HKÜ) s. etwa *Finger* FamFR 2012, 316.

[86] Zu den Modifikationen des HKÜ durch die Verordnung vgl. *Gruber* FPR 2008, 214 und die Kommentierung zu Art. 11.

[87] AG Leverkusen IPRspr 2006, Nr. 148, 324.

[88] AG Leverkusen IPRspr 2006, Nr. 148, 324.

[89] *Rauscher/Rauscher* EuZPR/EuIPR (2010) Einl Brüssel IIa-VO Rn. 34.

6. „Vollstreckungsmitgliedstaat" den Mitgliedstaat, in dem die Entscheidung vollstreckt werden soll;

7. „elterliche Verantwortung" die gesamten Rechte und Pflichten, die einer natürlichen oder juristischen Person durch Entscheidung oder kraft Gesetzes oder durch eine rechtlich verbindliche Vereinbarung betreffend die Person oder das Vermögen eines Kindes übertragen wurden. Elterliche Verantwortung umfasst insbesondere das Sorge- und das Umgangsrecht;

8. „Träger der elterlichen Verantwortung" jede Person, die die elterliche Verantwortung für ein Kind ausübt;

9. „Sorgerecht" die Rechte und Pflichten, die mit der Sorge für die Person eines Kindes verbunden sind, insbesondere das Recht auf die Bestimmung des Aufenthaltsortes des Kindes;

10. „Umgangsrecht" insbesondere auch das Recht, das Kind für eine begrenzte Zeit an einen anderen Ort als seinen gewöhnlichen Aufenthaltsort zu bringen;

11. „widerrechtliches Verbringen oder Zurückhalten eines Kindes" das Verbringen oder Zurückhalten eines Kindes, wenn

   a) dadurch das Sorgerecht verletzt wird, das aufgrund einer Entscheidung oder kraft Gesetzes oder aufgrund einer rechtlich verbindlichen Vereinbarung nach dem Recht des Mitgliedstaats besteht, in dem das Kind unmittelbar vor dem Verbringen oder Zurückhalten seinen gewöhnlichen Aufenthalt hatte, und

   b) das Sorgerecht zum Zeitpunkt des Verbringens oder Zurückhaltens allein oder gemeinsam tatsächlich ausgeübt wurde oder ausgeübt worden wäre, wenn das Verbringen oder Zurückhalten nicht stattgefunden hätte. Von einer gemeinsamen Ausübung des Sorgerechts ist auszugehen, wenn einer der Träger der elterlichen Verantwortung aufgrund einer Entscheidung oder kraft Gesetzes nicht ohne die Zustimmung des anderen Trägers der elterlichen Verantwortung über den Aufenthaltsort des Kindes bestimmen kann.

Literatur: *Coester*, Kooperation statt Konfrontation: Die Rückgabe entführter Kinder nach der Brüssel IIa-Verordnung, FS Schlosser, 2005, 135; *Hausmann*, Internationales und Europäisches Ehescheidungsrecht, 2013; *Holzmann*, Brüssel IIa VO: Elterliche Verantwortung und internationale Kindesentführungen, 2008.

I. Regelungszweck

In Art. 2 werden einige der **zentralen Begriffe definiert,** die in der Verord- **1** nung Verwendung finden. Die Brüssel II-VO verzichtete darauf, zentrale Begriffe vor die Klammer zu ziehen. Das „**Klammerprinzip**" des Art. 2 ist an die Gesetzgebung in Ländern des *Common Law* angelehnt und im europäischen Zivilverfahrensrecht schon aus den Verordnungen der „neuen Generation" bekannt.[1] Im Ansatz ist die Idee begrüßenswert, allgemeine und an mehreren Orten verwendete Begriffe vor die Klammer zu ziehen. Teilweise wären aber

---

[1] Art. 2 EuUntVO, Art. 5 EuMahnVO, Art. 4 EuVtVO.

die Definitionen an den jeweils entscheidenden Stellen wohl systematisch besser verortet gewesen.[2]

II. Zu den einzelnen Begriffen

2   Erläutert werden im Folgenden nur Begriffe, die nicht schon aus sich selbst heraus verständlich werden oder zu denen ergänzende Anmerkungen angezeigt sind.

1. Gericht, Richter (Nr. 1 und 2)

3   Die Verordnung legt einen **äußerst weiten Begriff** von „Gericht" zugrunde.[3] Dies resultiert insbesondere daraus, dass der Anwendungsbereich der Verordnung nicht davon abhängen sollte, ob in den einzelnen Mitgliedstaaten Gerichte oder Verwaltungsbehörden für Ehescheidungen zuständig sind.[4] Die entscheidende Stelle muss allerdings **Behörde** eines Mitgliedstaates sein, also unmittelbar die Gewalt dieses Staates ausüben. Zu Kirchengerichten → Art. 1 Rn. 9, zu Privatscheidungen → Art. 1 Rn. 10. Der **Richterbegriff** ist ähnlich weit wie der Gerichtsbegriff. Insbesondere sind auch **Verwaltungsbeamte** umfasst, wenn sie nur für Angelegenheiten zuständig sind, die in den Anwendungsbereich der Verordnung fallen.

2. Mitgliedstaat (Nr. 3)

4   Dänemark ist kein Mitgliedstaat im Sinne der Verordnung.[5] Das Vereinigte Königreich und Irland sind dagegen an der Verordnung **beteiligt.**[6]

3. Entscheidung (Nr. 4)

5   **a) Allgemeines.** Die Definition bezieht sich nur auf Entscheidungen iS **gerichtlicher Judikate,** wie sie Gegenstand der Anerkennung und Vollstreckung sind. Dies ergab sich in der Brüssel II-VO bereits aus der systematischen Stellung der inhaltsgleichen Definition des Art. 13 Abs. 1 in Kapitel III (Anerkennung und Vollstreckung) der Verordnung. Eine inhaltliche Änderung dürfte mit der **neuen systematischen Positionierung** der Definition kaum bezweckt sein.[7] Auch behördliche Entscheidungen können wegen des weiten Gerichtsbegriffs der Verordnung erfasst sein. Der Name „Entscheidung" ist nicht ausschlaggebend, wie der Verordnungstext explizit klarstellt. Die Definition ist an Art. 32 EuGVO angelehnt, allerdings auf den begrenzten sachlichen Anwendungsbereich der Verordnung zugeschnitten. Die Rechtsprechung des EuGH zu **Art. 32 EuGVO** kann daher Berücksichtigung finden, sofern die maßgeblichen Unterschiede in Anwendungsbereich und Ausgestaltung Beachtung finden.

6   Wegen der **Wirkungserstreckung der Anerkennung gem. Art. 21 ff.** muss eine Entscheidung im Ursprungsmitgliedstaat bereits Wirkungen entfalten. Daran

---

[2] Rauscher/*Rauscher* Rn. 10; Fasching/Konecny/*Fucik* EuEheKindVO Art. 2 Rn. 8.

[3] Magnus/Mankowski/*Pintens* Rn. 4.

[4] → Art. 1 Rn. 4.

[5] Vgl. auch Erwägungsgrund 31.

[6] Vgl. Erwägungsgrund 30 und näher → Einleitung Brüssel IIa Rn. 2.

[7] Rauscher/*Rauscher* Rn. 5.

fehlt es, wenn ein **konstitutives Eintragungserfordernis** (Scheidungsregister) noch nicht erfüllt ist.[8]

b) Stattgebende (positive) und zurückweisende (negative) Entschei- 7 **dungen.** Im Bereich der **elterlichen Verantwortung** sind Entscheidungen unabhängig davon erfasst, ob sie stattgebender (positiver) oder zurückweisender (negativer) Natur sind.[9] Beide Entscheidungsformen sind auf die elterliche Verantwortung bezogen und in ihren Wirkungen auf die Beteiligten meist reziprok: Ihnen kommt für die Person, die sie begünstigen, positive Wirkung zu, dagegen für die Person, die sie benachteiligen, negative Wirkung.[10]

Hingegen sind im Bereich der **Ehescheidung** und dieser verwandten Insti- 8 tute nur **rechtsgestaltende Entscheidungen** erfasst, die zu einer **Aufhebung** oder zumindest **Lockerung** des ehelichen Bandes führen.[11] Das sind insbesondere Scheidungsbeschlüsse, Aufhebungsbeschlüsse und Nichtigkeitsfeststellungsbeschlüsse. Entscheidungen, die die begehrte Aufhebung (oder Schwächung) des ehelichen Bandes abweisen, sind dagegen keine Entscheidungen im Sinne der Verordnung und fallen nicht in ihren Anwendungsbereich. Dem deutschen Wortlaut lässt sich diese gravierende Einschränkung des Anwendungsbereichs zwar nicht entnehmen.[12] Doch sprechen für den Ausschluss abweisender Entscheidungen etwa der **Wortlaut der englischen und französischen Fassung,** die von „divorce, legal separation or marriage annulment" bzw. von „toute décision de divorce, séparation de corps ou d'annulation d'un mariage" sprechen. Unter diese Begriffe lassen sich nur die rechtsgestaltenden Entscheidungen subsumieren, nicht aber solche, die die begehrte Aufhebung oder Lockerung ablehnen. Auch die **teleologische Auslegung** spricht für dieses Ergebnis. Denn ein wesentliches Ziel der Verordnung besteht darin, Scheidungen, Eheaufhebungen und Nichtigkeitsfeststellungen im europäischen Kontext zu erleichtern, nicht aber zu erschweren.[13] Dieser Aspekt wird von **historischen Argumenten** noch unterstützt. Ausweislich des Borrás-Berichts wurde die Frage, ob auch negative Entscheidungen erfasst sein sollen, ausführlich diskutiert; man habe sich aber auch wegen der großen Unterschiede der materiellen Scheidungsrechte dafür entschieden, den Begriff „Entscheidung" auf positive Entscheidungen zu beschränken.[14] Die **Grenzen der Auslegung** lassen wegen der ausdrücklichen Entscheidung des Gesetzgebers kein ehefreundlicheres Ergebnis zu – unabhängig davon, wie man dies rechtspolitisch bewerten möchte.[15] **Negative Entscheidungen** können aber nach den Regeln des jeweils *lege fori* geltenden autonomen Verfahrensrechts aner-

---

[8] Borrás-Bericht, Abl. EG 1998 – C 221, 27 Rn. 60.

[9] S. nur *Dornblüth* S. 55 f.; Magnus/Mankowski/*Pintens* Rn. 15.

[10] Borrás-Bericht, Abl. EG 1998 – C 221, 27 Rn. 60.

[11] HM, vgl. *Dornblüth* S. 53 ff.; *Helms* FamRZ 2001, 257 (258); *ders.* FamRZ 2002, 1593 (1598); *Spellenberg*, FS Schumann, 2001, 423 (432 f.).

[12] *Spellenberg*, FS Schumann, 2001, 423 (432).

[13] Borrás-Bericht, Abl. EG 1998 – C 221, 27 Rn. 60.

[14] Borrás-Bericht, Abl. EG 1998 – C 221, 27 Rn. 60. Der politische Hintergrund der Einschränkung liegt in Ängsten skandinavischer Staaten vor einer zu starken Einschränkung der Freiheit zur Eheauflösung, dazu *Dornblüth* S. 54 f.

[15] Dazu etwa *Spellenberg*, FS Schumann, 2001, 423 (432 f.); *Schack* RabelsZ 2001, 615 (616 f.); zu einer ebenfalls möglichen Lösung des Problems divergierender materieller Scheidungsrechte über den *ordre public* s. *Hau* FamRZ 1999, 484 (487).

kannt werden.[16] Der Rückgriff ist mangels sachlicher Anwendbarkeit der Verordnung nicht gesperrt.

9   **c) Kirchliche Entscheidungen.** Kirchliche Entscheidungen regelt die Verordnung nicht explizit. Ihnen fehlt ohne staatliche Beteiligung oder Ermächtigung die Ausübung staatlicher Hoheitsgewalt; sie sind auch keine Zivilsachen iSd Art. 1.[17] Indes können auch kirchliche Entscheidungen funktionell als von einem mitgliedstaatlichen Gericht erlassene Entscheidungen anzusehen sein. Dies ist der Fall, wenn die Kirchengerichte auf der Grundlage von **Konkordaten** staatliche Hoheitsbefugnisse ausüben.[18] Sie sind dann ähnlich wie Beliehene Träger der öffentlichen Gewalt und funktionell als „Gericht eines Mitgliedstaats" zu betrachten.[19] Dies zeigt sich auch in Art. 63, insbes. in Abs. 2 der Regelung.[20] Wenn die kirchliche Entscheidung erst später durch die **Entscheidung eines mitgliedstaatlichen Gerichts** in ihrer rechtlichen Wirksamkeit **anerkannt** wird, fällt diese Entscheidung des weltlichen Gerichts unter Art. 2 Nr. 4.[21] Darin liegt auch kein unzulässiger Doppelexequatur, denn anerkannt wird die erste staatliche Befassung mit der Scheidungssache, auch wenn die kirchliche Entscheidung letztlich in der Sache keine Nachprüfung findet.[22]

10   **d) Privatscheidungen.** Privatscheidungen **ohne konstitutive Mitwirkung** eines **Gerichts** oder einer **Behörde** fallen schon nicht in den Anwendungsbereich der Verordnung.[23] Dagegen sind gerichtliche oder behördliche Akte erfasst, die zur Wirksamkeit der Ehescheidung nach dem kollisionsrechtlich berufenen Ehescheidungsstatut oder den verfahrensrechtlichen Regelungen des Scheidungsstaates erforderlich sind.[24]

11   **e) Feststellungsentscheidungen.** Entscheidungen, die das Bestehen oder Nichtbestehen einer Ehe feststellen (Feststellungsentscheidungen), fallen ebenfalls **nicht** in den Anwendungsbereich der Verordnung.[25]

12   **f) Maßnahmen des einstweiligen Rechtsschutzes.** Der Begriff der „Entscheidung" umfasst auch Maßnahmen des einstweiligen Rechtsschutzes.[26] Strittig ist dabei vor allem die Reichweite des Art. 20, insbes. ob diese Regelung auf

---

[16] *Helms* FamRZ 2001, 257 (258); *Spellenberg*, FS Schumann, 2001, 423 (433); Rauscher/*Rauscher* Rn. 11; aA: *C. Kohler* NJW 2001, 10 (13).

[17] *Spellenberg*, FS Schumann, 2001, 423 (437). S. auch → Art. 1 Rn. 9.

[18] *Spellenberg*, FS Schumann, 2001, 423 (435 f.).

[19] *Helms* FamRZ 2001, 257 (259); Fasching/Konecny/*Fucik* EuEheKindVO Art. 2 Rn. 8; anders Rauscher/*Rauscher* Rn. 7, der die Konkordatsfälle als Ausnahme einer (ungeschriebenen) Regel betrachtet, der zufolge auch kirchliche Entscheidungen, die im jeweiligen Mitgliedstaat kraft Gesetzes unmittelbar wirken, nicht generell nach der Verordnung anerkannt würden, sondern nur in Sonderfällen.

[20] Näher dazu → Art. 63 Rn. 2.

[21] *Jayme*/*Nordmeier* IPRax 2008, 369 (370); *Spellenberg*, FS Schumann, 2001, 423 (436); *Gördes* S. 49.

[22] So überzeugend Rauscher/*Rauscher* Einl Brüssel IIa-VO Rn. 7.

[23] → Art. 1 Rn. 10.

[24] Rauscher/*Rauscher* Rn. 9.

[25] → Art. 1 Rn. 13 mwN auch zur Gegenauffassung.

[26] EuGH Slg. 2009 I-2805 – A; EuGH 9.11.2010 – C-296/10, Slg. 2010 I-7353 – Purrucker; Rauscher/*Rauscher* Art. 2 Rn. 17 f.; *Hausmann* Rn. J 38; zur Problematik eingehend *Pirrung* IPRax 2011, 351.

Rechtsgebiete beschränkt ist, die in den Anwendungsbereich der Verordnung fallen.[27]

4. Ursprungsmitgliedstaat, Vollstreckungsmitgliedstaat (Nr. 5 und 6)

Die Definitionen der Nr. 5 und 6 sind aus sich heraus verständlich. **13**

5. Elterliche Verantwortung, Träger der elterlichen Verantwortung, Sorgerecht und Umgangsrecht (Nr. 7, 8, 9 und 10)

Die Definitionen **ergänzen** die Regelungen zum **sachlichen Anwendungs-** **14**
bereich der Verordnung in diesem Bereich (→ Art. 1 Rn. 1 ff.). Auch für ihren
Inhalt gilt im Grundsatz das Gebot autonomer Auslegung.[28] Zur deklaratorischen
Feststellung eines *ex lege* bestehenden Sorgerechtsverhältnisses → Art. 1 Rn. 23.

6. Widerrechtliches Verbringen oder Zurückhalten eines Kindes (Nr. 11)

Die Definition der Nr. 11 **entspricht** im Wesentlichen **Art. 3 HKÜ und** **15**
Art. 7 Abs. 2 KSÜ. Die Literatur zu diesen Regelungen kann ergänzend herangezogen werden,[29] ohne freilich die autonome Auslegung der Verordnung
zwingend zu determinieren. Entscheidend ist die **Sorgerechtsverletzung im**
Zeitpunkt des Verbringens. Dabei genügt es, wenn eine **Mitsorgeberechti-**
gung verletzt wird.[30] Eine **nach diesem Zeitpunkt** beispielsweise durch
gerichtliche Entscheidung entstehende Sorgerechtsberechtigung kann die
Rechtswidrigkeit des Verbringens im Verbringungszeitpunkt nicht mehr
begründen.[31]

Um zu ermitteln, ob eine **Sorgerechtsverletzung** vorliegt, gilt es zu **differen-** **16**
zieren: Der Begriff des Sorgerechts muss als solcher autonom bestimmt werden
und ist im Zweifel weit zu verstehen.[32] Wer indes **Inhaber des Sorgerechts**
ist, unterliegt der Beurteilung des Rechts „des Mitgliedstaats…in dem das Kind
unmittelbar vor dem Verbringen oder Zurückhalten seinen gewöhnlichen Aufenthalt hatte".[33] Die Verordnung verlangt also für die Frage nach der Inhaberschaft
des Sorgerechts die Anwendung mitgliedstaatlichen Rechts. Dies ist als Gesamtverweisung zu verstehen.[34] Über die **Inhaberschaft** entscheidet das kollisionsrechtlich zur Anwendung berufene Sachrecht.[35] Dabei verstößt es auch nicht
gegen Art. 8 EMRK oder Art. 7 Charta der Grundrechte, wenn dem **Vater die**

---

[27] Dazu EuGH 9.11.2010 – C-296/10, Slg. 2010 I-7353 – Purrucker sowie zu weiteren
Einzelheiten → Art. 20 Rn. 2.

[28] EuGH JZ 2011, 145 – McB/E; aA: *Siehr* IPRax 2012, 316.

[29] *Hausmann* Rn. B 53.

[30] *Hausmann* Rn. J 45.

[31] Vgl. EuGH JZ 2011, 145 – McB./.E.

[32] Vgl. EuGH JZ 2011, 145 – McB./.E; aA: *Siehr* IPRax 2012, 316 (318 f.).

[33] Vgl. EuGH JZ 2011, 145 – McB./.E.

[34] *Hausmann* Rn. B 54.

[35] EuGH JZ 2011, 145 – McB./.E.; *Hausmann* B 54; Staudinger/*Pirrung* Rn. C 46; aA:
Siehr IPRax 2012, 316 (318 f.).

elterliche Sorge nach dem anwendbaren Sachrecht nicht *ex lege*, sondern nur kraft Sorgerechtsentscheidung zustehen kann.[36]

17   Gem. lit. b S. 1 muss das Sorgerecht im Verbringungszeitpunkt auch **allein oder gemeinsam tatsächlich ausgeübt** worden sein. Eine wichtige Beschränkung beinhaltet lit. b S. 2: Eine gemeinsame Sorgerechtsausübung liegt danach im Zweifel schon dann vor, wenn eine Mitentscheidungsberechtigung über den Aufenthaltsort des Kindes gegeben ist.

III. Zum Begriff des gewöhnlichen Aufenthalts

18   In Art. 2 ist der Begriff des „gewöhnlichen Aufenthalts" **nicht definiert,** obwohl die Verordnung **in vielen Vorschriften** an ihn anknüpft (vgl. Art. 2 Nr. 10 und 11 lit. a, Art. 3, 6 lit. a, 7 Abs. 2, 8 Abs. 1, 9, 10, 11, 12 Abs. 3a und Abs. 4, Art. 13 Abs. 1, 15 Abs. 3, 18, 23 lit. f, 29 Abs. 2, 33 Abs. 5, 42 Abs. 2, 51 lit. a, 57 Abs. 1, 61, 66 lit. a). Der Begriff des „gewöhnlichen Aufenthalts" spielt also eine zentrale Rolle bei der Anwendung der Verordnung und ist zugleich mit vielen Auslegungsschwierigkeiten verbunden.[37] Dabei verbietet sich nach der Rechtsprechung des EuGH ein unreflektierter Rückgriff auf die Prägung des Begriffs in anderen als den jeweils maßgeblichen rechtlichen Zusammenhängen.[38] **Maßgeblich** ist vielmehr der jeweilige **rechtliche** und **sachliche Kontext,** in dem der Begriff steht.[39] Die zu Art. 8 ff. entwickelte Begriffsentwicklung (Kommentierung zu → Art. 8) kann daher etwa nicht unbesehen auf den Kontext der Ehescheidung übertragen werden.[40] Vor diesem Hintergrund ist der Verzicht auf eine vor die Klammer gezogene, allgemeingültige Definition verständlich. Wünschenswert wären allerdings **kontextbezogene Begriffsklärungen durch den EU-Gesetzgeber.** Sie könnten zur **Rechtssicherheit** beitragen.[41] Dabei sollten in Angelegenheiten der elterlichen Verantwortung Friktionen zum KSÜ, zum HKÜ und zum MSA möglichst vermieden werden.[42]

---

[36] EuGH JZ 2011, 145 – McB./.E.; zu dieser Frage eingehend *Thym* JZ 2011, 149.

[37] Anschaulich dazu *Mankowski* GPR 2011, 209.

[38] EuGH 2.4.2009 – C-523/07, Slg. 2009 I-2805 Rn. 35 ff. – A; EuGH 6.12.2010 – C-497/10, Slg. 2010 I-14309 Rn. 45 ff. – Barbara Mercredi/Richard Chaffe. Kritisch dazu *Mankowski* GPR 2011, 209.

[39] EuGH 2.4.2009 – C-523/07, Slg. 2009 I-2805 Rn. 35 ff. – „A"; EuGH 6.12.2010 – C-497/10, Slg. 2010 I-14309 Rn. 45 ff. – Barbara Mercredi/Richard Chaffe.

[40] *Hausmann* Rn. A 48.

[41] *Mceleavy*, International Law FORUM du droit international 2005, 153; *Mankowski* GPR 2011, 209 ff.

[42] Näher *Mankowski* GPR 2011, 209 (211 f.); *Pirrung* IPRax 2011, 50 (54 f.).

Kapitel II. Zuständigkeit

Abschnitt 1. Ehescheidung, Trennung ohne Auflösung des Ehebandes und Ungültigerklärung einer Ehe

Vorbemerkung vor Art. 3–7

Literatur: *Dilger*, Die Regelungen zur internationalen Zuständigkeit in Ehesachen in der Verordnung (EG) Nr. 1347/2000, 2004; *Gottwald*, Probleme der Vereinheitlichung des Internationalen Familienverfahrensrechts ohne gleichzeitige Kollisionsvereinheitlichung, in: *Freitag/Leible u.a.*, Internationales Familienrecht für das 21. Jahrhundert (Symposium Spellenberg), 2005, 55; *Gröschl*, Internationale Zuständigkeit im europäischen Eheverfahrensrecht, 2007; *Gruber*, Die neue EheVO und die deutschen Ausführungsgesetze, IPRax 2005, 293; *Hau*, Das System der internationalen Entscheidungszuständigkeit im europäischen Eheverfahrensrecht, FamRZ 2000, 1333; *Hausmann*, Neues Internationales Verfahrensrecht in der EU, EuLF 2000/2001, 271, 345; *Kohler*, Internationales Verfahrensrecht für Ehesachen in der Europäischen Union: Die Verordnung „Brüssel II", NJW 2001, 10; *Looschelders*, Scheidungsfreiheit und Schutz des Antragsgegners im internationalen Privat- und Prozessrecht, FS Kropholler, 2008, 329; *Meyer-Götz/Noltemeier*, Internationale Scheidungszuständigkeit im europäischen Eheverfahrensrecht, FPR 2004, 282; *Niklas*, Die europäische Zuständigkeitsordnung in Ehe- und Kindschaftsverfahren, 2003; *Rieck*, Ehescheidung bei ausländischen Ehepartnern, FPR 2007, 251; *Rieck*, Die Umwandlungskompetenz nach Art. 5 EuEheGVVO 2003 und ihre Bedeutung im Verhältnis zu den weiteren Zuständigkeiten in Ehesachen, FPR 2007, 427; *Schack*, Das neue Internationale Eheverfahrensrecht in Europa, RabelsZ 65 (2001), 615; *Spellenberg*, Die Zuständigkeit für Eheklagen nach der EheGVO, FS Geimer, 2002, 1257.

Die Art. 3–7 beinhalten das europäische Zuständigkeitssystem für Ehesachen **1** im Sinne der in Art. 1 Abs. 1 Buchst. a genannten Materien (→ Art. 1 Rn. 4 ff.). Vor den Gerichten der Mitgliedstaaten ist die internationale Zuständigkeit in Ehesachen – unabhängig von der Staatsangehörigkeit der Parteien[1] oder anderer Kriterien – stets zunächst nach den Vorschriften dieses Kapitels zu beurteilen, die in Art. 3–5 eine Reihe von Gerichtsständen zur Verfügung stellen und in Art. 6–7 regeln, inwieweit ein Rückgriff auf Zuständigkeiten nach den nationalen Prozessrechten noch möglich ist. In diesem System sind die zur Verfügung gestellten Gerichtsstände einerseits grundsätzlich **abschließend;** andererseits untereinander **alternativ:** Zuständigkeiten nach den nationalen Prozessrechten kommen nur zum Zug, wenn keiner der Gerichtsstände der Art. 3–5 gegeben ist (Art. 7) und zusätzlich Art. 6 den Rückgriff auf diese erlaubt (→ Art. 6 Rn. 1 ff.). Auch eine **parteiautonome Begründung** der Zuständigkeit durch **Prorogation** oder **rügelose Einlassung** ist in der Brüssel IIa-VO für Ehesachen – anders als für Sorgerechtssachen unter den engen Voraussetzungen des Art. 12 – nicht vorgese-

---

[1] Einhellige Ansicht; vgl. statt aller Thomas/Putzo/*Hüßtege* Art. 3 Rn. 3 und aus der Rechtsprechung OLG Hamm FamRZ 2012, 1498; OLG Koblenz NJW-RR 2009, 1014 = FamRZ 2009, 611.

hen.[2] Die zur Verfügung gestellten Gerichtsstände sind hingegen untereinander – auch die Gerichtsstände nach Buchst. a im Verhältnis zu denjenigen nach Buchst. b[3] – gleichrangig, so dass dem Antragsteller insoweit ein Wahlrecht eingeräumt wird.[4] Es gibt folglich auch keine Unterscheidung zwischen allgemeinen und besonderen Gerichtsständen.[5]

2 Die mit dem Wahlrecht des Antragstellers einhergehende Möglichkeit, den im Hinblick auf das dort anwendbare Recht günstigsten Gerichtsstand zu suchen (*forum shopping*), wird teilweise kritisiert.[6] Einem echten *forum shopping* standen freilich seit jeher praktische Hürden (Ermittlung des Gerichtsstands, nach dessen IPR das günstigste Recht Anwendung findet) im Wege.[7] Zudem haben sich Möglichkeiten und Attraktivität eines *forum shopping* durch die weitgehende Vereinheitlichung der Scheidungskollisionsnormen im Rahmen der Rom III-VO sowie des Unterhaltskollisionsrechts in der EuUntVO bereits deutlich reduziert und würden bei einer weiteren Ausdehnung der Rom III-VO in räumlicher Hinsicht und der geplanten Vereinheitlichung des Güterkollisionsrechts praktisch verschwinden. Die negativ belegte Bezeichnung „*forum shopping*" droht auch zu verdecken, dass die Wahlmöglichkeit unter verschiedenen Gerichtsständen ein wichtiges Gegengewicht zu der Abgeschlossenheit der Brüssel IIa-VO und dem zwingenden Charakter ihrer Gerichtsstände darstellt.[8]

3 Die Wahlfreiheit des Antragstellers wird dadurch akzentuiert, dass die Brüssel IIa-VO – wenn auch schwächer ausgeprägt als zahlreiche mitgliedstaatliche Rechtsordnungen – Klägergerichtsstände zur Verfügung stellt, die nach einer gewissen Aufenthaltsdauer eingreifen (Art. 3 Abs. 1 Buchst. a, 5. und 6. Gedankenstrich).[9] Auf der anderen Seite wird dem Grundsatz des *actor sequitur forum rei* Rechnung getragen, indem überwiegend an personenbezogene Zuständigkeitstatbestände in der Sphäre des Antragsgegners angeknüpft wird,[10] und vor allem

---

[2] Einhellige Ansicht; vgl. ausführlich *Geimer/Schütze* Art. 3 Rn. 5 ff. und zum diesbezüglichen Reformbedarf → Rn. 4. Zur Unbeachtlichkeit einer rügelosen Einlassung aus der Rechtsprechung etwa KG IPRspr. 2007 Nr. 163, für einen Verzicht Cass. civ. 1ère, Urt. v. 22.2.2005, D 2005, 1459 = IPRax 2006, 611 m. Anm. *Dilger* 617.

[3] Speziell hierzu OLG Oldenburg FamRZ 2013, 481; mehrfach die frz. Cour de Cassation, zuletzt Cass. civ. 1ère, Urt. v. 24.9.2008, D 2008, 2438 (weit. Nachw. bei JCl Int/*Gaudemet-Tallon*, 2013, 547-10, Nr. 33); MüKoFamFG/*Gottwald* Art. 3 Rn. 2.

[4] So explizit der Borrás-Bericht, ABl. EG 1998 C 221, 27, Rn. 29 und allg. Ansicht, vgl. statt aller MüKoFamFG/*Gottwald* Art. 3 Rn. 2; Staudinger/*Spellenberg* Art. 3 Rn. 5 u. 15 mit Nachw. zur abweichenden deutschen Position in den Verhandlungen.

[5] Staudinger/*Spellenberg* Art. 3 Rn. 7, 19; sa Borrás-Bericht, ABl. EG 1998 C 221, 27, Rn. 28.

[6] Vgl. va Staudinger/*Spellenberg* Art. 3 Rn. 5 u. Vor Art. 1 Rn. 44; auch *Geimer/Schütze* Art. 3 Rn. 2.

[7] Vgl. die Überblicke über „scheidungsfreundliche" und „scheidungsunfreundliche" Foren (allerdings für den Rechtszustand vor Inkrafttreten der Rom III-VO) bei Rauscher/*Rauscher* Art. 3 Rn. 6 f. und über taktische Möglichkeiten bei Prütting/Gehrlein/*Völker* Art. 3 Rn. 13 u. Art. 4 Rn. 5 (mit zutreffendem Hinweis auf die *Pflicht* des Anwalts, die sich bietenden Möglichkeiten zu nutzen); zur praktischen Sicht auch NK-BGB/*Gruber* Art. 3 Rn. 5 f.; *Rieck* FPR 2007, 253 (253).

[8] So auch Rauscher/*Rauscher* Art. 3 Rn. 15, der mit Recht auf die Existenz weiterhin „scheidungsfeindlicher" Rechtsordnungen hinweist.

[9] Vgl. für einen Überblick Rauscher/*Rauscher* Art. 3 Rn. 3, der zu Recht darauf hinweist, dass auch das deutsche Recht weitergehende Klägergerichtsstände kannte (Art. 3 Rn. 39).

[10] *Geimer/Schütze* Art. 3 Rn. 17; Rauscher/*Rauscher* Art. 3 Rn. 2.

dadurch, dass diese Zuständigkeiten ohne „Wartefrist" zur Verfügung stehen und damit im Hinblick auf die Prioritätsregelung des Art. 19 gegenüber den Klägergerichtsständen privilegiert werden. Sofern im Hinblick auf Art. 19 noch möglich, besteht aber natürlich ein starker Anreiz für den Antragsteller, die ab sechs bzw. jedenfalls zwölf Monaten Aufenthaltsdauer gegebenen Gerichtsstände in Anspruch zu nehmen bzw. solche durch Aufenthaltswechsel insbesondere in den Heimatstaat erst zu schaffen. Dahinter stehen jedoch nicht immer nur praktische Vorteile (Sprache, Anwaltswahl usw.) eines (Heimat-)Klägergerichtsstands, sondern es fehlt in Ehesachen nicht an Situationen, in denen ein legitimer Grund oder gar ein dringendes Bedürfnis für einen Klägergerichtsstand gegeben ist (zB „Flucht" in das Heimatland etwa vor häuslicher Gewalt, Bindung an ein scheidungsunfreundliches Forum).[11] Die Zuständigkeitsordnung der Brüssel IIa-VO stellt den Versuch einer Kompromisslösung zwischen diesen widerstreitenden Gesichtspunkten dar.

Ein Teil der verbleibenden Kritikpunkte an der bisherigen Regelung im Hin **4** blick auf *forum shopping* und Klägergerichtsstände ließe sich durch die Zulassung von Gerichtsstandsvereinbarungen entschärfen. Im gescheiterten Reformvorschlag[12] war eine solche in Art. 3a bereits vorgesehen, dort allerdings nur für Gerichte von Mitgliedstaaten, zu denen ein enger Bezug besteht. Die Ehegatten könnten im Wege einer Gerichtsstandsvereinbarung den Kreis der möglichen Gerichte parteiautonom einschränken oder erweitern und werden typischerweise entweder ein gemeinsames „neutrales" oder die Gerichte beider Staaten bestimmen, die sie jeweils als „Heimatstaat" ansehen. Die Prorogationsfeindlichkeit der Brüssel IIa-VO ist heute ohnehin nicht mehr überzeugend, nachdem nicht nur die Brüssel I-VO (Art. 23, 24), sondern auch die anderen jüngeren Zuständigkeitsverordnungen auf ebenfalls traditionell eher prorogationsfeindlichen Gebieten (Art. 4 EuUntVO, Art. 5 EuErbVO) entsprechende Möglichkeiten vorsehen.[13] Eine Reform in dieser Hinsicht sollte daher dringend weiter betrieben werden, wobei im Hinblick auf das Bedürfnis nach einem „neutralen" Gerichtsstand die Beschränkung des bisherigen Reformvorschlags auf Staaten mit einem engen Bezug fallengelassen werden sollte. Auch eine Zuständigkeit durch rügelose Einlassung – ggf. verbunden mit einer Hinweispflicht des Gerichts – erscheint in Erweiterung der bisherigen Möglichkeiten (→ Art. 3 Rn. 21) sinnvoll.[14]

Die **Reichweite der durch die Brüssel IIa-VO vermittelten Zuständig** **5** **keit** ist sachlich auf Ehesachen iSd Art. 1 Abs. 1 Buchst. a beschränkt; eine internationale **Verbundzuständigkeit** für Folgesachen (vergleichbar § 98 Abs. 2 FamFG) kennt sie außerhalb von Art. 12 nicht. Dieser steht allerdings – wenn für Folgesachen nicht selbst vorrangige Normen des EU-Rechts oder eines Staatsvertrages eingreifen – einer Anwendung des § 98 Abs. 2 FamFG vor deutschen Gerichten nicht entgegen, so dass aus einer nach der Brüssel IIa-VO gegebenen Zuständigkeit für

---

[11] Weitergehend Rauscher/*Rauscher* Art. 3 Rn. 15, 29 ff., 39 f., 44, der die Sichtweise nach Parteirollen in Ehesachen für verfehlt hält und für einen generellen (Heimat-)Klägergerichtsstand plädiert. Letzteres befürwortet nunmehr auch MüKoFamFG/*Gottwald* Art. 3 Rn. 31.

[12] Vorschlag für eine Verordnung (EG) des Rates zur Änderung der Verordnung (EG) Nr. 2201/2003 im Hinblick auf die Zuständigkeit in Ehesachen und zur Einführung von Vorschriften betr. das anwendbare Recht in diesem Bereich v. 17.7.2006 (KOM [2006] 399 endg.).

[13] Ebenso MüKoFamFG/*Gottwald* Art. 3 Rn. 5, 31; ausführlich *ders.*, Symposium Spellenberg (2005), 55 (65, 68 ff.); auch *Kohler* FamRZ 2008, 1673 (1675).

[14] Ebenso MüKoFamFG/*Gottwald* Art. 3 Rn. 5, 31.

Ehesachen eine Verbundzuständigkeit kraft nationalen Zuständigkeitsrechts für Folgesachen anzunehmen ist.[15] Zuständigkeitsrechtlich beschränken sich die Regelungen der Brüssel IIa-VO für Ehesachen meist auf die internationale Zuständigkeit. Die **örtliche Zuständigkeit** bestimmt sich folglich in der Regel (Ausnahmen → Art. 4 Rn. 2 und → Art. 5 Rn. 1) und die **sachliche Zuständigkeit** durchgehend nach den Vorschriften des nationalen Verfahrensrechts, vor deutschen Gerichten also nach § 122 FamFG, §§ 23a f. GVG.

6   Das Vorliegen der internationalen Zuständigkeit ist gem. Art. 17 **in jeder Lage des Verfahrens von Amts wegen zu prüfen.**[16] Die Darlegungs- und Beweislast hinsichtlich der Tatsachen, aus denen sich die Zuständigkeit ergeben soll, trägt ggf. der Antragsteller.[17] Die Zuständigkeitsprüfung enthält keinerlei Anerkennungsprognose, wie sie etwa das autonome deutsche Recht bei der Aufenthaltszuständigkeit nach § 98 Abs. 1 Nr. 4 FamFG kennt. Im Verhältnis zu den anderen Mitgliedstaaten ist dies selbstverständlich, weil die einheitliche Zuständigkeitsregelung gerade die gegenseitige Anerkennung der Zuständigkeitsentscheidung gewährleisten soll und diese im Anerkennungs- und Vollstreckungsverfahren auch nicht mehr überprüft werden darf (Art. 24, 31 Abs. 2). Sie ist nach der Brüssel IIa-VO aber generell, dh auch im Verhältnis zu Drittstaaten nicht vorgesehen.[18] Wurden die Gerichte auch eines anderen Mitgliedstaats angerufen, so ist nach Art. 19 zu verfahren, dh das zeitlich später angerufene Gericht hat das Verfahren von Amts wegen auszusetzen, bis die Zuständigkeit des zuerst angerufenen Gerichts geklärt ist, und sich im Fall der Bejahung der Zuständigkeit des zuerst angerufenen Gerichts für unzuständig zu erklären.[19] Erklärt sich ein deutsches Gericht in diesem Rahmen für zuständig, so ist dies eine nach § 113 Abs. 1 S. 2 FamFG iVm § 280 Abs. 2 ZPO selbstständig anfechtbare Entscheidung.[20]

7   **Ist eine Zuständigkeit nach den Art. 3–5 gegeben,** so bleibt diese nach dem allgemeinen Grundsatz der *perpetuatio fori* bis zum Abschluss des Verfahrens bestehen; nach Rechtshängigkeit eintretende Veränderungen der zuständigkeitsbegründenden Anknüpfungsmomente berühren diese nicht mehr.[21] Bei gegebe-

---

[15] Allg. Ansicht; OLG Koblenz FamRZ 2009, 611; *Hau* FamRZ 2000, 1333 (1337); Zöller/*Geimer* § 98 FamFG Rn. 25 u. Art. 1 Brüssel IIa-VO Rn. 5; MüKoFamFG/*Gottwald* Art. 3 Rn. 27 ff. jeweils mit einem Überblick über vorrangige andere Zuständigkeiten für einzelne Folgesachen.

[16] BGHZ 169, 240 = FamRZ 2007, 109 Rn. 6; BGHZ 153, 83 (85) = NJW 2003, 426 (zum EuGVÜ). Zu weit: Nachw. sogleich → Rn. 8 mit Fn. 25 zur damit korrespondierenden umfassenden Rechtsmittelfähigkeit.

[17] Vgl. für diesen Grundsatz, der sich nicht aus der VO selbst ergibt, so dass die jeweilige *lex fori* maßgeblich ist, etwa Staudinger/*Spellenberg* Art. 3 Rn. 89, 119 (für gewöhnlichen Aufenthalt und *domicile*).

[18] Vgl. auch *Geimer/Schütze* Art. 3 Rn. 16; Rauscher/*Rauscher* Art. 3 Rn. 34, die allerdings jeweils auf das Verhältnis der Mitgliedstaaten untereinander abheben. Der generelle Verzicht auf eine Anerkennungsprognose auch gegenüber Drittstaaten bedeutet, dass im Verhältnis zu diesen „hinkende" Rechtsverhältnisse in Kauf genommen werden.

[19] → Art. 19 Rn. 13, 8 auch zur Frage, wie im Fall von Zuständigkeitskonflikten mit Gerichten außerhalb des Europäischen Rechtsraums zu verfahren ist.

[20] OLG Oldenburg FamRZ 2013, 481.

[21] Allgemeine Ansicht in der deutschen Rechtsprechung und Literatur, BGH FamRZ 2007, 109 Rn. 7 (offengelassen allerdings jüngst in FamRZ 2013, 687 mit Anm. *Hau* Rn. 26); OLG Koblenz FamRZ 2009, 611; *Geimer/Schütze* Art. 3 Rn. 48; NK-BGB/*Gruber* Art. 3 Rn. 7; Thomas/Putzo/*Hüßtege* Art. 3 Rn. 1; Rauscher/*Rauscher* Art. 3 Rn. 17; Staudinger/ *Spellenberg* Art. 3 Rn. 125.

ner internationaler Zuständigkeit nach der Brüssel IIa-VO muss der zuständige Mitgliedstaat kraft EU-rechtlicher Verpflichtung ein Gericht bereitstellen, so dass das mitgliedstaatliche Gericht den Zugang zu ihm nicht mit der Begründung versagen kann, dass wegen größerer Sachnähe ein anderes Gericht zur Entscheidung berufener wäre (*forum non conveniens*). Im Bereich der Ehesachen lässt die Brüssel IIa-VO für derartige Überlegungen – wie sich gerade im Gegenschluss aus Art. 15 ergibt – keinen Raum.[22] Sieht das interne Zivilprozessrecht keine entsprechende örtliche Zuständigkeit vor, so ist es nach Möglichkeit EU-rechtskonform auszulegen bzw. ggf. eine Auffangzuständigkeit anzunehmen. Dabei sollte nach Möglichkeit die Zuständigkeitsnorm der Brüssel IIa-VO „verlängert", also auch örtlich an den gewöhnlichen Aufenthalt angeknüpft und lediglich im Fall des Art. 3 Abs. 1 Buchst. b auf andere Auffangzuständigkeiten ausgewichen werden.[23] In Deutschland wird der Fall jedoch nicht eintreten, weil § 122 FamFG stets ein örtlich zuständiges Gericht, notfalls nach § 122 Nr. 6 FamFG, zur Verfügung stellt.

Ist nach Prüfung der Gerichtsstände der Brüssel IIa-VO **keine Zuständigkeit** **8** **gegeben,** so ist zunächst Art. 6 darauf zu prüfen, ob ein Rückgriff auf das nationale Verfahrensrecht zulässig ist (→ Art. 6 Rn. 3, 5 ff.). Ist keine internationale Zuständigkeit des angerufenen Gerichts gegeben, so führt dies in jeder Instanz zur Abweisung des Antrags als unzulässig[24] (zur Frage, ob die Annahme einer Notzuständigkeit in Betracht kommt, → Art. 6 Rn. 11). Eine Verweisung wie hinsichtlich der örtlichen Zuständigkeit nach § 281 ZPO ist weder in der Brüssel IIa-VO noch im internen deutschen IZPR vorgesehen. Auf das Fehlen der internationalen Zuständigkeit kann jegliches Rechtsmittel bis hin zur Revision gestützt werden.[25]

Art. 3 Allgemeine Zuständigkeit

(1) **Für Entscheidungen über die Ehescheidung, die Trennung ohne Auflösung des Ehebandes oder die Ungültigerklärung einer Ehe, sind die Gerichte des Mitgliedstaats zuständig,**
a) **in dessen Hoheitsgebiet**
 – **beide Ehegatten ihren gewöhnlichen Aufenthalt haben oder**
 – **die Ehegatten zuletzt ihren gewöhnlichen Aufenthalt hatten, sofern einer von ihnen dort noch seinen gewöhnlichen Aufenthalt hat, oder**
 – **der Antragsgegner seinen gewöhnlichen Aufenthalt hat oder**
 – **im Fall eines gemeinsamen Antrags einer der Ehegatten seinen gewöhnlichen Aufenthalt hat oder**

---

[22] Vgl. ausführlich Geimer/Schütze/*Dilger* Vor Art. 3 Rn. 51 ff.; ferner *Geimer/Schütze* Art. 3 Rn. 11.

[23] So zu Recht Rauscher/*Rauscher* Art. 3 Rn. 18. AA *Geimer/Schütze* Art. 3 Rn. 10, die eine ungeschriebene Regel des Unionsrechts annehmen, die zur Zuständigkeit der Gerichte der Hauptstadt des betreffenden Mitgliedstaats führen soll. In Deutschland tritt dieses Ergebnis in der Tat ein, dies jedoch aufgrund der Anwendung des § 122 Nr. 6 FamFG, der zugleich jegliche denkbare Lücke schließt, vgl. nachfolgend im Text.

[24] Allg. Ansicht; vgl. statt aller *Geimer/Schütze* Art. 3 Rn. 3.

[25] BGH FamRZ 2007, 109 Rn. 6; grundlegend (für die Fassung der ZPO nach der Reform 2001/02) BGHZ 153, 83 (84–87) = NJW 2003, 426; Thomas/Putzo/*Hüßtege* Art. 3 Rn. 1. Für die Beschwerde ungeachtet § 65 Abs. 4 FamFG: OLG Hamm, BeckRS 2013, 06327.

– der Antragsteller seinen gewöhnlichen Aufenthalt hat, wenn er sich dort seit mindestens einem Jahr unmittelbar vor der Antragstellung aufgehalten hat, oder

– der Antragsteller seinen gewöhnlichen Aufenthalt hat, wenn er sich dort seit mindestens sechs Monaten unmittelbar vor der Antragstellung aufgehalten hat und entweder Staatsangehöriger des betreffenden Mitgliedstaats ist oder, im Fall des Vereinigten Königreichs und Irlands, dort sein „domicile" hat;

b) dessen Staatsangehörigkeit beide Ehegatten besitzen, oder, im Fall des Vereinigten Königreichs und Irlands, in dem sie ihr gemeinsames „domicile" haben.

(2) Der Begriff „domicile" im Sinne dieser Verordnung bestimmt sich nach dem Recht des Vereinigten Königreichs und Irlands.

Übersicht

I. Überblick/Allgemeines

1 Art. 3 verwendet für die einzelnen Zuständigkeitsanknüpfungen die **Anknüpfungsmomente** des **gewöhnlichen Aufenthalts** einerseits und einer „**Mitgliedstaatszugehörigkeit**" andererseits, die in allen Mitgliedstaaten außer Großbritannien und Irland durch die **Staatsangehörigkeit** und in den genannten Staaten ersatzweise durch das dortige *domicile* vermittelt wird. Dabei misst die Brüssel IIa-VO dem gewöhnlichen Aufenthalt für die Zuständigkeitsbegründung weit größeres Gewicht bei, da dieser – wenn auch teilweise in qualifizierter Form – nur bei einer Partei gegeben sein muss, um ein Forum zu schaffen, während die „Mitgliedstaatszugehörigkeit" dafür beiden Parteien gemeinsam sein oder mit einem gewöhnlichen Aufenthalt zusammentreffen muss. Hierdurch sollte

Großerichter

vor allem – bei größtmöglicher Wahrung von Rechtssicherheit – dem Mobilitätsbedürfnis innerhalb der Union Rechnung getragen werden.[1] Die Verwendung des gewöhnlichen Aufenthalts als maßgebliches Anknüpfungsmoment – auch anstelle des in der Brüssel I-VO hierfür verwendeten Wohnsitzes (Art. 59 Brüssel I-VO) – steht im Einklang mit den anderen jüngeren internationalen Regelwerken auf dem Gebiet des Familienrechts (insbesondere Rom III-VO, KSÜ) und ist in ihrer Rechtfertigung unumstritten.[2] Gegen die verbleibende Zuständigkeitsbegründung über die Staatsangehörigkeit und das *domicile* wird hingegen teilweise vorgebracht, dass sie gegen primäres EU-Recht verstoße. Diesbezüglich erscheint allerdings nicht die Verwendung als Anknüpfungsmomente *per se* der richtige Ansatzpunkt für die Diskussion zu sein, sondern eine etwaige diskriminierende Wirkung der einzelnen darauf gegründeten Zuständigkeiten (daher näher → Rn. 29 ff. und 34).

Sind mehrere der in Art. 3 genannten einzelnen Zuständigkeitsanknüpfungen **2** erfüllt, so sind diese untereinander gleichberechtigt und bieten dem Antragsteller ggf. die Wahl unter mehreren Gerichtsständen (→ Vor Art. 3 Rn. 1 f.). Mit der überwiegenden und zeitlich früheren Anknüpfung in der Sphäre des Antragsgegners einerseits und der – zeitlich versetzten – Einräumung von „Kläger"gerichtsständen in Abs. 1 Buchst. a, 5. und 6. Gedankenstrich versucht die Brüssel IIa-VO einen Kompromiss zwischen dem Prinzip des *actor sequitur forum rei* und dem im Eherecht in bestimmten Fällen anerkennenswürdigen Bedürfnis nach einem „Kläger"gerichtsstand (→ Vor Art. 3 Rn. 3).

II. Die Bestimmung der Anknüpfungsmomente

Bei der Bestimmung der Anknüpfungsmomente ist zu beachten, dass diese **3** nicht auf einen Staat im völkerrechtlichen Sinne, sondern auf eine **Rechtsordnung bzw.** – präziser – eine **Jurisdiktion** (→ Art. 66 Rn. 2) **bezogen** sind, so dass bei Staaten mit mehreren Teiljurisdiktionen der Bezug zu diesen ausschlaggebend ist (Art. 66). Dies bedeutet bei Zuständigkeitsanknüpfungen, die auf ein gemeinsam durch beide Ehegatten zu verwirklichendes Anknüpfungsmoment abstellen, dass trotz Verwirklichung dieses Moments bezogen auf den Gesamtstaat die entsprechende Zuständigkeit ausfallen kann, wenn sie nicht auch hinsichtlich der Teiljurisdiktion verwirklicht ist. So kann beispielsweise ein britisches Ehepaar mit *domicile* und gewöhnlichem Aufenthalt in Schottland und England weder die Zuständigkeit nach Buchst. a, erster Gedankenstrich noch nach Buchst. b in Anspruch nehmen.[3] Das Gleiche gilt, wenn kumulativ zwei Anknüpfungsmomente verwirklicht sein müssen, so dass etwa gewöhnlicher Aufenthalt und *domicile* bei der Zuständigkeit nach Buchst. a, sechster Gedankenstrich in derselben Teiljurisdiktion liegen müssen.[4]

Der **zeitliche Bezugspunkt** der Anknüpfungsmomente wird häufig als derje **4** nige der Rechtshängigkeit des Scheidungsantrags bezeichnet.[5] Dies ist nur dann zutreffend, wenn berücksichtigt wird, dass die Rechtshängigkeit nicht nach natio-

---

[1] Borrás-Bericht, ABl. EG 1998 C 221, 27, Rn. 27.

[2] Vgl. etwa auch Rauscher/*Rauscher* Art. 3 Rn. 19.

[3] Geimer/Schütze/*Dilger* Art. 3 Rn. 6; *Geimer/Schütze* Art. 3 Rn. 19 (beide für Buchst. a, erster Gedankenstrich).

[4] Rauscher/*Rauscher* Art. 3 Rn. 52.

[5] So zB Thomas/Putzo/*Hüßtege* Art. 3 Rn. 11; NK-BGB/*Gruber* Art. 3 Rn. 9.

nalem Prozessrecht zu bestimmen ist, sondern die verordnungsautonome Definition der „Anrufung" eines Gerichts im Sinne des Art. 16 maßgeblich sein muss. Dafür spricht zum einen das Gebot einer einheitlichen Anwendung der Zuständigkeitsnormen in den Mitgliedstaaten. Zum anderen und vor allem aber ergibt sich dies aus dem Zusammenhang zwischen der Zuständigkeitsprüfung einerseits und der Regelung der konkurrierenden Rechtshängigkeiten, für deren Zwecke Art. 16 den Begriff definiert, andererseits: Würde nicht auf Art. 16 abgestellt, so könnte die Zuständigkeit eines Gerichts prioritär isd Art. 19 sein, nach dessen Prozessrecht noch gar keine Rechtshängigkeit gegeben war, als zB der gewöhnliche Aufenthalt des Antragsgegners dort noch bestand.[6] Demnach ist einheitlich auf die „Anrufung" iSd Art. 16 abzustellen, so dass kein sachlicher Unterschied zum Begriff der „Antragstellung", der im 5. und 6. Gedankenstrich verwendet wird, besteht.[7]

5   Regelmäßig kann es nicht genügen, wenn sich das zuständigkeitsbegründende Moment erst während des Verfahrens verwirklicht, weil andernfalls im Hinblick auf einen etwaigen nach Art. 19 zu beurteilenden Zuständigkeitskonflikt derjenige Antragsteller einen Vorteil erlangen würde, der seinen Antrag schnell bei einem (noch) unzuständigen Gericht einreicht. Dies gilt generell, wird aber natürlich vor allem bei den „Klägergerichtsständen" des Buchst. a, 5. und 6. Gedankenstrich (daher iE → Rn. 24 f., 28) sowie gelegentlich bei der Anknüpfung nach Buchst. b (→ Rn. 33) relevant. Umgekehrt genügt aber das Vorliegen des maßgeblichen Anknüpfungsmoments im Zeitpunkt der Rechtshängigkeit, um die Zuständigkeit für das ganze Verfahren zu begründen (*perpetuatio fori* → Vor Art. 3 Rn. 7).

1. Gewöhnlicher Aufenthalt

6   Der Begriff des gewöhnlichen Aufenthalts ist – insoweit besteht Einigkeit – autonom zu bestimmen, dh nach den von der Brüssel IIa-VO gebotenen Maßstäben und nicht nach etwaigen eigenständigen Kriterien nationaler Rechtsordnungen.[8] Fraglich ist hingegen, ob es einen einheitlichen Begriff des gewöhnlichen Aufenthalts gibt, der allen europäischen Instrumenten zugrunde liegt,[9] oder ob der Begriff unterschiedlich je nach Verwendung im (europäischen) IPR oder IZPR,[10] je nach Instrument oder sogar je nach Funktion der konkreten Norm zu verstehen sein kann (→ *Schäuble* Art. 8 Rn. 4 ff.; *Mayer* Rom III Art. 5 Rn. 12 ff.).[11] Der EuGH hat sich zuletzt – zum „gewöhnlichen Aufenthalt" iSv

---

[6] So überzeugend Rauscher/*Rauscher* Art. 3 Rn. 17.

[7] Ebenso MüKoFamFG/*Gottwald* Art. 3 Rn. 12 für die frz. Rechtsprechung. Dezidiert auf die Verfahrenseinleitung stellt auch die frz. Rechtsprechung ab; Nachw. bei JCl Int/ *Gaudemet-Tallon*, 2013, 547-10, Nr. 33 (wobei freilich nicht eindeutig ist, ob dies analog Art. 16 oder nach der *lex fori* erfolgt).

[8] EuGH 2.4.2009 – C-523/07, Slg. 2009, I-2805 = FamRZ 2009, 843 Rn. 34-A; EuGH 22.10.2010 – C-497/10, Slg. 2010, I-4309 = FamRZ 2011, 617 Rn. 45 – Mercredi-Chaffe, jeweils zu Art. 8; aus der Literatur statt aller MüKoFamFG/*Gottwald* Art. 3 Rn. 7 mwN.

[9] In diesem Sinne etwa *Andrae*, Internationales Familienrecht, § 4 Rn. 97; *Gruber* IPRax 2012, 381 (385).

[10] In diesem Sinne – einheitlicher Begriff im IPR – etwa MüKoBGB/*Sonnenberger*, Einl. IPR Rn. 721.

[11] In diesem Sinne *Helms* FamRZ 2011, 1765 (1769); wohl auch Staudinger/*Spellenberg* Art. 3 Rn. 42 f.

Art. 8 dieser Verordnung – eindeutig im letztgenannten Sinne geäußert.[12] Dem ist zuzustimmen, da andernfalls die Gefahr besteht, dass unterschiedliche Kontexte oder Funktionen der jeweiligen Anknüpfung, wie sie gerade etwa hinsichtlich Sorgerechtszuständigkeit für Minderjährige einerseits und „Erwachsenen"-Zuständigkeit für Ehesachen andererseits offensichtlich sind, im Interesse einer gewollten Einheitlichkeit unberücksichtigt bleiben. Ohnehin wird bei der Bestimmung des gewöhnlichen Aufenthalts in den einzelnen Sachgebieten von einem gemeinsamen Begriffskern ausgegangen, so dass sich die Unterschiede in der Auslegung auf Zweifels- und Randfragen beschränken, deren unterschiedlicher Behandlung je nach Kontext und Funktion der Anknüpfung nichts entgegensteht (ähnlich *Mayer* → Rom III Art. 5 Rn. 12).

Der erwähnte gemeinsame Kern, der den Begriff des gewöhnlichen Aufent- **7** halts – ausgehend von den Anknüpfungen in den Haager Übereinkommen[13] – in allen Sachgebieten prägt, ist derjenige des **tatsächlichen Lebensmittelpunkts.** Danach kommt es auf einen tatsächlichen Aufenthalt mit einer gewissen Beständigkeit an, die zum einen durch die Zeitdauer und zum anderen durch den Grad der Integration in die Aufenthaltsjurisdiktion insbesondere durch familiäre, soziale und berufliche Bindungen vermittelt wird, also durch grundsätzlich objektive Kriterien.[14] Diesen Begriffsinhalt und seine Bestimmung nach den objektiven Gegebenheiten hat auch der EuGH im Rahmen des Art. 8 Brüssel IIa-VO zugrunde gelegt.[15]

Umstritten ist hingegen, inwieweit es für den gewöhnlichen Aufenthalt auf ein **8** **voluntatives Element** ankommt. Während die Materialien auf die Wohnsitz-Definition des EuGH an *gewähltem* Daseinsmittelpunkt Bezug nehmen[16] und damit ein konstitutiv notwendiges Willenselement nahelegen,[17] sprechen die ausdrückliche Abkehr vom Wohnsitz der Brüssel I-VO und Hinwendung zum gewöhnlichen Aufenthalt der Haager Übereinkommen in der Brüssel IIa-VO gegen ein solches und für die Maßgeblichkeit allein der tatsächlichen Verhältnisse.[18] Wiederum erscheint die praktische Relevanz der Streitfrage begrenzt, wenn man sich vergegenwärtigt, dass voluntative Elemente unbestrittenermaßen gewichtige **Indizien** für die Bestimmung des tatsächlichen Daseinsmittelpunktes darstellen können:[19] Bereits die Messung der Integration anhand der familiären und sozialen

[12] EuGH 2.4.2009 – C-523/07, Slg. 2009, I-2805 = FamRZ 2009, 843 Rn. 36-A: Der Begriff könne nicht aus anderen Bereichen des EU-Rechts übertragen werden. In der Folge legt der EuGH (Rn. 37 ff.) den Begriff des gewöhnlichen Aufenthalts isd Art. 8 ganz auf die Besonderheiten im Hinblick auf Kinder aus. Ebenso EuGH 22.10.2010 – C-497/10 PPU, Slg. 2010, I-14309 = FamRZ 2011, 617 Rn. 46 ff – Mercredi-Chaffe.

[13] Vgl. Rauscher/*Rauscher* Art. 3 Rn. 22.

[14] Thomas/Putzo/*Hüßtege* Rn. 2; Rauscher/*Rauscher* Art. 3 Rn. 22.

[15] Vgl. va die von EuGH 2.4.2009 – C-523/07, Slg. 2009, I-2805 = FamRZ 2009, 843 Rn. 37 ff. aufgezählten Kriterien und Definitionsinhalte, insb. Rn. 44; ferner EuGH 22.10.2010 – C-497/10 PPU, Slg. 2010, I-14309 = FamRZ 2011, 617 insb. Rn. 51, 56 – Mercredi-Chaffe.

[16] Borrás-Bericht, ABl. EG 1998 C 221, 27, Rn. 32 aE (hierzu Rauscher/*Rauscher* Art. 3 Rn. 22).

[17] Dafür *Hau* FamRZ 2000, 1333 (1334).

[18] Für eine rein objektive Bestimmung im Gleichklang mit dem Begriff des MSA OLG München IPRspr. 2005 Nr. 198; zur objektiven Bestimmung dort BGHZ 78, 293 = NJW 1981, 520. In der gleichen Tendenz *Geimer/Schütze* Art. 3 Rn. 31; NK-BGB/*Gruber* Art. 3 Rn. 14.

[19] Ebenso Geimer/Schütze/*Dilger* Vor Art. 3 Rn. 19; Rauscher/*Rauscher* Art. 3 Rn. 22 aE.

Bindungen bringt es unweigerlich mit sich, den Willen zur Etablierung des Daseinsmittelpunktes entscheidend zu berücksichtigen, wie dies der EuGH denn auch – in Form des übereinstimmenden Willens der Sorgeberechtigten – sogar im Rahmen des Art. 8 getan hat.[20] Erst recht muss es – hierin dürfte einer jener Bereiche liegen, in denen der EuGH zu Recht ein Bedürfnis für unterschiedliche Maßstäbe im Sorgerecht einerseits und Eherecht andererseits gesehen hat – entscheidend auf den (übereinstimmenden) Willen mündiger Ehegatten ankommen, nach Umzug in einen anderen Staat dort ihren gemeinsamen Lebensmittelpunkt einzurichten. Auch wenn es sich „nur" um ein Indiz für die Begründung des tatsächlichen Lebensmittelpunktes in diesem Staat handelt, wird unter diesen Voraussetzungen in diesem Staat nach fast einhelliger Auffassung sofort ein gewöhnlicher Aufenthalt begründet.[21] Die Bedeutung der „Willensfrage" reduziert sich demnach im Eherecht – anders als im Minderjährigenrecht – bei der **Begründung** des gewöhnlichen Aufenthalts auf eher exotische Fallgestaltungen, in denen der Aufenthalt entweder unfreiwillig ist oder zB eine an sich beabsichtigte Rückkehr immer weiter hinausgeschoben wird. Für diese Fälle ist im Einklang mit dem Minderjährigenrecht nach den tatsächlichen Verhältnissen zu entscheiden. Anders zu beurteilen ist allerdings die Frage der **Aufgabe** eines gewöhnlichen Aufenthalts; diese kann nicht gegen den Willen des Betroffenen erfolgen.[22]

9   Aus dem soeben Gesagten folgt, dass es **keine Mindestdauer an physischer Präsenz** gibt, die einen Aufenthalt zu einem gewöhnlichen macht, ein solcher kann vielmehr bei Bleibe- und Integrationsabsicht vom ersten Tag an vorliegen.[23] Umgekehrt steht die Absicht einer beschränkten Aufenthaltsdauer der Begründung eines gewöhnlichen Aufenthalts nicht entgegen, wenn der Aufenthalt auf eine gewisse Dauer angelegt und vom Willen zu einer Integration in die Aufenthaltsjurisdiktion getragen ist.[24] Die Dauer ist in diesem Fall nur ein Indiz, wobei zB das Auslandsaufenthalten für das Studium oder Berufspraktika viel für eine grundsätzliche Orientierung an der auch in anderen Rechtsgebieten häufig herangezogenen Sechs-Monats-Regel spricht, da ein Aufenthalt von mehr als sechs Monaten regelmäßig mit einem bestimmten Maß an Integration in der Aufenthaltsjurisdiktion verbunden ist.[25] Unterbrechungen der Anwesenheit wie berufsbedingte Auslandsaufenthalte oder Praktika im Ausland heben einen einmal begründeten gewöhnlichen Aufenthalt nicht auf.[26] Verfestigt sich der andere Auf-

---

[20] EuGH 2.4.2009 – C-523/07, Slg. 2009, I-2805 = FamRZ 2009, 843 Rn. 40.

[21] Geimer/Schütze/*Dilger* Vor Art. 3 Rn. 18; MüKoFamFG/*Gottwald* Art. 3 Rn. 7; NK-BGB/*Gruber* Art. 3 Rn. 11; Thomas/Putzo/*Hüßtege* Art. 3 Rn. 2; Rauscher/*Rauscher* Art. 3 Rn. 24. AA allerdings Staudinger/*Spellenberg* Art. 3 Rn. 68 ff.

[22] BGH FamRZ 2007, 109 für den Fall einer Abschiebung; NK-BGB/*Gruber* Art. 3 Rn. 12.

[23] Fast allg. Auffassung Nachw. → Fn. 21.

[24] Rauscher/*Rauscher* Art. 3 Rn. 24; Staudinger/*Spellenberg* Art. 3 Rn. 51. Breit diskutiert vor diesem Hintergrund das Urteil der frz. Cass. civ. 1ère, Urt. v. 14.12.2005, JCP 2006 IV 1109 = EuLF 2006, 34, in welchem ein gewöhnlicher Aufenthalt der Ehefrau mit gemeinsamem Kind in der französischen Zweitresidenz eines in England domizilierten Paares verneint wurde, weil die Ehefrau den Aufenthalt nur als vorübergehenden begründet habe und nach London zurückkehren wolle. Zur Kritik auch in der französischen Jurisprudenz JCl Int/*Gaudemet-Tallon*, 2013, 547-10, Nr. 37.

[25] Ebenso („Faustregel") MüKoFamFG/*Gottwald* Art. 3 Rn. 7. Sa m. zahlr. Nachw. Staudinger/*Spellenberg* Art. 3 Rn. 88 f.

[26] NK-BGB/*Gruber* Art. 3 Rn. 34; Staudinger/*Spellenberg* Art. 3 Rn. 87.

enthalt, so ist zu entscheiden, ob der gewöhnliche Aufenthalt verlagert wurde oder nicht, da der Lebens*mittelpunkt* grundsätzlich nur am einen oder am anderen Ort denkbar ist.[27]

Die **maßgeblichen Indizien** für eine Integration in die Aufenthaltsjurisdik- 10 tion sind wie gesagt das Bestehen oder die Etablierung familiärer, sozialer und beruflicher Bindungen in der Aufenthaltsjurisdiktion.[28] Dabei dürften die einzelnen genannten Elemente im Regelfall auch in dieser Reihenfolge zu gewichten sein, da sie typischerweise auch in absteigendem Maße aussagekräftig für eine Integration sind.[29] Die häufig anzutreffende Aussage, der Staatsangehörigkeit komme für die Bestimmung des gewöhnlichen Aufenthalts keine Bedeutung zu,[30] ist nur in dem Sinne richtig, dass die Staatsangehörigkeit weder notwendige noch hinreichende Bedingung eines gewöhnlichen Aufenthalts ist, sehr wohl kann aber eine dem Aufenthalt entsprechende Staatsangehörigkeit ein gewichtiges Indiz für die (sofortige) Etablierung eines gewöhnlichen Aufenthalts sein, etwa bei einer von der fraglichen Person so angesehenen „Rückkehr in den Heimatstaat" nach einem längeren Auslandsaufenthalt. Auch Umstände wie polizeiliche Meldung oder förmliche Aufenthaltsberechtigung haben (nur) insoweit Indizcharakter, als sich aus ihnen ggf. positiv die Absicht einer Integration in die oder ein verstetigter Daseinsmittelpunkts in der Aufenthaltsjurisdiktion ableiten lässt, während umgekehrt – da der Daseinsmittelpunkt auch ohne sie etabliert werden kann – aus ihrem Fehlen kaum Schlüsse gezogen werden können.[31] Fehlt es allerdings an jeglicher Integration bzw. der Absicht, eine solche zu etablieren, kann ggf. überhaupt kein gewöhnlicher Aufenthalt gegeben sein.[32]

2. Staatsangehörigkeit

Die Bestimmung des Begriffs der Staatsangehörigkeit für die Anwendung der 11 Zuständigkeitsregeln ist richtigerweise mehrschichtig zu sehen: Zwar ist es richtig, dass die Entscheidung, ob eine Partei die Staatsangehörigkeit eines bestimmten Staates hat, nur nach dem (Staatsangehörigkeits-)Recht dieses Staates getroffen werden kann.[33] Eine andere und nur verordnungsautonom zu entscheidende Frage ist jedoch, welche der danach bestehenden Staatsangehörigkeiten eine solche sein soll, die eine Zuständigkeit im Sinne der Brüssel IIa-VO begründet.[34] Deshalb sind nationale Regeln wie etwa Art. 5 EGBGB, die unter mehreren

---

[27] Nach verbreiteter Ansicht soll die Begründung mehrerer gewöhnlicher Aufenthalte im Sinne des Zuständigkeitsrechts – anders als im IPR – allerdings gleichwohl ausnahmsweise möglich sein; vgl. Geimer/Schütze/*Dilger* Vor Art. 3 Rn. 21 f.; Staudinger/*Spellenberg* Art. 3 Rn. 44 mwN.

[28] Vgl. eingehend mit zahlreichen Beispielen und Nachw. Staudinger/*Spellenberg* Art. 3 Rn. 48 ff.

[29] Ähnlich auch Staudinger/*Spellenberg* Art. 3 Rn. 59, 62 (Vorrang der persönlichen vor der beruflichen Integration).

[30] Thomas/Putzo/*Hüßtege* Art. 3 Rn. 2; Rauscher/*Rauscher* Art. 3 Rn. 19.

[31] So auch MüKoFamFG/*Gottwald* Art. 3 Rn. 7.

[32] Staudinger/*Spellenberg* Art. 3 Rn. 46. Zur Annahme einer Notzuständigkeit in diesem Fall → Art. 6 Rn. 11.

[33] Thomas/Putzo/*Hüßtege* Art. 3 Rn. 3; Rauscher/*Rauscher* Art. 3 Rn. 48 aE. So auch der Borrás-Bericht, ABl. EG 1998 C 221, 27, Rn. 33 aE.

[34] So auch ausdrücklich EuGH 16.7.2009 – C-168/08, Slg. 2009, I-6871 = FamRZ 2009, 1571 – Hadadi/Mesko m. krit. Anm. *Kohler* S. 1574 = IPRax 2010, 66 m. zust. Anm. *Hau* S. 50 u. *Dilger* S. 54 Rn. 38 f.

Staatsangehörigkeiten ein Rangverhältnis anordnen, nicht anzuwenden.[35] Aus der Brüssel IIa-VO heraus erscheint es zwingend, jede von einem Mitgliedstaat verliehene Staatsangehörigkeit genügen zu lassen, da es im Rahmen der Zuständigkeitsbegründung nach der Brüssel IIa-VO nur um die Staatsangehörigkeiten von EU-Mitgliedstaaten gehen kann und diese schwerlich von den Gerichten eines anderen Mitgliedstaates auf ihre „Effektivität" oder das Bestehen eines „genuine link" bewertet werden können.[36] Dies hat auch der EuGH bereits in diesem Sinne entschieden und damit auch eine Effektivitätsprüfung nach autonomen Maßstäben als denkbare Alternative verworfen.[37]

12   Staatenlose verfügen – anders als nach § 98 Abs. 1 Nr. 3 FamFG – tatsächlich über keinerlei zuständigkeitsbegründendes Anknüpfungsmoment für die an die Staatsangehörigkeit anknüpfenden Zuständigkeiten der Brüssel IIa-VO. Da die Staatsangehörigkeit als – im sechsten Gedankenstrich neben dem gewöhnlichen Aufenthalt zusätzliche – Ausprägung der tatsächlichen Verbindung zum Gerichtsstaat verwendet wird, kann nicht ersatzweise auf aufenthaltsbezogene Gesichtspunkte zurückgegriffen werden.[38]

3. Domicile (Abs. 2)

13   Das *domicile* in Großbritannien und Irland ist der Staatsangehörigkeit eines Mitgliedstaats gleichgestellt und bestimmt für diese Staaten *an ihrer Stelle* die „Heimatjurisdiktion" im Sinne der Brüssel IIa-VO (beachte im Fall Großbritanniens die Bezogenheit auf die Teiljurisdiktionen → Rn. 3). Da das *domicile* nur in den genannten Staaten zuständigkeitsbegründend wirkt (→ Rn. 27, 32), hat es in erster Linie für die dortigen Gerichte Relevanz; sein Vorliegen kann aber für Konkurrenzfragen auch durch die Gerichte eines anderen Mitgliedstaats zu beurteilen sein. So kann etwa vor einem deutschen Gericht die Frage, ob ein Ehegatte mit deutscher Staatsangehörigkeit als Antragsteller gegenüber einem drittstaatlichen Antragsgegner auf die nationale Zuständigkeitsnorm des § 98 Abs. 1 Nr. 1 FamFG zurückgreifen kann, wegen Art. 7 von der Frage abhängen, ob die Ehegatten ein übereinstimmendes *domicile* in Großbritannien oder Irland hatten.

14   Für den Begriff des *domicile* bestimmt Abs. 2 im Sinne einer Qualifikationsverweisung ausdrücklich, dass sein Vorliegen nach der jeweils einschlägigen Rechtsordnung Großbritanniens bzw. Irlands zu bestimmen ist.[39] Es kommt damit jeweils auf den *domicile*-Begriff derjenigen (Teil-)Rechtsordnung an, für die das Bestehen einer (auch) auf das *domicile* begründeten Zuständigkeit geltend gemacht wird. In den grundlegenden Kriterien für den Begriff stimmen die hier in Betracht

---

[35] Insoweit auch allg. Meinung im dt. Schrifttum, vgl. statt aller Thomas/Putzo/*Hüßtege* Art. 3 Rn. 3.

[36] So etwa auch Geimer/Schütze/*Dilger* Vor Art. 3 Rn. 32; Rauscher/*Rauscher* Art. 3 Rn. 49.

[37] EuGH 16.7.2009 – C-168/08, Slg. 2009, I-6871 = FamRZ 2009, 1571 – Hadadi/ Mesko; m. krit. Anm. *Kohler* S. 1574 = IPRax 2010, 66 m. zust. Anm. *Hau* S. 50 u. *Dilger* S. 54 Rn. 49 ff.

[38] NK-BGB/*Gruber* Art. 3 Rn. 45; Rauscher/*Rauscher* Art. 3 Rn. 50. Siehe auch → Rn. 27 (Buchst. a, sechster Gedankenstrich) u. → Rn. 33 (Buchst. b).

[39] Vgl. hierzu den Borrás-Bericht, ABl. EG 1998 C 221, 27, Rn. 34 und zur Rechtfertigung dieser Abweichung von der autonomen Qualifikation aufgrund der Ersatzfunktion für die Staatsangehörigkeit Rauscher/*Rauscher* Art. 3 Rn. 62.

kommenden Rechtsordnungen überein:[40] Es handelt sich um eine – von der Staatsangehörigkeit zu unterscheidende und von ihr unabhängige – verfestigte Beziehung zwischen einer Person und einem Gebiet bzw. der dort herrschenden Rechtsordnung, die zunächst mit der Geburt als *domicile of origin* entsteht. Dieses kann durch ein anderes *domicile of choice* abgelöst werden (nicht hingegen alternativ bestehen bleiben), wenn der Wohnsitz freiwillig für unbestimmte Zeit und ohne Rückkehrabsicht in eine andere Rechtsordnung verlegt wird.[41] Dies ist für jeden Ehegatten gesondert zu bestimmen.[42] Minderjährige haben bis zur Vollendung des 16. Lebensjahres kein eigenständiges *domicile*, sondern teilen dasjenige des bzw. der Erziehungsberechtigten.[43]

III. Die einzelnen Zuständigkeitsanknüpfungen

1. Abs. 1 Buchst. a (Aufenthaltszuständigkeiten)

a) Gemeinsamer gewöhnlicher Aufenthalt (1. Gedankenstrich). Obwohl **15** im Katalog des Abs. 1 Buchst. a an erster Stelle genannt, kommt dieser Zuständigkeit praktisch keine eigenständige Bedeutung zu, da stets zugleich die Zuständigkeit aufgrund des gewöhnlichen Aufenthalts des Antragsgegners nach dem dritten Gedankenstrich gegeben ist. Da unter den Zuständigkeiten kein Rangverhältnis existiert, ist der erste Gedankenstrich an sich überflüssig,[44] wenn man ihm auch eine symbolische Funktion als „optisch" prioritärem Gerichtsstand zubilligen mag.[45]

Voraussetzung der Zuständigkeit ist das Bestehen eines gemeinsamen gewöhn- **16** lichen Aufenthalts der Ehegatten im Zeitpunkt der Anrufung des Gerichts iSd Art. 16 (→ Rn. 4). Da es um die internationale Zuständigkeit der Gerichtsbarkeit eines ganzen Staates – bzw. im Fall eines Mehrrechtsstaats gem. Art. 66 Buchst. a einer Teiljurisdiktion – geht, kommt es nur auf einen gewöhnlichen Aufenthalt beider Ehegatten in diesem Staat bzw. in der Teiljurisdiktion (→ Rn. 3) an, nicht auf eine solche an einem konkreten Ort oder gar in einer häuslichen Gemeinschaft oä.[46]

b) Letzter gemeinsamer gewöhnlicher Aufenthalt mit fortbestehen- **17** **dem gewöhnlichen Aufenthalt eines Ehegatten (2. Gedankenstrich).** Die

---

[40] Borrás-Bericht, ABl. EG 1998 C 221, 27, Rn. 34 aE. Abweichend ist hingegen der *domicile*-Begriff U.S.-amerikanischer Prägung, so dass auf dortige Quellen bei der Prüfung nicht zurückgegriffen werden kann.

[41] Vgl. weiterführend im deutschspr. Schrifttum Staudinger/*Spellenberg* Art. 3 Rn. 111 ff. u. Staudinger/*Mankowski* Vor Art. 13 Rn. 20 ff. jeweils mwN auch zur englischsprachigen Literatur (etwa Dicey/Morris/*Collins* ua, 15. Aufl. 2012, Rn. 6-002 ff.); aus der Rspr. etwa KG IPRspr. 2007 Nr. 163.

[42] Staudinger/*Mankowski* Vor Art. 13 Rn. 22.

[43] Staudinger/*Mankowski* Vor Art. 13 Rn. 22.

[44] Kritisch gegenüber der Gesetzgebungstechnik deshalb *Hau* FamRZ 2000, 1333 (1334); *Schack* RabelsZ 65 (2001), 615 (622).

[45] Vgl. in diesem Sinne Rauscher/*Rauscher* Art. 3 Rn. 20; MüKoFamFG/*Gottwald* Art. 3 Rn. 6.

[46] Allg. Ansicht; vgl. Geimer/Schütze/*Dilger* Art. 3 Rn. 10; *Geimer/Schütze* Art. 3 Rn. 18 u. 22; MüKoFamFG/*Gottwald* Art. 3 Rn. 8; Rauscher/*Rauscher* Art. 3 Rn. 23 f.; Staudinger/ *Spellenberg* Art. 3 Rn. 17.

Zuständigkeit des letzten gemeinsamen Aufenthalts ist daran geknüpft, dass dieser gewöhnliche Aufenthalt für einen der Ehegatten fortbestanden hat. Der Anknüpfung liegt die Vorstellung zugrunde, dass der am gemeinsamen Aufenthaltsort Verbliebene auch zuständigkeitsrechtlich dort verbleiben können soll.[47] Die praktische Bedeutung dieser Zuständigkeit ist indes gering, da im Fall der Beibehaltung des gemeinsamen gewöhnlichen Aufenthalts durch den Antragsteller auch regelmäßig die zeitliche Qualifizierung im Sinne des 5. Gedankenstrichs gegeben sein wird und daher ohnehin ein Klägergerichtsstand besteht. Ist es der Antragsgegner, der in der Jurisdiktion des früheren gemeinsamen gewöhnlichen Aufenthalts verblieben ist, so ist die Zuständigkeit dort ohnehin nach dem 3. Gedankenstrich gegeben. Soweit gegen die Anknüpfung zuweilen das Bedenken vorgebracht wird, der in der Aufenthaltsjurisdiktion verbliebene Ehegatte könne dem „ausgewanderten" Ehepartner mit einem Antrag in seinem Aufenthaltsstaat zuvorkommen und damit gemäß Art. 19 seinen Klägergerichtsstand konservieren,[48] wäre dieses an der Grundentscheidung des Art. 3 anzubringen, den Klägergerichtsstand im Übrigen erst nach einer gewissen Aufenthaltsdauer zu schaffen.[49] Dieser Kompromiss zwischen dem Bedürfnis nach Klägergerichtsständen einerseits und dem Grundsatz des *actor sequitur forum rei* ist jedoch schwer zu beanstanden (→ Vor Art. 3 Rn. 3).

18 Wegen des dargelegten Geltungsgrundes der Zuständigkeit kommt es – wie auch im Wortlaut ausdrücklich festgehalten – auf das *Fort*bestehen des gewöhnlichen Aufenthalts an; es genügt also nicht, wenn der gewöhnliche Aufenthalt zwischenzeitlich aufgegeben war und ihn einer der Ehegatten wieder neu begründet hat.[50] Maßgeblicher Zeitpunkt für das Fortbestehen ist derjenige der Anrufung des Gerichts iSd Art. 16 (→ Rn. 4). Es muss sich zudem nach dem eindeutigen Wortlaut tatsächlich um den *gewöhnlichen* Aufenthalt handeln, der fortbesteht, so dass bei einer Verminderung der „Qualität" des Aufenthalts in einen schlichten Aufenthalt die Zuständigkeit entfällt. Demgegenüber muss der gemeinsame gewöhnliche Aufenthalt nicht notwendig während des Bestehens der ehelichen Lebensgemeinschaft bestanden haben, sondern kann auch erst während der Trennungsphase begründet worden sein,[51] da andernfalls ein Wertungswiderspruch dazu auftreten würde, dass ein derartiger gewöhnlicher Aufenthalt – ggf. nach einer gewissen Wartezeit – auch bei den einzelnen Ehegatten zuständigkeitsbegründend wirkt. Wie im ersten Gedankenstrich muss die Gemeinsamkeit des (früheren) gemeinsamen gewöhnlichen Aufenthalts nur im Hinblick auf die Jurisdiktion bestanden haben und nicht etwa eine häusliche Gemeinschaft oä gegeben gewesen sein.[52] Im Übrigen gilt bei der Bestimmung des (auch früheren) gewöhnlichen Aufenthalts das dargelegte allgemeine Begriffsverständnis (→ Rn. 6 ff.).

---

[47] Vgl. in diesem Sinne plastisch *Hau* FamRZ 2000, 1333 (1335) und im Anschluss an diesen Rauscher/*Rauscher* Art. 3 Rn. 26; Staudinger/*Spellenberg* Art. 3 Rn. 18: Der Antragsteller muss dem „ausgewanderten" Antragsgegner die Ehesache nicht „hinterhertragen".

[48] *Kohler* NJW 2001, 10 (11); vgl. auch Rauscher/*Rauscher* Art. 3 Rn. 28 f.

[49] So zutreffend iE auch Rauscher/*Rauscher* Art. 3 Rn. 30.

[50] Allg. Auffassung, MüKoFamFG/*Gottwald* Art. 3 Rn. 9; NK-BGB/*Gruber* Art. 3 Rn. 18; Thomas/Putzo/*Hüßtege* Art. 3 Rn. 5; zutreffend und plastisch Rauscher/*Rauscher* Art. 3 Rn. 26: „Eine durch den Lauf des Lebens überholte räumliche Bindung kann zuständigkeitsrechtlich nicht mehr genutzt werden".

[51] Ebenso *Geimer/Schütze* Art. 3 Rn. 20; Rauscher/*Rauscher* Art. 3 Rn. 23; Staudinger/*Spellenberg* Art. 3 Rn. 18.

[52] → Rn. 16 mit Fn. 46 u. speziell für den 2. Gedankenstrich *Geimer/Schütze* Art. 3 Rn. 22; NK-BGB/*Gruber* Art. 3 Rn. 17.

c) Gewöhnlicher Aufenthalt des Antragsgegners (3. Gedankenstrich). 19
Es handelt sich um den eigentlichen Grundtatbestand der Zuständigkeitsregelung, der dem Prinzip des *actor sequitur forum rei* Rechnung tragen soll (→ Vor Art. 3 Rn. 2). Der gewöhnliche Aufenthalt des Antragsgegners muss in keiner qualifizierten Form vorliegen, insbesondere – wie der Vergleich zu den anderen Tatbeständen verdeutlicht – weder einen mit dem Antragsteller gemeinsamen Ursprung haben noch verstetigt sein. Die Zuständigkeit ist folglich ab Begründung des gewöhnlichen Aufenthalts gegeben.[53]

d) Gewöhnlicher Aufenthalt eines der Ehegatten bei gemeinsamer 20
Antragstellung (4. Gedankenstrich). Die Anknüpfung erweitert auch bei einer gemeinsamen Antragstellung die Möglichkeiten der Ehegatten nur unwesentlich, da auch hier ein gewöhnlicher Aufenthalt eines der Ehegatten im Gerichtsstaat erforderlich bleibt. Da der gewöhnliche Aufenthalt des Antragsgegners ohnehin immer und derjenige des Antragstellers ab einem Jahr bzw. sechs Monaten des Bestehens (3., 5. und 6. Gedankenstrich) zuständigkeitsbegründend wirkt, hat die Variante eine eigenständige Bedeutung nur dann, wenn der Antrag vor Ablauf dieser Fristen in der Aufenthaltsjurisdiktion des Antragstellers eingereicht werden soll. In diesem Fall wird Ehegatten mit unterschiedlichem gewöhnlichen Aufenthalt von Anfang an ein Wahlrecht eingeräumt. Der dem zugrunde liegende Gedanke, dass bei einer einvernehmlichen Antragstellung kein Schutz vor einem dem Antragsgegner „aufgedrängten" Gerichtsstand gewährleistet sein muss,[54] sollte indes weiter tragen und es den Ehegatten *de lege ferenda* ermöglicht werden, einvernehmlich *ad hoc* einen Gerichtsstand zu begründen, ohne dass einer von ihnen seinen gewöhnlichen Aufenthalt dort darlegen muss (→ Vor Art. 3 Rn. 4). *De facto* ist dies bei einvernehmlichem Agieren der Ehegatten mittels unwidersprochenen Vortrags zum gewöhnlichen Aufenthalt häufig ohnehin möglich.

An die **tatbestandliche Voraussetzung** der gemeinsamen Antragstellung sind 21
keine überhöhten Anforderungen zu stellen. Insbesondere kann es – schon im Hinblick auf eine einheitliche verordnungsautonome Auslegung des Tatbestandsmerkmals und unterschiedliche prozessuale Ausgestaltungen in den Mitgliedstaaten – nicht darauf ankommen, ob eine gemeinsame Antragsschrift oder zwei getrennte Antragsschriften vorliegen oder sich ein Ehegatte dem Antrag des anderen anschließt oder diesem – wie etwa nach § 1566 Abs. 1 Alt. 2 BGB – zustimmt.[55] Dagegen soll nach hM die rügelose Einlassung des Antragsgegners nicht genügen.[56] Dem ist trotz rechtspolitischer Fragwürdigkeit (→ Vor Art. 3

---

[53] Thomas/Putzo/*Hüßtege* Art. 3 Rn. 6.

[54] Vgl. *Spellenberg*, FS Geimer, 2002, 1257 (1267); kritisch Rauscher/*Rauscher* Art. 3 Rn. 35.

[55] Allg. Ansicht; vgl. Geimer/Schütze/*Dilger* Art. 3 Rn. 21; *Geimer/Schütze* Art. 3 Rn. 24; Thomas/Putzo/*Hüßtege* Art. 3 Rn. 7; *Hau* FamRZ 2000, 1333 (1335); Staudinger/*Spellenberg* Art. 3 Rn. 21; Rauscher/*Rauscher* Art. 3 Rn. 36, der zutreffend darauf hinweist, dass die Bestimmung bei einem restriktiveren Verständnis keine eigenständige Bedeutung hätte, da bei einem gemeinsamen oder zwei übereinstimmenden Anträgen ohnehin eine Zuständigkeit nach dem dritten Spiegelstrich in Verbindung mit Art. 4 eingeräumt würde.

[56] Geimer/Schütze/*Dilger* Art. 3 Rn. 21; MüKoFamFG/*Gottwald* Art. 3 Rn. 15; NK-BGB/*Gruber* Art. 3 Rn. 27; Thomas/Putzo/*Hüßtege* Art. 3 Rn. 7; Rauscher/*Rauscher* Art. 3 Rn. 36; Staudinger/*Spellenberg* Art. 3 Rn. 21; NK-BGB/*Gruber* Art. 3 Rn. 27; aA wohl *Hau* FamRZ 2000, 1333 (1335), der die materielle Zustimmung als Fall einer ausnahmsweise beachtlichen rügelosen Einlassung wertet.

Rn. 4) zuzustimmen: Ein „gemeinsamer Antrag" kann im Wortsinne nicht bei einem rein passiven Verhalten vorliegen, sondern erfordert eine aktive Willensbildung beider Ehegatten. Es muss daher eine zustimmende Äußerung vorliegen. Inhaltlich muss Übereinstimmung aber nur soweit bestehen, dass nicht ein Antrag auf Scheidung und der andere auf Trennung gerichtet sein darf.[57] Denn Gegenstand der erforderlichen Übereinstimmung ist (nur) die Durchführung eines bestimmten Verfahrens in einer bestimmten Jurisdiktion, die bei Verschiedenheit der Verfahrensart nicht gegeben ist, bei Berufung nur auf unterschiedliche Scheidungsgründe, wie sie insbesondere bei Anwendbarkeit anderer Rechtsordnungen vorkommt, hingegen schon.[58]

22   Umstritten ist, welchem Recht die Anforderungen an die Erklärung der Zustimmung hinsichtlich ihrer **Form** zu entnehmen sind. Der Ansicht, dass insoweit das materielle Scheidungsstatut zu befragen sei,[59] kann nicht gefolgt werden: Es handelt sich um ein Tatbestandsmerkmal einer zuständigkeitsbegründenden Vorschrift, also um eine prozessuale Fragestellung. Gegenstand der Zustimmung ist nicht die Scheidung, sondern die Durchführung eines hierauf gerichteten Verfahrens vor einem bestimmten Gericht.[60] Hinzu kommt das Gebot der einheitlichen Auslegung der Zuständigkeitsnormen in den Mitgliedstaaten ($\rightarrow$ Vorb. Rn. 11), dem ein Verweis auf die *lex causae* diametral entgegenliefe. Aus demselben Grund sollte aber auch eine Entscheidung nach der *lex fori*[61] vermieden werden, weil dies auf unterschiedliche Maßstäbe der Förmlichkeiten der Erklärung je nach nationalem Prozessrecht hinausliefe. Dem Gebot der einheitlichen Auslegung der Verordnung wird allein eine verordnungsautonome Bestimmung des Formerfordernisses gerecht, die trotz des Fehlens von Formkategorien im Unionsrecht dann möglich ist, wenn man die Norm in dem Sinne versteht, dass die Zustimmung ohne Einhaltung einer besonderen Form möglich ist.[62] Da es nur um die Zuständigkeitsbegründung geht, sind auch keine inhaltlichen Gründe ersichtlich, die gegen eine derartige Auslegung sprechen würden.

23   **e) Qualifizierter (einjähriger) gewöhnlicher Aufenthalt des Antragstellers (5. Gedankenstrich).** Durch diese Variante wird ein „Kläger"-Gerichtsstand geschaffen, dessen einzige Voraussetzung eine zeitliche Verstetigung des gewöhnlichen Aufenthalts des Antragstellers ist ($\rightarrow$ Vor Art. 3 Rn. 3). Dieser muss, wie bereits der Wortlaut klarstellt, seit mindestens einem Jahr unmittelbar vor der Antragstellung im Gerichtsstaat liegen. Dies bedeutet, dass nicht ein älterer gewöhnlicher Aufenthalt mit einem noch nicht einjährigen aktuellen gewöhnli-

---

[57] Rauscher/*Rauscher* Art. 3 Rn. 38. Werden zwei verschiedenartige Anträge gestellt, wird freilich in der Regel eine Zuständigkeit nach Art. 4 begründet.

[58] Nicht zuzustimmen ist daher Geimer/*Schütze* Art. 3 Rn. 25; Staudinger/*Spellenberg* Art. 3 Rn. 23, die übereinstimmende Scheidungsgründe fordern.

[59] So Staudinger/*Spellenberg* Art. 3 Rn. 22; *ders.*, FS Geimer, 2002, 1257 (1267); Zöller/*Geimer* Art. 3 Rn. 5; NK-BGB/*Gruber* Art. 3 Rn. 25.

[60] So zutreffend Rauscher/*Rauscher* Art. 3 Rn. 37. Für eine prozessuale Qualifizierung der Fragestellung auch MüKoFamFG/*Gottwald* Art. 3 Rn. 15.

[61] Dafür (in Deutschland §§ 114 Abs. 4 Nr. 3, 134 FamFG) MüKoFamFG/*Gottwald* Art. 3 Rn. 15.

[62] So zutreffend Rauscher/*Rauscher* Art. 3 Rn. 37; zustimmend NK-BGB/*Gruber* Art. 3 Rn. 25. Für eine verordnungsautonome Bestimmung auch *Hausmann* Rn. A 55. Aus anwaltlicher Sicht sollte allerdings bei Verfahren vor deutschen Gerichten vorsorglich die Form des § 134 FamFG eingehalten werden.

chen Aufenthalt kumuliert werden kann, weil andernfalls der „erste Teil" nicht unmittelbar vor Antragsstellung gegeben war.[63] Es muss sich ferner um einen einjährigen *gewöhnlichen* Aufenthalt handeln, so dass es nicht genügt, wenn innerhalb der Jahresfrist zunächst nur ein schlichter Aufenthalt gegeben war.[64] Zwar lässt der Wortlaut insoweit Raum für Zweifel, der Sinn des Erfordernisses – mögliche Inanspruchnahme eines Klägergerichtsstands erst nach Erfüllung gewisser Erfordernisse (→ Vor Art. 3 Rn. 3) – lässt aber kaum ein anderes Verständnis zu.[65] Praktische Bedeutung kommt der Frage allerdings kaum zu, da es wesentlich vom Bleibewillen des Antragstellers abhängt, ob der Aufenthalt sofort ein gewöhnlicher ist oder erst zu einem solchen wird (→ Rn. 8) und daher jedenfalls der prozessuale Vortrag des Antragstellers stets das Bestehen eines gewöhnlichen Aufenthalts von Anfang an darlegen wird.[66]

Umstritten ist, wie Fälle zu behandeln sind, in denen die Jahresfrist erst während **24** des Verfahrens abläuft. Nach dem klaren Wortlaut wird die Zuständigkeit nur durch einen einjährigen gewöhnlichen Aufenthalt **vor Antragstellung** begründet, was zu einer Abweisung des Antrags als unzulässig führen müsste, wenn die Frist nicht bereits in diesem Zeitpunkt vollendet war. Dies ist auch von der Intention der Regelung getragen, die verhindern soll, dass der verfrüht beantragende Ehegatte einen ungerechtfertigten „Prioritätsvorteil" gegenüber dem anderen Ehegatten im Hinblick auf Art. 19 Abs. 1 erlangt.[67] Es ist daher auch unbestritten, dass die Vorschrift jedenfalls dann wortlautgemäß anzuwenden ist, wenn es iSd Art. 19 tatsächlich einen konkurrierenden späteren Antrag des anderen Ehegatten vor einem zuständigen Gericht gibt: In diesem Fall hat das zuerst angerufene Gericht auf die Verhältnisse bei Rechtshängigkeit abzustellen und sich für unzuständig zu erklären, wenn die Frist in diesem Zeitpunkt noch nicht vollendet war.[68] Im Übrigen soll

---

[63] Rauscher/*Rauscher* Art. 3 Rn. 41. Soweit dieses Erfordernis als „ununterbrochen" bezeichnet wird (so etwa Thomas/Putzo/*Hüßtege* Art. 3 Rn. 8), bezieht sich dies auf den *gewöhnlichen Aufenthalt*. Unschädlich sind daher selbstverständlich Abwesenheiten, die schon den gewöhnlichen Aufenthalt nicht aufheben (→ Rn. 9).

[64] MüKoFamFG/*Gottwald* Art. 3 Rn. 20; NK-BGB/*Gruber* Art. 3 Rn. 30 f.; Thomas/ Putzo/*Hüßtege* Art. 3 Rn. 8; Rauscher/*Rauscher* Art. 3 Rn. 43; Staudinger/*Spellenberg* Art. 3 Rn. 26 f. AA va wegen des Wortlauts und in ausführlicher Auseinandersetzung mit der hM Geimer/Schütze/*Dilger* Art. 3 Rn. 29 ff.

[65] Staudinger/*Spellenberg* Art. 3 Rn. 27; Rauscher/*Rauscher* Art. 3 Rn. 43, der zutreffend darauf hinweist, dass die Formulierung auf die Vermeidung allzu großer sprachlicher Ungelenkheit zurückgehen dürfte. Die Undeutlichkeit findet sich auch in anderen Sprachfassungen (résidence statt résidence habituelle bzw. residence anstelle von habitual residence), so dass in der englischen Gerichtsbarkeit beide Ansichten („residence" meine hier schlichten Aufenthalt bzw. müsse dem Sinn nach ebenfalls als „habitual residence" verstanden werden) vertreten werden; vgl. Dicey/Morris/*Collins u.a.*, 15. Aufl. 2012, Rn. 18-006 (die ebenfalls letztere Auslegung für richtig halten). S. zur fehlenden Aussagekraft der englischen und französischen Fassungen auch NK-BGB/*Gruber* Art. 3 Rn. 31.

[66] Zutreffend Rauscher/*Rauscher* Art. 3 Rn. 43.

[67] So zutreffend Thomas/Putzo/*Hüßtege* Art. 3 Rn. 8 aE.

[68] Vgl. in diesem Sinne Geimer/*Schütze* Art. 3 Rn. 29; MüKoFamFG/*Gottwald* Art. 3 Rn. 20; *Gruber* IPRax 2005, 293 (294); *ders.* in NK-BGB Art. 3 Rn. 37 ff.; Rauscher/*Rauscher* Art. 3 Rn. 42; Staudinger/*Spellenberg* Art. 3 Rn. 123 f. Entgegen *Rauscher*, *Geimer*/*Schütze* und *Gruber* ist dabei auf den Zeitpunkt der Rechtshängigkeit beim ersten und nicht beim zweiten Gericht abzustellen. Andernfalls würde entgegen dem Normzweck doch ein Anreiz für eine verfrühte Antragstellung gesetzt, da sie im Fall der Fristvollendung bis zur zweiten Antragstellung zum Erfolg führt.

nach verbreiteter Ansicht in der Literatur danach zu differenzieren sein, ob der Mangel der internationalen Zuständigkeit festgestellt wird, bevor die Frist abgelaufen ist, während andernfalls im Interesse der Prozessökonomie und der Kostenersparnis entgegen dem Wortlaut eine Sachentscheidung möglich sein soll.[69]

25   Zunächst ist zu einer derartigen Differenzierung aus praktischer Sicht anzumerken, dass sie geradezu dazu einlädt, die Terminierung vorentscheidend zu „steuern", sei es durch ein wohlwollendes Gericht oder Terminsverlegungsanträge der von der Unzulässigkeit bedrohten Partei.[70] Vor allem aber ist eine derartige „Auslegung" der Norm methodisch nicht möglich, da der Wortlaut eindeutig ist und daher die Voraussetzungen einer teleologischen Reduktion vorliegen müssten. Der Normzweck stimmt aber mit dem Wortlaut überein und würde durch die geschilderte Ansicht gerade konterkariert. Denn der Anreiz, eine noch nicht gegebene Zuständigkeit gleichsam zu „reservieren", wird durch die Chance einer „Konvaleszenz" deutlich erhöht; demgegenüber wird der andere Ehegatte angesichts der zusätzlichen Risiken, die ein zeitlich früherer Antrag in einem anderen Forum mit sich bringt – man denke nur an die Unschärfe der Bestimmung der Dauer eines gewöhnlichen Aufenthalts –, eher vor der Anrufung des von Anfang an zuständigen Forums zurückschrecken. Zu einer tatsächlichen Antragskonkurrenz, die auch nach der dargestellten Auffassung anders zu behandeln sein soll, kommt es dann gar nicht mehr. Der Antrag ist daher bei Nichterfüllung der Frist vor Antragstellung – sofern ihm der andere Ehegatte nicht zustimmt und damit die Zuständigkeit nach dem vierten Gedankenstrich begründet – stets als unzulässig abzuweisen, verbunden mit einem Hinweis auf die Erforderlichkeit einer neuen Antragstellung.[71]

26   **f) Qualifizierter (sechsmonatiger) gewöhnlicher Aufenthalt des Antragstellers in seinem Heimatstaat (6. Gedankenstrich).** Diese Variante verkürzt die erforderliche Zeitdauer des gewöhnlichen Aufenthalts des Antragstellers zur Begründung eines „Kläger"gerichtsstands auf sechs Monate, wenn es sich bei dem Gerichtsstaat um seinen Heimatstaat im Sinne der Brüssel IIa-VO handelt. Die Norm hat insbesondere die Situation des Ehegatten – faktisch noch meist der Ehefrau – im Auge, der dem berufstätigen Partner in sein Heimatland gefolgt ist. Dieser erhält im Fall der Rückkehr bzw. der Zuflucht nach Scheitern der Ehe in seinem Heimatstaat wenigstens nach sechs Monaten einen Gerichtsstand, den der andere, am gemeinsamen gewöhnlichen Aufenthalt verbleibende Ehegatte in seinem Heimatstaat nach dem 2. Gedankenstrich sofort hat.[72]

27   Wie im 5. Gedankenstrich muss der gewöhnliche Aufenthalt im Gerichtsstaat unmittelbar und deshalb auch durchgehend für sechs Monate vor Antragstellung bestanden haben. Der Antragsteller muss ferner die Staatsangehörigkeit des Gerichtsstaats bzw. im Falle eines Antrags in Großbritannien oder Irland statt dessen dort sein *domicile* haben. Es ist nicht erforderlich, dass es sich um die einzige oder

---

[69] So ausführlich Geimer/Schütze/*Dilger* Vor Art. 3 Rn. 61 ff., 66; Staudinger/*Spellenberg* Art. 3 Rn. 121 ff.; ferner Rauscher/*Rauscher* Art. 3 Rn. 42; *Geimer/Schütze* Art. 3 Rn. 27 ff.; *Gruber* IPRax 2005, 293 (294); *ders.* in NK-BGB Art. 3 Rn. 37; *Hausmann* Rn. A 59 f.

[70] Diese Gefahr sieht auch Rauscher/*Rauscher* Art. 3 Rn. 42; der Hinweis auf die Unzulässigkeit einer derartigen Verfahrensweise kann ihr aber nicht wirksam begegnen.

[71] So auch Thomas/Putzo/*Hüßtege* Art. 3 Rn. 8; HK-FamR/*Rieck* Art. 3 Rn. 11; Prütting/Gehrlein/*Völker* Art. 3 Rn. 11; *Schlosser* Art. 2 Brüssel II-VO Rn. 1.

[72] Vgl. Rauscher/*Rauscher* Art. 3 Rn. 45 f. und ausführlich den Borrás-Bericht, ABl. EG 1998 C 221, 27, Rn. 32.

effektive Staatsangehörigkeit handelt (→ Rn. 11); Staatenlosigkeit oder Flüchtlingseigenschaft können aber nicht gleichgestellt werden.[73] Der Begriff des *domicile* ist unabhängig von und neben demjenigen des gewöhnlichen Aufenthalts zu prüfen, da beides nicht zusammenfallen muss.[74] Beide Merkmale müssen im Falle Großbritanniens in der gleichen Teiljurisdiktion verwirklicht sein (→ Rn. 3). Das *domicile* wirkt nur in Großbritannien und Irland zuständigkeitsbegründend („im Fall…"), so dass zB ein in Deutschland domizilierter Brite die Zuständigkeit der deutschen Gerichte nicht bereits nach sechs Monaten gewöhnlichen Aufenthalts in Anspruch nehmen kann.[75] Es kann auch nicht ersatzweise an die Staatsangehörigkeit angeknüpft werden.[76] Umgekehrt kann hingegen, da das *domicile* von der Staatsangehörigkeit unabhängig ist (→ Rn. 14), ein Deutscher zB in London domiziliert sein und folglich nach sechs Monaten gewöhnlichen Aufenthalts die dortigen Gerichte anrufen.

Für das Bestehen der Staatsangehörigkeit oder des *domicile* ist der **Zeitpunkt** **28** **der Anrufung des Gerichts** iSd Art. 16 entscheidend (→ Rn. 4). Eine in diesem Zeitpunkt aufgegebene Staatsangehörigkeit oder ein aufgegebenes *domicile* sind folglich nicht zuständigkeitsbegründend.[77] Werden Staatsangehörigkeit oder *domicile* erst nach Rechtshängigkeit des Antrags erlangt oder wird die Sechsmonatsfrist erst nach diesem Zeitpunkt vollendet, bleibt der Antrag unzulässig. Insoweit gelten die in → Rn. 24 f. dargestellten Erwägungen zu Normzweck und Missbrauchsgefahren entsprechend; zudem wird bei einer erst nachträglich erworbenen Staatsangehörigkeit der eigentliche Geltungsgrund dieser Anknüpfung (→ Rn. 26) verfehlt.[78]

Die Anknüpfung nach dem 6. Gedankenstrich wird von der herrschenden **29** Ansicht in der deutschen Literatur als – im Hinblick auf Art. 18 AEUV – **EU-rechtswidriges sekundäres Gemeinschaftsrecht** angesehen.[79] Begründet wird dies mit der Erwägung, dass es eine verbotene Diskriminierung wegen der Staatsangehörigkeit darstellt, wenn die Mitgliedstaaten aufgrund dieser Vor-

---

[73] Zöller/*Geimer* Art. 3 Rn. 19; NK-BGB/*Gruber* Art. 3 Rn. 45; Rauscher/*Rauscher* Art. 3 Rn. 50; aA Staudinger/*Spellenberg* Art. 3 Rn. 107; zweifelnd MüKoFamFG/*Gottwald* Art. 3 Rn. 23.

[74] Rauscher/*Rauscher* Art. 3 Rn. 51; zum Begriff des *domicile* (→ Rn. 13 f.).

[75] NK-BGB/*Gruber* Art. 3 Rn. 46; Rauscher/*Rauscher* Art. 3 Rn. 53 mit dem zutreffenden Hinweis, dass der insoweit eindeutige Wortlaut auch durch die Intention gestützt wird, das *domicile* auf der Grundlage bisheriger Rechtstradition als zuständigkeitsbegründendes Element zu übernehmen. AA (Möglichkeit eines deutschen *domicile* mit zuständigkeitsbegründender Wirkung) Geimer/Schütze/*Dilger* Art. 3 Rn. 58; *Geimer/Schütze* Art. 3 Rn. 45; Staudinger/*Spellenberg* Art. 3 Rn. 36.

[76] KG IPRspr. 2007 Nr. 163 (für die Zuständigkeit nach Buchst. b); Rauscher/*Rauscher* Art. 3 Rn. 52 f.; NK-BGB/*Gruber* Art. 3 Rn. 54. Dies entspricht auch der englischen Sichtweise; vgl. Dicey/Morris/*Collins* ua, 15. Aufl. 2012, Rn. 18-007 m. Nachw. zur englischen Rechtsprechung.

[77] Rauscher/*Rauscher* Art. 3 Rn. 48.

[78] AA MüKoFamFG/*Gottwald* Art. 3 Rn. 22; NK-BGB/*Gruber* Art. 3 Rn. 41; Rauscher/*Rauscher* Art. 3 Rn. 48. Wie hier Hk-FamR/*Rieck* Art. 3 Rn. 13.

[79] Geimer/Schütze/*Dilger* Art. 3 Rn. 42 ff.; Zöller/*Geimer* Art. 3 Rn. 18; *Geimer/Schütze* Art. 3 Rn. 14, 38; MüKoFamFG/*Gottwald* Art. 3 Rn. 24; *Hausmann* Rn. A 64; Thomas/Putzo/*Hüßtege* Art. 3 Rn. 9; Staudinger/*Spellenberg* Art. 3 Rn. 29 f.; *Gruber* IPRax 2005, 293 (295); (zögernd) *ders.* in NK-BGB Art. 3 Rn. 48 ff., 50; *Hau* FamRZ 2000, 1333 (1335 f.); *Helms* FamRZ 2002, 1593 (1596); *Schack* RabelsZ 65 (2001), 615 (623).

schrift ihren eigenen Staatsangehörigen bereits nach sechs Monaten einen Gerichtsstand als Antragsteller eröffnen, während andere Unionsbürger, die ihren gewöhnlichen Aufenthalt dort haben, zwölf Monate warten müssen. Die Gegenansicht verneint teilweise bereits eine Ungleichbehandlung mit dem Argument, jeder Unionsbürger könne die Klägerzuständigkeit in seinem Heimatstaat nutzen,[80] und betont im Übrigen vor allem die Staatsangehörigkeit als allgemein in der Union anerkanntes Anknüpfungsprinzip.[81] Letzteres scheint tatsächlich einem vergleichbaren Problembewusstsein in anderen Mitgliedstaaten entgegen zu stehen.[82] Die Rechtsprechung hat sich bislang noch nicht in aussagekräftiger Form geäußert.[83]

30   Dass in der Zuständigkeit nach dem sechsten Gedankenstrich formal eine an der Staatsangehörigkeit anknüpfende Ungleichbehandlung liegt, ist nicht wegzudiskutieren. Das Argument, dass sie für jedermann in seinem Heimatstaat zur Verfügung steht, beseitigt nicht die Ungleichbehandlung, auf die es ankommt, nämlich diejenige im Aufenthaltsstaat zwischen Bürgern, die dessen Staatsangehörigkeit haben und solchen, die sie nicht haben. Damit entscheidet sich die Frage des Verstoßes gegen Art. 18 AEUV danach, ob eine derartige, unmittelbar an die Staatsangehörigkeit anknüpfende Ungleichbehandlung **durch einen sachlichen Grund gerechtfertigt** werden kann oder nicht. Im europarechtlichen Schrifttum wurde verbreitet eine Lesart als absolutes Verbot vertreten, das einer Rechtfertigung nicht zugänglich sei.[84] Von diesem Verständnis gingen auch noch zahlreiche Vertreter der dargestellten hM zur Anknüpfung nach dem 6. Gedankenstrich aus; dies ist jedoch überholt. Der EuGH hat eine Rechtfertigung bereits in mehreren Entscheidungen für vergleichbare Situationen geprüft und sie insbesondere bei Regelungen in Betracht gezogen (und teilweise bejaht), die bestimmte (Sozial-)Leistungen oder Vergünstigungen, die eigenen Staatsangehörigen gewährt werden, bei Staatsangehörigen eines anderen Mitgliedstaats von einer bestimmten Aufenthaltsdauer abhängig machen. Dabei wurde die Rechtfertigung ausdrücklich mit der Erwägung begründet, dass es zulässig sei, die Berechtigung von einem bestimmten Grad der Integration in die Gesellschaft des Aufnahmestaates abhängig zu machen.[85]

---

[80] So Rauscher/*Rauscher* Art. 3 Rn. 5, 47; Prütting/Gehrlein/*Völker* Art. 3 Rn. 11.

[81] Vgl. *Basedow* IPRax 2011, 109 (114); Rauscher/*Rauscher* Art. 3 Rn. 5 f., 47; *Schlosser* Art. 2 Brüssel II-VO Rn. 4.

[82] Vgl. für Frankreich JCl Int/*Gaudemet-Tallon*, 2013, 547-10, Nr. 33, 36 und die dort angegebene Rechtsprechung, wo die Frage im Rahmen der Erörterung der Staatsangehörigkeitsanknüpfung nicht angesprochen wird (so auch *Dilger* IPRax 2006, 617 (619)). Für die englische Jurisprudenz dürfte das Problem noch weiter entfernt liegen, weil das dort entscheidende *domicile* noch weniger diskriminierungsverdächtig erscheint (vgl. die Erörterung der Zuständigkeit nach dem fünften Gedankenstrich ohne Erwähnung einer derartigen Diskussion bei Dicey/Morris/*Collins* ua, 15. Aufl. 2012, Rn. 18-006). In der österreichischen Literatur wird hingegen im Anschluss an die deutsche Diskussion ein Verstoß gegen das Diskriminierungsverbot gesehen; vgl. *Simotta*, FS Geimer, 2002, 1115 (1154); *dies.* in *Fasching* Art. 3 Rn. 153.

[83] Das OLG München hatte die Frage mit Beschl. v. 14.10.2002 FamRZ 2003, 546 dem EuGH vorgelegt, es kam jedoch wegen einer Antragsrücknahme zu keiner Entscheidung. Vgl. auch *Dilger* IPRax 2006, 617 (619).

[84] S. die Nachweise bei Callies/Ruffert/*Epiney* Art. 18 AEUV Rn. 40.

[85] So EuGH 18.11.2008 – C-158/07, Slg. 2008, I-8507 – Förster, Rn. 47 ff. S. für weit. Nachweise zur Rechtsprechung Callies/Ruffert/*Epiney* Art. 18 AEUV Rn. 43 u. 39 mit Fn. 105.

Die Anknüpfung des Buchst. f kann vor diesem Hintergrund **nicht** als **unzu- 31 lässige Diskriminierung** gewertet werden.[86] Wenn hier auf die Staatsangehörigkeit abgestellt wird, so geschieht dies in Bezug darauf, dass der Zeitraum des gewöhnlichen Aufenthalts und die durch die Staatsangehörigkeit vermittelte weitere Verbindung zum Gerichtsstaat als in der Summe dem längeren Zeitraum gleichwertige Rechtfertigung der Zuständigkeit gewertet werden. Die typisierende Annahme, dass ein in seinen Heimatstaat Zurückkehrender nach sechs Monaten gewöhnlichen Aufenthalts dort eine vergleichbare zuständigkeitsbegründende Integration aufweist wie ansonsten erst nach einer gewöhnlichen Aufenthaltsdauer von zwölf Monaten, ist aber in typisierender Form durchaus realitätsnah und jedenfalls nicht unsachgerecht.[87] Die Staatsangehörigkeit wird damit – wie das gleichgestellte *domicile* – als Kriterium einer relevanten Verbindung zum Gerichtsstaat gewertet, wie sie der EuGH in den dargestellten vergleichbaren Situationen im Sozialrecht zu Recht als sachgerecht angesehen hat. Hinzu kommt noch die oben (→ Rn. 26) erwähnte Funktion der Norm als Schutz- und Ausgleichstatbestand für den „Rückkehrer-Ehegatten": Die Norm hat nicht eine bestimmte Behandlung aller Unionsbürger in einem Staat im Auge, sondern versucht eine durch das Zuständigkeitsgefüge verursachte Benachteiligung des Ehegatten, der dem anderen gefolgt ist, abzumildern.[88] Sie verfolgt damit anerkennswerte Zwecke, verwendet dafür ein sachgerechtes Kriterium und wahrt mit dem Unterschied von lediglich sechs Monaten Aufenthaltsdauer auch die Verhältnismäßigkeit.

2. Abs. 1 Buchst. b (Zuständigkeit aufgrund gemeinsamer Staatsangehörigkeit bzw. *domicile*)

Die ausnahmsweise Begründung der Zuständigkeit allein durch Staatsangehö- 32 rigkeit bzw. *domicile* setzt übereinstimmende Staatsangehörigkeiten bzw. *domiciles* beider Ehegatten voraus. Ist einer der Ehegatten staatenlos, so kommt eine Zuständigkeit nach Buchst. b auch dann nicht in Betracht, wenn der gewöhnliche Aufenthalt des Staatenlosen im Heimatstaat des anderen Ehegatten liegt.[89] Inhaltliche Anforderungen an die Staatsangehörigkeit, etwa im Sinne des Erfordernisses einer effektiven Staatsangehörigkeit, bestehen hingegen nicht (→ Rn. 11), so dass bei mehrfacher gemeinsamer Staatsangehörigkeit der Ehegatten ein Wahlrecht

---

[86] Wenn man zum gegenteiligen Ergebnis kommt, so ist eine Vorlage an den EuGH geboten, die entgegen Thomas/Putzo/*Hüßtege* Art. 3 Rn. 9 nunmehr – nach Aufhebung des Art. 68 EGV aF – gem. Art. 267 Abs. 2 AEUV auch nicht letztinstanzlich entscheidenden Gerichten möglich ist (→ *Althammer* Vorb. Rn. 11 mwN Fn. 46).

[87] So zu Recht Rauscher/*Rauscher* Art. 3 Rn. 47 aE; *Basedow* IPRax 2011, 109 (114). Insofern – als Indiz die Sachgerechtigkeit – hat auch das Argument von *Rauscher* Art. 3 Rn. 5 f. Gewicht, dass die Rechtsordnungen der Mitgliedstaaten ganz überwiegend die Staatsangehörigkeit als die Zuständigkeit rechtfertigendes Kriterium ansehen; vgl. dort auch zu einem rechtsvergleichenden Überblick.

[88] So überzeugend Rauscher/*Rauscher* Art. 3 Rn. 45 f.

[89] So aber Rauscher/*Rauscher* Art. 3 Rn. 60. Diese Ansicht würde zu einem Wertungswiderspruch bei der Behandlung nicht Staatenloser führen: Bei nicht übereinstimmender Staatsangehörigkeit muss der andere Ehegatte eine Dauer von zwölf Monaten gewöhnlichen Aufenthalts verwirklicht haben, auch wenn es sich bei dem Aufenthaltsstaat um den Heimatstaat des anderen Ehegatten handelt. Wie hier *Geimer/Schütze* Art. 3 Rn. 40; MüKoFamFG/*Gottwald* Art. 3 Rn. 25; eingehend Geimer/Schütze/*Dilger* Vor Art. 3 Rn. 39 ff., 45.

besteht.[90] Problematisch, aber im Rahmen der *lex lata* nicht korrigierbar ist der Fall des Erwerbs der Staatsangehörigkeit durch einen Ehegatten kraft Gesetzes wegen der Ehe, weil dieser faktisch eine einseitige Zuständigkeit aufgrund der Staatsangehörigkeit für den anderen Ehegatten schafft.[91] Die Anknüpfung an das gemeinsame *domicile* gilt wie bei der Anknüpfung nach dem 5. Gedankenstrich des Buchst. a ausdrücklich „im Fall" Großbritanniens und Irlands, bestimmt also in diesen Staaten *ersatzweise* die Zugehörigkeit zu einem Mitgliedstaat. Es gelten daher die Ausführungen in → Rn. 27 zur Begründung der Zuständigkeit durch das *domicile* nur in den genannten Staaten und zur fehlenden Ersatzanknüpfung an die britische und irische Staatsangehörigkeit entsprechend.[92] Bei in Großbritannien oder Irland domizilierten Personen mit übereinstimmender Staatsangehörigkeit eines anderen Mitgliedstaates werden im Rahmen des Buchst. b hingegen zwei Zuständigkeiten begründet, es können also zB in London domizilierte Deutsche sowohl die englischen als auch die deutschen Gerichte anrufen.[93]

33   **Maßgeblicher Zeitpunkt** des Vorliegens der gemeinsamen Staatsangehörigkeit bzw. des gemeinsamen *domicile* ist auch hier der Zeitpunkt der Anrufung des Gerichts iSd Art. 16 (→ Rn. 4), so dass eine früher einmal bestehende Übereinstimmung nicht ausreicht.[94] Demgegenüber wird auch zu Buchst. b (zur parallelen Problematik bei Buchst. a, fünfter und sechster Gedankenstrich → Rn. 24 f. und 28) vertreten, dass der Erwerb der zweiten Staatsangehörigkeit[95] bis zum Zeitpunkt der letzten mündlichen Verhandlung genügen soll.[96] Dem ist nicht zuzustimmen: Wie bei den Zuständigkeiten nach dem 5. und 6. Gedankenstrich des Buchst. a steht auch hier die Konkurrenz des (zunächst alleinigen) Heimatgerichtsstands mit einem bereits von Anfang an zuständigen Gericht – beispielsweise des gemeinsamen gewöhnlichen Aufenthalts – im Raum (Art. 19). Dem Antrag beim vom Anfang an zuständigen Gericht gebührt auch dann der Vorrang, wenn er zeitlich später eingereicht wird, zumal die (nachträgliche) Zuständigkeit nach Buchst. b zwischenzeitlich auch gegen den Willen des anderen Ehegatten eingetreten kann, wenn dieser kraft Gesetzes aufgrund der noch ungeschiedenen Ehe noch die Staatsangehörigkeit des Antragstellers erworben hat. Der Vorrang des von Anfang an zuständigen Gerichts in dem Fall, dass tatsächlich ein konkurrierender Antrag existiert, wird auch überwiegend konzediert,[97] ist aber unzureichend: Bereits die Möglichkeit der Konvaleszenz bietet einen von der Brüssel IIa-VO nicht gewollten Anreiz für die Anrufung des unzuständigen Gerichts, welche wiederum per se geeignet ist, den anderen Ehegatten von der Anrufung des

---

[90] So ausdrücklich EuGH 16.7.2009 – C 168/08, Slg. 2009, I-6871 Hadidi/Mesko = FamRZ 2009, 1571 m. krit. Anm. *Kohler* S. 1574 = IPRax 2010, 66 m. zust. Anm. *Hau* S. 50 u. *Dilger* S. 54, Rn. 49 ff.

[91] Vgl. *Schack* RabelsZ 65 (2001), 615 (624); Rauscher/*Rauscher* Art. 3 Rn. 59.

[92] S. insb. KG IPRspr. 2007 Nr. 163. S. zu weit. Nachw. aus der Literatur oben Fn. 75 f.

[93] *Geimer/Schütze* Art. 3 Rn. 46. Die abweichende Ansicht von Staudinger/*Spellenberg* Art. 3 Rn. 33 erscheint mit dem Wortlaut nicht vereinbar.

[94] Insoweit allg. Ansicht; vgl. *Geimer/Schütze* Art. 3 Rn. 41; NK-BGB/*Gruber* Art. 3 Rn. 51; Thomas/Putzo/*Hüßtege* Rn. 11; Rauscher/*Rauscher* Art. 3 Rn. 56.

[95] Der Erwerb eines *domiciles* während des Verfahrens erscheint wegen der Anforderungen an dieses (→Rn. 14) praktisch kaum vorstellbar, es würde aber dafür das gleiche gelten.

[96] Thomas/Putzo/*Hüßtege* Art. 3 Rn. 11. Wie hier in diesem Zusammenhang hingegen wohl *Geimer/Schütze* Art. 3 Rn. 41.

[97] Rauscher/*Rauscher* Art. 3 Rn. 56

von Anfang an zuständigen Gerichts abzuschrecken und es gar nicht zu einer tatsächlichen Konkurrenz kommen zu lassen (→ Rn. 25).

Ein **diskriminierender Charakter** der Vorschrift und ein Verstoß gegen **34** Art. 18 AEUV sind zu verneinen.[98] Anders als bei der Zuständigkeit nach Buchst. a, 6. Gedankenstrich (→ Rn. 30) erschöpft sich hier schon die Differenzierung in der aufenthaltsunabhängigen Einräumung eines zusätzlichen Gerichtsstands im gemeinsamen Heimatstaat. Hierin kann schwerlich eine Diskriminierung gegenüber gemischt-nationalen Ehen gesehen werden, weil die gemeinsame Staatsangehörigkeit eines Ehepaares auch tatsächlich regelmäßig eine effektive Verbindung zum Heimatstaat darstellt, während bei einem gemischt-nationalen Ehepaar schlicht kein vergleichbarer zuständigkeitsbegründender Umstand vorliegt.[99] Dies verkennt die Gegenansicht, die letztlich darauf hinausläuft, die Verwendung der (sogar gemeinsamen) Staatsangehörigkeit als Anknüpfungsmoment ungeachtet ihres sachlichen Gehalts als Verkörperung einer tatsächlichen Verbindung (→ Rn. 31) per se für unionsrechtswidrig zu halten.[100]

Art. 4 Gegenantrag

Das Gericht, bei dem ein Antrag gemäß Artikel 3 anhängig ist, ist auch für einen Gegenantrag zuständig, sofern dieser in den Anwendungsbereich dieser Verordnung fällt.

Art. 4 erweitert die Zuständigkeit des angerufenen und nach Art. 3 zuständigen **1** Gerichts auf den Gegenantrag des Antragsgegners. Dies entspricht dem allgemeinen, sowohl vom Gedanken der Waffengleichheit wie von der Prozessökonomie getragenen Grundsatz des Zuständigkeitsrechts, dass dem Prozessgegner auch der prozessuale „Gegenangriff" am gleichen (internationalen) Gerichtsstand möglich sein soll (vgl. etwa auch Art. 6 Nr. 3 Brüssel I-VO; § 33 ZPO). Bedeutsam wird Art. 4 hinsichtlich der internationalen Zuständigkeit nur in denjenigen Fällen, in denen die für den Erstantrag zuständige Gerichtsbarkeit nicht ohnehin schon nach Art. 3 auch für den Gegenantrag zuständig ist. Diese Konstellation kann durchaus eintreten, etwa wenn der Antrag am gewöhnlichen Aufenthalt des Antragsgegners

---

[98] BGH FamRZ 2013, 687 mit Anm. *Hau* Rn. 14 ff. In diesem Sinne zuvor bereits Geimer/Schütze/*Dilger* Art. 3 Rn. 59; MüKoFamFG/*Gottwald* Art. 3 Rn. 24; NK-BGB/ *Gruber* Art. 3 Rn. 48; Thomas/Putzo/*Hüßtege* Art. 3 Rn. 11; Rauscher/*Rauscher* Art. 3 Rn. 54; Staudinger/*Spellenberg* Art. 3 Rn. 32; *Helms* FamRZ 2002, 1593 (1596). AA *Geimer/ Schütze* Art. 3 Rn. 14 f.; Zöller/*Geimer* Art. 3 Rn. 6, 18; *Hausmann* Rn. A 68; *Hau* FamRZ 2000, 1333 (1335 f.); *Boele-Woelki* ZfRV 2001, 121 (123); *Simotta*, FS Geimer, 2002, 1115 (1154); *dies.* in Fasching Art. 3 Rn. 161.

[99] So treffend Staudinger/*Spellenberg* Art. 3 Rn. 32: Das Fehlen einer Zuständigkeit beruht nicht auf einer bestimmten Staatsangehörigkeit, sondern auf dem Fehlen einer gemeinsamen. Ebenso Rauscher/*Rauscher* Art. 3 Rn. 54 (mit dem zutreffenden Hinweis, dass dies letztlich auch der anderslautenden hM zum sechsten Gedankenstrich des Buchst. a entgegensteht).

[100] So wohl in der Tat *Geimer/Schütze* Art. 3 Rn. 14 f. Vgl. demgegenüber va Rauscher/ *Rauscher* Art. 3 Rn. 3 mit einem rechtsvergleichenden Überblick zur Zuständigkeitsbegründung über die Staatsangehörigkeit in den mitgliedstaatlichen Rechtsordnungen. Diese wird meist selbstverständlich für zulässig gehalten und ihre Anwendung nicht problematisiert, vgl. die Nachw. → Fn. 82 und für die deutsche Rechtsprechung etwa OLG Oldenburg FamRZ 2013, 481 (zeitlich vorrangige Zuständigkeit deutscher Gerichte wegen übereinstimmender Staatsangehörigkeit trotz gemeinsamen gewöhnlichen Aufenthalts in Österreich).

eingereicht wird, der dort selbst aber mangels entsprechender Aufenthaltsdauer noch keinen Klägergerichtsstand beanspruchen kann. Häufig wird der Gegenantrag allerdings schon die Zuständigkeit nach Art. 3 Buchst. a, 4. Gedankenstrich begründen, da die Anforderungen an die Übereinstimmung gering zu halten sind (→ Art. 3 Rn. 21). Für die verbleibenden Fälle erfüllt Art. 4 jedoch eine wichtige Funktion, weil der Antragsgegner ansonsten den Gegenantrag nur bei dem für ihn zuständigen Gericht einreichen könnte, das aber – sofern im Anwendungsbereich der Brüssel IIa-VO befindlich – wegen Art. 19 Abs. 1 im Hinblick auf den bereits bei einem anderen Gericht anhängigen Hauptantrag das Verfahren aussetzen müsste.

2   Die Bedeutung des Art. 4 erschöpft sich jedoch nicht in der Gewährung der internationalen Zuständigkeit, sondern es wird durch Art. 4 – ausnahmsweise (→ Vor Art. 3 Rn. 5) – auch die örtliche Zuständigkeit mitgeregelt. Dies ergibt sich sowohl aus dem Wortlaut („Das Gericht…") als auch aus dem Sinn und Zweck der Vorschrift, da einander widerstreitende Gerichtsstände auch innerhalb einer Rechtsordnung zu vermeiden sind.[1] Außerhalb der internationalen und örtlichen Zuständigkeit enthält Art. 4 jedoch keinerlei Vorgaben für die Zulässigkeit des Gegenantrags und Verbindung der Verfahren im Übrigen. Zu beachten ist allerdings Art. 19 Abs. 3 Satz 2, der die Zulassung des Gegenantrags an sich gebietet (→ Art. 19 Rn. 23). Im Übrigen ist das nationale Prozessrecht des angerufenen Gerichts maßgeblich,[2] in Deutschland also die §§ 121 ff. FamFG.

3   Voraussetzung für die Anwendung des Art. 4 ist zunächst, dass das für den Erstantrag angerufene Gericht für die Entscheidung über diesen **nach Art. 3 international zuständig** ist. Dies ergibt sich ohne weiteres aus dem Wortlaut („… auch … zuständig…") und aus der Funktion der Norm, (nur) eine bereits aus den Zuständigkeitsvorschriften der Brüssel IIa-VO für Ehesachen heraus gegebene Zuständigkeit zu erweitern. Nicht ausreichend ist also etwa eine – bei „Öffnung" nach den Art. 6, 7 – gegebene Zuständigkeit nach autonomem Recht, insbesondere auch keine Verbundzuständigkeit (→ Vor Art. 3 Rn. 5).[3] Des Weiteren muss der Gegenantrag in den *sachlichen Anwendungsbereich* der Brüssel IIa-VO für *Ehesachen* nach Art. 1 Abs. 1 Buchst. a fallen.[4] Andernfalls ist die Frage der internationalen Zuständigkeit nach den sachlich einschlägigen Normen zu beurteilen (insb. Art. 8 ff. für die elterliche Sorge und EuUntVO für den Unterhalt; iÜ Staatsverträge oder autonome Regelung der internationalen Zuständigkeit in §§ 99 ff. FamFG). Innerhalb der Ehesachen muss hingegen keine weitergehende Übereinstimmung gegeben sein, so dass Art. 4 im Fall der Zuständigkeit für den Scheidungsantrag eines Ehegatten auch eine Zuständigkeit für einen auf Trennung oder Aufhebung gerichteten Antrag des anderen Ehegatten begründet und umge-

---

[1]   Allg. Ansicht, Geimer/Schütze/*Dilger* Art. 4 Rn. 2; *Geimer/Schütze* Art. 4 Rn. 5; Zöller/*Geimer* Art. 4 Rn. 1; NK-BGB/*Gruber* Art. 4 Rn. 4; Rauscher/*Rauscher* Art. 4 Rn. 1, 9; Staudinger/*Spellenberg* Art. 4 Rn. 9, 13.

[2]   Allg. Ansicht; Geimer/Schütze/*Dilger* Art. 4 Rn. 4; MüKoFamFG/*Gottwald* Art. 4 Rn. 3; NK-BGB/*Gruber* Art. 4 Rn. 5; Thomas/Putzo/*Hüßtege* Art. 4 Rn. 2, Rauscher/*Rauscher* Art. 4 Rn. 10; eingehend Staudinger/*Spellenberg* Art. 4 Rn. 3, 14 ff.

[3]   Allg. Ansicht; Geimer/Schütze/*Dilger* Art. 4 Rn. 3; Rauscher/*Rauscher* Art. 4 Rn. 12; Staudinger/*Spellenberg* Art. 4 Rn. 7.

[4]   Vgl. hierzu – sowie zur abweichenden Fassung noch der Vorgängervorschrift in der Brüssel II-VO – Rauscher/*Rauscher* Art. 4 Rn. 6 ff. Aufgrund des eindeutigen Wortlauts nach der Reform scheidet eine auf Art. 4 gestützte Zuständigkeit für einen Gegenantrag im Bereich der elterlichen Sorge, die Staudinger/*Spellenberg* Art. 4 Rn. 6 erwägt, aus.

kehrt. Auch in diesem Fall entspricht die Konzentration des Gerichtsstands dem Normzweck, erst recht gilt dies für Gegen(Feststellungs-)anträge auf Nichtbestehen der Ehe oder gar konkurrierende Scheidungsanträge.[5] **Zeitlich** muss der Gegenantrag iSd Art. 16 anhängig gemacht worden sein, bevor der Hauptantrag zurückgenommen wurde; eine spätere Rücknahme schadet wegen des Grundsatzes der *perpetuatio fori* (→ Vor Art. 3 Rn. 7) nicht mehr.[6]

Art. 5 Umwandlung einer Trennung ohne Auflösung des Ehebandes in eine Ehescheidung

Unbeschadet des Artikels 3 ist das Gericht eines Mitgliedstaats, das eine Entscheidung über eine Trennung ohne Auflösung des Ehebandes erlassen hat, auch für die Umwandlung dieser Entscheidung in eine Ehescheidung zuständig, sofern dies im Recht dieses Mitgliedstaats vorgesehen ist.

Art. 5 perpetuiert die Zuständigkeit des Gerichts, das zunächst zum Ausspruch **1** einer Trennung ohne Auflösung des Ehebandes angerufen wurde und für diesen nach Art. 3 zuständig war, auf eine nachfolgende Umwandlung dieser Entscheidung in eine Ehescheidung. Der Zweck der Norm liegt darin, dass die sachgerechte Fortsetzung der vorangehenden gerichtlichen Trennung in einem nachfolgenden Scheidungsverfahren vor dem gleichen Gericht auch dann gewährleistet sein soll, wenn dessen Zuständigkeit zwischenzeitlich weggefallen ist. Hierin – im Fall der weggefallenen Zuständigkeit – erschöpft sich auch die Relevanz der Vorschrift für die internationale Zuständigkeit, da andernfalls bereits eine Zuständigkeit nach Art. 3 oder Art. 4 gegeben ist. Eine etwaige weitere Zuständigkeit, die nach Art. 3 in einer anderen Rechtsordnung gegeben ist, wird durch Art. 5 nicht verdrängt.[1] Auch im Rahmen des Art. 19 ist nicht etwa der Zuständigkeit nach Art. 5 wegen eines früheren Trennungsantrags aus dem abgeschlossenen Trennungsverfahren Vorrang einzuräumen, da Art. 19 nur die Konkurrenz aktueller Anhängigkeiten und nicht das Verhältnis zu abgeschlossenen Verfahren betrifft.[2] In dem durch Art. 5 für zuständig erklärten Gerichtsstand legt die Vorschrift wie Art. 4 (→ Art. 4 Rn. 2) jedoch ausnahmsweise (→ Vor Art. 3 Rn. 5) auch die örtliche Zuständigkeit fest, wie sich sowohl aus dem Wortlaut (… „das Gericht eines Mitgliedstaats"…) als auch aus dem dargelegten Sinn und Zweck der Vorschrift ergibt.[3]

Voraussetzung der Zuständigkeit nach Art. 5 ist, dass vor dem fraglichen **2** Gericht eine Entscheidung über eine Trennung ohne Auflösung des Ehebandes erlassen wurde. Dies bezieht sich (nur) auf Fälle, in denen das anwendbare Recht den förmlichen Ausspruch einer Trennung durch ein Gericht oder eine Behörde vorsieht und dieser in einen Scheidungsausspruch umgewandelt werden kann

[5] Allg. Ansicht; statt aller Rauscher/*Rauscher* Art. 3 Rn. 5.

[6] So auch *Geimer/Schütze* Art. 4 Rn. 6; Staudinger/*Spellenberg* Art. 4 Rn. 19. Für den Zeitpunkt der Wirksamkeit der Antragsrücknahme enthält die VO keine Vorgaben, so dass hierfür nur auf die *lex fori* des Gerichts des Hauptantrags abgestellt werden kann.

[1] Rauscher/*Rauscher* Art. 5 Rn. 11; Hk-FamR/*Rieck* Art. 5 Rn. 4.

[2] MüKoFamFG/*Gottwald* Art. 5 Rn. 2; Hk-FamR/*Rieck* Art. 5 Rn. 4; aA wohl Thomas/Putzo/*Hüßtege* Art. 5 Rn. 3.

[3] Allg. Ansicht; Geimer/Schütze/*Dilger* Art. 5 Rn. 1; *Geimer/Schütze* Art. 3 Fn. 8; NK-BGB/*Gruber* Art. 5 Rn. 1; Rauscher/*Rauscher* Art. 5 Rn. 6; Staudinger/*Spellenberg* Art. 5 Rn. 10.

bzw. materielle Voraussetzung eines solchen ist.[4] Auf ein nur tatsächliches
Getrenntleben als Voraussetzung der nachfolgenden Scheidung wie nach deutschem Recht ist Art. 5 ebenso wenig (analog) anwendbar wie auf andere Abfolgen
von Ehesachen oder andere Folgesachen, da die Norm bewusst nur für den sachlichen Zusammenhang zwischen gerichtlicher Trennung und nachfolgender Scheidung geschaffen wurde.[5] Gleichwohl hat die Vorschrift auch für deutsche Gerichte
Bedeutung, da sich die Voraussetzung, dass „dies im Recht dieses Mitgliedstaats
vorgesehen ist", nicht auf das Erfordernis einer förmlichen Trennung, sondern
auf die Möglichkeit der Umwandlung eines Trennungsausspruchs in einen Scheidungsausspruch bezieht.[6] Diese Möglichkeit kann auch dann gegeben sein, wenn
das IPR des Gerichtsstaats (heute idR Art. 9 Rom III-VO) ein Recht für anwendbar erklärt, welches den förmlichen Trennungsausspruch vorsieht, und das Verfahrensrecht einen derartigen Ausspruch zulässt. Dies hat der BGH für das deutsche
Verfahrensrecht bereits bisher bejaht.[7]

3   Art. 5 gilt auch dann, wenn das Gericht seine Zuständigkeit im vorangehenden
Trennungsverfahren (noch) nicht auf die Brüssel IIa-VO gestützt hatte, es aber
bei Anwendung des Art. 3 zuständig gewesen wäre, da sich der Normzweck –
Wahrung der Zuständigkeitskontinuität – auch in diesem Fall verwirklicht.[8]
Grundsätzlich unbeachtlich ist ein zwischenzeitlich eingetretener Wechsel des
Scheidungsstatuts, es sei denn, dieser hebt – wie es etwa bei einem Wechsel zum
deutschen Recht hin der Fall ist – den notwendigen Zusammenhang zwischen
der Trennungsentscheidung und der Scheidung auf.[9]

Art. 6 Ausschließliche Zuständigkeit nach den Artikeln 3, 4 und 5

Gegen einen Ehegatten, der

**a) seinen gewöhnlichen Aufenthalt im Hoheitsgebiet eines Mitgliedstaats
    hat oder**

---

[4] Rauscher/*Rauscher* Art. 5 Rn. 4 auch mit einem Überblick über diverse Konstellationen
dieser Art in europäischen Rechtsordnungen; dazu auch Staudinger/*Mankowski*, 2011, Art. 17
EGBGB Rn. 456 ff., 460.

[5] Vgl. Rauscher/*Rauscher* Art. 5 Rn. 2 f.

[6] So entgegen der Formulierung im Borrás-Bericht, ABl. EG 1998 C 221, 27, Rn. 43 aE
allg. Auffassung; Geimer/Schütze/*Dilger* Art. 5 Rn. 6 f.; *Geimer/Schütze* Art. 5 Rn. 3; NK-
BGB/*Gruber* Art. 5 Rn. 5; Hk-FamR/*Rieck* Art. 5 Rn. 2; Staudinger/*Spellenberg* Art. 5 Rn. 6.

[7] BGH FamRZ 1987, 793 für die Trennung und nachfolgende Scheidung bei italienischem Scheidungsstatut.

[8] AA Staudinger/*Spellenberg* Art. 5 Rn. 8, dessen Bedenken – fehlende Anwendbarkeit
der Brüssel IIa-VO auf die Anerkennung der Trennungsentscheidung – aber nicht durchgrei-
fen, weil es nur auf die – eigenständige – Anerkennung des *Scheidungs*urteils ankommt und
dieser materiell nichts entgegensteht, wenn die ursprüngliche Zuständigkeit nach Art. 3 gegeben gewesen wäre; vgl. zutreffend Rauscher/*Rauscher* Art. 5 Rn. 6 f. Dies betrifft in erster
Linie Altfälle vor der zeitlichen Anwendbarkeit der Brüssel II-VO, aber auch den Fall, dass
ein Gericht seine Zuständigkeit fehlerhaft auf nationales Recht stützt. Wie hier auch NK-
BGB/*Gruber* Art. 5 Rn. 2.

[9] HM, vgl. in diesem Sinne Geimer/Schütze/*Dilger* Art. 5 Rn. 8 f.; Rauscher/*Rauscher*
Art. 5 Rn. 8 f., der *de lege ferenda* für eine Optionslösung der Ehegatten bei Statutenwechsel
plädiert (Rn. 10); aA NK-BGB/*Gruber* Art. 5 Rn. 7; Staudinger/*Spellenberg* Art. 5 Rn. 7 mit
dem Argument, dass dies nur die Begründetheit betrifft und die Zuständigkeit nicht von
dieser abhängen soll. Dies ist zwar grundsätzlich richtig, in diesem Fall wird aber der Normzweck schon bei Zuständigkeitsbegründung verfehlt.

b) **Staatsangehöriger eines Mitgliedstaats ist oder im Fall des Vereinigten Königreichs und Irlands sein „domicile" im Hoheitsgebiet eines dieser Mitgliedstaaten hat,**
darf ein Verfahren vor den Gerichten eines anderen Mitgliedstaats nur nach Maßgabe der Artikel 3, 4 und 5 geführt werden.

I. Bedeutung der Art. 6, 7 als „Abgeschlossenheitsregelung" und ihr Verhältnis zueinander

Art. 6 und Art. 7 regeln in ihrem Zusammenspiel die Frage, inwieweit neben **1** den Art. 3–5 auf Zuständigkeiten zurückgegriffen werden kann, die sich aus den nationalen/autonomen Prozessrechten ergeben; sie stellen damit gemeinsam die „Abgeschlossenheitsregelung" der Brüssel IIa-VO für Ehesachen dar. Dabei sind beide Vorschriften nicht optimal konzipiert und aufeinander abgestimmt, sondern stehen nach Wortlaut und Regelungsgehalt in einem Spannungsverhältnis. Dieses Spannungsverhältnis und die Lösung, die der EuGH dafür gefunden hat, erschließen sich am besten, wenn die Regelung „von hinten her" wie folgt gelesen wird: (1) Art. 7 sieht den Rückgriff auf Zuständigkeiten nach den nationalen/autonomen Kompetenzordnungen (insbesondere in Deutschland auf § 98 FamFG) vor, soweit sich aus den Art. 3–5 keine Zuständigkeit der Gerichte eines Mitgliedstaats ergibt. (2) Dies legt den Gegenschluss nahe, dass, soweit sich aus den Art. 3–5 eine Zuständigkeit der Gerichte auch nur irgendeines Mitgliedstaats ergibt, die Zuständigkeitsordnung abschließend ist und zusätzliche Zuständigkeiten nach nationalem Recht – wie etwa in Deutschland für eigene Staatsangehörige nach § 98 Abs. 1 Nr. 1 FamFG – „gesperrt" sind. (3) Demgegenüber scheint Art. 6 seinem Wortlaut nach gerade diesen Gegenschluss auf den Fall zu verengen, dass das Verfahren gegen einen Ehegatten geführt wird, der die dort genannten Voraussetzungen (gewöhnlicher Aufenthalt oder *domicile* in einem Mitgliedstaat bzw. Staatsangehörigkeit eines Mitgliedstaats) erfüllt, während gegen „drittstaatliche" Ehegatten ohne gewöhnlichen Aufenthalt in einem Mitgliedstaat ein unbeschränkter Rückgriff auf Zuständigkeiten des nationalen Prozessrechts möglich wäre.

Beispiel:
Eine deutsche Staatsangehörige ist, nachdem sie mit ihrem Ehegatten marokkanischer Staatsangehörigkeit zunächst in Frankreich und dann in Marokko gelebt hat, nach Frankreich zurückgezogen und hat dort vor zwölf Monaten ihren gewöhnlichen Aufenthalt begründet. Wenn sie nun den Scheidungsantrag beim Gericht ihres ursprünglichen Heimatorts in Deutschland einreichen möchte, wäre dies nach dem Wortlaut des Art. 6 möglich, weil dieser den Rückgriff auf die Zuständigkeit nach § 98 Abs. 1 Nr. 1 FamFG zuzulassen scheint, während Art. 7 in der dargestellten Auslegung (Gegenschluss) diesen Rückgriff wegen der in Frankreich gegebenen Zuständigkeit sperrt.

Den insoweit gegebenen Widerspruch zwischen den Wortlauten beider Vor- **2** schriften hat der EuGH – im Einklang mit der bis dahin bereits hM[1] – im Sinne

---

[1]   *Boele-Woelki* ZfRV 2001, 121 (125); Geimer/Schütze/*Dilger* Art. 6 Rn. 2; *Gruber* IPRax 2005, 293 (295); *Hau* FamRZ 2000, 1333 (1340 f.); *Hausmann* EuLF 2000/01, 271 (279); Staudinger/*Spellenberg* Art. 6 Rn. 1 f., Art. 7 Rn. 5 f.; aus dem französischen Schrifttum *Ancel/ Muir Watt* Rev crit dip 2001, 403 (421). Vgl. zur Gegenansicht *Kohler* NJW 2001, 10 (11); Rauscher/*Rauscher* (Erstbearb. 2004) Art. 6 Rn. 7.

eines Vorrangs des Art. 7 aufgelöst,[2] so dass im Beispielsfall der Antrag nur in Frankreich eingereicht werden kann.[3] Soweit der EuGH dies mit dem eindeutigen Wortlaut des Art. 7 begründet, ist dies wenig überzeugend, weil der Wortlaut des Art. 6 nicht weniger eindeutig ist. Richtig ist aber, dass Art. 17 die „*nach dieser Verordnung*" unzuständigen Gerichte auffordert, sich zugunsten der nach der VO zuständigen Gerichte für unzuständig zu erklären, und damit den Gegenschluss aus Art. 7 stützt. Auch ist dem EuGH darin zuzustimmen, dass es dem Sinn einer einheitlichen europäischen Zuständigkeitsordnung zuwiderliefe, wenn in dem Fall, dass diese die Gerichte eines bestimmten Mitgliedstaates für zuständig erklärt, anderen Mitgliedstaaten die Begründung weitergehender Zuständigkeiten zB zugunsten ihrer Staatsangehörigen erlaubt wäre. Wie in der Brüssel I-VO durch deren Art. 4 sollte dies in der Brüssel IIa-VO durch Art. 7 ausgeschlossen werden,[4] dessen Aussage daher auch den obigen Gegenschluss umfasst.

3   Die Funktion des Art. 6, nämlich der Schutz der dort bezeichneten Personen vor exorbitanten Zuständigkeiten eines anderen Mitgliedstaats, in denen sie nach der Brüssel IIa-VO nicht gerichtspflichtig sind, wird nach dieser Auslegung bereits weitgehend von Art. 7 wahrgenommen. Der zusätzliche Gehalt des Art. 6 liegt nur noch darin, dass dieser Schutz für den bezeichneten Personenkreis *unbedingt* ist, dh auch dann eingreift, wenn die Art. 3–5 der Brüssel IIa-VO keine Zuständigkeit der Gerichte eines Mitgliedstaats vorsehen. Die sich aus dem Zusammenspiel der beiden Artikel ergebende Regel der „Abgeschlossenheit" der Zuständigkeiten der Brüssel IIa-VO gegenüber weitergehenden Zuständigkeiten nach den nationalen Prozessordnungen lautet demnach letztlich im Sinne einer Kumulation: Auf letztere kann nur dann zurückgegriffen werden, wenn die Art. 3–5 keine Zuständigkeit der Gerichte eines Mitgliedstaats vorsehen *und* der Antragsgegner nicht in den durch Art. 6 privilegierten Personenkreis fällt.[5]

4   Da der Anwendungsbereich des Art. 6 nach dieser Auslegung auf einen praktisch sehr kleinen Bereich[6] reduziert ist und in den Restanwendungsfällen fraglich ist, ob der Antragsgegner dieses Schutzes bedarf (→ Rn. 8 f.), ist es folgerichtig, dass im derzeit gescheiterten Reformvorschlag (→ Vor Art. 3 Rn. 4) die ersatzlose Streichung des Art. 6 vorgesehen war. Im Zusammenhang damit sollte die Verweisung auf die nationalen Prozessrechte insgesamt beseitigt und durch eine einheitliche Restzuständigkeit am früheren gemeinsamen gewöhnlichen Aufenthalt der Ehegatten und im jeweiligen Heimatstaat ersetzt werden. Diese Regelung erscheint weiterhin sinnvoll.

---

[2] Es handelt sich nicht, wie Thomas/Putzo/*Hüßtege* Art. 6 Rn. 3 annimmt, um eine erweiternde Auslegung des Art. 6, sondern um die Entscheidung einer Normenkollision im Sinne der Frage, ob die wortlautgemäße Auslegung des Art. 7 Vorrang vor derjenigen des Art. 6 beanspruchen kann oder umgekehrt.

[3] EuGH 29.11.2007 – C-68/07, Slg. 2007, I-10403 – Lopez/Lopez Lizazo = IPRax 2008, 257 m. Anm. *Borrás* 233 u. *Mansel/Thorn/Wagner* IPRax 2009, 1 (17); *Spellenberg* ZZPInt 12 (2007) 233. Im Anschluss jüngst BGH FamRZ 2013, 687 mit Anm. *Hau* Rn. 19.

[4] Im Borrás-Bericht (ABl. EG 1998 C 221, 27) wird dies allerdings nicht ausgeführt, sondern nur angedeutet (vgl. Nr. 48: „Trennungslinie" zwischen den Kriterien der VO und innerstaatlichen Zuständigkeitsvorschriften).

[5] So – neben den in Fn. 1 Genannten – ausdrücklich *Geimer/Schütze* Art. 7 Rn. 4; MüKo-FamFG/*Gottwald* Art. 6 Rn. 3; *Hausmann* Rn. A 79, 84 f.; NK-BGB/*Gruber* Art. 6, 7 Rn. 2; iE auch Thomas/Putzo/*Hüßtege* Art. 7 Rn. 2. Für England Dicey/Morris/*Collins* ua, 15. Aufl. 2012, Rn. 18-011; für Frankreich JCl Int/*Gaudemet-Tallon*, 2013, 547-10, Nr. 39; für Österreich Fasching/*Simotta* Art. 7 Rn. 4 ff.

[6] Vgl. pointiert Rauscher/*Rauscher* Art. 6 Rn. 11 („pathologischer Fall").

II. Voraussetzungen des Art. 6

Art. 6 stellt eine privilegierende Schutzvorschrift für Antragsgegner dar, die **5** entweder „Mitgliedstaatszugehörige" im Sinne der VO (→ Art. 3 Rn. 1) sind oder dort ihren gewöhnlichen Aufenthalt haben. Es genügt das Vorliegen eines dieser Merkmale, damit die fragliche Person in den Schutzbereich des Art. 6 einbezogen wird. Zu den tatbestandlichen Voraussetzungen des Art. 6, dh zur Bestimmung der dort genannten Anknüpfungsmomente „gewöhnlicher Aufenthalt", „Staatsangehörigkeit" und *domicile* kann auf → Art. 3 Rn. 6 ff. verwiesen werden. Insbesondere genügt aus den dort dargelegten Gründen auch die nicht effektive Staatsangehörigkeit eines Mitgliedstaats.[7] Der Ansicht, dass ein *domicile* britischer und irischer Staatsbürger aus Gleichbehandlungsgründen auch außerhalb Großbritanniens bzw. Irlands die Sperrwirkung des Art. 6 begründen würde, kann auch im Rahmen des Art. 6 nicht gefolgt werden.[8]

Die Frage, zu welchem Zeitpunkt diese Merkmale vorliegen müssen, stellt sich **6** hier – anders als bei den Zuständigkeiten (→ Art. 3 Rn. 4 f.) – nicht im Hinblick auf Zuständigkeitskonflikte, sondern im Hinblick darauf, inwieweit der Normzweck die Verdrängung einer Zuständigkeit nach nationalem Prozessrecht gebietet:[9] Konnte ein Gericht mangels Vorliegens der Voraussetzungen des Art. 6 auf eine Zuständigkeit nach nationalem Prozessrecht zurückgreifen, so gebührt dem auch in der Brüssel IIa-VO gültigen Grundsatz der *perpetuatio fori* (→ Vor Art. 3 Rn. 7) der Vorrang gegenüber dem erst nachträglichen Eingreifen des Art. 6, so dass die Zuständigkeit auch dann erhalten bleibt, wenn der Antragsgegner während des Verfahrens die Staatsangehörigkeit eines Mitgliedstaats erwirbt oder seinen gewöhnlichen Aufenthalt dort etabliert.[10] Scheidet ein Antragsgegner während des Verfahrens aus dem Schutzkreis des Art. 6 aus, so gibt es keinen Grund, den Ausschließlichkeitsanspruch der Brüssel IIa-VO künstlich zu erhalten, so dass das ab diesem Zeitpunkt in seiner Anwendung nicht mehr gesperrte nationale Prozessrecht darüber entscheiden kann, ob eine Zuständigkeit gegeben ist und deren Vorliegen in diesem Zeitpunkt genügt.[11]

III. Anwendungsfälle der Vorschrift

Art. 6 wird praktisch – da andernfalls eine Zuständigkeit nach Art. 3 gegeben **7** sein wird und bereits Art. 7 eingreift – dann relevant, wenn Ehegatten, von denen mindestens einer zu dem durch Art. 6 geschützten Personenkreis gehört, ihren gewöhnlichen Aufenthalt in Drittstaaten haben oder hatten und der

---

[7] Dies ist auch im Rahmen des Art. 6 allg. Auffassung; statt aller *Geimer/Schütze* Art. 6 Rn. 9; Staudinger/*Spellenberg* Art. 6 Rn. 11.

[8] S. gegen diese va von Geimer/Schütze/*Dilger* Art. 6 Rn. 8 f. und Staudinger/*Spellenberg* Art. 6 Rn. 17 vertretene Ansicht die Erwägungen → Art. 3 Rn. 27 u. 32, die hier entsprechend gelten und auch durch den Wortlaut des Art. 6 gestützt werden.

[9] Ähnlich Rauscher/*Rauscher* Art. 6 Rn. 18 f.

[10] So auch NK-BGB/*Gruber* Art. 6, 7 Rn. 9; Rauscher/*Rauscher* Art. 6 Rn. 19, Art. 7 Rn. 11. Zum gleichen Ergebnis führt hier aber auch die Ansicht, dass auf den Zeitpunkt der Verfahrenseinleitung iSd Art. 16 abzustellen sei, vgl. in diesem Sinne Geimer/Schütze/*Dilger* Art. 6 Rn. 5; *Geimer/Schütze* Art. 6 Rn. 6; *Hau* FamRZ 2000, 1333 (1340).

[11] So iE auch Geimer/Schütze/*Dilger* Art. 6 Rn. 5; ähnlich NK-BGB/*Gruber* Art. 6, 7 Rn. 9; Rauscher/*Rauscher* Art. 6 Rn. 20.

„Zurückzug" der oder eines Ehegatten weniger als zwölf bzw. sechs Monate zurückliegt (Art. 3 Abs. 1 Buchst. a, 5. und 6. Gedankenstrich). In diesen Fällen führt der Umstand, dass nach Art. 6 nur ein Verfahren vor den Gerichten *eines anderen* Mitgliedstaats gesperrt ist, zunächst dazu, dass staatsvertragliche oder nationale Zuständigkeiten wie nach § 98 Abs. 1 Nr. 1 FamFG nur „einseitig" gegen den deutschen Antragsgegner zum Zug kommen: Lebt etwa ein deutsch-italienisches Paar in den USA, so kann zwar der italienische Ehegatte gem. § 98 Abs. 1 Nr. 1 FamFG vor deutschen Gerichten die Scheidung beantragen, nicht aber der deutsche, da aufgrund der italienischen Staatsangehörigkeit des Antragsgegners Art. 6 Buchst. b eingreift. Dies ist die bewusste Folge der Formulierung des Art. 6 und auch nicht zu beanstanden, da auf der berechtigten typisierten Annahme beruhend, dass ein Verfahren vor den Gerichten des Heimatstaates keinen belastenden Umstand darstellt.[12]

IV. Einschränkende Auslegung; Notzuständigkeit

8   Aus dem Normzweck – Schutz vor nationalen Gerichtsständen (nur) in Staaten, zu denen der Antragsgegner keine relevante Verbindung hat – folgt auch, dass sich ein Ehegatte, der die Merkmale des Art. 6 für mehrere Mitgliedstaaten verwirklicht, nicht darauf berufen kann, dass Art. 6 auch die nationalen Gerichtsstände des anderen Mitgliedstaats sperre, zu dem ebenfalls eine relevante Verbindung besteht. So kann sich etwa ein Ehegatte mit deutscher und französischer Staatsangehörigkeit und gewöhnlichem Aufenthalt in einem Drittstaat nicht unter Berufung auf Art. 6 dagegen wehren, dass sein Ehegatte den Antrag unter Berufung auf § 98 Abs. 1 Nr. 1 FamFG bei deutschen Gerichten einreicht. Es handelt sich bei Deutschland zwar aus Sicht der französischen Staatsangehörigkeit formal um einen „anderen Mitgliedstaat", nicht aber um einen solchem im Sinne des Zwecks der Norm.[13]

9   Fraglich ist hingegen, ob über den soeben dargestellten Fall hinaus eine teleologische Reduktion der Vorschrift in Betracht kommt. Die Kritik knüpft vor allem[14] an der Situation an, dass einem Antragsteller, der mit einem „mitgliedstaatszugehörigen" Ehegatten verheiratet ist, wegen Aufenthalts in einem Drittstaat oder nach der Rückkehr aus einem solchen (noch) kein „Klägergerichtsstand" zur Verfügung steht.

Beispiel:[15]

Eine deutsche Staatsangehörige ist, nachdem sie mit ihrem Ehegatten spanischer Staatsangehörigkeit in Kalifornien gelebt hat, nach Deutschland zurückgezogen und lebt dort seit drei Monaten. In Deutschland ist mangels Erfüllung der Sechs-Monats-Frist des Art. 3 Buchst. a, 6. Gedankenstrich noch kein Gerichtsstand gegeben; ebenso wenig nach der VO in Spanien.

[12] Staudinger/*Spellenberg* Art. 6 Rn. 6 ff.; Rauscher/*Rauscher* Art. 6 Rn. 4.

[13] Ebenso Geimer/Schütze/*Dilger* Art. 6 Rn. 12; NK-BGB/*Gruber* Art. 6, 7 Rn. 15; Rauscher/*Rauscher* Art. 6 Rn. 24.

[14] Vgl. weitergehend die Kritik von Rauscher/*Rauscher* Art. 3 Rn. 13 an der nach seiner Ansicht zu weitgehenden Verdrängung der Heimatzuständigkeit bzw. (insoweit Art. 6 Rn. 4) daran, dass auch EU-Staatsangehörige als Antragsteller von den Nachteilen der Norm betroffen werden, wenn ihre Ehepartner aufgrund eines gewöhnlichen Aufenthalts in einem Mitgliedstaat in den Schutzbereich einbezogen werden.

[15] S. für einen Anwendungsfall vor dem österr. OGH Urt. v. 11.9.2008 – 7 Ob 155/08g, IPRax 2010, 74 m. Anm. *Andrae/Schreiber* 79.

Die Möglichkeit eines Scheidungsantrags innerhalb der EU hängt in diesen Situationen davon ab, ob das nationale Prozessrecht des Heimatstaats des Antragsgegners – im Beispiel also dasjenige Spaniens – einen auf die Staatsangehörigkeit des Antragsgegners gestützten Gerichtsstand vorsieht (wie dies in Deutschland gem. § 98 Abs. 1 Nr. 1 FamFG der Fall wäre).

Nach Ansicht von *Rauscher* soll dieses Ergebnis durch eine teleologische **10** Reduktion des Art. 6 vermieden werden, nach der Art. 6 nur noch dann eingreifen würde, wenn nach der Brüssel IIa-VO eine Zuständigkeit gegeben ist.[16] Da Art. 6 damit aber keinerlei über den Regelungsgehalt von Art. 7 hinausgehende Bedeutung mehr hätte, würde es sich allerdings um eine „teleologische Reduktion auf null" handeln, m.a.W. um eine faktische Streichung der Vorschrift ohne Legitimation durch den Gesetzgeber, die unzulässig ist.[17] Erwogen werden kann allenfalls, Art. 6 in demjenigen Fall teleologisch zu reduzieren, dass das nationale Prozessrecht im Heimatstaat des Antragsgegners – im obigen Beispielsfall also das spanische Recht – keinen Gerichtsstand vorsieht. Auch insoweit ist aber problematisch, dass es der *telos* des Art. 6 gerade ist, den dort umschriebenen Personenkreis davor zu schützen, in anderen Mitgliedstaaten über die von der VO selbst vorgesehenen Gerichtsstände hinaus nach deren nationalen Prozessrechten gerichtspflichtig zu werden. Von einer teleologischen Reduktion kann also auch in diesem Fall keine Rede sein. Art. 6 ist demnach weiterhin grundsätzlich wortlautgetreu anzuwenden,[18] bis der Gesetzgeber die Konsequenzen aus der bereits erkannten inhaltlichen Fragwürdigkeit (→ Rn. 4) tatsächlich gezogen hat. Eine Ausnahme kommt allerdings dann in Betracht, wenn der Antragsgegner dem Gerichtsstand zustimmt und damit auf den Schutz des Art. 6 verzichtet, da dann tatsächlich der *telos* der Norm im Einzelfall verfehlt wird.[19]

Aus den bisher dargelegten Grundsätzen ergibt sich, dass die Annahme einer **11** **Notzuständigkeit** nur in extremen Ausnahmefällen denkbar ist. Ausscheiden dürfte eine solche nunmehr generell, soweit die Gerichte eines Mitgliedstaats zuständig sind (also Art. 7 eingreift), nachdem jetzt auch in Malta die Möglichkeit einer Scheidung gegeben ist.[20] Im Übrigen kann eine Notzuständigkeit nur in Betracht kommen, wenn andernfalls überhaupt kein Forum für eine Scheidung zur Verfügung steht oder eine Scheidung in einem drittstaatlichen Forum nur unter unzumutbaren Bedingungen erreicht werden kann. In diesem Ausnahmefall

---

[16] Rauscher/*Rauscher* Art. 6 Rn. 13–15. Entgegen *Rauscher* handelt es sich nicht um eine „Auslegung" des Art. 6, sondern um dessen schlichte wortlautgemäße *Anwendung*.

[17] *Kramer*, Juristische Methodenlehre, 1998, S. 167. In der Argumentation von *Rauscher* wird dies darin offensichtlich, dass er „antizipierend" die Streichung des Art. 6 im gescheiterten (!) Änderungsentwurf der Brüssel IIa-VO in die „Auslegung" einbeziehen will.

[18] So auch der österr. OGH Urt. v. 11.9.2008 – 7 Ob 155/08g, IPRax 2010, 74 m. zust. Anm. *Andrae/Schreiber* 79 (81), ferner offenbar die niederländische Gerichtsbarkeit, vgl. den Hinweis bei Rauscher/*Rauscher* Art. 6 Fn. 28 (sa *Boele-Woelki* ZfRV 2001, 121 (125)), und die hM im deutschen Schrifttum; vgl. Geimer/Schütze/*Dilger* Art. 6 Rn. 15 aE; *Hau* FamRZ 2000, 1333 (1340); Staudinger/*Spellenberg* Art. 6 Rn. 9.

[19] AA wohl die hM mit dem an sich zutreffenden Hinweis, dass eine Zuständigkeitsbegründung durch rügelose Einlassung oder Prorogation nach der Brüssel IIa-VO nicht vorgesehen ist und daher auch insoweit nationale Prozessrechte, die dies zulassen, wegen Art. 6 nicht zum Zug kommen; vgl. Rauscher/*Rauscher* Art. 6 Rn. 5, 21. Die Frage ist aber, ob Art. 6 tatsächlich so weit reichen soll, Antragsgegner auch gegen ihren Willen vor einem Gerichtsstand zu schützen. Vgl. in diesem Sinne auch NK-BGB/*Gruber* Art. 6, 7 Rn. 8.

[20] BGH FamRZ 2013, 687 m. Anm. *Hau*.

erscheint, soweit Art. 6 eingreifen würde, auch eine teleologische Reduktion gerechtfertigt, da es nicht Zweck der Norm ist, eine Scheidung insgesamt zu verhindern. Insoweit ist der Rückgriff auf eine Notzuständigkeit, die nur nach nationalem Prozessrecht begründet werden kann,[21] möglich.[22]

Art. 7 Restzuständigkeit

(1) **Soweit sich aus den Artikeln 3, 4 und 5 keine Zuständigkeit eines Gerichts eines Mitgliedstaats ergibt, bestimmt sich die Zuständigkeit in jedem Mitgliedstaat nach dem Recht dieses Staates.**

(2) **Jeder Staatsangehörige eines Mitgliedstaats, der seinen gewöhnlichen Aufenthalt im Hoheitsgebiet eines anderen Mitgliedstaats hat, kann die in diesem Staat geltenden Zuständigkeitsvorschriften wie ein Inländer gegenüber einem Antragsgegner geltend machen, der seinen gewöhnlichen Aufenthalt nicht im Hoheitsgebiet eines Mitgliedstaats hat oder die Staatsangehörigkeit eines besitzt oder im Fall des Vereinigten Königreichs und Irlands sein „domicile" nicht im Hoheitsgebiet eines dieser Mitgliedstaaten hat.**

I. Regelungszweck und Verhältnis zu Art. 6

1   Art. 7 Abs. 1 regelt im Zusammenspiel mit Art. 6, inwieweit im Rahmen der Brüssel IIa-VO auf staatsvertragliche oder nationale Zuständigkeitsvorschriften zurückgegriffen werden kann. Dabei stellt Art. 7 Abs. 1 insofern die Kernnorm dar, als Art. 6 erst bei Vorliegen der Voraussetzungen des Art. 7 Abs. 1 (dh Öffnung für nationale Normen mangels Zuständigkeit nach Art. 3–5) zum Zuge kommt, dann aber den Rückgriff auf die nationalen Zuständigkeitsnormen weiter einschränkt (im Einzelnen → Art. 6 Rn. 1–3 u. Rn. 4 zur geplanten Abschaffung dieser Regelungstechnik im Rahmen des gescheiterten Reformvorschlags). Der Zweck des Art. 7 Abs. 2 ist hingegen inhaltlicher Natur; die Vorschrift soll den verbleibenden nationalen Zuständigkeitsnormen eine integrationskompatible Form verleihen.

II. Regelung des Art. 7 Abs. 1

2   Unter der in Abs. 1 normierten Voraussetzung, dass sich aus den Art. 3–5 der Brüssel IIa-VO keine Zuständigkeit der Gerichte (irgend-)eines Mitgliedstaats ergibt, können die Mitgliedstaaten – unter Beachtung der zusätzlichen Schranken des Art. 6 – auf nach ihrem Recht gegebene, weitergehende Zuständigkeiten zurückgreifen. Gleichgestellt ist nach dem 14. Erwägungsgrund der Fall, dass zwar eine Zuständigkeit in einem anderen Mitgliedstaat gegeben ist, diese aber wegen einer dort bestehenden völkerrechtlichen Immunität nicht ausgeübt werden

---

[21] Vgl. Staudinger/*Spellenberg* Art. 3 Rn. 47 mit dem zutreffenden Hinweis, dass die VO außerhalb der nach ihr gegebenen Zuständigkeiten auf nationales Recht verweist und daher kein Raum für die Annahme einer Notzuständigkeit aus sich heraus lässt.
[22] Vgl. in diesem Sinne – wenn die Frage auch letztlich nicht entschieden wird – die Erwägungen des BGH FamRZ 2013, 687 Anm. *Hau* Rn. 26 und die Nachw. dort Rn. 21.

kann.[1] Der maßgebliche Zeitpunkt der Beurteilung ist wie bei Art. 6 nach dem Zweck der Regelung derjenige der Verfahrenseinleitung, so dass eine einmal eröffnete Zuständigkeit nach nationalem Prozessrecht bestehen bleibt, aber umgekehrt eine „gesperrte" Zuständigkeit noch relevant werden kann, wenn die Zuständigkeiten nach Art. 3–5 während des Verfahrens entfallen und nicht in Anspruch genommen worden sind (→ Art. 6 Rn. 6). Wenn der Rückgriff auf Zuständigkeiten nach nationalem Recht eröffnet ist, gilt dies nicht nur für den Heimatstaat oder denjenigen des gewöhnlichen Aufenthalts, sondern für alle Mitgliedstaaten. Die Zuständigkeiten können sich sowohl aus für den jeweiligen Mitgliedstaat gültigen Staatsverträgen wie aus autonomen nationalen Normen ergeben. In Deutschland kommt vor allem § 98 FamFG in Betracht. Zur Frage einer Notzuständigkeit → Art. 6 Rn. 11.

III. Regelung des Art. 7 Abs. 2

Abs. 2 ordnet an, dass die nach Anwendung des Abs. 1 (und des Art. 6) in **3** Betracht kommenden nationalen Zuständigkeitsvorschriften nicht nur Inländern, sondern unter den normierten Voraussetzungen auch EU-Ausländern zur Verfügung stehen. **Voraussetzung auf Seiten des Antragstellers** ist, dass er seinen gewöhnlichen Aufenthalt (→ Art. 3 Rn. 6 ff.) im Gerichtsstaat hat und Staatsangehöriger eines anderen Mitgliedstaats ist. Dabei muss es sich nicht um eine effektive Staatsangehörigkeit handeln.[2] Da es um Gleichstellung im Sinne des Art. 18 EUV geht, sind aber abweichend von der VO im Übrigen – wie auch aus dem Wortlaut hervorgeht – ausnahmsweise auch die Staatsangehörigkeiten Großbritanniens und Irlands relevant.[3] Umstritten ist hingegen der Fall Dänemarks, das gemäß Art. 2 Nr. 3 auch insoweit nicht „Mitgliedstaat" ist, dessen Staatsbürger aber grundsätzlich als EU-Angehörige nicht diskriminiert werden dürfen. Allerdings wird man die Staatsbürger Dänemarks als insoweit vom „Anwendungsbereich" des AEUV ausgenommen betrachten und eine unzulässige Diskriminierung im Rechtssinne verneinen müssen.[4]

Der **Antragsgegner** muss seinen gewöhnlichen Aufenthalt außerhalb der Mit- **4** gliedstaaten haben und darf zudem kein „Mitgliedstaatszugehöriger" im Sinne der Brüssel IIa-VO sein, dh nicht sein *domicile* in Großbritannien oder Irland haben oder Staatsangehöriger eines anderen Mitgliedstaats sein. Die Formulierung ist komplementär zu derjenigen des Art. 6 und soll damit offensichtlich nochmals wiederholend die Voraussetzungen formulieren, unter denen der Rückgriff auf die nationalen Zuständigkeitsnormen überhaupt zulässig ist.[5] Dies allerdings ist nicht vollständig gelungen, weil Art. 6 auch bei Vorliegen seiner Voraussetzungen den Rückgriff auf die *lex fori* nur für den Antragsteller sperrt, während die Anwendung der nationalen Zuständigkeitsnormen im Heimat- oder Aufenthaltsstaat des Antragsgegners zulässig bleibt (→ Art. 6 Rn. 7).

---

[1] Rauscher/*Rauscher* Art. 7 Rn. 15.

[2] → Art. 3 Rn. 11 und speziell zu Art. 7 *Geimer/Schütze* Art. 7 Rn. 10.

[3] Rauscher/*Rauscher* Art. 7 Rn. 15.

[4] So mit guten Gründen Geimer/Schütze/*Dilger* Art. 7 Rn. 6; ebenso *Geimer/Schütze* Art. 7 Rn. 9; Staudinger/*Spellenberg* Art. 7 Rn. 18; dagegen NK-BGB/*Gruber* Art. 6, 7 Rn. 14; Rauscher/*Rauscher* Art. 7 Rn. 16.

[5] Vgl. hierzu iE Rauscher/*Rauscher* Art. 7 Rn. 13 f.

Beispiel:

Lebt ein deutsch-italienisches Paar in den USA, so kann der deutsche Ehegatte wegen Art. 6 nicht auf § 98 Abs. 1 Nr. 1 FamFG zurückgreifen und einen Antrag vor deutschen Gerichten einreichen, wohl aber der italienische. Die Voraussetzungen des Art. 7 Abs. 2 würden hingegen nicht vorliegen, ohne dass ein inhaltlicher Grund für die versagte Gleichstellung ersichtlich ist.[6]

Die in diesem Fall verfehlte Formulierung des Art. 7 Abs. 2 hat in Deutschland keinerlei Folgen, weil die Zuständigkeit nach § 98 Abs. 1 Nr. 1 FamFG an die Staatsangehörigkeit des Antragsgegners anknüpft und damit der italienische Ehegatte ohnehin von ihr Gebrauch machen kann, ohne einer Gleichstellung zu bedürfen. Bei anders konstruierten nationalen Zuständigkeitsnormen kann hingegen Korrekturbedarf entstehen.[7]

5 Sind die Voraussetzungen des Art. 7 Abs. 2 erfüllt, so kann der Antragsteller im Staat seines gewöhnlichen Aufenthalts die dort für eigene Staatsangehörige geltenden Zuständigkeiten für sich in Anspruch nehmen. In Deutschland ist also insbesondere § 98 Abs. 1 Nr. 1 FamFG auf Angehörige anderer Mitgliedstaaten mit hiesigem gewöhnlichem Aufenthalt anzuwenden, als ob sie die deutsche Staatsangehörigkeit hätten. In anderen Mitgliedstaaten kommen ferner Zuständigkeitsnormen in Betracht, die an eine (frühere) gemeinsame Staatsangehörigkeit anknüpfen oder die Staatsangehörigkeit in anderer Weise – ggf. auch kumulativ mit anderen Anknüpfungsmomenten – zuständigkeitsbegründend werten.[8] Für *domicile*-Anknüpfungen gilt Abs. 2 auch nicht entsprechend.[9] Weitergehende Wirkungen als die Gleichstellung hat Art. 7 Abs. 2 nicht, insbesondere stellt die Vorschrift keine weitergehende Schranke für die Anwendung der fraglichen Vorschriften auf die eigenen Staatsangehörigen im Forumstaat dar.[10]

Abschnitt 2. Elterliche Verantwortung

Vorbemerkung zu Art. 8 ff.

I. Einführung

1 Vor dem Hintergrund des oftmals gegebenen Zusammenhangs zwischen einer Ehesache und einem Verfahren, das die elterliche Verantwortung betrifft, regelt die Brüssel IIa-VO nicht nur die internationale Zuständigkeit in Ehesachen. Vielmehr regeln die Art. 8–15 auch die internationale Zuständigkeit für Verfahren betreffend die elterliche Verantwortung. Die Art. 8 ff. sind allerdings auch dann

---

[6] S. für weitere Beispiele *Hau* FamRZ 2000, 1333 (1340); *Puszkajler* IPRax 2001, 81 (83).

[7] Vgl. iE Rauscher/*Rauscher* Art. 7 Rn. 14.

[8] Vgl. zu derartigen Normen Rauscher/*Rauscher* Art. 7 Rn. 20 und Rn. 23 f. mwN zu an die Staatsangehörigkeit des Antragstellers anknüpfenden Normen in weiteren Mitgliedstaaten.

[9] Rauscher/*Rauscher* Art. 7 Rn. 24.

[10] Art. 7 Abs. 2 intendiert lediglich Gleichbehandlung und keine weitergehende Beschränkung der Anwendung der *lex fori* über Art. 6 hinaus; vgl. Rauscher/*Rauscher* Art. 7 Rn. 18.

Vorbemerkung zu Art. 8 ff.

für die Bestimmung der internationalen Zuständigkeit maßgebend, wenn keine Ehesache anhängig ist.[1]

Die Zuständigkeitsvorschriften der Art. 8 ff. beanspruchen als in allen Mitglied- **2** staaten der EU (mit Ausnahme Dänemarks[2]) unmittelbar anzuwendende Vorschriften des sekundären Unionsrechts **Anwendungsvorrang** vor dem nationalen Zuständigkeitsrecht. Allerdings verweist Art. 14 für den Fall, dass nach den Vorschriften der Art. 8–13 keine Zuständigkeit eines mitgliedstaatlichen Gerichts gegeben ist, auf das nationale Zuständigkeitsrecht, bzw. auf vorrangig vor diesem geltende staatsvertragliche Regelungen.[3] Als solche staatsvertragliche Regeln sind im Anwendungsbereich der Art. 8 ff. für Deutschland derzeit das **Haager Kinderschutzübereinkommen** (KSÜ),[4] das in Deutschland am 1.11.2011 in Kraft getreten ist und das **Haager Minderjährigenschutzübereinkommen** (MSA)[5] zu beachten. Das KSÜ ersetzt hierbei im Verhältnis seiner Vertragsstaaten das MSA, vgl. Art. 51 KSÜ.

II. Verhältnis zum MSA

Im Verhältnis zum MSA beanspruchen die Zuständigkeitsvorschriften der **3** Art. 8 ff. nach Art. 60 lit. a im Verhältnis der Verordnungstaaten uneingeschränkt Vorrang.[6] Das MSA behält daher nur Bedeutung im Verhältnis zu solchen Vertragsstaaten, die nicht auch Verordnungstaaten sind. Das MSA ist deshalb jedenfalls dann anzuwenden, wenn das Kind seinen gewöhnlichen Aufenthalt in der **Türkei**[7] oder in der chinesischen Sonderverwaltungsregion **Macau** hat. Auch wird der deutsche Richter bei einem Kind, mit gewöhnlichem Aufenthalt in Deutschland, das der Türkei oder Macau angehört, das MSA anzuwenden haben.[8] Jedenfalls hat der deutsche Richter in diesem Fall eine von den türkischen oder den Behörden von Macau in Anspruch genommene Heimatzuständigkeit nach Art. 4 MSA zu beachten.[9]

III. Verhältnis zum KSÜ

Im Verhältnis zum KSÜ beanspruchen die Art. 8 ff. nach Art. 61 lit. a Vorrang **4** vor den Zuständigkeitsvorschriften der Art. 5 ff. KSÜ, sofern das Kind seinen

---

[1] Musielak/Borth/*Borth/Grandel* Art. 8 Rn. 1.

[2] → Art. 2 Rn. 4.

[3] → Art. 14 Rn. 1.

[4] Übereinkommen über die Zuständigkeit, das anzuwendende Recht die Anerkennung, Vollstreckung und Zusammenarbeit auf dem Gebiet der elterlichen Verantwortung und der Maßnahmen zum Schutz von Kindern, BGBl. 2009 II 603; vgl. zu den Vertragsstaaten des KSÜ Jayme/Hausmann Nr. 53 bzw. die Statustabelle auf der Homepage der Haager Konferenz für Internationales Privatrecht: http://www.hcch.net.

[5] Übereinkommen über die Zuständigkeit der Behörden und das anzuwendende Recht auf dem Gebiet des Schutzes von Minderjährigen v. 5.10.1961, BGBl. 1971 II 217.

[6] BGH NJW 2002, 2955; → Art. 60 Rn. 1.

[7] OLG Stuttgart FamFR 2012, 312; OLG Oldenburg FamRZ 2007, 1827.

[8] *Andrae* IPRax 2006, 82 (84); Bamberger/Roth/*Heiderhoff* Art. 21 EGBGB Rn. 22; Rauscher/*Rauscher* Art. 60, 61 Rn. 6; MüKoZPO/*Gottwald* Art. 60 Rn. 1; aA Prütting/Helms/ *Hau* FamFG § 99 Rn. 21.

[9] *Hausmann* B Rn. 256.

gewöhnlichen Aufenthalt[10] im Hoheitsgebiet eines Mitgliedstaates hat.[11] Deutsche Gerichte haben die Art. 5 ff. KSÜ daher im Ausgangspunkt zunächst (nur) dann zu beachten, wenn sich das Kind in einem Vertragsstaat des KSÜ gewöhnlich aufhält, der nicht zugleich Verordnungstaat ist. Dies gilt auch dann, wenn der gewöhnliche Aufenthalt erst nach Anhängigkeit eines die elterliche Verantwortung betreffenden Verfahrens in einen solchen Vertragsstaat neu begründet wird.[12] Das KSÜ ist daher anwendbar, wenn sich das Kind gewöhnlich in Albanien, Armenien, Australien, Dänemark, der Dominikanischen Republik, Ecuador, Marokko, Monaco, der Schweiz, der Ukraine oder in Uruguay aufhält.[13] Dadurch, dass nach dem Wortlaut von Art. 61 lit. a die Brüssel IIa-VO immer dann anzuwenden ist, wenn das Kind seinen gewöhnlichen Aufenthalt in einem Mitgliedstaat der EU hat, wird für die Mitgliedstaaten, die zugleich Vertragsstaaten des KSÜ sind, ihre vertragliche Bindung zum KSÜ zu wenig beachtet. Daher wird man, sofern ausschließlich das durch die Staatsangehörigkeit des Kindes vermittelte Verhältnis zwischen einem Verordnungstaat und einem Vertragsstaat des KSÜ, der nicht zugleich Verordnungstaat ist, in Frage steht, in Reduktion von Art. 61 lit. a das KSÜ für maßgeblich erachten dürfen. Denn die Brüssel IIa-VO sollte ihren Vorrang nur im Verhältnis der Verordnungstaaten zueinander, nicht aber im Verhältnis zu Drittstaaten durchsetzen.[14] Kann der gewöhnliche Aufenthalt des Kindes nicht festgestellt werden, so wird man entsprechend den vorstehenden Grundsätzen die auf den schlichten Aufenthalt gestützte Zuständigkeit deutscher Gerichte bei einem Kind, das die Staatsangehörigkeit eines KSÜ-Vertragsstaats besitzt (der nicht Verordnungstaat ist), auf Art. 6 KSÜ und nach Art. 13 stützen. Nur wenn für ein Kind aus einem Vertragsstaat des KSÜ ausschließlich das Verhältnis zu einem anderen Verordnungstaat betroffen ist, sollte das KSÜ durch die Brüssel IIa-VO verdrängt werden.[15]

5   Im Verhältnis zum **Haager Kindesentführungsübereinkommen** (HKÜ)[16] bestehen im Bereich der internationalen Zuständigkeit keine Überschneidungen. Das HKÜ regelt nur die Rückgabe des entführten Kindes und die Durchsetzung des Rechts zum persönlichen Umgang. Die internationale Zuständigkeit für die Rückführung eines entführten Kindes wird von der Brüssel IIa-VO nicht geregelt. Diese beurteilt sich in allen Verordnungstaaten nach Art. 12 ff. HKÜ. Hinsichtlich des Rückführungsverfahrens wird das HKÜ indes durch Art. 11 abgeändert, wenn das Kind von einem EU-Mitgliedstaat in einen anderen entführt worden ist.

---

[10] → Art. 8 Rn. 4 ff.

[11] BGH NJW 2011, 2360 (2361); OLG Karlsruhe FamRZ 2011, 1963.

[12] → Art. 8 Rn. 14.

[13] Siehe zu den Vertragsstaaten des KSÜ Jayme/Hausmann Nr. 53 bzw. die Statustabelle auf der Homepage der Haager Konferenz für Internationales Privatrecht: http://www.hcch.net.

[14] *Andrae* IPRax 2006, 82 (84); *Hausmann* B Rn. 258; Erman/*Hohloch* Anh Art. 24 EGBGB/KSÜ Rn. 12; MüKoBGB/*Henrich* EGBGB Art. 22 Rn. 141 aA Geimer/Schütze/*Gruber* Art. 5 KSÜ Rn. 3; Johannsen/Henrich/*Henrich* § 99 FamFG Rn. 3; MüKoZPO/*Rauscher* § 99 FamFG Rn. 33; Staudinger/*Pirrung* Vorb G zu Art. 19 EGBGB Rn. 194: Vorrang der Brüssel IIa-VO auch dann, wenn ein Kind mit der Staatsangehörigkeit eines Vertragsstaats des KSÜ, der nicht Verordnungstaat ist, seinen gewöhnlichen Aufenthalt in einem Verordnungstaat hat.

[15] Bamberger/Roth/*Heiderhoff* EGBGB Art. 21 Rn. 22.

[16] Übereinkommen über die zivilrechtlichen Aspekte internationaler Kindesentführung v. 25.10.1980, BGBl. 1990 II 206, Jayme/Hausmann Nr. 222.

Art. 8 Allgemeine Zuständigkeit

(1) Für Entscheidungen, die die elterliche Verantwortung betreffen, sind die Gerichte des Mitgliedstaats zuständig, in dem das Kind zum Zeitpunkt der Antragstellung seinen gewöhnlichen Aufenthalt hat.

(2) Absatz 1 findet vorbehaltlich der Artikel 9, 10 und 12 Anwendung.

Literatur: *Coester-Waltjen*, Die Berücksichtigung der Kindesinteressen in der neuen EU-Verordnung Brüssel IIa, FamRZ 2005, 241; *Basedow*, Das Staatsangehörigkeitsprinzip in der Europäischen Union, IPRax 2011, 109; *Dutta/Schulz*, Erste Meilensteine im europäischen Kindschaftsverfahrensrecht: Die Rechtsprechung des Europäischen Gerichtshofs zur Brüssel-IIa-Verordnung von C bis Mercredi, ZEuP 2012, 526; *Gampp*, Perpetuatio fori internationalis im Zivilprozess und im Verfahren der freiwilligen Gerichtsbarkeit, 2010; *Hilbig-Lugani*, Divergenz und Transparenz: Der Begriff des gewöhnlichen Aufenthalts der privat handelnden natürlichen Personen im jüngeren EuIPR und EuZPR, GPR 2014, 8; *Finger*, Internationale gerichtliche Zuständigkeit in kindschaftsrechtlichen Streitverfahren nach Brüssel IIa, FamRBInt 2005, 13 und 36; *Fleige*, Die Zuständigkeit für Sorgerechtsentscheidungen und die Rückführung von Kindern nach Entführungen nach europäischem IZVR, 2006; *Gruber*, Die perpetuatio fori im Spannungsfeld von EuEheVO und Haager Kinderschutzabkommen, IPRax 2013, 441; *Holzmann*, Verfahren betreffend die elterliche Verantwortung nach der Brüssel IIa-VO, FPR 2010, 497; *Kress*, Internationale Zuständigkeit für elterliche Verantwortung in der EU, 2006; *Mankowski*, Der gewöhnliche Aufenthalt eines verbrachten Kindes unter der Brüssel IIa-VO, GPR 2011, 209; *Motzer*, Die Restzuständigkeiten deutscher Familiengerichte nach inländischem Verfahrensrecht, FamRBint 2007, 20; *Niklas*, Die europäische Zuständigkeitsordnung in Ehe- und Kindschaftsverfahren, 2003; *Pirrung*, Internationale Zuständigkeit in Sorgerechtssachen nach der VO (EG) 2201/2003, FS Schlosser, 2005, 695; *ders.*, Der gewöhnliche Aufenthalt des Kindes in internationalen Sorgerechtssachen, FS Kühne, 2009, 843; *ders.*, Gewöhnlicher Aufenthalt des Kindes bei internationalem Wanderleben und Voraussetzungen für die Zulässigkeit einstweiliger Maßnahmen in Sorgerechtssachen nach der EuEheVO, IPRax 2011, 50; *Rathjen*, Die Fortdauer der internationalen Zuständigkeit (perpetuatio fori internationalis) im Familienrecht – Überlegungen aus Anlass einer Ergänzung des FamFG-E, FF 2007, 27; *Siehr*, Kindesentführung und EuEheVO, IPRax 2012, 316; *Solomon*, Brüssel IIa – Die neuen europarechtlichen Regeln zum internationalen Verfahrensrecht in Fragen der elterlichen Verantwortung, FamRZ 2004,1409; *Spellenberg*, Die Annexzuständigkeit nach Art. 3 EheVO, FS Sonnenberger, 2004, 679.

I. Anwendungsbereich

1. Internationale Zuständigkeit

Die Vorschrift regelt nur die internationale Zuständigkeit. Für die örtliche, **1** sachliche und funktionelle Zuständigkeit ist das jeweilige nationale Verfahrensrecht maßgebend; in Deutschland demgemäß insb. die §§ 152, 153 FamFG, § 23a Abs. 1 Nr. 1 GVG. Kein Mitgliedstaat darf die aus der Verordnung folgende internationale Zuständigkeit wegen fehlender örtlicher Zuständigkeit verweigern.[1] Die internationale Zuständigkeit ist gem. Art. 17 **von Amts wegen** zu prüfen. Eine rügelose Einlassung ist grds. nicht möglich.[2] Die Stellung des Kindes in dem Verfahren ist unerheblich. Abs. 1 verlangt nicht, dass das Kind selbst Beteiligter bzw. Partei des Verfahrens ist. Die internationale Zuständigkeit kann

---

[1] Rauscher/*Rauscher* Art. 8 Rn. 7.
[2] → Art. 17 Rn. 1.

sich demgemäß auch für ein zwischen den Eltern als Beteiligte geführtes Sorgerechtsverfahren aus Abs. 1 ergeben.[3]

2. Elterliche Verantwortung

2   Das Verfahren muss die elterliche Verantwortung betreffen.[4] Ist über die elterliche Verantwortung für **mehrere Kinder** zu befinden, so hat das angerufene
Gericht seine Zuständigkeit auf Grundlage von Abs. 1 für jedes Kind getrennt zu
prüfen.[5] Ergibt sich dabei, dass das angerufene Gericht nur für ein Kind zuständig
ist, besteht keine „Annexzuständigkeit" auch für die weiteren Kinder.[6] Im Falle
gespaltener Zuständigkeit kann eine einheitliche Entscheidung daher nur über
Art. 15 erreicht werden.[7]

II. Anknüpfungspunkt: Gewöhnlicher Aufenthalt des Kindes

1. Kind

3   Die internationale Zuständigkeit knüpft an den gewöhnlichen Aufenthalt des
Kindes an. Anders als der Begriff der elterlichen Verantwortung findet sich der
Begriff des Kindes nicht in Art. 2 definiert. Dennoch wird man den Begriff – in
und zur Übereinstimmung mit Art. 2 KSÜ – einheitlich autonom auszulegen
haben.[8] Gemeint sind bei autonomer Auslegung Personen, die das 18. Lebensjahr
nicht vollendet haben. Denn Volljährigkeit tritt in allen Mitgliedstaaten mit Vollendung des 18. Lebensjahres ein.[9] Der Status des Kindes – etwa ehelich oder
nichtehelich – ist nicht relevant.[10] Ebenso wenig ist die Staatsangehörigkeit des
Kindes von Bedeutung.[11]

2. Gewöhnlicher Aufenthalt

4   Die Anknüpfung an den gewöhnlichen Aufenthalt ist **autonom** auszulegen.[12]
Die verordnungsautonome Begriffsbestimmung hat dabei mit Blick auf den
Zweck der Zuständigkeitsanknüpfung zu erfolgen, nämlich **Kindeswohl** und
räumliche Nähe.[13] Die Anknüpfung an den gewöhnlichen Aufenthalt soll die
Aufklärung der familiären und sozialen Verhältnisse des Kindes erleichtern und
beschleunigen, sowie die Belastung des Kindes durch das Gerichtsverfahren tun-

---

[3] *Hausmann* B Rn. 58; Hk-ZPO/*Dörner* Art. 8 Rn. 1.

[4] → Art. 1 Rn. 17.

[5] Musielak/Borth/*Borth/Grandel* Art. 8 Rn. 2.

[6] *Hausmann* B Rn. 58.

[7] NK-BGB/*Gruber* Art. 8 Rn. 8.

[8] AA *Solomon* FamRZ 2004, 1409 (1410 f.); NK-BGB/*Gruber* Art. 8 Rn. 3 (Vorfragenanknüpfung mit Hilfe des Kollisionsrechts der *lex fori*).

[9] *Siehr* IPRax 2010, 583 (584); Thomas/Putzo/*Hüßtege* Art. 8 Rn. 10; aA *Arnold* → Art. 1
Rn. 25.

[10] *Hausmann* B Rn. 58; Musielak/Borth/*Borth/Grandel* Art. 8 Rn. 1.

[11] Hk-ZPO/*Dörner* Art. 8 Rn. 1.

[12] EuGH 2.4.2009 – C-523/07 – A, Slg. 2009 I-2805 Rn. 34 ff. = FamRZ 2009, 843;
22.12.2010 – C-497/10 PPU, Slg. 2010 I-14309 Rn. 45 f – Mercredi = FamRZ 2011, 617.

[13] EuGH 2.4.2009 – C-523/07, Slg. 2009 I-2805 Rn. 35 – A = FamRZ 2009, 843;
22.12.2010 – C-497/10 PPU, Slg. 2010 I-14309 Rn. 46 – Mercredi = FamRZ 2011, 617;
vgl. auch Erwägungsgrund 12.

lichst minimieren.[14] Denn wegen ihrer räumlichen Nähe sind die Gerichte am gewöhnlichen Aufenthalt im Allgemeinen am Besten in der Lage, die zum Wohle des Kindes zu erlassenden Maßnahmen zu beurteilen.[15] Daher dürfen zu anderen die Anknüpfung des gewöhnlichen Aufenthalts enthaltenden Normen entwickelte Auslegungsgrundsätze nicht unbefangen übernommen werden.[16] Da Art. 8 die Anknüpfung des **MSA** bzw. des **KSÜ** an den gewöhnlichen Aufenthalt übernimmt, können im Hinblick auf die insoweit gegebene gleiche Zweckrichtung der Vorschriften, nämlich Schutz des Kindeswohls, allerdings die hierzu entwickelten Auslegungsgrundsätze als Anhaltspunkte herangezogen werden.[17]

Der gewöhnliche Aufenthalt ist der Ort des **Lebens-** bzw. **Daseinsmittel-** **5** **punktes** des Kindes.[18] Dementsprechend muss eine gewisse soziale und familiäre Integration des Kindes an diesem Ort gegeben sein. **Kriterien** hierfür sind insbesondere die Dauer, die Regelmäßigkeit und die Umstände des Aufenthalts in einem Staat sowie die Gründe für diesen Aufenthalt und den Umzug der Familie in diesen Staat, Ort und Umstände der Einschulung, die Sprachkenntnisse sowie die familiären und sozialen Bindungen des Kindes an den betreffenden Staat und auch die Staatsangehörigkeit des Kindes.[19] Dabei ist auch das Alter des Kindes zu berücksichtigen (→ Rn. 6, 11).

Bei der Bestimmung des gewöhnlichen Aufenthaltes des Kindes stehen tatsäch- **6** liche Elemente stärker im Vordergrund als bei der Ermittlung des gewöhnlichen Aufenthalts eines der Ehegatten nach Art. 3.[20] Allerdings können subjektive Elemente auch insoweit Bedeutung gewinnen.[21] Denn die Gründe des Aufenthalts als eines der in die Gesamtschau einzuziehenden Elemente ist willensbestimmt.[22] Ein rechtsgeschäftlicher Wille, den Aufenthaltsort zum Lebensmittelpunkt oder Schwerpunkt der Lebensverhältnisse zu machen, ist allerdings nicht notwendig.[23] Soweit subjektive Umstände zu berücksichtigen sind, ist das Alter des Kindes zu beachten. Bei Kleinkindern ist auf den Willen des faktisch betreuenden Elternteils bzw. Trägers der elterlichen Verantwortung abzustellen.[24]

Die Feststellung des gewöhnlichen Aufenthalts unter Berücksichtigung aller **7** tatsächlichen Umstände des Einzelfalls kann bei **mehreren Aufenthaltsorten**

---

[14] *Coester-Waltjen* FamRZ 2005, 241 (242); Hk-ZPO/*Dörner* Rn. 1.
[15] EuGH 23.12.2009, C-403/09 PPU, Slg. 2009 I-12193 Rn. 36 – Detiček = FamRZ 2010, 525 m. Anm. *Henrich.*
[16] EuGH 2.4.2009 – C-523/07, Slg. 2009 I-2805 Rn. 36 – A; *Hausmann* B Rn. 68; aA *Pirrung* IPRax 2011, 50 (53).
[17] OLG Stuttgart NJW 2012, 2043 (2044); MüKoZPO/*Gottwald* Art. 8 Rn. 4; Rauscher/ *Rauscher* Art. 8 Rn. 11.
[18] OLG Stuttgart NJW 2012, 2043 (2044); *Hausmann* B Rn. 69.
[19] EuGH 2.4.2009 – C-523/07, Slg. 2009 I-2805 Rn. 39 – A = FamRZ 2009, 843; krit. zum Kriterium der Staatsangehörigkeit: *Pirrung* IPRax 2011, 50 (53), zu Recht befürwortend hingegen: Rauscher/*Rauscher* Art. 8 Rn. 11; zu Art. 3 → Art. 3 Rn. 10.
[20] Geimer/Schütze/*Dilger* Art. 8 Rn. 3; vgl. auch OLG Stuttgart NJW 2012, 2043 (2044); zur Berücksichtigung subjektiver Elemente im Rahmen von Art. 3 → Art. 3 Rn. 8 und im Rahmen der kollisionsrechtlichen Vorschrift des Art. 5 Rom III-VO → Rom III-VO Art. 5 Rn. 13.
[21] Siehe EuGH 22.12.2010 – C-497/10 PPU, Slg. 2010 I-14309 Rn. 51 – Mercredi = FamRZ 2011, 617; OLG Karlsruhe BeckRS 2014, 04657.
[22] Rauscher/*Rauscher* Art. 8 Rn. 11; für Art. 3 *Großerichter* → Art. 3 Rn. 8.
[23] Hk-ZPO/*Dörner* Art. 8 Rn. 4.
[24] *Dutta/Schulz* ZEuP 2012, 526 (535); generell auf den Willen des betreuenden Elternteils abstellend: Geimer/Schütze/*Dilger* Art. 8 Rn. 3.

des Kindes zu Komplikationen führen. Trotz der Vielzahl oder im Einzelfall auch wegen der Vielzahl der vom EuGH aufgezählten Kriterien (deren Gewichtung von Fall zu Fall verschieden sein kann) kann es letztlich im konkreten Fall doch eine Wertungsfrage sein, welcher Ort bzw. Staat als „der" Lebensmittelpunkt anzusehen ist.[25] Diese Prüfung ist Sache der nationalen Gerichte der Mitgliedstaaten.[26]

8 Nach hM ist ein **mehrfacher gewöhnlicher Aufenthalt** des Kindes nicht anzuerkennen.[27] Verständigen sich die Sorgeberechtigten auf einen wechselnden gewöhnlichen Aufenthalt in unterschiedlichen Staaten, soll der gewöhnliche Aufenthalt grds. in dem Staat verbleiben, wo sich das Kind vor der Vereinbarung aufgehalten hat, sofern nicht besondere Gründe für einen gewöhnlichen Aufenthalt in dem anderen Staat sprechen.[28] Der EuGH räumt ein, dass es sich am Ende dieser Einzelfallprüfung als unmöglich erweisen kann, „den" gewöhnlichen Aufenthalt (Lebensmittelpunkt) zu ermitteln. In einem solchen Ausnahmefall sind vorbehaltlich der sich aus Art. 12 ergebenden Zuständigkeit die Gerichte des Mitgliedstaats nach Art. 13 zuständig, in dem sich das Kind befindet.[29]

9 Die bloße körperliche Anwesenheit des Kindes an einem Ort genügt jedenfalls nicht, wie sich aus der Gegenüberstellung mit Art. 13 Abs. 1 ergibt und wie es der EuGH dem Merkmal „gewöhnlich" entnimmt. Der Aufenthalt muss sich grds. durch eine gewisse Dauer verfestigt haben.[30]

10 Da der gewöhnliche Aufenthalt in jedem Einzelfall unter Berücksichtigung aller Umstände festzustellen ist, besteht **keine Mindestdauer.**[31] Art. 9 Abs. 1 kann zudem entnommen werden, dass schon nach weniger als drei Monaten nach einem Umzug des Kindes in einen anderen Mitgliedstaat dort ein neuer gewöhnlicher Aufenthalt begründet werden kann.[32] Als Anhaltspunkt arbeitete die inländische Praxis bisher mit einer ca. sechsmonatigen Aufenthaltsdauer des Kindes.[33] Es ist jedoch festzuhalten, dass der EuGH der Dauer des Aufenthalts nur indiziellen Charakter für die Beurteilung der Verfestigung beimisst.[34] In bestimmten Konstellationen kann mit dem Kriterium der gewissen Dauer des Aufenthalts gar nicht gearbeitet werden, bzw. es kommt diesem Merkmal geringere Bedeutung zu. So erwirbt ein Kind sofort mit seiner Geburt einen gewöhnlichen Aufenthalt in dem Staat, in dem seine Eltern einen gemeinsamen gewöhnli-

---

[25] *Dutta/Schulz* ZEuP 2012, 526 (534 f.).

[26] EuGH 2.4.2009 – C-523/07, Slg. 2009 I-2805 Rn. 39 – A = FamRZ 2009, 843; 22.12.2010 – C-497/10 PPU, Slg. 2010 I-14309 Rn. 47 – Mercredi = FamRZ 2011, 617.

[27] *Hausmann* B Rn. 73; *Holzmann* FPR 2010, 497 (498); Hk-ZPO/*Dörner* Art. 8 Rn. 4; Schulz/Hauß/*Rieck* Art. 8 Rn. 6.

[28] MüKoZPO/*Gottwald* Art. 8 Rn. 4, Hk-ZPO/*Dörner* Art. 8 Rn. 7, jew. unter Hinweis auf OLG Rostock NJWE-FER 2001, 93/94 (dieses zum HKÜ).

[29] EuGH 2.4.2009 – C-523/07, Slg. 2009 I-2805 Rn. 43 – A = FamRZ 2009, 843; OGH 15.5.2012, 2Ob228/11k, http://www.ris.bka.gv.at.

[30] EuGH 22.12.2010 – C-497/10 PPU, Slg. 2010 I-14309 Rn. 51 – Mercredi = FamRZ 2011, 617.

[31] EuGH 22.12.2010 – C-497/10 PPU, Slg. 2010 I-14309 Rn. 51 – Mercredi = FamRZ 2011, 617; zu Art. 3 → Art. 3 Rn. 9.

[32] *Hausmann* B Rn. 71.

[33] OLG Stuttgart NJW 2012, 2043 (2044); FamFR 2012, 312; BGH NJW 1997, 3024, 3025 (zum MSA); OLG Karlsruhe FamRZ 2010, 1577 (zum HKÜ).

[34] EuGH 22.12.2010 – C-497/10 PPU, Slg. 2010 I-14309 Rn. 51 – Mercredi = FamRZ 2011, 617.

chen Aufenthalt haben bzw. in dem der Träger der elterlichen Verantwortung seinen gewöhnlichen Aufenthalt hat.[35] Weiter sind bei einem Umzug des Kindes in einen anderen Mitgliedstaat an die dortige Dauer des Aufenthalts geringere Anforderungen zu stellen (vgl. auch Art. 9), jedenfalls dann wenn der neue gewöhnliche Aufenthalt von vornherein auf längere Dauer angelegt und die Ausreise rechtmäßig, dh mit Zustimmung aller Sorgeberechtigten, erfolgt ist.[36]

Bei der Beurteilung der sozialen und familiären Integration eines Kindes an   **11** einem Ort muss das **Alter des Kindes** berücksichtigt werden.[37] Im Ausgangspunkt ist der gewöhnliche Aufenthalt des Kindes – wie im Rahmen des MSA und des KSÜ – für das Kind selbstständig zu bestimmen und damit grds. insbesondere nicht vom Wohnsitz oder Aufenthalt der Eltern abhängig.[38] Bei einem Kleinkind sind jedoch primär die Umstände der Integration der Eltern bzw. der Mutter maßgebend.[39] Der gewöhnliche Aufenthalt von Kleinkindern wird damit akzessorisch an den gewöhnlichen Aufenthalt des sorgeberechtigten und betreuenden Elternteils angeknüpft.[40]

Ein Kind kann einen gewöhnlichen Aufenthalt auch in einem Staat haben, in   **12** den es unrechtmäßig verbracht wurde. Denn ein widersprechender Wille eines (mit-)sorgeberechtigten Elternteils kann die soziale und familiäre Integration eines Kindes in dem Verbringungsstaat höchstens teilweise verhindern.[41] Der konträre Wille des (mit-)sorgeberechtigten Elternteils kann allerdings dazu führen, dass ein neuer gewöhnlicher Aufenthalt erst nach Ablauf einer „nicht geringen Zeitdauer" und nach einer entsprechenden sozialen Eingliederung im Verbringungsstaat begründet wird.[42] Insoweit findet sich der Vorschlag, dass als Anhaltspunkt die Jahresfrist des Art. 12 Abs. 1 HKÜ dienen kann, auf die auch Art. 10 lit. b (i) Bezug nimmt.[43] An der für die Begründung eines neuen gewöhnlichen Aufenthalts erforderlichen sozialen und familiären Integration fehlt es jedoch, wenn das Kind im Verbringungsstaat versteckt wird.[44]

Hat das angerufene Gericht nach diesen Grundsätzen einen gewöhnlichen Auf-   **13** enthalt im Inland zu verneinen, so ist der Antrag von Amts wegen gem. Art. 17 als unzulässig abzuweisen, wenn das Kind seinen gewöhnlichen Aufenthalt in einem anderen Verordnungstaat hat oder wenn die Gerichte eines anderen Verordnungstaates nach Art. 9–12 zuständig sind. Eine Verweisung an die Gerichte dieses Verordnungstaates ist nicht vorgesehen.[45] Soweit der Schutz des Kindes-

---

[35] *Siehr* IPRax 2012, 316 (317); vgl. auch EuGH 22.12.2010 – C-497/10 PPU, Slg. 2010 I-14309 Rn. 55 – Mercredi = FamRZ 2011, 617.

[36] BGH FamRZ 2011, 542 (545); OLG Karlsruhe FamRZ 2009, 239 (zum HKÜ).

[37] EuGH 22.12.2010 – C-497/10 PPU Rn. 52 ff. – Mercredi = FamRZ 2011, 617.

[38] Geimer/*Schütze* Art. 8 Rn. 16; Hk-ZPO/*Dörner* Art. 8 Rn. 4; vgl. zum MSA etwa BGH NJW 1997, 3024.

[39] EuGH 22.12.2010 – C-497/10 PPU, Slg. 2010 I-14309 Rn. 52 ff. – Mercredi = FamRZ 2011, 617; *Hausmann* B Rn. 70.

[40] *Dutta/Schulz* ZEuP 2012, 526 (535).

[41] Rauscher/*Rauscher* Art. 8 Rn. 12; vgl. auch BGHZ 163, 248 = FamRZ 2005, 1541 (zum MSA).

[42] OLG Nürnberg IPRspr 2010 Nr. 242; OLG Stuttgart FamRZ 1997, 52; OLG Hamm NJW-RR 1997, 5 (6) (jew. zum MSA).

[43] *Hausmann* B Rn. 74; Rauscher/*Rauscher* Art. 8 Rn. 13.

[44] MüKoZPO/*Gottwald* Art. 10 Rn. 3.

[45] EuGH 2.4.2009 – C-523/07, Slg. 2009 I-2805 Rn. 67 ff. – A = FamRZ 2009, 843; *Hausmann* B Rn. 79; Thomas/Putzo/*Hüßtege* Art. 8 Rn. 4.

wohls dies erfordert, hat das sich für unzuständig erklärende Gericht jedoch (direkt oder durch Einschaltung der aufgrund von Art. 53 der Verordnung bestimmten Zentralen Behörde) das zuständige Gericht eines anderen Verordnungstaats hiervon in Kenntnis setzen.

III. Maßgeblicher Zeitpunkt

14   Nach Art. 8 Abs. 1 muss der gewöhnliche Aufenthalt des Kindes im Zeitpunkt der Antragstellung vorliegen. Für diesen Zeitpunkt kann auf Art. 16 zurückgegriffen werden.[46] Bei einem Wechsel des gewöhnlichen Aufenthalts nach Antragstellung in das EU-Ausland oder in einen Staat der nicht Vertragsstaat des KSÜ oder MSA ist, bleibt die internationale Zuständigkeit des angerufenen Gerichts bestehen – Grundsatz der *perpetuatio fori internationalis*.[47] Dies gilt auch für die weiteren Instanzen.[48] Ein Wechsel des gewöhnlichen Aufenthalts in einen Vertragsstaat des KSÜ oder des MSA (der nicht Verordnungstaat ist) lässt dagegen die internationale Zuständigkeit entfallen.[49] Aufgrund der weiter gegebenen Zuständigkeit deutscher Gerichte, haben die Gerichte des Verordnungstaates, in den der gewöhnliche Aufenthalt verlegt wurde, im Falle ihrer Anrufung nach Art. 19 Abs. 2 zu verfahren.[50] Einschränkungen erfährt der Grundsatz der perpetuierten Zuständigkeit allerdings durch Art. 9, 10, 12 und 15.

15   Nach allgemeinen verfahrensrechtlichen Grundsätzen genügt es zur Bejahung der internationalen Zuständigkeit umgekehrt wiederum, dass das Kind im Zeitpunkt der Entscheidung des Gerichts seinen gewöhnlichen Aufenthalt im Inland hat,[51] sofern nicht zuvor der Antrag als unzulässig wegen Anhängigkeit des Verfahrens in einem anderen Staat abzuweisen ist.[52]

IV. Vorrang der Art. 9, 10 und 12

16   Die allgemeine Anknüpfung des Art. 8 Abs. 1 an den gewöhnlichen Aufenthalt des Kindes wird unter den besonderen Voraussetzungen des Art. 9 durch die dort normierten besonderen Zuständigkeiten verdrängt.[53]

17   Gleiches gilt für Art. 10. Zwar beschränkt sich Art. 10 nach seinem Wortlaut auf die Anordnung der Zuständigkeitsfortdauer der Gerichte des bisherigen gewöhnlichen Aufenthalts des Kindes. Eine konkurrierende Zuständigkeit der Gerichte des bisherigen gewöhnlichen Aufenthalts des Kindes nach Art. 10 und der Gerichte des neuen gewöhnlichen Aufenthalts nach Art. 8 Abs. 1 ist jedoch im Hinblick auf den Regelungszweck des Art. 10 (durch rechtswidriges Handeln

---

[46] EuGH 22.12.2010 – C-497/10 PPU, Slg. 2010 I-14309 Rn. 42 f – Mercredi = FamRZ 2011, 617.

[47] BGH NJW 2010, 1351 f m. Anm. *Peschel-Gutzeit*; OLG München FamRZ 2011, 1887.

[48] *Rauscher/Rauscher* Art. 8 Rn. 9.

[49] OLG Karlsruhe BeckRS 2014, 04657; OLG Stuttgart FamFR 2012, 312; *Hausmann* B Rn. 76.

[50] → Art. 19 Rn. 20.

[51] BGH NJW 2010, 1351 m. Anm. *Peschel-Gutzeit*, Hk-ZPO/*Dörner* Art. 8 Rn. 7.

[52] Thomas/Putzo/*Hüßtege* Art. 8 Rn. 5; → Art. 19 Rn. 20.

[53] *Hausmann* B Rn. 80.

soll zumindest für einen bestimmten Zeitraum kein Zuständigkeitswechsel herbeigeführt werden können) abzulehnen.[54]

Auch die auf eine Zuständigkeitsvereinbarung gestützte Zuständigkeit nach **18**
Art. 12 hat Vorrang vor der Zuständigkeit der Gerichte des gewöhnlichen Aufenthalts des Kindes nach Abs. 1.[55] Die auf die Prorogation gegründete Zuständigkeit
genießt allerdings nicht schon dann Vorrang vor der Zuständigkeit des Abs. 1,
wenn die Beteiligten im Vorfeld des Verfahrens eine Zuständigkeitsvereinbarung
abgeschlossen haben. Denn die Beteiligten können die Anerkennung des prorogierten Gerichts bis zu dessen Anrufung jederzeit widerrufen (Art. 12 Abs. 1 lit. b,
bzw. Abs. 3 lit. b[56]). Abs. 1 wird somit erst mit Anrufung des vereinbarten
Gerichts (bzw. – sofern man die Zuständigkeitsvorschrift auf diese für anwendbar
erachtet – mit einer amtswegigen Einleitung des Verfahrens durch das prorogierte
Gericht) verdrängt.

Art. 9 **Aufrechterhaltung der Zuständigkeit des früheren gewöhnlichen Aufenthaltsortes des Kindes**

(1) **Beim rechtmäßigen Umzug eines Kindes von einem Mitgliedstaat
in einen anderen, durch den es dort einen neuen gewöhnlichen Aufenthalt
erlangt, verbleibt abweichend von Artikel 8 die Zuständigkeit für eine
Änderung einer vor dem Umzug des Kindes in diesem Mitgliedstaat
ergangenen Entscheidung über das Umgangsrecht während einer Dauer
von drei Monaten nach dem Umzug bei den Gerichten des früheren
gewöhnlichen Aufenthalts des Kindes, wenn sich der laut der Entscheidung über das Umgangsrecht umgangsberechtigte Elternteil weiterhin
gewöhnlich in dem Mitgliedstaat des früheren gewöhnlichen Aufenthalts
des Kindes aufhält.**

(2) **Absatz 1 findet keine Anwendung, wenn der umgangsberechtigte
Elternteil im Sinne des Absatzes 1 die Zuständigkeit der Gerichte des
Mitgliedstaats des neuen gewöhnlichen Aufenthalts des Kindes dadurch
anerkannt hat, dass er sich an Verfahren vor diesen Gerichten beteiligt,
ohne ihre Zuständigkeit anzufechten.**

Literatur: *Coester-Waltjen*, Elternumzug (Relocation) und Kindeswohl, ZKJ 2013, 4; *dies.*,
Die Berücksichtigung der Kindesinteressen in der neuen EU-Verordnung Brüssel IIa, FamRZ
2005, 241; *Dutta/Schulz*, Erste Meilensteine im europäischen Kindschaftsverfahrensrecht: Die
Rechtsprechung des Europäischen Gerichtshofs zur Brüssel-IIa-Verordnung von C bis Mer-
credi, ZEuP 2012, 526; *Holzmann*, Verfahren betreffend die elterliche Verantwortung nach
der Brüssel IIa-VO, FPR 2010, 497; *Solomon*, Brüssel IIa – Die neuen europarechtlichen
Regeln zum internationalen Verfahrensrecht in Fragen der elterlichen Verantwortung,
FamRZ 2004, 1409.

I. Allgemeines

Art. 9 beinhaltet eine Sonderregel der internationalen Zuständigkeit für die **1**
Änderung einer bereits ergangenen Entscheidung über das Umgangsrecht. Das

---

[54] Geimer/Schütze/*Dilger* Art. 10 Rn. 4.

[55] AG Steinfurt IPRspr 2008 Nr. 150; *Hausmann* B Rn. 142; Prütting/Gehrlein/*Völker*
Art. 8 Rn. 1, für konkurrierende Zuständigkeit: Rauscher/*Rauscher* Art. 8 Rn. 17.

[56] → Art. 12 Rn. 13.

KSÜ und das MSA enthalten keine entsprechenden Vorschriften. Der praktische Anwendungsbereich von Art. 9 dürfte gering sein.[1] Art. 9 verhindert in seinem Anwendungsbereich kurzfristige Änderungen der Zuständigkeit und infolgedessen über Art. 15 KSÜ bzw. Art. 2 MSA des anwendbaren Rechts. Die Vorschrift soll damit einem *forum shopping* entgegenwirken.[2] Er schützt damit den Umgangsberechtigten, der nicht das Aufenthaltsbestimmungsrecht hat. Dieser soll durch Art. 9 eine der neuen Sachlage angepasste Umgangsregelung bei dem bisher zuständigen Gericht erreichen können.[3] Trotz rechtmäßigen Umzugs des Kindes in einen anderen Mitgliedstaat der EU (Art. 2 Nr. 3) und Begründung eines gewöhnlichen Aufenthaltes des Kindes in diesem Staat verbleibt es daher unter bestimmten Voraussetzungen bei einer begrenzten Zuständigkeit der Gerichte des Staates, die die nun abzuändernde Entscheidung über das Umgangsrecht getroffen haben. Allerdings kann der Umgangsberechtigte auch die Gerichte des neuen Aufenthaltsstaates anrufen.[4] Weiter kann ein im Staat des neuen gewöhnlichen Aufenhalts des Kindes über Art. 8 Abs. 1 anhängiges Sorgerechtsverfahren über **Art. 19 Abs. 2** die Durchführung eines Verfahrens über das Umgangsrecht sperren.[5]

2   Art. 9 schränkt den Grundsatz der *perpetuatio fori* eines mit einem Umgangsverfahren nach Art. 8 befassten Gerichts nicht ein: d.h. wechselt das Kind nach Antragstellung während des Verfahrens seinen gewöhnlichen Aufenthalt in einen anderen Verordnungstaat, bleibt das mit dem Umgangsverfahren befasste Gericht zuständig.[6] Art. 9 besagt sozusagen in Erweiterung des Grundsatzes der *perpetuatio fori*, dass die Zuständigkeit der Gerichte des bisherigen Aufenthaltsstaates erhalten bleibt, ohne dass ein Verfahren im Zeitpunkt des Umzugs anhängig war.[7]

II. Abänderung einer Entscheidung über das Umgangsrecht

1. Umgangsrecht

3   Die Annexzuständigkeit des Art. 9 Abs. 1 besteht nur für Verfahren, die die Abänderung einer Entscheidung (vgl. Art. 2 Nr. 4) über das Umgangsrecht zum Gegenstand haben. Der Begriff des Umgangsrechts wird in Art. 2 Nr. 10 in nicht abschließender Weise von der Verordnung erläutert.[8] Danach umfasst das Umgangsrecht iSd Verordnung insbesondere das Recht, das Kind für eine begrenzte Zeit an einen anderen Ort als seinen gewöhnlichen Aufenthaltsort zu bringen. Dieser andere Ort kann auch außerhalb des Staates liegen, in dem das Kind seinen gewöhnlichen Aufenthalt hat.[9]

---

[1] MüKoZPO/*Gottwald* Art. 9 Rn. 1; Rauscher/*Rauscher* Art. 9 Rn. 2, 4.

[2] *Coester-Waltjen* FamRZ 2005, 241 (244); Hk-ZPO/*Dörner* Art. 9 Rn. 1.

[3] OLG Koblenz NJW 2008, 238 (240); OGH, 23.10.2007, 3OB 213/07f, http://www.ris.bka.gv.at.

[4] Siehe Abs. 2, dessen Wortlaut gemäß seinem Schutzzweck insoweit zu erweitern ist, MüKoZPO/*Gottwald* Art. 9 Rn. 9.

[5] NK-BGB/*Gruber* Art. 9 Rn. 8; → Art. 19 Rn. 17.

[6] OGH, 23.10.2007, 3OB 213/07f, http://www.ris.bka.gv.at; Hk-ZPO/*Dörner* Art. 9 Rn. 4; vgl. zum Grundsatz der *perpetuatio fori* und deren Reichweite Art. 8 Rn. 14.

[7] *Dutta*/*Schulz* ZEuP 2012, 526 (531).

[8] → Art. 1 Rn. 28.

[9] *Hausmann* B Rn. 83.

2. Änderung

Die Annexzuständigkeit des Art. 9 gilt allein für Verfahren, die die Änderung 4 einer Umgangsrechtsentscheidung betreffen; dh Anpassung der ursprünglichen Entscheidung an neue Umstände.[10] Auf eine erstmalige Entscheidung über das Umgangsrecht ist Art. 9 nicht anwendbar.[11] Die Vorschrift kann auch nicht auf Verfahren angewendet werden, die das Sorgerecht (vgl. Art. 2 Nr. 9) oder andere Fragen der elterlichen Verantwortung (zB die Anordnung einer Pflegschaft oder die Unterbringung in einem Heim, vgl. Art. 1 Abs. 2) betreffen.[12]

III. Abänderungszuständigkeit, Abs. 1

Die Zuständigkeit nach Art. 9 ist an sechs Punkte geknüpft:

1. Gewöhnlicher Aufenthalt des Kindes im Wegzugstaat

Das Kind muss zunächst in dem Verordnungstaat, dessen Gericht die nun 5 abzuändernde Entscheidung über das Umgangsrecht getroffen hat, seinen gewöhnlichen Aufenthalt[13] gehabt haben. Auf die Abänderung einer Entscheidung, die auf Art. 12, 13 oder 15 gestützt wurde, ist Art. 9 nicht anwendbar.[14]

2. Umzug und Erlangung eines neuen gewöhnlichen Aufenthalts

„Umzug" meint zunächst nur die rein tatsächliche Ortsveränderung, gleich ob 6 mit oder ohne Verlust des bisherigen gewöhnlichen Aufenthalts.[15] Das Kind muss dann jedoch im Zuzugsstaat einen neuen gewöhnlichen Aufenthalt[16] begründet haben. Andernfalls verbleibt es bei der Zuständigkeit des Ursprungsstaats nach Art. 8. Ein lediglich schlichter Aufenthalt im Zuzugsstaat genügt somit nicht.[17] Besteht ausnahmsweise kein gewöhnlicher Aufenthalt im Wegzugstaat mehr, ohne dass im neuen Aufenthaltsstaat bereits ein gewöhnlicher Aufenthalt begründet wurde, ist eine analoge Anwendung von Art. 9 in Betracht zu ziehen. Denn ansonsten käme man zum Ergebnis, dass die Gerichte des Zuzugsstaates gem. Art. 13 zuständig wären, obwohl im Zuzugsstaat nur ein schlichter Aufenthalt besteht, sie aber bei gewöhnlichem Aufenthalt im Zuzugsstaat nicht zuständig wären.[18]

Der Umzug muss in einen anderen Mitgliedstaat der EU (Art. 2 Nr. 3) erfolgen. 7 Bei einem Umzug in einen Drittstaat findet Art. 9 keine Anwendung.[19] In diesem Fall richtet sich die internationale Zuständigkeit zur Abänderung einer Umgangs-entscheidung gem. Art. 14 grds. nach nationalem Recht oder vorrangig vor die-

---

[10] MüKoZPO/*Gottwald* Art. 9 Rn. 2.

[11] *Hausmann* B Rn. 84.

[12] Geimer/Schütze/*Dilger* Art. 9 Rn. 11; *Solomon* FamRZ 2004, 1409 (1412).

[13] → Art. 8 Rn. 4 ff.

[14] Rauscher/*Rauscher* Art. 9 Rn. 13.

[15] Rauscher/*Rauscher* Art. 9 Rn. 17.

[16] → Art. 8 Rn. 4 ff.

[17] *Hausmann* B Rn. 86.

[18] *Coester-Waltjen* FamRZ 2005, 241 (244 f.), *Hausmann* B Rn. 86, Hk-ZPO/*Dörner* Art. 9 Rn. 6.

[19] Thomas/Putzo/*Hüßtege* Art. 9 Rn. 2.

sem anzuwendenden staatsvertraglichen Regelungen.[20] D.h. bei einem Umzug in einen Vertragsstaat des KSÜ, der nicht Verordnungstaat ist, sind die Gerichte des neuen Aufenthaltsstaats (nach Maßgabe von Art. 5 Abs. 2 KSÜ) für die Regelung des Umgangsrechts zuständig.[21]

3. Rechtmäßigkeit des Umzugs

8   Der Umzug muss rechtmäßig sein. Es darf dementsprechend kein rechtswidriges Verbringen oder Zurückhalten iSv Art. 2 Nr. 11[22] vorliegen. Die Rechtmäßigkeit des Umzugs kann aus dem Einverständnis des anderen Elternteils oder aus einer im Ursprungsstaat wirkenden gerichtlichen Entscheidung folgen. Die Rechtmäßigkeit kann sich weiter aus dem auf die elterliche Verantwortung aus der Sicht des Herkunftsstaates (unter Einschaltung von dessen IPR) anwendbaren Rechts ergeben, so wenn dieses den Umzug ohne Zustimmung des anderen Elternteils erlaubt.[23] Bei einem rechtswidrigen Umzug verbleibt es idR nach Art. 10 bei der Zuständigkeit der Gerichte des bisherigen Aufenthaltsstaates des Kindes.[24] Soweit dies zB aufgrund nachträglicher Zustimmung (Art. 10 lit. a)[25] ausnahmsweise nicht der Fall ist, ist eine analoge Anwendung von Art. 9 Abs. 1 zu erwägen.[26]

4. Erlass der Entscheidung vor dem Umzug

9   Die Vorschrift erfasst auch die Anpassung eines gerichtlich gebilligten Vergleichs nach § 156 Abs. 2 FamFG.[27] Außergerichtliche Vereinbarungen über das Umgangsrecht stellen hingegen keine Entscheidung dar. Art. 9 ist damit nicht anwendbar.[28] Die Entscheidung im Wegzugstaat muss vor dem Umzug des Kindes in den anderen Verordnungstaat ergangen sein. Eine auf die *perpetuatio fori* nach Art. 8 Abs. 1 gestützte Entscheidung, die erst nach dem Umzug erlassen wurde, genügt dementsprechend nicht.[29] Umgekehrt schränkt Art. 9 den Grundsatz der *perpetuatio fori* eines mit einem Umgangsverfahren nach Art. 8 befassten Gerichts nicht ein (→ Rn. 2).

5. Frist von drei Monaten

10   Die Zuständigkeit nach Abs. 1 besteht nur, wenn vom Zeitpunkt des Umzuges des Kindes bis zur Stellung des Antrages auf Abänderung der Umgangsentscheidung nicht mehr als drei Monate vergangen sind. Maßgebend ist dementsprechend der Zeitpunkt der Anrufung des Gerichts iSv Art. 16.[30] Die

---

[20] *Hausmann* B Rn. 85.

[21] *Hausmann* B Rn. 85; für den Fall des Umzugs während eines gerichtlichen Verfahrens über das Umgangsrecht → Art. 8 Rn. 14.

[22] → Art. 2 Rn. 15 ff.

[23] *Hausmann* B Rn. 85; Hk-ZPO/*Dörner* Art. 9 Rn. 7.

[24] Staudinger/*Pirrung* Vorb C zu Art. 19 EGBGB Rn. 57.

[25] → Art. 10 Rn. 12.

[26] *Hausmann* B Rn. 87; NK-BGB/*Gruber* Art. 9 Rn. 10.

[27] MüKoZPO/*Gottwald* Art. 9 Rn. 2.

[28] Geimer/*Schütze* Art. 9 Rn. 1; Prütting/Gehrlein/*Völker* Art. 9 Rn. 3 krit. Schulz/Hauß/*Rieck* Art. 9 Rn. 5 mit Hinweis auf Art. 2 Nr. 1.

[29] *Hausmann* B Rn. 84; Rauscher/*Rauscher* Art. 9 Rn. 9.

[30] OLG München FamRZ 2011, 1887.

Abänderungsentscheidung muss hingegen nicht mehr innerhalb der Dreimonats-frist erlassen werden.[31] Der für die Fristberechnung maßgebende Zeitpunkt des Umzugs ist nicht (unbedingt) identisch mit der Begründung des neuen gewöhnlichen Aufenthalts.

6. Umgangsberechtigte Person

Die umgangsberechtigte Person muss schon vor dem Umzug des Kindes ihren **11** gewöhnlichen Aufenthalt in dem Verordnungstaat des früheren gewöhnlichen Aufenthalts des Kindes gehabt haben und sich weiterhin, sprich ununterbrochen, gewöhnlich in diesem Staat aufhalten.[32] Die deutsche Sprachfassung der Verordnung schränkt den Anwendungsbereich der Vorschrift auf den umgangsberechtigten Elternteil ein. Die englische Fassung spricht neutraler von *holder of access rights*. Gleiches gilt etwa nach französischem, spanischem oder italienischem Wortlaut. Daher können auch sonstige Träger eines Umgangsrechts wie etwa ein Groß- oder Stiefelternteil von Art. 9 profitieren.[33]

IV. Rechtsfolge

Die internationale Zuständigkeit für die Abänderungsentscheidung verbleibt **12** bei den Gerichten des früheren Aufenthaltsstaates. Die örtliche Zuständigkeit wird durch das autonome Verfahrensrecht bestimmt. Daher ist für die Abänderungsentscheidung nicht zwingend das Gericht zuständig, das die abzuändernde Entscheidung getroffen hat.[34] Abs. 1 verdrängt als speziellere Regelung gemäß Art. 8 Abs. 2 die allgemeine Zuständigkeit nach Art. 8 Abs. 1. Eine konkurrierende Zuständigkeit der Gerichte des neuen und des alten Aufenthaltsstaates des Kindes zur Abänderung der Umgangsentscheidung besteht folglich nicht.[35] Die Gerichte des neuen gewöhnlichen Aufenthalts werden im Anwendungsbereich des Art. 9 erst nach Ablauf der Dreimonatsfrist zuständig, sofern sich aus Art. 9 Abs. 2 nichts Abweichendes ergibt.

V. Rügelose Einlassung, Abs. 2

Die Annexzuständigkeit nach Abs. 1 besteht dann nicht, wenn der umgangsbe- **13** rechtigte Elternteil sich an einem umgangsrechtlichen Verfahren vor den nach Art. 8 Abs. 1 nunmehr zuständigen Gerichten des Verordnungstaats des neuen gewöhnlichen Kindesaufenthalts beteiligt, „ohne ihre Zuständigkeit anzufechten". Es handelt sich hierbei um eine rechtstechnisch ungenaue Bezeichnung.[36] Gemeint ist eine rügelose Einlassung, was sich aus der englischen und französischen Fassung ergibt.[37]

---

[31] Grds. der *perpetuatio fori*, vgl. *Solomon* FamRZ 2004, 1409 (1412); *Gruber* IPRax 2005, 293 (297); Zöller/*Geimer* Anh II Art. 9 Rn. 8; aA Staudinger/*Pirrung* Vorb C zu Art. 19 EGBGB Rn. 57.

[32] NK-BGB/*Gruber* Art. 9 Rn. 6.

[33] Hk-ZPO/*Dörner* Art. 9 Rn. 8; Prütting/Gehrlein/*Völker* Art. 9 Rn. 2; aA Rauscher/*Rauscher* Art. 9 Rn. 6.

[34] *Hausmann* B Rn. 91.

[35] Thomas/Putzo/*Hüßtege* Art. 9 Rn. 3; Hk-ZPO/*Dörner* Art. 9 Rn. 2.

[36] MüKoZPO/*Gottwald* Art. 9 Rn. 8; Schulz/Hauß/*Rieck* Art. 9 Rn. 8.

[37] *Solomon* FamRZ 2004, 1409 (1412).

Eine rügelose Einlassung des umgangsberechtigten Elternteils in das Verfahren vor dem nunmehr nach Art. 8 Abs. 1 zuständigen Gericht lässt damit die nach Abs. 1 fortbestehende Zuständigkeit der Gerichte des früheren Aufenthaltsstaates entfallen. Für die Frage, wann verfahrensrechtlich eine rügelose Einlassung vorliegt, kann auf die zu Art. 24 Brüssel I-VO entwickelten Grundsätze zurückgegriffen werden. Die Zuständigkeit des Gerichts des bisherigen gewöhnlichen Aufenthalts des Kindes entfällt weiter dann, wenn der umgangsberechtigte Elternteil selbst den Antrag vor dem nunmehr nach Art. 8 Abs. 1 zuständigen Gericht stellt.[38]

VI. Verweisung nach Art. 15

14   Das nach Abs. 1 zuständige Gericht kann unter Einhaltung der von Art. 15 aufgestellten Voraussetzungen das Verfahren an ein Gericht des Staates des neuen gewöhnlichen Aufenthaltsstaates verweisen. Art. 15 Abs. 4 UAbs. 2 und Abs. 5 S. 3 erfassen ausdrücklich alle Zuständigkeiten nach Art. 8–14 und damit auch die Zuständigkeit nach Art. 9 Abs. 1. Nach Art. 15 Abs. 3 lit. a wird vermutet, dass eine besondere Bindung zu dem Staat besteht, in dem das Kind seinen neuen gewöhnlichen Aufenthalt begründet hat.

Art. 10 Zuständigkeit in Fällen von Kindesentführung

Bei widerrechtlichem Verbringen oder Zurückhalten eines Kindes bleiben die Gerichte des Mitgliedstaats, in dem das Kind unmittelbar vor dem widerrechtlichen Verbringen oder Zurückhalten seinen gewöhnlichen Aufenthalt hatte, so lange zuständig, bis das Kind einen gewöhnlichen Aufenthalt in einem anderen Mitgliedstaat erlangt hat und

a) jede sorgeberechtigte Person, Behörde oder sonstige Stelle dem Verbringen oder Zurückhalten zugestimmt hat
    oder

b) das Kind sich in diesem anderen Mitgliedstaat mindestens ein Jahr aufgehalten hat, nachdem die sorgeberechtigte Person, Behörde oder sonstige Stelle seinen Aufenthaltsort kannte oder hätte kennen müssen und sich das Kind in seiner neuen Umgebung eingelebt hat, sofern eine der folgenden Bedingungen erfüllt ist:

   i) Innerhalb eines Jahres, nachdem der Sorgeberechtigte den Aufenthaltsort des Kindes kannte oder hätte kennen müssen, wurde kein Antrag auf Rückgabe des Kindes bei den zuständigen Behörden des Mitgliedstaats gestellt, in den das Kind verbracht wurde oder in dem es zurückgehalten wird;

   ii) ein von dem Sorgeberechtigten gestellter Antrag auf Rückgabe wurde zurückgezogen, und innerhalb der in Ziffer i) genannten Frist wurde kein neuer Antrag gestellt;

   iii) ein Verfahren vor dem Gericht des Mitgliedstaats, in dem das Kind unmittelbar vor dem widerrechtlichen Verbringen oder Zurückhalten seinen gewöhnlichen Aufenthalt hatte, wurde gemäß Artikel 11 Absatz 7 abgeschlossen;

   iv) von den Gerichten des Mitgliedstaats, in dem das Kind unmittelbar vor dem widerrechtlichen Verbringen oder Zurückhalten sei-

---

[38] MüKoZPO/*Gottwald* Art. 9 Rn. 9; Rauscher/*Rauscher* Art. 9 Rn. 22.

nen gewöhnlichen Aufenthalt hatte, wurde eine Sorgerechtsentscheidung erlassen, in der die Rückgabe des Kindes nicht angeordnet wird.

Literatur: *Coester*, Kooperation statt Konfrontation; Die Rückgabe entführter Kinder nach der Brüssel IIa-VO, FS Schlosser, 2005, 135; *Coester-Waltjen*, Elternumzug (Relocation) und Kindeswohl, ZKJ 2013, 4; *dies.*, Die Berücksichtigung der Kindesinteressen in der neuen EU-Verordnung Brüssel IIa, FamRZ 2005, 241; *Dutta/Schulz*, Erste Meilensteine im europäischen Kindschaftsverfahrensrecht: Die Rechtsprechung des Europäischen Gerichtshofs zur Brüssel-IIa-Verordnung von C bis Mercredi, ZEuP 2012, 526; *Finger*, Internationale Kindesentführung, JR 2009, 441; *Holl*, Funktion und Bestimmung des gewöhnlichen Aufenthalts bei internationalen Kindesentführungen, 2001; *Holzmann*, Brüssel IIa-VO, elterliche Verantwortung und internationale Kindesentführungen, 2008; *Janzen/Gärtner*, Rückführungsverweigerung bei vorläufiger Zustimmung und internationale Zuständigkeit im Falle von Kindesentführungen, IPRax 2011, 412; *Mankowski*, Der gewöhnliche Aufenthalt eines verbrachten Kindes unter der Brüssel IIa-VO, GPR 2011, 209; *Rieck*, Kindesentführung und die Konkurrenz zwischen dem HKÜ und der EheEuGVVO 2003 (Brüssel IIa), NJW 2008,214; *Schulz*, Das Haager Kindesentführungsübereinkommen und die Brüssel IIa-VO, FS Kropholler, 2008, 435; *Siehr*, Zum persönlichen Anwendungsbereich des Haager Kindesentführungsübereinkommens von 1980 und der EuEheVO, IPRax 2010, 583; *ders.*, Kindesentführung und EuEheVO, IPRax 2012, 316; *Solomon*, Brüssel IIa – Die neuen europarechtlichen Regeln zum internationalen Verfahrensrecht in Fragen der elterlichen Verantwortung, FamRZ 2004, 1409; *Völker*, Die wesentlichen Aussagen des BVerfG zum Haager Kindesentführungsübereinkommen – zugleich ein Überblick über die Neuerungen im HKÜ-Verfahren aufgrund der Brüssel IIa-Verordnung, FamRZ 2010, 157.

I. Allgemeines

Art. 10 enthält im Falle einer Kindesentführung, dh eines widerrechtlichen **1** Verbringens oder Zurückhaltens des Kindes iSv Art. 2 Nr. 11,[1] eine gegenüber Art. 8 Abs. 1 vorrangige Sonderregelung. Die Vorschrift ist an Art. 7 KSÜ angelehnt. Sie weicht jedoch im Detail von ihrem Vorbild ab. Art. 10 soll den Träger der elterlichen Verantwortung schützen, dessen Sorgerecht durch die Entführung verletzt wurde.[2] Dadurch, dass ein widerrechtlicher Wechsel des gewöhnlichen Aufenthalts des Kindes grds. **keinen Wegfall der internationalen Zuständigkeit** der Gerichte des bisherigen Aufenthaltsstaats zur Folge hat, soll verhindert werden, dass der Entführer durch sein rechtswidriges Handeln einen Zuständigkeitswechsel herbeiführen kann.[3] Die Vorschrift erweitert in gewisser Weise den Grundsatz der *perpetuatio fori*. Die Zuständigkeit der Gerichte des bisherigen Aufenthaltsstaates bleibt bestehen, ohne dass ein Verfahren im Zeitpunkt der Entführung anhängig sein muss.[4]

Art. 10 ergänzt im Verhältnis der Mitgliedstaaten zueinander die Art. **12, 13** **2** **HKÜ**. Diese in allen Mitgliedstaaten geltenden Vorschriften regeln die **Rückführung des Kindes** und die internationale Zuständigkeit hierfür, nicht aber die Zuständigkeit für eine Sorgerechtsentscheidung.[5] Die Zuständigkeit für die Rück-

---

[1] → Art. 2 Rn. 15 ff.
[2] *Solomon* FamRZ 2004, 1409 (1417); Hk-ZPO/*Dörner* Art. 10 Rn. 1.
[3] MüKoZPO/*Gottwald* Art. 10 Rn. 1.
[4] *Dutta/Schulz* ZEuP 2012, 526 (531).
[5] *Hausmann* B Rn. 95.

führungsentscheidung liegt nach Art. 12 HKÜ beim neuen Aufenthaltsstaat. Weiter sind auch die Gerichte des bisherigen Aufenthaltsstaates des Kindes unter den Voraussetzungen des Art. 11 Abs. 8 für eine Rückführungsentscheidung international zuständig. Art. 10 enthält vor diesem Hintergrund **keine Zuständigkeitsregelung** für die Anordnung einer Rückführung des Kindes.[6] Dies führt zu einem zweigleisigen Zuständigkeitssystem, in dessen Rahmen im Regelfall zu empfehlen ist, (zunächst) auch einen Antrag auf Herausgabe nach Art. 12, 13 HKÜ im Zufluchtstaat zustellen.[7]

3   Der Grundsatz der Aufrechterhaltung der Zuständigkeit des Wegzugstaats wird nach Art. 10 nur ausnahmsweise dann durchbrochen, wenn das Kind im Zuflucht-Mitgliedstaat einen neuen gewöhnlichen Aufenthalt begründet hat und außerdem alternativ die in lit. a oder lit. b genannten Voraussetzungen vorliegen. Die Gerichte des Wegzugstaates sind bei ihrer Prüfung, ob die Voraussetzungen des Art. 10 für einen Wechsel der internationalen Zuständigkeit vorliegen, nicht an Entscheidungen der Gerichte des neuen Aufenthaltsstaates gebunden.[8]

II. Änderung des gewöhnlichen Aufenthalts des Kindes

1. Kind

4   Kind ist bei verordnungsautonomer Auslegung jede Person, die das 18. Lebensjahr nicht vollendet hat.[9] Die Altersgrenze des Art. 4 S. 2 HKÜ (Vollendung des 16. Lebensjahres) gilt ebenso wie in den übrigen Vorschriften der Brüssel IIa-VO im Rahmen von Art. 10 nicht, auch wenn die Brüssel IIa-VO im Fall einer Kindesentführung ergänzend zum HKÜ zur Anwendung kommt. Der Begriff „Kind" sollte in der Verordnung einheitlich bestimmt werden.[10] Damit greift bei einem widerrechtlichen Verbringen eines Kindes, das das 16. Lebensjahr vollendet hat, zwar nicht mehr der Rückführungsmechanismus des HKÜ und der Verordnung,[11] die internationale Zuständigkeit des Wegzugstaats bleibt jedoch erhalten.[12]

2. Wechsel des gewöhnlichen Aufenthalts

5   Solange das Kind weiterhin seinen gewöhnlichen Aufenthalt in seinem bisherigen Aufenthaltsstaat hat, bleiben die Gerichte dieses Staates nach Art. 8 Abs. 1 zuständig. Die Anordnung der Zuständigkeitsfortdauer in Art. 10 kommt demgemäß nur dann zum Tragen, wenn das Kind in dem Zuzugsstaat einen neuen gewöhnlichen Aufenthalt erlangt hat.[13] Dies wird durch Entführung des Kindes nicht ausgeschlossen. Denn ein widersprechender Wille eines (mit-)sorgeberechtigten Elternteils kann die soziale und familiäre Integration eines Kindes in dem

---

[6] Rauscher/*Rauscher* Art. 10 Rn. 12.

[7] NK-BGB/*Gruber* Art. 10 Rn. 1, 9; → Art. 11 Rn. 28.

[8] EuGH 22.12.2010 – C-497/10 PPU, Slg. 2010 I-14309 Rn. 62 ff. – Mercredi = FamRZ 2011, 617.

[9] → Art. 8 Rn. 3.

[10] *Hausmann* B Rn. 95; MüKoZPO/*Gottwald* Art. 10 Rn. 1; Siehe IPRax 2010, 583 (584 f); HK-ZPO/*Dörner* Art. 10 Rn. 1; aA OGH IPRax 2010, 551 (552).

[11] → Art. 11 Rn. 4.

[12] Prütting/Gehrlein/*Völker* Art. 10 Rn. 4.

[13] → Art. 8 Rn. 4 ff.

Verbringungsstaat höchstens teilweise hindern.[14] Der konträre Wille des (mit-)sorgeberechtigten Elternteils kann allerdings dazu führen, dass ein neuer gewöhnlicher Aufenthalt erst nach Ablauf einer „nicht geringen Zeitdauer" und nach einer entsprechenden sozialen Eingliederung im Verbringungsstaat erlangt wird.[15] Es wird insoweit vorgeschlagen, dass als Anhaltspunkt die Jahresfrist des Art. 12 Abs. 1 HKÜ dienen kann, auf die auch Art. 10 lit. b (i) Bezug nimmt.[16] An der für die Begründung eines neuen gewöhnlichen Aufenthalts erforderlichen sozialen und familiären Integration fehlt es jedoch, wenn das Kind im Verbringungsstaat versteckt wird.[17]

III. Beschränkung auf Verordnungstaaten

Die Fortdauer der Zuständigkeit der Gerichte des Wegzugstaates ist nach **6** Art. 10 nur dann angeordnet, wenn das Kind aus einem Mitgliedstaat in einen anderen Mitgliedstaat (Art. 2 Nr. 3) entführt wurde.

Bei einer **Entführung aus einem Drittstaat** in einen Mitgliedstaat werden **7** die Gerichte des Mitgliedstaats damit gem. Art. 8 Abs. 1 zuständig, wenn das Kind dort seinen gewöhnlichen Aufenthalt[18] begründet hat. Die Einschränkung des Art. 10 findet keine Anwendung. Allerdings ist unter Umständen Art. 16 HKÜ zu beachten.[19]

Bei einer **Entführung in einen Drittstaat**, bleibt eine Anrufung etwa deut- **8** scher Gerichte nach Art. 8 Abs. 1 nur solange möglich, bis das Kind im Verbringungsstaat keinen neuen gewöhnlichen Aufenthalt erworben hat. Nach diesem Zeitpunkt kann sich die internationale Zuständigkeit nur noch aus staatsvertraglichen Vorschriften (zB Art. 5 ff. KSÜ bzw. Art. 1 ff. MSA) und hilfsweise aus dem nationalen Recht (für deutsche Gerichte § 99 FamFG) ergeben.[20]

IV. Widerrechtlichkeit

Die Fortdauer der Zuständigkeit der Gerichte des Wegzugstaates setzt weiter **9** voraus, dass das Verbringen oder Zurückhalten widerrechtlich iSv **Art. 2 Nr. 11**[21] erfolgte. Im Falle eines rechtmäßigen Umzugs des Kindes enthält Art. 9 eine Spezialvorschrift zu Art. 8.

V. Wegfall der Zuständigkeit der Gerichte des Wegzugstaates

Erlangt das Kind in dem Mitgliedstaat, in den es verbracht oder in dem es **10** zurückgehalten wird, einen neuen gewöhnlichen Aufenthalt, führt dies innerhalb

---

[14] Rauscher/*Rauscher* Art. 8 Rn. 12; vgl. auch BGHZ 163, 248 = FamRZ 2005, 1541 zum MSA.

[15] OLG Nürnberg IPRspr 2010 Nr. 242; OLG Stuttgart FamRZ 1997, 52; OLG Hamm NJW-RR 1997, 5 (6).

[16] *Hausmann* B Rn. 74.

[17] MüKoZPO/*Gottwald* Art. 10 Rn. 3.

[18] → Art. 8 Rn. 4 ff.

[19] Zum Verhältnis der Brüssel IIa-VO zum KSÜ/MSA → Vorb. zu Art. 8 ff. Rn. 3 f.

[20] *Hausmann* B Rn. 100; NK-BGB/*Gruber* Art. 10 Rn. 11; zu einem Aufenthaltswechsel während der Anhängigkeit eines Verfahrens im Wegzugstaat → Art. 8 Rn.14.

[21] → Art. 2 Rn. 15 ff.

der Mitgliedstaaten der Verordnung nur dann zu einem Zuständigkeitswechsel, wenn außerdem **alternativ** entweder die Voraussetzungen nach Art. 10 lit. a oder diejenigen nach lit. b erfüllt sind.[22] Da durch Art. 10 ein vorschneller Wegfall der internationalen Zuständigkeit des bisherigen Aufenthaltsstaates verhindert werden soll, ist, wie auch wegen Ausnahmecharakters des Art. 10, eine restriktive Auslegung geboten.[23]

1. Zustimmung, lit. a

11   Sofern jede sorgeberechtigte Person, Behörde oder sonstige Stelle dem Verbringen oder Zurückhalten zugestimmt hat, entfällt in Anlehnung an Art. 13 Abs. 1 lit. a HKÜ die Zuständigkeit der Gerichte des früheren Aufenthaltsstaates nach Art. 10.[24] Art. 13 Abs. 1 lit. a HKÜ entbindet unter entsprechenden Voraussetzungen die Behörden des ersuchten Staates zunächst von der Verpflichtung, die Rückgabe des Kindes anzuordnen. Auch wenn Art. 10 lit. a, anders als Art. 13 Abs. 1 lit. a HKÜ, neben der Zustimmung nicht ausdrücklich die nachträgliche Genehmigung erwähnt, ist diese als Unterfall der Zustimmung anzusehen.[25] Hinsichtlich der Anforderungen an eine Zustimmung kann ergänzend auf die Auslegung von Art. 13 Abs. 1 lit. a HKÜ zurückgegriffen werden.[26] Somit sind an das Vorliegen einer Zustimmung grds. strenge Anforderungen zu stellen.[27] Die Zustimmung muss sich auf einen dauerhaften Aufenthaltswechsel beziehen. Die Zustimmung zu einem nur auf bestimmte Zeit beschränkten Aufenthaltswechsels genügt nicht.[28] Sie kann (sowohl als anfängliche wie auch als nachträgliche Zustimmung) konkludent erfolgen. Das Verhalten muss in diesem Fall aus objektiver Empfängerperspektive eindeutig als Zustimmung zu werten sein.[29] Eine konkludente nachträgliche Zustimmung kann etwa dann angenommen werden, wenn in Kenntnis der Sach- und Rechtslage bewusst untätig geblieben wird und hieraus unzweifelhaft aus objektiver Empfängerperspektive auf eine Genehmigung des Verbringens oder Zurückhaltens geschlossen werden kann.[30] Eine bloße Untätigkeit als solche genügt dagegen nicht. Ebensowenig eine bloß in Aussicht gestellte Zustimmung.[31]

2. Voraussetzungen, lit. b

12   Fehlt die Zustimmung auch nur einer (mit-)sorgeberechtigten Person oder Stelle nach lit. a, so entfällt die Zuständigkeitssperre des Art. 10 unter den Voraussetzungen des lit. b. Dies erfordert:

---

[22] OGH 13.10.2009, 5Ob173/09s, http://www.ris.bka.gv.at; Geimer/Schütze/*Dilger* Art. 10 Rn. 4.

[23] EuGH 1.7.2010 – C-211/10 PPU, Slg. 2010 I-6673 Rn. 45 – Povse = FamRZ 2010, 1229 m. Anm. *Schulz* 1307.

[24] *Hausmann* B Rn. 103.

[25] Geimer/Schütze/*Dilger* Art. 10 Rn. 11.

[26] *Hausmann* B Rn. 103.

[27] OLG Saarbrücken FamRZ 2011, 1235 (1236) (zum HKÜ).

[28] OLG Saarbrücken FamRZ 2011, 1235 (1236); OLG Rostock NJOZ 2004, 1112 (1113) (jew. zum HKÜ).

[29] OLG Karlsruhe NJW-RR 2006, 1590 (1592), OLG Nürnberg, FamRZ 2009, 240 (jew. zum HKÜ); wohl aA Geimer/Schütze/*Dilger* Art. 10 Rn. 13: ausdrückliche Zustimmung erforderlich.

[30] MüKoZPO/*Gottwald* Art. 10 Rn. 6.

[31] OLG Karlsruhe NJW-RR 2006, 1590 (1592) zum HKÜ.

a) Mindestaufenthalt. Zunächst muss das Kind sich in dem Verbringungsstaat **13** mindestens ein Jahr aufgehalten haben, nachdem die sorgeberechtigte Person, Behörde oder sonstige Stelle seinen Aufenthaltsort (und nicht nur den Aufenthalts- staat) kannte oder hätte kennen müssen. Nicht erforderlich ist demgemäß, dass das Kind sich während der einjährigen Frist ab Kenntnis oder Kennenmüssen (Fristbeginn) bereits gewöhnlich in dem neuen Mitgliedstaat aufgehalten hat. Ein schlichter Aufenthalt genügt.[32] Allerdings sind die Gerichte des Verbringungsstaats nach Art. 8 Abs. 1, 10 nur zuständig, wenn das Kind in diesem einen gewöhnli- chen Aufenthalt erworben hat.

b) Einleben. Das Kind muss sich weiter in seiner neuen Umgebung eingelebt **14** haben. Hinsichtlich des Begriffs des Einlebens kann ergänzend auf die Auslegung dieses Tatbestandsmerkmals in Art. 12 Abs. 2 HKÜ zurückgegriffen werden. Von einem Einleben ist auszugehen, wenn das Kind in das familiäre, soziale und kulturelle Umfeld im Zufluchtstaat integriert ist.[33] Da für die Feststellung des „Einlebens" ähnliche Kriterien heranzuziehen sind, wie für die Feststellung, ob im Verbringungsstaat ein gewöhnlicher Aufenthalt vorliegt, dürfte die praktische Relevanz dieses Tatbestandsmerkmals gering sein.[34]

c) Voraussetzungen gem. lit. i–iv. Weiter muss eine der zusätzlichen **15** Voraussetzungen nach lit. i – lit. iv alternativ erfüllt sein:
– lit. i: der Sorgeberechtigte hat innerhalb eines Jahres, seitdem er den Aufent- haltsort des Kindes kannte oder hätte kennen müssen, bei den zuständigen Behörden des Mitgliedstaates, in den das Kind widerrechtlich verbracht oder in dem es widerrechtlich zurückgehalten wurde, keinen Antrag auf Rückgabe des Kindes gestellt, oder
– lit. ii: der Sorgeberechtigte hat den zunächst gestellten Antrag auf Rückgabe des Kindes wieder zurückgezogen und innerhalb der Jahresfrist gemäß lit. i keinen neuen Antrag gestellt, oder
– lit. iii: der Sorgeberechtigte hat innerhalb der ihm von dem Gericht oder der Zentralen Behörde des früheren Aufenthaltsstaates des Kindes nach Art. 11 Abs. 7 S. 1 bestimmten Dreimonatsfrist keinen Sorgerechtsantrag gestellt und das Verfahren ist aus diesem Grunde nach Art. 11 Abs. 7 S. 2 abgeschlossen worden, oder
– lit. iv: die Gerichte des Mitgliedstaats, in dem das Kind unmittelbar vor dem widerrechtlichen Verbringen oder Zurückhalten seinen gewöhnlichen Aufent- halt hatte, haben eine Sorgerechtsentscheidung erlassen, in der die Rückgabe des Kindes nicht angeordnet wurde. Die Sorgerechtsentscheidung muss demge- mäß von den Gerichten des früheren Aufenthaltsstaates erlassen worden sein. Im Hinblick auf den Ausnahmecharakter der Norm ist eine in einem Hauptsa- cheverfahren auf der Grundlage einer umfassenden Prüfung aller Umstände des Falles getroffene Entscheidung erforderlich. Eine Entscheidung im Rahmen des einstweiligen Rechtsschutzes genügt nicht.[35] Eine Entscheidung der Gerichte des Verbringungsstaats, in denen die Rückführung des Kindes (etwa

---

[32] Hk-ZPO/*Dörner* Art. 10 Rn. 11; Thomas/Putzo/*Hüßtege* Art. 10 Rn. 4.
[33] *Hausmann* N Rn. 158.
[34] Geimer/Schütze/*Dilger* Art. 10 Rn. 16; Hk-ZPO/*Dörner* Art. 10 Rn. 12.
[35] EuGH 1.7.2010 – C-211/10 PPU, Slg. 2010 I-6673 Rn. 45 ff. – Povse = FamRZ 2010, 1229 m. Anm. *Schulz* 1307.

nach Art. 12, 13 oder 20 HKÜ) abgelehnt worden ist, kann nicht zuständig-keitsbegründend wirken.[36]

VI. Rechtsfolgen

16 Lassen sich die von Art. 10 für einen Zuständigkeitswechsel aufgestellten Voraussetzungen nicht feststellen, bleiben die Gerichte des früheren Aufenthalts-staates zur Entscheidung über Fragen der elterlichen Verantwortung zuständig. Art. 10 verdrängt demgemäß nach Art. 8 Abs. 2 die Grundsatzzuständigkeit der Gerichte im Staat des gewöhnlichen Aufenthalts nach Art. 8 Abs. 1. Zwar beschränkt sich Art. 10 nach seinem Wortlaut auf die Anordnung der Zuständig-keitsfortdauer der Gerichte des bisherigen gewöhnlichen Aufenthalts des Kindes. Eine konkurrierende Zuständigkeit der Gerichte des bisherigen gewöhnlichen Aufenthalts des Kindes nach Art. 10 und der Gerichte des neuen gewöhnlichen Aufenthalts nach Art. 8 Abs. 1 ist jedoch im Hinblick auf den Regelungszweck des Art. 10 (durch rechtswidriges Handeln soll zumindest für einen bestimmten Zeitraum kein Zuständigkeitswechsel herbeigeführt werden können) abzuleh-nen.[37] Die Gerichte im neuen Aufenthaltsstaat des Kindes haben sich für den Fall, dass nach Art. 10 die Zuständigkeit der Gerichte des Wegzugstaates fortbesteht, nach Art. 17 von Amts wegen für unzuständig zu erklären.[38] Allerdings hat auch in diesem Fall, das nach Art. 10 zuständige Gericht des Wegzugstaats das Verfahren nach Art. 19 Abs. 2 auszusetzen, wenn das an für sich unzuständige Gericht des Verbringungsstaats zuerst angerufen wurde.[39]

17 Auch in den von Art. 10 erfassten Fällen ist eine Verweisung nach Art. 15 nicht ausgeschlossen (arg. e. Art. 15 Abs. 4 S. 4, Abs. 5 S. 3). Allerdings wird im Regelfall der Normzweck des Art. 10 einer Verweisung entgegenstehen.[40]

Art. 11 Rückgabe des Kindes

(1) **Beantragt eine sorgeberechtigte Person, Behörde oder sonstige Stelle bei den zuständigen Behörden eines Mitgliedstaats eine Entschei-dung auf der Grundlage des Haager Übereinkommens vom 25. Oktober 1980 über die zivilrechtlichen Aspekte internationaler Kindesentführung (nachstehend „Haager Übereinkommen von 1980" genannt), um die Rückgabe eines Kindes zu erwirken, das widerrechtlich in einen anderen als dem Mitgliedstaat verbracht wurde oder dort zurückgehalten wird, in dem das Kind unmittelbar vor dem widerrechtlichen Verbringen oder Zurückhalten seinen gewöhnlichen Aufenthalt hatte, so gelten die Absätze 2 bis 8.**

(2) **Bei Anwendung der Artikel 12 und 13 des Haager Übereinkommens von 1980 ist sicherzustellen, dass das Kind die Möglichkeit hat, während des Verfahrens gehört zu werden, sofern dies nicht aufgrund seines Alters oder seines Reifegrades unangebracht erscheint.**

---

[36] NK-BGB/*Gruber* Art. 10 Rn. 6.
[37] Geimer/Schütze/*Dilger* Art. 10 Rn. 4.
[38] OGH 13.10.2009, 5Ob173/09s; 15.5.2012, 2Ob228/11k, http://www.ris.bka.gv.at.
[39] OLG Hamm IPRspr 2005, Nr. 204.
[40] *Hausmann* B Rn. 110; Prütting/Gehrlein/*Völker* Art. 10 Rn. 3.

(3) Das Gericht, bei dem die Rückgabe eines Kindes nach Absatz 1 beantragt wird, befasst sich mit gebotener Eile mit dem Antrag und bedient sich dabei der zügigsten Verfahren des nationalen Rechts. Unbeschadet des Unterabsatzes 1 erlässt das Gericht seine Anordnung spätestens sechs Wochen nach seiner Befassung mit dem Antrag, es sei denn, dass dies aufgrund außergewöhnlicher Umstände nicht möglich ist.

(4) Ein Gericht kann die Rückgabe eines Kindes aufgrund des Artikels 13 Buchstabe b) des Haager Übereinkommens von 1980 nicht verweigern, wenn nachgewiesen ist, dass angemessene Vorkehrungen getroffen wurden, um den Schutz des Kindes nach seiner Rückkehr zu gewährleisten.

(5) Ein Gericht kann die Rückgabe eines Kindes nicht verweigern, wenn der Person, die die Rückgabe des Kindes beantragt hat, nicht die Gelegenheit gegeben wurde, gehört zu werden.

(6) Hat ein Gericht entschieden, die Rückgabe des Kindes gemäß Artikel 13 des Haager Übereinkommens von 1980 abzulehnen, so muss es nach dem nationalen Recht dem zuständigen Gericht oder der Zentralen Behörde des Mitgliedstaats, in dem das Kind unmittelbar vor dem widerrechtlichen Verbringen oder Zurückhalten seinen gewöhnlichen Aufenthalt hatte, unverzüglich entweder direkt oder über seine Zentrale Behörde eine Abschrift der gerichtlichen Entscheidung, die Rückgabe abzulehnen und die entsprechenden Unterlagen, insbesondere eine Niederschrift der Anhörung, übermitteln. Alle genannten Unterlagen müssen dem Gericht binnen einem Monat ab dem Datum der Entscheidung, die Rückgabe abzulehnen, vorgelegt werden.

(7) Sofern die Gerichte des Mitgliedstaats, in dem das Kind unmittelbar vor dem widerrechtlichen Verbringen oder Zurückhalten seinen gewöhnlichen Aufenthalt hatte, nicht bereits von einer der Parteien befasst wurden, muss das Gericht oder die Zentrale Behörde, das/die die Mitteilung gemäß Absatz 6 erhält, die Parteien hiervon unterrichten und sie einladen, binnen drei Monaten ab Zustellung der Mitteilung Anträge gemäß dem nationalen Recht beim Gericht einzureichen, damit das Gericht die Frage des Sorgerechts prüfen kann. Unbeschadet der in dieser Verordnung festgelegten Zuständigkeitsregeln schließt das Gericht den Fall ab, wenn innerhalb dieser Frist keine Anträge bei dem Gericht eingegangen sind.

(8) Ungeachtet einer nach Artikel 13 des Haager Übereinkommens von 1980 ergangenen Entscheidung, mit der die Rückgabe des Kindes verweigert wird, ist eine spätere Entscheidung, mit der die Rückgabe des Kindes angeordnet wird und die von einem nach dieser Verordnung zuständigen Gericht erlassen wird, im Einklang mit Kapitel III Abschnitt 4 vollstreckbar, um die Rückgabe des Kindes sicherzustellen.

Literatur: *Coester-Waltjen*, Die Berücksichtigung der Kindesinteressen in der neuen EU-Verordnung Brüssel IIa, FamRZ 2005, 241; *Dutta/Schulz*, Erste Meilensteine im europäischen Kindschaftsverfahrensrecht: Die Rechtsprechung des Europäischen Gerichtshofs zur Brüssel-IIa-Verordnung von C bis Mercredi, ZEuP 2012, 526; *Holzmann*, Verfahren betreffend die elterliche Verantwortung nach der Brüssel IIa-VO, FPR 2010, 497; *Rieck*, Neues Eilvorlageverfahren zum EuGH – Kindesrückgabe nach Art. 11 VIII, 42 EheVO, NJW 2008, 2958; *Solomon*, Brüssel IIa – Die neuen europarechtlichen Regeln zum internationalen Ver-

fahrensrecht in Fragen der elterlichen Verantwortung, FamRZ 2004,1409; *Siehr*, Kindesentführung und EuEheVO, IPRax 2012, 316.

Übersicht

I. Allgemeines

1   Art. 11 ergänzt das Haager Kindesentführungsübereinkommen von 1980
(HKÜ) über die Rückführung von Kindern für diejenigen Fälle, in denen das
Kind von einem Mitgliedstaat in einen anderen entführt worden ist oder in einem
solchen zurückgehalten wird. Das HKÜ wird zwar gem Art. 60 lit. e von der
Brüssel IIa-VO in deren sachlichen Anwendungsbereich im Verhältnis der Mit-
gliedstaaten verdrängt. Daraus folgt jedoch nur, dass die das HKÜ ergänzenden
Regeln des Art. 11 bei Kindesentführungen von einem Mitgliedstaat in einen
anderen vorrangig zu beachten sind. Art. 36 HKÜ erlaubt solche ergänzenden
Regelungen. Im Verhältnis zu Drittstaaten, die dem HKÜ angehören, bleibt es
bei der unveränderten Anwendung des HKÜ.[1] Dies gilt auch im Verhältnis zu
Dänemark, das kein Mitgliedstaat iSd Verordnung ist (vgl. Art. 2 Nr. 3).[2]

2   Das HKÜ ist ein reines Rechtshilfeabkommen. Durch das Abkommen soll der
vor der Kindesentführung bestehende Zustand durch umgehende Rückgabe des
entführten Kindes in den Staat seines bisherigen gewöhnlichen Aufenthalts wieder
hergestellt werden. Das Rückgabeverfahren kann von der durch die Entführung
in ihrem Sorgerecht verletzten Person oder Stelle unmittelbar bei den Gerichten
des Verbringungsmitgliedstaates oder über die in den Vertragsstaaten eingerichteten Zentralen Behörden betrieben werden. In Deutschland ist das Bundesamt für
Justiz Zentrale Behörde (vgl. § 3 IntFamRVG).

3   Art. 11 enthält damit keine Regelung zur internationalen Zuständigkeit. Die
Vorschrift normiert lediglich zusätzliche neben den Vorschriften des HKÜ gel-
tende Verfahrensregeln mit dem Ziel, das rechtliche Gehör des Kindes und anderer
Beteiligter zu stärken (Abs. 2 und 5), sowie die Rückgabe des Kindes zu beschleu-

---

[1] Thomas/Putzo/*Hüßtege* Art. 11 Rn. 1.
[2] OGH 18.7.2011, 6Ob103/11g, http://www.ris.bka.gv.at.

nigen (Abs. 3). Weiter werden die Ablehnungsgründe des Art. 13 HKÜ für die Kindesrückführung eingeschränkt (Abs. 4, vgl. Erwägungsgrund 17).

Als das HKÜ lediglich modifizierende Regelung setzt Art. 11 – anders als **4** Art. 10 – die räumlich-persönliche Geltung des HKÜ voraus. Das Kind darf daher das 16. Lebensjahr noch nicht vollendet haben.[3]

II. Abs. 1: Rückgabeverfahren nach Art. 12, 13 HKÜ

Abs. 1 stellt klar, dass für das Verfahren auf Rückgabe eines entführten Kindes **5** nach Maßgabe des HKÜ die Abs. 2–8 als modifizierende Regelungen zur Anwendung gelangen. Nach Art. 12 HKÜ ist die sofortige Rückgabe eines Kindes anzuordnen, wenn eine Entführung des Kindes iSd Art. 3 HKÜ vorliegt und der Antrag auf Rückgabe des Kindes binnen eines Jahres nach der Entführung gestellt worden ist. Ob sich das Kind in seiner neuen Umgebung eingelebt hat, ist dabei bei Antragstellung innerhalb der Jahresfrist unerheblich.[4] Bei Antragstellung nach der Jahresfrist kann das Gericht die Rückgabe des Kindes hingegen gem. Art. 12 Abs. 2 HKÜ ablehnen, wenn sich das Kind in seiner neuen Umgebung eingelebt hat. Dem Gericht steht insoweit entgegen dem Wortlaut ein Ermessen zu.[5]

Nach Art. 13 HKÜ kann die Rückgabe des Kindes verweigert werden, wenn **6** a) der Sorgeberechtigte das Sorgerecht im Zeitpunkt der Entführung tatsächlich nicht ausgeübt hat oder b) wenn der Sorgeberechtigte einem Verbringen oder Zurückhalten des Kindes vorher oder nachher zugestimmt hat (Art. 13 Abs. 1 lit. a HKÜ)[6] oder c) wenn die Rückgabe mit der schwerwiegenden Gefahr eines körperlichen oder seelischen Schadens für das Kind verbunden ist oder schließlich d) die Rückgabe das Kind sonst in eine unzumutbare Lage bringt (Art. 13 Abs. 1 lit. b HKÜ). Die Rückgabe kann nach Art. 13 Abs. 2 HKÜ ferner abgelehnt werden, wenn festgestellt wird, dass sich das Kind der Rückgabe widersetzt und dass es ein Alter und eine Reife erreicht hat, angesichts deren es angebracht erscheint, seine Meinung zu berücksichtigen.

Örtlich zuständig für Rückgabeentscheidungen nach dem HKÜ ist in Deutsch- **7** land gem. §§ 11 f. IntFamRVG das FamG am Sitz eines OLG, in dessen Bezirk sich das Kind bei Eingang des Rückgabeantrages bei der Zentralen Behörde aufgehalten hat, ansonsten das FamG am Sitz des OLG, in dessen Bezirk ein Fürsorgebedürfnis besteht.

III. Modifizierung des Rückgabeverfahrens nach Art. 12, 13 HKÜ

1. Anhörungsrechte, Abs. 2

Nach Abs. 2 müssen die Gerichte der Mitgliedstaaten sicherstellen, dass das **8** Kind in einem Rückgabeverfahren nach Art. 12, 13 HKÜ angehört wird. Auf die Anhörung kann nur dann verzichtet werden, wenn dies aufgrund des zu geringen

---

[3] *Hausmann* B Rn. 114; *Siehr* IPRax 2010, 583 (585); Thomas/Putzo/*Hüßtege* Art. 11 Rn. 1.

[4] OLG Düsseldorf FamRZ 2008, 1676.

[5] *Hausmann* N Rn. 163.

[6] Siehe insoweit auch → Art. 10 Rn. 12.

Alters oder Reifegrades des Kindes unangebracht erscheint. Darüber hinaus darf die Anhörung von keinen zusätzlichen Voraussetzungen abhängig gemacht werden.[7] Ein Unterbleiben der Anhörung wegen Eilbedürftigkeit ist mithin ausgeschlossen.[8] Das Anhörungsverfahren wird durch die Brüssel IIa-VO nicht harmonisiert (vgl. Erwägungsgrund 19). Die Ausgestaltung der Anhörung bleibt weiterhin dem nationalen Verfahrensrecht im Verbringungsstaat vorbehalten.[9] In Deutschland ist auch der Verfahrenspfleger anzuhören.[10] Abs. 2 fordert nicht zwingend die persönliche Anhörung des Kindes vor Gericht.[11] Nicht diese als solche steht im Vordergrund. Vielmehr muss gewährleistet sein, dass der Kindeswille ermittelt und in das Verfahren einbezogen wird.[12] Die Anhörung kann daher auch im Vorfeld der Gerichtsverhandlung von einer nach dem nationalen Recht zuständigen Stelle durchgeführt werden.[13]

2. Verfahrensbeschleunigung, Abs. 3

9   Abs. 3 verpflichtet die Mitgliedstaaten (konkreter als Art. 11 Abs. 1 HKÜ), sich mit gebotener Eile mit dem Antrag zu befassen und sich dabei der zügigsten Verfahren des jeweiligen nationalen Rechts zu bedienen. Denn internationale Kindschaftskonflikte sind stets ein „Kampf gegen die Uhr".[14] Abs. 3 verlangt eine Entscheidung innerhalb von höchstens 6 Wochen nach Befassung mit dem Antrag, sofern nicht außergewöhnliche Umstände dies unmöglich machen. Diese Anforderungen werden in § 38 IntFamRVG für alle Rechtszüge konkretisiert. Nach Art. 11 Abs. 2 HKÜ sind die Stellen des Verbringungsmitgliedstaates gegenüber dem Antragsteller und der Zentralen Behörde des Herkunftsstaates verpflichtet, über die Gründe für die Verzögerung Rechenschaft abzulegen. Die Frist von sechs Wochen gilt für jede Instanz gesondert, nicht für das gesamte Verfahren.[15] Das OLG als Beschwerdegericht hat unverzüglich zu prüfen, ob eine sofortige Wirksamkeit der angefochtenen Entscheidung anzuordnen ist. Das ist der Fall, wenn die Beschwerde offensichtlich unbegründet oder die Rückgabe des Kindes vor der Entscheidung über die Beschwerde unter Berücksichtigung der berechtigten Interessen der Beteiligten mit dem Wohl des Kindes zu vereinbaren ist (§ 40 Abs. 3 IntFamRVG). Die Frist gilt nicht für die Vollstreckung der wirksamen (§ 40 IntFamRVG) Entscheidung, wohl aber das Beschleunigungsgebot.[16] Eine unmittelbare Sanktion für eine längere Verfahrensdauer ist nicht vorgesehen.

3. Beseitigung von Rückführungshindernissen, Abs. 4

10   Nach Art. 13 Abs. 1 lit. b HKÜ kann die Rückgabe des Kindes durch die Gerichte des Verbringungsstaats verweigert werden, wenn sie mit der schwerwiegenden Gefahr eines körperlichen oder seelischen Schadens für das Kind verbunden wäre oder das Kind auf andere Weise in eine unzumutbare Lage bringen

---

[7] MüKoZPO/*Gottwald* Art. 11 Rn. 5.

[8] Rauscher/*Rauscher* Art. 11 Rn. 13.

[9] Rauscher/*Rauscher* Art. 11 Rn. 12.

[10] OLG Naumburg FamRZ 2007, 1586 (1587); MüKoZPO/*Gottwald* Art. 11 Rn. 5.

[11] *Rauscher* EuLF 2005, 37 (44).

[12] Geimer/Schütze/*Dilger* Art. 11 Rn. 4.

[13] Hk-ZPO/*Dörner* Art. 11 Rn. 3.

[14] *Dutta/Schulz* ZEuP 2012, 526 (528).

[15] Thomas/Putzo/*Hüßtege* Art. 11 Rn. 3; Prütting/Gehrlein/*Völker* Art. 11 Rn. 4.

[16] *Gruber* FPR 2008, 214 (216); Rauscher/*Rauscher* Art. 11 Rn. 15.

würde. Abs. 4 schränkt diese Möglichkeit der Rückgabeverweigerung ein, die allerdings in der Praxis der Vertragsstaaten des HKÜ schon verhältnismäßig restriktiv angewandt wird.[17] Nach Abs. 4 muss die Rückgabe des Kindes auch dann angeordnet werden, wenn zwar eine Gefahr für das Kind gegeben sein könnte, aber nachgewiesen ist, dass angemessene Vorkehrungen zum Schutz des Kindes getroffen wurden.

Abs. 4 ist auf den Fall, dass die Ablehnung der Rückgabe auf Art. 20 HKÜ **11** gestützt wird, entsprechend anzuwenden.[18]

Mit der Regelung des Abs. 4 wird die von den Gerichten der Common Law- **12** Staaten bereits unter allein maßgeblicher Geltung des HKÜ geübte Praxis der sog. *undertakings* und *mirror orders* bzw. *safe harbour orders* in Unionsrecht überführt.[19] Undertakings sind gegenüber den Gerichten des Verbringungsstaates abgegebene Versprechen des Antragstellers, um diesen ein Entgegenkommen zu ermöglichen. So kann sich der Versprechende beispielsweise gegenüber den Gerichten des Verbringungsstaats verpflichten, dem Antragsgegner für den Fall seiner Rückkehr mit dem Kind in den Wegzugstaat, für einen bestimmten Zeitraum Unterhalt und Wohnung im Wegzugstaat zu gewähren. Mirror orders bzw. safe harbour orders richten sich an die Gerichte bzw. Behörden des bisherigen Aufenthaltsstaats. Diese können es durch die Anordnung von Schutzmaßnahmen, zB Kontaktverbot im Falle häuslicher Gewalt, dem Richter im Verbringungsstaat erst ermöglichen, eine Rückführungsentscheidung zu erlassen.[20] Die Brüssel IIa-VO enthält allerdings keine Vorgaben für die praktische Handhabung des Abs. 4, was insbesondere im Hinblick auf die, diese Rechtsinstitute nicht kennenden kontinentaleuropäischen Staaten bemängelt wird.[21] Abs. 4 ermöglicht es dem Richter, sich aktiv einzubringen und intendiert dies auch, um Rückführungshindernisse aus dem Weg zu räumen, statt den Rückführungsantrag abzuweisen.[22] In Rückgabeverfahren vor deutschen Gerichten bildet Abs. 4 insbesondere die rechtliche Grundlage für den Abschluss einer Verfahrensvereinbarung zwischen den Eltern des entführten Kindes, zB über die Verhinderung von Kontakten des Kindes zu bestimmten Personen, die sein Wohl gefährden.[23]

Die Gerichte im Verbringungsstaat haben gem. Abs. 4 zu prüfen, ob die nach- **13** gewiesenen Vorkehrungen im Staat des bisherigen Aufenthalts genügend sind. Hierüber befinden sie selbst ohne eine Bindung an die Ansicht der Gerichte des Wegzugstaats.[24] Sie können sich dabei der justiziellen Zusammenarbeit über die Zentralen Behörden nach Art. 53 ff. bedienen. Allerdings ist zu beachten, dass auch bei verweigerter Rückgabe die Gerichte des Herkunftsstaats die Befugnis haben, diese anzuordnen.[25]

---

[17] *Hausmann* B Rn. 121 mwN.

[18] *Solomon* FamRZ 2004, 1409 (1417); Hk-ZPO/*Dörner* Art. 11 Rn. 8, vgl. aber auch *Rauscher/Rauscher* Art. 11 Rn. 27: entsprechende Anwendung von Abs. 4 auf die Fälle des Art. 20 ist Scheinproblem.

[19] Geimer/Schütze/*Dilger* Art. 11 Rn. 14; *Schulz* FamRZ 2003, 1351 (1352 f.).

[20] Prütting/Gehrlein/*Völker* Art. 11 Rn. 5; eingehend zu *undertakings* im Rahmen des HKÜ *Mäsch* FamRZ 2003, 1069 f.; *Hausmann* N Rn. 189.

[21] *Coester* FS Schlosser 2005, 135 (138 ff.).

[22] Prütting/Gehrlein/*Völker* Art. 11 Rn. 5.

[23] *Hausmann* B Rn. 124; NK-BGB/*Gruber* Art. 11 Rn. 11.

[24] Rauscher/*Rauscher* Art. 11 Rn. 26.

[25] → Art. 11 Rn. 25.

4. Pflicht zur Anhörung des Antragstellers, Abs. 5

14   Das Recht des Antragstellers auf rechtliches Gehör wird in Abs. 5 verfestigt. Die Rückgabe des Kindes darf nur dann verweigert werden, wenn dem Antragsteller zuvor Gelegenheit gegeben wurde, angehört zu werden. Die Anhörung kann bei räumlicher Distanz durch Videokonferenz erfolgen, womit auch dem Beschleunigungsgebot Rechnung getragen wird.[26]

IV. Verfahren nach Ablehnung der Kindesrückführung

15   Für den Fall der Ablehnung der Rückgabe eines Kindes nach Art. 13 HKÜ enthalten die Abs. 6–8 weitere Sonderregelungen. Diese zielen darauf ab, die Stellung der nach Art. 10 weiterhin für Sorgerechtsentscheidungen zuständigen Gerichte des Mitgliedstaats des bisherigen gewöhnlichen Aufenthalts des Kindes zu stärken. Nach dem Wortlaut ist eine Ablehnung aufgrund der **Art. 12 Abs. 2, 20** nicht erfasst. Die Abs. 6–8 sind allerdings aufgrund der vergleichbaren Interessenlage analog auch auf diese Fälle anzuwenden. Denn ein sachlicher Grund für eine unterschiedliche Behandlung ist nicht zu erblicken. Es darf angenommen werden, dass die exklusive Erwähnung des Art. 13 seiner praktischen Bedeutung und weniger einer bewussten Beschränkung auf diesen geschuldet ist.[27]

1. Mitteilung an die Zentrale Behörde des Staates des bisherigen gewöhnlichen Aufenthalts, Abs. 6

16   Wird der Antrag auf Rückgabe des Kindes nach Art. 13 HKÜ abgelehnt, so muss das ablehnende Gericht unverzüglich (spätestens innerhalb eines Monates nach Erlass der Entscheidung) eine Abschrift der Entscheidung an das zuständige Gericht oder die Zentrale Behörde des Herkunftsmitgliedstaates übermitteln. Eine Übermittlung an die Zentrale Behörde bietet sich insbesondere an, wenn bisher kein Gericht des Herkunftsmitgliedstaates mit einem Sorgerechtsverfahren befasst ist. Zu übermitteln sind weiter „entsprechende" Unterlagen, insbesondere das Verhandlungsprotokoll und die Niederschrift über die Anhörung des Kindes und des Antragstellers.[28] Durch die Mitteilung soll nicht nur die Rückgabe des Kindes in den Herkunftsstaat sichergestellt werden. Die Gerichte des Ursprungsmitgliedstaates sollen vielmehr in die Lage versetzt werden, die Gründe und Beweismittel zu beurteilen, die der Entscheidung, mit der die Rückgabe des Kindes verweigert wurde, zu Grunde liegen.[29] Welche weiteren „entsprechenden" Unterlagen übermittelt werden, liegt im Ermessen des Gerichts. Nach dem genannten Sinn und Zweck des Abs. 6 sollten alle entscheidungsrelevanten Aktenteile (wie zB Berichte der Jugendämter) beigefügt wer-

---

[26] Thomas/Putzo/*Hüßtege* Art. 11 Rn. 5.

[27] *Solomon* FamRZ 2004, 1409 (1417); Hk-ZPO/*Dörner* Art. 11 Rn. 10; *Hausmann* B Rn. 138 f; Geimer/Schütze/*Dilger* Art. 11 Rn. 20; differenzierend Rauscher/*Rauscher* Art. 11 Rn. 31 ff.

[28] EuGH 11.7.2008 – C-195/08 PPU, Slg. 2008 I-5271 Rn.77– Rinau = NJW 2008, 2973 m. Anm. *Rieck* 2958.

[29] EuGH 11.7.2008 – C-195/08 PPU, Slg. 2008 I-5271 Rn.78– Rinau = NJW 2008, 2973 m. Anm. *Rieck* 2958.

den.[30] Abs. 6 fordert nicht, dass das Gericht des Verbringungsstaats die übermittelten Unterlagen zu übersetzen hat.[31]

Wird bereits ein widerrechtliches Verbringen oder Zurückhalten des Kindes iSv **17** Art. 3 HKÜ verneint, so ist Abs. 6 nicht, auch nicht entsprechend, anwendbar.[32]

Nach § 39 IntFamRVG ist von deutschen Gerichten weiter eine Abschrift an **18** die inländische Zentrale Behörde der Entscheidung zu übersenden.

2. Benachrichtigung der Parteien, Abs. 7

Abs. 7 regelt den weiteren Verfahrensablauf nach erfolgter Übermittlung gem. **19** Abs. 6. Danach hat das zuständige Gericht oder die Zentrale Behörde des Herkunftsmitgliedstaates nach Erhalt einer Mitteilung gem. Abs. 6 die Träger der elterlichen Verantwortung zu unterrichten. Es hat sie weiter einzuladen, binnen drei Monaten ab Zustellung der Mitteilung, entsprechende Anträge auf Prüfung des Sorgerechts zu stellen. Einer solchen „Einladung" bedarf es dann nicht, wenn die Gerichte dieses Mitgliedstaats bereits von einer Partei mit einem Sorgerechtsverfahren befasst wurden. Ist hingegen ein amtswegiges Verfahren anhängig, hat die „Einladung" zu erfolgen.[33] Die Mitteilung ist gem. Abs. 7 zuzustellen. Für Zustellungen in einen anderen Mitgliedstaat ist hierbei die Zustellungsverordnung (EuZVO)[34] zu beachten. Die Gestaltung der Fristsetzung unterliegt der lex fori, die insb. darüber befindet, ob es eines Hinweises auf die Rechtsfolgen des Fristablaufs bedarf.[35]

Gegenstand des Verfahrens im Wegzugstaat kann sowohl die erneute, gegebe- **20** nenfalls abweichende Entscheidung über die Rückführung des Kindes in den Herkunftsstaat sein. Gegenstand des Verfahrens können allerdings auch alle weiteren Fragen der elterlichen Verantwortung sein.[36]

Die internationale Zuständigkeit der Gerichte des Herkunftsmitgliedstaates **21** ergibt sich nicht aus Abs. 7. Vielmehr sind die Voraussetzungen des Art. 10 zu prüfen. Bei dieser Prüfung ist das Gericht des Herkunftsmitgliedstaates nicht an die Feststellungen und die Rechtsansicht der Gerichte des Verbringungsstaates gebunden, die die Rückführung des Kindes abgelehnt haben.[37]

a) Kein Verfahren im Herkunftsmitgliedstaat. Gehen innerhalb von drei **22** Monaten nach Zustellung der Mitteilung keine Anträge ein, schließt das Gericht des Herkunftsstaates das Verfahren ab. Eine förmliche Entscheidung fordert Abs. 7 hierfür nicht.[38] Das Kind verbleibt als Folge vorerst im Verbringungsmitgliedstaat, ohne dass sich am Sorgerecht etwas ändert. Sofern weiterhin eine Zuständigkeit der Gerichte des Staates des bisherigen gewöhnlichen Aufenthalts des Kindes nach Art. 8, 10 besteht, kann das Verfahren auch nach Ablauf der Dreimonatsfrist bei den Gerichten des Herkunftsmitgliedstaates unter den weiteren von dem jeweili-

---

[30] Hk-ZPO/*Dörner* Art. 11 Rn. 11.

[31] Prütting/Gehrlein/*Völker* Art. 11 Rn. 7.

[32] Thomas/Putzo/*Hüßtege* Art. 11 Rn. 6; *Hausmann* B Rn. 127.

[33] Rauscher/*Rauscher* Art. 11 Rn. 38.

[34] Verordnung (EG) Nr. 1393/2007 über die Zustellung gerichtlicher und außergerichtlicher Schriftstücke in Zivil- oder Handelssachen in den Mitgliedstaaten v. 13.11.2007, Jayme/Hausmann Nr. 224.

[35] Rauscher/*Rauscher* Art. 11 Rn. 41.

[36] Thomas/Putzo/*Hüßtege* Art. 11 Rn. 7.

[37] *Hausmann* B Rn. 129.

[38] Rauscher/*Rauscher* Art. 11 Rn. 44.

gen nationalen Verfahrensrecht aufgestellten Voraussetzungen anhängig gemacht werden.[39]

23 **b) Verfahren im Herkunftsmitgliedstaat.** Entscheidet das nach Art. 10 zuständige Gericht des Herkunftsmitgliedstaats zugunsten des entführenden Elternteils, so bleibt das Kind im Verbringungsstaat. Ergeht die Entscheidung des Gerichts des Herkunftsmitgliedstaats zu einem Zeitpunkt, zu dem das Rückführungsverfahren im Verbringungsstaat noch nicht rechtskräftig abgeschlossen ist, wird vertreten, den Rückführungsantrag in analoger Anwendung von Art. 13 Abs. 1 lit. a HKÜ als unbegründet zurückzuweisen.[40]

24 Erlässt das Gericht im Herkunftsmitgliedstaat eine Sorgerechts- oder Rückgabeentscheidung zugunsten des die Entführung angreifenden Elternteils, so ist diese Entscheidung in allen Mitgliedstaaten (einschließlich des Verbringungsstaates) nach Maßgabe der Art. 21, 23 ff. anzuerkennen. Soweit die Entscheidung die Rückgabe des Kindes anordnet, ist die Entscheidung im vereinfachten Verfahren der Art. 40 Abs. 1 lit. b, 42 vollstreckbar (→ Rn. 27 ff.).

V. Anerkennung und Vollstreckung der Sorgerechtsentscheidung, Abs. 8

25 Solange die Gerichte des Staates des bisherigen gewöhnlichen Aufenthalts des Kindes nach Art. 10 zuständig sind, kann bei diesen unter den weiteren Voraussetzungen des nationalen Rechts ein Sorgerechtsverfahren anhängig gemacht werden. Die Ablehnung der Rückgabe des Kindes nach Art. 13 HKÜ (bzw. Art. 12 Abs. 2 oder Art. 20) nimmt gem. Abs. 8 den Gerichten des Herkunftsstaats nicht die Befugnis, die Rückgabe des entführten Kindes anzuordnen. Wie Satz 3 des Erwägungsgrundes Nr. 17 ausdrücklich feststellt, wird die ablehnende Entscheidung der Gerichte des Verbringungsstaats durch die spätere Entscheidung der Gerichte des Herkunftsmitgliedstaats ersetzt. Die Gerichte des Herkunftsstaates haben dementsprechend das „letzte Wort".[41] Eine auf Art. 13 (12 Abs. 2, 20) HKÜ gestützte, die Kindesrückgabe verneinende Entscheidung hat damit nur begrenzte Wirkung.[42]

26 Der Rückgabeanordnung des Gerichts des Herkunftsstaates nach Abs. 8 muss keine Sorgerechtsentscheidung desselben Gerichts vorausgehen. Sie genießt damit verfahrensrechtliche Selbstständigkeit. Die Regelung des Sorgerechts ist zwar der Endzweck der Verfahren nach Art. 10, 11. Diese Regelung ist allerdings keine Vorbedingung für die/eine Rückführungsentscheidung.[43] Dass das Sorgerecht im Sorgerechtsverfahren doch dem entführenden Elternteil zugesprochen werden könnte und die Möglichkeit des damit verbundenen wiederholten Ortswechsels des Kindes ist dabei hinzunehmen.[44] Durch die verfahrensrechtliche Eigenständig-

---

[39] Rauscher/*Rauscher* Art. 11 Rn. 46.

[40] *Schulz* FamRZ 2008, 1732 (1733); Hk-ZPO/*Dörner* Art. 11 Rn. 13; *Hausmann* B Rn. 130.

[41] MüKoZPO/*Gottwald* Art. 11 Rn. 14; *Dutta/Schulz* ZEuP 2012, 526 (547).

[42] Thomas/Putzo/*Hüßtege* Art. 11 Rn. 8.

[43] EuGH 1.7.2010 – C-211/10 PPU, Slg. 2010 I-6673 Rn. 51 ff., 67 – Povse = FamRZ 2010, 1229 m. Anm. Schulz 1307.

[44] EuGH 1.7.2010 – C-211/10 PPU, Slg. 2010 I-6673 Rn. 63 – Povse = FamRZ 2010, 1229 m. Anm. *Schulz* 1307.

keit des Rückgabeverfahrens nach Abs. 8 wird die die Kindesrückgabe verneinende Entscheidung nach dem HKÜ weiter in ihren Wirkungen begrenzt.[45]

Gem. Abs. 8 ist die Herausgabeentscheidung nach dem in Kapitel III, **27** Abschnitt 4 vorgesehenen vereinfachten Verfahren der Art. 40 Abs. 1 lit. b, 42 vollstreckbar. Es bedarf dementsprechend keines Vollstreckbarerklärungsverfahrens. Einwendungen gegen die Anerkennung können nicht geltend gemacht werden. Die Vollstreckung darf selbst aus *ordre public*-Erwägungen nicht versagt werden.[46]

Voraussetzung für dieses vereinfachte Vollstreckungsverfahren ist, dass das **28** Gericht des Herkunftsmitgliedstaates eine Bescheinigung über seine Entscheidung nach Art. 42 ausgestellt hat, mit der die Einhaltung bestimmter Mindestanforderungen im Verfahren über die Rückgabe des Kindes bestätigt wird. Die Ausstellung dieser Bescheinigung erfordert die Einhaltung einer zeitlichen Abfolge der Entscheidungen im Verbringungs- und im Herkunftsstaat. Die Bescheinigung kann nur ausgestellt werden, wenn die Gerichte des Verbringungsmitgliedstaates vor der Entscheidung der Gerichte des Herkunftsstaates die Rückgabe des Kindes verweigert haben.[47] Der von der Entführung betroffene Träger der elterlichen Sorge muss dementsprechend zuerst die Rückführung des Kindes vor den Gerichten des Verbringungsstaates beantragen und darf erst nach der Ablehnung dieses Antrags gem. Art. 13 HKÜ (Art. 12 Abs. 2, 20 HKÜ) den Rückführungsantrag bei einem Gericht im Herkunftsstaat stellen (arg.: „spätere Entscheidung").[48] Nur wenn bereits eine Entscheidung im Verbringungsstaat ergangen ist, kann das Gericht im Herkunftsstaat bei seiner Entscheidung die Gründe und Beweismittel berücksichtigen, die der Ablehnung der Rückführung von dem Gericht des Verbringungsstaats zugrunde gelegt wurden.[49]

Die eine Rückgabe verweigernde Entscheidung der Gerichte des Verbrin **29** gungsstaates muss dabei nicht endgültig Bestand haben, sie muss insbesondere nicht rechtskräftig geworden sein. Die automatische Vollstreckbarkeit der Entscheidung des Gerichts des Herkunftsstaates nach Abs. 8 besteht auch dann (fort), wenn die die Rückführung verneinende Entscheidung im Verbringungsstaat nachträglich ausgesetzt, abgeändert, aufgehoben oder gar durch eine die Rückgabe anordnende Entscheidung ersetzt worden ist.[50]

Ergeht die Entscheidung im Herkunftsstaat des Kindes schon vor der ablehnen **30** den Entscheidung durch ein Gericht des Verbringungsstaats, findet Abs. 8 iVm Art. 42 Abs. 1 keine Anwendung.[51] Die Anerkennung und Vollstreckung der Rückführungsentscheidung des Gerichts des Herkunftsstaates im Verbringungsstaat richtet sich in diesem Fall nach den allgemeinen Vorschriften. Es hat dementsprechend ein Vollstreckbarerklärungsverfahren zu erfolgen. Entscheidend ist

---

[45] *Dutta/Schulz* ZEuP 2012, 526 (547 f.).

[46] MükoZPO/*Gottwald* Art. 11 Rn. 15.

[47] EuGH 11.7.2008 – C-195/08 PPU, Slg. 2008 I-5271 Rn. 73– Rinau = NJW 2008, 2973 m. Anm. *Rieck* 2958.

[48] EuGH 11.7.2008 – C-195/08 PPU, Slg. 2008 I-5271 Rn. 69 ff. – Rinau = NJW 2008, 2973 m. Anm. Rieck 2958.

[49] EuGH 1.7.2010 – C-211/10 PPU, Slg. 2010 I-6673 Rn. 58 – Povse = FamRZ 2010, 1229 m. Anm. *Schulz* 1307.

[50] EuGH 11.7.2008 – C-195/08 PPU, Slg. 2008 I-5271 Rn. 80, 89 – Rinau = NJW, 2008 2973 m. Anm. *Rieck* 2958; vgl. dazu auch *Gruber* IPRax 2009, 413 (415).

[51] *Hausmann* B Rn. 132.

dabei allerdings allein die Abfolge der Entscheidungen, nicht hingegen der Zeitpunkt der Anhängigkeit der Verfahren.[52]

Art. 12 Vereinbarung über die Zuständigkeit

(1) Die Gerichte des Mitgliedstaats, in dem nach Artikel 3 über einen Antrag auf Ehescheidung, Trennung ohne Auflösung des Ehebandes oder Ungültigerklärung einer Ehe zu entscheiden ist, sind für alle Entscheidungen zuständig, die die mit diesem Antrag verbundene elterliche Verantwortung betreffen, wenn

a) zumindest einer der Ehegatten die elterliche Verantwortung für das Kind hat
und

b) die Zuständigkeit der betreffenden Gerichte von den Ehegatten oder von den Trägern. der elterlichen Verantwortung zum Zeitpunkt der Anrufung des Gerichts ausdrücklich oder auf andere eindeutige Weise anerkannt wurde und im Einklang mit dem Wohl des Kindes steht.

(2) Die Zuständigkeit gemäß Absatz 1 endet,

a) sobald die stattgebende oder abweisende Entscheidung über den Antrag auf Ehescheidung, Trennung ohne Auflösung des Ehebandes oder Ungültigerklärung einer Ehe rechtskräftig geworden ist,

b) oder in den Fällen, in denen zu dem unter Buchstabe a) genannten Zeitpunkt noch ein Verfahren betreffend die elterliche Verantwortung anhängig ist, sobald die Entscheidung in diesem Verfahren rechtskräftig geworden ist,

c) oder sobald die unter den Buchstaben a) und b) genannten Verfahren aus einem anderen Grund beendet worden sind.

(3) Die Gerichte eines Mitgliedstaats sind ebenfalls zuständig in Bezug auf die elterliche Verantwortung in anderen als den in Absatz 1 genannten Verfahren, wenn

a) eine wesentliche Bindung des Kindes zu diesem Mitgliedstaat besteht, insbesondere weil einer der Träger der elterlichen Verantwortung in diesem Mitgliedstaat seinen gewöhnlichen Aufenthalt hat oder das Kind die Staatsangehörigkeit dieses Mitgliedstaats besitzt,
und

b) alle Parteien des Verfahrens zum Zeitpunkt der Anrufung des Gerichts die Zuständigkeit ausdrücklich oder auf andere eindeutige Weise anerkannt haben und die Zuständigkeit in Einklang mit dem Wohl des Kindes steht.

(4) Hat das Kind seinen gewöhnlichen Aufenthalt in einem Drittstaat, der nicht Vertragspartei des Haager Übereinkommens vom 19. Oktober 1996 über die Zuständigkeit, das anzuwendende Recht, die Anerkennung, Vollstreckung und Zusammenarbeit auf dem Gebiet der elterlichen Verantwortung und der Maßnahmen zum Schutz von Kindern ist, so ist davon auszugehen, dass die auf diesen Artikel gestützte Zuständigkeit insbesondere dann in Einklang mit dem Wohl des Kindes steht, wenn sich ein Verfahren in dem betreffenden Drittstaat als unmöglich erweist.

---

[52] *Hausmann* B Rn. 132.

Literatur: *Coester-Waltjen*, Die Berücksichtigung der Kindesinteressen in der neuen EU-Verordnung Brüssel IIa, FamRZ 2005, 241; *Basedow*, Das Staatsangehörigkeitsprinzip in der Europäischen Union, IPRax 2011, 109; *Dutta/Schulz*, Erste Meilensteine im europäischen Kindschaftsverfahrensrecht: Die Rechtsprechung des Europäischen Gerichtshofs zur Brüssel-IIa-Verordnung von C bis Mercredi, ZEuP 2012, 526; *Niklas*, Die europäische Zuständigkeitsordnung in Ehe- und Kindschaftsverfahren, 2003; *Pirrung*, Internationale Zuständigkeit in Sorgerechtssachen nach der VO (EG) 2201/2003, FS Schlosser, 2005, 695; *Solomon*, Brüssel IIa – Die neuen europarechtlichen Regeln zum internationalen Verfahrensrecht in Fragen der elterlichen Verantwortung, FamRZ 2004, 1409; *Spellenberg*, Die Annexzuständigkeit nach Art. 3 EheVO, FS Sonnenberger, 2004, 679.

Übersicht

I. Allgemeines

Art. 12 erlaubt auf dem Gebiet der elterlichen Verantwortung unter bestimm- **1** ten Voraussetzungen „Gerichtsstandsvereinbarungen". In Ehesachen ist eine Prorogation hingegen nicht möglich. Über Art. 12 kann die Zuständigkeit der Gerichte eines Mitgliedstaates vereinbart werden, in dem das **Kind keinen gewöhnlichen Aufenthalt** hat. Denn dem Wohl des Kindes kann es dienen, wenn zwischen den Eltern Einvernehmen über das Gericht besteht, das über das Sorge- und/oder Umgangsrecht entscheiden soll.[1] Auch Art. 12 regelt nur die internationale Zuständigkeit, nicht hingegen die örtliche.[2]

Art. 12 unterscheidet danach, **2**

a) ob das die elterliche Verantwortung betreffende Verfahren mit einem **Eheverfahren** verbunden ist (Abs. 1, 2) oder,

b) ob das Verfahren isoliert in einem Mitgliedstaat anhängig gemacht wird (Abs. 3).

Stets erforderlich ist, dass die prorogierte Zuständigkeit im **Einklang mit dem Kindeswohl** steht. Eine Zuständigkeitsvereinbarung nach Art. 12 ist – wie Abs. 4

---

[1] *Hausmann* B Rn. 141.
[2] Geimer/Schütze/*Dilger* Art. 12 Rn. 1.

verdeutlicht – auch dann möglich, wenn das Kind seinen gewöhnlichen Aufenthalt nicht in einem Mitgliedstaat der Verordnung, sondern in einem Drittstaat hat.[3]

3   Die nach Art. 12 vereinbarte Zuständigkeit verdrängt gem. Art. 8 Abs. 2 die allgemeine Zuständigkeit am gewöhnlichen Aufenthalt des Kindes.[4] Da die Beteiligten die „Anerkennung" des prorogierten Gerichts bis zu dessen Anrufung jederzeit widerrufen können (Art. 12 Abs. 1 lit. b, bzw. Abs. 3 lit. b (→ Rn. 13)), kommt der Gerichtsstandsvereinbarung allerdings erst mit Anrufung des vereinbarten Gerichts (bzw. – sofern man die Zuständigkeitsvorschrift auf diese für anwendbar erachtet – mit einer amtswegigen Einleitung des Verfahrens durch das prorogierte Gericht) Vorrang vor der allgemeinen Zuständigkeitsanknüpfung gem. Art. 8 Abs. 1 zu.

II. Abs. 1: Anhängigkeit einer Ehesache

4   Hat das Kind seinen gewöhnlichen Aufenthalt in dem Mitgliedstaat, in dem die Ehesache anhängig ist, ergibt sich die internationale Zuständigkeit dieses Mitgliedstaates aus Art. 8. Hat das Kind seinen gewöhnlichen Aufenthalt in einem anderen Staat, so kann nach Abs. 1 der Antrag auf Entscheidung über die elterliche Verantwortung (Art. 2 Nr. 7[5]) mit der Ehesache (Verfahren auf Ehescheidung, Trennung ohne Auflösung des Ehebandes oder Ungültigerklärung einer Ehe – Art. 1 Abs. 1 lit. a) bei dem nach Art. 3 zuständigen Gericht verbunden werden.

1. Anhängigkeit bei dem nach Art. 3 zuständigen Gericht

5   Die Zuständigkeit für die Ehesache muss aus Art. 3 folgen (oder aus Art. 4, 5[6]). Eine bloße Restzuständigkeit nach nationalem Verfahrensrecht gem. Art. 7 Abs. 1 ist hingegen nicht ausreichend.[7] Weiter genügt die lediglich potenzielle Zuständigkeit nach Art. 3 nicht, damit die Zuständigkeit für das das elterliche Verantwortung betreffende Verfahren auf Abs. 1 gestützt werden kann.[8] Nach der wohl überwiegenden Lehre muss die Ehesache bereits anhängig sein oder gleichzeitig mit dem Sorgerechtsverfahren anhängig iSd Art. 16 gemacht werden.[9] Das OLG Karlsruhe befand es im Rahmen der Brüssel II-VO als für die Prorogation genügend, wenn die Ehesache erst nachträglich anhängig gemacht wird.[10] Ist in einem Mitgliedstaat bereits ein Verfahren betreffend die elterliche Verantwortung anhängig, so ist Art. 19 anzuwenden. Das Verfahren muss nicht unbedingt bei dem gleichen mitgliedstaatlichen Gericht durchgeführt werden, da Art. 12 lediglich die internationale Zuständigkeit regelt.[11]

---

[3] *Hausmann* B Rn. 142.

[4] AG Steinfurt IPRspr 2008 Nr. 150; *Hausmann* B Rn. 142; Prütting/Gehrlein/*Völker* Art. 8 Rn. 1, für konkurrierende Zuständigkeit: Rauscher/*Rauscher* Art. 8 Rn. 17.

[5] → Art. 1 Rn. 17.

[6] *Hausmann* B Rn. 143.

[7] Geimer/Schütze/*Dilger* Art. 11 Rn. 13; MüKoZPO/*Gottwald* Art. 11 Rn. 2.

[8] Hk-ZPO/*Dörner* Art. 11 Rn. 5.

[9] *Hausmann* B Rn. 144; Geimer/Schütze/*Dilger* Art. 12 Rn. 12; NK-BGB/*Gruber* Art. 12 Rn. 4.

[10] OLG Karlsruhe NJW-RR 2004, 1084 f.

[11] Geimer/Schütze/*Dilger* Art. 12 Rn. 6, 11.

2. Verbundenes Verfahren

Die Ehesache und das Verfahren über die elterliche Verantwortung müssen **6** „**verbundene Verfahren**" darstellen. Ein förmlicher Verfahrensverbund wie es das deutsche Recht kennt (§ 137 FamFG), wird allerdings nicht verlangt.[12] Verbundenheit meint einen sachlichen und zeitlichen Zusammenhang zum Eheverfahren.[13] Die Brüssel II-VO sprach davon, dass das Verfahren betreffend die elterliche Verantwortung „aus Anlass" der Ehesache betrieben wird. Dabei kommt als verbundenes Verfahren über die elterliche Verantwortung grds. nur ein **Sorge- und/oder Umgangsrechtsverfahren** (Art. 1 Abs. 2 lit. a[14]) in Betracht, denn über die in Art. 1 Abs. 2 lit. b – lit. e genannten Maßnahmen der elterlichen Verantwortung wird nicht im Zusammenhang mit einem Eheverfahren entschieden.[15]

3. lit. a: Elterliche Verantwortung zumindest eines Ehegatten

Die von lit. a und lit. b aufgestellten Voraussetzungen sind weitgehend Art. 10 **7** Abs. 1 KSÜ entlehnt. Sie müssen kumulativ erfüllt sein.

Zumindest einem Ehegatten muss die elterliche Verantwortung für das Kind **8** zustehen. Da die Prorogationsmöglichkeit nach Abs. 1 nur für Sorge- und/oder Umgangsrechtsverfahren zulässig ist, muss die elterliche Verantwortung dem Ehegatten nicht umfassend zustehen, sie kann auf die Personen- oder Vermögenssorge beschränkt sein.[16] Dass einem Elternteil lediglich das Umgangsrecht mit dem Kind zusteht, während die elterliche Sorge von einem Dritten (zB einer Behörde) ausgeübt wird, genügt hingegen nicht.[17]

Über die Vorfrage, ob zumindest ein Ehegatte Inhaber des Sorgerechts ist, hat **9** das seine Zuständigkeit auf Grundlage des Art. 12 prüfende Gericht gemäß den Kollisionsregeln des KSÜ zu befinden.[18] Nach den allgemeinen Grundsätzen wird das internationale Privatrecht durch die Gestaltungs- und Rechtskraftwirkung einer gerichtlichen Entscheidung verdrängt. Ist daher über die elterliche Sorge bereits durch ein in- oder ausländisches Gericht entschieden worden, so ist diese Entscheidung maßgebend. Im Falle einer ausländischen Entscheidung müssen dazu jedoch deren verfahrensrechtliche Rechtswirkungen nach den Art. 21, 23 ff. oder auf der Grundlage eines mit dem Entscheidungsstaat geschlossenen Staatsvertrages (zB Art. 23 ff. KSÜ, Art. 7 MSA) bzw. nach §§ 108 f. FamFG im Inland anzuerkennen sein.[19]

4. lit. b: Anerkennung der Zuständigkeit

Die Zuständigkeit des angerufenen Gerichts muss von den Ehegatten oder dem **10** sonstigen Träger der elterlichen Verantwortung (Art. 2 Nr. 8) „zum Zeitpunkt der

---

[12] Musielak/Borth/*Borth/Grandel* Art. 12 Rn. 2; Rauscher/*Rauscher* Art. 12 Rn. 6.

[13] Hk-ZPO/*Dörner* Art. 12 Rn. 4.

[14] → Art. 1 Rn. 23, 28.

[15] *Hausmann* B Rn. 144.

[16] *Hausmann* B Rn. 145.

[17] *Hausmann* B Rn. 145; Rauscher/*Rauscher* Art. 12 Rn. 15.

[18] Vgl. den Anhang zum IPR der Elterlichen Verantwortung.

[19] *Hausmann* B Rn. 146; JurisPK-BGB/*Gärtner* Art. 21 Rn. 104; Thomas/Putzo/*Hüßtege* Art. 12 Rn. 4.

Anrufung des Gerichts ausdrücklich oder auf andere eindeutige Weise anerkannt"
werden.

11   Die auf diese Weise zustande kommende Prorogation bedarf damit in Abweichung zu Art. 23 Abs. 1 Brüssel I-VO oder Art. 4 der Unterhaltsverordnung keiner besonderen Form.[20] Sie kann auch durch konkludentes Verhalten erfolgen, sofern aus dem konkludenten Verhalten das Einverständnis mit der Zuständigkeit des angerufenen Gerichts gerade im Verfahren der elterlichen Verantwortung eindeutig zum Ausdruck gebracht wird.[21] Eine konkludente Anerkennung wird dann nicht in Betracht zu ziehen sein, wenn ein Elternteil bereits ein anderes Gericht angerufen hat.[22]

12   Im Falle einer **rügelosen Einlassung** des Antragsgegners kann richtiger Ansicht nach nicht von einer konkludenten Zuständigkeitsanerkennung ausgegangen werden.[23] Dies wird teilweise damit begründet, dass der Antragsgegner die Zuständigkeit bereits bei Verfahrenseinleitung anerkannt haben muss.[24] Dies ist meines Erachtens nicht der ausschlaggebende Gesichtspunkt (→ Rn. 13). Dafür dass eine rügelose Einlassung nicht als konkludent abgeschlossene Prorogation angesehen werden kann, spricht neben dogmatischen Bedenken der Wortlaut von lit. b, der darauf hindeutet, dass an eine zuständigkeitsbegründende Anerkennung höhere Anforderungen als an eine rügelose Einlassung zu stellen sind.[25] Weiter war die Zulässigkeit einer Gerichtsstandsvereinbarung zwischen den Mitgliedstaaten im Gesetzgebungsverfahren bis zuletzt umstritten.[26] Schließlich spricht gegen dieses Verständnis ein Umkehrschluss zu Art. 9 Abs. 2. Dieser sieht für Art. 9 Abs. 1 vor, dass eine Beteiligung an dem Verfahren vor Gericht ohne Rüge des Zuständigkeitsmangels für die Zwecke des Art. 9 als Anerkennung anzusehen ist. Im Rahmen von Art. 12 fehlt diese Anordnung.[27] Das angerufene Gericht kann jedoch im Rahmen seiner Möglichkeiten auf eine Erklärung des Antraggegners hinwirken.[28]

13   Die Zuständigkeit des Gerichts der Ehesache muss von den Beteiligten dem Wortlaut nach bereits im **Zeitpunkt der Anrufung des Gerichts** anerkannt sein. Allerdings sollte gem. den allgemeinen verfahrensrechtlichen Grundsätzen für den Zeitpunkt des Vorliegens der Zuständigkeitsvoraussetzungen eine nach Anrufung des Gerichts erklärte Anerkennung ausreichend sein, solange der Antrag noch nicht abgewiesen ist. Denn würde man streng auf den Zeitpunkt des Art. 16 abstellen, dürfte die Vorschrift kaum einen praktischen Anwendungsbereich haben.[29] Der wegen mangelnder internationaler Zuständigkeit als unzulässig abgewiesene Antrag könnte weiter andernfalls sofort neu gestellt werden.[30] Man wird

---

[20] *Hausmann* B Rn. 147.

[21] Rauscher/*Rauscher* Art. 12 Rn. 21.

[22] OGH 15.5.2012, 2Ob228/11k; 16.3.2006, 2Ob272/05x, http://www.ris.bka.gv.at.

[23] AA *Solomon* FamRZ 2004, 1409 (1413).

[24] Thomas/Putzo/*Hüßtege* Art. 12 Rn. 5.

[25] *Coester-Waltjen* FamRZ 2005, 241 ff.; Geimer/Schütze/*Dilger* Art. 12 Rn. 21.

[26] Prütting/Gehrlein/*Völker* Art. 12 Rn. 2.

[27] *Hausmann* B Rn. 148.

[28] *Solomon* FamRZ 2004, 1409 (1413).

[29] *Solomon* FamRZ 2004, 1409 (1413).

[30] OLG Düsseldorf FamRZ 2010, 915; *Hausmann* B Rn. 149, 160; NK-BGB/*Gruber* Rn. 8, 14; Zöller/*Geimer* Anh II EG-VO Ehesachen Art. 12 Rn. 12; MüKoZPO/*Gottwald* Art. 12 Rn. 4; aA Prütting/Gehrlein/*Völker* Art. 12 Rn. 2 (eindeutiger Wortlaut) u. Thomas/Putzo/*Hüßtege* Art. 12 Rn. 12, der im Hinblick auf Art. 19 für eine restriktive Auslegung plädiert.

die Anrufung des Gerichts daher als den frühesten Zeitpunkt einer bindenden, dh unwiderruflichen, Gerichtsstandsvereinbarung ansehen können. Eine **Gerichtsstandsvereinbarung** vor Anrufung des Gerichts ist damit dann nicht gerichtsstandsbegründend, wenn eine der Parteien im Zeitpunkt der Anrufung des Gerichts das gewählte Gericht nicht mehr anerkennt.[31]

5. Einklang mit dem Kindeswohl

Die Zuständigkeit der Gerichte des prorogierten Mitgliedstaats muss im Einklang 14 mit dem Kindeswohl stehen. Durch dieses einschränkende Tatbestandsmerkmal soll verhindert werden, dass die Eltern im Hinblick auf die ihnen in Ehesachen gem. Art. 3 zur Wahl stehenden verschiedenen Gerichte nicht ein beziehungsarmes Gericht prorogieren.[32] Der Begriff des Kindeswohls ist in Anlehnung an Art. 10 KSÜ zu bestimmen.[33] Bei der Prüfung des Kindeswohls ist demgemäß nicht primär auf den Inhalt der Entscheidung abzustellen, sondern auf **Zuständigkeitsinteressen** des Kindes.[34] Hierher gehören etwa Fragen der Belastung des Kindes durch notwendige Reisen zur persönlichen Anhörung, der Sprachkenntnisse des Kindes (Notwendigkeit eines Dolmetschers) und der Sach- und Beweisnähe. Grds. kann eine Prorogation nach Art. 12 nur ausnahmsweise wegen Unvereinbarkeit mit dem Kindeswohl für unwirksam erklärt werden, wobei zu berücksichtigen ist, dass das Einvernehmen der Verfahrensbeteiligten über das zuständige Gericht dem Kindeswohl dienlich sein kann.[35] Hält sich das Kind gewöhnlich in einem Staat auf, der weder Mitgliedstaat der Brüssel IIa-VO noch Vertragsstaat des KSÜ ist, so stellt die Auslegungsregel in Abs. 4 klar, dass die auf Art. 12 gestützte Zuständigkeit insbesondere dann im Einklang mit dem Wohl des Kindes steht, wenn sich ein Verfahren in dem betreffenden Drittstaat als unmöglich erweist.

III. Dauer der Zuständigkeit, Abs. 2

Abs. 2 sieht drei alternative Gründe vor, die dazu führen, dass die auf Abs. 1 15 gestützte Zuständigkeit für das die elterliche Verantwortung betreffende Verfahren endet:

1. Rechtskraft der Entscheidung in der Ehesache, lit. a

Die Zuständigkeit des nach Art. 3 in der Ehesache zuständigen Gerichts, auch 16 für das Verfahren der elterlichen Verantwortung, endet sobald die Entscheidung in der Ehesache rechtskräftig geworden ist. Gleichgültig ist, ob es sich um eine stattgebende oder abweisende Entscheidung handelt.[36] Mit der aus deutscher Sicht ungewöhnlichen Terminologie möchte die Verordnung ausdrücken, dass nach diesem Zeitpunkt ein Verfahren zur elterlichen Verantwortung nicht mehr im Gerichtsstand des Abs. 1 anhängig gemacht werden kann.[37] Mit dem „Ende" der

---

[31] *Solomon* FamRZ 2004, 1409 (1413); *Breuer* FPR 2005, 74 (79); Geimer/Schütze/*Dilger* Art. 12 Rn. 23.

[32] *Coester-Waltjen* FamRZ 2005, 241 (243); Hk-ZPO/*Dörner* Art. 12 Rn. 13.

[33] Borrás-Bericht, Rn. 38; *Hausmann* B Rn. 150; Geimer/Schütze/*Dilger* Art. 12 Rn. 24.

[34] *Dutta*/*Schulz* ZEuP 2012, 526 (533); Schulz/Hauß/*Rieck* Art. 12 Rn. 6.

[35] OLG Düsseldorf FamRZ 2010, 915.

[36] Rauscher/*Rauscher* Art. 12 Rn. 30.

[37] NK-BGB/*Gruber* Art. 12 Rn. 10; Thomas/Putzo/*Hüßtege* Art. 12 Rn. 6.

Zuständigkeit ist demgemäß – wie sich aus lit. b ergibt – nicht gemeint, dass das im Zeitpunkt des Eintritts der Rechtskraft der Eheentscheidung noch anhängige Verfahren über die elterliche Sorge nicht mehr zu Ende geführt werden könnte.[38] Rechtskraft im Sinne des Art. 12 meint, dass gegen die Entscheidung keine ordentlichen Rechtsbehelfe eingelegt werden können; außerordentliche Rechtsbehelfe – wie zB die Wiederaufnahme des Verfahrens – bleiben außer Betracht.[39] Darüber, zu welchem Zeitpunkt und unter welchen Voraussetzungen Rechtskraft eintritt, entscheidet das Verfahrensrecht des in der Ehesache zuständigen Gerichts.

2. Rechtskraft der Entscheidung über die elterliche Verantwortung, lit. b

17   Ist das Verfahren über die elterliche Verantwortung zu dem Zeitpunkt, in dem Rechtskraft in der Ehesache eintritt, anhängig, bleibt das nach Abs. 1 prorogierte Gericht solange zuständig, bis auch die Entscheidung über die elterliche Verantwortung rechtskräftig geworden ist. Die Frage, ob das Verfahren über die elterliche Verantwortung zu dem nach lit. a maßgeblichen Zeitpunkt noch „anhängig" war, beurteilt sich nach Art. 16 analog.[40]

3. Beendigung der Verfahren aus anderen Gründen, lit. c

18   Die Zuständigkeit nach Abs. 1 endet schließlich gem. der in lit. c enthaltenen Auffangregelung auch dann, wenn die in lit. a und lit. b genannten Verfahren aus anderen Gründen beendet worden sind. Dies kann etwa durch eine Antragsrücknahme oder durch den Tod eines Ehegatten bedingt sein.[41]

IV. Gerichtsstandsvereinbarung in isolierten Sorgerechtsverfahren, Abs. 3

19   In Abweichung zur Brüssel II-VO und zu Art. 10 KSÜ sieht Abs. 3 die Möglichkeit einer Prorogation in Verfahren der elterlichen Verantwortung auch dann vor, wenn keine Verbindung mit einem Eheverfahren besteht.[42] Damit erlaubt Abs. 3 die Vereinbarung einer Zuständigkeit außerhalb des Mitgliedstaates, in dem das Kind seinen gewöhnlichen Aufenthalt hat, etwa die Vereinbarung der Zuständigkeit deutscher Gerichte zwischen Mutter und Jugendamt zur Regelung des Umgangsrechts für das in einer Pflegefamilie in den Niederlanden untergebrachte Kind.[43] Für amtswegig eingeleitete Verfahren sollte Abs. 3 keine Anwendung finden. Eine Prorogation nach Abs. 3 verlangt, dass die in lit. a und lit. b bestimmten Voraussetzungen kumulativ vorliegen:

1. Wesentliche Bindung des Kindes, lit. a

20   Die von lit. a geforderte wesentliche Bindung des Kindes zu dem Mitgliedstaat, dessen Gerichte angerufen werden sollen, kann nach Abs. 3 hergestellt werden, insbesondere:

---

[38] *Hausmann* B Rn. 153.
[39] *Hausmann* B Rn. 153; Hk-ZPO/*Dörner* Art. 12 Rn. 16.
[40] Thomas/Putzo/*Hüßtege* Art. 12 Rn. 8; Rauscher/*Rauscher* Rn. 31.
[41] *Hausmann* B Rn. 155; Geimer/Schütze/*Dilger* Art. 12 Rn. 28.
[42] Krit. hierzu *Coester-Waltjen* FS Heldrich 2005, 549 (559).
[43] OLG Düsseldorf FamRZ 2010, 915.

– durch den gewöhnlichen Aufenthalt eines Elternteils bzw. eines sonstigen Trägers der elterlichen Verantwortung (Art. 2 Nr. 8),
– durch die Staatsangehörigkeit des Kindes[44]

Daneben können weitere Umstände Bedeutung haben, etwa
– die gemeinsame Staatsangehörigkeit der Eltern, wenn auch das Kind zu dem betreffenden Staat enge Beziehungen aufgebaut hat,[45]
– ein langjähriger früherer gewöhnlicher Aufenthalt des Kindes,[46]
– der gewöhnliche Aufenthalt anderer Bezugspersonen des Kindes, etwa der Großeltern oder des nicht sorgeberechtigten Elternteils.[47]

Die wesentliche Bindung des Kindes an den prorogierten Staat ist in jedem Einzel- **21** fall sorgfältig anhand aller Umstände zu prüfen. Sie kann daher auch zu verneinen sein, obwohl ein aufgezählter Beispielsfall vorliegt.[48] So wird zB durch die Staatsangehörigkeit des Kindes insbesondere dann keine wesentliche Bindung an den prorogierten Mitgliedstaat indiziert, wenn der Lebensmittelpunkt des Kindes schon seit Jahren in einem anderen Staat liegt.[49]

2. Anerkennung der Zuständigkeit, lit. b

Die Zuständigkeit muss von allen am Verfahren beteiligten Parteien ausdrück- **22** lich oder auf andere Weise eindeutig anerkannt worden sein. Abweichend zur Prorogation im Rahmen von Abs. 1 ist nicht die Zustimmung sämtlicher Träger der elterlichen Verantwortung erforderlich.[50] Parteien eines isolierten Verfahrens über die elterliche Verantwortung können nicht nur die Eltern, sondern alle natürlichen oder juristischen Personen sein, denen die elterliche Verantwortung für das Kind zusteht;[51] vgl. zur Frage, wann die Zuständigkeit anerkannt ist → Rn. 10 ff.; allerdings wird insoweit vertreten, dass im Rahmen des Abs. 3 abweichend zu Abs. 1 eine rügelose Einlassung genügt.[52] Die Zuständigkeit muss im **Einklang mit dem Kindeswohl** stehen (→ Rn. 14). Die Auslegungsregel nach Abs. 4 findet auch im Rahmen von Abs. 3 Anwendung.

Maßgeblicher Zeitpunkt für die Anerkennung der Zuständigkeit durch die **23** Parteien ist nach dem Wortlaut ebenso wie nach Abs. 1 lit. b der Zeitpunkt der Anrufung des Gerichts. Allerdings genügt es aus gleichen Erwägungen wie im Rahmen von Abs. 1, dass die Zuständigkeit vor Erlass der Entscheidung anerkannt ist (→ Rn. 13).

V. Gewöhnlicher Aufenthalt des Kindes in einem Drittstaat, Abs. 4

Hat das Kind seinen gewöhnlichen Aufenthalt in einem Staat, der weder Mit- **24** gliedstaat der Brüssel IIa-VO noch Vertragsstaat des KSÜ ist, besteht nach Abs. 4

---

[44] OLG Düsseldorf FamRZ 2010, 915.
[45] *Hausmann* B Rn. 157.
[46] Staudinger/*Pirrung* Vorb C zu Art. 19 EGBGB Rn. 81.
[47] MüKoZPO/*Gottwald* Art. 12 Rn. 12.
[48] Hk-ZPO/*Dörner* Art. 12 Rn. 21.
[49] *Hausmann* B Rn. 157.
[50] Hk-ZPO/*Dörner* Art. 12 Rn. 22.
[51] *Hausmann* B Rn. 158; NK-BGB/*Gruber* Art. 12 Rn. 14.
[52] So MüKoZPO/*Gottwald* Art. 12 Rn. 13.

die Vermutung, dass die nach Abs. 1 bzw. Abs. 3 prorogierte Zuständigkeit dem Kindeswohl entspricht, wenn sich die Durchführung des Verfahrens in dem Drittstaat als unmöglich erweist, etwa wegen bürgerkriegsähnlicher Verhältnisse oder einer korrupten bzw. extrem langsam arbeitenden Justiz.[53] Der „Unmöglichkeit" dürfte der Fall gleichgestellt werden, dass die drittstaatlichen Gerichte ihre Entscheidung nicht am Kindeswohl, sondern z. B. an der Religionszugehörigkeit des jeweiligen Elternteils ausrichten.[54]

25   Das KSÜ ist für die Bundesrepublik Deutschland am 1.1.2011 in Kraft getreten (BGBl. 2010 II, 1527). Es gilt zwischenzeitlich für die Bundesrepublik im Verhältnis zu folgenden Staaten, die nicht Mitgliedstaaten der EU sind: Albanien, Armenien, Australien, Dänemark, der Dominikanischen Republik, Ecuador, Marokko, Monaco, der Schweiz, der Ukraine und Uruguay.[55]

Art. 13 Zuständigkeit aufgrund der Anwesenheit des Kindes

(1) **Kann der gewöhnliche Aufenthalt des Kindes nicht festgestellt werden und kann die Zuständigkeit nicht gemäß Artikel 12 bestimmt werden, so sind die Gerichte des Mitgliedstaats zuständig, in dem sich das Kind befindet.**

(2) **Absatz 1 gilt auch für Kinder, die Flüchtlinge oder, aufgrund von Unruhen in ihrem Land, ihres Landes Vertriebene sind.**

I. Allgemeines

1   Die Vorschrift begründet eine Auffangzuständigkeit wenn der gewöhnliche Aufenthalt des Kindes (auch in einem Drittstaat) nicht festgestellt werden kann und damit keine Zuständigkeit nach Art. 8 Abs. 1, 9 oder 10 gegeben ist, und auch keine zu einer Zuständigkeit führende Prorogation nach Art. 12 vorliegt (Abs. 1). Die Vorschrift des Art. 13 entspricht Art. 6 KSÜ.

2   Abs. 2 erstreckt die Auffangzuständigkeit auf Flüchtlingskinder. Diese aus ihrer Heimat geflohenen oder vertriebenen Kinder sind insbesondere dann schutzwürdig, wenn sie aufgrund der Flucht von ihren Eltern oder sonstigen Trägern der elterlichen Verantwortung getrennt werden. Schutzmaßnahmen für sie müssen daher schnell getroffen werden können. Insofern sind die Gerichte des Aufenthaltsstaates gem. Abs. 2 auch dann zuständig, wenn das Kind seinen gewöhnlichen Aufenthalt noch immer im Herkunftsstaat hat.

3   Art. 13 regelt ebenso wie Art. 8 Abs. 1 nur die internationale Zuständigkeit. Für die **örtliche Zuständigkeit** ist das nationale Verfahrensrecht maßgebend, in Deutschland demgemäß die §§ 152, 153 FamFG.

II. Abs. 1

4   Für die Zuständigkeit nach Art. 13 Abs. 1 genügt der auch nur vorübergehende **schlichte Aufenthalt** des Kindes. Die praktische Bedeutung der Zuständigkeitsanknüpfung an den schlichten Aufenthalt ist allerdings gering:

---

[53] *Hausmann* B Rn. 151, 161.

[54] *Hausmann* B Rn. 151; MüKoBGB/*Siehr* Anhang I zu Art. 21 EGBGB Rn. 105.

[55] Zu den Vertragsstaaten des KSÜ → Jayme/Hausmann Nr. 53 bzw. die Statustabelle auf der Homepage der Haager Konferenz für Internationales Privatrecht: http://www.hcch.net.

1. Kein gewöhnlicher Aufenthalt in einem anderen Staat als dem Aufenthaltsstaat

In den Fällen des Familienumzugs von einem Staat in einen anderen, verliert **5** das Kind seinen bisherigen gewöhnlichen Aufenthalt in der Regel erst im Zeitpunkt der Begründung eines neuen gewöhnlichen Aufenthalts.[1] Damit liegt kein Fall des Abs. 1 vor. Das nach Art. 13 angerufene Gericht hat sich von Amts wegen für unzuständig zu erklären (Art. 17). Ein gewöhnlicher Aufenthalt lässt sich im Regelfall nur dann nicht feststellen, wenn das Kind mit dem EuGH gesprochen, ein „Wanderleben" von Staat zu Staat führt.[2]

2. Keine Zuständigkeitsfortdauer der Gerichte des Staates des gewöhnlichen Aufenthalts

Für den (seltenen möglichen) Fall, dass das Kind in einem Verordnungstaat **6** seinen gewöhnlichen Aufenthalt hatte und unter Aufgabe seines bisherigen gewöhnlichen Aufenthalts in einen anderen Verordnungstaat zieht, ohne dort einen neuen gewöhnlichen Aufenthalt zu begründen, sind die Gerichte des Aufenthaltsstaats dann nicht nach Art. 13 zuständig, wenn im Staat des bisherigen gewöhnlichen Aufenthalts schon vor dem Wegzug ein Verfahren anhängig gemacht wurde. Die Zuständigkeit der Gerichte des gewöhnlichen Aufenthalts dauert in diesem Fall fort.[3]

3. Keine Prorogation

Die Zuständigkeit des Aufenthaltsstaates setzt weiter voraus, dass die Zuständig- **7** keit eines anderen Gerichts nicht nach Art. 12 bestimmt werden kann. Die auf die Prorogation gegründete Zuständigkeit (Art. 12) genießt allerdings zur Vermeidung von Rechtsschutzlücken nicht schon dann Vorrang vor Art. 13, wenn die Beteiligten im Vorfeld des Verfahrens eine Zuständigkeitsvereinbarung abgeschlossen haben. Denn die Beteiligten können die Anerkennung des prorogierten Gerichts bis zu dessen Anrufung jederzeit widerrufen (Art. 12 Abs. 1 lit. b oder Abs. 3 lit. b). Art. 13 wird somit erst mit Anrufung des vereinbarten Gerichts (bzw. mit einer amtswegigen Einleitung des Verfahrens durch das prorogierte Gericht) verdrängt.[4] Nach *Rauscher* hat ein Gericht vor Bejahung einer auf Art. 13 gestützten Zuständigkeit unter Fristsetzung eine Stellungnahme darüber anzufordern, ob im prorogierten Gerichtsstand ein Verfahren eingeleitet wird.[5]

4. Grds. keine Perpetuierung der Zuständigkeit der Gerichte des Aufenthaltsstaates

Es besteht **keine Perpetuierung** der auf den schlichten Aufenthalt gegründe- **8** ten Zuständigkeit des Art. 13 Abs. 1, wenn sich das Kind im Laufe des Verfahrens nicht mehr im Gerichtsstaat aufhält. Denn Art. 13 begründet lediglich eine subsi-

---

[1] *Hausmann* B Rn. 164.
[2] EuGH 2.4.2009 – C-523/07, Slg. 2009 I-2805 Rn. 41 ff. – A = FamRZ 2009, 843; Staudinger/*Pirrung* Vorb C zu Art. 19 EGBGB Rn. 54.
[3] → Art. 8 Rn. 14.
[4] *Hausmann* B Rn. 165; NK-BGB/*Gruber* Art. 13 Rn. 3.
[5] Rauscher/*Rauscher* Art. 13 Rn. 6 ff.

diäre Zuständigkeit. Anders als Art. 8 Abs. 1 stellt die Vorschrift weiter nicht explizit auf den Zeitpunkt der Antragstellung ab.[6]

9 Die auf Art. 13 gestützte Zuständigkeit dauert jedoch fort, wenn erst nach Anrufung ein gem. Art. 12 Abs. 1 oder 2 prorogiertes Gericht angerufen wird.[7] Dieses hat das Verfahren dann nach Art. 19 Abs. 2 auszusetzen. Allerdings kommt in diesem Fall die Anwendung von Art. 15 in Betracht.[8]

III. Abs. 2

10 Die Regelung des Abs. 2 hat nur dann praktische Bedeutung, wenn das Flüchtlingskind seinen gewöhnlichen Aufenthalt noch in seinem Herkunftsstaat hat. Denn hat das Kind schon im Zufluchtsstaat einen gewöhnlichen Aufenthalt, findet Art. 8 Abs. 1 Anwendung. Lässt sich der gewöhnliche Aufenthalt nicht feststellen, dann ist Abs. 1 anzuwenden.[9] Der Begriff des Flüchtlings oder Vertriebenen findet sich in der Verordnung nicht definiert. Es kann insoweit zunächst auf die Definition des Flüchtlings in Art. 1 A des Genfer Flüchtlingsabkommen von 1951[10] zurückgegriffen werden. Abs. 2 setzt allerdings nicht zwingend voraus, dass das Kind von der dortigen Definition des Flüchtlings erfasst wird.[11]

Art. 14 Restzuständigkeit

Soweit sich aus den Artikeln 8 bis 13 keine Zuständigkeit eines Gerichts eines Mitgliedstaats ergibt, bestimmt sich die Zuständigkeit in jedem Mitgliedstaat nach dem Recht dieses Staates.

1 Art. 14 eröffnet den Rückgriff auf die Zuständigkeitsregeln des nationalen Rechts, sofern sich aus den Vorschriften der Art. 8–13 keine internationale Zuständigkeit der Gerichte eines Mitgliedstaats der EU ergibt. Für Ehesachen enthält Art. 7 eine Parallelvorschrift. Vorrang vor dem nationalen Recht eines Verordnungstaates genießen wiederum die für den betreffenden Verordnungstaat geltenden staatsvertraglichen Regelungen.[1] Für den deutschen Richter sind insoweit derzeit das Haager Kinderschutzübereinkommen (KSÜ)[2] und das Haager Minderjährigenschutzübereinkommen (MSA)[3] zu beachten.[4] Nur wenn auch diese staatsvertraglichen Regelungen nicht für das Verfahren betreffend der elterli-

---

[6] *Hausmann* B Rn. 166; MüKoZPO/*Gottwald* Art. 13 Rn. 6; Hk-ZPO/*Dörner* Art. 13 Rn. 4; aA NK-BGB/*Gruber* Art. 13 Rn. 5.

[7] Rauscher/*Rauscher* Art. 13 Rn. 8; Hk-ZPO/*Dörner* Art. 13 Rn. 3.

[8] *Hausmann* B Rn. 166.

[9] *Hausmann* B Rn. 167; Hk-ZPO/*Dörner* Art. 13 Rn. 5.

[10] Genfer Abkommens über die Rechtsstellung der Flüchtlinge vom 18.7.1951, BGBl 1954 II 619, Jayme/Hausmann Nr. 10.

[11] *Hausmann* B Rn. 168.

[1] OGH 30.5.2011, 2Ob19/11z, http://www.ris.bka.gv.at.

[2] Übereinkommen über die Zuständigkeit, das anzuwendende Recht die Anerkennung, Vollstreckung und Zusammenarbeit auf dem Gebiet der elterlichen Verantwortung und der Maßnahmen zum Schutz von Kindern, BGBl. 2009 II 603, Jayme/Hausmann Nr. 53.

[3] Übereinkommen über die Zuständigkeit der Behörden und das anzuwendende Recht auf dem Gebiet des Schutzes von Minderjährigen v. 5.10.1961, BGBl. 1971 II 217.

[4] Zum Anwendungsbereich der beiden Staatsverträge in Abgrenzung zu den Art. 8 ff. → Vorb. zu Art. 8 ff. Rn. 3 f.

chen anwendbar sind und der deutsche Richter danach nicht die Zuständigkeit der Gerichte anderer Vertragsstaaten zu beachten hat, darf er auf die Zuständigkeitsvorschriften des **FamFG** zurückgreifen. Praktische Relevanz können dabei allerdings lediglich § 99 Abs. 1 Nr. 1 und Nr. 3 FamFG gewinnen.

Auch eine auf Grundlage von Art. 14 iVm einer Restzuständigkeit ergangene 2 Entscheidung eines Gerichts eines Verordnungstaats wird nach Art. 21 ff. anerkannt und vollstreckt.

Art. 15 Verweisung an ein Gericht, das den Fall besser beurteilen kann

(1) In Ausnahmefällen und sofern dies dem Wohl des Kindes entspricht, kann das Gericht eines Mitgliedstaats, das für die Entscheidung in der Hauptsache zuständig ist, in dem Fall, dass seines Erachtens ein Gericht eines anderen Mitgliedstaats, zu dem das Kind eine besondere Bindung hat, den Fall oder einen bestimmten Teil des Falls besser beurteilen kann,
a) die Prüfung des Falls oder des betreffenden Teils des Falls aussetzen und die Parteien einladen, beim Gericht dieses anderen Mitgliedstaats einen Antrag gemäß Absatz 4 zu stellen, oder
b) ein Gericht eines anderen Mitgliedstaats ersuchen, sich gemäß Absatz 5 für zuständig zu erklären.

(2) Absatz 1 findet Anwendung
a) auf Antrag einer der Parteien oder
b) von Amts wegen oder
c) auf Antrag des Gerichts eines anderen Mitgliedstaats, zu dem das Kind eine besondere Bindung gemäß Absatz 3 hat.
Die Verweisung von Amts wegen oder auf Antrag des Gerichts eines anderen Mitgliedstaats erfolgt jedoch nur, wenn mindestens eine der Parteien ihr zustimmt.

(3) Es wird davon ausgegangen, dass das Kind eine besondere Bindung im Sinne des Absatzes 1 zu dem Mitgliedstaat hat, wenn
a) nach Anrufung des Gerichts im Sinne des Absatzes 1 das Kind seinen gewöhnlichen Aufenthalt in diesem Mitgliedstaat erworben hat oder
b) das Kind seinen gewöhnlichen Aufenthalt in diesem Mitgliedstaat hatte oder
c) das Kind die Staatsangehörigkeit dieses Mitgliedstaats besitzt oder
d) ein Träger der elterlichen Verantwortung seinen gewöhnlichen Aufenthalt in diesem Mitgliedstaat hat oder
e) die Streitsache Maßnahmen zum Schutz des Kindes im Zusammenhang mit der Verwaltung oder der Erhaltung des Vermögens des Kindes oder der Verfügung über dieses Vermögen betrifft und sich dieses Vermögen im Hoheitsgebiet dieses Mitgliedstaats befindet.

(4) Das Gericht des Mitgliedstaats, das für die Entscheidung in der Hauptsache zuständig ist, setzt eine Frist, innerhalb derer die Gerichte des anderen Mitgliedstaats gemäß Absatz 1 angerufen werden müssen. Werden die Gerichte innerhalb dieser Frist nicht angerufen, so ist das befasste Gericht weiterhin nach den Artikeln 8 bis 14 zuständig.

(5) Diese Gerichte dieses anderen Mitgliedstaats können sich, wenn dies aufgrund der besonderen Umstände des Falls dem Wohl des Kindes ent-

spricht, innerhalb von sechs Wochen nach ihrer Anrufung gemäß Absatz 1 Buchstabe a) oder b) für zuständig erklären. In diesem Fall erklärt sich das zuerst angerufene Gericht für unzuständig. Anderenfalls ist das zuerst angerufene Gericht weiterhin nach den Artikeln 8 bis 14 zuständig.

(6) Die Gerichte arbeiten für die Zwecke dieses Artikels entweder direkt oder über die nach Artikel 53 bestimmten Zentralen Behörden zusammen.

Literatur: *Coester-Waltjen*, Die Berücksichtigung der Kindesinteressen in der neuen EU-Verordnung Brüssel IIa, FamRZ 2005, 241; *Dutta/Schulz*, Erste Meilensteine im europäischen Kindschaftsverfahrensrecht: Die Rechtsprechung des Europäischen Gerichtshofs zur Brüssel-IIa-Verordnung von C bis Mercredi, ZEuP 2012, 526; *König*, Die Anwendbarkeit des *forum non conveniens* im deutschen und europäischen Zivilverfahrensrecht, 2012; *Roth*, Zur Anfechtbarkeit von Zwischenentscheidungen nach Art. 15 Abs. 1 lit. b EuEheVO, IPRax 2009, 56; *Solomon*, Brüssel IIa – Die neuen europarechtlichen Regeln zum internationalen Verfahrensrecht in Fragen der elterlichen Verantwortung, FamRZ 2004, 1409.

I. Vorbemerkung

1   Art. 15 ermöglicht den nach Art. 8 ff. zuständigen Gerichten „in Ausnahmefällen", ein Verfahren betreffend die elterliche Verantwortung an das Gericht eines anderen Mitgliedstaats zu verweisen, das den Fall besser beurteilen kann. Dadurch soll den mitgliedstaatlichen Gerichten eine flexible, am Kindeswohl orientierte Zuständigkeitsordnung zur Verfügung gestellt werden.[1] So können insbesondere evtl. durch den Grundsatz der *perpetuatio fori* bedingte Härten ausgeglichen werden,[2] den das KSÜ und die MSA grds. nicht kannten.[3] Der Ausnahmecharakter der Vorschrift gebietet allerdings eine restriktive Handhabung der Verweisungsmöglichkeit, um die Grundentscheidung der Verordnung für die Anknüpfung an den gewöhnlichen Kindesaufenthalt nicht in Frage zu stellen.[4]

2   Die Vorschrift hat ihre Wurzeln in der anglo-amerikanischen Lehre vom *forum non conveniens*,[5] nach der ein Gericht befugt ist, seine Zuständigkeit nicht auszuüben, wenn ein anderes Gericht besser geeignet ist, das Verfahren durchzuführen. Die Lehre ist im kontinentaleuropäischen, insbesondere im deutschen Verfahrensrecht, das von einem festen Zuständigkeitssystem ausgeht, bisher kritisch begleitet worden.[6] Die Vorschrift erlaubt es dem verweisungswilligen Gericht in Abweichung zu oben bezeichneter Lehre nicht, eine Entscheidung zu verweigern. Vielmehr wird eine Art „kooperativer Zuständigkeitstransfer" normiert. Denn die Verweisung kann nur mit Zustimmung mindestens einer Partei und im wechselseitigen Einvernehmen der beteiligten Gerichte erfolgen.[7] Die Initiative für die

---

[1]   MüKo/*Gottwald* Art. 15 Rn. 3.

[2]   Hk-ZPO/*Dörner* Art. 15 Rn. 1.

[3]   *Hausmann* B Rn. 324 f.

[4]   Siehe etwa KG NJW 2006, 3503; *Hausmann* B Rn. 173; Thomas/Putzo/*Hüßtege* Art. 15 Rn. 1.

[5]   Siehe dazu *Heinze/Dutta* IPRax 2005, 224 ff.; *König* 23 ff.; *Coester-Waltjen* FamRZ 2005, 241 (245).

[6]   Siehe zur Brüssel I-VO EuGH 1.3.2005 – C-281/02, Slg 2005 I-1383 Rn. 36 ff. – Owusu = ZEuP 2006, 459; ferner OLG München IPRax 1984, 319.

[7]   Rauscher/*Rauscher* Art. 15 Rn. 1; MüKoZPO/*Gottwald* Art. 15 Rn. 3.

Verweisung kann weiter von dem an sich unzuständigen Gericht ausgehen. Die Art. 8, 9 KSÜ enthalten Parallelvorschriften.

II. Voraussetzungen der Verweisung, Abs. 1 iVm Abs. 3

1. Zuständigkeit des verweisenden Gerichts nach Art. 8–14

Von der Verweisungsmöglichkeit des Art. 15 kann ein Gericht nur dann **3** Gebrauch machen, wenn es nach den Art. 8 ff. in der Hauptsache zuständig ist. Ist das Gericht dagegen international unzuständig, hat es sich nach Art. 17 von Amts wegen für unzuständig zu erklären. Erscheint jedoch eine gerichtliche Tätigkeit im Interesse des Kindeswohls geboten, ist das zuständige Gericht des anderen Mitgliedstaats über die Zentrale Behörde (Art. 53) von der Verfahrensabweisung zu informieren.[8] Auf welche Vorschrift der Verordnung sich die Zuständigkeit stützt, ist allerdings unerheblich. Die Möglichkeit der Verfahrensabgabe nach Art. 15 besteht dementsprechend auch für Gerichte, die lediglich eine Restzuständigkeit nach Art. 14 iVm dem nationalen Recht in Anspruch nehmen (vgl. Abs. 4 S. 2, Abs. 5 S. 3).[9] Ferner steht auch dem Art. 12 Abs. 1 zuständigen Gericht der Ehesache die Abgabemöglichkeit des Art. 15 in besonderen Ausnahmefällen offen.[10]

2. Verweisungsvoraussetzungen

Das Verfahren kann nur an ein Gericht eines anderen Mitgliedstaats der Verord- **4** nung abgegeben werden. Bei dem verwiesenen Gericht müssen folgende Voraussetzungen kumulativ erfüllt sein:

a) Bessere Beurteilung des Falles. Das verwiesene Gericht muss den Fall **5** oder einen bestimmten Teil des Falles besser beurteilen können als das verweisende Gericht. Maßgebliche Kriterien dafür sind vor allem die **größere Sach- und Beweisnähe** dieses Gerichts.[11]

b) Besondere Bindung des Kindes, Abs. 1 iVm Abs. 3. Das Kind muss **6** eine „besondere Bindung" zu dem anderen Mitgliedstaat haben. Für das Vorliegen dieser besonderen Verbindung stellt Abs. 3 fünf alternative Tatbestände auf. Es handelt sich hierbei nicht um bindende Voraussetzungen, sondern um Vermutungstatbestände, die das Gericht bei seiner Ermessensentscheidung als widerlegt ansehen kann. Daher kann auch, wenn einer der fünf Tatbestände des Abs. 3 vorliegt, eine besondere Bindung von dem zuständigen Gericht verneint werden.[12] Die Aufzählung des Abs. 3 ist **nicht abschließend.** Für diese mit dem Wortlaut des Art. 15 vereinbare Auslegung spricht insbesondere, dass bei diesem Verständnis eine einheitliche Auslegung mit der Parallelvorschrift des Art. 8 KSÜ erreicht werden kann. Art. 8 KSÜ beschränkt sich auf die Normierung der generalklauselartigen Voraussetzung einer „engen Verbindung" des Kindes zu dem

---

[8] MüKoZPO/*Gottwald* Art. 15 Rn. 6.
[9] *Hausmann* B Rn. 179; Geimer/Schützer/*Dilger* Art. 15 Rn. 3.
[10] MüKoBGB/*Siehr* Anhang I zu Art. 21 EGBGB Rn. 126.
[11] *Hausmann* B Rn. 180.
[12] *Hausmann* B Rn. 180.

anderen Vertragsstaat.[13] Eine besondere Bindung kann somit im Einzelfall auch auf andere Umstände gegründet werden. So kann der gewöhnliche Aufenthalt von Geschwistern im Einzelfall eine besondere Bindung begründen.[14]

7   Nach Abs. 3 besteht eine Vermutung, dass das Kind eine besondere Bindung zu dem Mitgliedstaat des verwiesenen Gerichts dann hat,

– wenn es nach Anrufung des zuerst befassten Gerichts seinen gewöhnlichen Aufenthalt in dem anderen Mitgliedstaat begründet hat (lit. a). Somit kann durch übereinstimmendes Handeln des Gerichtes des ehemaligen und des neuen gewöhnlichen Aufenthalts des Kindes der Grundsatz der *perpetuatio fori internationalis* überwunden werden.[15]

– Für eine besondere Bindung genügt es auch, dass das Kind seinen gewöhnlichen Aufenthalt früher in diesem Mitgliedstaat hatte (lit. b).

– Weiter kann eine besondere Bindung durch die Staatsangehörigkeit des Kindes begründet werden (lit. c). Sofern das Kind eine doppelte Staatsangehörigkeit besitzt, löst nur die effektive Staatsangehörigkeit die Vermutungswirkung des Abs. 3 aus.[16] Dies schließt jedoch nicht aus, dass die schlichte Staatsangehörigkeit zusammen mit weiteren Umständen eine besondere Bindung begründen kann.[17]

– Auch der gewöhnliche Aufenthalt eines Trägers der elterlichen Verantwortung in dem Mitgliedstaat des verwiesenen Gerichts löst die Vermutungswirkung zugunsten einer besonderen Bindung aus (lit. d).

– Schließlich begründet nach lit. e auch die Belegenheit von Kindesvermögen in dem anderen Mitgliedstaat die Vermutungswirkung des Abs. 3. Hier ist jedoch eine besondere Bindung nur insoweit anzunehmen, als die Anordnung von Maßnahmen zum Schutz des Kindes im Zusammenhang mit der Verwaltung oder Erhaltung des Kindesvermögens verfahrensgegenständlich ist.[18]

8   **c) Kindeswohl.** Die Verweisung muss schließlich dem Kindeswohl entsprechen. Hierzu kann auf die Ausführungen zu Art. 12 Abs. 1 lit. b verwiesen werden.[19]

9   **d) Zuständigkeit des verwiesenen Gerichts.** Die Abgabe des Verfahrens an ein Gericht eines anderen Mitgliedstaates setzt nicht notwendig voraus, dass dieses Gericht nach den Art. 8 ff. international zuständig ist.[20]

III. Entscheidungsmöglichkeiten des nach Art. 8 ff. zuständigen Gerichts

10   Liegen die Voraussetzungen einer Verfahrensabgabe vor, so stehen dem nach Art. 8 ff. zuständigen Gericht zwei Möglichkeiten offen:

---

[13] MüKoZPO/*Gottwald* Art. 15 Rn. 7; Thomas/Putzo/*Hüßtege* Art. 15 Rn. 2; NK-BGB/*Gruber* Art. 15 Rn. 6; *König* 165; aA Staudinger/*Pirrung* Vorb C zu Art. 19 EGBGB Rn. 89; krit. Rauscher/*Rauscher* Art. 15 Rn. 8.

[14] *Hausmann* B Rn. 183; NK-BGB/*Gruber* Art. 15 Rn. 6.

[15] → Rn. 1, → Art. 8 Rn. 14.

[16] *Hausmann* B Rn. 182; aA Rauscher/*Rauscher* Art. 15 Rn. 14; Staudinger/*Pirrung* Vorb C zu Art. 19 EGBGB Rn. 101.

[17] *Hausmann* B Rn. 182.

[18] *Hausmann* B Rn. 182.

[19] → Art. 12 Rn. 14.

[20] *Hausmann* B Rn. 179 mit Nachw. der Gegenansicht aus der portugiesischen Rechtsprechung.

1. Aussetzung des Verfahrens, Abs. 1 lit. a

Das zuständige Gericht kann nach Abs. 1 lit. a das Verfahren aussetzen und die **11** Parteien einladen, bei einem Gericht eines anderen Mitgliedstaates einen Antrag zu stellen. Hierfür ist den Beteiligten gem. Abs. 4 UAbs. 1 eine Frist zu setzen. Diese sollte zur Vermeidung einer Verfahrensverschleppung kurz bemessen werden. Unter Hinweis auf den nicht übernommenen Vorschlag des Europäischen Parlaments, eine Höchstfrist von einem Monat festzuschreiben, wird in der Literatur die genannte Frist als im Regelfall nicht zu überschreitender Zeitraum vorgeschlagen.[21] Wird der Antrag bei dem anderen Gericht innerhalb der gesetzten Frist nicht gestellt, bleibt das zuerst angerufene Gericht zuständig (Abs. 4 UAbs. 2).

2. Ersuchen um Übernahme, lit. b

Das für die Entscheidung in der Hauptsache zuständige Gericht kann, statt das **12** Verfahren auszusetzen, sich auch dafür entscheiden, sich an das Gericht eines anderen Mitgliedstaates zu wenden, um dieses zu ersuchen, sich für zuständig zu erklären. Das Ersuchen kann entweder direkt oder unter Einschaltung der Zentralen Behörde (Abs. 6 iVm Art. 53) erfolgen. In Deutschland ist das Bundesamt für Justiz Zentrale Behörde (§ 3 Abs. 1 Nr. 1 IntFamRVG). Das Ersuchen kann sich auf die vollständige Übernahme des Verfahrens beziehen. Es kann sich aber auch auf lediglich einzelne Schutzmaßnahmen beschränken, zB auf die Regelung des Umgangs.[22]

IV. Initiative zur Abgabe/Übernahme des Verfahrens, Abs. 2

Die Entscheidung, das Verfahren auszusetzen oder das Gericht eines anderen **13** Mitgliedstaats um Übernahme des Verfahrens zu ersuchen, trifft das in der Hauptsache zuständige Gericht gem. Abs. 2 S. 1 entweder
– auf Antrag einer der Parteien (lit. a),
– von Amts wegen (lit. b) oder
– auf – in Anlehnung an Art. 9 KSÜ – Antrag des Gerichts eines anderen Mitgliedstaates, zu dem das Kind eine besondere Bindung gem. Abs. 3 hat (lit. c).
Die Verweisung ist (anders als nach Art. 7 KSÜ) nicht gegen den Willen beider Parteien möglich. Daher erfolgt die Verweisung in den beiden letztgenannten Fällen nach Abs. 2 S. 2 nur unter der Voraussetzung, dass mindestens eine der Parteien zustimmt.

V. Reaktion des ersuchten Gerichts, Abs. 5

Der Begriff der „Verweisung" in Art. 15 darf nicht im Sinne des nationalen **14** Verfahrensrechts verstanden werden. Art. 15 meint weder die einseitige Ablehnung der Zuständigkeit durch das angerufene Gericht wie nach der klassischen *forum non conveniens*-Lehre, noch besteht eine Bindung des Gerichts, an welches das Verfahren verwiesen wird, wie dies etwa im Rahmen von § 3 FamFG oder § 281 ZPO der Fall ist. Die Übertragung der Zuständigkeit hängt vielmehr von

---

[21] NK-BGB/*Gruber* Art. 15 Rn. 2; Geimer/Schütze/*Dilger* Art. 15 Rn. 15.
[22] *Hausmann* B Rn. 176; Staudinger/*Pirrung* Vorb C zu Art. 19 EGBGB Rn. 91.

der Zustimmung mindestens einer Partei (Abs. 2) und der ausdrücklichen Annahme der „Verweisung" durch dieses Gericht ab (Abs. 5).

15   Das vom Erstgericht oder von den Parteien nach Abs. 1 angerufene Gericht hat innerhalb von sechs Wochen nach seiner Anrufung über die Annahme zu befinden (Abs. 5 S. 1). Dabei hat es nach Abs. 5 S. 1 eigenständig zu prüfen, ob die Übernahme des Verfahrens wirklich dem Kindeswohl[23] entspricht. An die Beurteilung des Gerichts im Erststaat ist es dementsprechend nicht gebunden.[24] Erklärt sich das Zweitgericht ebenfalls für zuständig, so hat sich das zuerst angerufene Gericht für unzuständig zu erklären (Abs. 5 S. 2). Lehnt das Zweitgericht hingegen eine Übernahme des Verfahrens ab, so verbleibt es bei der Zuständigkeit des Erstgerichts (Abs. 5 S. 3). Dieses hat das Verfahren fortzusetzen. Gleiches gilt, wenn das ersuchte Gericht innerhalb der sechs-wöchigen Frist keine Reaktion zeigt.[25]

16   Eine Weiterverweisung des ersuchten Gerichts an ein aus seiner Sicht noch besser geeignetes Gericht eines anderen Mitgliedstaates ist von der Verordnung nicht vorgesehen (Erwägungsgrund 13 S. 2).[26] Im Rahmen des nationalen Verfahrensrechts ist eine Verweisung an ein anderes Gericht des gleichen Mitgliedstaates hingegen nicht ausgeschlossen.[27] Hält das um Übernahme ersuchte Gericht die Gerichte eines anderen Staates für geeigneter, das Verfahren zu betreiben, so kann es dem Erstgericht seine Gründe hierfür direkt oder über die zentrale Behörde mitteilen und eine entsprechende Verweisung anregen.[28]

VI. Rechtsbehelfe

17   Die Brüssel IIa-VO regelt nicht selbst, welche Rechtsbehelfe den Parteien gegen die auf der Grundlage von Art. 15 gefassten Beschlüsse der beteiligten Gerichte zustehen. Diese Frage ist dem nationalen Recht überlassen. Nach **§ 13a Abs. 4 IntFamRVG** sind praktisch alle Zwischenentscheidungen, die zur Abgabe eines Verfahrens ins Ausland führen können, mit der sofortigen Beschwerde nach §§ 567 ff. ZPO anfechtbar. Sämtliche anderen Beschlüsse nach Art. 15 sind gem. § 13a Abs. 5 IntFamRVG **unanfechtbar.** Der Beschluss, in dem sich das deutsche Familiengericht nach Übernahme des Verfahrens durch das Gericht eines anderen Mitgliedstaates für unzuständig erklärt oder – umgekehrt – auf Ersuchen des Gerichts eines anderen Mitgliedstaates seine eigene Zuständigkeit bejaht, ist damit nicht anfechtbar.[29] Nach § 13a Abs. 4 S. 3 IntFamRVG werden die mit der sofortigen Beschwerde anfechtbaren Beschlüsse erst mit ihrer Rechtskraft wirksam.

VII. Abs. 6

18   Abs. 6 sieht vor, dass die beteiligten Gerichte im Rahmen des Art. 15 direkt oder über die Zentralen Behörden (Art. 53) zusammenarbeiten. Die Zusammen-

---

[23] → Art. 12 Rn. 14.
[24] MüKoZPO/*Gottwald* Art. 15 Rn. 14.
[25] Geimer/Schütze/*Dilger* Art. 15 Rn. 20.
[26] Rauscher/*Rauscher* Art. 15 Rn. 35.
[27] MüKoZPO/*Gottwald* Art. 15 Rn. 17.
[28] MüKoZPO/*Gottwald* Art. 15 Rn. 17.
[29] NK-BGB/*Gruber* Art. 15 Rn. 9.

arbeit ist an keine Förmlichkeiten gebunden. So kann zwischen den Gerichten eine direkte Kontaktaufnahme insb. durch Telekommunikation erfolgen. Etwaige Ergebnisse der Zusammenarbeit sind den Beteiligten vor dem Hintergrund des Rechts auf rechtliches Gehör mitzuteilen.[30]

Abschnitt 3. Gemeinsame Bestimmungen

Vorbemerkung zu Art. 16–20

Soweit die Brüssel IIa-VO keine verfahrensrechtlichen Vorschriften enthält **1** und auch das weitere sekundäre Unionsrecht in keinen anderen Verordnungen auf Eheverfahren oder Verfahren betreffend die elterliche Verantwortung anzuwendende Verfahrensregeln bereit hält, richtet sich das Verfahren nach der jeweiligen lex fori. Neben den hauptsächlich zuständigkeitsbezogenen Vorschriften der Art. 3 ff. und Art. 8 ff. enthält die Brüssel IIa-VO in Art. 16–19 weitere Verfahrensvorschriften, die Anwendungsvorrang vor dem nationalen Recht genießen.

Art. 16 Anrufung eines Gerichts

Ein Gericht gilt als angerufen
a) **zu dem Zeitpunkt, zu dem das verfahrenseinleitende Schriftstück oder ein gleichwertiges Schriftstück bei Gericht eingereicht wurde, vorausgesetzt, dass der Antragsteller es in der Folge nicht versäumt hat, die ihm obliegenden Maßnahmen zu treffen, um die Zustellung des Schriftstücks an den Antragsgegner zu bewirken,**
   oder
b) **falls die Zustellung an den Antragsgegner vor Einreichung des Schriftstücks bei Gericht zu bewirken ist, zu dem Zeitpunkt, zu dem die für die Zustellung verantwortliche Stelle das Schriftstück erhalten hat, vorausgesetzt, dass der Antragsteller es in der Folge nicht versäumt hat, die ihm obliegenden Maßnahmen zu treffen, um das Schriftstück bei Gericht einzureichen.**

I. Normzweck

Die Vorschrift enthält eine **autonome Legaldefinition** des Zeitpunkts, zu **1** dem in einem Eheverfahren (Art. 3 ff.) oder einem Verfahren betreffend die elterliche Verantwortung (Art. 8 ff.) „Rechtshängigkeit" im Sinne der Verordnung bei dem Gericht eines Mitgliedstaats eintritt. Die dem deutschen Verfahrensrecht bekannte Unterscheidung zwischen Anhängigkeit und Rechtshängigkeit kennt die Verordnung nicht. Die Vorschrift entspricht Art. 30 Brüssel I-VO und Art. 9 der Unterhaltsverordnung bzw. Art. 14 lit. a und b der Erbrechtsverordnung, so dass ergänzend auf die Rechtsprechung und Literatur zu diesen Vorschriften zurückgegriffen werden kann.

---

[30] Prütting/Gehrlein/*Völker* Art. 15 Rn. 2.

2 Art. 16 hat zunächst Bedeutung für die Bestimmung des zuerst angerufenen Gerichts im Falle **doppelter Rechtshängigkeit** nach Art. 19.[1] Durch die autonome Definition der Rechtshängigkeit soll ein Wettlauf der Beteiligten um die frühere *Litispendenz* vermieden werden. Denn die Rechtshängigkeit nach der Verordnung hängt nicht davon ab, ob die jeweilige *lex fori* Rechtshängigkeit schon mit Einreichung des Antrags bei Gericht oder – wie in Deutschland in Ehesachen[2] – erst mit Zustellung an den Antragsgegner eintreten lässt. In auf Antrag einzuleitenden Kindschaftssachen ist das Gericht mit Einreichung des Antrags nach autonomem Verfahrensrecht befasst, was dem Eintritt der Rechtshängigkeit im Zivilprozess entspricht.[3] Nach § 23 Abs. 2 FamFG soll der Antrag den übrigen Verfahrensbeteiligten übermittelt werden.

Weiter ist die Vorschrift nach hM auch bei der Bestimmung der internationalen Zuständigkeit nach Art. 8–15 im Fall eines Aufenthaltswechsels[4] und im Rahmen der Bestimmung des zeitlichen Anwendungsbereichs der Verordnung nach Art. 64 entsprechend heranzuziehen.[5] Schließlich lässt sich unter Anwendung von Art. 16 der früheste Zeitpunkt einer bindenden, dh unwiderruflichen, Gerichtsstandsvereinbarung bestimmen.[6]

II. Verfahrenseinleitendes oder gleichwertiges Schriftstück

3 **Verfahrenseinleitendes Schriftstück** ist in autonomer Auslegung jedes Schriftstück, durch das der Antragsgegner von der Einleitung des Verfahrens Kenntnis erhält. Erforderlich ist, dass der Antragsgegner durch das Schriftstück über die wesentlichen Elemente des Rechtsstreits/Verfahrens in Kenntnis gesetzt wird.[7] Dabei ist es ausreichend, dass das Schriftstück Angaben enthält, dem Antragsgegner die sachgerechte Entscheidung darüber ermöglichen, ob er sich auf das Verfahren einlässt oder nicht.[8] Der Antrag auf Gewährung von **Verfahrenskostenhilfe** ist kein verfahrenseinleitendes Schriftstück. Ob er jedoch als „gleichwertiges" Schriftstück angesehen werden kann und damit die Rechtshängigkeitssperre des Art. 19 auslöst, wird unterschiedlich beurteilt.[9]

III. Maßgeblicher Zeitpunkt

4 Art. 16 stellt für die „Anrufung" des Gerichts alternativ auf den Zeitpunkt ab, zu dem das verfahrenseinleitende oder gleichwertige Schriftstück bei Gericht eingereicht wurde (lit. a) oder, falls die Zustellung an den Antragsgegner nach dem jeweiligen nationalen Verfahrensrecht vor Einreichung des Schriftstücks bei Gericht zu bewirken ist, auf den Zeitpunkt, zu dem die für die Zustellung verant-

---

[1] → Art. 19 Rn. 11.

[2] Siehe § 113 Abs. 1 S. 2 FamFG iVm §§ 253 Abs. 1, 261 Abs. 1 ZPO.

[3] MüKoFamFG/*Ulrici* § 23 Rn. 41.

[4] → Art. 8 Rn. 14.

[5] → Art. 64 Rn. 7.

[6] → Art. 12 Rn. 13.

[7] Siehe zum EuGVÜ: EuGH 13.7.1995 – C-474/93, Slg. 1995 I-2113 Rn. 19 – Hengst Import = EuZW 1995, 803; 21.4.1993 – C-172/91, Slg. 1993 I-1963 Rn. 39 – Sonntag = NJW 1993, 2091.

[8] BGH IPRax 2001, 230 (231).

[9] → Art. 19 Rn. 5.

wortliche Stelle das Schriftstück erhalten hat (lit. b). Entscheidend ist demgemäß die Übergabe des Schriftstücks an die erste nach dem jeweiligen Verfahrensrecht zu beteiligende Stelle.

Bei Antragstellung vor deutschen Gerichten tritt Rechtshängigkeit iSd Verord- **5** nung nach lit. a ein und damit im Zeitpunkt der Einreichung des verfahrenseinleitenden Schriftstücks bei Gericht. Rechtshängigkeit tritt auch dann ein, wenn das verfahrenseinleitende Schriftstück bei einem nach seiner *lex fori* örtlich unzuständigen Gericht eingereicht wird und dieses das Verfahren insoweit an das örtlich zuständige Gericht verweist.[10] Wann Rechtshängigkeit iSd Verordnung eintritt, ist ausschließlich anhand der Voraussetzungen des Art. 16 zu prüfen. Sind die Voraussetzungen des Art. 16 erfüllt, ist die Frage, ob die Zustellung ordnungsgemäß durchgeführt wurde, für den Zeitpunkt der Anrufung des Gerichts nicht relevant.[11]

IV. Erforderliche Maßnahmen des Antragstellers

Die verordnungsautonome Rechtshängigkeit tritt nur unter der Voraussetzung **6** ein, dass der Antragsteller es nicht versäumt, die ihm obliegenden Maßnahmen zu treffen, um, in der Variante lit. a, die nachträgliche Zustellung des Schriftstücks an den Antragsgegner zu bewirken oder, in der Variante lit. b, das Schriftstück bei Gericht einzureichen. Dabei bestimmt das jeweils nationale Recht, welche Maßnahmen dem Antragsteller obliegen und zu welchem Zeitpunkt er diese zu treffen hat.[12]

In Eheverfahren vor deutschen Gerichten kann auf § 167 ZPO zurückgegriffen **7** werden.[13] Danach hat der Antragsteller die richtige Zustellungsanschrift des Antragsgegners zu nennen[14] oder zumindest einen Zustellungsbevollmächtigten anzugeben.[15] Weiter ist Leistung des Verfahrenskostenvorschusses oder ein ordnungsgemäßer Antrag auf Verfahrenskostenhilfe erforderlich.[16] Schließlich hat der Antragsteller auch die für die Zustellung erforderlichen Abschriften der Antragsschrift beizulegen.[17] Hat der Antragsteller die von ihm nach Art. 16 geforderten Maßnahmen nicht erfüllt, so tritt zunächst keine Rechtshängigkeit ein, sondern erst bei deren Nachholung.[18]

V. Einleitung des Verfahrens von Amts wegen

Art. 16 enthält keine Regelung über den Zeitpunkt der Anrufung des Gerichts **8** im Falle amtswegiger Verfahrenseinleitung. Insoweit wird vertreten, auf den Zeitpunkt abzustellen, in dem die Einleitung des Verfahrens erstmals aktenkundig

---

[10] *Hausmann* B Rn. 192.

[11] Zöller/*Geimer* Anh II EG-VO Ehesachen Art. 16 Rn. 7.

[12] Thomas/Putzo/*Hüßtege* Art. 16 Rn. 2.

[13] Thomas/Putzo/*Hüßtege* Art. 16 Rn. 3.

[14] Zöller/*Geimer* Anh II EG-VO Ehesachen Art. 16 Rn. 4.

[15] KG NJW-RR 2005, 881; Prütting/Gehrlein/*Völker* Art. 16 Rn. 2.

[16] Schulz/Hauß/*Rieck* Art. 16 Rn. 6.

[17] Prütting/Gehrlein/*Völker* Art. 16 Rn. 2; Zöller/*Geimer* Anh II EG-VO Ehesachen Art. 16 Rn. 4; str., da diese auf Kosten des Antragstellers auch von der Geschäftsstelle angefertigt werden können vgl. § 12 GKG iVm Kostenverzeichnis Nr. 9000 Anlage Nr. 1.

[18] Zöller/*Geimer* Anh II EG-VO Ehesachen Art. 16 Rn. 6.

geworden ist.[19] Für den Fall, dass nach der jeweiligen *lex fori* Entscheidungen
über die elterliche Verantwortung von Amts wegen im Rahmen eines Scheidungsverfahrens zu treffen sind, wird weiter vorgeschlagen, für das amtswegige
Verfahren auf den Zeitpunkt der Rechtshängigkeit des Scheidungsantrags abzustellen.[20] Nach deutschem Verfahrensrecht besteht insoweit kein Tätigwerden
des Scheidungsrichters von Amts wegen (§ 137 Abs. 3 FamFG). Nachdem der
europäische Gesetzgeber in **Art. 14 lit. c der Erbrechtsverordnung** eine Regelung zur Rechtshängigkeit im Rahmen amtswegiger Verfahren bereithält, bietet
es sich an, diese Regelung entsprechend anzuwenden

Art. 17 Prüfung der Zuständigkeit

**Das Gericht eines Mitgliedstaats hat sich von Amts wegen für unzu-
ständig zu erklären, wenn es in einer Sache angerufen wird, für die es
nach dieser Verordnung keine Zuständigkeit hat und für die das Gericht
eines anderen Mitgliedstaats aufgrund dieser Verordnung zuständig ist.**

I. Prüfung von Amts wegen

1   Die in Art. 17 angeordnete amtswegige Prüfung der Zuständigkeit führt dazu,
dass das angerufene Gericht seine internationale Unzuständigkeit nach der Verordnung auch dann festzustellen und auszusprechen hat, wenn sich der Antragsgegner
nicht auf diese beruft.[1] Eine Begründung der internationalen Zuständigkeit kraft
rügeloser Einlassung ist damit nur in den von der Verordnung speziell vorgesehenen
Fällen möglich.[2] Art. 17 fordert von dem angerufenen Gericht nicht nur die Prüfung der eigenen Zuständigkeit, sondern auch die Prüfung, ob die Gerichte eines
anderen Mitgliedstaats nach der Verordnung zuständig sind.[3]

2   Amtswegige Prüfung ist auch im Rahmen von Art. 17 von der amtswegigen
Ermittlung der für die Zuständigkeit erheblichen Tatsachen zu unterscheiden.
Amtswegige Prüfung meint, dass das Gericht von sich aus Zweifeln am Vorliegen
der Zuständigkeitsvoraussetzungen nachgeht und hieraus die gebotenen verfahrensrechtlichen Konsequenzen zieht.[4] Amtsprüfung bedeutet dementsprechend nicht
Amtsermittlung.[5] In welchem Umfang das Gericht zur amtswegigen Ermittlung
von Tatsachen verpflichtet ist, beurteilt sich nach dem Verfahrensrecht der *lex fori*.
Das Gericht muss aufgrund von Art. 18 vorgetragene oder von ihm nach der *lex
fori* zu ermittelnde Tatsachen, aus denen sich seine Unzuständigkeit ergibt, von
sich aus berücksichtigen. Art. 17 fordert die Prüfung der Zuständigkeit in jedem
Verfahrensabschnitt, also auch noch in der Rechtsmittelinstanz.[6] Die Prüfung nach
Art. 17 erfordert, dass der Verfahrensgegenstand unter die Brüssel IIa-VO fällt. Bei
der Entscheidung über bloße Vorfragen findet folglich keine Prüfung nach Art. 17

---

[19] *Hausmann* B Rn. 197; *Rauscher/Rauscher* Art. 16 Rn. 2.

[20] *Hausmann* B Rn. 197; NK-BGB/*Gruber* Art. 16 Rn. 8.

[1] *Zöller/Geimer* Anh II EG-VO Ehesachen Art. 17 Rn. 2.

[2] Hk-ZPO/*Dörner* Art. 17 Rn. 1; *Rauscher/Rauscher* Art. 17 Rn. 6.

[3] *Zöller/Geimer* Anh II EG-VO Ehesachen Art. 17 Rn. 5.

[4] MüKoZPO/*Gottwald* Art. 17 Rn. 1; Staudinger/*Spellenberg* Art. 17 Rn. 4 ff.

[5] Thomas/Putzo/*Hüßtege* Art. 17 Rn. 1.

[6] Prütting/Gehrlein/*Völker* Art. 17 Rn. 2.

statt.[7] Ist das angerufene Gericht zwar grds. auf Grundlage der Brüssel IIa-VO zuständig, jedoch der Verfahrensgegenstand schon vor einem anderen Gericht nach der Brüssel IIa-VO rechtshängig, so ist nach Art. 19 zu verfahren.[8]

Für die Restzuständigkeiten des nationalen Verfahrensrechts (Art. 7, 14) findet **3** Art. 17 keine Anwendung. Maßgebend sind insoweit die Grundsätze der jeweiligen *lex fori*.[9]

II. Entscheidung

Das Gericht hat den Antrag als **unzulässig** abzuweisen, wenn es nach den **4** Zuständigkeitsvorschriften der Brüssel IIa-VO nicht zuständig ist, gleichzeitig aber die Zuständigkeit eines anderen Gerichtes nach der Brüssel IIa-VO gegeben ist. Ein Rückgriff auf das nationale Zuständigkeitsrecht über Art. 7 oder 14 scheidet in diesem Fall aus.[10] Eine **Verweisung** an das nach der Brüssel IIa-VO zuständige Gericht ist nicht möglich.[11] Verweisungen innerhalb des gleichen Mitgliedstaats an ein anderes örtlich zuständiges Gericht werden hingegen durch Art. 17 nicht ausgeschlossen.

Besteht nach der Brüssel IIa-VO auch keine Zuständigkeit der Gerichte anderer **5** Verordnungstaaten, so hat das angerufene Gericht gem. Art. 7 bzw. Art. 14 zu prüfen, ob es nicht nach seinem nationalen Verfahrensrecht oder aufgrund vorrangig vor dem nationalen Recht geltender Staatsverträge zuständig ist (vgl. Art. 7, Art. 14). Nur wenn auch insoweit keine Zuständigkeit gegeben ist, weist das Gericht den Antrag nach Maßgabe seines nationalen Verfahrensrechts als unzulässig ab.[12]

Art. 18 **Prüfung der Zulässigkeit**

(1) **Lässt sich ein Antragsgegner, der seinen gewöhnlichen Aufenthalt nicht in dem Mitgliedstaat hat, in dem das Verfahren eingeleitet wurde, auf das Verfahren nicht ein, so hat das zuständige Gericht das Verfahren so lange auszusetzen, bis festgestellt ist, dass es dem Antragsgegner möglich war, das verfahrenseinleitende Schriftstück oder ein gleichwertiges Schriftstück so rechtzeitig zu empfangen, dass er sich verteidigen konnte, oder dass alle hierzu erforderlichen Maßnahmen getroffen wurden.**

(2) **Artikel 19 der Verordnung (EG) Nr. 1348/2000 findet statt Absatz 1 Anwendung, wenn das verfahrenseinleitende Schriftstück oder ein gleichwertiges Schriftstück nach Maßgabe jener Verordnung von einem Mitgliedstaat in einen anderen zu übermitteln war.**

---

[7] Hk-ZPO/*Dörner* Art. 17 Rn. 1; MüKoZPO/*Gottwald* Art. 17 Rn. 1.

[8] → Art. 19 Rn. 13, 20.

[9] Zöller/*Geimer* Anh II EG-VO Ehesachen Art. 17 Rn. 2.

[10] Hk-ZPO/*Dörner* Rn. 1; vgl. auch EuGH 29.11.2007 – C–68/07, Slg 2007 I-10403 Rn. 19 f.– Sundelind Lopez = FamRZ 2008, 128.

[11] EuGH 2.4.2009 – C–523/07, Slg. 2009 I-2805 Rn. 69 – A = FamRZ 2009, 843; Prütting/Gehrlein/*Völker* Art. 17 Rn. 1.

[12] Zöller/*Geimer* Anh II EG-VO Ehesachen Art. 17 Rn. 4; Staudinger/*Spellenberg* Art. 17 Rn. 2.

(3) **Sind die Bestimmungen der Verordnung (EG) Nr. 1348/2000 nicht anwendbar, so gilt Artikel 15 des Haager Übereinkommens vom 15. November 1965 über die Zustellung gerichtlicher und außergerichtlicher Schriftstücke im Ausland in Zivil- und Handelssachen, wenn das verfahrenseinleitende Schriftstück oder ein gleichwertiges Schriftstück nach Maßgabe des genannten Übereinkommens ins Ausland zu übermitteln war.**

I. Normzweck

1   Die Vorschrift hat ihr Vorbild in Art. 26 Abs. 2–4 Brüssel I-VO. Parallelvorschriften finden sich in Art. 11 der Unterhaltsverordnung, bzw. in Art. 16 Erbrechtsverordnung. Durch Art. 18 soll das Recht des Antragsgegners auf rechtliches Gehör bei der Verfahrenseinleitung gesichert werden, indem das zuständige Gericht unter gewissen Umständen zur Aussetzung des Verfahrens verpflichtet ist.[1] Weiter soll gewährleistet werden, dass die Anerkennung der späteren Entscheidung nicht an Art. 22 lit. b bzw. Art. 23 lit. c scheitert.[2]

2   Art. 18 ist nur anwendbar, sofern der Antragsgegner seinen gewöhnlichen Aufenthalt nicht im Gerichtsstaat hat. Ob der Antragsgegner seinen gewöhnlichen Aufenthalt in einem anderen Mitgliedstaat oder in einem Drittstaat hat, ist für die Anwendung von Art. 18 dagegen unerheblich.[3]

3   Art. 18 ist in folgenden drei **Prüfungsschritten** anzuwenden:
1. Zunächst ist zu prüfen, ob die Zustellungsverordnung (EuZVO)[4] auf die Zustellung des verfahrenseinleitenden oder gleichwertigen Schriftstücks anzuwenden ist. Ist dies der Fall, so ist Abs. 2 maßgebend.
2. Ist dies nicht der Fall, ist in einem zweiten Schritt zu prüfen, ob das Haager Zustellungsübereinkommen (HZÜ)[5] auf die Zustellung anzuwenden ist. Ist dies der Fall, so ist Abs. 3 anzuwenden.
3. Falls auch dies zu verneinen ist, ist in einem dritten Schritt Abs. 1 anzuwenden.

II. Abs. 2

4   Ist die Zustellung in einen anderen Mitgliedstaat zu bewirken, so ist gem. Abs. 2 Art. 19 EuZVO anzuwenden. Zwar verweist Abs. 2 nach seinem Wortlaut auf die Verordnung (EG) Nr. 1348/2000 v. 29.5.2000 (EuZVO 2000). Diese ist mit Wirkung v. 13.11.2008 durch die EuZVO ersetzt worden. Der Wortlaut des Abs. 2 wurde allerdings nicht entsprechend angepasst. Nach Art. 25 Abs. 2 EuZVO gilt jedoch jede Bezugnahme auf die EuZVO 2000 als Bezugnahme auf die EuZVO nach Maßgabe der Entsprechungstabelle in Anhang III. Art. 19 EuZVO entspricht Art. 19 EuZVO 2000. Mit dem Erfor-

---

[1] *Geimer/Schütze* Art. 18 Rn. 1.

[2] Hk-ZPO/*Dörner* Art. 18 Rn. 1.

[3] Hk-ZPO/*Dörner* Art. 18 Rn. 2; Prütting/Gehrlein/*Völker* Art. 18 Rn. 3.

[4] Verordnung (EG) Nr. 1393/2007 über die Zustellung gerichtlicher und außergerichtlicher Schriftstücke in Zivil- oder Handelssachen in den Mitgliedstaaten v. 13.11.2007, Jayme/Hausmann Nr. 224.

[5] Haager Übereinkommen über die Zustellung gerichtlicher und außergerichtlicher Schriftstücke im Ausland in Zivil- oder Handelssachen v. 15.11.1965, Jayme/Hausmann Nr. 211.

dernis, dass die Zustellung nach Maßgabe der EuZVO zu bewirken ist, verweist Abs. 2 auf deren Anwendungsbereichsbestimmung. Relevant ist insoweit Art. 1 EuZVO.

Zwar ist Dänemark gem. Art. 1 Abs. 3 der EuZVO kein Mitgliedstaat iSd **5** EuZVO und gem. Art. 2 Nr. 3 kein Mitgliedstaat iSd Brüssel IIa-VO. Mit dem Abkommen zwischen der Europäischen Union und Dänemark über die Zustellung gerichtlicher und außergerichtlicher Schriftstücke in Zivil- oder Handelssachen v. 19.10.2005[6] hat allerdings auch Dänemark den Inhalt der EuZVO umgesetzt.[7] Daher sollte bei einer Zustellung von einem Verordnungstaat nach Dänemark von der Anwendbarkeit des Abs. 2 ausgegangen werden, auch wenn Dänemark kein Mitgliedstaat iSd Brüssel IIa-VO ist.[8]

III. Abs. 3

Ist die EuZVO nicht anwendbar, so verweist Abs. 3 auf Art. 15 des HZÜ, **6** wenn das Schriftstück nach Maßgabe des HZÜ ins Ausland zu übermitteln war. Das HZÜ gilt für die Bundesrepublik Deutschland derzeit im Verhältnis zu folgenden Staaten, unter diesen Mitgliedstaaten der vorrangig anzuwendenden EuZVO sind: Ägypten, Albanien, Antigua und Barbuda, Argentinien, Australien, Bahamas, Barbados, Belarus, Belize, Bosnien und Herzegowina, Botswana, China, Indien, Island, Israel, Japan, Kanada, der Republik Korea, Kroatien, Kuwait, Malawi, Marokko, Mazedonien, Mexiko, Monaco, Montenegro, Norwegen, Pakistan, der Russischen Föderation, San Marino, der Schweiz, Serbien, den Seychellen, Sri Lanka, St. Vincent und den Grenadinen, der Türkei, der Ukraine, Venezuela und den Vereinigten Staaten. Nach dem Übergang der Souveränitätsrechte für Hongkong und Macau vom Vereinigten Königreich bzw. von Portugal auf China gilt das HZP im Verhältnis zu den chinesischen Sonderverwaltungsregionen Hongkong und Macau fort. Für die anderen EU-Mitgliedstaaten findet sich eine Liste des Geltungsbereichs des HZÜ auf der Homepage der Haager Konferenz für Internationales Privatrecht.[9]

IV. Abs. 1

Abs. 1 gilt für Auslandszustellungen, soweit nicht die Abs. 2 und 3 maßgebend **7** sind. Abs. 1 findet weiter auf Inlandszustellungen Anwendung, wenn der Antragsgegner seinen gewöhnlichen Aufenthalt im Ausland hat.[10]

1. Nichteinlassung

Ob eine Nichteinlassung des Antragsgegners auf das Verfahren vorliegt, ist in **8** autonomer Auslegung in Anlehnung an Art. 26 Brüssel I-VO zu bestimmen.[11] Der Antragsgegner lässt sich dann iSv Abs. 1 nicht auf das Verfahren ein, wenn er sich weder selbst noch durch einen von ihm beauftragten Bevollmächtigten

---

[6] ABl. EU 2005 L 300, 55.

[7] ABl. EU 2007 L 94, 70; ABl. EU 2008 L 331, 21.

[8] AA Rauscher/*Rauscher* Art. 18 Rn. 21; Thomas/Putzo/*Hüßtege* Art. 18 Rn. 6.

[9] http://www.hcch.net.

[10] Rauscher/*Rauscher* Art. 18 Rn. 10.

[11] Geimer/Schützer/*Dilger* Art. 18 Rn. 2.

am Verfahren beteiligt.[12] Eine Beteiligung am Verfahren iS einer Einlassung kann nicht schon dann angenommen werden, wenn der Antragsgegner lediglich darauf hinweist, dass er von dem Verfahren zu spät Kenntnis nehmen und sich daher nicht rechtzeitig verteidigen konnte.[13]

2. Aussetzung des Verfahrens

9 Liegen die Voraussetzungen nach Abs. 1 vor, so hat das nach Art. 3 ff., 8 ff. zuständige Gericht von Amts festzustellen, ob es dem Antragsgegner möglich war, das verfahrenseinleitende Schriftstück oder ein gleichwertiges Schriftstück so rechtzeitig zu empfangen, dass er sich verteidigen konnte oder ob zumindest alle hierzu erforderlichen Maßnahmen getroffen wurden. Das Verfahren ist solange von Amts wegen auszusetzen, bis festgestellt ist, dass die vorgenannten Voraussetzungen erfüllt sind. Ein Ermessen des Gerichts besteht nicht.[14] Die Aussetzung endet, wenn das Gericht festgestellt hat, dass es dem Antragsgegner möglich war, das verfahrenseinleitende Schriftstück oder ein gleichwertiges Schriftstück rechtzeitig zu erlangen.[15]

10 Verfahrenseinleitende Schriftstücke sind Urkunden, die die wesentlichen Elemente des Rechtsstreits charakterisieren und durch deren Zustellung der Antragsgegner erstmals von dem Verfahren Kenntnis erlangt.[16] Gleichwertige Schriftstücke sind solche, durch die der Beteiligte während des schon laufenden Verfahrens über wesentliche Änderungen oder Erweiterungen des Verfahrensgegenstands informiert wird, etwa über einen im laufenden Ehescheidungsverfahren gestellten Sorgerechtsantrag.[17]

11 Die Rechtzeitigkeit des Zugangs ist autonom zu beurteilen.[18] Sie ist in erster Linie in tatsächlicher Hinsicht zu bewerten. Es kommt entscheidend darauf an, ob der Antragsgegner das Schriftstück zu einem Zeitpunkt erlangt hat, zu dem ihm noch eine hinreichende Vorbereitung seiner Verteidigung möglich war.[19] Im Falle ordnungsgemäßer Zustellung ist auf den Zeitpunkt der Zustellung abzustellen. Ist die Zustellung dagegen fehlerhaft, so ist der Zeitpunkt der tatsächlichen Kenntnisnahme maßgebend.[20]

Art. 19 Rechtshängigkeit und abhängige Verfahren

(1) **Werden bei Gerichten verschiedener Mitgliedstaaten Anträge auf Ehescheidung, Trennung ohne Auflösung des Ehebandes oder Ungültigerklärung einer Ehe zwischen denselben Parteien gestellt, so setzt das später angerufene Gericht das Verfahren von Amts wegen aus, bis die Zuständigkeit des zuerst angerufenen Gerichts geklärt ist.**

---

[12] EuGH 10.10.1996 – C-78/95, Slg. 1996 I-4943 Rn. 18 ff. – Hendrikman = NJW 1997, 1061; Rauscher/*Rauscher* Art. 18 Rn. 8.

[13] *Hausmann* B Rn. 203, Rauscher/*Rauscher* Art. 18 Rn. 8.

[14] Rauscher/*Rauscher* Art. 18 Rn. 12.

[15] Geimer/Schütze/*Dilger* Art. 18 Rn. 5.

[16] *Hausmann* B Rn. 206.

[17] Rauscher/*Rauscher* Art. 18 Rn. 16; Prütting/Gehrlein/*Völker* Art. 18 Rn. 3.

[18] Rauscher/*Rauscher* Art. 18 Rn. 17.

[19] Geimer/Schütze/*Dilger* Art. 18 Rn. 7.

[20] *Hausmann* B Rn. 207; Rauscher/*Rauscher* Art. 18 Rn. 17.

(2) **Werden bei Gerichten verschiedener Mitgliedstaaten Verfahren bezüglich der elterlichen Verantwortung für ein Kind wegen desselben Anspruchs anhängig gemacht, so setzt das später angerufene Gericht das Verfahren von Amts wegen aus, bis die Zuständigkeit des zuerst angerufenen Gerichts geklärt ist.**

(3) **Sobald die Zuständigkeit des zuerst angerufenen Gerichts feststeht, erklärt sich das später angerufene Gericht zugunsten dieses Gerichts für unzuständig. In diesem Fall kann der Antragsteller, der den Antrag bei dem später angerufenen Gericht gestellt hat, diesen Antrag dem zuerst angerufenen Gericht vorlegen.**

Literatur: *Finger,* Ausländische Rechtshängigkeit und inländisches Scheidungsverfahren (einschl. Scheidungsfolgen), FuR 1999, 310; *Geimer,* Lis pendens in der Europäischen Union, FS Sonnenberger, 2004, S. 357; *Gruber,* Die neue „europäische Rechtshängigkeit bei Scheidungsverfahren", FamRZ 2000, 1129; *Burkhardt,* Internationale Rechtshängigkeit und Verfahrensstruktur bei Eheauflösungen, 1997; *Dutta/Schulz,* Erste Meilensteine im europäischen Kindschaftsverfahrensrecht: Die Rechtsprechung des Europäischen Gerichtshofs zur Brüssel-IIa-Verordnung von *C* bis *Mercredi,* ZEuP 2012, 526; *Heiderhoff,* Die Berücksichtigung ausländischer Rechtshängigkeit in Ehescheidungsverfahren, 1998; *Lupoi,* The New Lis Pendens Provisions in the Brussels I and II Regulations, ZZPInt 7 (2002), 149; *Pabst,* Entscheidungszuständigkeit und Beachtung ausländischer Rechtshängigkeit in Ehesachen mit Europabezug, 2009; *Philippi,* Doppelte Scheidungsprozesse im In- und Ausland, FamRZ 2000, S. 525; *Prütting,* Der europäische Streitgegenstand und die Rechtssache Purrucker, FS Simotta, 2012, S. 437; *Safferling,* Rechtshängigkeit in deutsch-französischen Scheidungsverfahren, 1996; *R. Wagner,* Ausländische Rechtshängigkeit in Ehesachen unter besonderer Berücksichtigung der EG-Verordnungen Brüssel II und Brüssel IIa, FPR 2004, 286.

Übersicht

I. Allgemeines

1. Normzweck

1   Die **gesetzliche Überschrift** in der deutschen Sprachfassung von Art. 19 Brüssel IIa-VO „Rechtshängigkeit und abhängige Verfahren" beruht auf keinem Redaktionsversehen oder Schreibfehler, sondern ist inhaltlich bewusst so gewählt worden.[1] Es ist also nicht der Wortlaut in „anhängige Verfahren" zu korrigieren. Dies zeigen auch der Text der englischen Sprachfassung („*Lis pendens and dependent actions*") und der inhaltliche Kontext von Art. 19 Abs. 1 Brüssel IIa-VO, der Verfahren betrifft, die lediglich inhaltlich voneinander abhängig („konnex") sind.[2]

2   Art. 19 will **positiven Kompetenzkonflikten,** wie sie bei in verschiedenen Mitgliedstaaten **eingeleiteten Parallelverfahren** auftreten, **entgegen wirken und der Gefahr vorbeugen,** dass **widersprechende Entscheidungen** gefällt werden.[3] Um dies zu erreichen, soll nach dem **Prioritätsprinzip**[4] sowohl im Fall von Abs. 1 (Ehesachen) als auch im Fall von Abs. 2 (Verfahren bzgl. der elterlichen Verantwortung) das als letztes angerufene Gericht das Verfahren vAw aussetzen, bis die (bestehende) internationale Zuständigkeit des zuerst angerufenen Gerichts rechtskräftig feststeht. In diesem Fall hat sich das später angerufene Gericht für unzuständig zu erklären (Abs. 3 S. 1). Über den **Zeitpunkt der Rechtshängigkeit** enthält Art. 16 Brüssel IIa-VO eine **verordnungsautonome Regelung.**[5] Es genügt grundsätzlich die abstrakte Gefahr einer Entscheidungskollision, ohne dass eine **Anerkennungsprognose** im Einzelfall durchgeführt werden müsste.[6] Der Anwendungsbereich von Art. 19 Abs. 1 Brüssel IIa-VO erfasst nur die **in verschiedenen Mitgliedstaaten** eingeleiteten Parallelverfahren (→ Rn. 8).[7] Positive Kompetenzkonflikte im Verhältnis zu **drittstaatlichen Gerichten** werden hingegen nach dem autonomen nationalen Verfahrensrecht gelöst (für Ehesachen in Deutschland: §§ 261 Abs. 3 Nr. 1 ZPO iVm § 113

---

[1] Vgl. auch *Kohler* NJW 2001, 10 (12); aA wohl Hk-FamR/*Rieck* Art. 19 Rn. 1.

[2] *Kohler* NJW 2001, 10 (12).

[3] EuGH 9.11.2010 – C-296/10, Slg. 2010 I-11163 Rn. 64, 67 = NJW 2011, 364 f.; Saenger/*Dörner* Art. 19 Rn. 1; Geimer/Schütze/*Dilger* Internationaler Rechtsverkehr, Art. 19 Rn. 1.

[4] Borrás-Bericht, ABl. EG 1998 C 221 S. 46 Rn. 53; OLG Zweibrücken FamRZ 2006, 1043 (1044); *Hau* FamRZ 2000, 1333 (1339); *Hausmann* EuLF 2000/2001, 346; *Tödter* FamRZ 2005, 1687; Rauscher/*Rauscher* Art. 19 Rn. 3; Thomas/Putzo/*Hüßtege* Art. 19 Rn. 1; *Gruber* FamRZ 2000, 1129; *ders.* IPRax 2005, 293 (295).

[5] Vgl. zur Problematik, dass die verfahrenseinleitenden Schriftstücke am selben Tag bei Gericht eingehen, so dass es auf den Nachweis der exakten Uhrzeit ankommt, *Hausmann* A Rn. 125.

[6] *Hau* FamRZ 2000, 1339; Zöller/*Geimer* Art. 19 Rn. 2; *Gruber* FamRZ 2000, 1129 (1132); MüKoFamFG/*Gottwald* Art. 19 Rn. 5.

[7] *Hausmann* A Rn. 124.

Abs. 1 S. 2 FamFG).[8] In diesem Fall wird regelmäßig auch eine Anerkennungsprognose vorgenommen.

Die Gefahr von Verfahrenskonkurrenzen ist mit Blick auf die in Art. 3 Brüs- **3** sel IIa-VO normierten **gleichberechtigten Zuständigkeiten** insbesondere in Eheverfahren virulent.[9] Dabei kommt Art. 19 Abs. 1 Brüssel IIa-VO auch dann zur Anwendung, wenn das als erstes befasste Gericht seine internationale Zuständigkeit auf Art. 7 Abs. 1 Brüssel IIa-VO ivm den jeweiligen nationalen Zuständigkeitsvorschriften gründet (sog. Restzuständigkeit).[10] Eine **funktionelle Parallele** findet Art. 19 Brüssel IIa-VO in **Art. 27 Brüssel I-VO** sowie **Art. 12 EuUntVO**.[11] In allen drei Fällen handelt es sich aus der Sicht deutscher Gerichte um eine **von Amts wegen** zu prüfende Zulässigkeitsvoraussetzung für das Verfahren.[12] Wird die Rechtshängigkeitssperre im zeitlich späteren Verfahren nicht beachtet, drohen miteinander inhaltlich unvereinbare Urteile. In diesem Fall wird mit Blick auf Art. 22 lit. c Brüssel IIa-VO im Anerkennungsstaat (unabhängig von der zeitlichen Priorität) aber stets der inländischen Entscheidung der Vorrang eingeräumt. Es gilt hier noch das durchaus kritikwürdige Nationalitätsprinzip. Im Rahmen von Art. 22 lit. d Brüssel IIa-VO hingegen wird der Konflikt zwischen verschiedenen fremden Entscheidungen nach dem Prioritätsgrundsatz gelöst.[13] In der Entscheidung *Mercredi* v. 22.12.2010 hat der EuGH[14] aber (inzident) die Frage aufgeworfen, ob auch die **Missachtung der früheren ausländischen Rechtshängigkeit** nach Art. 19 Abs. 2 Brüssel IIa-VO einen (ungeschriebenen) Anerkennungsverweigerungstatbestand auslösen könne und in der Sache wohl bejaht. Allgemein ist die Entscheidung für das Prioritätsprinzip zugleich als eine Entscheidung gegen die angloamerikanische *forum non conveniens* – Lehre (und gegen das Prinzip der Sachnähe) zu werten.[15] Art. 15 Brüssel IIa-VO führt allenfalls zu einer leichten Annäherung an das Verständnis des *Common Law*[16] und begünstigt vor allem einen einverständlichen gerichtlichen Zuständigkeitstransfer.[17] Lediglich aus **Gründen des Kindeswohls** wird hier somit die Regelung nach Art. 19 Abs. 2 Brüssel IIa-VO im Einzelfall durchbrochen.[18] Eine wenig sinnvolle Aufweichung des Prioritätsprinzips wäre es auch gewesen, nach den inhaltlichen Wirkungen und der Reichweite des jeweiligen Verfahrensantrags zu differenzieren, so dass der weiterreichende Antrag sich unabhängig von der zeitlichen Reihenfolge stets durchgesetzt hätte.[19]

---

[8] *Hausmann* A Rn. 123; Rauscher/*Rauscher* Art. 19 Rn. 15; krit *Jayme* IPRax 2008, 444.

[9] Geimer/Schütze/*Dilger* Internationaler Rechtsverkehr, Art. 19 Rn. 1.

[10] *Hausmann* A Rn. 123.

[11] Im Güterrecht ist hingegen weiterhin die *lex fori* maßgeblich.

[12] Thomas/Putzo/*Hüßtege* Art. 19 Rn. 1.

[13] Geimer/Schütze/*Dilger* Internationaler Rechtsverkehr, Art. 19 Rn. 1.

[14] EuGH 22.12.2010 – C-497/10 PPU, FamRZ 2011, 617 f. Rn. 68 f., 70 = BeckRS 2011, 80648; in diesem Sinne auch die Interpretation des Judikats bei *Dutta/Schulz* ZEuP 2012, 538 ff.: „Im Ergebnis schafft der Gerichtshof in Mercredi offenbar einen ungeschriebenen Anerkennungsversagungsgrund, der sich in Ansätzen auch im autonomen deutschen Anerkennungsrecht findet, nämlich in § 109 Abs. 1 Nr. 3 Fall 2 FamFG".

[15] Dazu Rauscher/*Rauscher* Art. 19 Rn. 4.

[16] Zu den Schwierigkeiten einer gegenseitigen Annäherung der unterschiedlichen Rechtstraditionen auch Geimer/Schütze/*Dilger* Internationaler Rechtsverkehr, Art. 19 Rn. 1, 2.

[17] Vgl. auch Rauscher/*Rauscher* Art. 15 Rn. 1.

[18] Vgl. Rauscher/*Rauscher* Art. 19 Rn. 5.

[19] Dazu auch Borrás-Bericht, ABl. EG 1998 C 221 S. 46 Rn. 54; näher Geimer/Schütze/*Dilger* Internationaler Rechtsverkehr, Art. 19 Rn. 1.

2. Änderungen im Vergleich zu Art. 11 Brüssel II-VO

4   Vorgängervorschrift zu Art. 19 Brüssel IIa-VO war Art. 11 Brüssel II-VO (=
EheVO 2000). In dieser Vorschrift hatte die **Kernpunktlehre des EuGH** im
Rahmen von Abs. 1 auch gesetzlichen Ausdruck gefunden.[20] Nach der Gesetzesbegründung zur Brüssel II-VO sollte eine Formel für Familiensachen gefunden
werden, welche sich von Vermögenssachen unterschied, weil die Rechtshängigkeitssperre (im herkömmlichen Sinne) nicht sämtliche Koordinationsfragen lösen
könnte.[21] Ähnlich wie bei Art. 27 Brüssel I-VO ging der Umfang der Rechtshängigkeitssperre damit über den der nach nationalem Recht zu bestimmenden
Rechtskraft hinaus.[22] Durch Art. 19 Brüssel IIa-VO wurde der Norminhalt der
Rechtshängigkeitssperre modifiziert, wobei die Regelung nun **zwischen Ehesachen in Abs. 1** und **Angelegenheiten der elterlichen Verantwortung in
Abs. 2 differenziert.**[23] Insoweit wurde in Art. 19 Abs. 1 Brüssel IIa-VO auf die
Passage „wegen desselben Anspruchs" verzichtet. Stattdessen wird unabhängig
von der Frage des Streitgegenstands versucht, in Ehesachen (Art. 1 Abs. 1 lit. a
Brüssel IIa-VO) einen weiter gehenden verfahrensrechtlichen Zusammenhang
herzustellen.[24] Hierzu genügt es, dass unterschiedliche Anträge von denselben
Parteien bei Gerichten verschiedener Mitgliedstaaten gestellt werden. Der Begriff
des Zusammenhangs in Art. 28 Brüssel I-VO wurde hingegen mit Blick auf die
praktischen Schwierigkeiten bei der Bestimmung nicht fruchtbar gemacht.[25]
Lediglich bei Verfahren hinsichtlich der elterlichen Verantwortung (Art. 19
Abs. 2 Brüssel IIa-VO) hat die Frage der Anspruchsidentität somit noch Bedeutung (→ Rn. 17).

II. Konkurrierende Verfahren nach Abs. 1

1. Anwendungsbereich

5   Art. 19 Abs. 1 Brüssel IIa-VO dient der Vermeidung konkurrierender Eheverfahren in verschiedenen europäischen Mitgliedstaaten.[26] Die Vorschrift knüpft an
die **Identität der Parteien** an, was bedeutet, dass in den konkurrierenden Verfahren **dieselbe Ehe** im Streit steht. Hingegen setzt Art. 19 Abs. 1 Brüssel IIa-VO
nach seinem Wortlaut (anders als Art. 27 Abs. 1 Brüssel I-VO und Art. 19 Abs. 2

---

[20] *P. Gottwald*, Streitgegenstand und Sinnzusammenhänge in: *Gottwald* (Hrsg.), Dogmati-
sche Grundfragen des Zivilprozesses im geeinten Europa, 2000, S. 90 f.; Geimer/Schütze/
Dilger Internationaler Rechtsverkehr, Art. 19 Rn. 9, 10 (auch zum Wortlaut der früheren
Vorschrift).

[21] So Borrás-Bericht, ABl. EG 1998 C 221 S. 46 Rn. 52.

[22] Hierzu *Gruber* FamRZ 2000, 1129 (1134), der den Widerspruch zwischen der Reichweite der Rechtshängigkeitssperre und der Rechtskraft eine „gewöhnungsbedürftige Neuerung" nennt.

[23] Abweichend *R. Wagner* FPR 2004, 286 f.: Mit der Neufassung in Art. 19 Abs. 1 würden
die bisherigen Absätze 1 und 2 von Art. 11 zusammengefasst, ohne dass sich inhaltlich etwas
ändern sollte.

[24] Kritisch Rauscher/*Rauscher* Art. 19 Rn. 11 f.

[25] Borrás-Bericht, ABl. EG 1998 C 221 S. 46, Rn. 52; Rauscher/*Rauscher* Art. 19 Rn. 2.

[26] *Hau* FamRZ 2000, 1339; *Boele-Woelki* ZfRV 2001, 126. Nach Rauscher/*Rauscher*
Rn. 7 wird der Bogen durch die konkrete Ausgestaltung von Art. 19 Abs. 1 Brüssel IIa-VO
jedoch überspannt.

Brüssel IIa-VO) **keine Identität des „Anspruchs"** voraus, wobei als Vorbild noch Art. 11 Abs. 2 Brüssel II-VO fortwirkt.[27] Streitgegenstandsidentität wird somit nicht gefordert, wenngleich sich beide Verfahren durch das Verfahrensergebnis inhaltlich beeinflussen können müssen (vgl. näher → Rn. 10).[28] Insoweit zwingt eine in Italien zuerst eingeleitete Ehetrennungsklage den deutschen Scheidungsrichter zur Aussetzung des Verfahrens.[29] Die im Rahmen von Art. 27 Abs. 1 Brüssel I-VO bekannte **Torpedoproblematik** findet sich hier in anderer Gestalt wieder. So kann etwa die Rechtshängigkeitssperre, ausgelöst durch eine Ehetrennungsklage, von dem an der Ehe festhaltenden Ehegatten dazu benutzt werden, eine Ehescheidung im Ausland zeitlich zu verzögern.[30] Richtigerweise erfasst der sachliche Anwendungsbereich der Brüssel IIa-VO **nur statusändernde Verfahren** (→ Vorbemerkungen Brüssel IIa-VO Rn. 7). Nicht einbezogen sind somit Anträge oder Klagen auf Feststellung des Bestehens oder Nichtbestehens einer Ehe, die damit keine Sperrwirkung auslösen.[31] Bei ihnen fehlt es an der durch Art. 1 Abs. 1 lit. a Brüssel IIa-VO geforderten rechtsgestaltenden Wirkung (→ Art. 1 Rn. 13). Keine Sperrwirkung löst ein auf **einstweiligen Rechtsschutz** gerichteter Antrag gegenüber dem nachfolgenden Hauptsacheverfahren aus.[32] Für die Frage, ob ein **Versöhnungsverfahren** eine Sperrwirkung auslösen kann, kommt es darauf an, ob es als notwendiger funktioneller Bestandteil des Scheidungsverfahrens anzusehen ist.[33] Für Art. 251 Abs. 1 S. 1 des *code civil français* kann dies bejaht werden.[34] Der Antrag auf Gewährung von **Prozesskostenhilfe bzw. Verfahrenskostenhilfe** sollte als verfahrenseinleitendes Schriftstück im Sinne von Art. 16 Brüssel IIa-VO angesehen werden und löst somit richtigerweise auch eine Sperrwirkung aus.[35]

Der Verzicht auf das Kriterium der Anspruchsidentität erweitert den Umfang **6** der Rechtshängigkeitssperre beträchtlich und trägt dem Umstand Rechnung, dass in Ehesachen selbst trotz der Weite der Kernpunkttheorie des EuGH vollständige Identität häufig nicht anzunehmen sein wird. Kaum zweckmäßig wäre es aber andererseits, die Identität der Streitgegenstände nach dem Vorbild einiger nationaler Rechtsordnungen auch an die Identität der (materiellen) Scheidungsgründe zu knüpfen.[36] Dagegen erscheint die Annahme übereinstimmender Streitgegen-

---

[27] Rauscher/*Rauscher* Art. 19 Rn. 17 f.; Saenger/*Dörner* Art. 19 Rn. 3.

[28] Thomas/Putzo/*Hüßtege* Art. 19 Rn. 3; aA MüKoFamFG/*Gottwald* Art. 19 Rn. 2: Aus Art. 19 Abs. 1 EheGVO ergebe sich, „dass Streitgegenstand eines Eheverfahrens die Auflösung der Ehe, gleich aus welchem Grund ist".

[29] OLG Zweibrücken FamRZ 2006, 1043; *Hausmann* EuLF 2000/2001, 346; *R. Wagner* FPR 2004, 286 (289).

[30] Rauscher/*Rauscher* Art. 19 Rn. 11 ff.

[31] *Hausmann* EuLF 2000/2001, 274 f.; Zöller/*Geimer* Art. 19 Rn. 4; *Helms* FamRZ 2001, 257 (259); *Heiderhoff* StAZ 2009, 9; *Dilger* Die Regelungen zur internationalen Zuständigkeit in Ehesachen in der Verordnung (EG) Nr. 2201/2003 Rn. 142 ff.; *Simotta* FS Geimer, 2002, 1145 ff.; vgl. auch Bassenge/Roth/*Althammer* § 98 FamFG Rn. 3; aA etwa NK-BGB/*Gruber* Art. 19 Rn. 10.

[32] Thomas/Putzo/*Hüßtege* Art. 19 Rn. 3; in der Sache auch Geimer/Schütze/*Dilger* Internationaler Rechtsverkehr, Art. 19 Rn. 16.

[33] *Hausmann* A Rn. 128; HK-ZPO/*Dörner* Art. 19 Rn. 3; Thomas/Putzo/*Hüßtege* Art. 19 Rn. 3.

[34] Zöller/*Geimer* Art. 19 Rn. 6; Geimer/Schütze/*Dilger* Internationaler Rechtsverkehr, Art. 19 Rn. 17.

[35] *Hausmann* A Rn. 98; aA OLG Stuttgart NJW 2013, 398.

[36] Vgl. in diesem Kontext auch Rauscher/*Rauscher* Art. 19 Rn. 8.

stände im Falle einer Ehescheidung im Vergleich zur Eheaufhebung oder Ehetrennung eher zweifelhaft. Die Identität ist eher partieller Art, wenn man bedenkt, dass auf dem Weg zur Zerrüttungsscheidung als notwendige Vorstufe die Ehetrennung stattfindet.[37] Aus diesem Grund **verzichtet** der europäische Gesetzgeber in Art. 19 Abs. 1 Brüssel IIa-VO mit Recht **auf den Streitgegenstand als Fixpunkt** der Rechtshängigkeitssperre und erweitert damit auf sinnvolle Weise die Möglichkeiten zur Verfahrenskoordination.[38] Zu bedenken ist dabei auch, dass einige (etwa in Deutschland anerkannte) Rechtsinstitute zur „Rückgängigmachung der Ehe" anderen europäischen Rechtsordnungen unbekannt sind.[39]

7   Ehesachen nach Abs. 1 (vgl. auch Art. 1 Abs. 1 lit. a Brüssel IIa-VO) und Verfahren zur elterlichen Verantwortung nach Abs. 2 (vgl. auch Art. 1 Abs. 1 lit. b Brüssel IIa-VO) stellen dagegen verschiedene Streitgegenstände dar und können sich daher nicht gegenseitig in ihrer Zulässigkeit beeinflussen.[40] Auch **(vermögensrechtliche) Folgesachen** entfalten keine Blockadewirkung nach Art. 19 Brüssel IIa-VO, dies bereits deswegen, weil sie, von der elterlichen Verantwortung abgesehen, nicht in den Anwendungsbereich der Verordnung fallen.[41]

2. Voraussetzungen im Einzelnen

8   **a) Gerichte verschiedener Mitgliedstaaten.** Art. 19 Abs. 1 Brüssel IIa-VO greift nur ein, wenn auf den Ehestatus bezogene Anträge bei **Gerichten verschiedener Mitgliedstaaten** (ausgenommen Dänemark) gestellt werden,[42] und hat dann gegenüber nationalen Konfliktregelungsmechanismen den Vorrang (etwa: § 261 Abs. 3 Nr. 1 ZPO).[43] Der Anwendung der Vorschrift steht es nicht entgegen, dass die internationale Zuständigkeit vom zuerst angerufenen Gericht auf eine nationale Restzuständigkeit (Art. 6, 7 oder Art. 14 iVm staatsvertraglichen oder nationalen Vorschriften) gestützt wird.[44] Die internationale Zuständigkeit der Spruchkörper desselben Mitgliedstaates folgt hingegen aus der jeweiligen *lex fori*,[45] in Deutschland für Ehesachen aus §§ 113 Abs. 1 S. 2 FamFG iVm 261 Abs. 3 Nr. 1 ZPO. Nationale Regeln entscheiden auch hinsichtlich eines in einem **Drittstaat** anhängigen Verfahrens,[46] sofern keine vorrangige völkerrechtliche Bestimmung einschlägig ist. Der Wortlaut von Art. 19 Abs. 1 Brüssel IIa-VO („bei Gerichten verschiedener Mitgliedstaaten") lässt keinen Zweifel daran, dass er Kompetenzkonflikte mit Beteiligung eines drittstaatlichen Gerichts nicht regeln will, ohne dass diese deswegen unbeachtlich wären.[47] Daran ändert auch nichts,

---

[37] Rauscher/*Rauscher* Art. 19 Rn. 8.

[38] In der Sache auch Rauscher/*Rauscher* Art. 19 Rn. 8.

[39] In Schweden und Finnland existiert allein die Möglichkeit zur Ehescheidung, vgl. dazu *Jänterä-Järeborg* YB PIL 1999, 17.

[40] Geimer/Schütze/*Dilger* Internationaler Rechtsverkehr, Art. 19 Rn. 8; Zöller/*Geimer* Art. 19 Rn. 5.

[41] S. nur *H. Roth* IPRax 2013, 188 (189).

[42] Rauscher/*Rauscher* Art. 19 Rn. 16.

[43] OLG Hamm FamRZ 2006, 1043.

[44] *Gruber* FamRZ 2000, 1129 (1131); NK-BGB/*Gruber* Art. 19 Rn. 5.

[45] Rauscher/*Rauscher* Art. 19 Rn. 15.

[46] Hof's-Gravenhage NIPR 2008, 28 (29); Rauscher/*Rauscher* Art. 19 Rn. 15; NK-BGB/*Gruber* Art. 19 Rn. 6; abweichend (keine Beachtung der Rechtshängigkeit) Cour de Cassation IPRax 2006, 611 m. Anm. *Dilger* (617); *Jayme/Kohler* IPRax 2006, 537 (548).

[47] Geimer/Schütze/*Dilger* Internationaler Rechtsverkehr, Art. 19 Rn. 5; Geimer/Schütze/*Geimer* Art. 19 Rn. 12.

dass die Zuständigkeit des später angerufenen Gerichts auf Art. 3 Brüssel IIa-VO gestützt wird. Insoweit ist für die Anwendung von Art. 19 Abs. 1 Brüssel IIa-VO auch darauf zu achten, dass der sachliche und temporale (Art. 64 Brüssel IIa-VO) Geltungsbereich der Brüssel IIa-VO eröffnet sind.[48]

  b) Parteiidentität. Die Sperrwirkung von Art. 19 Abs. 1 greift nur ein, wenn **9** sowohl die **identische Ehe** als auch **die identischen Parteien** betroffen sind, ohne dass die jeweilige Parteirolle von Bedeutung wäre.[49]

  c) Keine Anspruchsidentität. Im Gegensatz zu Abs. 2 wird von Abs. 1 **keine** **10** „**Anspruchsidentität**" im Sinne einer Identität der betroffenen Streitgegenstände vorausgesetzt (→ Rn. 5).[50] Auch bedarf es keiner Prüfung eines besonderen Sachzusammenhangs im Sinne von Konnexität, wie dies etwa Art. 28 Abs. 1, 3 Brüssel I-VO erfordert.[51] ZT wird jedoch in der Literatur eine Abgrenzung nach der Identität des Streitgegenstands *de lege ferenda* zur Konfliktlösung als sinnvoll erachtet.[52] In der Tat könnte damit die oben (→ Rn. 5) geschilderte Torpedo-problematik (etwa im Verhältnis von Ehetrennung und Ehescheidung) besser im Zaum gehalten werden. Die Sperrwirkung greift bei allen in Art. 1 Abs. 1 lit. a Brüssel IIa-VO genannten **Ehesachen** unabhängig von Verfahrensgegenstand und Antragsziel ein.[53] Ehetrennungs-,[54] Ehescheidungs- und Eheaufhebungsverfahren können somit eine gegenseitige Sperrwirkung entfalten. So blockiert ein früherer Antrag vor einem italienischen Richter auf *separazione giudiziale* einen nachfolgenden Scheidungsantrag in Deutschland und erfordert seine Aussetzung.[55] Ausgeschlossen vom Anwendungsbereich der Verordnung sind hingegen, wie erwähnt (→ Rn. 5), bloße Feststellungsanträge,[56] so dass sie keine Sperrwirkung auslösen. Verfahren, welche **andere Familiensachen** im bloßen Zusammenhang mit dem Getrenntleben regeln wollen, beinhalten keine „Anträge auf Trennung" iSv Art. 19 Abs. 1 Brüssel IIa-VO.[57] Dies gilt grundsätzlich auch für bloße **Versöhnungsverfahren.** Jedoch kann, wenn es sich nach der jeweiligen *lex fori* um ein obligatorisches Vorschaltverfahren handelt, mit ihrer Einleitung bereits die Ehesache anhängig werden.[58]

[48] Rauscher/*Rauscher* Art. 19 Rn. 16.

[49] Geimer/Schütze/*Geimer* Art. 19 Rn. 5.

[50] OLG Zweibrücken FamRZ 2006, 1043 (1044); Geimer/Schütze/*Geimer* Art. 19 Rn. 1, 5; Thomas/Putzo/*Hüßtege* Art. 19 Rn. 3.

[51] Vgl. auch Borrás-Bericht, ABl. EG 1998 C 221 S. 47 Rn. 56; Rauscher/*Rauscher* Art. 19 Rn. 18.

[52] Insbesondere Rauscher/*Rauscher* Art. 19 Rn. 19.

[53] *Gruber* FamRZ 2000, 1134; Rauscher/*Rauscher* Art. 19 Rn. 20; Thomas/Putzo/*Hüßtege* Art. 19 Rn. 2.

[54] OLG Zweibrücken FamRZ 2006, 1043; *Wagner* FPR 2004, 286 (289); NK-BGB/ *Gruber* Art. 19 Rn. 7; Saenger/*Dörner* Art. 19 Rn. 7; MüKoFamFG/*Gottwald* Art. 19 Rn. 5; Rauscher/*Rauscher* Art. 19 Rn. 20; Thomas/Putzo/*Hüßtege* Art. 19 Rn. 3; *Kohler* NJW 2001, 10 (12); *Hau* FamRZ 2000, 1333 (1339).

[55] Vgl. OLG Zweibrücken FamRZ 2006, 1043 (Ehetrennungsantrag in Polen); ebenso *Hausmann* EuLF 2000/01, 346; auch *Watte/Boularbah* Rev trim dr fam 2000, 554; eingehend auch Rauscher/*Rauscher* Art. 19 Rn. 32; *Ganz* FuR 2011, 69 (74 f.).

[56] AA etwa Rauscher/*Rauscher* Art. 19 Rn. 20; NK-BGB/*Gruber* Art. 19 Rn. 10.

[57] Rb Maastricht NIPR 2008, 1134; dazu Rauscher/*Rauscher* Art. 19 Rn. 21.

[58] Rauscher/*Rauscher* Art. 19 Rn. 22; bereits *Gruber* FamRZ 2000, 1129 (1132); Geimer/ Schütze/*Dilger* Internationaler Rechtsverkehr, Art. 19 Rn. 17; Thomas/Putzo/*Hüßtege* Art. 19 Rn. 3.

11   **d) Zeitpunkt der Rechts-/Anhängigkeit des Verfahrens.** Für den Zeitpunkt der Rechtshängigkeit enthält Art. 16 Brüssel IIa-VO eine verordnungsautonome Regelung für alle Mitgliedstaaten.[59]

12   **e) Dauer der Rechtshängigkeitssperre und (fehlender) teleologischer Zusammenhang mit der Rechtskraft.** Sobald das zeitlich früher eingeleitete Verfahren rechtskräftig abgeschlossen ist, greift hinsichtlich eines in einem anderen Mitgliedstaat andauernden Verfahrens zwar nicht mehr Art. 19 Brüssel IIa-VO ein, jedoch ist die Rechtskraft der ausländischen Entscheidung im Anerkennungsstaat zu berücksichtigen, sofern keine Anerkennungshindernisse nach Art. 22 Brüssel IIa-VO greifen.[60] Bedeutsam wird dann, dass die durch Art. 19 Abs. 1 Brüssel IIa-VO vermittelte umfassende Sperrwirkung in der Regel weder in den nationalen Streitgegenstandslehren noch in der Kernpunkttheorie des EuGH eine Stütze findet.[61] Dies bedeutet zugleich, dass der nach der *lex fori* zu bestimmende Umfang der **Rechtskraftwirkungen,** insbesondere in Gestalt des *ne bis in idem*-Einwands, im Einzelfall deutlich hinter Art. 19 Abs. 1 Brüssel IIa-VO zurückbleiben kann.[62] Die Rechtshängigkeitssperre findet insoweit keine Entsprechung auf der Ebene der Rechtskraft. Vielmehr ist dann trotz der formellen Rechtskraft der ausländischen Entscheidung eine Fortführung des zunächst ausgesetzten inländischen Verfahrens möglich.[63] Zwischen Rechtshängigkeit und Rechtskraft existiert im europäischen Recht weiter **kein ausreichender teleologischer Zusammenhang.**[64] Beispielsweise ist es möglich, ein später eingeleitetes inländisches Scheidungsverfahren fortzuführen, wenn ein blockierendes ausländisches Ehetrennungsverfahren mittlerweile durch Entscheidung rechtskräftig abgeschlossen ist.[65] Um diese Problematik zu entschärfen, wäre es in der Tat sinnvoll, den durch Art. 19 Abs. 1 Brüssel IIa-VO erzielten Rechtshängigkeitsumfang mit Blick auf die nach der *lex fori* erzielten Rechtskraftwirkungen hin einzuschränken. Anders als *Rauscher* (wohl) meint,[66] wäre jedoch mit einer Ausrichtung am Begriff „desselben Anspruchs" im Sinne der Kernpunkttheorie noch nicht viel gewonnen, da diese in ihrem Umfang die nationalen Rechtskraftwirkungen häufig noch übertrifft. In jedem Fall kann das inländische Verfahren aber seinen Fortgang nehmen, wenn das ausländische Verfahren durch Prozessurteil abgewiesen wurde.[67] Eine andere Lösung könnte (ebenso wie mit Blick auf die Brüssel I-VO) darin bestehen, Ansätze zu einem **autonomen europäischen Rechtskraftverständnis** zu entwickeln.

3. Rechtsfolgen

13   Nach Art. 19 Abs. 1 Brüssel IIa-VO **setzt** das zeitlich später angerufene Gericht bei Vorliegen sämtlicher Tatbestandsvoraussetzungen sein **Verfahren aus** (ein

---

[59] Geimer/Schütze/*Geimer* Art. 19 Rn. 10 f.; Thomas/Putzo/*Hüßtege* Art. 19 Rn. 2a; Zöller/*Geimer* Art. 19 Rn. 3.

[60] Rauscher/*Rauscher* Art. 19 Rn. 23.

[61] Dazu bereits *Gruber* FamRZ 2000, 1129 (1134); Rauscher/*Rauscher* Art. 19 Rn. 27.

[62] *Gruber* FamRZ 2000, 1129 (1134); *Hausmann* EuLF 2000/2001, 347.

[63] *Gruber* FamRZ 2000, 1129 (1135); NK-BGB/*Gruber* Art. 19 Rn. 28; Rauscher/*Rauscher* Art. 19 Rn. 27.

[64] Ähnlich auch Rauscher/*Rauscher* Art. 19 Rn. 28; NK-BGB/*Gruber* Art. 19 Rn. 4; aus der Sicht der Brüssel I-VO.

[65] *Hausmann* A Rn. 137; Rauscher/*Rauscher* Art. 19 Rn. 27.

[66] Rauscher/*Rauscher* Art. 19 Rn. 29, 31.

[67] Dazu auch Rauscher/*Rauscher* Art. 19 Rn. 24.

deutsches Gericht: analog § 148 ZPO), bis die Zuständigkeit des zuerst angerufenen Gericht geklärt ist.[68] Anders als im deutschen Zivilprozessrecht (§ 261 Abs. 3 Nr. 1 ZPO) weist das später angerufene Gericht im Fall entgegenstehender Rechtshängigkeit den Antrag nach Art. 19 Abs. 1 Brüssel IIa-VO somit nicht sofort ab (zu den Konsequenzen für den Antrag auf Verfahrenskostenhilfe → Rn. 25).[69] Die Bestimmung der zeitlichen Priorität und des erstangerufenen Gerichts erfolgt dabei nach Art. 16 Brüssel IIa-VO.[70] Jedes Gericht entscheidet darüber autonom und ohne Bindung durch die Entscheidung eines anderen Gerichts. Art. 19 Abs. 3 Brüssel IIa-VO findet hier (noch) keine Anwendung, da dies eine formell rechtskräftige Entscheidung über die Zuständigkeitsfrage voraussetzen würde.[71] Über die Aussetzung entscheidet das jeweilige Gericht **ermessensunabhängig von Amts** wegen.[72] Entsprechende Hinweise müssen sich aber aus dem Vortrag der Parteien ergeben.[73] Insoweit trägt die subjektive Beweisführungslast, wer sich auf eine frühere ausländische Rechtshängigkeit beruft.[74]

III. Konkurrierende Verfahren der elterlichen Verantwortung (Abs. 2)

Art. 19 Abs. 2 Brüssel IIa-VO enthält einen Abs. 1 entsprechenden Rechtshän- **14** gigkeitsmechanismus für die Konkurrenz verschiedener **Verfahren zur elterlichen Verantwortung** (Art. 1 Abs. 1 lit. b Brüssel IIa-VO), der ebenfalls dem Prioritätsprinzip folgt und zur Aussetzung des zeitlich später eingeleiteten Verfahrens führt. Auch insoweit gilt es, positive Kompetenzkonflikte und daraus entstehende Entscheidungen mit widersprüchlichem Inhalt zu vermeiden.[75] Dabei ist jedoch zu berücksichtigen, dass parallele Verfahren der elterlichen Verantwortung bereits durch das gesetzliche Zuständigkeitssystem in Art. 8 ff. (im Vergleich zu Ehesachen nach Art. 1 Abs. 1 lit. a Brüssel IIa-VO) nur eingeschränkt möglich sind und sie vor allem im Zusammenhang mit widerrechtlichen Kindesentführungen oder Zurückhaltungen virulent werden.[76] Für konkurrierende Verfahren über andere Scheidungsfolgen findet Art. 19 Abs. 2 Brüssel IIa-VO hingegen keine Anwendung.

1. Kompetenzkonflikte zwischen mitgliedstaatlichen Gerichten

Voraussetzung für die Anwendung der Vorschrift ist, dass die konkurrierenden **15** Verfahren bei verschiedenen **mitgliedstaatlichen Gerichten** anhängig sind.[77] Dabei ist unerheblich, dass die internationale Zuständigkeit des als erstes angerufe-

---

[68] Thomas/Putzo/*Hüßtege* Art. 19 Rn. 5 f.; *Gruber* FamRZ 2000, 1133.

[69] So OLG Karlsruhe FamRZ 2011, 1528 zu Art. 19 Abs. 2; NK-BGB/*Gruber* Art. 19 2003 Rn. 3.

[70] Cass Bull Civ 2006 n° 375, noch zu Art. 11 Brüssel II-VO; zu diesem Judikat auch Rauscher/*Rauscher* Art. 19 Rn. 25.

[71] Rauscher/*Rauscher* Art. 19 Rn. 25, 46.

[72] Thomas/Putzo/*Hüßtege* Art. 19 Rn. 1.

[73] Rauscher/*Rauscher* Art. 19 Rn. 26; Thomas/Putzo/*Hüßtege* Art. 19 Rn. 1.

[74] Thomas/Putzo/*Hüßtege* Art. 19 Rn. 1.

[75] Vgl. etwa EuGH 9.11.2010 – C-296/10, Slg. 2010 I-11163 Rn. 64 = NJW 2011, 363.

[76] Vgl. etwa OLG Hamm BeckRS 2006, 00754; *Hausmann* B Rn. 210.

[77] Rauscher/*Rauscher* Art. 19 Rn. 37.

nen Forums auf nationale Zuständigkeitsvorschriften (iVm der Restzuständigkeit nach Art. 14 Brüssel IIa-VO) gestützt wird.[78] Hingegen können im Verhältnis zwischen einem mitgliedstaatlichen und einem **drittstaatlichen Gericht** (vgl. für Dänemark: Art. 2 Nr. 3 Brüssel IIa-VO) Art. 13 KSÜ[79] bzw. Art. 1 und 4 MSA, aber (wegen seines eindeutigen Wortlauts) nicht Art. 19 Brüssel IIa-VO Anwendung finden (vgl. auch oben → Rn. 8).

2. Identität der Person des Kindes und Anspruchsidentität

16   a) **Keine Parteiidentität.** Anders als Art. 19 Abs. 1 Brüssel IIa-VO verlangt Abs. 2 keine Parteiidentität[80] in dem inländischen und dem ausländischen Verfahren. Stattdessen muss es sich um Verfahren handeln, welche die elterliche Verantwortung für **dasselbe Kind** im Blick haben.[81] Unmaßgeblich ist regelmäßig, welche Personen formell beteiligt sind oder wer das Verfahren eingeleitet hat.[82] Eine (nicht erforderliche) Identität liegt aber vor, wenn Eltern um das Sorgerecht für dasselbe Kind streiten.[83]

17   b) **Anspruchsidentität.** Im Gegensatz zu Abs. 1 müssen nach Art. 19 Abs. 2 Brüssel IIa-VO die konkurrierendenVerfahren bezüglich der elterlichen Verantwortung für ein Kind **denselben Anspruch** betreffen.[84] Ähnlich wie im Rahmen von Art. 27 Abs. 1 Brüssel I-VO kommt hier die sog. **Kernpunkttheorie** des EuGH zum Tragen, was etwa im Vergleich zur deutschen *lex fori* ein **weites, verordnungsautonomes Streitgegenstandsverständnis** impliziert.[85] Dies bedeutet aber, dass die konkurrierenden Verfahren nicht im strengen Sinne übereinstimmen müssen,[86] sondern nur der Verfahrenskern identisch sein muss.[87] Verlangt wird lediglich, dass die Anträge auf derselben Grundlage (Sachverhalt und maßgebliche Rechtsvorschriften) und demselben Gegenstand basieren (Verfahrensziel).[88] Nach der zu Art. 27 Brüssel I-VO entwickelten Auffassung des EuGH[89] kommt es dabei entscheidend auf den Zweck der jeweiligen Anträge

---

[78] Vgl. zum EuGVÜ bereits EuGH 27.6.1991 – C-351/89, Slg. 1991 I-3317 Rn. 13 = NJW 1992, 3221.

[79] Rauscher/*Rauscher* Art. 19 Rn. 37.

[80] EuGH 9.11.2010 – C- 296/10, Slg 2010 I-11163 Rn. 65 = NJW 2011, 364; ausführlich auch *Hausmann* B Rn. 210.

[81] OLG Hamm FamRZ 2006, 1043; Geimer/Schütze/*Dilger* Internationaler Rechtsverkehr, Art. 19 Rn. 18.

[82] Geimer/Schütze/*Geimer* Art. 19 Rn. 8; Zöller/*Geimer* Art. 19 Rn. 8; Rauscher/*Rauscher* Art. 19 Rn. 38.

[83] NK-BGB/*Gruber* Art. 19 Rn. 13.

[84] Geimer/Schütze/*Dilger* Internationaler Rechtsverkehr, Art. 19 Rn. 18; Thomas/Putzo/*Hüßtege* Art. 19 Rn. 4; Zöller/*Geimer* Art. 19 Rn. 8.

[85] EuGH 9.11.2010 – C-296/10, Slg 2010 I-11163 Rn. 67 f. = NJW 2011, 364; Thomas/Putzo/*Hüßtege* Art. 19 Rn. 4; *Gruber* FamRZ 2000, 1129 (1131); etwa NK-BGB/*Gruber* Art. 19 Rn. 2; *Hausmann* EuLF 2000/2001, 346.

[86] Thomas/Putzo/*Hüßtege* Art. 19 Rn. 4.

[87] OLG Karlsruhe FamRZ 2011, 1528.

[88] EuGH 8.12.1987 – C-144/86, Slg. 1987, 4861 Rn. 14 = NJW 1989, 665; EuGH 6.12.1994 – C-406/92, Slg. 1995 I-5439 Rn. 38; EuGH 9.11.2010 – C- 296/10, Slg 2010 I-11163 Rn. 68.

[89] EuGH 8.12.1987 – C-144/86, Slg. 1987, 4861 Rn. 14 = NJW 1989, 665; EuGH 6.12.1994 – C-406/92, Slg. 1995 I-5439 Rn. 38; vgl. Rauscher/*Rauscher* Art. 19 Rn. 39;

an.[90] Die notwendige Zweckübereinstimmung liegt aber nicht nur bei vollkommener formeller Antragsidentität vor, also wenn beispielsweise beide Parteien die Übertragung des Sorgerechts fordern. Anspruchsidentität wird vielmehr hinsichtlich desselben Kindes auch im **Verhältnis von elterlicher Sorge und Umgangsrecht** angenommen, und dies unabhängig von der Frage, ob es sich um ein Amts- oder ein Antragsverfahren handelt.[91] Gleiches gilt mit Blick auf den Antrag auf Sorgerechtsübertragung und dem gegenläufigen Antrag auf Herausgabe desselben Kindes.[92] Die frühere Einleitung eines **isolierten Sorgerechtsverfahrens** sperrt auch ein Sorgerechtsverfahren im Verbund mit einer Ehesache.[93] Wird ein für ein ursprünglich isoliertes Sorgerechtsverfahren unzuständiges Gericht mit Einleitung des (zugehörigen) Scheidungsverfahrens im Gerichtsstaat nach Art. 12 Brüssel IIa-VO zuständig, kommt es nach Art. 16 Brüssel IIa-VO nicht auf den Zeitpunkt der Verfahrenseinleitung in der Ehesache an.[94] Die Sperrwirkung nach Art. 19 Abs. 2 Brüssel IIa-VO richtet sich in zeitlicher Hinsicht vielmehr weiter nach der Einleitung des isolierten Sorgerechtsverfahrens.[95] Keine Anspruchsidentität liegt vor zwischen dem Umgangsverfahren eines Elternteils und der beantragten Unterbringung in einer Pflegefamilie.[96] Eindeutig keine Anspruchsidentität ist anzunehmen, wenn die konkurrierenden Anträge **verschiedene Kinder** betreffen.[97] An dieser Voraussetzung fehlt es auch, wenn ein Antrag auf Zuweisung des Sorgerechts und ein Rückgabeantrag nach dem Haager Kindesentführungsübereinkommen (HKÜ) v. 25.10.1980 konkurrieren (vgl. vor allem Art. 19 HKÜ).[98] Für die Ermittlung der Anspruchsidentität bleiben **nachträgliche Antragserweiterungen** außer Betracht, so dass nur auf das verfahrenseinleitende Schriftstück abzuheben ist.[99] Einwendungen des Antragsgegners modifizieren den Umfang des autonomen Streitgegenstandsverständnisses nach Auffassung des EuGH ebenfalls nicht.[100] Die Rechtshängigkeitssperre wird, wie erwähnt, auch dann ausgelöst, wenn das eine Verfahren von Amts wegen, das andere aber auf Antrag der Partei betrieben wird, sofern im Übrigen Anspruchsidentität vor-

---

Geimer/Schütze/*Geimer* Art. 19 Rn. 8; Thomas/Putzo/*Hüßtege* Art. 19 Rn. 4; Zöller/*Geimer* Art. 19 Rn. 8.

[90] Vgl. nun aber auch EuGH 9.11.2010 – C- 296/10, Slg 2010 I-11163 Rn. 68.

[91] *Gruber* FamRZ 2000, 1129 (1134); Geimer/Schütze/*Dilger* Internationaler Rechtsverkehr, Art. 19 Rn. 20; Rauscher/*Rauscher* Art. 19 Rn. 40; Thomas/Putzo/*Hüßtege* Art. 19 Rn. 4; aA *Andrae* IntFamR § 2 Rn. 86.

[92] *Hausmann* B Rn. 216.

[93] Rauscher/*Rauscher* Art. 19 Rn. 41 unter Hinweis auf Art. 8 Brüssel IIa-VO. Wegen Art. 12 kommt es nicht automatisch zur Verbundzuständigkeit, sondern nur bei Einverständnis. Das Gegenteil war noch unter der Geltung von Art. 3 Brüssel II-VO (EheVO 2000) der Fall: OLG Karlsruhe FamRZ 2005, 287; näher *Frank* FamRZ 2005, 287.

[94] So aber noch zu Art. 3 Abs. 2 Brüssel II-VO OLG Karlsruhe FamRZ 2005, 287; ausführlich in der Kritik dazu Rauscher/*Rauscher* Art. 19 Rn. 42 (und Fn. 54).

[95] *Gruber* IPrax 2004, 508.

[96] Ebenso Rauscher/*Rauscher* Art. 19 Rn. 40.

[97] Rauscher/*Rauscher* Art. 19 Rn. 40.

[98] Geimer/Schütze/*Dilger* Internationaler Rechtsverkehr, Art. 19 Rn. 22 unter Hinweis auf EuGH 22.12.2010 – C-497/10 PPU, FamRZ 2011, 617 f. Rn. 65.

[99] Vgl. auch OLG Düsseldorf GRUR-RR 2009, 401 (zur Brüssel I-VO); *Hausmann* B Rn. 215.

[100] EuGH 8.5.2003 – C-111/01, Slg. 2003 I-4207 Rn. 30 (zur Brüssel I-VO) = EuZW 2003, 542; Geimer/Schütze/*Geimer* Art. 19 Rn. 32.

liegt.[101] Mangels Anspruchsidentität sperrt in keinem Fall eine Ehesache ein Verfahren zur elterlichen Verantwortung.[102]

18 Denkbar wäre, dass ein Antrag auf **einstweiligen Rechtsschutz** einem Hauptsacheverfahren hinsichtlich der elterlichen Sorge bereits aufgrund der Vorläufigkeit der zu erzielenden Regelung nicht entgegensteht, womit die Anspruchsidentität zu verneinen wäre.[103] Der EuGH hat jedoch in der **Rechtssache *Purrucker*** [104] ausführlich dargelegt und begründet, dass eine Differenzierung geboten ist:[105] Stützt das mit dem Antrag auf einstweiligen Rechtsschutz befasste Gericht seine internationale Zuständigkeit auf **Art. 20 Brüssel IIa-VO iVm staatsvertraglichem oder nationalem Recht** eines Mitgliedstaats, entfaltet Art. 19 Abs. 2 Brüssel IIa-VO keine Sperrwirkung gegenüber einer Entscheidung des Hauptsachegerichts (in Form einer einstweiligen oder endgültigen Regelung).[106] Denn nach Art. 20 Abs. 2 Brüssel IIa-VO treten die früheren einstweiligen Maßnahmen nach Art. 20 Abs. 1 Brüssel IIa-VO automatisch außer Kraft, wenn das für die Hauptsache (nach der Brüssel IIa-VO) zuständige Gericht eine Maßnahme getroffen hat, die es für angemessen hält (→ Art. 20 Rn. 18). Die Vorschrift schließt somit nach den Worten des EuGH „jede Gefahr eines Widerspruchs" aus.[107] Einstweilige Maßnahmen nach Art. 20 Brüssel IIa-VO werden nicht vom Anerkennungsregime der Art. 21 ff. Brüssel IIa-VO erfasst (→ Art. 21 Rn. 9), so dass auch insoweit kein Entscheidungskonflikt droht.[108]

19 Gründet dagegen das mit dem Antrag auf einstweiligen Rechtsschutz befasste Gericht seine **internationale Zuständigkeit auf Art. 8–14 Brüssel IIa-VO,** kann dieser Antrag durchaus nach Art. 19 Abs. 2 Brüssel IIa-VO ein später eingeleitetes Hauptsacheverfahren vor einem anderen mitgliedstaatlichen Gericht, dessen Zuständigkeit aus Art. 8–14 Brüssel IIa-VO folgt, blockieren.[109] Eine einem Entscheidungskonflikt von vornherein vorbeugende Regelung (wie Art. 20 Abs. 2 Brüssel IIa-VO) fehlt dann. Das Verfahren des vorläufigen Rechtsschutzes kann hier einem Hauptsacheverfahren in den Wirkungen gleichkommen.[110] Dies gilt insbesondere, wenn der Antrag auf einstweiligen Rechtsschutz die Hauptsa-

---

[101] Thomas/Putzo/*Hüßtege* Art. 19 Rn. 4; NK-BGB/*Gruber* Art. 19 Rn. 13.

[102] Statt aller Rauscher/*Rauscher* Art. 19 Rn. 41.

[103] Zur Fragestellung auch *Sickerling*, in: *Gsell/Hau*, Zivilgerichtsbarkeit und Europäisches Justizsystem, 2012, S. 63 ff.

[104] Ausführlich zur Verfahrensgeschichte der vorlegende Richter *Sickerling*, in: *Gsell/Hau*, Zivilgerichtsbarkeit und Europäisches Justizsystem, 2012, S. 63 ff.; dazu auch *Prütting*, FS Simotta, 2012, S. 437 ff.

[105] EuGH 9.11.2010 – C-296/10, Slg. 2010 I-11163 Rn. 64, 69 f. = NJW 2011, 363, Rn. 16; Geimer/Schütze/*Dilger* Internationaler Rechtsverkehr, Art. 19 Rn. 24 f.; Thomas/Putzo/*Hüßtege* Art. 19 Rn. 4; *Hausmann* B Rn. 217 f.; *Dutta/Schulz* ZEuP 2012, 542 ff.

[106] EuGH 9.11.2010 – C-296/10, Slg. 2010 I-11163 Rn. 69 f. = NJW 2011, 363; ebenso *Hausmann* B Rn. 218 ff.; *Dutta/Schulz* ZEuP 2012, 542 ff.; Geimer/Schütze/*Dilger* Internationaler Rechtsverkehr, Art. 19 Rn. 24.

[107] EuGH 9.11.2010 – C-296/10, Slg 2010 I-11163, Rn. 71.

[108] *Hausmann,* B Rn. 218 ff.; Geimer/Schütze/*Dilger* Internationaler Rechtsverkehr, Art. 19 Rn. 24.

[109] EuGH 9.11.2010 – C-296/10, Slg 2010 I-11163 Rn. 72 ff., 75 f.; ebenso *Hausmann* B Rn. 217; Geimer/Schütze/*Dilger* Internationaler Rechtsverkehr, Art. 19 Rn. 25.

[110] EuGH 9.11.2010 – C-296/10, Slg 2010 I-11163 Rn. 72 ff., 78 f.; *Hausmann* B Rn. 217.

che vorbereitet.[111] Dann blockiert etwa ein Antrag auf einstweilige Übertragung des Sorge- oder Umgangsrechts in einem Mitgliedstaat ein zeitlich später eingeleitetes Hauptsacheverfahren hinsichtlich einer Übertragung des Sorgerechts in einem anderen Mitgliedstaat.[112] Das als zweites angerufene Hauptsachegericht muss also für die Frage, ob die Rechtshängigkeitssperre nach Art. 19 Abs. 2 Brüssel IIa-VO eingreift, prüfen, ob das mit dem Antrag auf einstweiligen Rechtsschutz beschäftigte Gericht sich in zuständigkeitsrechtlicher Hinsicht auf Art. 8–12 Brüssel IIa-VO oder Art. 20 Abs. 1 Brüssel IIa-VO (iVm staatsvertraglichem oder nationalem Recht) beruft.[113] Bleibt trotz intensiver Bemühungen ein **Erkenntnisdefizit** zurück, so soll nach Auffassung des EuGH das Hauptsachegericht das bei ihm anhängige Verfahren fortsetzen dürfen, sofern Gründe des Kindeswohls dies verlangen und eine angemessene Wartefrist abgelaufen ist.[114] Bei der Fristbemessung ist in die Entscheidung das **Kindeswohl unter Berücksichtigung der konkreten Umstände des Einzelfalles** einzubeziehen.[115] **Umgekehrt** steht die Rechtshängigkeit des Hauptsacheverfahrens im Interesse des effektiven Rechtsschutzes dem Erlass einstweiliger Maßnahmen keineswegs entgegen[116] (→ Art. 20 Rn. 17).

3. Rechtsfolge

Auch Art. 19 Abs. 2 Brüssel IIa-VO löst den Zuständigkeitskonflikt durch **20** **Anwendung des Prioritätsprinzips**. Wie im Falle von Abs. 1 kommt es nach Abs. 2 zunächst nur zu einer **Aussetzung des zeitlich später eingeleiteten Verfahrens (von Amts wegen)** und nicht zur Abweisung als unzuständig.[117] Dies geschieht erst dann, wenn die internationale Zuständigkeit des zuerst angerufenen Gerichts rechtskräftig festgestellt wurde. Für die Frage der Verfahrensaussetzung ist nicht zu prüfen, ob die ausländische Entscheidung im Inland tatsächlich nach Art. 23 Brüssel IIa-VO anerkennungsfähig wäre (keine Anerkennungsprognose im europäischen Rechtsraum).[118] Hinsichtlich der Durchführung der Aussetzung kann vor einem deutschen Familiengericht auf § 21 FamFG analog zurückgegriffen werden.[119] Für den Zeitpunkt, in dem die konkurrierenden Verfahren rechtshängig geworden sind, ist wiederum Art. 16 Brüssel IIa-VO zu befragen (verordnungsautonomer Maßstab);[120] → Art. 16 Rn. 1, 2.

---

[111] EuGH 9.11.2010 – C-296/10, Slg 2010 I-11163 Rn. 73 ff, 80; Geimer/Schütze/*Dilger* Internationaler Rechtsverkehr, Art. 19 Rn. 25; aA noch vor der Entscheidung des EuGH Rauscher/*Rauscher* Art. 19 Rn. 43.

[112] So *Hausmann* B Rn. 217.

[113] EuGH 9.11.2010 – C-296/10, Slg 2010 I-11163 Rn. 80 f.; *Hausmann* B Rn. 219; eingehend Geimer/Schütze/*Dilger* Internationaler Rechtsverkehr, Art. 19 Rn. 26 f.; zu dieser für die Gerichte nicht leichten Aufgabe *Dutta/Schulz* ZEuP 2012, 543 f.

[114] EuGH 9.11.2010 – C-296/10, Slg 2010 I-11163 Rn. 82 ff.

[115] EuGH 9.11.2010 – C-296/10, Slg 2010 I-11163 Rn. 83; *Hausmann* B Rn. 219.

[116] EuGH 17.11.1998 – C-391/95, Slg. 1998 I-7091 Rn. 29, 34 = EuZW 1999, 41.

[117] NK-BGB/*Gruber* Art. 19 EheVO 2003 Rn. 3.

[118] *Hau* FamRZ 2000, 1333 (1339); Thomas/Putzo/*Hüßtege* Art. 19 Rn. 1; *Hausmann* B Rn. 212.

[119] Ebenso *Hausmann* B Rn. 212.

[120] *Hausmann* B Rn. 212.

IV. Unzuständigkeitserklärung durch das spätere Gericht (Abs. 3)

1. (Positives) Feststehen der Zuständigkeit des Erstgerichts (Abs. 3 S. 1)

21   Nach Abs. 3 S. 1 erklärt sich das später angerufene Gericht zugunsten des zuerst angerufenen für unzuständig, sobald die Zuständigkeit des zuerst angerufenen Gerichts (positiv) **feststeht.**[121] Diese wiederum **von Amts wegen** zu treffende Entscheidung folgt der über die Aussetzung des Verfahrens zeitlich nach (abgestufte Verfahrensweise).[122] „Feststehen" in diesem Sinne bedeutet, dass die Zuständigkeitsfrage **formell rechtskräftig** durch das erstangerufene Gericht entschieden ist.[123] Auf die konkrete Entscheidungsform kommt es dabei jedoch nicht an.[124] Ihre Richtigkeit darf vom später befassten Gericht nicht angezweifelt werden.[125] Keine Rolle spielt auch, ob die Zuständigkeit auf Art. 8 ff. Brüssel IIa-VO oder die *lex fori* gestützt wird. Schließlich kann das zweitbefasste Gericht nicht geltend machen, dass das gewünschte Rechtsschutzziel vor dem zuerst angerufenen Forum tatsächlich nicht realisierbar ist.[126] Für die Unzuständigkeitserklärung hat das zweite Gericht die **Entscheidungsform** zu wählen, welche der *lex fori* entspricht. Stellt im Zusammenhang mit einer Ehesache nach Art. 19 Abs. 1 iVm Abs. 3 S. 1 Brüssel IIa-VO das zweitbefasste Gericht seine Unzuständigkeit fest, dann stellt sich die Frage, welche Auswirkungen dies auf eine (abtrennbare) Folgesache nimmt. Regelmäßig ist hier das nationale Recht der *lex fori* zu befragen, ob das vor dem zuerst befassten Gericht anhängige Scheidungsverfahren der Durchführung einer Folgesache im Zweitstaat entgegensteht.[127] Für **Ehegatten- und Kindesunterhalt** ist hingegen nur Art. 12 EuUntVO einschlägig. Insoweit ist entscheidend, ob der Unterhaltsanspruch beim für die Scheidungssache erstangerufenen Gericht bereits anhängig ist.[128]

2. Überlange Verfahrensdauer

22   Im Zusammenhang mit Art. 27 Abs. 1 Brüssel I-VO wird häufig mit Recht darauf hingewiesen, dass eine **überlange Verfahrensdauer** vor dem erstangerufenen Gericht eine Verletzung von Art. 6 Abs. 1 EMRK mit sich bringt, welche zur Durchbrechung des Prioritätsprinzips führen müsse.[129] Auch mit

---

[121] OLG Hamm NJW-Spezial 2005, 443.

[122] Eingehend OLG Karlsruhe FamRZ 2011, 1528; Rauscher/*Rauscher* Art. 19 Rn. 45; MüKoFamFG/*Gottwald* Art. 19 Rn. 4.

[123] Thomas/Putzo/*Hüßtege* Art. 19 Rn. 6. Unmaßgeblich ist dagegen, ob das erstangerufene Gericht seine Zuständigkeit mit Recht angenommen hat.

[124] *Gruber* FamRZ 2000, 1129 (1133); *Wagner* FPR 2004, 286 (288); Thomas/Putzo/ *Hüßtege* Art. 19 Rn. 6; Rauscher/*Rauscher* Art. 19 Rn. 46.

[125] *Dilger*, Die Regelungen zur internationalen Zuständigkeit in Ehesachen in der Verordnung (EG) Nr. 2201/2003, Rn. 347; Rauscher/*Rauscher* Art. 19 Rn. 46.

[126] Vgl. auch Rauscher/*Rauscher* Art. 19 Rn. 47, 32 ff. (zur *separazione giudiziale*: bloße Blockadewirkung).

[127] OLG Hamm NJW-Spezial 2005, 443; ebenso Rauscher/*Rauscher* Art. 19 Rn. 47.

[128] Vgl. zu § 626 Abs. 2 ZPO aF noch OLG Hamm NJW-Spezial 2005, 443.

[129] EGMR NJW 1997, 2809; *Sangmeister* NJW 1998, 2952; Thomas/Putzo/*Hüßtege* Art. 19 Rn. 6.

Blick auf Art. 19 Brüssel IIa-VO stellt sich deswegen die Frage, ob das zweitbefasste Gericht dann ausnahmsweise auf eine Unzuständigkeitserklärung verzichten und das Verfahren fortführen darf.[130] Für die **statusrechtlichen Angelegenheiten der Brüssel IIa-VO**, die für den einzelnen Rechtsuchenden von großer persönlicher Bedeutung sind, wird dies schneller als im Zusammenhang mit der Brüssel I-VO zu bejahen sein.[131] Die vor dem Hintergrund des europäischen Vertrauensgrundsatzes von den Gegnern einer Durchbrechung des Prioritätsprinzips in das Feld geführte „Gleichwertigkeit der Justiz" stellt sich in diesem Zusammenhang häufig nur als bloßes Lippenbekenntnis dar.[132] Die im Rahmen von Art. 27 Abs. 1 Brüssel I-VO existierende Torpedoproblematik zeigt sich bei Art. 19 Brüssel IIa-VO nicht minder stark. Grundsätzlich gewinnt deswegen für die Frage, ob eine Entscheidung nach Art. 19 Abs. 3 S. 1 Brüssel IIa-VO unterbleiben kann, der Aspekt der **Gewährleistung effektiven Rechtsschutzes** im Einzelfall großes Gewicht.

3. Antrag beim Erstgericht (Abs. 3 S. 2)

Im Falle der Unzuständigkeitserklärung durch das zweitbefasste Gericht kann **23** der dortige Antragsteller seinen **Antrag dem zuerst angerufenen Gericht vorlegen.**[133] Um eine doppelte Rechtshängigkeit zu vermeiden, muss aber die Unzuständigkeitserklärung tatsächlich abgewartet werden.[134] Eine **Verweisung** durch das zweitbefasste Gericht ist dagegen in der Verordnung **nicht vorgesehen.**[135] Ob das Erstgericht insoweit seine nationalen Zulässigkeitsvoraussetzungen dazu benutzen darf, den vorgelegten Antrag abzuweisen, oder ob dies durch Art. 3 S. 2 ausgeschlossen ist, wird unterschiedlich beantwortet.[136] So ist denkbar, dass Abs. 3 S. 2 nationale Zulässigkeitshindernisse wie Fristen und Präklusionen neutralisiert,[137] auch wenn damit die *lex fori* ohne eindeutige Regelung des europäischen Gesetzgebers vielleicht allzu vorschnell außer Betracht bleibt.[138] In jedem Fall folgt aus Abs. 3 S. 2 noch nicht die internationale Zuständigkeit des Erstgerichts.[139] Jedoch werden in Ehesachen meist die Voraussetzungen von Art. 4 Brüssel IIa-VO (Gegenantrag) erfüllt sein.[140] Problematisch kann die internatio-

---

[130] Dazu Rauscher/*Rauscher* Art. 19 Rn. 49; ablehnend zur Brüssel I-VO aber ausdrücklich EuGH 9.12.2003 – C-116/02, EuZW 2004, 188.

[131] Mit Recht Rauscher/*Rauscher* Art. 19 Rn. 49.

[132] AA *Dilger*, Die Regelungen zur internationalen Zuständigkeit in Ehesachen in der Verordnung (EG) Nr. 2201/2003, Rn. 355; zutreffend Rauscher/*Rauscher* Art. 19 Rn. 49; allgemein zum Vertrauensgrundsatz in der Rechtsprechung des EuGH *Althammer/Löhnig* ZZPInt 9 (2004), 23 (31).

[133] Borrás-Bericht, ABl. EG 1998 C 221 S. 46, Rn. 55; Thomas/Putzo/*Hüßtege* Art. 19 Rn. 7.

[134] Thomas/Putzo/*Hüßtege* Art. 19 Rn. 7.

[135] Rauscher/*Rauscher* Art. 19 Rn. 51.

[136] Auch Rauscher/*Rauscher* Art. 19 Rn. 52 legt sich insoweit nicht fest.

[137] *Gruber* FamRZ 2000, 1129 (1134); *Hausmann* EuLF 2000/01, 347; Rauscher/*Rauscher* Art. 19 Rn. 54; dagegen *Vogel* MDR 2000, 1049; offen gelassen von Thomas/Putzo/*Hüßtege* Art. 19 Rn. 7.

[138] Angedeutet bei Rauscher/*Rauscher* Art. 19 Rn. 54.

[139] Borrás-Bericht, ABl. EG 1998 C 221 S. 47 Rn. 55; Staudinger/*Spellenberg* (2005) Art. 19 Rn. 26; *Hausmann* EuLF 2000/01, 347; Geimer/Schütze/*Dilger* Internationaler Rechtsverkehr, Art. 19 Rn. 40; aA *Schack* RabelsZ 65 (2001), 615 (626).

[140] *Gruber* FamRZ 2000, 1129; *Hausmann* EuLF 2000/2001, 347; Borrás-Bericht, ABl. EG 1998 C 221 S. 47 Rn. 55.

nale Zuständigkeit des Erstgerichts aber bei **Verfahren zur elterlichen Verant-
wortung** sein.[141] Eine Bindung im Hinblick auf die internationalprivatrechtliche
Beurteilung der Streitsache durch das Zweitgericht tritt für das zuerst angerufene
Gericht nicht ein.[142]

4. Unzuständigkeit des Erstgerichts

24   Sollte sich hingegen das Erstgericht rechtskräftig für **unzuständig erklären,**
muss das als zweites befasste Gericht das Verfahren weiterbetreiben.[143] Diese
Fortsetzungspflicht besteht auch im Falle der Abweisung des Antrags als unbegründet. Denn richtigerweise unterfällt diese sachlich abweisende Entscheidung nicht
dem Anerkennungsgebot (Art. 21 ff. Brüssel IIa-VO).[144] Wie bereits erwähnt
(→ Rn. 12), reißt der teleologische Zusammenhang zwischen Rechtshängigkeit
und Rechtskraft nach Abschluss des beim Erstgericht eingeleiteten Verfahrens
mangels Harmonisierung häufig ab: Bleiben somit die anzuerkennenden Rechtskraftwirkungen hinter dem Umfang der Rechtshängigkeitssperre zurück, so kann
das zweite Verfahren fortgesetzt oder neu betrieben werden.[145] Solange aber das
zuerst angerufene Forum nicht über seine Zuständigkeit entscheidet, muss die
Aussetzung des Zweitverfahrens andauern, um negativen Kompetenzkonflikten
vorzubeugen.[146]

5. Ergänzung: Verfahrenskostenhilfe im Zweitverfahren

25   Eine hinreichende **Aussicht auf Erfolg** für die Bewilligung von Verfahrenskostenhilfe liegt richtigerweise bei einem Sorgerechtsverfahren bereits dann vor,
„wenn das Familiengericht aufgrund des eingeleiteten Verfahrens den Sachverhalt
zu ermitteln hat ... und sich nicht darauf beschränken kann, den Antrag ohne
Weiteres, also ohne jede Ermittlung und ohne jede Anhörung der Beteiligten,
zurückzuweisen".[147] Dies gilt auch für die mögliche anderweitige ausländische
Rechtshängigkeit nach Art. 19 Abs. 2 Brüssel IIa-VO, da im Gegensatz zum deutschen autonomen Zivilprozessrecht (§ 261 Abs. 3 Nr. 1 ZPO) der später gestellte
Antrag nicht sofort abzuweisen ist. Rechtsfolge ist vielmehr die Aussetzung, bis die
Zuständigkeit oder Unzuständigkeit des erstangerufenen Gerichtes rechtskräftig
feststeht. Insoweit kann das **Vorgehen des zuerst angerufenen Gerichts** aus
der Sicht des Zweitgerichts aber **nicht eindeutig prognostiziert** werden, so
dass zunächst Verfahrenskostenhilfe für die Einleitung eines Sorgerechtsverfahrens
zu gewähren ist.[148]

---

[141] Rauscher/*Rauscher* Art. 19 Rn. 53.

[142] Geimer/Schütze/*Dilger* Internationaler Rechtsverkehr, Art. 19 Rn. 42; NK-BGB/
Gruber Art. 19 Rn. 26; aA *Gruber* FamRZ 2000, 1129 (1134).

[143] *Gruber* FamRZ 2000, 1129 (1135); Thomas/Putzo/*Hüßtege* Art. 19 Rn. 9; Rauscher/
Rauscher Art. 19 Rn. 56.

[144] *Gruber* FamRZ 2000, 1129 (1135); Thomas/Putzo/*Hüßtege* Art. 19 Rn. 9; Rauscher/
Rauscher Art. 19 Rn. 57.

[145] Vgl. auch NK-BGB/*Gruber* Art. 19 Rn. 4, 27 (30); Thomas/Putzo/*Hüßtege* Art. 19
Rn. 8; *Gruber* FamRZ 2000, 1129 (1134).

[146] OLG Karlsruhe FamRZ 2011, 1528; *Gruber* FamRZ 2000, 1129 (1133).

[147] OLG Karlsruhe FamRZ 2011, 1528.

[148] OLG Karlsruhe FamRZ 2011, 1528.

Art. 20 Einstweilige Maßnahmen einschließlich Schutzmaßnahmen

(1) **Die Gerichte eines Mitgliedstaats können in dringenden Fällen ungeachtet der Bestimmungen dieser Verordnung die nach dem Recht dieses Mitgliedstaats vorgesehenen einstweiligen Maßnahmen einschließlich Schutzmaßnahmen in Bezug auf in diesem Staat befindliche Personen oder Vermögensgegenstände auch dann anordnen, wenn für die Entscheidung in der Hauptsache gemäß dieser Verordnung ein Gericht eines anderen Mitgliedstaats zuständig ist.**

(2) **Die zur Durchführung des Absatzes 1 ergriffenen Maßnahmen treten außer Kraft, wenn das Gericht des Mitgliedstaats, das gemäß dieser Verordnung für die Entscheidung in der Hauptsache zuständig ist, die Maßnahmen getroffen hat, die es für angemessen hält.**

Literatur: *Dutta/Schulz,* Erste Meilensteine im europäischen Kindschaftsverfahrensrecht: Die Rechtsprechung des Europäischen Gerichtshofs zur Brüssel-IIa-Verordnung von C bis Mercredi, ZEuP 2012, 526; *Fuchs/Tölg,* Die einstweiligen Maßnahmen nach der EuEheVO (EuGV-VO II), ZfRV 2002, 95; *Mankowski,* Der gewöhnliche Aufenthalt eines verbrachten Kindes unter der Brüssel IIa-VO, GPR 2011, 209; *Martiny,* Kindesentführung, vorläufige Sorgerechtsregelung und einstweilige Maßnahmen nach der Brüssel IIa-VO, FPR 2010, 493; *Pauly,* Einstweilige Maßnahmen im Lichte der Verordnung (EG) Nr 2201/2203, 2009; *Pirrung,* Grundsatzurteil des EuGH zur Durchsetzung einstweiliger Maßnahmen in Sorgerechtssachen in anderen Mitgliedstaaten nach der EuEheVO, IPRax 2011, 351; *Spellenberg,* Einstweilige Maßnahmen nach Art. 12 EheGVO, FS Beys, Bd II, 2003, 1583; *Stadler,* Erlass und Freizügigkeit einstweiliger Maßnahmen im Anwendungsbereich des EuGVÜ, JZ 1999, 1089.

I. Vorbemerkung

Nach Art. 20 können die Gerichte der Mitgliedstaaten einstweilige Maßnahmen einschließlich von Sicherungsmaßnahmen in Eheverfahren und Verfahren betreffend die elterliche Verantwortung nicht nur erlassen, wenn sie im Hauptsacheverfahren nach den Art. 3 ff., 8 ff. zuständig sind, sondern auch dann, wenn sich ihre **Zuständigkeit** lediglich auf das **nationale Recht** stützt. Dies ist selbst dann der Fall, wenn für das Verfahren in der Hauptsache nach den Vorschriften der Brüssel IIa-VO die Gerichte eines anderen Mitgliedstaates zuständig sind. Nach Abs. 2 treten die nach Abs. 1 auf Grundlage des nationalen Zuständigkeitsrechts erlassenen Maßnahmen allerdings außer Kraft, sobald das in der Hauptsache zuständige Gericht die ihm angemessen erscheinenden Maßnahmen getroffen hat. Parallelvorschriften zu Art. 20 finden sich in Art. 31 Brüssel I-VO, Art. 14 der Unterhaltsverordnung und Art. 19 der Erbrechtsverordnung. Abweichend vom Wortlaut der genannten Vorschriften sieht Art. 20 jedoch vor, dass eine Zuständigkeit nach nationalem Recht nur in dringenden Fällen und nur in Bezug auf die in dem betreffenden Staat befindlichen Personen und Güter in Anspruch genommen werden darf. Eine sachliche Abweichung muss sich hieraus jedoch nicht zwingend ergeben.[1]

Art. 20 erweitert durch seine Verweisung auf das nationale Recht lediglich die **2** Zuständigkeit für einstweilige Maßnahmen. Die für das Hauptsacheverfahren nach den Art. 3 ff. (insbesondere auch Art. 6, 7), Art. 8 ff. (insbesondere auch Art. 14) zuständigen Gerichte können, gestützt auf diese Zuständigkeitsvorschriften der

---

[1] Staudinger/*Spellenberger* Art. 20 Rn. 3.

Verordnung, einstweilige Maßnahmen anordnen.[2] Art. 20 schränkt demgemäß die Zuständigkeit der nach den Vorschriften der Brüssel IIa-VO zuständigen Gerichte in keiner Weise ein.[3] Für auf die Zuständigkeit der Brüssel IIa-VO gestützte einstweilige Maßnahmen sind die **Restriktionen des Art. 20 nicht zu beachten.**[4]

II. Voraussetzungen des Abs. 1

1. Einstweilige Maßnahme

3   Welche Rechtsschutzinstitute unter den Begriff der einstweiligen Maßnahme nach Art. 20 fallen, ist in **autonomer Auslegung,** unter Berücksichtigung der Rechtsprechung des EuGH zu den Parallelvorschriften von Art. 20 (insb. Art. 31 Brüssel I-VO bzw. dessen Vorgängervorschrift Art. 24 EuGVÜ) zu ermitteln.[5] Einstweilige Maßnahmen sind hiernach grds. alle Maßnahmen, die dem Antragsteller einen nur **vorläufigen Rechtsschutz** gewähren sollen.[6] Dies ist allerdings nicht dahingehend zu verstehen, dass gestützt auf Art. 20 keine Schutzmaßnahmen angeordnet werden dürfen, die hinsichtlich des zu entscheidenden Sachverhalts aus tatsächlichen Gründen endgültigen Charakter haben können. Soweit zur Sicherung des Kindeswohls dringender Handlungsbedarf ist, kann daher zB ein ärztlicher Heileingriff auf Grundlage von Art. 20 genehmigt werden.[7] Verfügungen, die einer Partei verbieten, im Ausland um gerichtlichen Rechtsschutz zu ersuchen, unterfallen nicht dem Art. 20. Sie sind insgesamt von der Verordnung nicht erfasst und im Rahmen der Brüssel IIa-VO unzulässig. Denn durch solche Anordnungen wird das von der Verordnung vorgesehene Zuständigkeitssystem beeinträchtigt.[8] Weiter soll nach der Rspr. des EuGH im Rahmen von Verfahren, die die elterliche Verantwortung betreffen, über Maßnahmen, die Relevanz für die Grundrechte des Kindes haben, vom Hauptsachegericht entschieden werden. Dies kann zu einer Einschränkung der unter Art. 20 fallenden Maßnahmen führen.[9]

2. Dringender Fall

4   Die Inanspruchnahme der nationalen Zuständigkeitsvorschriften über Art. 20 ist nur dann zulässig, wenn ein „**dringender Fall**" vorliegt. Hierbei handelt sich ebenfalls um eine autonom auszulegende Voraussetzung.[10] Diese Voraussetzung

---

[2] EuGH 15.7.2010 – C-256/09, Slg. 2010, I-7353 Rn. 62 ff. = NJW 2010, 2861 – Purrucker; BGH NJW 2011, 855 ff.

[3] OGH 15.5.2012, 2Ob228/11k, http://www.ris.bka.gv.at.

[4] EuGH 15.7.2010 – C-256/09, Slg. 2010, I-7353 Rn. 63 = NJW 2010, 2861 – Purrucker; BGH NJW 2011, 855 ff.; *Geimer/Schütze* Art. 20 Rn. 6.

[5] *Hausmann* B Rn. 232; Geimer/Schütze/*Dilger* Art. 20 Rn. 8.

[6] EuGH 15.7.2010 – C-256/09, Slg. 2010, I-7353 Rn. 77 = NJW 2010, 2861 – Purrucker; 23.12.2009, C-403/09 PPU, Slg. 2009, I-12193 Rn. 39 – Detiček = FamRZ 2010, 525.

[7] MüKoZPO/*Gottwald* Art. 20 Rn. 5.

[8] Staudinger/*Spellenberg* Art. 20 Rn. 8; EuGH 27.4.2004, C-159/02, Slg 2004, I-3565 Rn. 27 ff. – Turner (zum EuGVÜ).

[9] EuGH 23.12.2009, C-403/09 PPU – Detiček, Slg. 2009, I-12193 Rn. 53 ff. = FamRZ 2010, 525 m. Anm. *Henrich*; *Dutta/Schulz* ZEuP 2012, 526 (541).

[10] OGH 31.1.2012, 1Ob254/11a, http://www.ris.bka.gv.at; Geimer/Schütze/*Dilger* Art. 20 Rn. 18; *Martiny* FPR 2010, 493 (4969).

erlangt dann praktische Bedeutung, wenn die vom nationalen Recht vorgesehene Maßnahme kein diesbezügliches Erfordernis aufstellt.[11] Trifft das Gericht eine einstweilige Maßnahme auf Grundlage der Zuständigkeitsvorschriften der Art. 3 ff., 8 ff., ist das Vorliegen eines dringenden Falls dagegen kein zusätzlich zu prüfendes Zulässigkeitsmerkmal.[12]

Ein dringender Fall ist dann anzunehmen, wenn das Abwarten der Entscheidung eines nach der Verordnung zuständigen Gerichts in der Hauptsache keinen ausreichenden Rechtsschutz bietet und einer Verweigerung effektiven Rechtsschutzes gleichkäme. Hieraus folgt eine restriktive Anwendung der nationalen Zuständigkeitsvorschriften.[13]

In **Sorgerechtsverfahren** bezieht sich der Begriff der Dringlichkeit sowohl **5** auf die Lage, in der sich das Kind befindet, als auch auf die praktische Unmöglichkeit, den die elterliche Verantwortung betreffenden Antrag vor dem Gericht zu stellen, das für die Entscheidung in der Hauptsache zuständig ist.[14] Der EuGH spricht davon, dass sich die Kinder „in einer Situation befinden [müssen], die geeignet ist, ihrem Wohlergehen, einschließlich ihrer Gesundheit und ihrer Entwicklung, schweren Schaden zuzufügen".[15] Dringlichkeit kann allerdings deshalb zu verneinen sein, weil es der Antragsteller versäumt hat, rechtzeitig vor dem zuständigen Hauptsachegericht Anträge zu stellen, damit dieses die erforderlichen Maßnahmen ergreifen kann.[16]

Ob ein dringender Fall vorliegt, ist nach der Rechtsprechung des EuGH auch **6** unter Berücksichtigung schon ergangener Entscheidungen des in der Hauptsache zuständigen Gerichts zu beurteilen. Hat das für die Hauptsache zuständige Gericht etwa das Sorgerecht bereits in zu vollstreckender Anordnung vorläufig auf einen Elternteil übertragen, so erlaubt Art. 20 nicht den Erlass einer einstweiligen Maßnahme, mit der das Sorgerecht vorläufig dem anderen Elternteil übertragen wird. Dies würde dem Prinzip der wechselseitigen Anerkennung von Entscheidungen aus Mitgliedstaaten zuwiderlaufen.[17] Art. 20 Abs. 1 darf dementsprechend nicht als Instrument zur Verhinderung der Vollstreckung einer Entscheidung des Hauptsachegerichts verwendet werden. Der Begriff der Dringlichkeit erhält damit nach der Interpretation durch den EuGH eine normative Komponente.[18] Eine zwischenzeitliche Integration des Kindes in den Staat, dessen Gerichte gestützt auf Art. 20 eine von der Anordnung des Hauptsachegerichts abweichende Anordnung treffen möchte, ändert daran nichts.[19] Sind allerdings nachträglich **neue Tatsachen** einge-

---

[11] Geimer/Schütze/*Dilger* Art. 20 Rn. 18; Rauscher/*Rauscher* Art. 20 Rn. 15.

[12] Staudinger/*Spellenberg* Art. 20 Rn. 28.

[13] EuGH 23.12.2009, C-403/09 PPU – Detiček, Slg. 2009, I-12193 Rn. 38 = FamRZ 2010, 525 m. Anm. *Henrich*; OGH 31.1.2012, 1Ob254/11a, http://www.ris.bka.gv.at.

[14] EuGH 23.12.2009, C-403/09 PPU – Detiček, Slg. 2009, I-12193 Rn. 42 = FamRZ 2010, 525 m. Anm. *Henrich*; 15.7.2010, C-256/09, Slg. 2010, I-7353 Rn. 94 ff. = NJW 2010, 2861 – Purrucker; OGH 31.1.2012, 1Ob254/11a, http://www.ris.bka.gv.at; *Martiny* FPR 2010, 493 (496).

[15] EuGH 2.4.2009 – C-523/07, Slg. 2009 I-2805 Rn. 48 – A = FamRZ 2009, 843.

[16] EuGH 23.12.2009, C-403/09 PPU – Detiček, Slg. 2009, I-12193 Rn. 41 ff. = FamRZ 2010, 525 m. Anm. *Henrich*.

[17] EuGH 23.12.2009, C-403/09 PPU – Detiček, Slg. 2009, I-12193 Rn. 45 = FamRZ 2010, 525 m. Anm. *Henrich*; *Martiny* FPR 493 (496 f.).

[18] *Dutta/Schulz* ZEuP 2012, 526 (541).

[19] *Hausmann* B Rn. 240.

treten, die ein erneutes rasches Tätigwerden der Gerichte erfordern, kann im Einzelfall trotz der bereits ergangenen Entscheidung ein dringender Fall gegeben sein.[20]

3. Gebietsbezug (reale Verknüpfung)

7 Voraussetzung ist weiter, dass sich die von der Maßnahme betroffene Person
bzw. ihr Vermögen in dem Staat befindet, dessen Gerichte die Zuständigkeit
nach Abs. 1 in Anspruch nehmen.[21] Mit dieser Voraussetzung übernimmt die
Verordnung die Art. 31 Brüssel I-VO (Art. 24 EuGVÜ) einschränkende Rechtsprechung des EuGH.[22]

8 Wird eine einstweilige Maßnahme bezüglich der elterlichen Sorge getroffen, so
verlangt Art. 20 nach der Interpretation des EuGH, dass sich a) das Kind und b)
der Elternteil, dem die Sorge übertragen wird, im Gerichtsstaat befinden. Weiter
muss c) auch der Elternteil, dem das Sorgerecht entzogen wird bzw. auf dessen
Sorgerecht sich die Anordnung auswirkt, in diesem Staat anwesend sein.[23] Damit
wird die durch die Öffnungsklausel des Art. 20 den Gerichten kraft nationalem
Verfahrensrecht gegebene Zuständigkeit für den Erlass von einstweiligen Maßnahmen, die die elterliche Sorge betreffen, stark eingeschränkt. Das mit einer derartigen einstweiligen Maßnahme befasste Gericht wird daher primär prüfen, ob es nach
den Vorschriften der Art. 8 ff. zuständig ist.[24] Denn für diesen Fall gilt die genannte
Restriktion nicht (→ Rn. 2). Ob der EuGH die Hürde der realen Verknüpfung
für einstweilige Anordnungen, die sich nicht primär auf das Sorgerecht beziehen,
sondern auf den Schutz des Kindes im Inland oder das Vermögen des Kindes, ist
damit jedoch nicht vorgezeichnet.[25] Art. 20 setzt bei einer Regelung der Ausübung
des Umgangsrechts in einer bestimmten Wohnung zumindest voraus, dass sich diese
in dem Mitgliedstaat befindet, dessen Gericht nach Abs. 1 angerufen ist.[26]

4. Beschränkung auf Maßnahmen im sachlichen Anwendungsbe-
reich der Brüssel IIa-VO

9 Dass die einstweiligen Maßnahmen in den sachlichen Anwendungsbereich der
Brüssel IIa-VO fallen müssen, scheint sich zunächst aus Art. 1 zu ergeben. Allerdings würde dieses Verständnis **in Ehesachen** dazu führen, dass Art. 20 insoweit
keinen eigenständigen praktischen Anwendungsbereich hätte. Denn auf eine ehe-
rechtliche Gestaltung gerichtete einstweilige Maßnahmen sind den Rechtsordnungen der Mitgliedstaaten unbekannt.[27] Einen Anhaltspunkt für ein erweiterndes
Verständnis lässt sich der Vorschrift selbst entnehmen. Denn diese gemäß ihrer

---

[20] *Janzen/Gärtner* IPRax 2011, 158 (162 f.); *Hausmann* B Rn. 241.

[21] EuGH 15.7.2010, C-256/09, Slg. 2010, I-7353 Rn. 77 = NJW 2010, 2861 – Purrucker; EuGH 2.4.2009 – C-523/07, Slg. 2009 I-2805 Rn. 47, 65 – A = FamRZ 2009, 843;
BGH FamRZ 2011, 542 (544); Erwägungsgrund 16.

[22] Siehe zu Art. 31 Brüssel I-VO: EuGH 17.11.1998, C-391/95 – Slg. 1998 I-7091 =
EuZW 1999, 41 – van Uden; 27.4.1999, C-99/96, Slg. 1999 I-2277 Rn. 43 – Mietz =
EuZW 1999, 727.

[23] EuGH 23.12.2009, C-403/09 PPU – Detiček, Slg. 2009, I-12193 Rn. 50 ff. = FamRZ
2010, 525 m. Anm. *Henrich.*

[24] OGH 18.6.2013, 4Ob70/13t, http://www.ris.bka.gv.at.

[25] *Dutta/Schulz* ZEuP 2012, 526 (541); NK-BGB/*Gruber* Art. 20 Rn. 6; vgl. auch OGH
18.6.2013 aaO.

[26] *Hausmann* B Rn. 243.

[27] *Hausmann* A Rn. 143; Staudinger/*Spellenberg* Art. 20 Rn. 5.

Systematik auch auf Ehesachen anwendbare Regelung erfasst ausdrücklich einstweilige Maßnahmen in Bezug auf Vermögensgegenstände, die im Gerichtsstaat belegen sind.[28] Die Gegenansicht möchte die Erwähnung von Vermögensgegenständen auf den Bereich der elterlichen Verantwortung beschränkt wissen und damit der systematischen Stellung des Art. 20 als allgemeine auch auf Ehesachen anwendbare Vorschrift weniger Gewicht beimessen. Auch wird darauf hingewiesen, dass im Rahmen von Art. 31 Brüssel I-VO bzw. Art. 14 der Unterhaltsverordnung die Beschränkung auf den Anwendungsbereich der jeweiligen Verordnung anerkannt ist.[29] Einstweilige Maßnahmen auf dem Gebiet der elterlichen Verantwortung sind dagegen umfassend von dem diesbezüglich weiten Anwendungsbereich der Verordnung (Art. 1 Abs. 1 lit. b, Abs. 2) erfasst, so dass die Streitfrage insoweit keine Bedeutung hat.[30] Die erweiternde Auslegung des Art. 20 ist dabei sowohl für einstweilige Maßnahmen anzunehmen, bei denen sich die Zuständigkeit kraft der Öffnungsklausel des Art. 20 aus dem nationalen Recht ergibt, als auch für solche, bei denen sich die Zuständigkeit aus den Art. 3 ff., 8 ff. ergibt.[31]

Auch in Eheverfahren hat die Streitfrage insoweit keine Bedeutung, als Art. 20 **10** nach beiden Ansichten nicht auf einstweilige Maßnahmen anzuwenden ist, die dem Anwendungsbereich **speziellerer Verordnungen** auf dem Gebiet des Scheidungsfolgenrechts unterliegen.[32]

Auch bei einem erweiternden Verständnis des sachlichen Anwendungsbereichs **11** möglicher einstweiliger Maßnahmen in Ehesachen ist anerkannt, dass nicht alle durch einstweiligen Rechtsschutz zu regelnde Streitigkeiten unter Eheleuten von der Brüssel IIa-VO erfasst werden. Die Maßnahme bzw. der ihr zugrundeliegende Anordnungsanspruch muss einen Bezug zur Eheauflösung haben. Der Anwendungsbereich ist demgemäß auf Maßnahmen beschränkt, die die **Auflösung der Ehe vorbereiten** oder (auch durch Regelung des einstweiligen Zustandes) **absichern.** Dies ist zB bei Maßnahmen zur Gestattung des Getrenntlebens der Fall.[33] Dies kann auch bei Maßnahmen zur vorläufigen Hausratsverteilung oder Wohnungszuweisung der Fall sein.[34]

Nicht erfasst sind aufgrund der genannten Einschränkung Streitigkeiten zwi- **12** schen Ehegatten aus **unerlaubter Handlung,** soweit nicht durch Ge- und Verbote (etwa nach § 1 GewSchG) die Auflösung der Ehe vorbereitet oder abgesichert werden soll.[35] Ansonsten unterfallen deliktische Streitigkeiten Art. 31 Brüssel I-VO (Maßnahmen nach § 2 GewSchG unterfallen nur insoweit Art. 20 als der Anwendungsbereich des § 1361b BGB eröffnet ist).[36] Ebenfalls nicht von Art. 20

---

[28] *Hausmann* A Rn. 143; Thomas/Putzo/*Hüßtege* Art. 12 Rn. 4a; NK-BGB/*Gruber* Art. 20 Rn. 10; Staudinger/*Spellenberg* Art. 20 Rn. 5 ff.

[29] Geimer/Schütze/*Dilger* Art. 20 Rn. 9 ff. mwN; *Geimer/Schütze* Art. 20 Rn. 2; Rauscher/*Rauscher* Art. 20 Rn. 10 ff.

[30] *Hausmann* B Rn. 234.

[31] Staudinger/*Spellenberg* Art. 20 Rn. 28.

[32] *Hausmann* A 144; MüKoZPO/*Gottwald* Art. 20 Rn. 6.

[33] *Hausmann* A Rn. 144.

[34] *Hausmann* A Rn. 145; MüKoZPO/*Gottwald* Art. 20 Rn. 6; NK-BGB/*Gruber* Art. 20 Rn. 12; aA hinsichtlich § 1361a BGB Geimer/Schütze/*Dilger* Art. 20 Rn. 16; *Geimer/Schütze* Art. 20 Rn. 5; Rauscher/*Rauscher* Art. 20 Rn. 13 Fn. 28; Staudinger/*Spellenberg* Art. 20 Rn. 13.

[35] *Hausmann* A Rn. 145; Staudinger/*Spellenberg* Art. 20 Rn. 14.

[36] Zum Verhältnis von § 2 GewSchG und § 1361b BGB siehe MükoFamFG/*Erbarth* § 211 Rn. 43.

erfasst sind einstweilige Anordnungen auf dem Gebiet des **ehelichen Güter-rechts,** zB die vorläufige Sicherung des künftigen Anspruchs auf Zugewinnaus-gleich. Denn Gegenstand dieser Maßnahmen ist nicht die Vorbereitung oder Absicherung der Eheauflösung, sondern die Sicherung zukünftiger Scheidungsfol-gen.[37] Güterrechtliche Scheidungsfolgen werden künftig von der im Gesetzge-bungsverfahren befindlichen Güterrechtsverordnung erfasst.[38] Weiter findet Art. 20 nicht auf den Erlass von einstweiligen **Unterhaltsanordnungen** Anwen-dung. Deren Voraussetzungen richten sich nach der Parallelvorschrift des Art. 14 der Unterhaltsverordnung.[39]

5. Rechtsfolge

13   Art. 20 verweist hinsichtlich der Voraussetzungen, der Form, des Inhalts und der Wirkung der Maßnahmen des einstweiligen Rechtsschutzes auf das jeweilige **nationale Recht.**[40] Dh die Durchführung der Maßnahme und ihre Rechtswir-kungen richten sich nach nationalem Recht.[41] Klargestellt wird durch Abs. 1 ledig-lich, dass zu diesen Maßnahmen auch Schutz- und Sicherungsmaßnahmen gehören. Das deutsche Verfahrensrecht sieht für Ehe- und Kindschaftssachen die einstweilige Anordnung nach den §§ 49 ff., 156 Abs. 3, 157 Abs. 3 FamFG, 15 IntFamRVG, 119 FamFG vor. Die Zulässigkeit von einstweiligen Maßnahmen nach Art. 20 setzt nicht voraus, dass ein **Hauptsacheverfahren** bereits anhängig ist.[42]

III. Internationale Zuständigkeit

14   Art. 20 führt – wie Art. 31 Brüssel I-VO, Art. 14 der Unterhaltsverordnung, Art. 19 der Erbrechtsverordnung – zu einer zweigleisigen Regelung der interna-tionalen Zuständigkeit für einstweilige Maßnahmen: Neben die Zuständigkeits-vorschriften der Brüssel IIa-VO treten jene des nationalen Verfahrensrechts.

1. Zuständigkeit des Hauptsachegerichts

15   Art. 20 schränkt das Zuständigkeitssystem der Brüssel IIa-VO nicht ein. Jedes für das Hauptsacheverfahren nach den Art. 3 ff., Art. 8 ff. zuständige Gericht kann, gestützt auf diese Zuständigkeitsvorschriften, einstweilige Maßnahmen anord-nen.[43] Der Antragsteller, der die Maßnahme vor einem nach Art. 3 ff., Art. 8 ff. (insbesondere auch Art. 14) zuständigen Gericht beantragt, ist gegenüber demjeni-gen, der seinen Antrag auf Art. 20 Abs. 1 stützt, privilegiert. Denn in erst genann-tem Fall beanspruchen die Restriktionen des Art. 20 keine Geltung (→ Rn. 2). Das Gericht hat daher primär zu prüfen, ob eine eigene **Zuständigkeit** nach den Vorschriften der **Brüssel IIa-VO** besteht.[44]

---

[37] *Hausmann* A Rn. 144; Staudinger/*Spellenberg* Art. 20 Rn. 10, 19; *Geimer/Schütze* Art. 20 Rn. 5.

[38] Siehe Art. 14 der Güterrechtsverordnung idF des Vorschlags vom 16.3.2011, KOM [2011] 126 endg.

[39] Prütting/Gehrlein/*Völker* Art. 20 Rn. 3; Rauscher/*Rauscher* Art. 20 Rn. 14.

[40] EuGH 2.4.2009 – C-523/07, Slg. 2009 I-2805 Rn. 51- A = FamRZ 2009, 843.

[41] Hk-ZPO/*Dörner* Art. 20 Rn. 1.

[42] Rauscher/*Rauscher* Art. 20 Rn. 9; MüKoZPO/*Gottwald* Art. 20 Rn. 5.

[43] EuGH 15.7.2010, C-256/09, Slg. 2010, I-7353 Rn. 62 ff. = NJW 2010, 2861 – Purru-cker; BGH NJW 2011 855 (856).

[44] OGH 18.6.2013, 4Ob70/13t, http://www.ris.bka.gv.at.

2. Zuständigkeit nach nationalem Recht

Art. 20 Abs. 1 hat die Funktion einer **Öffnungsklausel.**[45] Unter den in Abs. 1 **16** genannten Voraussetzungen erlaubt sie den Rückgriff auf das nationale Zuständigkeitsrecht. Die Vorschrift begründet demgemäß **keine eigenständige Zuständigkeit** iS der Verordnung.[46] Die Öffnungsklausel erlaubt – in ihrem Anwendungsbereich – auch den Rückgriff auf die vorrangig vor nationalem Recht geltenden Zuständigkeitsvorschriften des MSA und des KSÜ, auch soweit diese Übereinkommen gem. den Art. 60 ff. von der Verordnung verdrängt sind.[47] Da die Vorschrift von dem durch die Brüssel IIa-VO geschaffenen Zuständigkeitssystem abweicht, ist sie nach dem EuGH **restriktiv auszulegen.**[48] Für deutsche Gerichte sind zunächst die vorrangigen Zuständigkeitsvorschriften des KSÜ und des MSA maßgebend, hilfsweise §§ 98 f. FamFG. Sieht eine Vorschrift des nationalen Rechts die Zuständigkeit des Gerichts der Hauptsache vor (vgl. etwa § 50 Abs. 1 FamFG), ohne dass die Hauptsache bereits anhängig ist, so kann für die Ermittlung der fiktiven bzw. potentiellen Hauptsachezuständigkeit ebenfalls auf das nationale Zuständigkeitsrecht zurückgegriffen werden.[49]

3. Rechtshängigkeitssperre

Einstweilige Maßnahmen können auch dann (gestützt auf Art. 20) erlassen **17** werden, wenn der Antrag in der Hauptsache bereits vor einem nach der Brüssel IIa-VO (insbesondere auch Art. 7, 14) zuständigen Gericht eines anderen Mitgliedstaats anhängig ist. Die Rechtshängigkeit des Hauptsacheverfahrens sperrt dementsprechend im Interesse eines effektiven Rechtschutzes nicht den Erlass einstweiliger Maßnahmen.[50] Dies gilt zunächst in dem Fall, dass sich die Zuständigkeit für die einstweilige Maßnahme auf nationales Recht gründet. Dies gilt weiter auch für den Fall, dass sich die Zuständigkeit aus der Brüssel IIa-VO ergibt.[51] Letzteres kann dann der Fall sein, wenn die Verordnung wie in Art. 3 und 7 konkurrierende bzw. alternative Zuständigkeiten vorsieht. Die Auslegung, dass bei Anhängigkeit eines Hauptsacheverfahrens nur das Gericht, bei dem das Verfahren anhängig ist, die Zuständigkeiten der Verordnung für sich in Anspruch nehmen kann,[52] ist vor dem Hintergrund des Normzwecks des Art. 20 nicht geboten. Denn die Anordnung einstweiliger Maßnahmen außerhalb des Mitgliedstaates eines anhängigen Hauptsacheverfahrens kann sich durchaus als sinnvoll erweisen. Diese Vorgehensweise kann schneller und effektiver sein, als die Anerkennung und Vollstreckung einer in einem anderen Mitgliedstaat ergangenen

---

[45] BGH NJW 2011 855 (857).

[46] EuGH 15.7.2010, C-256/09, Slg. 2010, I-7353 Rn. 61 ff. = NJW 2010, 2861 – Purrucker; BGH FamRZ 2011, 542 (543); OGH 15.5.2012, 2Ob28/11k, http://www.ris.bka.gv.at; Staudinger/*Spellenberg* Art. 20 Rn. 32 ff.; aA *Andrae* IPRax 2006, 82 (85 f.).

[47] AA MüKoZPO/*Gottwald* Art. 20 Rn. 2.

[48] EuGH 23.12.2009, C-403/09 PPU – Detiček, Slg. 2009, I-12193 Rn. 36 = FamRZ 2010, 525 m. Anm. *Henrich.*

[49] Geimer/Schütze/*Dilger* Art. 20 Rn. 6.

[50] EuGH 17.11.1998, C-391/95 – Van Uden, Slg. 1998 I-7091 Rn. 29, 34 = EuZW 1999, 41 (zum EuGVÜ).

[51] Geimer/Schütze/*Dilger* Art. 20 Rn. 5; NK-BGB/*Gruber* Art. 20 Rn. 6; Staudinger/*Spellenberger* Art. 20 Rn. 34; aA zu Art. 31 Brüssel I-VO: *Kropholler* Art. 31 Brüssel I-VO Rn. 11.

[52] *Kropholler* Art. 31 Brüssel I-VO Rn. 11.

Anordnung. Weiter hat die Verordnung durch alternative Zuständigkeiten bewusst verschiedenen Gerichten Kompetenz zugesprochen.[53] Eine spätere anderweitige Rechtshängigkeit der Hauptsache lässt umgekehrt die Zulässigkeit des zeitlich frühen Antrags auf einstweiligen Rechtsschutz grds. nicht entfallen. Allerdings ist Abs. 2 zu beachten.[54]

IV. Spätere Entscheidung durch das Gericht, das für die Hauptsache zuständig ist, Abs. 2

18   Nach Abs. 2 tritt eine einstweilige Maßnahme, die von einem nach Abs. 1 iVm dem nationalen (bzw. dem diesem vorrangigen staatsvertraglichen) Verfahrensrecht zuständigen Gericht getroffen wurde, außer Kraft, wenn das nach der Brüssel IIa-VO in der Hauptsache zuständige Gericht danach die von ihm für angemessen erachteten Maßnahmen angeordnet hat; gleich ob in einem Hauptsacheverfahren oder in einem Verfahren des einstweiligen Rechtsschutzes.[55] Als Gericht, das für die Hauptsache zuständig ist, ist dabei nur das tatsächliche Gericht der Hauptsache anzusehen, nicht ein Gericht das nicht Gericht der Hauptsache ist, jedoch ein solches sein könnte. Nach dem Wortlaut muss die Entscheidung des Hauptsachegerichts nicht rechtskräftig sein.[56] Für einstweilige Maßnahmen, die auf Grundlage der Zuständigkeitsvorschriften der Verordnung erlassen wurden, findet Abs. 2 keine Anwendung.[57]

V. Anerkennung und Vollstreckung einstweiliger Maßnahmen

19   Zur Anerkennung und Vollstreckung einstweiliger Maßnahmen in anderen Mitgliedstaaten nach Maßgabe der Art. 21, 23 ff. → Art. 21 Rn. 9.

[53] Staudinger/*Spellenberger* Art. 20 Rn. 34.

[54] Zur Frage, ob ein Verfahren des einstweiligen Rechtsschutzes, die Einleitung eines Hauptsacheverfahrens sperrt → Art. 19 Rn. 18.

[55] EuGH 9.11.2010 – C-296/10, Slg. 2010, I-11163 Rn. 71 = NJW 2011, 363 – Purrucker II; MüKoZPO/*Gottwald* Art. 20 Rn. 11; Staudinger/*Spellenberg* Art. 20 Rn. 2.

[56] Musielak/Borth/*Borth/Grandel* Art. 20 Rn. 4.

[57] Geimer/SchützeEuZVR/*Geimer* Art. 20 Rn. 12.

Kapitel III. Anerkennung und Vollstreckung

Abschnitt 1. Anerkennung

Art. 21 Anerkennung einer Entscheidung

(1) Die in einem Mitgliedstaat ergangenen Entscheidungen werden in den anderen Mitgliedstaaten anerkannt, ohne dass es hierfür eines besonderen Verfahrens bedarf.

(2) Unbeschadet des Absatzes 3 bedarf es insbesondere keines besonderen Verfahrens für die Beschreibung in den Personenstandsbüchern eines Mitgliedstaats auf der Grundlage einer in einem anderen Mitgliedstaat ergangenen Entscheidung über Ehescheidung, Trennung ohne Auflösung des Ehebandes oder Ungültigkeitserklärung einer Ehe, gegen die nach dem Recht dieses Mitgliedstaats keine weiteren Rechtsbehelfe eingelegt werden können.

(3) Unbeschadet des Abschnitts 4 kann jede Partei, die ein Interesse hat, gemäß den Verfahren des Abschnitts 2 eine Entscheidung über die Anerkennung oder Nichtanerkennung der Entscheidung beantragen.

Das örtlich zuständige Gericht, das in der Liste aufgeführt ist, die jeder Mitgliedstaat der Kommission gemäß Art. 68 mitteilt, wird durch das nationale Recht des Mitgliedstaats bestimmt, in dem der Antrag auf Anerkennung oder Nichtanerkennung gestellt wird.

(4) Ist in einem Rechtsstreit vor einem Gericht eines Mitgliedstaats die Frage der Anerkennung einer Entscheidung als Vorfrage zu klären, so kann dieses Gericht hierüber befinden.

I. Überblick

Abschnitt 1 in Kapitel III zur Anerkennung und Vollstreckung regelt die Voraussetzungen für die Anerkennung von Entscheidungen in Ehesachen und zur elterlichen Verantwortung sowie das für die gerichtliche Anerkennungsfeststellung vorgesehene Verfahren. Abschnitt 2 betrifft die Vollstreckbarerklärung anerkennungsfähiger bzw. anerkannter Entscheidungen. Abschnitt 3 enthält gemeinsame Bestimmungen zur Vorlage der erforderlichen Urkunden und Bescheinigungen. Abschnitt 4 enthält besondere Vorschriften zur Vollstreckbarkeit bestimmter Entscheidungen über das Umgangsrecht und die Rückgabe des Kindes. Abschnitt 5 stellt vollstreckbare Urkunden und Vereinbarungen Entscheidungen gleich. Abschnitt 6 schließlich enthält ergänzende Verfahrensvorschriften. Kapitel III ist damit gleichsam das Herzstück der Verordnung, und in diesem sind die Vorschriften zur Anerkennung zentral. Hierin gleicht die Verordnung im Wesentlichen Kapitel III der Brüssel I-VO. Wesentlich Gleiches ist in verordnungsüberschreitend-systematischer Auslegung gleich zu verstehen.[1] Im Anwendungsbereich der Verordnung verdrängt diese nach Art. 59 Abs. 1, 60 im Verhältnis der Mitglied-

1

---

[1] MüKoZPO/*Gottwald* vor Art. 21 Rn. 1; NK-BGB/*Andrae*, Art. 21 Rn. 1.

staaten untereinander die einschlägigen staatsvertraglichen Anerkennungsregeln in Art. 23 KSÜ[2] bzw. Art. 7 MSA.[3] Gleiches gilt für mitgliedstaatlich-autonomes Anerkennungsrecht.[4]

II. Grundsatz der automatischen Anerkennung, Abs. 1

2   Abs. 1 statuiert in Parallele zu Art. 33 Abs. 1 Brüssel I-VO den Grundsatz der automatischen, *ex lege* erfolgenden Anerkennung für die von der Verordnung erfassten Entscheidungen. Der Anerkennung stehen allein die in der Verordnung abschließend geregelten Anerkennungsversagungsgründe der Art. 22 f. entgegen. Ein Verfahren zur Anerkennung im Zweitstaat zu durchlaufen ist grundsätzlich nicht erforderlich. Anerkennungs- bzw. Delibationsverfahren nach mitgliedstaatlichem Recht, etwa nach § 107 FamFG zur Feststellung der Anerkennungsvoraussetzungen durch die zuständige Landesjustizverwaltung, sind damit im Anwendungsbereich der Verordnung verdrängt.[5] Die Parteien können nur nach Abs. 3 die gerichtliche Feststellung der Anerkennung bzw. Nichtanerkennung beantragen. Sie können nicht alternativ die behördliche Feststellung der Anerkennungsvoraussetzungen nach § 107 FamFG wählen.[6]

1. Anerkennung

3   Anerkennung bedeutet wie nach Art. 33 Abs. 1 Brüssel I-VO[7] **Wirkungserstreckung.**[8] Die nach der *lex fori* des Erststaates zu bestimmenden und sodann auf den Zweitstaat zu erstreckenden Wirkungen sind vor allem die **objektive und subjektive Rechtskraft,** die **Präklusionswirkung,** die **Tatbestandswirkung** sowie gegebenenfalls, etwa bei Entscheidungen über den Bestand der Ehe, die **Gestaltungswirkung.**[9] Nicht erstreckt, sondern im Zweitstaat durch Vollstreckbarerklärung originär erzeugt werden Vollstreckungswirkungen. Ausnahme hiervon sind im Erststaat vollstreckbare Umgangs- und Kindesrückgabeentscheidungen. Diese können nach Bestätigung im Erststaat nach Art. 41 f. im Zweitstaat unmittelbar vollstreckt werden.

4   Die Verordnung setzt für die Anerkennung nicht die formelle Rechtskraft der Entscheidung voraus.[10] Eine Ausnahme hiervon enthält Abs. 2 aE für Beischreibungen in den Personenstandsbüchern des Zweitstaates auf der Grundlage von Entscheidungen des Erststaates. Die *lex fori* des Erststaates bestimmt allerdings

---

[2] Haager Übereinkommen über die Zuständigkeit, das anzuwendende Recht, die Anerkennung, Vollstreckung und Zusammenarbeit auf dem Gebiet der elterlichen Verantwortung und der Maßnahmen zum Schutz von Kindern vom 19. Oktober 1996, BGBl. 2009 II 603.

[3] Haager Übereinkommen über die Zuständigkeit der Behörden und das anzuwendende Recht auf dem Gebiet des Schutzes von Minderjährigen vom 5. Oktober 1961, BGBl. 1971 II 217.

[4] Hk-ZPO/*Dörner* vor Art. 21 Rn. 4.

[5] Geimer/Schütze/*Geimer* EuZPR, Art. 21 Rn. 32.

[6] *Hüßtege* ZPO § 107 FamFG Rn. 4; Rauscher/*Rauscher* EuZPR/EuIPR Art. 21 Rn. 18.

[7] EuGH 28.4.2009, Rs. C-420/07 – Apostolides, Rn. 66; *Wautelet*, Magnus/Mankowski, Brussels I Regulation Art. 33 Rn. 3; *Texeira de Sousa/Hausmann* unalex Kommentar Brüssel I-VO, vor Art. 33–37 Rn. 11.

[8] MüKoZPO/*Gottwald* Art. 21 Rn. 1; Hk-ZPO/*Dörner* Art. 21 Rn. 1.

[9] Rauscher/*Rauscher* EuZPR/EuIPR, Art. 21 Rn. 13.

[10] Geimer/Schütze/*Geimer* EuZPR Art. 21 Rn. 20.

den Zeitpunkt, ab dem überhaupt erstreckbare Wirkungen entstehen.[11] Erzeugt danach eine Entscheidung Wirkungen bereits vor formeller Rechtskraft und kommt es in einem Verfahren im Zweitstaat auf die Anerkennung an, ist jedoch im Erststaat ein ordentlicher Rechtsbehelf gegen die Entscheidung eingelegt, dann kann das Gericht im Zweitstaat sein Verfahren nach Art. 27 aussetzen.[12] Hängt die Gestaltungswirkung nach der *lex fori* im Erststaat von einem hoheitlichen Akt, zB der Eintragung im Personenstandsregister, ab, dann entsteht eine erstreckbare Gestaltungswirkung erst mit Vollzug dieses Aktes.[13] Ob die inzidente Anerkennung einer solchen Entscheidung durch Beischreibung nach Abs. 2 in den Personenstandsregistern eines anderen Mitgliedstaates dazu führt, dass die von der Eintragung abhängige Gestaltungswirkung eintritt, ist methodisch eine Frage der Substitution. Die Antwort ist der *lex fori* des Erststaates zu entnehmen.[14]

2. Entscheidung

Anzuerkennen sind Entscheidungen von Gerichten iSv Art. 2 Nr. 1 aus anderen Mitgliedstaaten iSv Art. 2 Nr. 3. Ausgeschlossen sind damit Entscheidungen dänischer Gerichte. Privatscheidungen sind erfasst, wenn die Mitwirkung der mitgliedstaatlichen Stelle konstitutiv ist.[15]   5

Ferner muss der **sachliche Anwendungsbereich** der Verordnung eröffnet sein. Die Entscheidung muss also Ehesachen iSv Art. 1 lit. a oder Entscheidungen zur elterlichen Sorge iSv Art. 1 lit. b betreffen, und es darf nicht über eine der nach Art. 1 Abs. 3 lit. a bis g sachlich ausgenommenen Gegenstände – Feststellung und Anfechtung des Eltern-Kind-Verhältnisses, Adoptionsentscheidungen, Entscheidungen zum Kindernamen, Volljährigkeitserklärungen, Entscheidungen zu Unterhaltspflichten, zu trusts und Erbschaften sowie zu Maßnahmen infolge von Straftaten von Kindern – entschieden worden sein.   6

„Entscheidungen" iSv Art. 21 ff. müssen im Übrigen nach Art. 2 Nr. 4 eine Ehescheidung, eine Trennung ohne Auflösung des Ehebandes oder die Ungültigerklärung einer Ehe betreffen. Antragsablehnende und damit statuserhaltende Entscheidungen sind mithin nicht erfasst,[16] ebenso wenig Entscheidungen zur Feststellung des Bestands oder Nichtbestands einer Ehe.[17] Denn die Verordnung soll die Scheidung erleichtern.[18] Einem neuen Scheidungsverfahren soll die frühere statuser-   7

---

[11] Hk-ZPO/*Dörner* vor Art. 21 Rn. 3; Rauscher/*Rauscher* Art. 21 Rn. 12.
[12] Hierzu auch noch unten → Art. 27 Rn. 1 ff.
[13] MüKoZPO/*Gottwald* Art. 21 Rn. 5.
[14] Rauscher/*Rauscher* EuZPR/EuIPR, Art. 21 Rn. 29.
[15] Vgl. hierzu auch → Art. 1 Rn. 10; ferner Hk-ZPO/*Dörner* Art. 21 Rn. 4; eingehend *Gärtner* Die Privatscheidung im deutschen und gemeinschaftsrechtlichen Internationalen Privat- und Verfahrensrecht, S. 158 ff.; zur Anerkennung der Entscheidungen kirchlicher Ehegerichte auf der Grundlage der Konkordate Italiens, Portugals und Spaniens mit dem Heiligen Stuhl vgl. Art. 63. Entscheidungen anderer kirchlicher Gerichte werden nicht erfasst. Anderes könnte gelten, wenn die Entscheidung durch ein staatliches Gericht anerkannt und für vollstreckbar erklärt worden ist mit der Folge, dass die Scheidung (auch) zivilrechtliche Wirkung erlangt. Eine solche Delibation ist etwa vorgesehen in Griechenland für die Ehescheidung durch den Mufti nach islamischem Recht im griechischen Teil Thraziens, hierzu zB *Jayme/Nordmeier* IPRax 2008, 369 f.; die instanzgerichtliche Rechtsprechung in Deutschland lehnt die Anerkennung solcher staatlicher Entscheidungen allerdings ab, OLG Frankfurt a.M. IPRax 2008, 353.
[16] Rauscher/*Rauscher* EuZPR/EuIPR Art. 21 Rn. 2.
[17] MüKoZPO/*Gottwald* Art. 21 Rn. 3.
[18] Borrás-Bericht Rn. 60.

haltende Entscheidung in einem anderen Mitgliedstaat nicht entgegenstehen.[19] Freilich können solche Entscheidungen nach staatsvertraglichem oder mitgliedstaatlich-
autonomem Recht anzuerkennen sein.[20] Erw.-Gr. 8 stellt im Übrigen klar, dass
auch Entscheidungen zu den Scheidungsgründen und zu im Verbund entschiedenen
Nebenfolgen der Scheidung jenseits der elterlichen Sorge nicht erfasst sein sollen,
vielmehr eben nur Entscheidungen zur Auflösung der Ehe.[21] Entscheidungen zum
Unterhalt sind bereits nach Art. 1 Abs. 3 lit. e vom sachlichen Anwendungsbereich
ausgenommen. Diese unterfallen dem Anerkennungs- und Vollstreckungsregime
der EuUntVO.[22] Entscheidungen zur Verteilung des Hausrates, zur Zuweisung der
ehelichen Wohnung, zum Versorgungsausgleich und zum ehelichen Güterrecht
unterliegen für die Anerkennung dem mitgliedstaatlich-autonomen Recht.[23] Unerheblich ist die Bezeichnung der Entscheidung („Urteil", „Beschluss"), Art. 2 Nr. 4
aE. Entscheidungen über die Anerkennung oder Vollstreckung drittstaatlicher Entscheidungen werden nicht ihrerseits anerkannt.[24]

8   Ferner sind „Entscheidungen" solche über die **elterliche Verantwortung**
nach Art. 2 Nr. 4 iVm Art. 2 Nr. 7, insbesondere über das Sorge- und Umgangsrecht. Die elterliche Verantwortung umfasst im Übrigen die gesamten Rechte
und Pflichten, die einer natürlichen oder juristischen Person für ein Kind übertragen werden können. Dies geht bis hin zu einer Entscheidung nach Maßgabe des
öffentlichen Rechts der *lex fori* zur sofortigen Inobhutnahme und Unterbringung
eines Kindes zu seinem Schutz außerhalb der eigenen Familie in einer Pflegefamilie, auch wenn dafür der sachliche Anwendungsbereich der Verordnung nach
Art. 1 Abs. 1 mit Blick auf das Tatbestandsmerkmal „Zivilsache" gegebenenfalls
entgegen der mitgliedstaatlichen Qualifikation ausgelegt werden muss.[25] Dies ist
aber unter der ohnehin gebotenen autonomen Auslegung unproblematisch möglich. Im Übrigen wird diese Auslegung durch einen Umkehrschluss zu Erw.-
Gr. 10 gestützt, wonach die dort genannten hoheitlichen Maßnahmen nicht erfasst
sein sollen, so dass nach der Vorstellung des Verordnungsgebers offensichtlich
andere hoheitliche Maßnahmen unter die Verordnung fallen können.[26]

9   Entscheidungen zu einstweiligen Maßnahmen, für die sich ein mitgliedstaatliches
Gericht nach der Öffnungsklausel in Art. 20 mangels verordnungsautonomer
Zuständigkeiten aus Art. 3 ff. bzw. 8 ff. auf Zuständigkeiten nach der eigenen *lex
fori* stützt, können nach der Rechtsprechung des EuGH nicht nach Maßgabe der
Art. 21 ff. anerkannt und vollstreckt werden.[27] Im Umkehrschluss folgt hieraus,
dass einstweilige Maßnahmen eines mitgliedstaatlichen Gerichts, das in der Haupt-

[19] Zustimmend zB Rauscher/*Rauscher* EuZPR/EuIPR, Art. 2 Rn. 11; kritisch hingegen
zB NK-BGB/*Andrae*, Art. 21 Rn. 7: Förderung des „Scheidungstourismus", jeweils mwN.
[20] Rauscher/*Rauscher* EuZPR/EuIPR, Art. 2 Rn. 11.
[21] Borrás-Bericht Rn. 64; Hk-ZPO/*Dörner* Art. 21 Rn. 6; NK-BGB/*Andrae*, Art. 21
Rn. 13; aA hinsichtlich des Verschuldensausspruchs Rauscher/*Rauscher* EuZPR/EuIPR,
Art. 21 Rn. 2; Staudinger/*Spellenberger* Art. 21 Rn. 60.
[22] VO (EG) Nr. 4/2009 des Rates vom 18. Dezember 2008 über die Zuständigkeit,
das anwendbare Recht, die Anerkennung und Vollstreckung von Entscheidungen und die
Zusammenarbeit in Unterhaltssachen, Abl. EU Nr. L 7 S. 1 v. 10.1.2009.
[23] NK-BGB/*Andrae*, Art. 21 Rn. 3.
[24] NK-BGB/*Andrae*, Art. 21 Rn. 3.
[25] EuGH 27.11.2007 – C-435/06 Rn. 44 ff., insbes. 51; *Gruber* IPRax 2008, 490 (491).
[26] EuGH, aaO, Rn. 52.
[27] EuGH 15.7.2010 – C-256/09 – Purrucker Rn. 76 ff.; *Heiderhoff* LMK 2010, 308380;
Pirrung IPRax 2011, 351 (353).

sache nach Art. 3 ff. bzw. 8 ff. zuständig ist, grundsätzlich nach Art. 21 ff. anerkannt und vollstreckt werden können.[28] Nach überwiegender Auffassung gilt aber auch hier die Einschränkung nach der Rechtsprechung des EuGH zu Art. 31 EuGVO / Art. 24 EuGVÜ,[29] dass einstweilige Maßnahmen ohne Anhörung des Antragsgegners nicht zur erleichterten Anerkennung nach Maßgabe der Verordnung in Frage kommen.[30] Zur Wahrung des Rechts auf **rechtliches Gehör** genügt es aber, dass der Antragsgegner nachträglich im Rechtsbehelfsverfahren gehört wurde, wenn dies vor der Anerkennung geschah.[31] Ergänzend betont der EuGH für Entscheidungen zur elterlichen Sorge die Bedeutung von Rechtsbehelfen gegen die einstweilige Maßnahme.[32] Soweit sich nicht offensichtlich aus der Entscheidung ergibt, dass das Gericht im Erststaat nach der Verordnung zuständig ist oder den Entscheidungsgründen nicht eindeutig zu entnehmen ist, dass sich das Gericht auf eine Zuständigkeit nach Art. 3 ff. bzw. 8 ff. gestützt hat, soll im Zweifel angenommen werden, dass sich das Gericht über Art. 20 auf eine Zuständigkeit nach der *lex fori* gestützt hat, so dass die Anerkennung nach Art. 21 ff. ausscheidet.[33] Dann allerdings lässt Art. 20 den Rückgriff auf an sich nachrangige Übereinkommen und sonstiges Recht der *lex fori* zur Anerkennung und Vollstreckung zu.[34]

III. Beischreibung in Personenstandsbüchern, Abs. 2

Abs. 2 stellt klar, dass der **Grundsatz der automatischen Anerkennung** 10 auch für die „Beschreibung" (sic!) des jeweiligen Status in mitgliedstaatlichen Personenstandsbüchern auf der Grundlage von in anderen Mitgliedstaaten ergangenen Entscheidungen in Ehesachen gilt, dies freilich in Abweichung von Abs. 1 nur, wenn die Entscheidung des Erststaates bereits Rechtskraft erlangt hat, Abs. 2 aE. Es dürfen also keine ordentlichen Rechtsbehelfe mehr eingelegt werden können.[35] Vorbild ist Art. 8 des Luxemburger CIEC-Übereinkommens vom 8. September 1967 über die Anerkennung und Entscheidung in Ehesachen.[36] Diese Einschränkung soll die Verlässlichkeit des Personenstandswesens bei gleichzeitig stark erhöhter Freizügigkeit mitgliedstaatlicher Entscheidungen sichern.[37] Die behördliche Beischreibung ist also nunmehr unmittelbar kraft inzidenter Anerkennung der Statusentscheidung vorzunehmen. Die Rechtskraft ist durch die Beschei-

---

[28] BGH NJW-RR 2011, 865, Rn. 9; BGH NJW 2011, 855, Rn. 15; *Gruber* LMK 2011, 317719.

[29] EuGH 21.5.1980 – C-125/79 – Denilauler; *Kropholler/von Hein* EuZPR Art. 32 EuGVO Rn. 22.

[30] NK-BGB/*Andrae*, Art. 21 Rn. 5; Rauscher/*Rauscher*, EuZPR/EuIPR, Art. 20 Rn. 24.

[31] EuGH 14.10.2004 – C-39/02 – Maersk Rn. 43 ff.

[32] EuGH 15.7.2010 – C-256/09 – Purrucker Rn. 97 ff.

[33] EuGH 15.7.2010 – C-256/09 – Purrucker Rn. 76.

[34] EuGH 15.07.2010 – C-256/09 – Purrucker Rn. 92; BGH NJW 2011, 855 Rn. 18.

[35] Borrás-Bericht Rn. 63 aE; *Gebauer/Wiedmann/Frank* Zivilrecht unter europäischen Einfluss, Kap. 29 Rn. 64.

[36] Borrás-Bericht Rn. 63; Art. 8 des Übereinkommens lautet: „Die auf Grund dieses Übereinkommens in einem Vertragsstaat anerkannten Entscheidungen sind ohne weitere Förmlichkeit in die Personenstandsbücher/Zivilstandsregister und die anderen öffentlichen Bücher dieses Staates einzutragen, falls das Recht dieses Staates eine Eintragung der auf seinem Hoheitsgebiet ergangenen Entscheidungen gleicher Art vorsieht." Zum Übereinkommen vgl. auch Art. 60 lit. b. Das Übereinkommen war von Deutschland gezeichnet, aber nicht ratifiziert worden.

[37] Borrás-Bericht Rn. 63; Rauscher/*Rauscher* EuZPR/EuIPR, Art. 20 Rn. 27.

nigung nach Art. 39 iVm Anh. I Ziff. 7 nachzuweisen. Die inzidente Anerkennungsprüfung obliegt in Deutschland dem Standesbeamten, §§ 26 FamFG, 48 Abs. 2, 12 ff. PStG.[38] Bei Zweifeln legt dieser nach § 45 Abs. 2 PStG an das zuständige Amtsgericht vor.[39] Der Klarstellung in Abs. 2 ist im Übrigen zu entnehmen, dass der Grundsatz der automatischen Anerkennung nicht nur gerade für die Personenstandsbücher führenden, sondern für alle Behörden gilt.[40]

IV. Anerkennungsfeststellungsverfahren, Abs. 3

11   Nach Abs. 3 iVm Art. 28, 36 und § 32 IntFamRVG kann jede Partei bei entsprechendem Interesse ein **selbständiges Anerkennungsfeststellungsverfahren** einleiten. Anders als nach der Parallelvorschrift in Art. 33 Abs. 2 Brüssel I-VO erlaubt Abs. 3 ausdrücklich auch einen negativen Feststellungsantrag.[41] Der Antrag auf Feststellung der Anerkennungsunfähigkeit setzt nicht voraus, dass ein Antrag auf Anerkennung gestellt wurde.[42] Wurde allerdings bereits eine Bescheinigung nach Art. 11 Abs. 8, 40, 42 ausgestellt, dann schließt dies die Möglichkeit eines Antrags auf Nichtanerkennung aus.[43] Denn das Anerkennungsfeststellungsverfahren nach Abs. 3 ist ausweislich des Normtextes nur unbeschadet des Abschnitts 4, mithin der Art. 40 ff. eröffnet. Sobald also eine Bescheinigung iSv Art. 41 Abs. 1, 2 bzw. Art. 42 Abs. 1, 2 über eine vollstreckbare Entscheidung zum Umgangsrecht bzw. zur Rückgabe des Kindes ausgestellt ist, soll die damit bewirkte unmittelbare Vollstreckbarkeit der Entscheidungen nicht mehr durch das Verfahren nach Abs. 3 konterkariert werden können. Offen ist, wie zu verfahren ist, wenn eine Bescheinigung noch nicht ausgestellt worden ist, aber ausgestellt werden könnte. Nach dem Wortlaut von Abs. 3 und teleologisch liegt es nahe, solchenfalls zumindest dann das Feststellungsverfahren auszuschließen, wenn es auf die **Feststellung der Anerkennungsversagung** gerichtet ist. Denn eine solche Entscheidung ließe Abschnitt 4 nicht mehr „unbeschadet", vielmehr würden Anerkennungsversagungsentscheidung und unmittelbare Vollstreckbarkeit durch Bescheinigung kollidieren.[44] Bei Antrag auf Nichtanerkennung ohne vorhergehenden Antrag auf Anerkennung findet Art. 31 Abs. 1 – Entscheidung des Gerichts ohne Anhörung des Antragsgegners bzw. des betroffenen Kindes – keine Anwendung.[45]

12   Hinreichendes „Interesse" – autonom auszulegen, dies freilich „weit" und „in Verbindung mit den geltenden innerstaatlichen Rechtsvorschriften"[46] – ist jedenfalls dann gegeben, wenn **Behörden** die Anerkennungsfähigkeit unterschiedlich beurteilen (könnten), ein Ehegatte an der Anerkennungsfähigkeit begründete Zweifel hat oder der andere Ehegatte die Anerkennungsfähigkeit bestritten.[47] Auch

---

[38] Thomas/Putzo/*Hüßtege* ZPO Art. 21 Rn. 6.

[39] *Hess* JZ 2001, 573 (576 Fn. 45).

[40] MüKoZPO/*Gottwald* Art. 21 Rn. 6; Rauscher/*Rauscher* EuZPR/EuIPR, Art. 21 Brüssel IIa-VO, Rn. 30.

[41] Borrás-Bericht Rn. 65; zu Art. 33 Brüssel I-VO Kropholler/*von Hein* EuZPR, Art. 33 Rn. 7 mwN auch zur Auffassung, dass auch unter Art. 33 Abs. 2 EuGVO der negative Feststellungsantrag statthaft sei.

[42] EuGH 11.7.2008 – C-195/08 – Inga Rinau Rn. 91 u. 97.

[43] EuGH aaO.

[44] Rauscher/*Rauscher* EuZPR/EuIPR, Art. 20 Rn. 32.

[45] EuGH 11.7.2008 – C-195/08 – Inga Rinau Rn. 100.

[46] Borrás-Bericht Rn. 65.

[47] Thomas/Putzo/*Hüßtege* Art. 21 Rn. 7.

Dritte, etwa Kinder,[48] können bei entsprechendem Interesse die Feststellung beantragen, wenn ihre Rechtsstellung von der Anerkennung der Entscheidung abhängt. Gleiches gilt für Behörden, etwa die Staatsanwaltschaft[49] bzw. das Jugendamt,[50] jedenfalls soweit sie als Antragsteller in einem anderen Verfahren agieren.[51] Wenn hingegen die Behörde über die Anerkennung inzident selbst entscheiden kann, könnte es am Rechtsschutzbedürfnis fehlen.[52] Dies wird zum Teil für den Standesbeamten angenommen.[53]

Die deklaratorische[54] Feststellung wirkt nach überwiegender Auffassung nur **13** *inter partes.*[55] Art. 16 HKÜ[56] steht einer Entscheidung im Verfahren auf Anerkennung bzw. Nichtanerkennung einer ausländischen Sorgerechtsentscheidung nicht entgegen, da keine Sachentscheidung über das Sorgerecht getroffen wird, sondern die Anerkennungsfähigkeit einer bereits getroffenen ausländischen Entscheidung zum Sorgerecht festgestellt wird.[57] Wird die Entscheidung im Erststaat aufgehoben, dann kann von ihr keine zu erstreckende Wirkung mehr ausgehen. Die solchermaßen veränderte Rechtslage ist im Feststellungsverfahren nach Abs. 3 zu jedem Zeitpunkt zu beachten.[58] Wird die Entscheidung im Erststaat nach rechtskräftiger Anerkennung im Zweitstaat aufgehoben, ermöglicht § 34 Abs. 1 S. 2 IntFamRVG die Aufhebung der Anerkennungsentscheidung.

Die örtliche Zuständigkeit richtet sich gemäß Abs. 3 S. 2 nach der *lex fori.* Die **14** Mitgliedstaaten teilen der Kommission nach Art. 68 das zuständige Gericht mit. Anträge sind nach der Mitteilung Deutschlands im Bezirk des KG Berlin beim Familiengericht Pankow/Weißensee, in den Bezirken anderer OLG beim Familiengericht am Sitz des jeweiligen OLG zu stellen. Im Übrigen richtet sich die Zuständigkeit nach §§ 10, 12 f. IntFamRVG, das weitere Verfahren nach §§ 14, 32 IntFamRVG.[59]

V. Inzidente Entscheidung über Anerkennung als Vorfrage, Abs. 4

Unter dem Grundsatz der automatischen Anerkennung nach Abs. 1 ist es **15** logische Folge und zugleich praktisch häufigster Fall, dass ein mitgliedstaatliches

---

[48] *Helms* FamRZ 2001, 257 (261); zweifelnd *Gebauer/Wiedmann/Frank* Zivilrecht unter europäischen Einfluss, Kap. 29 Rn. 65.

[49] Borrás-Bericht Rn. 65.

[50] *Gebauer/Wiedmann/Frank* Zivilrecht unter europäischen Einfluss Kap. 29 Rn. 65.

[51] Thomas/Putzo/*Hüßtege* Art. 21 Rn. 7.

[52] Rauscher/*Rauscher* EuZPR/EuIPR Art. 20 Rn. 36.

[53] *Rauscher/Rauscher*, EuZPR/EuIPR, Art. 20 Rn. 36; aA MüKoZPO/*Gottwald* Rn. 10; *Helms* FamRZ 2001, 257 (261).

[54] *Gebauer/Wiedmann/Frank* Zivilrecht unter europäischen Einfluss Kap. 29 Rn. 65.

[55] MüKoZPO/*Gottwald* Art. 21 Rn. 7; Thomas/Putzo/*Hüßtege* Art. 21 Rn. 6; *Hausmann* EuLF 2000/01, 345 (351); aA Rauscher/*Rauscher* EuZPR/EuIPR, Art. 20 Rn. 33; *Gebauer/ Wiedmann/Frank* Zivilrecht unter europäischen Einfluss, Kap. 29 Rn. 65; *Geimer/Schütze/ Paraschas* Internationaler Rechtsverkehr, Art. 21 Rn. 53.

[56] Übereinkommen über die zivilrechtlichen Aspekte internationaler Kindesentführung vom 25.10.1980, BGBl. 1990 II 206.

[57] BGH NJW-RR 2011, 865, Ls. 1 und Rn. 14; differenzierend *Schulz* FamRZ 2011, 1046 (1047).

[58] MüKoZPO/*Gottwald* Art. 21 Rn. 16.

[59] BGH NJW-RR 2012, 1155; Hk-ZPO/*Dörner* Art. 21 Rn. 9.

Gericht inzident über die Vorfrage der Anerkennung entscheidet, wenn davon die Entscheidung der Hauptfrage abhängt. Dies stellt Abs. 4 nochmals ausdrücklich klar. Die inzidente Anerkennung erwächst unter deutscher *lex fori* nicht in Rechtskraft.[60] Soweit nach dem Verfahrensrecht anderer Mitgliedstaaten auch Urteilsgründe in Rechtskraft erwachsen, kommt eine auf die übrigen Mitgliedstaaten zu erstreckende Rechtskraftwirkung hinsichtlich der inzidenten Anerkennung in Betracht.[61] Allerdings kann in Deutschland jede Partei nach §§ 113 Abs. 1 FamFG, 256 ZPO eine Zwischenfeststellung zur Anerkennung erwirken. Abs. 3 steht dem nach Sinn und Zweck nicht entgegen.[62] Denn die Zwischenfeststellung ist gegenüber dem selbständigen Anerkennungsfeststellungsverfahren ersichtlich prozessökonomischer.[63] Außerdem ist die Zwischenfeststellungsklage der funktionale Ersatz dafür, dass präjudizielle Rechtsverhältnisse nach deutschem Verfahrensrecht nicht in Rechtskraft erwachsen. Allerdings ist zu beachten, dass nach § 121 Nr. 3 FamFG die Feststellung des Bestehens oder Nichtbestehens einer Ehe zwischen den Beteiligten eine Ehesache ist, für welche das Familiengericht nach §§ 23a Abs. 1 Nr. 1, S. 2, 23b Abs. 1 GVG iVm § 111 Nr. 1 FamFG sachlich ausschließlich zuständig ist.[64] Damit ist (auch) der Zwischenfeststellungsantrag zu präjudiziellen eherechtlichen Rechtsverhältnissen nur vor Familiengerichten zulässig.[65]

VI. Änderung der Entscheidung im Zweitstaat

16   Eine Entscheidung des Erststaates kann durch Gerichte im Zweitstaat nach der dortigen *lex fori*, in Deutschland zB bei Entscheidungen zur elterlichen Sorge nach Maßgabe von § 1696 BGB, abgeändert werden, wenn sich die zugrunde liegende Sachlage geändert hat und die Gerichte im Zweitstaat nach Art. 8 ff. zuständig (geworden) sind.[66]

Art. 22 Gründe für die Nichtanerkennung einer Entscheidung über eine Ehescheidung, Trennung ohne Auflösung des Ehebandes oder Ungültigerklärung einer Ehe

Eine Entscheidung, die die Ehescheidung, die Trennung ohne Auflösung des Ehebandes oder die Ungültigerklärung einer Ehe betrifft, wird nicht anerkannt,

a) wenn die Anerkennung der öffentlichen Ordnung des Mitgliedstaats, in dem sie beantragt wird, offensichtlich widerspricht;

b) wenn dem Antragsgegner, der sich auf das Verfahren nicht eingelassen hat, das verfahrenseinleitende Schriftstück oder ein gleichwertiges

---

[60] Thomas/Putzo/*Hüßtege* Art. 21 Rn. 13.

[61] Rauscher/*Rauscher* EuZPR/EuIPR, Art. 21 Rn. 21.

[62] Rauscher/*Rauscher* EuZPR/EuIPR, Art. 21 Rn. 23; aA *Helms* FamRZ 2001, 257 (262).

[63] Borrás-Bericht Rn. 66: „aus Einfachheitsgründen … ratsam"; Thomas/Putzo/*Hüßtege* Art. 21 Rn. 13; Zwischenfeststellung ebenfalls nicht ausschließend *Hausmann* EuLF 2000/01, 345 (351).

[64] Haußleitner/*Fest* FamFG, 2011, § 121 Rn. 8; Thomas/Putzo/*Hüßtege*, § 121 Rn. 4.

[65] Rauscher/*Rauscher* EuZPR/EuIPR, Art. 21 Rn. 24; *Helms* FamRZ 2001, 257 (262).

[66] MüKoZPO/*Gottwald* Art. 21 Rn. 18.

Schriftstück nicht so rechtzeitig und in einer Weise zugestellt wurde, dass er sich verteidigen konnte, es sei denn, es wird festgestellt, dass er mit der Entscheidung eindeutig einverstanden ist;

c) wenn die Entscheidung mit einer Entscheidung unvereinbar ist, die in einem Verfahren zwischen denselben Parteien in dem Mitgliedstaat, in dem die Anerkennung beantragt wird, ergangen ist; oder

d) wenn die Entscheidung mit einer früheren Entscheidung unvereinbar ist, die in einem anderen Mitgliedstaat oder in einem Drittstaat zwischen denselben Parteien ergangen ist, sofern die frühere Entscheidung die notwendigen Voraussetzungen für ihre Anerkennung in dem Mitgliedstaat erfüllt, in dem die Anerkennung beantragt wird.

I. Überblick

Art. 22 enthält abschließend die Gründe für die Nichtanerkennung von Entschei- **1** dungen in Ehesachen, Art. 23 enthält entsprechend die Gründe für die Nichtanerkennung von Entscheidungen über die elterliche Verantwortung. Die Anerkennungsversagungsgründe sind strukturell den Art. 34 f. Brüssel I-VO nachgebildet. Zum Teil enthalten die Art. 22 f. allerdings Modifikationen. Liegt ein Anerkennungsversagungsgrund vor, dann kann das Gericht des Zweitstaates nicht nur die Anerkennung verweigern, es ist vielmehr hierzu auch verpflichtet.[1] Die Anerkennungsversagungsgründe sind von Amts wegen zu prüfen, wenn entgegen der impliziten Vermutung der Anerkennungsfähigkeit Anhaltspunkte für Anerkennungsversagungsgründe bestehen. Dies ist nicht von Amts wegen zu ermitteln.[2]

Ebenso wie unter der Brüssel I-VO ist anerkannt, dass die Verletzung von **2** völkerrechtlichen Grenzen der Gerichtsbarkeit des Erststaates außerhalb des an sich abschließenden Katalogs von Anerkennungsversagungsgründen den Zweitstaat zur Anerkennungsverweigerung berechtigt (und völkerrechtlich verpflichtet).[3] Denn die Grenzen der Gerichtsbarkeit infolge der Immunität einer Partei bleiben von den europäischen Verordnungen zur Zuständigkeit und Vollstreckung von Entscheidungen generell unberührt.[4] Im Übrigen bestimmt sich der Prüfungsumfang nach Art. 24 ff.

II. Ordre public, lit. a

Die Anerkennung scheidet zunächst aus, wenn die Entscheidung der öffentli- **3** chen Ordnung des Zweitstaates widerspricht. Während die Kommission für die Brüssel I-VO das Bedürfnis für einen allgemeinen Ordre-public-Vorbehalt unter Einschluss des materiellen Ordre public negiert, sich damit aber selbst dort in der jüngsten Reform der Brüssel I-VO nicht durchsetzen konnte,[5] ist die Notwendig-

---

[1] Borrás-Bericht Rn. 67; Rauscher/*Rauscher* EuZPR/EuIPR, Art. 22 Rn. 3.

[2] MüKoZPO/*Gottwald* Art. 22 Rn. 3; Hk-ZPO/*Dörner* Art. 23; NK-BGB/*Andrae* Art. 22 Rn. 1.

[3] Geimer/Schütze/*Geimer* EuZPR Art. 22 Rn. 2 f.

[4] ZB Rauscher/*Mankowski* EuZPR/EuIPR, Art. 1 Rn. 2b Brüssel I-VO.

[5] Hierzu zB *M. Weller* Der Ratsentwurf und der Parlamentsentwurf zur Reform der Brüssel I-VO, GPR 2012, 328; *M. Weller* Der Kommissionsentwurf zur Reform der Brüssel I-VO, GPR 2012, 33.

keit des Ordre-public-Vorbehalts im Anwendungsbereich der Brüssel IIa-Verordnung allgemein anerkannt.[6] Dies gilt insbesondere für Entscheidungen unter Anwendung von Drittstaatenrecht in Mitgliedstaaten mit großzügiger kollisionsrechtlicher Ordre-public-Kontrolle. Gleichwohl hat der Ordre-public-Vorbehalt auch hier **ultima-ratio-Funktion**.[7] Die Konkretisierung der öffentlichen Ordnung obliegt dem jeweiligen Anerkennungsstaat, wobei die durchzusetzenden Wertungen auch nach der lex fori einen entsprechend hohen Stellenwert haben müssen. Ein solcher hoher Stellenwert kann sich auch aus europäischem Recht als Bestandteil des Rechts des Mitgliedstaates ergeben. Solchenfalls ist der Mitgliedstaat europarechtlich verpflichtet, den Ordre-public-Vorbehalt zu mobilisieren.[8] Im Übrigen setzt die Verordnung der Konkretisierung durch die Mitgliedstaaten äußere Grenzen.[9]

4   Ordre-public-Verletzungen können sich in materiellrechtlicher und in verfahrensrechtlicher Hinsicht ergeben. Bloße Unterschiede im anwendbaren Recht, etwa bei Trennungsfristen oder sonstigen Scheidungsvoraussetzungen, kommen bereits nach Art. 25 nicht als materiellrechtliche Verstöße in Betracht. Es ist also nicht schon ein Ordre-public-Verstoß, wenn die Scheidung im Zweitstaat im konkreten Fall nicht möglich gewesen wäre. Bei Abweichungen, welche die wesentlichen Grundsätze des Zweitstaates betreffen, kommt gleichwohl eine Ordre-public-Verletzung noch in Betracht. Dies mag etwa der Fall sein, wenn im Zweitstaat mit sehr konservativem Scheidungsrecht die Entscheidung über eine rein konsensuale Scheidung anerkannt werden soll.[10] Da das deutsche Scheidungsrecht vergleichsweise liberal ist, dürfte der materielle Ordre public durch ein Scheidungsurteil kaum jemals verletzt sein.[11] Die Verletzung der Zuständigkeitsvorschriften der Verordnung kommt als verfahrensrechtliche Ordre-public-Verletzung von vornherein nicht in Betracht. Denn die Zuständigkeit wird nach Art. 24 nicht geprüft. Die Verletzung von Verfahrensvorschriften bei Verfahrenseinleitung unterfällt lit. b. **Scheidungsrechtliche Verfahrensvorschriften**, die wesentliche Grundsätze des deutschen Rechts, insbesondere die Erhaltung der Ehe, sichern, sind kaum ersichtlich.[12] **Allgemeine Verstöße** gegen das Recht auf rechtliches Gehör und ähnliches sind natürlich immer denkbar. Ob sich die betroffene Partei selbst dann auf eine solche Ordre-public-Verletzung vor den Gerichten des Zweitstaates berufen kann, wenn sie es unterlassen hat, statthafte Rechtsmittel gegen den Verstoß im Erststaat einzulegen, wird unterschiedlich beurteilt,[13] dürfte aber nach allgemeinen Grundsätzen eher zurückhaltend zu beurteilen sein.[14] Der Verstoß

---

[6] Borrás-Bericht Rn. 69; Rauscher/*Rauscher* EuZPR/EuIPR, Art. 22 Rn. 7.

[7] MüKoZPO/*Gottwald* Art. 22 Rn. 4.

[8] EuGH 1.6.1999 – C-126/97 – Eco Swiss Rn. 37.

[9] EuGH 28.3.2000 – C-7/98 – Krombach Rn. 27: EuGH „wacht über die Grenzen".

[10] Rauscher/*Rauscher* EuZPR/EuIPR, Art. 22 Rn. 8.

[11] MüKoZPO/*Gottwald* Art. 22 Rn. 4; NK-BGB/*Andrae* Art. 22 Rn. 4; *Helms* FamRZ 2001, 257 (263).

[12] Rauscher/*Rauscher* EuZPR/EuIPR, Art. 22 Rn. 11.

[13] Dafür zB MüKoZPO/*Gottwald* Art. 22 Rn. 4; dagegen zB NK-BGB/*Andrae* Art. 22 Rn. 5.

[14] So jedenfalls BGH NJW 1990, 2001 (2003); OLG Hamm NJW-RR 1995, 189 (190) zum EuGVÜ; verallgemeinernd zustimmend zB Rauscher/*Leible* EuZPR/EuIPR, Art. 34 Brüssel I-VO, Rn. 18 mwN; vgl. im Übrigen auch Art. 34 Nr. 2 aE Brüssel I-VO, wonach die Nichteinlegung des Rechtsmittels ausdrücklich die Anerkennungsversagung ausschließt, vgl. andererseits den Streit zu Art. 22 lit. b → Art. 22 Rn. 8, welcher diese Frage nicht ausdrücklich regelt.

gegen die öffentliche Ordnung muss im Übrigen „offensichtlich" sein. Die Verletzung muss also gleichsam mit Händen zu greifen sein.

III. Nichteinlassung des Antragsgegners, lit. b

Die Vorschrift konkretisiert den verfahrensrechtlichen Ordre public hinsichtlich Gehörsverletzungen bei Verfahrenseinleitung. 5

Erste Voraussetzung ist, dass sich der Antragsgegner im Verfahren im Erststaat 6 nicht eingelassen hat. Die Einlassung allein für die Rüge der Gehörsverletzung und der deswegen fehlenden Verteidigungsmöglichkeit gilt als Nichteinlassung.[15] „Einlassung" erfasst im Übrigen jegliches Verhalten, mit dem die Kenntnis vom Verfahren und die daraus resultierende Verteidigungsmöglichkeit zu erkennen gegeben wird.

Hat sich der Antragsgegner nach diesen Maßgaben nicht eingelassen, kommt 7 es auf die **Zustellung** des verfahrenseinleitenden Schriftstücks an. Die Zustellung muss derart bewirkt sein, dass sie dem Antragsgegner die Verteidigungsmöglichkeit schafft. Besondere Umstände des Einzelfalles, etwa ein Krankenhausaufenthalt des Antragsgegners, sind dabei zu berücksichtigen.[16] Im Übrigen sind formelle Fehler unschädlich.[17] Die Verteidigungsmöglichkeit trotz rechtzeitigen Erhalts des verfahrenseinleitenden Schriftstücks steht vor allem dann in Frage, wenn das Schriftstück in einer Sprache zugestellt wird, die nicht den Maßgaben von Art. 8 EuZustellVO entspricht.[18] Ebenso stellen fehlende oder unzureichende Gründe zB für den Scheidungsantrag die Verteidigungsfähigkeit in Frage.[19] Die formell fehlerhafte Zustellung durch einfache Postzusendung lässt nach diesen Maßgaben die Verteidigungsmöglichkeit unberührt,[20] allerdings kann der Antragsteller die Zustellung im Bestreitensfalle kaum beweisen.[21]

Selbst wenn die Verteidigungsmöglichkeit fehlt, entfällt das Anerkennungshindernis, wenn der Antragsgegner sich mit der Entscheidung eindeutig einverstanden erklärt hat. Dies kann auch konkludent zB durch (angestrebte) Eheschließung nach Scheidung oder durch Einforderung nachehelichen Unterhalts geschehen.[22] Umstritten ist, ob dafür auch die bloße **Versäumung eines Rechtsmittels** im Erststaat ausreicht.[23] Art. 34 Nr. 2 Brüssel I-VO regelt diese Frage ausdrücklich 8

---

[15] NK-BGB/*Andrae*, Art. 22 Rn. 8; Rauscher/*Rauscher* EuZPR/EuIPR, Art. 22 Rn. 12.

[16] MüKoZPO/*Gottwald* Art. 22 Rn. 7; NK-BGB/*Andrae* Art. 22 Rn. 10.

[17] Anders noch Art. 27 Nr. 2 EuGVÜ: ordnungsgemäße und rechtzeitige Zustellung. Nunmehr ebenso auf die faktische Verteidigungsmöglichkeit abstellend Art. 34 Nr. 2 EuGVO, vgl. BGH EuZW 2010, 478 Rn. 9: eigenständiger, von den technischen Anforderungen an eine ordnungsgemäße Zustellung losgelöster Mindeststandard.

[18] Thomas/Putzo/*Hüßtege* ZPO, Art. 22 Rn. 2.

[19] MüKoZPO/*Gottwald* Art. 22 Rn. 6.

[20] AA Rauscher/*Rauscher* EuZPR/EuIPR, Art. 22 Rn. 18: „muss ein deutscher Antragsgegner … nicht ernst nehmen".

[21] MüKoZPO/*Gottwald* Art. 22 Rn. 6.

[22] Geimer/Schütze/*Geimer* EuZPR, Art. 22 Rn. 8.

[23] Dafür Geimer/Schütze/*Geimer* EuZPR, Art. 22 Rn. 8; dagegen zB Hk-ZPO/*Dörner* Art. 22 Rn. 3; Rauscher/*Rauscher* EuZPR/EuIPR, Art. 22 Rn. 19: „Passivität … signalisiert nicht notwendig Zustimmung"; ähnlich Gebauer/Wiedmann/*Frank* Zivilrecht unter europäischem Einfluss, Kap. 29 Rn. 68.

dahingehend, dass die Nichteinlegung des Rechtsmittels den Anerkennungsversagungsgrund entfallen lässt, hingegen schweigt lit. b. hierzu. Systematisch ist dies Indiz dafür, dass hier die Frage anders zu entscheiden ist, also der Anerkennungsversagungsgrund nicht entfällt.[24] Selbst dann aber lässt sich die Nichteinlegung des Rechtsmittels als Indiz im Rahmen einer Gesamtbetrachtung der Umstände berücksichtigen.[25]

9   Einer **Rüge des Antragsgegners** bedarf es im Unterschied zu § 328 Abs. 1 Nr. 4 ZPO bzw. §§ 109 Abs. 1 Nr. 4 FamFG nicht.[26] Der Anerkennungsversagungsgrund ist wie alle anderen **von Amts wegen** zu prüfen.[27]

IV. Unvereinbarkeit der Entscheidung mit einer Entscheidung im Anerkennungsstaat, lit. c

10   Ferner scheidet die Anerkennung aus, wenn die Entscheidung unvereinbar mit der Entscheidung eines Gerichts im Anerkennungsstaat ist. Dies gilt sowohl für früher ergangene Entscheidungen, als auch für später ergangene Entscheidungen.[28] Im letzteren Fall verliert die ausländische Entscheidung im Moment des Ergehens der Entscheidung im Anerkennungsstaat ihre Anerkennungsfähigkeit. Die Unvereinbarkeit der Entscheidungen bestimmt sich nach verordnungsautonomen Maßstäben,[29] ohne dass diese aus der Verordnung erkennbar würden. Unvereinbar ist wohl jedenfalls eine Entscheidung, welche die Eheauflösung ausspricht, mit einer Entscheidung im Anerkennungsstaat lediglich zur Ehetrennung. Im umgekehrter Konstellation sollen hingegen die beiden Entscheidungen aus der maßgeblichen Sicht des Anerkennungsstaates vereinbar sein.[30] Ferner dürfte Unvereinbarkeit auch zwischen einem Scheidungsurteil und einem im Anerkennungsstaat ergangenen oder ergehenden Urteil bestehen, das den (Fort-)Bestand der Ehe feststellt, auch wenn die statuserhaltende Entscheidung nicht unter das Anerkennungs- und Vollstreckungsregime der Verordnung fällt.[31] Entsprechendes wird angenommen für eine Entscheidung, die außerhalb des Anerkennungsstaates nicht anerkennungsfähig ist.[32] Auch im Übrigen sind die Einzelheiten unsicher.[33] Abstrakt-generell dürfte sich Unvereinbarkeit am ehesten daraus ergeben, dass die Entscheidungen zu unterschiedlichen Personenständen führen.[34]

---

[24] Thomas/Putzo/*Hüßtege* ZPO, Art. 22 Rn. 2; *Helms* FamRZ 2001, 264.

[25] NK-BGB/*Andrae* Art. 22 Rn. 12.

[26] *Helms* FamRZ 2001, 257 (264).

[27] MüKoZPO/*Gottwald* Art. 22 Rn. 5; NK-BGB/*Andrae* Art. 22 Rn. 7.

[28] Borrás-Bericht Rn. 71.

[29] Rauscher/*Rauscher* EuZPR/EuIPR, Art. 22 Rn. 22; MüKoZPO/*Gottwald* Art. 22 Rn. 11; Geimer/Schütze/*Paraschas* Internationaler Rechtsverkehr, Art. 22 Rn. 40.

[30] Rauscher/*Rauscher* EuZPR/EuIPR, Art. 22 Rn. 23.

[31] MüKoZPO/*Gottwald* Art. 22 Rn. 11; NK-BGB/*Andrae* Art. 22 Rn. 13; Rauscher/*Rauscher* EuZPR/EuIPR, Art. 22 Rn. 26; *Helms* FamRZ 2001, 257 (265); *Hausmann* EuLF 2000/01, 345 (350); aA Hk-ZPO/*Dörner* Art. 22 Rn. 5; Thomas/Putzo/*Hüßtege* Art. 22 Rn. 3; *Kohler* NJW 2001, 10 (13).

[32] Rauscher/*Rauscher* EuZPR/EuIPR, Art. 22 Rn. 21.

[33] Vgl. im Einzelnen Rauscher/*Rauscher* EuZPR/EuIPR, Art. 22 Rn. 24 ff.

[34] NK-BGB/*Andrae* Art. 22 Rn. 15.

V. Unvereinbarkeit der Entscheidung mit früherer Entscheidung aus anderem Mitgliedstaat, lit. d

In Bezug auf solche Entscheidungen, die im Anerkennungsstaat ihrerseits kraft **11** Anerkennung zu beachten sind, also in anderen (Mitglieds- oder Dritt-)Staaten ergangen sind, gilt anders als nach lit. c der **Prioritätsgrundsatz.** Damit hindern nur früher ergangene Entscheidungen die Anerkennung, nicht aber später ergangene. Vielmehr sind letztere im Anerkennungsstaat nicht anzuerkennen, soweit Unvereinbarkeit besteht. Drittstaatenentscheidungen sind nach deutscher *lex fori* erst mit Delibation nach § 107 FamFG zu berücksichtigen.[35] Allerdings soll das Verfahren, in dem die Anerkennung der späteren mitgliedstaatlichen Entscheidung eine Rolle spielt, auszusetzen sein, wenn eine Partei für das früher ergangene drittstaatliche Urteil das Verfahren nach § 107 eröffnet.[36]

Art. 23 Gründe für die Nichtanerkennung einer Entscheidung über die elterliche Verantwortung

Eine Entscheidung über die elterliche Verantwortung wird nicht anerkannt,

a) wenn die Anerkennung der öffentlichen Ordnung des Mitgliedstaats, in dem sie beantragt wird, offensichtlich widerspricht, wobei das Wohl des Kindes zu berücksichtigen ist;

b) wenn die Entscheidung – ausgenommen in dringenden Fällen – ergangen ist, ohne dass das Kind die Möglichkeit hatte, gehört zu werden, und damit wesentliche verfahrensrechtliche Grundsätze des Mitgliedstaats, in dem die Anerkennung beantragt wird, verletzt werden;

c) wenn der betreffenden Person, die sich auf das Verfahren nicht eingelassen hat, das verfahrenseinleitende Schriftstück oder ein gleichwertiges Schriftstück nicht so rechtzeitig und in einer Weise zugestellt wurde, dass sie sich verteidigen konnte, es sei denn, es wird festgestellt, dass sie mit der Entscheidung eindeutig einverstanden ist;

d) wenn eine Person dies mit der Begründung beantragt, dass die Entscheidung in ihre elterliche Verantwortung eingreift, falls die Entscheidung ergangen ist, ohne dass diese Person die Möglichkeit hatte, gehört zu werden;

e) wenn die Entscheidung mit einer späteren Entscheidung über die elterliche Verantwortung unvereinbar ist, die in dem Mitgliedstaat, in dem die Anerkennung beantragt wird, ergangen ist;

f) wenn die Entscheidung mit einer späteren Entscheidung über die elterliche Verantwortung unvereinbar ist, die in einem anderen Mitgliedstaat oder in dem Drittstaat, in dem das Kind seinen gewöhnlichen Aufenthalt hat, ergangen ist, sofern die spätere Entscheidung die notwendigen Voraussetzungen für ihre Anerkennung in dem Mitgliedstaat erfüllt, in dem die Anerkennung beantragt wird; oder

g) wenn das Verfahren des Artikels 56 nicht eingehalten wurde.

---

[35] Rauscher/*Rauscher* EuZPR/EuIPR, Art. 22 Rn. 31.
[36] Rauscher/*Rauscher* EuZPR/EuIPR, Art. 22 Rn. 31.

I. Überblick

1   Die Vorschrift führt – gesondert von den Anerkennungsversagungsgründen für Scheidungsurteile in Art. 22[1] – die Gründe zur Versagung der Anerkennung von Entscheidungen über die elterliche Verantwortung abschließend auf. Dabei ergänzt Art. 23 die allgemein anerkannten Versagungsgründe zum Teil bereichsspezifisch, etwa durch die Betonung des Kindeswohls bei der Ordre-public-Kontrolle oder bei der Erstreckung von Gehörsrechten auf betroffene Personen jenseits der Parteien. Die hier geregelten Versagungsgründe orientieren sich dabei an Art. 23 KSÜ.[2] Nicht übernommen ist allerdings Art. 23 Abs. 2 lit. a KSÜ, wonach die Anerkennung versagt werden kann, wenn die betreffende Maßnahme von einer Behörde getroffen wurde, die nicht nach Kapitel II des KSÜ zuständig war. Denn bei Anerkennung unter der Verordnung soll die Zuständigkeit des Erstgerichts in keinem Fall geprüft werden.[3] Art. 23 erfasst Entscheidungen zur elterlichen Sorge unabhängig davon, ob sie selbständig oder im Verbund mit der Ehesache der Eltern ergangen sind. Für Umgangsentscheidungen tritt neben die Anerkennung und Vollstreckung nach Art. 23, 28 ff. die unmittelbare Vollstreckung nach Bestätigung im Ursprungsstaat nach Art. 40 ff.

II. Ordre public, lit. a

2   Die Anerkennung ist zunächst zu versagen, wenn sie der öffentlichen Ordnung im Anerkennungsstaat offensichtlich widerspräche, wobei bereits nach dem Wortlaut insbesondere das **Wohl des Kindes** zu berücksichtigen ist. In der Herausbildung des Kindeswohls folgt die Vorschrift dem Vorbild von Art. 23 Abs. 2 lit. d KSÜ.[4] Erfasst sind davon wie unter Art. 22 und Art. 34 Nr. 1 Brüssel I-VO sowohl materiellrechtliche als auch verfahrensrechtliche Verstöße. Bei der Feststellung des Verstoßes ist nicht zu trennen zwischen Ordre public einerseits und Kindeswohl als alternativem Anerkennungsversagungsgrund andererseits. Vielmehr ist eine einheitliche Prüfung des Ordre public unter besonderer Gewichtung des Kindeswohls als einem integralen Bestandteil der öffentlichen Ordnung im Bereich der elterlichen Sorge vorzunehmen.[5] Hierbei wird einerseits allgemein auf die **ultima-ratio-Funktion** eines jeden Ordre-public-Vorbehalts,[6] andererseits auf die geringe Relativierbarkeit des Kindeswohls und auf die besondere Sensibilität der mitgliedstaatlichen Rechtsgemeinschaften im Bereich der elterlichen Sorge verwiesen.[7] Beide Gesichtspunkte sind berechtigt und müssen im Wege einer **praktischen Konkordanz**

---

[1] Anders noch Art. 15 Abs. 2 Brüssel II-VO.

[2] Borrás-Bericht Rn. 67; Haager Übereinkommen über die Zuständigkeit, das anzuwendende Recht, die Anerkennung, Vollstreckung und Zusammenarbeit auf dem Gebiet der elterlichen Verantwortung und der Maßnahmen zum Schutz von Kindern vom 19. Oktober 1996, BGBl. II 603.

[3] Art. 24 Rn. 2 ff.

[4] Borrás-Bericht Rn. 73.

[5] NK-BGB/*Andrae* Art. 22 Rn. 15; Rauscher/*Rauscher* EuZPR/EuIPR, Art. 23 Rn. 4; Geimer/Schütze/*Paraschas* Internationaler Rechtsverkehr, Art. 23 Rn. 13.

[6] *Helms* FamRZ 2001, 257 (263).

[7] Rauscher/*Rauscher* EuZPR/EuIPR, Art. 23 Rn. 5; Geimer/Schütze/*Paraschas* Internationaler Rechtsverkehr, Art. 23 Rn. 14.

zu bestmöglicher Verwirklichung gebracht werden. Hierbei ist nach den Materialien auch die Konstellation denkbar, dass trotz offensichtlicher Ordre-public-Verletzung das Kindeswohl die Anerkennung erzwingt.[8] Der Prüfungsmaßstab richtet sich konkret nach dem Recht des Anerkennungsstaates, wobei auch hier das unionale Verordnungsrecht der Konkretisierung durch die Mitgliedstaaten äußere Grenzen setzen dürfte.[9] Beispiel für eine auch auf anerkennungsrechtlicher Ebene durchgreifende materielle Ordre-public-Verletzung ist der Entzug des Sorgerechts wegen fehlender oder „falscher" Religionszugehörigkeit eines Elternteils.[10] Hat das Kind (zwischenzeitlich) seinen gewöhnlichen Aufenthalt im Anerkennungsstaat und besteht deswegen, vorbehaltlich der Art. 9, 10 und 12, die Zuständigkeit der Gerichte dort, dann entschärft sich die Problematik durch die Möglichkeit, im Anerkennungsstaat Abänderungsentscheidungen zu erwirken.[11]

III. Anhörung des Kindes, lit. b

Lit. b enthält eine spezielle, Art. 23 Abs. 2 lit. b KSÜ nachgebildete Konkreti- **3** sierung des verfahrensrechtlichen Ordre public. Danach muss dem Kind die Möglichkeit zur Anhörung gegeben werden. Dies eigens klarzustellen ist deswegen sinnvoll, weil das Kind, obwohl von der anzuerkennenden Entscheidung unmittelbar in seinen Rechten betroffen, nicht notwendig zugleich Partei zB im Sorgerechtsstreit der Eltern ist, sondern zB nach deutschem Verfahrensrecht lediglich materiell Beteiligter iSv § 7 Abs. 2 Nr. 1 FamFG. Der Wortlaut von Art. 23 lit. b und Erw.-Gr. 19 stellen klar, dass sich die Anforderungen an die Anhörung des Kindes grundsätzlich und wie bei jeder Ordre-public-Kontrolle nach dem Recht des Anerkennungsstaats richten.[12] Zugleich dürfte allerdings die Vorschrift einen auch menschenrechtsgestützten,[13] verordnungsautonomen Mindeststandard enthalten, dessen Umrisse freilich nicht erkennbar gemacht sind. Zumindest lässt sich aber der Vorschrift wohl ein allgemeines Gebot zur Kindesanhörung entnehmen.[14] Maßstab im deutschen Recht für die Anhörung des Kindes im Übrigen gibt § 159 FamFG.[15] Hinzu tritt die Rechtsprechung des Bundesverfassungsgerichts.[16] Die Verletzung wesentlicher Grundsätze dieser Maßstäbe begründet in Deutschland das Anerkennungsverbot des lit. b. Damit sind unwesentliche Abweichungen unschädlich. Dies dürfte etwa der Fall sein

---

[8] Borrás-Bericht Rn. 73 Abs. 1; Gebauer/Wiedmann/*Frank* Zivilrecht unter europäischem Einfluss, Kap. 29 Rn. 71.

[9] Vgl. → Art. 22 Rn. 3.

[10] OLG Koblenz IPRspr. 2005, Nr. 71, 150–153 Rn. 31 mwN; MüKoZPO/*Gottwald* Art. 23 Rn. 2; zur kollisionsrechtlichen Ordre-public-Widrigkeit JurisPK-BGB/*Gärtner* Art. 21 EGBGB Rn. 86.

[11] Rauscher/*Rauscher* EuZPR/EuIPR, Art. 23 Rn. 6.

[12] MüKoZPO/*Gottwald* Art. 23 Rn. 3.

[13] Borrás-Bericht Rn. 73 Abs. 3 mit Verweis auf Art. 12 des Übereinkommens der Vereinten Nationen vom 20. November 1989 über die Rechte des Kindes (Anhörungsrecht).

[14] Rauscher/*Rauscher* EuZPR/EuIPR, Art. 23 Rn. 7.

[15] OLG Frankfurt a.M. IPRax 2008, 352, zu § 50b FGG aF; Thomas/Putzo/*Hüßtege* Art. 23 Rn. 2.

[16] BVerfG FamRZ 2007, 105 (107): grundsätzliche Notwendigkeit der Anhörung ab dem dritten Lebensjahr; BVerfGE 99, 145, 163 f.

bei Anhörung des Kindes durch einen Psychologen oder einen Sozialarbeiter, der dann dem Gericht Bericht erstattet, während nach deutschem Verfahrensrecht das Kind persönlich (§ 159 FamFG[17]) und mit Verfahrensbeistand (§ 158 FamFG) zu hören ist.[18] Die bloße Ladung des Kindes über den Antragsgegner reicht nicht. Vielmehr müssen im Verfahren im Erststaat auch die Anhörung fördernde Bemühungen – Bestellung eines Verfahrenspflegers, bei Anreise Zusicherung „freien Geleits", Anhörung im Wege der Rechtshilfe – erkennbar geworden sein.[19] Die vormalige Anhörung des Kindes im Zweitstaat in einem anderen Verfahren genügt nicht.[20] In **Eilfällen** sind Ausnahmen vom Gebot der Anhörung denkbar.[21]

4   Darauf, dass die Verletzung „offensichtlich" iSv lit. a ist, kommt es nach dem Wortlaut von lit. b nicht an. In dringenden Fällen kann ausnahmsweise von der Anhörung abgesehen werden. Nach der Systematik der Verordnung verbietet sich die Kontrolle von Bescheinigungen nach Art. 42 am Maßstab von lit. b.[22] Umgekehrt kommt nach instanzgerichtlicher Rechtsprechung die analoge Anwendung der Einschränkung des Gehörsgebotes in Art. 41 Abs. 2 lit. c mit Rücksicht auf Alter und/oder Reifegrad nicht in Betracht.[23] Gleichwohl können die Anforderungen an das Ob und die Art und Weise der Anhörung nicht gänzlich losgelöst von Alter und Reifegrad des Kindes bestimmt werden, § 159 Abs. 2 und 4 FamFG. Nach teilweise vertretener Auffassung soll die Anhörung entbehrlich sein, wenn sich das Kind mit der zu ergehenden Entscheidung einverstanden erklärt hat.[24] Der Umstand, dass das **Einverständnis** in lit. c ausdrücklich geregelt ist, in lit. b die Norm hingegen hierzu schweigt, spricht systematisch eher dafür, dass das Einverständnis des Kindes nicht wie das Einverständnis der betreffenden Personen iSv lit. c. den Anerkennungsversagungsgrund entfallen lassen soll. Jedenfalls wird dies vom Reifegrad des Kindes und von der Deutlichkeit der Erklärung nach den Maßstäben von lit. c abhängen müssen.

IV. Verteidigungsmöglichkeit des Zustellungsempfängers, lit. c

5   Die Vorschrift konkretisiert wie Art. 22 lit. b den verfahrensrechtlichen Ordre public hinsichtlich Gehörsverletzungen bei Verfahrenseinleitung durch Zustel-

---

[17] BGH FamRZ 2011, 796 Rn. 61.

[18] Streitig, wie hier zB MüKoZPO/*Gottwald* Art. 23 Rn. 3; Gebauer/Wiedmann/*Frank* Zivilrecht unter europäischem Einfluss, Kap. 29 Rn. 72; Hk-ZPO/*Saenger* Art. 23 Rn. 2; aA zB Rauscher/*Rauscher* EuZPR/EuIPR., Art. 23 Rn. 9: Vorschrift des § 159 FamG „ist in ihrer Gesamtheit wesentlicher Verfahrensgrundsatz und kann deshalb nicht unter dem Gesichtspunkt der Wesentlichkeit relativiert werden" (kursive Hervorheb. iO).

[19] OLG Schleswig FamRZ 2008, 1761 (1762).

[20] OLG Schleswig FamRZ 2008, 1761 (1762).

[21] NK-BGB/*Andrae* Art. 23 Rn. 4.

[22] EuGH 22.12.2010 – C-491/10 PPU – Zarraga Rn. 49.

[23] Zumindest tendenziell, allerdings offenlassend OLG Schleswig FamRZ 2008, 1761 (1762).

[24] So zB NK-BGB/*Andrae* Art. 23 Rn. 4; Geimer/Schütze/*Paraschas* Internationaler Rechtsverkehr, Art. 23 Rn. 21; zweifelnd MüKoZPO/*Gottwald* Art. 23 Rn. 5.

lung des einleitenden Schriftstücks.[25] Allerdings bezieht sich die Vorschrift nicht allein auf die formell am Verfahren beteiligten Parteien, sondern allgemein auf „die betreffende Person". Das rechtliche Gehör des Kindes schützt allerdings bereits lit. b, dasjenige materiell in ihrer elterlichen Sorgerechtsstellung betroffener Dritter lit. d. Am ehesten scheint damit die Vorschrift den nicht als Partei beteiligten Elternteil zu erfassen[26] und bei der Verfahrenseinleitung besonders zu schützen. Wie bei Art. 22 lit. b kommt es jedenfalls auf **die tatsächliche Verteidigungsmöglichkeit** an, nicht auf formelle Ordnungsgemäßheit der Zustellung des verfahrenseinleitenden Schriftstücks.[27] Wird festgestellt, dass die betreffende Person mit der Entscheidung trotz fehlender faktischer Verteidigungsmöglichkeit einverstanden ist, entfällt das Anerkennungsverbot. Ein solches Einverständnis ist etwa der Mitwirkung bei der Umsetzung von Sorgerechtsentscheidungen zu entnehmen.[28] Wie bei Art. 22 lit. b ist streitig, ob die **Nichteinlegung eines eröffneten Rechtsbehelfs** im Ursprungsstaat das Einverständnis der betreffenden Person zum Ausdruck bringt. Wie bei Art. 22 lit. b spricht der Wortlautvergleich mit Art. 34 Nr. 2 Brüssel I-VO eher für die Annahme, dass das Nichteinlegen des Rechtsmittels hier nicht zum Entfallen des Anerkennungsverbots führen soll. Gleichwohl lässt sich die Nichteinlegung als Indiz für das Einverständnis unter Abwägung der Gesamtumstände berücksichtigen.[29] Die Nichteinlegung des Rechtsmittels mag man dabei in Sorgerechtssachen stärker als Indiz für das Einverständnis gewichten als in Ehesachen.[30] Eine Rüge der Verletzung des rechtlichen Gehörs durch die betreffende Person ist nicht erforderlich.

V. Rechtliches Gehör des Trägers der elterlichen Verantwortung, lit. d

Die Anerkennung ist ferner zu versagen, wenn Personen, etwa andere Familienmitglieder als die Eltern, der Vormund oder das Jugendamt, mit dem Ziel der Nichtanerkennung vortragen, sie seien durch die Entscheidung in ihrer elterlichen Verantwortung betroffen und entweder bei Verfahrenseinleitung oder im nachfolgenden Verfahren nicht hinreichend gehört worden.[31] Dieser Anerkennungsversagungsgrund wird ausnahmsweise und nach dem Vorbild von Art. 23 Abs. 2 lit. c KSÜ nur auf **Rüge** im Anerkennungsverfahren beachtet.[32] Die Rechte der geschützten Person stehen also nach lit. d zu ihrer verfahrensrechtlichen Disposition. Selbst bei fehlender Rüge kann aber die Nichtanhörung der Person noch immer eine Ordre-public-Verletzung nach lit. b beinhalten, wenn nämlich dadurch das Kindeswohl verletzt wird.[33] Ein „Antrag" im eigentlichen Sinne ist entgegen dem Wortlaut nicht erforderlich. Ob der Antragsteller Träger der elterlichen Verantwortung ist, richtet sich nach dem (Kollisions-)

6

[25] Zu den übertragbaren Einzelheiten der Prüfung Art. 22 Rn. 7.
[26] Hk-ZPO/*Saenge* Art. 23 Rn. 3; Rauscher/*Rauscher* EuZPR/EuIPR, Art. 23 Rn. 13.
[27] MüKoZPO/*Gottwald* Art. 23 Rn. 6.
[28] Rauscher/*Rauscher* EuZPR/EuIPR, Art. 23 Rn. 14.
[29] Auch hiergegen zB MüKoZPO/*Gottwald* Art. 23 Rn. 8.
[30] Hk-ZPO/*Saenger* Art. 23 Rn. 3; Rauscher/*Rauscher* EuZPR/EuIPR, Art. 23 Rn. 15.
[31] NK-BGB/*Andrae* Art. 23 Rn. 6; *Vogel* MDR 2000, 1045 (1050).
[32] Hk-ZPO/*Saenger* Art. 23 Rn. 4.
[33] Rauscher/*Rauscher* EuZPR/EuIPR, Art. 23 Rn. 16.

Recht des Anerkennungsstaates, in Vertragsstaaten des KSÜ nach dessen Art. 16.[34]

VI. Unvereinbarkeit der Entscheidung mit späterer Entscheidung im Anerkennungsstaat, lit. e

7   Nach lit. e ist die Entscheidung (nur dann) nicht anzuerkennen, wenn sie mit einer späteren Entscheidung zur elterlichen Verantwortung im Anerkennungsstaat unvereinbar ist. Anders als nach Art. 22 lit. c hat also ausschließlich eine nachfolgende Entscheidung des Anerkennungsstaates im Kollisionsfall Vorrang, nicht jedoch auch eine frühere Entscheidung. Eine entsprechende Sonderregel für Entscheidungen aus anderen Vertragsstaaten fehlt dem KSÜ. Die *ratio* für die hier statuierte Vorrangregel besteht nach den Materialien darin, dass die jüngere Entscheidung dem Kindeswohl nach aktuellem Stand am besten gerecht wird.[35] Zur Unvereinbarkeit kann es etwa kommen bei anzuerkennender Sorgerechtsentscheidung und nachfolgender gegenläufiger Vaterschaftsfeststellung im Anerkennungsstaat.[36] Geht freilich zB eine erfolgreiche Vaterschaftsanfechtung im Anerkennungsstaat der sodann zur Anerkennung stehenden Sorgerechtsentscheidung zeitlich vor, dann stellt sich die Frage, wie mit diesem Konflikt zu verfahren ist. Aus lit. e erwächst nach dem Wortlaut ersichtlich kein Anerkennungsversagungsgrund. Allenfalls ließe sich eine teleologische Extension oder aber der Rückgriff auf die allgemeine Ordre-public-Klausel erwägen.[37] Denkbar ist die Unvereinbarkeit auch zwischen anzuerkennender Sorgerechtsentscheidung und nachfolgender Sorgerechtsentscheidung im Anerkennungsstaat.[38]

VII. Unvereinbarkeit der Entscheidung mit späterer Entscheidung aus einem anderen Mitglied- oder aus einem Drittstaat, lit. f

8   Nach lit. f ist die Anerkennung zu versagen, wenn die Entscheidung mit einer späteren Entscheidung über die elterliche Verantwortung aus einem anderen Mitglied- oder Drittstaat unvereinbar ist, sofern das Kind in diesem Drittstaat[39] seinen gewöhnlichen Aufenthalt hat, und die spätere Entscheidung im Anerkennungsstaat nach den dafür maßgeblichen Regeln – Art. 21 ff., ggf. Staatsverträge, insbe-

---

[34] NK-BGB/*Andrae* Art. 23 Rn. 6.

[35] Borrás-Bericht Rn. 73; Hk-ZPO/*Saenger* Art. 23 Rn. 5; NK-BGB/*Andrae* Art. 23 Rn. 7; *Helms* FamRZ 2001, 257 (266).

[36] Borrás-Bericht Rn. 73; Thomas/Putzo/*Hüßtege* Art. 23 Rn. 5.

[37] NK-BGB/*Andrae* Art. 23 Rn. 8; Rauscher/*Rauscher* EuZPR/EuIPR, Art. 23 Rn. 23.

[38] Hk-ZPO/*Saenger* Art. 23 Rn. 5.

[39] Hk-ZPO/*Saenger* Art. 23 Rn. 6; Rauscher/*Rauscher* EuZPR/EuIPR, Art. 23 Rn. 26, unter Berufung auf grammatikalische Auslegung sowie harmonische Auslegung mit Art. 23 Abs. 2 lit. e KSÜ; aA (gewöhnlicher Aufenthalt des Kindes auch im anderen Mitgliedstaat erforderlich) zB Thomas/Putzo/*Hüßtege* Art. 23 Rn. 6; Geimer/Schütze/*Paraschas*, Internationaler Rechtsverkehr, Art. 23 Rn. 37.

sondere KSÜ[40] und MSA,[41] autonomes Verfahrensrecht (in Deutschland insbesondere § 108 f. FamFG) – anerkennungsfähig ist. Die Vorschrift ist Art. 23 Abs. 2 lit. e KSÜ nachgebildet. Es gilt danach ebenso wie bei lit. e und anders als sonst im Anerkennungsrecht ein „Posterioritätsprinzip" bei der Koordination widerstreitender Entscheidungen.[42]

VIII. Nichteinhaltung des Verfahrens des Art. 56, lit. g

Art. 56 regelt das Verfahren für die Unterbringung in einem anderen Mitglied- **9** staat. Erwägt das nach Art. 8 bis 15 zuständige Gericht die Unterbringung des Kindes in einem Heim oder in einer Pflegefamilie und soll das Kind in einem anderen Mitgliedstaat untergebracht werden, dann hat das Gericht nach Art. 56 Abs. 1 zuvor die Zentrale Behörde bzw. die zuständige Behörde dieses Mitgliedstaates zu Rate zu ziehen, sofern in diesem Mitgliedstaat vor Unterbringung die Einschaltung einer Behörde vorgesehen ist. Die zuständige Behörde muss nach Abs. 2 der Unterbringungsentscheidung zustimmen. Abs. 3 betrifft die Unterbringung in einer Pflegefamilie, wenn die Einschaltung einer Behörde im Unterbringungsstaat nach dortigem Recht nicht vorgesehen ist. Dann hat das Gericht die Zentrale Behörde von der Unterbringung in Kenntnis zu setzen.[43] Die Nichteinhaltung dieser Verfahrensmaßgaben begründet ein **Anerkennungsverbot.** Dies gilt nach dem insoweit klaren Wortlaut und in wortlautsystematischer Abgrenzung zu lit. a–c („wesentliche Grundsätze") auch bei **unwesentlichen Abweichungen.**

Art. 24 Verbot der Nachprüfung der Zuständigkeit des Gerichts des Ursprungsmitgliedstaats

Die Zuständigkeit des Gerichts des Ursprungsmitgliedstaats darf nicht überprüft werden. Die Überprüfung der Vereinbarkeit mit der öffentlichen Ordnung gemäß Artikel 22 Buchstabe a) und Artikel 23 Buchstabe a) darf sich nicht auf die Zuständigkeitsvorschriften der Artikel 3 bis 14 erstrecken.

I. Überblick

Die Vorschrift sichert wie Art. 35 Abs. 3 Brüssel I-VO das Kernziel der Verord- **1** nung, nämlich die Freizügigkeit mitgliedstaatlicher Entscheidungen, hier in Scheidungssachen und zur elterlichen Verantwortung. Zu diesem Zweck verpflichtet die Verordnung jeden Mitgliedstaat zur Anerkennung solcher Entscheidungen aus anderen Mitgliedstaaten, dies allein vorbehaltlich der wenigen, in ihrem Prüfungsumfang stark begrenzten und abschließend definierten Anerkennungsversa-

---

[40] Haager Übereinkommen über die Zuständigkeit, das anzuwendende Recht, die Anerkennung, Vollstreckung und Zusammenarbeit auf dem Gebiet der elterlichen Verantwortung und der Maßnahmen zum Schutz von Kindern vom 19. Oktober 1996, BGBl. 2009 II 603.

[41] Haager Übereinkommen über die Zuständigkeit der Behörden und das anzuwendende Recht auf dem Gebiet des Schutzes von Minderjährigen vom 5. Oktober 1961, BGBl. 1971 II 217.

[42] MüKoZPO/*Gottwald* Art. 23 Rn. 9.

[43] → Art. 56 Rn. 1 ff.

gungsgründen der Art. 23 f. Zur weiteren Sicherung der Freizügigkeit schließt Art. 24 jegliche Prüfung der Zuständigkeit des Erstgerichts durch das Zweitgericht aus. Damit konkretisiert die Vorschrift das allgemeine Verbot der *révision au fond* nach Art. 26.

II. Verbot der Überprüfung der Zuständigkeit des Erstgerichts

2   Die Verletzung von Zuständigkeitsvorschriften der Verordnung oder der Mitgliedstaaten im Rahmen der Restzuständigkeiten nach Art. 7, 14 ist nach den abschließenden Katalogen der Art. 23 f. **kein Anerkennungsversagungsgrund.** S. 1 stellt gleichwohl nochmals ganz klar, dass das Zweitgericht die Zuständigkeit des Erstgerichts nicht prüfen darf. Hiervon ist, anders als nach Art. 35 Abs. 1 Brüssel I-VO für die Schutzgerichtsstände schwächerer Parteien in den Art. 8 ff. Brüssel I-VO (Versicherungsnehmer) und Art. 15 ff. Brüssel I-VO (Verbraucher) sowie für die ausschließliche Zuständigkeiten nach Art. 22 Brüssel I-VO, keine Ausnahme vorgesehen. Besondere Schutzgerichtsstände enthält die Brüssel IIa-VO nicht, wohl allerdings ausschließliche Zuständigkeiten.[1] Teleologische Reduktionen des Überprüfungsverbotes zur anerkennungsrechtlichen Prüfung zumindest dieser Zuständigkeiten werden überwiegend und angesichts des klaren Regelungsplans von Art. 24 zu Recht abgelehnt.[2] Ersichtlich soll der Antragsgegner vollständig auf die Rechtsbehelfe im Verfahren des Erststaates verwiesen werden, um Rechtsfehler bei der Zuständigkeitsfeststellung zu beheben. **Rechtspolitisch** ist ein solches Regime freilich nicht ganz unproblematisch. Denn auch die „einfachen" Zuständigkeitsregeln der Verordnung bezwecken einen angemessenen Interessenausgleich zwischen den Parteien in grenzüberschreitenden Verfahren hinsichtlich des Verfahrensortes und tragen damit zur Legitimation der erleichterten Anerkennung bei. Wenn eine Partei den für sie vorgesehenen Zuständigkeitsschutz an einem von diesem Regelungssystem nicht für angemessen gehaltenen Ort erstreiten muss, konterkariert dies das System.[3] Im Übrigen erscheint es widersprüchlich, dass einerseits die Zuständigkeitsbegründung kraft rügeloser Einlassung nicht vorgesehen ist, andererseits die aus Sicht des Gerichts im Zweitstaat fehlende Zuständigkeit des Gerichts im Erststaat vollständig folgenlos bleibt. Gleichwohl ist der klare Regelungswille des Verordnungsgebers zu respektieren.

III. Ausschluss der Zuständigkeitsregeln vom Ordre public

3   S. 2 schließt zusätzlich aus, dass die wesentlichen Grundsätze des eigenen Zuständigkeitsrechts im Rahmen der allgemeinen verfahrensrechtlichen Ordre-

---

[1] Vgl. Art. 6 iVm Art. 3–5.

[2] MüKoZPO/*Gottwald* Art. 24 Rn. 2 mwN; NK-BGB/*Andrae* Art. 24 Rn. 1; *Helms* FamRZ 2001, 257 (262); *Hausmann* EuLF 2000/01, 345 (348); Rauscher/*Rauscher* EuZPR/ EuIPR, Art. 24 Rn. 1 (Prüfung der Unzuständigkeit iSv Art. 17).

[3] Anders, nämlich Anerkennung nur bei Einhaltung der vereinheitlichten Zuständigkeitsvorschriften, für Entscheidungen der nordischen Mitgliedstaaten nach dem Übereinkommen vom 6.2.1931 zwischen Dänemark, Finnland, Island, Norwegen und Schweden über das Verfahrensrecht in Ehe-, Adoptions- und Vormundschaftssachen iVm Art. 59 Abs. 2 lit. d und a; vgl. auch Borrás-Bericht Rn. 74.

public-Kontrolle überprüft werden. Dies gilt auch hinsichtlich der Restzuständigkeiten nach Art. 7, 15.[4] Erschleicht eine Partei allerdings die Zuständigkeit betrügerisch oder kommt es im Erststaat zur Rechtsbeugung, dann greift der Ordre-public-Vorbehalt nach allgemeinen Maßgaben.[5] Der Grund der Anerkennungsversagung liegt dann aber im Prozessbetrug bzw. der vorsätzlichen richterlichen Willkür als solcher, nicht im Inhalt der Zuständigkeitsentscheidung. Gemeinsamer unzutreffender Vortrag der Ehegatten zum gewöhnlichen Aufenthalt gilt dabei allerdings ebenso wenig als Ordre-public-Verstoß wie etwa der einverständlich unzutreffende Vortrag zum Ablauf von Mindesttrennungsfristen.[6]

Art. 25 Unterschiede beim anzuwendenden Recht

Die Anerkennung einer Entscheidung darf nicht deshalb abgelehnt werden, weil eine Ehescheidung, Trennung ohne Auflösung des Ehebandes oder Ungültigerklärung einer Ehe nach dem Recht des Mitgliedstaats, in dem die Anerkennung beantragt wird, unter Zugrundelegung desselben Sachverhalts nicht zulässig wäre.

I. Überblick

Die Vorschrift stellt wie Art. 24 die engen Grenzen des Prüfungsumfangs für das **1** Zweitgericht zugunsten gesteigerter Freizügigkeit der Entscheidungen mitgliedstaatlicher Gerichte im unional-europäischen Rechtsraum klar. Allerdings betrifft die Vorschrift anders als Art. 24 und 26 nicht Rechtsfehler des Erstgerichts, sondern Abweichungen vom Recht des Zweitstaates, die sich nach dem Recht des Erststaates im Ergebnis der Entscheidung niederschlagen, so dass eine solche Entscheidung nach dem Recht des Zweitstaates nicht hätte ergehen können. Art. 25 stellt – insbesondere auf Drängen der Mitgliedstaaten mit liberalerem Scheidungsrecht[1] – klar, dass derartige Abweichungen bei Entscheidungen über Scheidungssachen nicht als solche zu einem Anerkennungsverbot führen. Damit leitet die Vorschrift die Ordre-public-Kontrolle nach Art. 22 lit. a dahingehend, dass bloße Rechtsunterschiede zwischen Erst- und Zweitstaat nicht als Verletzung gelten sollen.[2] Dies ergibt sich freilich im Wesentlichen bereits aus der ultima-ratio-Funktion des Ordre-public-Vorbehalts. Art. 25 verstärkt also vor allem den Grundsatz, dass der materielle Ordre public keinesfalls großzügig zum Einsatz gebracht werden darf.[3]

II. Unzulässigkeit der Entscheidung in Scheidungssachen nach dem Recht des Anerkennungsstaates kein Anerkennungsversagungsgrund

Der Umstand, dass die anzuerkennende Entscheidung nach dem Scheidungsrecht **2** des Zweitstaates nicht hätte ergehen können, begründet kein Anerkennungshinder-

---

[4] NK-BGB/*Andrae* Art. 24 Rn. 2.
[5] Rauscher/*Rauscher* EuZPR/EuIPR, Art. 24 Rn. 3.
[6] Rauscher/*Rauscher* EuZPR/EuIPR, Art. 24 Rn. 3.
[1] Borrás-Bericht Rn. 76.
[2] Borrás-Bericht Rn. 76.
[3] Thomas/Putzo/*Hüßtege* Art. 25 Rn. 1.

nis. Unterschiede bei den Scheidungsgründen oder bei Mindesttrennungsfristen etc. erlauben damit dem Zweitstaat nicht die Anerkennungsversagung. Steigern sich allerdings die Rechtsunterschiede zu einer Abweichung von wesentlichen Grundsätzen der öffentlichen Ordnung des Zweitstaates, kommt eine **materielle Ordre-public-Verletzung nach Art. 23 lit. a** nach zutreffender Auffassung in Betracht.[4] Dies mag etwa der Fall sein, wenn das Scheidungsrecht des Zweitstaates besonders restriktiv ist und zB eine Konsensualscheidung zwischen Staatsangehörigen des Zweitstaates anerkannt werden soll.[5] Konfliktpotential erwächst auch aus der Anwendung drittstaatlichen Scheidungsrechts durch Mitgliedstaaten mit liberalem Scheidungsrecht und zurückhaltender Ordre-public-Kontrolle.

3   Während Art. 27 Nr. 4 EuGVÜ noch einen Anerkennungsversagungsgrund hinsichtlich bestimmter Vorfragen bei unterschiedlichen Rechtsanwendungsergebnissen zwischen Erst- und Zweitstaat infolge unterschiedlicher Kollisionsregeln vorsah, enthalten weder Brüssel I- noch Brüssel IIa-VO derartige Vorbehalte zugunsten der kollisionsrechtlichen Anknüpfungsentscheidungen des Anerkennungsstaates. Hieraus folgt, dass auch Rechtsunterschiede infolge unterschiedlicher Kollisionsregeln bei Entscheidungen in Scheidungssachen kein Anerkennungshindernis mehr sein sollen. Die Entscheidung nach aus Sicht des Anerkennungsstaates „falschem" Recht begründet kein Anerkennungshindernis mehr. Vielmehr sind solche „einfachen" Rechtsunterschiede hinzunehmen. Diese Maßgabe steigert ersichtlich die **Freizügigkeit mitgliedstaatlicher Entscheidungen,** erhöht aber auch die Bedeutung der Zuständigkeitsbegründung, zumal die Rechtsunterschiede im Scheidungsrecht der Mitgliedstaaten nach wie vor zum Teil beträchtlich sind.[6] Allerdings schreitet auch die Vereinheitlichung des Kollisionsrechts voran, so dass sich die Problematik wieder entschärft.[7]

III. Unzulässigkeit der Entscheidung zur elterlichen Sorge nicht erfasst

4   Die Vorschrift erfasst nach ihrem klaren Wortlaut nicht Entscheidungen zur elterlichen Sorge. Hieraus folgt systematisch, dass Rechtsunterschiede zwischen Erst- und Zweitstaat eher geeignet sind, ein Anerkennungsverbot infolge Ordre-public-Verletzung zu erzeugen. Es bleibt dennoch auch für solche Entscheidungen grundsätzlich bei der ultima-ratio-Funktion des Ordre-public-Vorbehalts.

Art. 26 Ausschluss einer Nachprüfung in der Sache

Die Entscheidung darf keinesfalls in der Sache selbst nachgeprüft werden.

---

[4] NK-BGB/*Andrae* Art. 25 Rn. 1; Rauscher/*Rauscher* EuZPR/EuIPR, Art. 25 Rn. 5; ebenso, allerdings sehr restriktiv, Geimer/Schütze/*Paraschas* Internationaler Rechtsverkehr, Art. 25 Rn. 6.

[5] Rauscher/*Rauscher* EuZPR/EuIPR, Art. 25 Rn. 5.

[6] Rauscher/*Rauscher* EuZPR/EuIPR, Art. 25 Rn. 2.

[7] Verordnung (EU) Nr. 1259/2010 des Rates vom 20. Dezember 2010 zur Durchführung einer Verstärkten Zusammenarbeit im Bereich des auf die Ehescheidung und Trennung ohne Auflösung des Ehebandes anzuwendenden Rechts (Rom III-VO), Abl. EU Nr. L 343/10 v. 29.12.2010. Die Verordnung ist am 21.6.2012 bzw. hinsichtlich Art. 17 bereits am 21.6.2011 in Kraft getreten, Art. 21 Rom III-VO.

I. Überblick

Die Vorschrift normiert das Grundprinzip der Urteilsanerkennung,[1] dass die **1** anzuerkennende Entscheidung nicht „in der Sache selbst", also nicht auf Rechtsfehler am Maßstab des für das Erstgericht geltenden Rechts überprüft werden darf (Verbot der *révision au fond*). Dieses Verbot folgt systematisch auch bereits aus der abschließenden Auflistung der Anerkennungsversagungsgründe mit jeweils beschränkter Prüfungstiefe. Eine nochmalige Rechts- bzw. Entscheidungsfindung soll zugunsten der Freizügigkeit der mitgliedstaatlichen Urteile ausgeschlossen sein.[2] Dies schließt die Prüfung des materiellen und verfahrensrechtlichen Ordre public in der nach Art. 22 lit. a, 23 lit. a gebotenen Tiefe nicht aus.[3]

II. Nachfolgende Änderungsentscheidungen

Ebenso wenig verbietet Art. 26 nachfolgende Änderungsentscheidungen im **2** Anerkennungsstaat, wie sie insbesondere bei Entscheidungen zur elterlichen Sorge kraft veränderter Tatsachengrundlage vorkommen.[4] Denn die Änderungsentscheidung kontrolliert gerade nicht die ursprüngliche Entscheidung auf Richtigkeit nach Maßgabe des für das Erstgericht anwendbaren Rechts, sondern trifft eine neue, **autonome Entscheidung** nach Maßgabe des eigenen Rechts.[5] Sobald das Abänderungsverfahren im Anerkennungsstaat eröffnet ist, kommt die Aussetzung des Anerkennungsverfahrens für die ursprüngliche Entscheidung nach Art. 27 in Betracht.[6] In Gleichlauf zu Art. 27 KSÜ,[7] den die Verordnung ausweislich der Materialien zumindest abstrakt-generell sucht,[8] kann im Änderungsverfahren auch bei gleichbleibender Tatsachengrundlage allein die richterliche Einschätzung zur Verwirklichung des Kindeswohls abgeändert werden.[9]

Art. 27 Aussetzung des Verfahrens

(1) **Das Gericht eines Mitgliedstaats, vor dem die Anerkennung einer in einem anderen Mitgliedstaat ergangenen Entscheidung beantragt wird, kann das Verfahren aussetzen, wenn gegen die Entscheidung ein ordentlicher Rechtsbehelf eingelegt wurde.**

(2) **Das Gericht eines Mitgliedstaats, bei dem die Anerkennung einer in Irland oder im Vereinigten Königreich ergangenen Entscheidung beantragt wird, kann das Verfahren aussetzen, wenn die Vollstreckung**

---

[1] Ebenso zB Art. 36 Brüssel I-VO; vorausgesetzt auch in § 328 ZPO, vgl. *Geimer* Internationales Zivilverfahrensrecht S. 1018 Rn. 2910 mwN.

[2] Borrás-Bericht Rn. 77.

[3] Ausdrücklich regelt dies Art. 27 KSÜ, worauf sich der Borrás-Bericht explizit bezieht, Rn. 78; ferner Staudinger/*Spellenberg* Art. 26 Rn. 3.

[4] Borrás-Bericht Rn. 78; Rauscher/*Rauscher* EuZPR/EuIPR, Art. 26 Rn. 2.

[5] MüKoZPO/*Gottwald* Art. 26 Rn. 2.

[6] Gebauer/Wiedmann/*Frank* Zivilrecht unter europäischem Einfluss, Kap. 29 Rn. 80.

[7] *Siehr* RabelsZ 62 (1998) S. 464 (494).

[8] Borrás-Bericht Rn. 78.

[9] NK-BGB/*Andrae* Art. 26 Rn. 1; Rauscher/*Rauscher* EuZPR/EuIPR, Art. 26 Rn. 5; Geimer/Schütze/*Paraschas* Internationaler Rechtsverkehr, Art. 26 Rn. 6; Staudinger/*Spellenberg*, Art. 26 Rn. 4.

der Entscheidung im Ursprungsmitgliedstaat wegen der Einlegung eines Rechtsbehelfs einstweilen eingestellt ist.

I. Überblick

1   Die Anerkennung bereitet den Weg zur Gestaltung von Rechtslagen in Statusfragen bzw. zu einem vollstreckbaren Titel. Die damit verbundenen Eingriffe sind nicht gerechtfertigt, wenn die Grundlage der Anerkennung, nämlich die ausländische Entscheidung, in Frage gestellt wird. Daher ist es sachgerecht, dem Gericht im Zweitstaat die Möglichkeit zu geben, sein Verfahren mit Blick auf den im Erststaat verfolgten Rechtsbehelf gegen die Entscheidung auszusetzen.[1] Dies ist gleichsam der Preis dafür, dass auch bereits nicht rechtskräftige Entscheidungen anzuerkennen sind (mit Ausnahme von Beischreibungen in den Personenstandsbüchern anderer Mitgliedstaaten, Art. 21 Abs. 2). Soweit die Entscheidung schon nach der *lex fori* vor Rechtskraft keine Wirkung erzeugt, kann freilich auch keine solche im Wege der Anerkennung auf den Zweitstaat erstreckt werden, so dass dann die Notwendigkeit zur Koordination zwischen Rechtsmitteln gegen die Entscheidung im Erststaat und Verfahren im Zweitstaat auf der Grundlage oder mit dem Ziel der Anerkennung entfällt.[2] Gleichwohl kommt eine Aussetzung in Betracht, um die sich abzeichnenden und dann anzuerkennenden Wirkungen der Entscheidung abzuwarten. Sonst erginge im Zweitstaat eine Entscheidung, die an eine Rechtslage anknüpft, die sich möglicherweise alsbald ändert.

2   Das Gericht im Zweitstaat entscheidet über die Ausübung nach pflichtgemäßem Ermessen und – anders als nach Art. 35 – nicht auf Antrag, sondern von Amts wegen.[3] In der Ermessensausübung sind die Nachteile durch Verfahrensverzögerung infolge Aussetzung einerseits, die Risiken widersprechender Entscheidungen andererseits abzuwägen. Bei Rechtsmitteln gegen Statusentscheidungen kommt die Aussetzung tendenziell eher in Betracht als bei Sorgerechtsentscheidungen, da die Verfahrensverzögerung in der Regel dem Kindeswohl widersprechen dürfte.[4] Bei Erfolg des Rechtsmittels im Erststaat kann man sich dann aber mit Abänderungsverfahren behelfen.[5] Die weiteren Modalitäten der Aussetzung regeln unter deutscher *lex fori* §§ 21 FamFG, 249 ZPO. Nach rechtskräftiger Entscheidung über das Rechtsmittel ist das ausgesetzte Verfahren fortzuführen.

II. Aussetzung des Anerkennungsverfahrens bei Einlegung eines ordentlichen Rechtsbehelfs im Erststaat

3   Der Begriff des ordentlichen Rechtsbehelfs ist verordnungsautonom auszulegen.[6] Ein „ordentlicher Rechtsbehelf" muss nach der Rechtsprechung des EuGH zum EuGVÜ gegebenenfalls zur Aufhebung oder Abänderung der angefochtenen Entscheidung führen und einer Einlegungsfrist unterliegen.[7] Allerdings genügt

---

[1] Ebenso Art. 37 Brüssel I-VO.

[2] Rauscher/*Rauscher* EuZPR/EuIPR, Art. 27 Rn. 1.

[3] MüKoZPO/*Gottwald* Art. 27 Rn. 5; Thomas/Putzo/*Hüßtege* Art. 27 Rn. 4.

[4] Rauscher/*Rauscher* EuZPR/EuIPR, Art. 27 Rn. 6.

[5] Rauscher/*Rauscher* EuZPR/EuIPR, Art. 27 Rn. 6.

[6] Gebauer/Wiedmann/*Frank* Zivilrecht unter europäischem Einfluss Kap. 29 Rn. 80.

[7] EuGH 22.11.1977 – C-43/77 – Industrial Diamond Supplies/Riva Rn. 32 ff.

nach Art. 35 Brüssel I-VO die Möglichkeit zur Einlegung des Rechtsbehelfs innerhalb der noch laufenden Rechtsbehelfsfrist, während Art. 27 die tatsächliche Einlegung verlangt. Da unbefristete Rechtsbehelfe insbesondere im Sorgerecht vorkommen, wird man hieraus systematisch schließen können, dass der Rechtsbehelf für die Zwecke des Art. 27 nicht notwendig einer Rechtsbehelfsfrist unterliegen muss.[8]

Die „Beantragung der Anerkennung" erfasst dem Wortlaut nach zunächst das **4** selbständige Anerkennungsverfahren nach Art. 21 Abs. 3. Die Anerkennung anlässlich der Beschreibung in Personenstandsbüchern setzt hingegen nach Art. 21 Abs. 2 die Rechtskraft der ausländischen Entscheidung voraus. Damit ist Art. 27 für diese Verfahren irrelevant. Schließlich erfasst Art. 27 aber auch Verfahren, in denen inzident über die Anerkennung zu entscheiden ist.[9] Im Vollstreckbarerklärungsverfahren ermöglicht Art. 35 eigenständig die Aussetzung.

III. Aussetzung bei Anerkennung einer in Irland oder im Vereinigten Königreich ergangenen Entscheidung

Abs. 2 reagiert auf Eigenheiten im Verfahrensrecht der genannten Mitgliedstaa- **5** ten.[10]

Abschnitt 2. Antrag auf Vollstreckbarerklärung

Art. 28 Vollstreckbare Entscheidungen

(1) Die in einem Mitgliedstaat ergangenen Entscheidungen über die elterliche Verantwortung für ein Kind, die in diesem Mitgliedstaat vollstreckbar sind und die zugestellt worden sind, werden in einem anderen Mitgliedstaat vollstreckt, wenn sie dort auf Antrag einer berechtigten Partei für vollstreckbar erklärt wurden.

(2) Im Vereinigten Königreich wird eine derartige Entscheidung jedoch in England und Wales, in Schottland oder in Nordirland erst vollstreckt, wenn sie auf Antrag einer berechtigten Partei zur Vollstreckung in dem betreffenden Teil des Vereinigten Königreichs registriert worden ist.

Literatur: *Dornblüth*, Die europäische Regelung der Anerkennung und Vollstreckbarerklärung von Ehe- und Kindschaftsentscheidungen, 2003; *Gördes*, Internationale Zuständigkeit, Anerkennung und Vollstreckung von Entscheidungen über die elterliche Verantwortung, 2004; *Hausmann*, Internationales und Europäisches Ehescheidungsrecht, 2013; *Helms*, Die Anerkennung ausländischer Entscheidungen im europäischen Eheverfahrensrecht, FamRZ 2001, 257; *Laborde*, Abschaffung des Exequaturverfahrens im Europäischen Internationalen Familienverfahrensrecht, FS Spellenberg, 2006, S. 77; *Schulte-Bunert*, Die Vollstreckung von

---

[8] Rauscher/*Rauscher* EuZPR/EuIPR, Art. 27 Rn. 4.

[9] Staudinger/*Spellenberg*, Art. 27 Rn. 2; nach anderer Auffassung erfasst Art. 27 ausschließlich solche Verfahren der inzidenten Anerkennung, während das selbständige Anerkennungsverfahren nach Art. 21 Abs. 3 kraft des Verweises dort gemäß der parallelen Vorschrift im Vollstreckbarerklärungsverfahren in Art. 35 auszusetzen sei, Hk-ZPO/*Dörner* Vorb. Art. 21, Rn. 1. Im Ergebnis ändert dies nichts, MüKoZPO/*Gottwald* Art. 27 Rn. 1.

[10] Näher Borrás-Bericht Rn. 79. Ebenso Art. 37 Abs. 2 Brüssel I-VO.

Entscheidungen über die elterliche Verantwortung nach der VO (EG) 2201/2003 in Verbindung mit dem IntFamRVG, FamRZ 2007, 1608; *A. Schulz*, Das Internationale Familienrechtsverfahrensgesetz, FamRZ 2011, 1273; *R. Wagner*, Die Anerkennung und Vollstreckung von Entscheidungen nach der Brüssel II-Verordnung, IPRax 2001, 73.

I. Allgemeines

1   Die Art. 28–36 entsprechen im Wesentlichen den Regelungen der Art. 21–29 Brüssel II-VO.[1] Art. 28 etwa findet ein fast wortgleiches und inhaltlich übereinstimmendes Vorbild in Art. 21 Brüssel II-VO.

II. Regelungszweck

2   Die Anerkennung ausländischer Entscheidungen gem. Art. 21 bezieht sich nicht auf ihre Vollstreckbarkeit. Eine Vollstreckung im Inland setzt vielmehr die Vollstreckbarerklärung eines deutschen Gerichts voraus.[2] **Grundlage der Zwangsvollstreckung** ist nicht der ausländische Vollstreckungstitel, sondern die **inländische Entscheidung** über die Erteilung der Vollstreckungsklausel.[3] Dies zeigt auch § 16 Abs. 1 IntFamRVG, wonach die mitgliedstaatlichen Vollstreckungstitel erst dadurch zur Zwangsvollstreckung im Inland zugelassen werden. Der Erhalt der Klausel wird für mitgliedstaatliche Entscheidungen durch die Art. 28–36 erleichtert, die ein **rasches Klauselerteilungsverfahren** begründen.[4] Dementsprechend sieht die Verordnung nur eine eingeschränkte Überprüfungsbefugnis der Gerichte des Mitgliedstaates vor, die vor allem formale Elemente betrifft.[5] Gem. Art. 31 Abs. 2 findet allerdings schon in erster Instanz eine inzidente Anerkennungsprüfung statt.

3   Das **Vollstreckungsverfahren** selbst richtet sich gem. Art. 47 nach dem Recht der Vollstreckungsmitgliedstaaten.[6]

III. Ausnahmen vom Erfordernis des Exequaturverfahrens

1. Art. 40 Abs. 2

4   Nicht von den Art. 28 ff. erfasst sind Entscheidungen gem. Art. 41 Abs. 1 (Umgangsrecht) und Art. 42 Abs. 1 (Rückgabe eines Kindes).[7] Bei diesen Ent-

---

[1]   *Solomon* FamRZ 2004, 1409 (1418).

[2]   Für einen Abschied vom Vollstreckbarerklärungsverfahren im europäischen Familienverfahrensrecht etwa *Laborde* FS Spellenberg, 2006, 77 ff.

[3]   BGHZ 122, 16 (18); BGH NJW 1986, 1440; OLG Zweibrücken IPRspr 2005, Nr. 165, 450 Rn. 31; *H. Roth* IPRax 1994, 350 (351); *M. Wolff* RIW 1986, 728 (729); der ausländische Titel ist deshalb im Vollstreckbarerklärungsverfahren gegebenenfalls nach Inhalt und Umfang zu konkretisieren, vgl. näher Geimer/Schütze/*Paraschas* Rn. 17.

[4]   Geimer/Schütze/*Paraschas* Rn. 2; vgl. zu Art. 38 ff. EuGVO EuGH 30.9.2003 – C-167/08, Slg. 2009 I-3477 Rn. 26 f. = NJW 2009, 1937 – Draka NK Cables, sowie dazu *H. Roth* IPRax 2010, 154.

[5]   *Boele-Woelki* ZfRV 2001, 121 (127); zur EuGVO: EuGH 13.10.2011 – C-139/10, Slg. 2011 I-9511 Rn. 27 f. – Prism Investments BV/Jaap Anne van der Meer sowie dazu *R. Wagner* IPRax 2012, 326.

[6]   S. auch Borrás-Bericht, Abl. EG 1998 – C 221, 27 Rn. 81; Einzelheiten zum deutschen Vollstreckungsverfahren etwa bei *A. Schulz* FamRZ 2011, 1273 (1278 f.).

[7]   *Schulte-Bunert* FamRZ 2007, 1608 (1609).

scheidungen ist ähnlich wie im Anwendungsbereich der EuVTVO **kein zwingendes Exequaturverfahren** vorgesehen; vielmehr kann im Vollstreckungsmitgliedstaat unmittelbar aus dem ausländischen Vollstreckungstitel vollstreckt werden. An die Stelle des Exequaturverfahrens treten die **Bescheinigungen des Urteilsgerichts** gem. Art. 41 Abs. 2 bzw. Art. 42 Abs. 2.[8] Nur fakultativ können auch in diesen Fällen die Träger der elterlichen Verantwortung gem. Art. 40 Abs. 2 Anerkennung und Vollstreckung nach Maßgabe der Art. 21 ff. und 28 ff. beantragen. Grundsätzlich entfällt aber im Rahmen der Art. 40 ff. insbesondere die mittelbare Prüfung der Anerkennungsvoraussetzungen (Art. 31 Abs. 2 und 3). Umgangstitel können so rasch vollstreckt werden. Die Gleichwertigkeit der Rechtspflege in den Mitgliedstaaten als Grundlage der unmittelbaren Vollstreckbarkeit dürfte allerdings gegenwärtig eher fiktiv als tatsächlich bestehen.[9] Zu Einzelheiten s. die Kommentierung zu den Art. 40 ff.

2. Keine Ausnahme bei Entscheidungen über die zwangsweise Unterbringung eines Kindes

Das in den Art. 28 ff. vorgesehen Exequaturverfahren ist innerhalb seines durch **5** die Verordnung konstituierten Anwendungsbereichs zwingend.[10] Die in Art. 40 Abs. 2 geregelten Ausnahmen (→ Rn. 4) sind abschließend.[11] Dies gilt insbesondere auch für **Zwangsmaßnahmen gegen Kinder,** mit denen sich die Sorgerechtigten einverstanden erklären.[12] Wenn solche Maßnahmen durchgeführt werden, fallen sie unter den Begriff der Vollstreckung iSd Art. 28. Das Exequaturverfahren gem. Art. 28 ff. dient dem Schutz des Kindes auch dann, wenn **gegen seinen Willen Maßnahmen** ergriffen werden. Eine Ausnahme würde daher auch das Grundrecht des Kindes auf Freiheit aus Art. 6 EU-Grundrechtecharta verletzen.[13] Die besondere **Eilbedürftigkeit** solcher Verfahren kann und muss durch besonders strikte Befolgung des Beschleunigungsgebots aus Art. 31 Abs. 1 berücksichtigt werden:[14] Die **Unterbringungsentscheidung** wird ausnahmsweise vollstreckbar, sobald sie vom ersuchten Mitgliedstaat gemäß Art. 31 der Verordnung für vollstreckbar erklärt worden ist.[15] Rechtsbehelfe gegen die Entscheidung des Gerichts des Vollstreckungsmitgliedstaates haben daher keine aufschiebende Wirkung.[16]

---

[8] *Kroll-Ludwigs* GPR 2013, 46 (48).

[9] Dazu im Kontext der EuVTVO eingehend Geimer/Schütze/*S. Arnold* Einleitung EuVTVO Rn. 28; kritisch daher bezüglich der Abschaffung des Exequaturverfahrens im Rahmen der Art. 40 ff. Rauscher/*Rauscher* Art. 40 Rn. 4 ff.

[10] EuGH 28.3.2012 – C-92/12 PPU = FamRZ 2012, 1466 Rn. 107 ff. – Health Service Executive; s. dazu *Kroll-Ludwigs* GPR 2013, 46.

[11] EuGH 28.3.2012 – C-92/12 PPU = FamRZ 2012, 1466 Rn. 107 ff. – Health Service Executive; auch ein Analogieschluss scheidet aus, s. *Kroll-Ludwigs* GPR 2013, 46 (48).

[12] EuGH 28.3.2012 – C-92/12 PPU = FamRZ 2012, 1466 Rn. 107 ff. – Health Service Executive.

[13] EuGH 28.3.2012 – C-92/12 PPU FamRZ 2012, 1466 Rn. 111 – Health Service Executive.

[14] EuGH 28.3.2012 – C-92/12 PPU = FamRZ 2012, 1466 Rn. 122 – Health Service Executive.

[15] EuGH 28.3.2012 – C-92/12 PPU FamRZ 2012, 1466 Rn. 125 – Health Service Executive vgl. Kommentierung zu Art. 31.

[16] EuGH 28.3.2012 – C-92/12 PPU FamRZ 2012, 1466 Rn. 125 – Health Service Executive vgl. Kommentierung zu Art. 31.

IV. Voraussetzungen

1. Antrag

6 Das Exequaturverfahren nach den Art. 28 ff. ist ein Antragsverfahren. Es setzt gem. Art. 28 Abs. 1 den „Antrag einer berechtigten Partei" voraus. Der Begriff der „berechtigten Partei" ist in der Verordnung nicht definiert. Er sollte in autonomer Auslegung mit Blick auf die der Durchsetzung materieller Rechtspositionen dienende Funktion der Art. 28 ff. weit definiert werden. Als **berechtigte Partei** sollte daher jede Partei angesehen werden, deren materielle Rechtspositionen und Interessen im Anwendungsbereich der Verordnung durch die betroffene Entscheidung geschützt sind. Dazu gehören nicht nur **Ehegatten, Eltern** und **Kinder,** sondern auch **staatliche Stellen** wie etwa das Jugendamt oder Standesbeamte.[17] Einzelheiten zum Antrag vgl. Kommentierung zu Art. 30.

2. Entscheidungen und weitere Titel

7 Art. 28 Abs. 1 betrifft Entscheidungen eines **Ursprungsmitgliedstaates** iSd Art. 2 Nr. 5.[18] Erfasst sind Entscheidungen iSd Art. 2 Nr. 4, die im Rahmen des Anwendungsbereichs der Verordnung ergangen sind.[19] Ob dies der Fall ist, unterliegt der **eigenständigen Beurteilung** durch das im Vollstreckungsverfahren zuständige Gericht.[20]

8 **Kostenentscheidungen** sind gem. Art. 49 ausdrücklich erfasst, auch wenn die zugrundeliegende Entscheidung selbst den Art. 28 ff. mangels vollstreckbaren Inhalts nicht unterfällt.[21] Daher sind die Art. 28 ff. auch auf Kostenentscheidungen in Ehesachen anwendbar.[22]

9 Vollstreckbare öffentliche Urkunden und vollstreckbare Parteivereinbarungen können gem. Art. 46 ebenfalls im Rahmen des Klauselerteilungsverfahrens nach den Art. 28 ff. für vollstreckbar erklärt werden.[23]

3. Vollstreckungsfähiger Gegenstand

10 Art. 28–36 sind im Wesentlichen auf **Entscheidungen über die elterliche Verantwortung** beschränkt.[24] Denn nur, wenn der Entscheidungsgegenstand vollstreckungsfähig ist, ist es sinnvoll, ein Exequaturverfahren durchzuführen. Entscheidungen über die Ehescheidung (und dieser verwandter Institute) sind aber nur bezüglich der Kosten vollstreckbar.[25] Die **rechtsgestaltende Wirkung** etwa des Scheidungsbeschlusses ergibt sich aus dem Beschluss selbst; sie kann und muss **nicht eigens vollstreckt** werden. Wirkungserstreckung wird durch die Anerkennung nach den Art. 21 ff. erreicht. Ähnliches gilt im Bereich der elterlichen Ver-

---

[17] Borrás-Bericht, Abl. EG 1998 – C 221, 27 Rn. 80; *Schulte-Bunert* FamRZ 2007, 1608 (1610); Geimer/Schütze/*Paraschas* Rn. 25; Rauscher/*Rauscher* Art. 28 Rn. 15.

[18] Vgl. Kommentierung zu Art. 2.

[19] Vgl. Kommentierung zu Art. 2.

[20] *Hausmann* Rn. J 133.

[21] BGH FamRZ 2005, 1540 (1545, Rn. 30 f.) zur Brüssel II-VO.

[22] Rauscher/*Rauscher* Art. 28 Rn. 14.

[23] → Kommentierung zu Art. 46.

[24] Zum Begriff der elterlichen Verantwortung → Art. 1 Rn. 15 ff., zum Begriff des Kindes → Art. 1 Rn. 20.

[25] Geimer/Schütze/*Paraschas* Rn. 12. Näher → Art. 49 Rn. 1 ff.

antwortung für rechtsgestaltende Entscheidungen wie etwa die Sorgerechtsübertragung[26] oder Feststellungsentscheidungen wie etwa Entscheidungen über das Bestehen des Sorgerechts.[27] Titel über das Sorgerecht müssen allerdings im Vollstreckungsmitgliedstaat für vollstreckbar erklärt werden, wenn aus ihnen ein Recht auf **Herausgabe** oder **Überführung des Kindes** aus dem Vollstreckungsmitgliedstaat heraus hergeleitet wird.[28] Von diesem Sonderfall abgesehen, sind insbesondere Entscheidungen wie etwa Anordnungen auf Herausgabe des Kindes der Vollstreckung zugänglich.[29] Im Bereich der **Vermögenssorge** können etwa Entscheidungen über die Einreichung eines Vermögensverzeichnisses des Kindes betroffen sein.[30]

Zur Teilvollstreckbarerklärung s. Art. 36.

4. Abstrakte Vollstreckbarkeit im Ursprungsmitgliedstaat

Dem ausdrücklichen Wortlaut des Art. 28 Abs. 1 zufolge müssen die Entschei **11** dungen im Ursprungsmitgliedstaat vollstreckbar sein. Was mit Vollstreckbarkeit gemeint ist, muss im Wege autonomer Auslegung unter besonderer Berücksichtigung des Zwecks der Art. 28 ff. ermittelt werden. Das Exequaturverfahren der Art. 28 ff. ermöglicht die Verwirklichung der Rechtslage, die in der Entscheidung des Ursprungsmitgliedstaates ausgesprochen wird. Die in dieser Entscheidung vorgenommene Verteilung materieller Rechtspositionen darf durch das Exequaturverfahren grundsätzlich nicht verändert werden. Daher muss die Entscheidung nach dem Recht des Ursprungsmitgliedstaates **abstrakt betrachtet** der Vollstreckung zugänglich sein.[31] Andernfalls würde die Rechtsposition des Antragstellers durch das Exequaturverfahren erweitert, indem ihr die Vollstreckbarkeit hinzugefügt wird. An der **Vollstreckbarkeit fehlt es** daher beispielsweise, wenn nach dem Recht des Ursprungsmitgliedstaates bestimmte Entscheidungsformen (etwa Umgangsentscheidungen) generell nicht vollstreckbar sind.[32] Dagegen entspricht es der in der Ursprungsentscheidung vorgenommenen Risikoverteilung, **vorläufige Vollstreckbarkeit** genügen zu lassen und nicht den Eintritt der formellen Rechtskraft vorauszusetzen.[33]

In **Sorgerechtssachen** kann die Vollstreckbarkeit gem. Art. 37 Abs. 1 lit. b, 39 **12** durch das in Anhang II befindliche **Formblatt** nachgewiesen werden; bei Kostenentscheidungen in Ehesachen gibt es keine vergleichbare Nachweismöglichkeit.[34]

Irrelevant ist für die Vollstreckung im Vollstreckungsmitgliedstaat dagegen, ob **13** im Ursprungsmitgliedstaat die **konkreten Zwangsvollstreckungsvorausset-**

---

[26] *Schulte-Bunert* FamRZ 2007, 1608 (1609); *Hausmann* Rn. J 128.

[27] BGH FamRZ 2005, 1540 (1542, Rn. 12) zur Brüssel II-VO.

[28] Cass EuLF 2007 II-31, 32 f. (Überführung des Kindes aus Spanien nach Italien ohne Vollstreckbarerklärung auch bei dort italienischer Sorgerechtsübertragung selbst nicht gerechtfertigt); *A. Schulz* FamRZ 2011, 1273 (1277); *Rauscher/Rauscher* Art. 48 Rn. 8; *Hausmann* Rn. J 128.

[29] *Schulte-Bunert* FamRZ 2007, 1608 (1609); *Hausmann* Rn. J 128; Geimer/Schütze/*Paraschas* Rn. 10.

[30] *Schulte-Bunert* FamRZ 2007, 1608 (1610).

[31] *Dornblüth* S. 162 f.; Geimer/Schütze/*Paraschas* Rn. 14.

[32] *Rauscher/Rauscher* Art. 28 Rn. 16.

[33] Ebenso iE Geimer/Schütze/*Paraschas* Rn. 15; *Rauscher/Rauscher* Art. 28 Rn. 17; NK-BGB/*Andrae* Rn. 2.

[34] MüKoFamFG/*Gottwald* Rn. 8 mwN.

zungen im Einzelfall erfüllt sind.[35] Diese sind nur für die Vollstreckung im Ursprungsmitgliedstaat relevant. Die Durchführung der Vollstreckung im Vollstreckungsmitgliedstaat unterliegt dagegen gem. Art. 47 dem Recht des Vollstreckungsmitgliedstaates. Dies betrifft auch die praktisch bedeutsame Frage, inwieweit die Vollstreckung von Umgangsentscheidungen durch **unmittelbaren Zwang** (insbesondere den Kindern gegenüber) durchgesetzt werden kann.[36]

Zum **Nachweis der Vollstreckbarkeit** durch Vorlage der Bescheinigung gem. Art. 39 vgl. die Kommentierung zu Art. 39.

5. Zustellung

14   Die Entscheidung muss zudem zugestellt worden sein, wobei für die Zustellung selbst innerhalb der Mitgliedstaaten die EG-ZustellVO (VO Nr. 1397/2007) maßgeblich ist.[37] Auch der **Zustellungsbegriff** ist **autonom** mit Blick auf Sinn und Zweck der Art. 28 ff. zu bestimmen.[38] Das Exequaturverfahren ermöglicht die Vollstreckung gegen den Antragsgegner im Vollstreckungsmitgliedstaat. Ein Überraschungszugriff (wie ihn Art. 38 Abs. 1 EuGVO in deren Anwendungsbereich ermöglicht) würde im Bereich der Art. 28 ff. regelmäßig dem Kindeswohl zuwiderlaufen.[39] Die Zustellung soll den Antragsgegner von der bevorstehenden Vollstreckung in Kenntnis setzen, so dass er noch die **Möglichkeit** hat, seine Verpflichtung **freiwillig zu erfüllen.**[40] Deshalb muss die Zustellung an die Personen, gegen die vollstreckt werden soll, erfolgen – gegebenenfalls an deren Vertreter.[41] Mit Blick auf ihren Zweck kann die Zustellung zudem im Laufe des gesamten Exequaturverfahrens noch **nachgeholt** werden, wenn sie dem Vollstreckungsgegner ausreichend Zeit belässt, seiner Verpflichtung freiwillig nachzukommen.[42] Auch die Zustellung kann in **Sorgerechtssachen** gem. Art. 37 Abs. 1 lit. b, 39 durch das in Anhang II befindliche Formblatt nachgewiesen werden; bei Kostenentscheidungen in Ehesachen gibt es keine vergleichbare Nachweismöglichkeit.[43] Zum Nachweis der Zustellung näher vgl. Kommentierung zu Art. 39.

V. Konkretisierung des Verfahrens durch das nationale Recht

15   Die Art. 28 ff. schaffen einen **unionsrechtlich verbindlichen Rahmen** für das Exequaturverfahren. Sie sind allerdings **nicht abschließend** und werden

---

[35] Geimer/Schütze/*Paraschas* Rn. 14.

[36] So auch inzident BGH FamRZ 1983, 1008; Geimer/Schütze/*Paraschas* Rn. 14; Rauscher/*Rauscher* Art. 28 Rn. 16.

[37] HK-ZPO/*Dörner* Rn. 5; NK-BGB/*Andrae* Rn. 3.

[38] MüKoFamFG/*Gottwald* Rn. 9; Rauscher/*Rauscher* Rn. 19.

[39] MüKoFamFG/*Gottwald* Rn. 9; Rauscher/*Rauscher* Rn. 19.

[40] Geimer/Schütze/*Paraschas* Rn. 19.

[41] MüKoFamFG/*Gottwald* Rn. 9; Rauscher/*Rauscher* Rn. 19; Geimer/Schütze/*Paraschas* Rn. 21.

[42] Geimer/Schütze/*Paraschas* Rn. 23; Rauscher/*Rauscher* Rn. 20; zu Art. 47 Nr. 1 EuGVÜ vgl. EuGH 14.3.1996 – C-275/94, Slg. 1996 I-1393 – van der Linden/Berufsgenossenschaft der Feinmechanik; und dazu *Stadler* IPRax 1997, 171; weitergehend *Dornblüth* S. 165: Zustellung entsprechend § 750 ZPO bis zum Beginn der Zwangsvollstreckung.

[43] Rauscher/*Rauscher* Rn. 21 mwN.

durch die nationalen Verfahrensrechte ergänzt und konkretisiert. Maßgeblich für das Verfahren in Deutschland ist insbesondere das **IntFamRVG,** ergänzend die Regelungen des FamFG (vgl. § 14 IntFamRVG).

VI. Vollstreckung in den Teilgebieten des Vereinigten Königreichs (Abs. 2)

Abs. 2 lässt eine Vollstreckung in den Teilgebieten des Vereinigten Königreichs **16** (England, Wales, Schottland und Nordirland) erst zu, wenn die Entscheidung zur Vollstreckung in dem **betreffenden Teil registriert** worden ist. Die **Vollstreckung** erfolgt also nicht einheitlich im gesamten Vereinigten Königreich, sondern nur **bezüglich der jeweiligen Gebietseinheiten.**[44] Die Regelung entspricht Art. 38 Abs. 2 EuGVO.[45]

Art. 29 Örtlich zuständiges Gericht

(1) **Ein Antrag auf Vollstreckbarerklärung ist bei dem Gericht zu stellen, das in der Liste aufgeführt ist, die jeder Mitgliedstaat der Kommission gemäß Artikel 68 mitteilt.**

(2) **Das örtlich zuständige Gericht wird durch den gewöhnlichen Aufenthalt der Person, gegen die die Vollstreckung erwirkt werden soll, oder durch den gewöhnlichen Aufenthalt eines Kindes, auf das sich der Antrag bezieht, bestimmt. Befindet sich keiner der in Unterabsatz 1 angegebenen Orte im Vollstreckungsmitgliedstaat, so wird das örtlich zuständige Gericht durch den Ort der Vollstreckung bestimmt.**

Literatur: *Gruber,* Das HKÜ, die Brüssel IIa-Verordnung und das Internationale Familienrechtsverfahrensgesetz, FPR 2008, 214; *Hausmann,* Internationales und Europäisches Ehescheidungsrecht, 2013; *Schulte-Bunert,* Die Vollstreckung von Entscheidungen über die elterliche Verantwortung nach der VO (EG) 2201/2003 in Verbindung mit dem IntFamRVG, FamRZ 2007, 1608; *A. Schulz,* Das Internationale Familienrechtsverfahrensgesetz, FamRZ 2011, 1273.

I. Allgemeines

Art. 29 ist dem Wortlaut nach nahezu identisch mit Art. 22 Brüssel II-VO. **1** Während die **internationale Zuständigkeit aus Art. 28 Abs. 1** folgt, regelt **Art. 29** die **sachliche (Abs. 1)** und **örtliche (Abs. 2) Zuständigkeit,** wobei Abs. 2 für die örtliche Zuständigkeit eine autonome Regelung begründet.[1] Die Regelung bezweckt, im Bürgerinteresse **Rechtsklarheit** über die Zuständigkeit zu schaffen.[2] So können sich die Bürger etwa über die sachliche Zuständigkeit durch die **Liste** informieren, die jeder Mitgliedstaat der Kommission gem. **Art. 68** mitteilt.[3] Die autonome Regelung der örtlichen Zuständigkeit schafft für die Bürger unmittelbar Klarheit.

---

[44] Geimer/Schütze/*Paraschas* Rn. 27.
[45] Zu Einzelheiten s. Rauscher/*Mankowski* Brüssel I-VO Art. 38 Rn. 30 f.
[1] NK-BGB/*Andrae* Rn. 2.
[2] Borrás-Bericht, Abl. EG 1998 – C 221, 27 Rn. 82.
[3] Zu Einzelheiten vgl. Kommentierung zu Art. 68.

II. Sachliche Zuständigkeit (Abs. 1)

2 In Deutschland sind die **Amtsgerichte** sachlich zuständig (§ 23a Abs. 1 Nr. 1
GVG). Die funktionale Zuständigkeit der **Familiengerichte** folgt aus § 23b
Abs. 1 GVG iVm § 111 FamFG.

III. Örtliche Zuständigkeit (Abs. 2)

3 Abs. 2 beinhaltet eine technisch bemerkenswerte **Kombination alternativer
und subsidiärer Anknüpfungspunkte. Vorrangig** ist gem. Abs. 2 S. 1 das
örtlich zuständige Gericht entweder durch den gewöhnlichen Aufenthalt der Person zu bestimmen, gegen die die Vollstreckung erwirkt werden soll (Vollstreckungsgegner), oder durch den gewöhnlichen Aufenthalt eines Kindes, auf das
sich der Antrag bezieht. **Vollstreckungsgegner** ist, wer im Antrag als solcher
bezeichnet ist; häufig wird es der andere Elternteil sein.[4] Wenn die alternative
Anknüpfung des Abs. 2 S. 1 mehrere Gerichtsstände begründet, besteht ein **Wahlrecht** des Antragstellers.[5] Nur wenn die in Abs. 2 S. 1 genannten Anknüpfungsmomente zu keiner Zuständigkeit im Vollstreckungsmitgliedstaat führen, greift
die **subsidiäre Auffangregel des Abs. 2 S. 2:** Das örtlich zuständige Gericht
wird in diesem Fall durch den Ort der Vollstreckung bestimmt.

IV. Zuständigkeitskonzentration

4 Für die örtliche Zuständigkeit findet sich eine wichtige Konkretisierung des
Art. 29 in § 12 Abs. 1 IntFamRVG.[6] Die Regelung sieht eine **Zuständigkeits-
konzentration** bei dem Familiengericht vor, in dessen Bezirk ein OLG seinen
Sitz hat.[7] Diese Konzentration ermöglicht eine **Spezialisierung und Erfah-
rungsbündelung** an wenigen Gerichten, die sich auch auf die Anwaltschaft
erstrecken kann und soll.[8] Dies ist im Anwendungsbereich der Art. 28 ff. sinnvoll,
weil das internationale Kindschaftsrecht in diesem Bereich eine komplexe Materie
darstellt. Zugleich ist trotz zunehmender Globalisierung nicht mit einer hohen
Masse von Verfahren zu rechnen.[9] So trägt die Konzentration dazu bei, **effektiven
Rechtsschutz** in diesem sensiblen Bereich zu realisieren.

Art. 30 Verfahren

(1) **Für die Stellung des Antrags ist das Recht des Vollstreckungsmitgliedstaats maßgebend.**

(2) **Der Antragsteller hat für die Zustellung im Bezirk des angerufenen
Gerichts ein Wahldomizil zu begründen. Ist das Wahldomizil im Recht
des Vollstreckungsmitgliedstaats nicht vorgesehen, so hat der Antragsteller einen Zustellungsbevollmächtigten zu benennen.**

---

[4] Rauscher/*Rauscher* Rn. 3; NK-BGB/*Andrae* Rn. 2.
[5] Staudinger/*Pirrung* Rn. C 139; Geimer/Schütze/*Paraschas* Rn. 1.
[6] Einzelheiten bei *Schulte-Bunert* FamRZ 2007, 1608 (1610 f.).
[7] *A. Schulz* FamRZ 2011, 1273 (1274).
[8] *Gruber* FPR 2008, 214 (215); Geimer/Schütze/*Paraschas* Rn. 6.
[9] MüKoFamFG/*Gottwald* IntFamRVG § 12 Rn. 1.

(3) **Dem Antrag sind die in den Artikeln 37 und 39 aufgeführten Urkunden beizufügen.**

Literatur: *Gruber,* Das HKÜ, die Brüssel IIa-Verordnung und das Internationale Familienrechtsverfahrensgesetz, FPR 2008, 214; *Hausmann,* Internationales und Europäisches Ehescheidungsrecht, 2013; *Schulte-Bunert,* Die Vollstreckung von Entscheidungen über die elterliche Verantwortung nach der VO (EG) 2201/2003 in Verbindung mit dem IntFamRVG, FamRZ 2007, 1608; *A. Schulz,* Das Internationale Familienrechtsverfahrensgesetz, FamRZ 2011, 1273.

I. Allgemeines

Art. 30 stimmt mit Art. 23 Brüssel II-VO fast wortgleich überein. Seinem **1** Inhalt nach entspricht er im Wesentlichen Art. 40 Brüssel I-VO.

II. Antragsstellung (Abs. 1)

Art. 30 Abs. 1 verweist für die Einzelheiten zur Antragsstellung auf das **Recht 2 des Vollstreckungsmitgliedstaates.** Die Verordnung folgt insoweit dem Vorbild des Art. 40 Abs. 1 EuGVO. Der Wortlaut des Art. 30 Abs. 1 spricht zwar nur von der „Stellung des Antrags". Die Überschrift des Art. 30 und der Zweck der Regelung sprechen jedoch dafür, die Verweisung weit auszulegen. Nach dem Recht des Vollstreckungsmitgliedstaates beurteilen sich daher sämtliche mit der Antragsstellung zusammenhängenden Einzelheiten, also etwa, welches Gericht für die Entgegennahme des Antrags örtlich zuständig ist, ob Anwaltszwang besteht oder in welcher **Sprache** der Antrag abgefasst werden muss.[1] In Deutschland sind die Regelungen der **§§ 16 ff. IntFamRVG** maßgeblich. Gem. Art. 16 Abs. 2 IntFamRVG kann der Antrag auf Erteilung der Vollstreckungsklausel bei dem zuständigen Familiengericht schriftlich eingereicht oder mündlich zu Protokoll der Geschäftsstelle erklärt werden. **Anwaltszwang** besteht **nicht.**[2] Das folgt für Kostenentscheidungen in Ehesachen aus § 18 Abs. 2 IntFamRVG und für Kindschaftssachen daraus, dass hier ohnehin kein Anwaltszwang besteht.[3]

Ist der Antrag entgegen § 184 GVG nicht in deutscher Sprache abgefasst, kann **3** das Gericht gem. § 16 Abs. 2 IntFamRVG der antragstellenden Person aufgeben, eine **Übersetzung** beizubringen.

III. Wahldomizil und Zustellungsbevollmächtigter (Abs. 2)

Gem. Art. 30 Abs. 2 muss der Antragsteller im Vollstreckungsmitgliedstaat ein **4** **Wahldomizil** begründen oder hilfsweise einen Zustellungsbevollmächtigten benennen. Zweck der Regelung ist wiederum die **Verfahrensbeschleuni-**

---

[1] *Hausmann* Rn. J 150; *Dornblüth* S. 175; NK-BGB/*Andrae* Rn. 1.
[2] Geimer/Schütze/*Paraschas* Rn. 3.
[3] BeckOKFamFG/*Nickel* FamFG § 114 Rn. 9 mwN. Hier würde, da der Antrag zu Protokoll der Geschäftsstelle erklärt werden kann, auch § 16 Abs. 2 IntFamRVG iVm § 114 Abs. 4 Nr. 6 FamFG und § 78 Abs. 3 ZPO eingreifen.

gung,[4] aber auch die Gewährung rechtlichen Gehörs.[5] Da in Deutschland kein Wahldomizil begründet werden kann, kommt hier nur die Benennung eines Zustellungsbevollmächtigten in Betracht. Einzelheiten dazu sind in **§ 17 Int-FamRVG** geregelt. Insbesondere muss gem. § 17 Abs. 2 IntFamRVG kein Zustellungsbevollmächtigter bestellt werden, wenn der Antragsteller schon einen Verfahrensbevollmächtigten für das Verfahren hat, an den im Inland zugestellt werden kann. § 17 Abs. 1 IntFamRVG sieht für den Fall, dass der Antragsteller seine Pflicht verletzt, die Zustellung durch Aufgabe zur Post (§ 184 Abs. 1 S. 2, Abs. 2 ZPO) vor. Dies schließt freilich die **Auslandszustellung** nach der EG-ZustellVO nicht aus.[6] Diese Sanktion schließt die von Abs. 2 aufgeworfene Lücke, der keine Rechtsfolgenbestimmung für diesen Fall vorsieht. Sie dürfte zudem verhältnismäßig sein.[7]

IV. Urkunden (Abs. 3)

5   Aus der Verordnung selbst ergibt sich die Pflicht des Antragstellers, dem Antrag die in den **Artikeln 37 und 39** aufgeführten **Urkunden** beizufügen.[8] Die Folgen einer Verletzung dieser Pflicht sind im Wesentlichen autonom in Art. 38 geregelt.[9]

Art. 31 Entscheidung des Gerichts

(1) **Das mit dem Antrag befasste Gericht erlässt seine Entscheidung ohne Verzug und ohne dass die Person, gegen die die Vollstreckung erwirkt werden soll, noch das Kind in diesem Abschnitt des Verfahrens Gelegenheit erhalten, eine Erklärung abzugeben.**

(2) **Der Antrag darf nur aus einem der in den Artikeln 22, 23 und 24 aufgeführten Gründe abgelehnt werden.**

(3) **Die Entscheidung darf keinesfalls in der Sache selbst nachgeprüft werden.**

Literatur: *Gruber,* Das HKÜ, die Brüssel IIa-Verordnung und das Internationale Familienrechtsverfahrensgesetz, FPR 2008, 214; *Hausmann,* Internationales und Europäisches Ehescheidungsrecht, 2013; *Schulte-Bunert,* Die Vollstreckung von Entscheidungen über die elterliche Verantwortung nach der VO (EG) 2201/2003 in Verbindung mit dem IntFamRVG, FamRZ 2007, 1608; *A. Schulz,* Das Internationale Familienrechtsverfahrensgesetz, FamRZ 2011, 1273.

I. Regelungszweck

1   Art. 31 schafft einen **autonomen Rahmen** für die Entscheidung der Gerichte der Vollstreckungsmitgliedstaaten. Die Regelung ist Art. 24 Brüssel II-VO nachgebildet, geht aber in Abs. 1 über ihre Vorgängernorm hinaus, indem sie für die

---

[4] *Hausmann* Rn. J 150; *Dornblüth* S. 175 f.; Geimer/Schütze/*Paraschas* Rn. 5.

[5] Borrás-Bericht, Abl. EG 1998 – C 221, 27 Rn. 86.

[6] Rauscher/*Rauscher* Rn. 5.

[7] Zur Verhältnismäßigkeit in diesem Kontext NK-BGB/*Andrae* Rn. 2.

[8] Zu Einzelheiten vgl. Kommentierung zu Art. 37 ff.

[9] Vgl. Kommentierung zu Art. 38.

erstinstanzliche Entscheidung auch das rechtliche Gehör des Kindes ausschließt. Die **Anerkennungsversagungsgründe** sind gem. Abs. 2 allerdings schon im erstinstanzlichen Verfahren zu prüfen; hierin liegt ein wesentlicher Unterschied zur Brüssel I-VO (vgl. deren Art. 41).[1] So wird im Interesse des **Kindeswohls** verhindert, dass Entscheidungen ohne vorherige Anerkennungsprüfung vollstreckt werden.[2]

II. Beschleunigungsgebot (Art. 31 Abs. 1)

Art. 31 Abs. 1 dient der Beschleunigung des Verfahrens. Die Entscheidung **2** soll „ohne Verzug" erlassen werden. **Konkrete Fristen** bestimmt die Vorschrift allerdings **nicht;** dem Borrás-Bericht zufolge hielt man dies nicht für zweckmäßig, da eine solche Frist unüblich sei und keine Sanktionen bei Nichteinhaltung zur Verfügung stünden.[3] Der Beschleunigungszweck wird dadurch verstärkt, dass **weder der Antragsgegner noch das Kind gehört** werden (sog. *ex parte*-Verfahren).[4] Dennoch kann die „Person, gegen die die Vollstreckung erwirkt werden soll" als Antragsgegner bezeichnet werden.[5] Erst im Rechtsbehelfsverfahren wird das rechtliche Gehör gem. Art. 33 Abs. 3 ermöglicht. So entsteht ein System, das die **erste Instanz entwertet und die Rechtsmittelinstanz belastet.** Der Gesetzgeber des Zivilprozessreformgesetzes (2001)[6] beschritt gerade den umgekehrten Weg.[7] Welcher der beiden vorzugswürdig ist, kann letztlich nur rechtspolitisch auf Grundlage praktischer Erfahrungen mit den jeweiligen Rechtsschutzsystemen entschieden werden.[8] **Verfassungsrechtlich** lässt sich das System der Brüssel IIa-VO mit der Wahrung rechtlichen Gehörs im Rechtsbehelfsverfahren und mit Blick auf die angestrebte effiziente Entscheidungsdurchsetzung rechtfertigen.[9]

Art. 31 Abs. 1 ist nach der Rechtsprechung des EuGH nicht auf ein Verfahren **3** über die **Nichtanerkennung einer Entscheidung** anwendbar, wenn vor dessen Einleitung kein Antrag auf Anerkennung in Bezug auf dieselbe Entscheidung gestellt wurde.[10] Der die Anerkennung begehrende Antragsgegner kann in dieser Situation also eine Erklärung abgeben. Dies ergibt sich bei autonomer Auslegung des Art. 31 Abs. 1 aus dessen Zweck, eine rasche Erteilung der Vollstreckbarerklärung zu ermöglichen (nicht zu verhindern).

---

[1] Vgl. nur Geimer/Schütze/*Paraschas* Rn. 1.

[2] *Hausmann* Rn. J 157; Geimer/Schütze/*Paraschas* Rn. 1.

[3] Borrás-Bericht, Abl. EG 1998 – C 221, 27 Rn. 88.

[4] *Schulte-Bunert* FamRZ 2007, 1608 (1609); Geimer/Schütze/*Paraschas* Rn. 2, der allerdings für eine ausnahmsweise Zulässigkeit der Anhörung von Gegner oder Kind plädiert, vgl. Geimer/Schütze/*Paraschas* Rn. 3.

[5] *Hausmann* Rn. J 135.

[6] Gesetz zur Reform des Zivilprozesses vom 27.7.2001, BGBl. I 1887.

[7] Begründung des Gesetzesentwurfs der Bundesregierung, BT-Drs. 14/14/4722, 61.

[8] Kritisch zum Ansatz der Verordnung Rauscher/*Rauscher* Rn. 1.

[9] *Hausmann* Rn. J 153; NK-BGB/*Andrae* Rn. 2; Geimer/Schütze/*Paraschas* Rn. 2; kritischer (aber dennoch die Verfassungsmäßigkeit bejahend) Staudinger/*Pirrung* EGBGB Vorbem. Art. 19 Rn. C 143; vgl. auch Borrás-Bericht, Abl. EG 1998 – C 221, 27 Rn. 88, wo zusätzlich der Grundsatz des gegenseitigen Vertrauens berufen wird.

[10] EuGH 11.7.2008 – C-195/08, Slg. 2008 I-5271 Rn. 107 – Rinau; vgl. dazu auch *Schulz* FamRZ 2008, 1732.

4   Das **Beschleunigungsgebot kann** nach der Rechtsprechung des EuGH bei
Unterbringungsentscheidungen die **aufschiebende Wirkung von Rechtsbehelfen entfallen lassen.**[11] Die aufschiebende Wirkung des in Art. 33 vorgesehenen Rechtsbehelfsverfahrens würde sonst eine effektive Durchsetzung der Entscheidung verhindern. Dies begründet der EuGH auch mit dem (in seiner
Entscheidung freilich empirisch nicht belegten) Befund, dass die Verfahren nach
den Art. 33 und 34 oft lange dauern würden.[12]

5   In Deutschland setzt vor allem § 18 **IntFamRVG** die Regelung um. Dem
Beschleunigungszweck des Art. 31 entspricht es, dass die Entscheidung gem. § 18
Abs. 1 S. 2 IntFamRVG grundsätzlich ohne mündliche Verhandlung ergeht.
Gem. § 18 Abs. 1 S. 1 IntFamRVG wird im erstinstanzlichen Verfahren auf Zulas-
sung der Zwangsvollstreckung nur die antragstellende Person gehört. Wenn der
Titel für vollstreckbar erklärt wird, muss die Entscheidung gem. § 21 IntFamRVG
bekannt gemacht werden.[13]

III. Die enge Begrenzung der materiellen Prüfungsbefugnis (Art. 31 Abs. 2 und 3)

6   Ein schnelles und effizientes Verfahren wäre kaum möglich, wenn das Gericht
vor seiner Entscheidung eine umfassende inhaltliche Überprüfung vornehmen
könnte oder gar müsste. Daher schränken Art. 31 Abs. 2 und Abs. 3 die **Überprü-
fungsmöglichkeiten** des Gerichts radikal ein. Die Regelungen entsprechen der
Bestimmung des Art. 45 EuGVO. Gem. Art. 31 Abs. 2 darf der Antrag nur aus
einem der in den Art. 22, 23 und 24 aufgeführten Gründe abgelehnt werden.
Dabei ist der Verweis auf Art. 24 gegenstandslos, da sich nach dieser Regelung
aus Zuständigkeitsmängeln gerade kein Anerkennungsversagungsgrund ergibt.[14]
Auch Erwägungsgrund 21 verlangt, die Gründe „auf das notwendige Minimum"
zu beschränken. Dieser Erwägungsgrund benennt zugleich die Grundlage dieser
unionsrechtlichen Maßgabe: Den **Grundsatz des gegenseitigen Vertrauens,**
der im europäischen Zivilverfahrensrecht eine wichtige Rolle spielt.[15] Vor diesem
Hintergrund sind Art. 22, 23 und 24 iVm Art. 31 **eng auszulegen.** Sie müssen
allerdings **von Amts wegen** geprüft werden.[16] Abs. 3 stellt ausdrücklich klar,
dass die Entscheidung im Exequaturverfahren ebenso wenig wie im Rahmen
der Anerkennung (Art. 26) auf ihre sachliche Richtigkeit überprüft werden darf
(**Verbot der *révision au fond***).[17] Zulässig und geboten ist aber gegebenenfalls
eine Konkretisierung des ausländischen Titels hinsichtlich seines Inhalts und
Umfangs.[18]

7   Art. 31 Abs. 2 und Abs. 3 betreffen nur die inhaltliche (materielle) Prüfungsbefugnis des Gerichts und lassen **formelle Voraussetzungen unberührt.** So

---

[11] EuGH FamRZ 2012, 1466 Rn. 129 – Health Service Executive; vgl. auch *Pirrung*
IPRax 2013, 404.

[12] EuGH FamRZ 2012, 1466 Rn. 124 – Health Service Executive.

[13] *Schulz* FamRZ 2011, 1273 (1276).

[14] Näher Rauscher/*Rauscher* Rn. 4.

[15] Dazu eingehend Geimer/Schütze/*S. Arnold* Einleitung EuVTVO Rn. 27 ff.

[16] *Wagner* IPRax 2001, 73 (80); NK-BGB/*Andrae* Rn. 3; *Dornblüth* S. 159.

[17] Näher dazu vgl. Kommentierung zu Art. 26.

[18] BGHZ 122, 16 Rn. 17; BGH NJW 1986, 1440; *H. Roth* IPRax 1994, 350 (351);
Geimer/Schütze/*Paraschas* Rn. 17.

kann (und muss) das Gericht prüfen, ob die Verordnung anwendbar ist, ob eine Entscheidung iSd Art. 2 Nr. 4 vorliegt, und ob Art. 28, 29 und 30 gewahrt sind.[19]

Mit Blick auf die Einschränkung der Überprüfungsbefugnisse durch Art. 31 **8** Abs. 2 und Abs. 3 ist **§ 25 IntFamRVG** problematisch. Diese Sonderregel betrifft Titel über die Erstattung von Verfahrenskosten. Bei diesen lässt § 25 IntFamRVG auch materielle Einwendungen gegen den Anspruch zu, wenn sie nach Erlass des Titels begründet wurden. Solche Einwendungen wären ansonsten erst im Vollstreckungsverfahren im Rahmen der Vollstreckungsabwehrklage geltend zu machen. Die Regelung wird deshalb zu Recht für **unvereinbar mit Art. 31 Abs. 2** und daher für **unanwendbar** gehalten.[20] Denn entgegen dem Wortlaut dieser Bestimmungen ermöglicht § 25 IntFamRVG – wenn auch nur in begrenztem Umfang – die Ablehnung eines Antrags außerhalb der in den Art. 22, 23 und 24 aufgeführten Gründe.[21]

IV. Einzelheiten zur Entscheidung des Gerichts

Auch Einzelheiten der Entscheidung des Gerichts sind im IntFamRVG gere- **9** gelt, insbesondere in dessen §§ 20 ff. Gem. § 20 Abs. 1 S. 1 IntFamRVG beschließt das Gericht, dass der Titel mit der Vollstreckungsklausel zu versehen ist, wenn die Zwangsvollstreckung aus dem Titel zuzulassen ist. Der **Wortlaut der Vollstreckungsklausel** ergibt sich aus § 23 IntFamRVG. Die zu vollstreckende Verpflichtung muss gem. § 20 Abs. 1 S. 2 IntFamRVG in deutscher Sprache wiedergegeben sein; zur Begründung genügt regelmäßig die Bezugnahme auf die Verordnung (EG) Nr. 2201/2003 oder den auszuführenden Anerkennungs- und Vollstreckungsvertrag sowie auf die von der antragstellenden Person vorgelegten Urkunden (§ 20 Abs. 1 S. 3 IntFamRVG). Die **Abweisung des Antrags** erfolgt durch begründeten Beschluss (§ 20 Abs. 3 S. 1 IntFamRVG). Gem. § 22 Int-FamRVG wird der Beschluss erst mit seiner Rechtskraft wirksam, worauf in dem Beschluss hinzuweisen ist. Das OLG kann gem. § 27 Abs. 2 IntFamRVG nach Beschwerdeeinlegung die sofortige Wirksamkeit anordnen.

Wenn im Ursprungsmitgliedstaat die **Entscheidung aufgehoben oder abge-** **10** **ändert** wurde, kann der Antragsgegner dies nur noch im Rahmen des § 34 Int-FamRVG in einem besonderen Verfahren geltend machen.

Art. 32 Mitteilung der Entscheidung

Die über den Antrag ergangene Entscheidung wird dem Antragsteller vom Urkundsbeamten der Geschäftsstelle unverzüglich in der Form mitgeteilt, die das Recht des Vollstreckungsmitgliedstaats vorsieht.

Literatur: *Gruber,* Das HKÜ, die Brüssel IIa-Verordnung und das Internationale Familienrechtsverfahrensgesetz, FPR 2008, 214; *Hausmann,* Internationales und Europäisches Ehescheidungsrecht, 2013; *Schulte-Bunert,* Die Vollstreckung von Entscheidungen über die elterli-

---

[19] Rauscher/*Rauscher* Rn. 6; vgl. auch Geimer/Schütze/*Paraschas* Rn. 6.

[20] MüKoFamFG/*Gottwald* IntFamRVG Art. 25 Rn. 1; *Wagner* IPRax 2012, 326 (333); aA: Geimer/Schütze/*Paraschas* Art. 33 Rn. 14.

[21] Vgl. auch zu Art. 45 EuGVO EuGH 13.10.2011 – C-139/10, Slg. 2011 I-9581 – Prism Investments sowie *Meller-Hannich* GPR 2012, 90.

che Verantwortung nach der VO (EG) 2201/2003 in Verbindung mit dem IntFamRVG, FamRZ 2007, 1608; *A. Schulz*, Das Internationale Familienrechtsverfahrensgesetz, FamRZ 2011, 1273.

I. Allgemeines

1 Die Regelung entspricht Art. 25 Brüssel II-VO und betrifft wie Art. 42 Abs. 1 EuGVO die Mitteilung an den Antragsteller. Art. 32 verpflichtet die Urkundsbeamten der Geschäftsstelle, die Entscheidung dem Antragsteller unverzüglich mitzuteilen. Auch für die Form der Mitteilung ist das Recht des Vollstreckungsmitgliedstaates maßgeblich.[1] Die Mitteilung an den Vollstreckungsadressaten regelt die Verordnung nicht. Sie bestimmt sich nach dem Recht der Vollstreckungsmitgliedstaaten.[2]

II. Konkretisierung durch das IntFamRVG

2 Für Verfahren in Deutschland ergeben sich die Einzelheiten aus § 21 IntFamRVG. Gem. § 21 Abs. 1 S. 1 IntFamRVG sind **positive Entscheidungen** über die Vollstreckbarerklärung (§ 20 Abs. 1 IntFamRVG) der **verpflichteten Person gegenüber** von Amts wegen zuzustellen.[3] Eine **ablehnende Entscheidung** (§ 20 Abs. 3 IntFamRVG) muss der verpflichteten Person dagegen gem. § 21 Abs. 1 S. 2 IntFamRVG nur formlos mitgeteilt werden.

3 Dem **Antragsteller** muss stets eine beglaubigte Abschrift des Beschlusses, bei positiven Entscheidungen (§ 20 Abs. 1 IntFamRVG) auch eine Bescheinigung über die bewirkte Zustellung übersandt werden. Die Ausfertigung des Titels (mit Vollstreckungsklausel) ist der antragstellenden Person aber gem. § 21 Abs. 2 S. 2 IntFamRVG erst dann zu übersenden, wenn der Beschluss nach § 20 Abs. 1 IntFamRVG wirksam geworden und die Vollstreckungsklausel erteilt ist. Bei Verfahren über die Vollstreckbarerklärung einer die elterliche Verantwortung betreffenden Entscheidung ist auch an den **gesetzlichen Vertreter des Kindes,** den Vertreter des Kindes im Verfahren, das Kind selbst (ab Vollendung seines 14. Lebensjahres), an einen **nicht verfahrensbeteiligten Elternteil** und schließlich an das Jugendamt zuzustellen (§ 21 Abs. 3 IntFamRVG).[4] Bei **Unterbringungsmaßnahmen** erfolgt auch eine Bekanntmachung des Beschlusses gegenüber dem Leiter der Einrichtung oder Pflegefamilie, in der das Kind untergebracht werden soll (§ 21 Abs. 4).

Art. 33 Rechtsbehelf

(1) **Gegen die Entscheidung über den Antrag auf Vollstreckbarerklärung kann jede Partei einen Rechtsbehelf einlegen.**

(2) **Der Rechtsbehelf wird bei dem Gericht eingelegt, das in der Liste aufgeführt ist, die jeder Mitgliedstaat der Kommission gemäß Artikel 68 mitteilt.**

---

[1] Geimer/Schütze/*Paraschas* Rn. 2.

[2] Geimer/Schütze/*Paraschas* Rn. 4 mwN; anders NK-BGB/*Andrae* Rn. 1: Entsprechende Anwendung des Art. 42 Abs. 2 EuGVO.

[3] *A. Schulz* FamRZ 2011, 1273 (1276).

[4] S. dazu nur *A. Schulz* FamRZ 2011, 1273 (1276 f.).

(3) Über den Rechtsbehelf wird nach den Vorschriften entschieden, die für Verfahren mit beiderseitigem rechtlichen Gehör maßgebend sind.

(4) Wird der Rechtsbehelf von der Person eingelegt, die den Antrag auf Vollstreckbarerklärung gestellt hat, so wird die Partei, gegen die die Vollstreckung erwirkt werden soll, aufgefordert, sich auf das Verfahren einzulassen, das bei dem mit dem Rechtsbehelf befassten Gericht anhängig ist. Lässt sich die betreffende Person auf das Verfahren nicht ein, so gelten die Bestimmungen des Artikels 18.

(5) Der Rechtsbehelf gegen die Vollstreckbarerklärung ist innerhalb eines Monats nach ihrer Zustellung einzulegen. Hat die Partei, gegen die die Vollstreckung erwirkt werden soll, ihren gewöhnlichen Aufenthalt in einem anderen Mitgliedstaat als dem, in dem die Vollstreckbarerklärung erteilt worden ist, so beträgt die Frist für den Rechtsbehelf zwei Monate und beginnt mit dem Tag, an dem die Vollstreckbarerklärung ihr entweder persönlich oder in ihrer Wohnung zugestellt worden ist. Eine Verlängerung dieser Frist wegen weiter Entfernung ist ausgeschlossen.

Literatur: *Gördes*, Internationale Zuständigkeit, Anerkennung und Vollstreckung von Entscheidungen über die elterliche Verantwortung, 2004; *Gruber,* Das HKÜ, die Brüssel IIa-Verordnung und das Internationale Familienrechtsverfahrensgesetz, FPR 2008, 214; *Hausmann*, Internationales und Europäisches Ehescheidungsrecht, 2013; *Schulte-Bunert*, Die Vollstreckung von Entscheidungen über die elterliche Verantwortung nach der VO (EG) 2201/2003 in Verbindung mit dem IntFamRVG, FamRZ 2007, 1608; *A. Schulz*, Das Internationale Familienrechtsverfahrensgesetz, FamRZ 2011, 1273.

I. Allgemeines

Art. 33 betrifft die Einlegung eines Rechtsbehelfs gegen die Entscheidung über **1** die Vollstreckbarerklärung. **Zwischenentscheidungen** sind nicht erfasst.[1] Sie entspricht inhaltlich Art. 26 Brüssel II-VO. Eine ähnliche Regelung findet sich in Art. 43 EuGVO, der ebenfalls Rechtsbehelfe beider Parteien zusammenfasst.[2] Art. 33 betrifft ausweislich seines Wortlauts nur Rechtsbehelfe „gegen die Entscheidung über den Antrag auf Vollstreckbarerklärung". Die Rechtsbehelfe im Zwangsvollstreckungsverfahren selbst unterliegen dagegen den autonomen Verfahrensrechten der Vollstreckungsmitgliedstaaten.[3] Gleiches gilt für die konkrete Gestaltung des von Art. 33 geregelten Rechtsbehelfs.[4]

II. Beschwerdeberechtigung

Beschwerdeberechtigt ist nach dem Wortlaut des Art. 33 Abs. 1 „jede Partei". **2** Die als **Antragsteller** und **Antragsgegner** beteiligten Personen oder Stellen sind daher sicher beschwerdeberechtigt.[5] Eine Erweiterung der Beschwerdebe-

---

[1] Geimer/Schütze/*Paraschas* Rn. 3.
[2] MüKoZPO/*Gottwald* EuGVO Art. 43 Rn. 1.
[3] *Hausmann* Rn. J 166.
[4] Geimer/Schütze/*Paraschas* Rn. 1.
[5] Geimer/Schütze/*Paraschas* Rn. 5.

rechtigung auf jeden Verfahrensbeteiligten, an den gem. § 21 IntFamRVG eine Zustellung des Beschlusses erfolgen musste, ginge indes zu weit.[6] Für die **gesetzlichen Vertreter des Kindes** und die Vertreter des Kindes im Verfahren (vgl. § 21 Abs. 3 IntFamRVG) fehlt eine den Vertretern selbst zustehende materielle Rechtsposition, die im Beschwerdeverfahren zu schützen wäre. **Staatliche Stellen** (wie in Deutschland das Jugendamt) sind als Partei beschwerdeberechtigt, sofern sie selbst den Antrag auf Vollstreckbarerklärung gestellt haben.[7] Andernfalls fehlt auch ihnen eine eigene schutzbedürftige materielle Rechtsposition.[8] Dagegen lässt sich das Bedürfnis nach einer eigenen **Beschwerdeberechtigung des Kindes** nicht verneinen – unabhängig davon, ob es selbst den Antrag iSd Art. 28 Abs. 1 gestellt hat. Seine Beschwerdeberechtigung ist unabdingbar, um seine materielle Rechtsposition zu schützen. Ähnliches gilt für **nicht am Verfahren beteiligte Eltern.** Beiden steht daher eine Beschwerdeberechtigung zu.[9]

III. Zuständiges Gericht

3   Der Rechtsbehelf ist gem. Art. 33 Abs. 2 bei dem Gericht einzulegen, das in der **Liste** der Mitgliedstaaten **gem. Art. 68** aufgeführt ist. In Deutschland ist dies das Oberlandesgericht (§ 24 Abs. 1 S. 1 IntFamRVG). Dabei entscheidet der **Familiensenat,** wie sich der Regelung des § 24 Abs. 1 IntFamRVG entnehmen lässt.[10]

IV. Einzelheiten des Verfahrens (Art. 33 Abs. 3 und 4)

4   Art. 33 beinhaltet **keine abschließende Regelung** des Rechtsbehelfsverfahrens. Dieses richtet sich vielmehr nach den nationalen Verfahrensrechten der Vollstreckungsmitgliedstaaten. Dies ergibt sich aus Art. 33 Abs. 3, der einen Verweis auf die nationalen Verfahrensrechte impliziert. Unionsrechtlich ist vor allem durch Art. 33 Abs. 3 und 4 allerdings ein rechtlicher Rahmen für das nationale Verfahrensrecht gesetzt. In Deutschland ist der unionsrechtliche Rahmen insbesondere in den §§ 24 ff. IntFamRVG ausgefüllt.[11]

1. Einlegung der Beschwerde

5   **Beim Oberlandesgericht selbst** ist gem. § 24 Abs. 1 S. 2 IntFamRVG die Beschwerde auch einzulegen. Dies entspricht der Maßgabe des Art. 33 Abs. 2. Die Beschwerde ist gleichwohl gem. § 24 Abs. 2 IntFamRVG nicht schon deshalb unzulässig, weil sie beim **erstinstanzlichen Gericht eingelegt** wird. In diesem Fall ist die Beschwerde unverzüglich von Amts wegen an das Oberlandesgericht abzugeben. Die Beschwerde kann gem. § 24 Abs. 1 S. 2 IntFamRVG auch durch

---

[6]   *Gruber* FamRZ 2005, 1605 (1608); ähnlich NK-BGB/*Andrae* Rn. 3.

[7]   Geimer/Schütze/*Paraschas* Rn. 5.

[8]   Rauscher/*Rauscher* Rn. 3.

[9]   So auch bezüglich des Kindes R. *Wagner* IPRax 2001, 73 (80); *Gördes* S. 91. Geimer/Schütze/*Paraschas* Rn. 5; *Hausmann* Rn. J 166; NK-BGB/*Andrae* Rn. 3; Rauscher/*Rauscher* Art. 33 Rn. 3.

[10]   Rauscher/*Rauscher* Rn. 5.

[11]   *A. Schulz* FamRZ 2011, 1273.

Erklärung zu **Protokoll der Geschäftsstelle** eingelegt werden. Ein **Anwaltszwang** besteht **nicht** (§ 114 Abs. 4 Nr. 6 FamFG, § 78 Abs. 3 ZPO). Gem. § 24
Abs. 5 IntFamRVG ist die Beschwerde dem Beschwerdegegner von Amts wegen
zuzustellen.

2. Verfahren mit beiderseitigem rechtlichen Gehör (Abs. 3)

Gem. Art. 33 Abs. 3 muss das Verfahren mit beiderseitigem rechtlichen Gehör **6**
maßgebend sein. Die Regelung bewirkt den **rechtsstaatlich gebotenen Aus-
gleich** des einseitig ausgestalteten Verfahrens in erster Instanz. Die Regelung
sollte mit Blick auf ihren Schutzzweck auch auf das **Kind** insoweit erstreckt
werden, als auch ihm rechtliches Gehör zu gewähren ist. Dafür spricht auch
Erwägungsgrund 19, demzufolge die Anhörung des Kindes bei der Anwendung
der Verordnung „eine wichtige Rolle" spielen muss. Wenn Erwägungsgrund 19
zugleich die Einzelheiten der *lex fori* überlässt, sollte darin vielmehr ein Hinweis
darauf erblickt werden, dass die **konkrete Ausgestaltung des rechtlichen
Gehörs** den nationalen Verfahrensrechten überlassen bleibt.[12]

Art. 33 Abs. 3 verlangt nicht, dass ein „**streitiges" Verfahren** durchgeführt **7**
wird.[13] Der Begriff des streitigen Verfahrens ist in den Mitgliedstaaten unterschiedlich besetzt.[14] Entscheidend ist nach Wortlaut und Telos des Abs. 3 nur,
dass in dem Verfahren rechtliches Gehör gewährt werden kann. **Irrelevant** ist
dagegen, ob das Verfahren nach den nationalen Verfahrensrechten in deren Sys-
tembegriff des streitigen Verfahrens fällt.

Nicht unproblematisch erscheint *prima facie* vor der rechtsstaatlichen Funktion **8**
des Abs. 3 die deutsche Ausführungsbestimmung des **§ 26 IntFamRVG** über das
Verfahren und die Entscheidung über die Beschwerde: Nach deren Abs. 1 ist
der Beschluss des Oberlandesgerichts zwar zu begründen; er kann aber **ohne
mündliche Verhandlung** ergehen. Allerdings ermöglicht § 26 Abs. 2 S. 1 Int-
FamRVG die Stellung von Anträgen und die Abgabe von Erklärungen, solange
eine mündliche Verhandlung nicht angeordnet ist. Diese **schriftliche Form der
Anhörung** dürfte dem Gebot eines Verfahrens mit beiderseitigem rechtlichen
Gehör genügen.

3. Schutz des rechtlichen Gehörs bei Nichtbeteiligung des Antragsgegners (Abs. 4)

Art. 33 Abs. 4 iVm Art. 18 stellt eine weitere Vorkehrung zum Schutz des **9**
rechtlichen Gehörs des Antragsgegners dar.[15] Wenn der Antragsteller den Rechtsbehelf eingelegt hat, muss das Gericht den Vollstreckungsgegner auffordern, sich
auf das anhängige Verfahren einzulassen. Diese Aufforderung ist der einseitigen
Ausgestaltung des Verfahrens erster Instanz geschuldet, an dem der Vollstreckungsgegner ja noch gar nicht beteiligt war. Nur so wird sein rechtliches Gehör sichergestellt. Wenn sich der **Gegner nicht auf das Verfahren einlässt,** muss das
Gericht der Regelung des Abs. 4 S. 2 zufolge das Verfahren gem. Art. 18 aussetzen, um zu prüfen, ob die **Zustellung** der Beschwerde an den Antragsgegner

---

[12] Weitergehend Rauscher/*Rauscher* Rn. 15, der nur die Suspendierung des rechtlichen
Gehörs des Kindes aus Art. 31 Abs. 1 im Rechtsbehelfsverfahren nicht für anwendbar hält.
[13] Borrás-Bericht, Abl. EG 1998 – C 221, 27 Rn. 92.
[14] Borrás-Bericht, Abl. EG 1998 – C 221, 27 Rn. 92.
[15] Geimer/Schütze/*Paraschas* Rn. 13.

so rechtzeitig erfolgte, dass er sich **verteidigen** konnte bzw. dass alle hierzu erforderlichen Maßnahmen getroffen wurden. Zu Einzelheiten vgl. Kommentierung zu Art. 18. Wegen der mit Blick auf das rechtliche Gehör vergleichbaren Schutzbedürftigkeit gilt Abs. 4 entsprechend, wenn das **Kind** statt des Antragstellers Beschwerde eingelegt hat.[16]

4. Wirksamkeit des Beschlusses

10 Gem. § 27 Abs. 1 S. 1 IntFamRVG wird der Beschluss des Oberlandesgerichts erst **mit seiner formellen Rechtskraft wirksam,** also nach Ablauf der Frist zur Einlegung der Rechtsbeschwerde. Allerdings kann das Oberlandesgericht gem. § 27 Abs. 2 IntFamRVG die sofortige Wirksamkeit eines Beschlusses anordnen. Nach der Rechtsprechung des EuGH gelten allerdings bei der Anordnung der **Unterbringung** eines Kindes in einer geschlossenen Therapie- und Erziehungseinrichtung eines anderen Mitgliedstaates Besonderheiten:[17] Das Exequaturverfahren des ersuchten Mitgliedstaates muss besonders schnell erfolgen, so dass **Rechtsbehelfe** gegen Entscheidungen des ersuchten Mitgliedstaates **keine aufschiebende Wirkung** haben dürfen.

5. Zustellung

11 Der Beschluss ist gem. § 26 Abs. 3 IntFamRVG den Beteiligten auch dann **von Amts wegen** zuzustellen, wenn er verkündet wurde.

6. Einschränkungen der Prüfungsbefugnis im Rechtsbehelfsverfahren (Art. 31 Abs. 2 und 3)

12 Auch im Rechtsbehelfsverfahren gelten die Einschränkungen des Art. 31 Abs. 2 und 3.[18] Mit **materiell-rechtlichen Einwendungen** gegen den im Titel verbürgten materiell-rechtlichen Anspruch bleibt der Antragsgegner daher auf Rechtsbehelfe im Ursprungsmitgliedstaat verwiesen. Dazu kann er auch die **Aussetzung des Exequaturverfahrens** gem. **Art. 35** beantragen. Nicht versperrt bleiben dem Verpflichteten die durch die Verordnung nicht autonom geregelten Rechtsbehelfe des Vollstreckungsmitgliedsstaates im Vollstreckungsverfahren selbst.

V. Frist (Art. 33 Abs. 5)

1. Rechtsbehelf des Vollstreckungsgegners

13 Art. 33 Abs. 5 trifft **verordnungsautonom** eine Fristenregelung für den Rechtsbehelf des Vollstreckungsgegners gegen die Erteilung der Vollstreckungsklausel. Ein wichtiges Vorbild findet die Regelung in Art. 43 Abs. 5 EuGVO. Die Regelungen sind für Beschwerden des Kindes entsprechend heranzuziehen.[19] Die Frist beträgt gem. Art. 33 Abs. 4 S. 1 in der Regel einen Monat nach der Zustellung der Vollstreckbarerklärung. Für das deutsche Verfahrensrecht ist die Monatsfrist

---

[16] Rauscher/*Rauscher* Rn. 18.
[17] EuGH FamRZ 2012, 1466 – Health Service Executive.
[18] NK-BGB/*Andrae* Rn. 7.
[19] Rauscher/*Rauscher* Rn. 11.

gem. § 24 Abs. 4 IntFamRVG als **Notfrist** ausgestaltet. Die Monatsfrist wäre bei **Zustellungen im Ausland** allerdings oft zu knapp bemessen. Dieses Schutzbedürfnis des Vollstreckungsgegners greift Abs. 5 S. 2 auf. Liegt der **gewöhnliche Aufenthalt** des Vollstreckungsschuldners in einem **anderen Mitgliedstaat** als demjenigen der Vollstreckbarerklärung, so beträgt die Frist gem. Art. 33 Abs. 5 S. 2 zwei Monate. Sie beginnt an dem Tag zu laufen, an dem die Vollstreckbarerklärung dem Vollstreckungsgegner entweder persönlich oder in seiner Wohnung zugestellt worden ist.[20] Auch diese Frist ist im deutschen Verfahrensrecht als **Notfrist** konkretisiert (§ 24 Abs. 4 IntFamRVG). Allerdings kann diese Frist dem Wortlaut des Abs. 5 S. 3 gemäß **nicht wegen weiter Entfernung verlängert** werden. Über andere Verlängerungsmöglichkeiten schweigt die Verordnung. Für sie ist wiederum die *lex fori* maßgeblich. Hier gilt für das deutsche Verfahrensrecht: Aus anderen Gründen als wegen weiter Entfernung bleibt die **Wiedereinsetzung in den vorherigen Stand** gem. § 113 Abs. 1 S. 2 FamFG iVm den §§ 233 ff. ZPO möglich.[21] Die Zustellung erfolgt hier zwingend nach der EuZVO.[22]

Die Verordnung regelt die Konstellation eines **Wohnsitzes in Drittstaaten 14** nicht ausdrücklich, so dass es an sich bei der allgemeinen Fristenregelung des Art. 33 Abs. 5 S. 1 bleiben müsste. Dagegen sieht die Fristenregelung für das deutsche Recht in § 24 Abs. 3 Nr. 2 IntFamRVG für diesen Fall vor, dass auch in diesem Fall eine **verlängerte Frist von zwei Monaten** besteht. Dies ist sachgerecht und im Ergebnis auch europarechtskonform.[23] Auch die Fristberechnung unterliegt dem Recht des Vollstreckungsmitgliedstaats.[24] Da der Fristbeginn explizit an die ordnungsgemäße Zustellung geknüpft ist, kann er nicht auch dadurch ausgelöst werden, dass der Schuldner auf andere Weise von der Entscheidung des Gerichts Kenntnis erlangt.[25]

Die **Berechnung der Fristen** erfolgt nach autonomem Verfahrensrecht, für 15 Deutschland also nach den §§ 16 Abs. 2 FamFG, 222 ZPO iVm §§ 187 ff. BGB.[26]

2. Rechtsbehelf des Antragstellers

Die Verordnung sieht für den Rechtsbehelf des Antragstellers **keine Frist** vor. 16 Darin liegt keine stillschweigende Regelung des Inhalts, dass der Rechtsbehelf des Antragstellers fristlos zulässig sein soll. Dies hätte einer expliziten Regelung bedurft, da eine fristenlose Rechtsbehelfsmöglichkeit die Rechtssicherheit gefährden kann. Vielmehr liegt im Schweigen der Verordnung eine **Lücke,** die – wie stets – das Verfahrensrecht der *lex fori* schließen kann und muss.[27] Nach deutschem Verfahrensrecht gilt daher die **Monatsfrist** des § 63 Abs. 1 FamFG.[28]

---

[20] Andere Formen der Bekanntgabe genügen nicht, vgl. Geimer/Schütze/*Paraschas* Rn. 8 mwN.

[21] *Hausmann* Rn. J 170; Geimer/Schütze/*Paraschas* Rn. 9; aA: Rauscher/*Rauscher* Rn. 8.

[22] *Hausmann* Rn. J 172.

[23] Vgl. auch *Hausmann* Rn. J 173.

[24] *Hausmann* Rn. J 169.

[25] Vgl. zu Art. 36 EuGVÜ EuGH 16.2.2006 – C-3/05, Slg. 2006 I-1579 = IPRax 2007, 215 – Verdoliva; dazu *Heiderhoff* IPRax 2007, 202.

[26] *Hausmann* Rn. J 169; Geimer/Schütze/*Paraschas* Rn. 9.

[27] Rauscher/*Rauscher* Art. 33 Rn. 12; NK-BGB/*Andrae* Rn. 5; *Hausmann* Rn. J 176; *R. Wagner* IPRax 2001, 73 (80); aA: *A. Schulz* FamRZ 2011, 1273 (1278).

[28] *Hausmann* Rn. J 176; Rauscher/*Rauscher* Rn. 12.

Art. 34 Für den Rechtsbehelf zuständiges Gericht und Anfechtung der Entscheidung über den Rechtsbehelf

Die Entscheidung, die über den Rechtsbehelf ergangen ist, kann nur im Wege der Verfahren angefochten werden, die in der Liste genannt sind, die jeder Mitgliedstaat der Kommission gemäß Artikel 68 mitteilt.

Literatur: *Schulte-Bunert,* Die Vollstreckung von Entscheidungen über die elterliche Verantwortung nach der VO (EG) 2201/2003 in Verbindung mit dem IntFamRVG, FamRZ 2007, 1608; *A. Schulz,* Das Internationale Familienrechtsverfahrensgesetz, FamRZ 2011, 1273.

I. Allgemeines

1   Art. 34 entspricht Art. 27 Brüssel II-VO. Seinem Inhalt nach entspricht sie Art. 44 EuGVO. Die Regelung betrifft die Anfechtung der Entscheidung über den Rechtsbehelf. Sie bestimmt autonom die exklusive Anwendbarkeit der nationalen Rechtsmittelverfahren, die die Mitgliedstaaten der Kommission gem. Art. 68 mitgeteilt haben. Die Regelung ermöglicht so den Bürgern Klarheit und Sicherheit über den maßgeblichen Instanzenzug.

II. Einzelheiten

2   Art. 34 bezieht sich seiner systematischen Stellung zufolge nur auf **Endentscheidungen nach Art. 33,** nicht auf Zwischenentscheidungen, verfahrensleitende Entscheidungen und Entscheidungen über die Aussetzung oder Nichtaussetzung des Verfahrens (Art. 35).[1]

3   Art. 34 beinhaltet weder seinem Wortlaut noch seinem Zweck nach eine verordnungsautonome Begrenzung der **Rechtsmittelbefugnis.** Eine solche Begrenzung lässt sich auch nicht aus der Rechtsprechung des EuGH zu Art. 37 Abs. 2 EuGVÜ[2] herleiten.[3] Umgekehrt beinhaltet Art. 34 aber auch keine verordnungsautonom zwingende Reichweite der Rechtsmittelbefugnis.[4] Diese sollte daher den allgemeinen Grundsätzen entsprechend der *lex fori* entnommen werden.

III. Konkretisierung im deutschen Verfahrensrecht

4   In Deutschland findet die **Rechtsbeschwerde zum BGH** nach Maßgabe der §§ 28 ff. IntFamRVG statt. Sie ist gem. § 28 IntFamRVG kraft Gesetzes (§ 574 Abs. 1 Nr. 1 ZPO), allerdings nur unter den Voraussetzungen des § 574 Abs. 2 ZPO zulässig. Die Rechtsbeschwerde muss gem. § 29 S. 1 IntFamRVG iVm § 575

---

[1] Rauscher/*Rauscher* Rn. 2; Geimer/Schütze/*Paraschas* Rn. 2; vgl. zu Aussetzungsentscheidungen nach Art. 38 EuGVÜ auch EuGH 11.8.1995 – C-432/93, Slg. 1995 I-2269 Rn. 32 ff. – SISRO/Ampersand.

[2] EuGH 21.4.1993 – C-172/91, Slg. 1993, 1963 – Volker Sonntag/Hans Waidmann.

[3] Rauscher/*Rauscher* Rn. 2.

[4] Anders Rauscher/*Rauscher* Rn. 2: Das weitere Rechtsmittel müsse im selben Umfang bestehen wie der Rechtsbehelf (also insbesondere dem nicht formell beteiligten Kind). Dies ist zwar systematisch kohärent, teleologisch aber naheliegend und rechtspolitisch wünschenswert. Die Verordnung schweigt allerdings über die Rechtsmittelberechtigung, so dass dieses Ergebnis nicht als autonomes und zwingendes Erfordernis betrachtet werden sollte.

Abs. 1 S. 1 ZPO binnen einer **Notfrist von einem Monat** nach Zustellung des Beschlusses durch Einreichen einer Beschwerdeschrift beim BGH eingelegt werden. Weitere Einzelheiten ergeben sich aus § 29 S. 1 IntFamRVG iVm § 575 Abs. 1–4 ZPO. Gem. § 30 Abs. 1 S. 1 IntFamRVG darf der BGH nur die Verletzung des Rechts der Europäischen Gemeinschaft, eines Anerkennungs- und Vollstreckungsvertrags, sonstigen Bundesrechts oder einer anderen über den Bezirk eines Oberlandesgerichts hinaus reichenden Vorschrift prüfen. Ob das Gericht **seine örtliche Zuständigkeit** zu Unrecht angenommen hat, darf der BGH gem. § 30 Abs. 1 S. 2 IntFamRVG dagegen nicht prüfen. Die Entscheidung über die Rechtsbeschwerde kann gem. § 30 Abs. 2 S. 1 IntFamRVG ohne mündliche Verhandlung ergehen. Weitere Einzelheiten ergeben sich aus dem §§ 30 und 31 des IntFamRVG und den danach anwendbaren Vorschriften des Rechtsbeschwerdeverfahrens.

Art. 35 **Aussetzung des Verfahrens**

(1) **Das nach Artikel 33 oder Artikel 34 mit dem Rechtsbehelf befasste Gericht kann auf Antrag der Partei, gegen die die Vollstreckung erwirkt werden soll, das Verfahren aussetzen, wenn im Ursprungsmitgliedstaat ein ordentlicher Rechtsbehelf gegen die Entscheidung eingelegt wurde oder die Frist für einen solchen Rechtsbehelf noch nicht verstrichen ist. In letzterem Fall kann das Gericht eine Frist bestimmen, innerhalb deren der Rechtsbehelf einzulegen ist.**

(2) **Ist die Entscheidung in Irland oder im Vereinigten Königreich ergangen, so gilt jeder im Ursprungsmitgliedstaat statthafte Rechtsbehelf als ordentlicher Rechtsbehelf im Sinne des Absatzes 1.**

Literatur: *Gruber*, Das HKÜ, die Brüssel IIa-Verordnung und das Internationale Familienrechtsverfahrensgesetz, FPR 2008, 214; *Hausmann*, Internationales und Europäisches Ehescheidungsrecht, 2013; *Schulte-Bunert*, Die Vollstreckung von Entscheidungen über die elterliche Verantwortung nach der VO (EG) 2201/2003 in Verbindung mit dem IntFamRVG, FamRZ 2007, 1608; *A. Schulz*, Das Internationale Familienrechtsverfahrensgesetz, FamRZ 2011, 1273.

I. Allgemeines

Art. 35 ist mit Art. 28 Brüssel II-VO nahezu identisch. Die Regelung betrifft **1** die **Aussetzung des Verfahrens** durch das mit dem Rechtsbehelf befasste Gericht. Sie ist auf den Rechtsbehelf nach Art. 33 ebenso anzuwenden wie auf den nach Art. 34. Die Aussetzung des Verfahrens ist als Instrument der **Koordinierung der Verfahren** im Ausgangsstaat und im Vollstreckungsstaat unverzichtbar. Sie wehrt insbesondere Nachteile des Vollstreckungsgegners ab, der sich nicht der Vollstreckung im Vollstreckungsmitgliedstaat ausgesetzt sehen soll, wenn die Grundlage der Vollstreckung im Ursprungsstaat noch nicht ausreichend „sicher" ist.[1] Sie kann erfolgen, wenn im Ursprungsmitgliedstaat ein ordentlicher Rechtsbehelf gegen die Entscheidung eingelegt wurde oder (mangels Fristablaufs) noch eingelegt werden könnte. Im europäischen Zivilverfahrensrecht sind ähnliche Regelungen aus den Art. 21 Abs. 3 UAbs. 2 EuUntVO, Art. 37 Abs. 1, 46 EuGVO, Art. 23 EuBagatellVO sowie Art. 23 EuVTVO bekannt.

---

[1] Geimer/Schütze/*Paraschas* Rn. 2.

II. Einzelheiten

1. Antrag

2   Art. 35 Abs. 1 S. 1 setzt seinem Wortlaut nach den Antrag der Partei voraus, „gegen die die Vollstreckung erwirkt werden soll" (**Vollstreckungsgegner**). Dagegen kann der **ursprüngliche Antragsteller** die Aussetzung nicht beantragen – auch nicht, wenn zwar im Antragsverfahren seinem Antrag stattgegeben wurde, dieser aber im Rechtsbehelfsverfahren zurückgewiesen wurde und er das weitere Rechtsmittel eingelegt hat. Eine entsprechende Anwendung des Art. 35 ist allerdings aus teleologischen Gründen geboten, wenn sich das Kind als Rechtsbehelfsführer gegen die Vollstreckbarerklärung wendet.[2]

2. Ordentlicher Rechtsbehelf gegen die Entscheidung

3   Zudem muss im Ursprungsstaat ein ordentlicher Rechtsbehelf gegen die Ursprungsentscheidung eingelegt worden sein oder **mangels Fristablaufs noch eingelegt** werden können. Für den zweiten Fall gibt Art. 35 Abs. 1 S. 2 dem Gericht auch im Sinne der Verfahrensbeschleunigung[3] eine Möglichkeit an die Hand, den ungewissen Schwebezustand zu beenden: Es kann eine **Frist bestimmen,** innerhalb derer der Rechtsbehelf einzulegen ist. Diese Frist ist natürlich nur auf das Rechtsbehelfsverfahren im Vollstreckungsmitgliedstaat bezogen und lässt die nach dem autonomen Verfahrensrecht des Ursprungsstaates laufenden Fristen unberührt.[4] Bei **Entscheidungen des Vereinigten Königreichs oder Irlands** ist zudem Abs. 2 zu beachten: Hier gilt jeder statthafte Rechtsbehelf als ordentlicher Rechtsbehelf, weil in diesen Ländern grundsätzlich keine Unterscheidung von ordentlichen und unordentlichen Rechtsbehelfen getroffen wird.[5]

3. Ermessen

4   Die Aussetzung liegt im pflichtgemäßen Ermessen des Gerichts, das bei Vorliegen der Voraussetzungen des Art. 35 grundsätzlich nicht verpflichtet ist, das Verfahren auszusetzen.[6] Vielmehr sind sowohl die Entscheidung der Nichtaussetzung wie auch die Entscheidung der Aussetzung regelmäßig rechtmäßig. Allerdings gilt die allgemeine – im Bereich des europäischen Zivilverfahrensrechts am ehesten rechtsvergleichend – autonom zu begründende Ermessenslehre. Damit kann sich eine Verpflichtung zur Aussetzung nur im Einzelfall aus einer **Ermessensreduktion auf Null** ergeben. Diese liegt etwa nahe, wenn die gem. Art. 35 Abs. 1 S. 2 gesetzte Frist fruchtlos abgelaufen ist.[7] Bei der Ermessensausübung kann das Gericht zwar auch berücksichtigen, ob der ordentliche Rechtsbehelf Erfolgsaussichten hat.[8] Dabei ist jedoch das **Verbot der** *révision au fond* zu beachten: Das Gericht sollte solche Gründe außer Acht lassen, die der Vollstreckungsgegner

---

[2] Rauscher/*Rauscher* Rn. 2; Geimer/Schütze/*Paraschas* Rn. 4; aA: *Hausmann* Rn. J 194.

[3] Geimer/Schütze/*Paraschas* Rn. 9.

[4] *Hausmann* Rn. J 194; NK-BGB/*Andrae* Rn. 2, aA: *Vogel* MDR 2000, 1045 (1050).

[5] Geimer/Schütze/*Paraschas* Rn. 7.

[6] Borrás-Bericht, Abl. EG 1998 – C 221, 27 (Rn. 94); Geimer/Schütze/*Paraschas* Rn. 8.

[7] Geimer/Schütze/*Paraschas* Rn. 9.

[8] Rauscher/*Rauscher* Rn. 6; Geimer/Schütze/*Paraschas* Rn. 8; vgl. zu Art. 46 EuGVO auch OLG Frankfurt NJW-RR 2005, 1375.

schon vor den Gerichten des Ursprungsstaates vorbringen konnte.[9] Das Ermessen des Gerichts kann sich nicht auf die Anordnung einer **Sicherheitsleistung** erstrecken, weil Art. 35 deren Anordnung (anders als Art. 46 Abs. 3 EuGVO) nicht vorsieht. Wegen des klaren Wortlauts des Art. 35 ist die teils vorgeschlagene analoge Anwendung des Art. 46 Abs. 3 EuGVO[10] auch bei der Vollstreckung von **Kostenentscheidungen** abzulehnen.

4. Rechtsbehelf

Die Aussetzung oder Nichtaussetzung kann **nicht** mit der **Rechtsbeschwerde** 5 gem. Art. 34 angegriffen werden, weil die Aussetzungsentscheidung **keine Entscheidung** iSd Art. 34 ist (→ Art. 34 Rn. 2). Für den Fall, dass eine Aufhebung oder Änderung der Entscheidung im Ursprungsstaat im Exequaturverfahren nicht mehr berücksichtigungsfähig ist, ermöglicht **§ 34 IntFamRVG** in einem besonderen Verfahren die Aufhebung oder Änderung der Zulassung der Zwangsvollstreckung.

Art. 36 Teilvollstreckung

(1) **Ist mit der Entscheidung über mehrere geltend gemachte Ansprüche entschieden worden und kann die Entscheidung nicht in vollem Umfang zur Vollstreckung zugelassen werden, so lässt das Gericht sie für einen oder mehrere Ansprüche zu.**

(2) **Der Antragsteller kann eine teilweise Vollstreckung beantragen.**

Literatur: *A. Schulz*, Das Internationale Familienrechtsverfahrensgesetz, FamRZ 2011, 1273; *Hausmann*, Internationales und Europäisches Ehescheidungsrecht, 2013.

I. Allgemeines

Art. 36 ist mit Art. 29 Brüssel II-VO nahezu wortgleich. Er ermöglicht ebenso 1 wie Art. 48 EuGVO eine **Teilvollstreckung,** die der Antragsteller gem. Art. 36 Abs. 2 auch beantragen kann.

II. Einzelheiten

1. Antrag auf Gesamtvollstreckung (Abs. 1)

Wenn die Entscheidung nicht vollumfänglich zur Vollstreckung zugelassen 2 werden kann, der Antragsteller aber gleichwohl die Gesamtvollstreckung beantragt, darf das Gericht den Antrag nach der Regelung des Abs. 1 nicht ablehnen. Vielmehr muss es eine **Teilvollstreckung** für einen oder mehrere Ansprüche zulassen, wenn und soweit die Entscheidung für diese Ansprüche zur Vollstreckung zugelassen werden kann.[1] Art. 36 ist entsprechend auf Entscheidungen

---

[9] *Hausmann* Rn. J 195; s. zur Aussetzung des Verfahrens gem. Art. 38 EuGVÜ BGH NJW 1994, 2156 (2157).

[10] In diese Richtung Geimer/Schütze/*Paraschas* Rn. 10 („in Erwägung zu ziehen"); Rauscher/*Rauscher* Rn. 7.

[1] Geimer/Schütze/*Paraschas* Rn. 2.

anzuwenden, aus denen **mehrere Personen berechtigt und verpflichtet** sind.[2] Keine Einzelvollstreckung ist bezüglich einzelner Elemente einheitlicher Berechtigungen möglich (etwa einzelne Aspekte einer Umgangsregelung). Hier kann sich die Vollstreckbarerklärung oder deren Ablehnung nur auf die Berechtigung in ihrer Gesamtheit (etwa das Umgangsrecht) beziehen.[3]

2. Antrag auf Teilvollstreckung

3   Abs. 2 spricht nur die Selbstverständlichkeit aus, dass der **Antragsteller** auch von vornherein seinen Antrag auf einen Teil der Entscheidung begrenzen kann. Der Antrag muss nicht zwingend auf alle Ansprüche erstreckt werden, die zur Vollstreckung zugelassen werden können.[4]

3. Konkretisierung im deutschen Verfahrensrecht

4   Gem. § 23 Abs. 2 IntFamRVG ist die **Vollstreckungsklausel** als „Teil-Vollstreckungsklausel nach § 23 des Internationalen Familienrechtsverfahrensgesetzes vom 26. Januar 2005 (BGBl. I S. 162)" zu bezeichnen, wenn die Zwangsvollstreckung nur für einen oder mehrere der durch den ausländischen Titel zuerkannten oder in einem anderen ausländischen Titel niedergelegten Ansprüche oder nur für einen Teil des Gegenstands der Verpflichtung zugelassen wird.

Abschnitt 3. Gemeinsame Bestimmungen für die Abschnitte 1 und 2

Art. 37 Urkunden

(1) **Die Partei, die die Anerkennung oder Nichtanerkennung einer Entscheidung oder deren Vollstreckbarerklärung erwirken will, hat Folgendes vorzulegen:**

a) **eine Ausfertigung der Entscheidung, die die für ihre Beweiskraft erforderlichen Voraussetzungen erfüllt,**
   und
b) **die Bescheinigung nach Artikel 39.**

(2) **Bei einer im Versäumnisverfahren ergangenen Entscheidung hat die Partei, die die Anerkennung einer Entscheidung oder deren Vollstreckbarerklärung erwirken will, ferner Folgendes vorzulegen:**

a) **die Urschrift oder eine beglaubigte Abschrift der Urkunde, aus der sich ergibt, dass das verfahrenseinleitende Schriftstück oder ein gleichwertiges Schriftstück der Partei, die sich nicht auf das Verfahren eingelassen hat, zugestellt wurde,**
   oder
b) **eine Urkunde, aus der hervorgeht, dass der Antragsgegner mit der Entscheidung eindeutig einverstanden ist.**

---

[2] Rauscher/*Rauscher* Rn. 5; Geimer/Schütze/*Paraschas* Rn. 3.
[3] Rauscher/*Rauscher* Rn. 6.
[4] *Hausmann* Rn. J 198; Geimer/Schütze/*Paraschas* Rn. 4.

I. Vorbemerkung

Abs. 1 entspricht funktionell Art. 53 Brüssel I-VO. Abs. 2 geht auf Art. 46 Nr. 2 **1**
EuGVÜ zurück, der nicht in die Brüssel I-VO übernommen wurde. Die Vorschrift
bestimmt autonom diejenigen Urkunden, die im Anerkennungs- und Vollstreckungsverfahren vorzulegen sind.[1] Art. 37 findet sowohl auf das Anerkennungsverfahren als auch auf das Vollstreckbarerklärungsverfahren (Art. 28 ff.) Anwendung.
Im Rahmen der Anerkennung ist Art. 37 nicht nur auf das formelle Verfahren der
Feststellung der Anerkennung oder der Nichtanerkennung nach Art. 21 Abs. 3
anzuwenden. Die Vorschrift ist auch im Verfahren der Beischreibung nach Art. 21
Abs. 2 und innerhalb eines gerichtlichen Verfahrens, in dem nach Art. 21 Abs. 4
inzidenter über die Anerkennung zu entscheiden ist, zu beachten.[2]

II. Vorzulegende Urkunden, Abs. 1

Diejenige Partei, die die Anerkennung oder Nichtanerkennung einer Entschei- **2**
dung oder deren Vollstreckbarerklärung erwirken will, hat eine **Ausfertigung**
dieser Entscheidung vorzulegen, die die für ihre Beweiskraft erforderlichen
Voraussetzungen erfüllt. Die Vorlage einer Kopie oder einer Abschrift der Entscheidung genügt dementsprechend nicht,[3] denn diese können insbesondere für
die Vollstreckung nicht an die Stelle des originals treten.[4] Im Rahmen der Inziden-
tanerkennung will – mit dem Wortlaut von Abs. 1 gesprochen – diejenige Partei
die Anerkennung erwirken, die die (materielle) Beweislast trägt. Dh der Vorlage
der Entscheidungsausfertigung obliegt demjenigen, der sich auf die Anerkennung
der Entscheidung beruft und aus der Anerkennung Rechtsfolgen herleiten
möchte.[5] Auch im Rahmen einer inzidenten Anerkennung ist die Vorlage einer
Ausfertigung zu verlangen.[6] Welche Voraussetzungen die Ausfertigung zum vol-
len Beweis ihrer Echtheit und des Inhalts der Entscheidung zu erfüllen hat,
bestimmt sich gemäß der Regel *locus regit actum* nach dem Recht des Entscheidungsstaats.[7] Eine Legalisation oder Apostille kann nach Art. 52 nicht verlangt
werden. Hingegen kann eine Übersetzung nach Maßgabe von Art. 38 Abs. 2
gefordert werden. Wird die Entscheidungsausfertigung nicht vorgelegt, so ist der
Antrag auf Anerkennung oder Vollstreckung als unzulässig zurückzuweisen,[8] bzw.
die Entscheidung im Rahmen einer inzidenten Anerkennung nicht zu beachten.

Gem. Abs. 1 lit. b ist weiter die **Bescheinigung nach Art. 39** vorzulegen. Wird **3**
die Bescheinigung nicht vorgelegt, findet Art. 38 Abs. 1 Anwendung. Die Bescheinigung wird unter Verwendung des Formblatts in Anhang I für Entscheidungen in
Ehesachen oder unter Verwendung des Formblatts in Anhang II für Entscheidungen
über die elterliche Verantwortung ausgestellt. Durch diese in jedem Mitgliedstaat
grds. identische Musterbescheinigung sollen die Verfahrensförmlichkeiten der Aner-

---

[1] Rauscher/*Rauscher* Art. 37 Rn. 1.
[2] Geimer/Schütze/*Paraschas* Art. 37 Rn. 2.
[3] MüKoZPO/*Gottwald* Art. 37 Rn. 2.
[4] Staudinger/*Pirrung* Vorb C zu Art. 19 EGBGB Rn. 157.
[5] Rauscher/*Rauscher* Art. 37 Rn. 4; Hk-ZPO/*Dörner* Art. 37 Rn. 3.
[6] AA Kindl/Meller-Hannich/Wolf/*Mäsch* Art. 37 Rn. 3.
[7] Borrás-Bericht Rn. 103; *Hausmann* J Rn. 199.
[8] Staudinger/*Pirrung* Vorb C zu Art. 19 EGBGB Rn. 157.

kennung und Vollstreckung erleichtert werden.[9] Die Gerichte im Anerkennungs-
bzw. Vollstreckungsstaat haben grds. von der Richtigkeit der nach Art. 39 erteilten
Bescheinigung auszugehen. Ein Prüfungsrecht steht ihnen nicht zu.[10]

III. Versäumnisentscheidung, Abs. 2

4   Im Falle der Anerkennung oder Vollstreckung einer im Versäumnisverfahren
ergangenen Entscheidung verlangt Abs. 2 zusätzliche urkundliche Nachweise. Ob
eine Versäumnisentscheidung vorliegt, ist in autonomer Auslegung zu ermitteln.[11]
Erfasst sind bei autonomer Auslegung nicht nur Versäumnisentscheidungen im
engeren bzw. technischen Sinn. Die zusätzlichen von Abs. 2 geforderten Nachweise sind dem Normzweck entsprechend im Falle der Anerkennung oder Vollstreckung jeder Entscheidung zu fordern, die in einem einseitigen Verfahren
ergangen ist, ohne dass sich der Antragsgegner (Art. 22 lit. b) oder die betroffene
Person (Art. 23 lit. c) auf das Verfahren eingelassen hat.[12] Abs. 2 findet hingegen
keine Anwendung auf einstweilige Anordnungen, die ohne Anhörung des
Antragsgegners erlassen worden sind;[13] gleiches gilt für Kostenfestsetzungsbeschlüsse im Anschluss an ein streitiges Verfahren.[14]

5   Das von lit. a aufgestellte Erfordernis der Vorlage eines **Zustellungsnachwei-
ses** hat Bedeutung für den Versagungsgrund in Art. 22 lit. b bzw. in Art. 23 lit. c.
Es soll einer darauf gestützten Versagung der Anerkennung vorgebeugt werden.
Aus dem Zustellungsnachweis muss sich ergeben, dass das den Prozess einleitende
Schriftstück oder ein gleichwertiges Schriftstück dem Antragsgegner tatsächlich
zugestellt worden ist. Aus dem Schriftstück muss sich hingegen nicht ergeben,
dass die Zustellung rechtzeitig war.[15] Die von Art. 22 lit. b, 23 lit. c geforderte
Rechtzeitigkeit der Zustellung ist vom Richter im Anerkennungs- bzw. Vollstreckungsmitgliedstaat selbstständig und ohne Bindung an die Feststellungen des
Erstgerichts zu prüfen. Das Zustellungsdatum wird allerdings aus dem Zustellungsnachweis im Regelfall zu ersehen sein.[16] Der Zustellungsnachweis ist in Urschrift
oder beglaubigter Abschrift vorzulegen.

6   Für den **Nachweis des eindeutigen Einverständnisses** iSv lit. b ist die Vorlage
einer öffentlichen Urkunde nicht erforderlich. Vielmehr kann der Nachweis auch
durch private Urkunden geführt werden, zB durch Briefe.[17] Die Frage der Echtheit
und des Beweiswerts dieser Privaturkunden unterliegt jedoch der Würdigung durch
das Gericht im Zweitstaat.[18] Kann der Nachweis nicht geführt werden, so geht
dies – vorbehaltlich von Erleichterungen nach Art. 38 Abs. 2 – zu Lasten desjenigen,
der die Anerkennung bzw. Vollstreckung betreiben möchte.[19] Der urkundliche

[9] Geimer/Schütze/*Paraschas* Art. 37 Rn. 4.
[10] OLG Stuttgart DJ 2009, 344.
[11] Geimer/Schütze/*Paraschas* Art. 37 Rn. 6.
[12] *Hausmann* J 201; Rauscher/*Rauscher* Art. 37 Rn. 10; Thomas/Putzo/*Hüßtege* Art. 37
Rn. 4; OLG Düsseldorf IPRax 1996, 415 (zum EuGVÜ).
[13] OLG Stuttgart BeckRS 2014, 05813; *Hausmann* J 201.
[14] Rauscher/*Rauscher* Art. 37 Rn. 10.
[15] Thomas/Putzo/*Hüßtege* Art. 37 Rn. 6.
[16] Staudinger/*Spellenberg* Art. 37 Rn. 3.
[17] Thomas/Putzo/*Hüßtege* Art. 37 Rn. 7; Rauscher/*Rauscher* Art. 37 Rn. 16.
[18] Hk-ZPO/*Dörner* Art. 37 Rn. 6.
[19] Thomas/Putzo/*Hüßtege* Art. 37 Rn. 7.

Nachweis des Abs. 2 lit. b genügt auch für die Anerkennung und Vollstreckung von Verfahren betreffend die elterliche Verantwortung. Abs. 2 lit. b ist nicht teleologisch auf Ehesachen zu reduzieren.[20] Aus Abs. 2 lit. b ist allerdings nicht zu folgern, dass nur eine schriftliche Einverständniserklärung wirksam ist. Denn nach Art. 38 Abs. 1 kann das Gericht von der Vorlage der Nachweisurkunden vollständig befreien.[21]

Art. 38 **Fehlen von Urkunden**

(1) **Werden die in Artikel 37 Absatz 1 Buchstabe b) oder Absatz 2 aufgeführten Urkunden nicht vorgelegt, so kann das Gericht eine Frist setzen, innerhalb derer die Urkunden vorzulegen sind, oder sich mit gleichwertigen Urkunden begnügen oder von der Vorlage der Urkunden befreien, wenn es eine weitere Klärung nicht für erforderlich hält.**

(2) **Auf Verlangen des Gerichts ist eine Übersetzung der Urkunden vorzulegen. Die Übersetzung ist von einer hierzu in einem der Mitgliedstaaten befugten Person zu beglaubigen.**

I. Vorbemerkung

Abs. 1 regelt das Verfahren für den Fall, dass nach Art. 37 Abs. 1 lit. b oder **1** Art. 37 Abs. 2 vorzulegende Urkunden nicht vorgelegt werden (können). Durch die Nachweiserleichterungen des Abs. 1 soll verhindert werden, dass ein materiell begründeter Antrag aus rein formellen Gründen abgelehnt werden muss. Damit wird übertriebenem Formalismus entgegengewirkt.[1] Art. 55 Abs. 1 Brüssel I-VO enthält eine (redaktionell nicht abgestimmte) Parallelvorschrift.

II. Nachweiserleichterungen, Abs. 1

Die Nachweiserleichterungen des Abs. 1 beziehen sich nach dem klaren **2** Wortlaut nur auf die Bescheinigung nach Art. 39, sowie auf den Nachweis der Zustellung des verfahrenseinleitenden Schriftstücks oder des Einverständnisses mit einer Säumnisentscheidung (Art. 37 Abs. 2). Für andere Urkunden bestehen keine Nachweiserleichterungen; dies auch nicht in entsprechender Anwendung von Abs. 1.[2] Damit ist stets eine Ausfertigung der Entscheidung vorzulegen, die anerkannt oder vollstreckt werden soll. Das Gericht kann im Rahmen der ihm nach dem jeweiligen nationalen Verfahrensrecht gegebenen Möglichkeiten für die Vorlage der Ausfertigung eine Nachfrist setzen. Art. 38 verlangt keine sofortige Abweisung im Falle der Nichtvorlage einer Ausfertigung. Die Norm sperrt insoweit nicht den Rückgriff auf dies erlaubendes nationales Verfahrensrecht.[3]

---

[20] *Hausmann* J Rn. 203; Kindl/Meller-Hannich/Wolf/*Mäsch* Art. 37 Rn. 11; Hk-ZPO/ *Dörner* Art. 37 Rn. 6; MüKoZPO/*Gottwald* Art. 37 Rn. 3; aA Rauscher/*Rauscher* Art. 37 Rn. 15 m. beachtl. Arg.

[21] Staudinger/*Spellenberg* Art. 37 Rn. 6.

[1] Geimer/Schütze/*Paraschas* Art. 37 Rn. 2.

[2] *Hausmann* J 204.

[3] Geimer/Schütze/*Paraschas* Art. 38 Rn. 4; Rauscher/*Rauscher* Art. 38 Rn. 2.

3   Werden die nach Art. 37 Abs. 1 lit. b oder Art. 37 Abs. 2 erforderlichen Nachweisurkunden nicht vorgelegt, so bestehen für die befasste Stelle im Anerken-
nungs- oder Vollstreckungsmitgliedstaat vier Alternativen:
  1. Abweisung des Antrag auf Anerkennung oder Vollstreckbarerklärung ohne
     weiteres;
  2. Nachfristsetzung zur Vorlage;
  3. Aufforderung zur Vorlage gleichwertiger Urkunden, zB Abschriften aus
     Gerichtsakten,[4] Sachverständigengutachten[5] oder Vorlage von Privaturkun-
     den, oder
  4. Befreiung von der Vorlage, wenn eine weitere Klärung nicht für erforderlich
     gehalten wird.

4   Die Wahl zwischen diesen Möglichkeiten trifft die befasste Stelle nach ihrem
pflichtgemäßen **Ermessen.** Die sofortige Abweisung wird dabei im Hinblick auf
den Normzweck des Abs. 1 im Regelfall ermessensfehlerhaft sein.[6] Die mit der
Anerkennung bzw. Vollstreckung befasste Stelle wird zunächst prüfen, ob eine
Nachfrist zur Vorlage der erforderlichen Urkunden sinnvoll erscheint. Der Schutz
des Antragsgegners erfordert es, nicht vorschnell Nachweiserleichterungen zuzulassen.[7] Die Bemessung dieser Nachfrist steht ebenfalls im Ermessen des Gerichts.[8]
Das befasste Gericht ist nicht verpflichtet, sich die erforderlichen Nachweise (ggf.
im Wege der Rechtshilfe) selbst zu beschaffen.[9]

5   Die mit der Anerkennung oder Vollstreckung befasste Stelle ist nicht darauf
beschränkt, lediglich urkundliche Nachweise zuzulassen. Denn Art. 37 erlaubt
generell, Befreiung von der Vorlage zu erteilen, wenn eine weitere Klärung
nicht für erforderlich gehalten wird. Andere Nachweismittel, wie Zeugenaussa-
gen oder die Einholung amtlicher Auskünfte, sind daher nicht ausgeschlossen.[10]
Allerdings ist nur in Ausnahmefällen von der Möglichkeit Gebrauch zu machen,
gleichwertige Urkunden oder andere Nachweismittel zuzulassen oder gar auf
Nachweis zu verzichten. Die Grundsatzentscheidung des Art. 37, zum Schutze
des Antragsgegners gewisse – in der Brüssel IIa-VO schon reduzierte – Förmlichkeiten zu verlangen, darf nicht durch Art. 38 unterlaufen werden.[11]

6   Wird der Anordnung des Gerichts nicht nachgekommen, so ist der Antrag auf
Feststellung der Anerkennung/Nichtanerkennung oder auf Vollstreckbarerklärung als **unzulässig** abzuweisen.[12] Der Antrag kann jedoch erneut gestellt werden.[13]

III. Beglaubigte Übersetzung, Abs. 2

7   Urkunde iSv Abs. 2 meint alle in Art. 37 und 39 genannten Urkunden. Erfasst
ist damit auch in Abweichung zu Abs. 1 die Ausfertigung der Entscheidung nach

---

[4] BGH NJW-RR 2008, 586 (587) (zu Art. 55 Brüssel I-VO); *Hausmann* J 205.
[5] Staudinger/*Pirrung* Vorb C zu Art. 19 EGBGB Rn. 159.
[6] Kindl/Meller-Hannich/Wolf/*Mäsch* Art. 38 Rn. 1.
[7] Rauscher/*Rauscher* Art. 38 Rn. 3.
[8] Rauscher/*Rauscher* Art. 38 Rn. 4.
[9] OGH 20.4.2010, 4Ob46/10h, http://www.ris.bka.gv.at.
[10] Geimer/Schütze/*Paraschas* Art. 38 Rn. 3.
[11] Rauscher/*Rauscher* Art. 38 Rn. 5, 7.
[12] Borrás-Bericht Rn. 107; NK-BGB/*Andrae* Art. 38 Rn. 2.
[13] OLG Frankfurt aM IPRspr 1988 Nr. 198 zum EuGVÜ; Hk-ZPO/*Dörner* Art. 38 Rn. 2.

Abs. 1 lit. a. Aus Abs. 2 ergibt sich, dass die Urkunden grds. in der Originalsprache vorgelegt werden können. Die mit der Anerkennung oder Vollstreckung befasste Stelle im Zweitstaat kann jedoch in jedem Verfahrensstadium nach seinem Ermessen die Vorlage einer Übersetzung verlangen.[14] Es darf dabei eine Übersetzung gefordert werden, die von einer hierzu in einem Mitgliedstaat befugten Person beglaubigt wurde. Es genügt, dass diese Person in einem, sprich irgendeinem, Mitgliedstaat zur Vornahme von Beglaubigungen befugt ist. Der Person muss dementsprechend nicht notwendigerweise im Ursprungsmitgliedstaat oder im Zweitstaat die Beglaubigungsbefugnis zukommen.[15] Die Befugnis muss sich nach dem Recht des Niederlassungsstaates auf die Berechtigung zwischen den betroffenen Sprachen zum Zwecke der Vorlage bei Gericht beziehen.[16] Das Gericht im Zweitstaat kann nach seinem Ermessen auch eine unbeglaubigte Abschrift genügen lassen. Denn es kann auf die Übersetzung ganz verzichten.[17] Hierbei ist allerdings zu beachten, dass die Übersetzung insbesondere für den Tenor einer zu vollstreckenden Entscheidung Bedeutung hat, der gemäß § 23 Abs. 1 Int-FamRVG in die Vollstreckungsklausel zu übernehmen ist.[18] Ob eine Übersetzung verlangt wird, ist hinsichtlich jeder vorzulegenden Urkunde gesondert zu prüfen. Eine Übersetzung der Bescheinigung nach Art. 39 kann im Regelfall nicht gefordert werden, da diese in allen Amtssprachen der Union zur Verfügung steht und grds. identisch abgefasst ist.[19] Wird die geforderte Übersetzung nicht vorgelegt, ist der Antrag ebenfalls als unzulässig abzuweisen. Er kann jedoch später erneut gestellt werden.[20]

Art. 39 Bescheinigung bei Entscheidungen in Ehesachen und bei Entscheidungen über die elterliche Verantwortung

Das zuständige Gericht oder die zuständige Behörde des Ursprungsmitgliedstaats stellt auf Antrag einer berechtigten Partei eine Bescheinigung unter Verwendung des Formblatts in Anhang I (Entscheidungen in Ehesachen) oder Anhang II (Entscheidungen über die elterliche Verantwortung) aus.

Durch Art. 39 soll die Nachprüfung der Formalien im Zweitstaat erleichtert **1** werden.[1] Dies wird insbesondere dadurch verwirklicht, dass die Musterbescheinigung in allen Amtssprachen der Union zur Verfügung steht und sie in jedem Mitgliedstaat grds. identisch abgefasst ist. Weiter lässt sich die Bescheinigung überwiegend durch bloßes Ankreuzen bzw. durch international verständliche Angaben ausfüllen.[2] Dadurch wird insbesondere dem Standesbeamten im Anerkennungsstaat die Arbeit erleichtert.[3] So wird diesem etwa der für die Erstreckung der Gestaltungswirkung einer Ehescheidung erforderliche Nachweis der formellen

[14] Geimer/Schütze/*Paraschas* Art. 38 Rn. 6.
[15] NK-BGB/*Andrae* Art. 38 Rn. 3.
[16] Rauscher/*Rauscher* Art. 38 Rn. 10.
[17] BGH NJW 1980, 527 (528) (zum EuGVÜ).
[18] Staudinger/*Pirrung* Vorb C zu Art. 19 EGBGB Rn. 160.
[19] Rauscher/*Rauscher* Art. 38 Rn. 9.
[20] Hk-ZPO/*Dörner* Art. 38 Rn. 3.
[1] Rauscher/*Rauscher* Art. 39 Rn. 1.
[2] Thomas/Putzo/*Hüßtege* Art. 39 Rn. 1.
[3] *Hess* JZ 2001, 573 (577); *Sturm* StAZ 2002, 193.

Rechtskraft durch die Bescheinigung Anh. I Nr. 7 erbracht. Die Gerichte und
Behörden im Anerkennungs- bzw. Vollstreckungsstaat haben grds. von der Richtigkeit der nach Art. 39 erteilten Bescheinigung auszugehen. Ein Prüfungsrecht
steht ihnen nicht zu;[4] allerdings darf nicht übersehen werden, dass die Möglichkeit, die Bescheinigung zum Teil durch bloßes Ankreuzen auszustellen, die Gefahr
von Fehlern birgt.[5]

2   Die Zuständigkeit für die Ausstellung der Bescheinigung nach Art. 39 bestimmt
das jeweilige nationale Recht. In Deutschland ist sie gem. **§ 48 Abs. 1 Int-
FamRVG** von dem Urkundsbeamten der Geschäftsstelle des Gerichts des ersten
Rechtszugs und, wenn das Verfahren bei einem höheren Gericht anhängig ist,
von dem Urkundsbeamten der Geschäftsstelle dieses Gerichts ausgestellt.

3   Der Antrag auf die Ausstellung einer solchen Bescheinigung unterliegt keiner
Frist. Antragsberechtigt ist jeder, der berechtigt ist, ein Verfahren nach Art. 21
Abs. 3 einzuleiten oder Partei/Beteiligter des Verfahrens ist, in dem die Anerken-
nung der Entscheidung vorgreiflich ist. Bei Entscheidungen über die elterliche
Verantwortung ist neben den Eltern auch das Kind und ggf. eine Behörde nach
Art. 28 Abs. 1 antragsberechtigt.[6]

Abschnitt 4. Vollstreckbarkeit bestimmter Entscheidungen über das Umgangsrecht und bestimmter Entscheidungen, mit denen die Rückgabe des Kindes angeordnet wird

Literatur: *Adolphsen*, Abschaffung der Exequaturverfahren in Europa – Stand 2012, ZJS
2012, 579 ff.; *Benicke* in: Nomos Kommentar BGB, Band 1: Allgemeiner Teil/EGBGB,
2. Aufl. 2012; *Britz*, Grundrechtsschutz in der justiziellen Zusammenarbeit – zur Titelfreizügigkeit in Familiensachen, JZ 2013, 105 ff.; *Coester-Waltjen*, Die Berücksichtigung der Kindesinteressen in der neuen EU-Verordnung „Brüssel IIa", FamRZ 2005, 241 ff.; *Dutta/Schulz*,
Erste Meilensteine im europäischen Kindschaftsverfahrensrecht: Die Rechtsprechung des
Europäischen Gerichtshofs zur Brüssel-IIa-Verordnung von C bis Mercredi, ZEuP 2012,
526; *Frank* in: Gebauer/Wiedmann, Zivilrecht unter europäischem Einfluss, 2. Aufl. 2010;
Gruber, Internationale Zuständigkeit und Vollstreckung bei Kindesentführungen, GPR 2011,
153; *Gruber*, Effektive Antworten des EuGH auf Fragen zur Kindesentführung, IPRax 2009,
413; *Gruber*, Das neue Internationale Familienrechtsverfahrensgesetz, FamRZ 2005, 1603 ff.;
Hausmann, Internationales und Europäisches Ehescheidungsrecht, 2013; *Hüßtege* in: Thomas/
Putzo, ZPO, 33. Aufl. 2012; *Looschelders*, Die Europäisierung des internationalen Verfahrens-
rechts für Entscheidungen über die elterliche Verantwortung, JR 2006, 45 ff.; *Mansel/Thorn/
Wagner*, Europäisches Kollisionsrecht 2011: Gegenläufige Entwicklungen, IPRax 2012, 1 ff.;
Martiny, Elterliche Verantwortung und Sorgerecht im ausländischen Recht, insbesondere
beim Streit um den Kindesaufenthalt, FamRZ 2012, 1765 ff.; *Paraschas* in: Geimer/Schütze,
Internationaler Rechtsverkehr in Zivil- und Handelssachen, Bd. II, Stand: Oktober 2011;
Pirrung, in: Staudinger, Kommentar zum Bürgerlichen Gesetzbuch mit Einführungsgesetz
und Nebengesetzen, Internationales Kindschaftsrecht 2, Neubearbeitung 2009; *Rieck*, Neues
Eilvorlageverfahren zum EuGH, NJW 2008, 2958; *Schulz*, Zur Frage der Auslegung von
Gemeinschaftsrecht: Antrag auf Nichtanerkennung einer gerichtlichen Entscheidung über die
Verweigerung der Rückgabe eines Kindes, FamRZ 2008, 1732 ff.; *Solomon*, „Brüssel IIa" –

---

[4] OLG Stuttgart DJ 2009, 344.
[5] Rauscher/*Rauscher* Art. 39 Rn. 1.
[6] Rauscher/*Rauscher* Art. 37 Rn. 3.

Die neuen europäischen Regeln zum internationalen Verfahrensrecht in Fragen der elterlichen Verantwortung, FamRZ 2004, 1409 ff.

Art. 40 Anwendungsbereich

(1) **Dieser Abschnitt gilt für**
a) **das Umgangsrecht**
   und
b) **die Rückgabe eines Kindes infolge einer die Rückgabe des Kindes anordnenden Entscheidung gemäß Artikel 11 Absatz 8.**

(2) **Der Träger der elterlichen Verantwortung kann ungeachtet der Bestimmungen dieses Abschnitts die Anerkennung und Vollstreckung nach Maßgabe der Abschnitte 1 und 2 dieses Kapitels beantragen.**

I. Einleitender Überblick

1. Grundgedanke und Funktionsweise

Nach dem vierten Abschnitt der Verordnung wird für Umgangs- und Kindes- **1** rückgabeentscheidungen auf eine Überprüfung durch den Vollstreckungsmitgliedstaat verzichtet. Hintergrund dieser Regelung ist, dass hinsichtlich dieser beiden Arten von Entscheidungen die schnelle Durchsetzung der Entscheidung im Interesse des Kindeswohls besonders bedeutsam ist.[1]

Bei der Vollstreckung von Umgangsentscheidungen und Entscheidungen gemäß Art. 11 Abs. 8 (Abs. 1 iVm Art. 41 bzw. 42 der Verordnung) wird die Exequaturentscheidung des Vollstreckungsstaates durch eine Kontrolle des Ursprungsmitgliedstaates ersetzt.[2] Insofern wird ein erleichtertes Verfahren durchgeführt, im Rahmen dessen es keiner Vollstreckbarerklärung nach den Art. 28 ff. mehr bedarf. Vielmehr wird nach den Art. 41 und 42 durch das zuständige Gericht des Ursprungsmitgliedstaates eine entsprechende Bescheinigung über die Vollstreckbarkeit und die Einhaltung gewisser Mindeststandards, wie etwa die Anhörung aller Parteien einschließlich des Kindes, ausgestellt. Die Ausstellung dieser Bescheinigung tritt an die Stelle des Exequaturverfahrens und verleiht dem Titel Vollstreckbarkeit in sämtlichen Mitgliedstaaten. Die Vollstreckungswirkung des Titels beruht mithin auf der Entscheidung im Urteilsstaat.

Art. 40 ff. der Verordnung setzen insofern als erste europäische Vorschriften das Konzept der wechselseitigen Anerkennung um.[3] Von Bedeutung ist insoweit, dass gegen die Ausstellung der Bescheinigung weder im Ursprungsstaat ein Rechtsbehelf existiert, noch im Vollstreckungsstaat die Anerkennung angefochten werden kann (vgl. Art. 43 Abs. 2) – insbesondere kann die Vollstreckung nicht wegen Verletzung des ordre public oder einer Kindeswohlverletzung abgelehnt werden; der Vollstreckungsstaat hat keinerlei Prüfungsbefugnis.[4] Die Vollstreckung kann lediglich dann versagt werden, wenn sie mit einer späteren Entscheidung unvereinbar ist (Art. 47 Abs. 2).

---

[1] *Hausmann* EuEheVO Art. 40 Rn. 210.

[2] Vgl. hierzu etwa Geimer/Schütze/*Paraschas* Art. 40; Rauscher/*Rauscher* Art. 40 Rn. 2.

[3] Vgl. hierzu Nr. 34 der Schlussfolgerungen von Tampere sowie NK-BGB/*Benicke* Art. 40 Rn. 1 ff.

[4] Geimer/Schütze/*Paraschas* Art. 40 Rn. 4.

Insofern ähnelt das den Art. 40 ff. der Verordnung zugrundeliegende System der erleichterten Vollstreckbarkeit dem in der Verordnung über einen europäischen Vollstreckungstitel[5] vorgesehenen Modell.[6] So ist nach beiden Verordnungen – unter bestimmten Voraussetzungen – die Vollstreckung ohne vorheriges Exequaturverfahren möglich, nämlich dann, wenn das zuständige Gericht des Ursprungsmitgliedstaates eine Bescheinigung über die Vollstreckbarkeit und die Einhaltung gewisser Mindeststandards ausgestellt hat. Diese Bescheinigung (Art. 41 und 42 der Verordnung) ersetzt dann das Exequaturverfahren und verleiht dem Titel seine Vollstreckbarkeit in den übrigen Mitgliedstaaten.

Der Verordnung liegt insoweit – ebenso wie auch der Vollstreckungstitelverordnung – der Grundgedanke des gegenseitigen Vertrauens zwischen den Mitgliedstaaten zugrunde[7] und spiegelt die in Art. 81 AEUV angestrebte Titelfreizügigkeit und das Binnenmarktziel des Art. 26 AEUV wider.[8] Die automatische Anerkennung und Vollstreckbarkeit setzt eine Gleichwertigkeit des gerichtlichen Verfahrens in den Mitgliedstaaten voraus – dies umso mehr als ein Rechtsmittel gegen die Bescheinigung, durch die die unmittelbare Vollstreckbarkeit begründet wird, nicht existiert (vgl. Art. 43 Abs. 2 und die Kommentierung → Art. 43 Abs. 2). Die Abschaffung des Exequaturverfahrens im Rahmen der Brüssel IIa-Verordnung erscheint allerdings in Anbetracht der hohen Grundrechtsrelevanz von Umgangs- und Rückgabeentscheidungen sowie vor dem Hintergrund dessen, dass keine allgemeine Rechtsetzungskompetenz der Europäischen Union für das Familienrecht existiert, was wiederum u.U. bedeutsame Rechtsunterschiede mit sich bringt, nicht unproblematisch.[9] Insofern spiegelt sich in den Vorschriften der Art. 40 ff. der Konflikt zwischen den zwei Zielen des Grundrechtsschutzes auf der einen und der beschleunigten Vollstreckung auf der anderen Seite wider.[10]

2. Historische Entwicklung und Ausblick

2   Wie sich aus Erwägungsgrund 23 ergibt, geht das System der unmittelbaren Vollstreckung auf die Schlussfolgerung des Europäischen Rates von Tampere zurück.[11] Die konkrete Umsetzung in den Art. 40 ff. beruht auf einem Vorschlag des Ratsvorsitzes vom 30.4.2003[12] und setzt – im Anschluss an einen Vorschlag der französischen Ratspräsidentschaft aus dem Jahre 2000[13] – den Grundsatz der wechselseitigen Anerkennung um.[14]

3   Diese Entwicklung hat sich nunmehr fortgesetzt in der Verordnung (EU) Nr. 1215/2012 des Europäischen Parlaments und des Rates vom 12. Dezember 2012 über die gerichtliche Zuständigkeit und die Anerkennung und Vollstreckung

---

[5] Verordnung (EG) Nr. 805/2004 zur Einführung eines europäischen Vollstreckungstitels für unbestrittene Forderungen v. 21.4.2004, ABl. EG L 143 v. 30.4.2004, S. 15.

[6] *Solomon* FamRZ 2004, 1409 (1419).

[7] Vgl. hierzu auch NK-BGB/*Benicke* Art. 40 Rn. 4; Rauscher/*Rauscher* Art. 40 Rn. 4.

[8] Vgl. hierzu *Britz* JZ 2013, 105.

[9] Vgl. zu diesen Fragen ausführlich *Britz* JZ 2013, 105.

[10] Vgl. hierzu *Britz* JZ 2013, 105.

[11] Vgl. zur Abschaffung des Exequaturverfahrens: *Adolphsen* ZJS 2012, 579.

[12] Rat der Europäischen Union, Vermerk des Vorsitzes, 30.4.2003, 8281/03.

[13] Vgl. zum Vorschlag der französischen Ratspräsidentschaft: *Hess* IPrax 2000, 361.

[14] Vgl. hierzu NK-BGB/*Benicke* Art. 40 Rn. 3 mwN; MüKoFamFG/*Gottwald* Vorbemerkung zu Art. 40–45 Rn. 1.

von Entscheidungen in Zivil- und Handelssachen (Brüssel Ia-Verordnung),[15] die mit Geltung ab dem 10.1.2015 die bisherige Brüssel I-Verordnung ersetzen wird. Diese sieht in ihrem Art. 39 ebenfalls den Grundsatz der unmittelbaren Vollstreckbarkeit vor.[16]

II. Anwendungsbereich

Gemäß Art. 40 gilt der Abschnitt 4 lediglich für Umgangs- und Kindesrückga- **4** beentscheidungen. Eine analoge Anwendung der Art. 40 ff. auf andere Entscheidungen zur elterlichen Verantwortung kommt aufgrund des Ausnahmecharakters der Vorschrift nicht in Betracht.[17]

1. Umgangstitel

Die Art. 40 ff. gelten zunächst für Umgangstitel. Der Begriff des Umgangsrechts **5** ist in Art. 2 Nr. 10 legaldefiniert. Hiernach ist entscheidendes Kriterium der vorübergehende Zeitraum, den der Umgangstitel betrifft. Insofern stimmt die Definition mit der des Art. 5 HKÜ überein. Umfasst wird neben dem Umgangsrecht der Eltern auch das Umgangsrecht Dritter (vgl. etwa § 1685 BGB).[18] Insofern sind Entscheidungen über das Umgangsrecht in persönlicher Hinsicht nicht auf die Träger elterlicher Verantwortung beschränkt, sondern können etwa Großeltern oder andere Angehörige betreffen.[19] Bezüglich des sachlichen Anwendungsbereichs ist auch der Umgang im Wege der Fernkommunikation (Telefon, SMS, e-Mail, Brief) umfasst.[20]

Hintergrund der Einbeziehung dieser Entscheidungen in den Abschnitt der **6** Verordnung ist zum einen die **große Bedeutung des Umgangsrechts für das Wohl des Kindes**. Einschränkungen des Umgangsrechts können daher grundsätzlich lediglich bei nachweislichen Gefährdungen des Kindes angeordnet werden.[21] Vor dem Hintergrund des hohen Ranges des Umgangsrechts[22] wird insofern die Eilbedürftigkeit der Vollstreckung von Umgangstiteln deutlich. Des Weiteren ist zu berücksichtigen, dass Umgangstitel zu keiner endgültigen Veränderung von sorgerechtlichen Verhältnissen führen, sondern lediglich einen Umgang mit dem Kind regeln.[23]

Zum anderen spricht für die unmittelbare Vollstreckung, dass **Zeit** insofern eine große Rolle spielt, als es andernfalls zwischen dem Kind und dem betreffenden Umgangselternteil zu einer Entfremdung kommen kann, wenn das Umgangsrecht nicht zeitnah durchgesetzt wird. Insofern dient die erleichterte grenzüberschreitende Vollstreckbarkeit von Umgangstiteln dem Ziel, eine Entfremdung

---

[15] ABl. EU 2012 L 351/1.

[16] Vgl. näher zur Neufassung der Brüssel I-Verordnung: *Pohl* IPRax 2013, 109.

[17] EuGH 26.4.2012 – C-92/12 PPU, FamRZ 2012, 1466 Rn. 118 bzgl. einer grenzüberschreitenden Unterbringung eines Kindes in einem geschlossenen Heim; MüKo-BGB/*Gottwald* Art. 40 Rn. 2.

[18] Rauscher/*Rauscher* Art. 40 Rn. 14.

[19] NK-BGB/*Benicke* Art. 40 Rn. 8.

[20] Rauscher/*Rauscher* Art. 40 Rn. 13.

[21] EGMR 26.2.2004 – 74969/01, FamRZ 2004, 1456.

[22] EGMR 26.2.2004 – 74969/01, FamRZ 2004, 1456.

[23] Rauscher/*Rauscher* Art. 40 Rn. 5.

durch die Torpedierung der Vollstreckbarkeit von Umgangstiteln zu verhindern.[24]

7 Das System der Art. 40 ff. gilt für **Titel, die ein Umgangsrecht gewähren,** nicht hingegen für Titel, die einen Antrag auf Gewährung von Umgang ablehnen.[25] Ablehnende Titel sind lediglich nach Art. 21 ff. der Verordnung anerkennungsfähig. Gewährt mithin ein Titel ein (beschränktes) Umgangsrecht, beschränkt er aber andererseits das Umgangsrecht, so ist lediglich der das (beschränkte) Umgangsrecht gewährende Teil nach Art. 40 ff. vollstreckbar, während sich die Anerkennung des beschränkenden Teils nach den Art. 21 ff. der Verordnung richtet, was dazu führt, dass die Anerkennung – etwa wegen Verstoßes gegen den ordre public – versagt werden kann.

8 Da die verfahrensrechtlichen Standards (nur) im Ursprungsmitgliedstaat geprüft werden, führt dies dazu, dass das Recht des Ursprungsstaates auch abschließend darüber bestimmt, welche Standards einzuhalten sind. Dies kann insbesondere im Hinblick auf die bei der Anhörung des Kindes einzuhaltenden Altersgrenzen zu Diskrepanzen führen.[26]

2. Kindesrückgabe

9 Neben Umgangstiteln unterliegen nach Art. 40 Abs. 1 b) auch Entscheidungen nach Art. 11 Abs. 8 der erleichterten Vollstreckbarkeit nach Art. 40 ff. Hier ist zu berücksichtigen, dass lediglich Rückgabeanordnungen nach dieser Vorschrift, nicht jedoch andere Titel, die auf die Herausgabe eines Kindes gerichtet sind, unter Art. 40 ff. fallen.[27] Letztere können lediglich nach den Art. 21 ff., 28 ff. vollstreckt werden. Umfasst sind von den Art. 40 ff. mithin nur Fälle des Art. 11 Abs. 8 und damit Fälle von Kindesentführungen, in denen die Gerichte des Verbringungsstaates nach Art. 13 HKÜ die Rückgabe verweigert haben, der frühere Aufenthaltsstaat jedoch die Rückgabe angeordnet hat.

10 Nach der Rechtsprechung des EuGH setzt Art. 11 Abs. 8 der Verordnung eine Verweigerung der Rückführung nach dem HKÜ durch den Zufluchtsmitgliedstaat voraus, wobei es ausreicht, dass die Rückführung zunächst verweigert wurde – spätere Entscheidungen in dem Zufluchtsmitgliedstaat sind unerheblich.[28] Insofern kommt es insbesondere nicht darauf an, ob die Entscheidung nach Art. 13 HKÜ in Rechtskraft erwachsen ist.[29] Hintergrund hierfür ist das Interesse an einer beschleunigten Kindesrückgabe: Müsste zunächst die Rechtskraft der Entscheidung nach Art. 13 HKÜ abgewartet werden bevor eine Bescheinigung nach Art. 42 ausgestellt werden könnte, so könnte dies die Rückgabe des Kindes erheblich verzögern, was dem Beschleunigungsgrundsatz zuwiderlaufen würde.

11 Nach der Rechtsprechung des EuGH sind an die Voraussetzungen einer Rückgabeanordnung nach Art. 11 Abs. 8 keine allzu hohen Anforderungen zu

---

[24] NK-BGB/*Benicke* Art. 40 Rn. 5; *Hausmann* EuEheVO Art. 40 Rn. 211; Rauscher/*Rauscher* Art. 40 Rn. 5.

[25] Rauscher/*Rauscher* Art. 40 Rn. 12.

[26] Vgl. hierzu *Rauscher* Art. 40 Rn. 7.

[27] EuGH 11.7.2008 – C-195/08 PPU, Slg 2008, I-5271 = NJW 2008, 2973 = FamRZ 2008, 1729; NK-BGB/*Benicke* Art. 40 EheVO 2003 Rn. 10.

[28] EuGH 11.7.2008 – C-195/08 PPU, Slg 2008, I-5271 = FamRZ 2008, 1729; *Dutta/Schulz* ZEuP 2012, 550.

[29] *Gruber* IPRax 2009, 413 (415).

stellen, so muss es sich insbesondere nicht um eine endgültige Sorgeentscheidung handeln, vielmehr genügt auch eine einstweilige Maßnahme.[30] Dies ist einerseits insofern zu begrüßen, als so die schnellstmögliche Rückführung des Kindes gewährleistet wird. Andererseits ist zu berücksichtigen, dass im Falle des Erlasses einer Maßnahme im Wege des einstweiligen Rechtsschutzes das Gericht des Ursprungsmitgliedstaates ggf. keine über den Stand des HKÜ-Staates hinausgehenden Kenntnisse haben wird und daher die Rechtfertigung der unmittelbaren Vollstreckbarkeit einer Sorgerechtsentscheidung und der Vorrang gegenüber einer Rückführungsablehnung nach dem HKÜ – nämlich der Gedanke, dass es sich bei dem HKÜ-Verfahren um ein lediglich summarisches Verfahren handelt, während im Sorgerechtsverfahren unter Erhebung von Beweisen geprüft wird, wo das Kind künftig leben soll – leer läuft.[31]

III. Verhältnis zu den Art. 28 ff. der Verordnung

Gemäß Abs. 2 der Vorschrift kann der Träger der elterlichen Verantwortung **12** ungeachtet der Bestimmungen der Art. 40 ff. die Anerkennung und Vollstreckung nach Maßgabe der Abschnitte 1 und 2 der Verordnung und damit nach den Art. 28 ff. beantragen. Insofern besteht ein **Wahlrecht des Trägers der elterlichen Verantwortung**, welchen Weg er zur Erlangung der Vollstreckbarkeit wählt.[32] Eine Vollstreckbarerklärung ist insbesondere dann sinnvoll, wenn das Gericht des Ursprungsstaates die Bescheinigung nicht von Amts wegen ausgestellt hat.[33] In einem solchen Fall kann einem Antrag nach Art. 28 nicht das Rechtsschutzbedürfnis abgesprochen werden.[34]

Nach dem Wortlaut des Art. 40 Abs. 2 steht dieses Wahlrecht lediglich dem **13** Träger der elterlichen Verantwortung zu. Träger der elterlichen Verantwortung sind nach der Legaldefinition des Art. 2 Nr. 8 alle Personen, die die elterliche Verantwortung für ein Kind ausüben. Sofern Umgangsberechtigte betroffen sind, die nicht unter den so definierten Begriff des Trägers der elterlichen Verantwortung fallen, so erscheint eine weite Auslegung, die auch diese Umgangsberechtigten miteinbezieht, angebracht, da kein Grund ersichtlich ist, warum umgangsberechtigte Angehörige und Dritte nicht in den Anwendungsbereich der Art. 40 ff. einbezogen werden sollen.[35]

Zu berücksichtigen ist jedoch, dass ein negativer Feststellungsantrag gemäß **14** Art. 21 Abs. 3 nur gestellt werden kann, solange noch keine Bescheinigung nach den Art. 41 und 42 erteilt wurde. Denn andernfalls würde dies zu einer Umgehung des sich in Art. 41 f. widerspiegelnden Grundsatzes führen, nach dem die Anerkennung der von Art. 40 umfassten Entscheidungen nicht angefochten werden kann.[36]

---

[30] EuGH 1.7.2010 – C-211/10 PPU, Slg 2010, I-6673 = FamRZ 2010, 1229.

[31] Vgl. hierzu *Dutta/Schulz* ZEuP 2012, 526 (549).

[32] *Hausmann* EuEheVO Art. 40 Rn. 214.

[33] NK-BGB/*Benicke* Art. 40 Rn. 13; Thomas/Putzo/*Hüßtege* Art. 40 Rn. 3.

[34] NK-BGB/*Benicke* Art. 40 Rn. 14; MüKoFamFG/*Gottwald* Art. 40 Rn. 4; *Hausmann* EuEheVO Art. 40 Rn. 214.

[35] So auch Geimer/Schütze/*Paraschas* Art. 40 Rn. 13; *Rauscher* Art. 40 Rn. 18.

[36] EuGH 11.7.2008 – C-195/08 PPU, Slg 2008, I-5271 = FamRZ 2008, 1729 ff.; *Hausmann* EuEheVO Art. 40 Rn. 215. Die Unzulässigkeit des Feststellungsantrages bereits vor Erteilung der Bescheinigung befürwortend: Rauscher/*Rauscher* Art. 40 Rn. 20.

Art. 41 Umgangsrecht

(1) Eine in einem Mitgliedstaat ergangene vollstreckbare Entscheidung über das Umgangsrecht im Sinne des Artikels 40 Absatz 1 Buchstabe a), für die eine Bescheinigung nach Absatz 2 im Ursprungsmitgliedstaat ausgestellt wurde, wird in einem anderen Mitgliedstaat anerkannt und kann dort vollstreckt werden, ohne dass es einer Vollstreckbarerklärung bedarf und ohne dass die Anerkennung angefochten werden kann. Auch wenn das nationale Recht nicht vorsieht, dass eine Entscheidung über das Umgangsrecht ungeachtet der Einlegung eines Rechtsbehelfs von Rechts wegen vollstreckbar ist, kann das Gericht des Ursprungsmitgliedstaats die Entscheidung für vollstreckbar erklären.

(2) Der Richter des Ursprungsmitgliedstaats stellt die Bescheinigung nach Absatz 1 unter Verwendung des Formblatts in Anhang III (Bescheinigung über das Umgangsrecht) nur aus, wenn

a) im Fall eines Versäumnisverfahrens das verfahrenseinleitende Schriftstück oder ein gleichwertiges Schriftstück der Partei, die sich nicht auf das Verfahren eingelassen hat, so rechtzeitig und in einer Weise zugestellt wurde, dass sie sich verteidigen konnte, oder wenn in Fällen, in denen bei der Zustellung des betreffenden Schriftstücks diese Bedingungen nicht eingehalten wurden, dennoch festgestellt wird, dass sie mit der Entscheidung eindeutig einverstanden ist;

b) alle betroffenen Parteien Gelegenheit hatten, gehört zu werden, und

c) das Kind die Möglichkeit hatte, gehört zu werden, sofern eine Anhörung nicht aufgrund seines Alters oder seines Reifegrads unangebracht erschien.

Das Formblatt wird in der Sprache ausgefüllt, in der die Entscheidung abgefasst ist.

(3) Betrifft das Umgangsrecht einen Fall, der bei der Verkündung der Entscheidung einen grenzüberschreitenden Bezug aufweist, so wird die Bescheinigung von Amts wegen ausgestellt, sobald die Entscheidung vollstreckbar oder vorläufig vollstreckbar wird. Wird der Fall erst später zu einem Fall mit grenzüberschreitendem Bezug, so wird die Bescheinigung auf Antrag einer der Parteien ausgestellt.

I. Unmittelbare Vollstreckbarkeit von Umgangsentscheidungen

1   Art. 41 Abs. 1 statuiert die unmittelbare Vollstreckbarkeit von Umgangsentscheidungen iSd Art. 40 Abs. 1 a) sofern eine Bescheinigung nach Art. 41 Abs. 2 ausgestellt wurde. Die Bescheinigung nach Art. 41 Abs. 2 ersetzt mithin die nach den Art. 21 ff. erforderliche Exequatur sowie die Anerkennungsprüfung. Durch die Erteilung der Bescheinigung wird die ihr zugrundeliegende Entscheidung einer Entscheidung des Mitgliedstaates gleichgestellt, was dazu führt, dass sie unter denselben Bedingungen wie inländische Entscheidungen vollstreckt werden kann. Dies folgt auch aus Art. 47 Abs. 1 der Verordnung, nach dem für das Vollstreckungsverfahren das Recht des Vollstreckungsmitgliedstaates maßgebend ist.

1. Umgangsrecht

Der Begriff des Umgangsrechts wird in Art. 2 Nr. 10 der Verordnung legaldefi- **2**
niert. Hiernach bezeichnet der Begriff „Umgangsrecht" insbesondere auch das
Recht, das Kind für eine begrenzte Zeit an einen anderen Ort als seinen gewöhnlichen Aufenthaltsort zu bringen. Insofern folgt die Definition der des Haager
Kindesentführungsübereinkommens (Art. 5 HKÜ).

2. Vollstreckungstitel

Wie sich aus Erwägungsgrund 22 der Verordnung ergibt, fällt unter den Begriff **3**
der „vollstreckbaren Entscheidung über das Umgangsrecht" nicht nur eine
gerichtliche oder behördliche Entscheidung, sondern ggf. auch eine öffentliche
Urkunde oder eine Vereinbarung zwischen den Parteien. Vgl. hierzu die Kommentierung zu Art. 46.

Grundsätzlich muss die Entscheidung gemäß Art. 41 Abs. 1 S. 1 im Mitglied- **4**
staat vollstreckbar sein. In Fällen, in denen dies – aufgrund der Einlegung eines
Rechtsmittels – (noch) nicht der Fall ist, kann das Gericht des Ursprungsstaates
nach Art. 41 Abs. 1 S. 2 die Entscheidung für vollstreckbar erklären, um so
letztlich zu verhindern, dass die Vollstreckung der Entscheidung durch die Einlegung von Rechtsmitteln verzögert wird.[1] Wie sich aus dem Wortlaut des
Art. 41 Abs. 1 S. 2 ergibt („kann das Gericht […] die Entscheidung für vollstreckbar erklären"), handelt es sich hierbei um eine Ermessensentscheidung.
Ausschlaggebend für die Ermessensausübung des Gerichts müssen hier die Kindesinteressen sowie die voraussichtlichen Erfolgsaussichten des Rechtsbehelfs
sein.[2]

II. Unanfechtbarkeit der Anerkennung

Die aufgrund Gesetzes eintretende Anerkennung kann weder im Ursprungs- **5**
noch im Vollstreckungs(mitglied)staat angefochten werden. Insbesondere sind die
Anerkennungsversagungsgründe der Art. 23 ff. ausgeschlossen.[3]

Allerdings ist zu berücksichtigen, dass gemäß Art. 47 Abs. 2 eine Entscheidung,
für die eine Bescheinigung gem. Art. 41 bzw. 42 ausgestellt wurde, nicht vollstreckt werden darf, wenn sie mit einer später ergangenen vollstreckbaren Entscheidung unvereinbar ist. Dies verdeutlicht, dass eine abgeänderte Entscheidung
nicht nach Art. 40 ff. anerkannt und vollstreckt werden kann.[4]

III. Bescheinigung (Art. 41 Abs. 2)

1. Zuständigkeit

Gemäß Art. 41 Abs. 2 ist der „Richter" des Ursprungsmitgliedstaates für **6**
die Ausstellung der Bescheinigung zuständig. Gemäß der Legaldefinition des
Art. 2 Nr. 2 bezeichnet der Begriff des „Richters" einen Richter oder Amts-

---

[1] MüKoFamFG/*Gottwald* Art. 41 Rn. 2.
[2] Rauscher/*Rauscher* Art. 41 Rn. 14.
[3] *Hausmann* EuEheVO Art. 41 Rn. 227 mwN; Rauscher/*Rauscher* Art. 41 Rn. 6.
[4] Rauscher/*Rauscher* Art. 41 Rn. 9.

träger, dessen Zuständigkeiten denen eines Richters in Rechtssachen entsprechen, die in den Anwendungsbereich der Verordnung fallen. Insofern ist jeder Amtsträger umfasst, der in dem jeweiligen Mitgliedstaat für die Entscheidung zuständig ist.

7 In Deutschland regelt die Zuständigkeit § 48 Abs. 2 IntFamRVG. Hiernach ist für die Ausstellung der Bescheinigung in der ersten Instanz der Familienrichter zuständig, vor dem OLG und dem BGH jeweils der Vorsitzende des Senats für Familiensachen.

8 Der Formulierungsunterschied zwischen Art. 41 Abs. 2 und Art. 42 Abs. 2 („Richter des Ursprungsmitgliedstaats" in Art. 41 Abs. 2 und „Richter des Ursprungsmitgliedstaats, der die Entscheidung nach Artikel 40 Abs. 1 Buchstabe b) erlassen hat" in Art. 42 Abs. 2) wirft die Frage auf, ob zwingend der erkennende Richter die Bescheinigung ausstellt, oder ob dies auch durch nationale Ausführungsgesetze auf einen anderen Richter im Ursprungsstaat übertragen werden kann. Die Formulierung des Art. 42 Abs. 2 legt den Schluss nahe, dass im Rahmen des Art. 41 Abs. 2 die Übertragung auf einen anderen Richter – im Gegensatz zu Art. 42 Abs. 2 – möglich sein soll.[5] Es erscheint jedoch zweifelhaft, ob die unterschiedlichen Formulierungen tatsächlich bewusst gewählt wurden und eine Differenzierung sinnvoll und erforderlich ist. Vielmehr spricht ein Vergleich mit der Vollstreckungstitelverordnung, in der nunmehr bewusst die Bestätigungszuständigkeit den nationalen Ausführungsgesetzen überlassen wird,[6] dafür, dass sowohl Art. 41 Abs. 2 als auch Art. 42 Abs. 2 die Zuständigkeit des Ursprungsgerichts bestimmen und die Formulierung in Art. 42 Abs. 2 in Anbetracht der Beteiligung zweier Staaten in einem Verfahren nach Art. 11 Abs. 8 lediglich der eindeutigen Kennzeichnung des zuständigen Gerichts – und nicht einer Differenzierung zu Art. 41 Abs. 2 – dienen sollte.[7] Denn im Gegensatz zu Art. 6 der Vollstreckungstitelverordnung regeln Art. 41 Abs. 2 und Art. 42 Abs. 2 die *Bescheinigungs*zuständigkeit und nicht lediglich die Zuständigkeit zur Entgegennahme eines Antrages.

2. Form der Bescheinigung

9 Die Bescheinigung soll nach dem Formblatt nach Anhang III zu dieser Verordnung erstellt werden. Aus Art. 45 Abs. 2 folgt die Erforderlichkeit der Übersetzung der Bescheinigung in eine Amtssprache des Vollstreckungsmitgliedstaates.

Im Übrigen ist das Formblatt in der Sprache der Entscheidung abzufassen, Art. 41 Abs. 2 S. 2.

3. Voraussetzungen der Bescheinigung

10 Art. 41 Abs. 2 statuiert die Voraussetzungen für die Erteilung der Bescheinigung. Der nach der jeweiligen lex fori zuständige Richter hat mithin die in Abs. 2 a) – c) aufgeführten Kriterien zu prüfen. Die Prüfung dieser Kriterien obliegt ausschließlich dem Gericht des Ursprungsmitgliedstaates.[8]

---

[5] In diesem Sinne: *Hausmann* EuEheVO Art. 41 Rn. 224.

[6] Vgl. zur Diskussion bzgl. des Parallelproblems im Rahmen der Vollstreckungstitelverordnung ausführlich Rauscher/*Rauscher* Art. 41 Rn. 17 mwN.

[7] So Rauscher/*Rauscher* Art. 41 Rn. 17.

[8] EuGH 22.12.2010 – C-491/10, Slg 2010, I-14247 = FamRZ 2011, 355 Rn. 52 ff.

a) Zustellung im Versäumnisverfahren. Anders als noch im Rahmen des **11** ursprünglichen Kommissionsvorschlages vorgesehen,[9] kann die Bescheinigung auch für Versäumnisentscheidungen erteilt werden. Gemäß Art. 41 Abs. 2 a) wird die Bescheinigung in diesem Fall jedoch nur dann erteilt, wenn das verfahrenseinleitende – oder ein gleichwertiges – Schriftstück der säumigen Partei rechtzeitig und in einer die Verteidigung ermöglichenden Weise zugestellt wurde oder aber festgestellt wurde, dass diese Partei mit der Entscheidung eindeutig einverstanden ist. Art. 41 Abs. 2 a) stimmt von seinem Wortlaut her fast mit Art. 23 lit. c) überein und ist insofern in gleicher Weise auszulegen.

b) Anhörung der Parteien. Gemäß Art. 41 Abs. 2 b) prüft der Richter vor **12** Erteilung der Bescheinigung weiterhin, ob alle betroffenen Parteien Gelegenheit hatten, gehört zu werden. Welche Personen dies sind – wobei der Begriff der Partei als „Beteiligte" auszulegen ist – und wie die Anhörung auszugestalten ist, richtet sich nach dem nationalen Recht des Ursprungsmitgliedstaates.[10] Infolgedessen kann es in bestimmten Konstellationen – wie etwa gleichgeschlechtlicher Lebens- oder Ehepartner – zu Divergenzen zwischen dem Ursprungs- und dem Vollstreckungsstaat kommen, da Mitgliedstaaten das Sorgerecht in diesen Fällen nicht zwingend gleich beurteilen.[11]

c) Anhörung des Kindes. Des Weiteren ist es Voraussetzung für die Erteilung **13** der Bescheinigung, dass das Kind die Möglichkeit hatte, gehört zu werden, sofern eine Anhörung nicht aufgrund seines Alters oder Reifegrades unangebracht erscheint. Insoweit entspricht die Regelung Art. 13 Abs. 2 HKÜ.

Zu berücksichtigen ist, dass es nach der Rechtsprechung des EuGH ausreichend **14** ist, dass dem Kind eine „tatsächliche und wirksame" Möglichkeit gegeben wurde, sich zu äußern.[12] Lediglich diese Möglichkeit – nicht jedoch zwingend die tatsächlich durchgeführte Kindesanhörung – ist erforderlich (vgl. hierzu ausführlich die Kommentierung zu → Art. 42 Rn. 11).

4. Grenzüberschreitender Bezug

Gemäß Art. 41 Abs. 3 wird die Bescheinigung in Fällen, in denen ein grenz- **15** überschreitender Bezug bereits bei Verkündung der Entscheidung besteht, von Amts wegen ausgestellt, sobald die Entscheidung vollstreckbar oder vorläufig vollstreckbar wird. Tritt der grenzüberschreitende Bezug erst später auf, so wird die Bescheinigung auf Antrag einer der Parteien ausgestellt. Wann ein grenzüberschreitender Bezug anzunehmen ist, definiert die Verordnung nicht. Dies ist jedenfalls dann zu bejahen, wenn Kind und Umgangsberechtigter ihren Wohnsitz in unterschiedlichen Mitgliedstaaten haben. Ein rein potentieller grenzüberschreitender Bezug (wie etwa bei einem unter Umständen geplanten Umzug) kann jedoch nicht als ausreichend erachtet werden, um zu einer Ausstellung der Bescheinigung von Amts wegen zu führen.[13] Dies folgt bereits aus der Systematik der Vorschrift: Denn gemäß Abs. 3 S. 2 ist die Erteilung der Bescheinigung auch

---

[9] Vgl. Rauscher/*Rauscher* Art. 41 Rn. 25.

[10] MüKoFamFG/*Gottwald* Art. 41 Rn. 6; *Hausmann* EuEheVO Art. 41 Rn. 220; Rauscher/*Rauscher* Art. 41 Rn. 26.

[11] Vgl. Rauscher/*Rauscher* Art. 41 Rn. 26.

[12] EuGH 22.12.2010 – C-491/10 PPU, Slg 2010, I-14247 = FamRZ 2011, 355, Rn. 60 ff.

[13] So auch *Hausmann* EuEheVO Art. 42 Rn. 225 mwN.

bei einem sich später ergebenden grenzüberschreitenden Bezug möglich – dann jedoch auf Antrag einer der Parteien.

Des Weiteren ist zu berücksichtigen, dass die erleichterte Vollstreckbarkeit letztlich auf dem Grundsatz des gegenseitigen Vertrauens unter den Mitgliedstaaten beruht – insofern ist ein grenzüberschreitender Bezug zu einem anderen Mitgliedstaat erforderlich; der Bezug zu einem Drittstaat kann nicht als ausreichend erachtet werden.[14]

IV. Rechtsfolgen

16   Die Erteilung der Bescheinigung führt zu einer automatischen Anerkennung. Diese ex lege eintretende Anerkennung kann weder im Ursprungs- noch im Vollstreckungsstaat angefochten werden.[15]

17   Die Durchführung der Vollstreckung richtet sich nach der lex fori des Vollstreckungsmitgliedstaates. Insofern bestimmt die lex fori auch über die (Un-)Zulässigkeit von Vollstreckungsmaßnahmen, zB von vollstreckungsrechtlicher Gewalt gegen das Kind.[16]

18   In Deutschland bestimmt sich die Zuständigkeit des Familiengerichts nach §§ 10 ff. IntFamRVG. So enthält § 10 IntFamRVG die grundsätzliche Zuständigkeitsregelung bzgl. des Vollstreckungsverfahrens nach den Art. 41, 42. Hiernach ist für die Vollstreckung nach den Art. 41, 42 das Familiengericht zuständig, in dessen Zuständigkeitsbereich zum Zeitpunkt der Antragstellung die Person, gegen die sich der Antrag richtet, oder das Kind, auf das sich die Entscheidung bezieht, sich gewöhnlich aufhält (Nr. 1), oder bei Fehlen einer Zuständigkeit nach Nr. 1 das Interesse an der Feststellung hervortritt oder das Bedürfnis der Fürsorge besteht (Nr. 2) oder sonst das im Bezirk des Kammergerichts zur Entscheidung berufene Gericht (Nr. 3).

Art. 42 Rückgabe des Kindes

(1) **Eine in einem Mitgliedstaat ergangene vollstreckbare Entscheidung über die Rückgabe des Kindes im Sinne des Artikels 40 Absatz 1 Buchstabe b), für die eine Bescheinigung nach Absatz 2 im Ursprungsmitgliedstaat ausgestellt wurde, wird in einem anderen Mitgliedstaat anerkannt und kann dort vollstreckt werden, ohne dass es einer Vollstreckbarerklärung bedarf und ohne dass die Anerkennung angefochten werden kann. Auch wenn das nationale Recht nicht vorsieht, dass eine in Artikel 11 Absatz 8 genannte Entscheidung über die Rückgabe des Kindes ungeachtet der Einlegung eines Rechtsbehelfs von Rechts wegen vollstreckbar ist, kann das Gericht des Ursprungsmitgliedstaats die Entscheidung für vollstreckbar erklären.**

(2) **Der Richter des Ursprungsmitgliedstaats, der die Entscheidung nach Artikel 40 Absatz 1 Buchstabe b) erlassen hat, stellt die Bescheinigung nach Absatz 1 nur aus, wenn**

---

[14] So auch *Hausmann* EuEheVO Art. 42 Rn. 225; idS auch NK-BGB/*Benicke* Art. 42 Rn. 17. AA MüKoFamFG/*Gottwald* Art. 41 Rn. 10.

[15] Rauscher/*Rauscher* Art. 41 Rn. 4, 6.

[16] Staudinger/*Pirrung* Vorbem. zu Art. 19 EGBGB Rn. C 164; Rauscher/*Rauscher* Art. 40 Rn. 9.

a) das Kind die Möglichkeit hatte, gehört zu werden, sofern eine Anhörung nicht aufgrund seines Alters oder seines Reifegrads unangebracht erschien,

b) die Parteien die Gelegenheit hatten, gehört zu werden, und

c) das Gericht beim Erlass seiner Entscheidung die Gründe und Beweismittel berücksichtigt hat, die der nach Artikel 13 des Haager Übereinkommens von 1980 ergangenen Entscheidung zugrunde liegen.

Ergreift das Gericht oder eine andere Behörde Maßnahmen, um den Schutz des Kindes nach seiner Rückkehr in den Staat des gewöhnlichen Aufenthalts sicherzustellen, so sind diese Maßnahmen in der Bescheinigung anzugeben.

Der Richter des Ursprungsmitgliedstaats stellt die Bescheinigung von Amts wegen unter Verwendung des Formblatts in Anhang IV (Bescheinigung über die Rückgabe des Kindes) aus.

Das Formblatt wird in der Sprache ausgefüllt, in der die Entscheidung abgefasst ist.

I. Grundsatz der unmittelbaren Vollstreckbarkeit

Die Regelung zur Vollstreckbarkeit von Rückgabeentscheidungen entspricht **1** weitgehend der in Art. 41 getroffenen Regelung zu Umgangsentscheidungen. Im Folgenden sollen daher lediglich die von der Regelung des Art. 41 abweichenden Besonderheiten dargestellt werden; im Übrigen wird auf die Ausführungen zu Art. 41 Bezug genommen.

Art. 42 Abs. 1 verdeutlicht – unter Berücksichtigung der Erwägungsgründe **2** 17 und 24 – den Beschleunigungsgrundsatz: So ist eine Entscheidung, mit der das nach der Verordnung zuständige Gericht die Rückgabe des Kindes anordnet, in einem anderen Mitgliedstaat – sofern sie vollstreckbar ist und eine Bescheinigung nach Art. 42 ausgestellt wurde – anzuerkennen und ist automatisch vollstreckbar, ohne dass die Möglichkeit besteht, sich der Anerkennung entgegenzustellen.[1] Dem Gericht des Vollstreckungsmitgliedstaates ist es mithin versagt, die in Art. 42 vorgesehenen Voraussetzungen für die Ausstellung der Bescheinigung zu überprüfen.[2] Hintergrund dieser Regelung ist, dass eine Befugnis des Vollstreckungsmitgliedstaates zur Überprüfung der Voraussetzungen der Bescheinigung letztlich die praktische Wirksamkeit des durch die Verordnung geschaffenen Systems in Frage stellen würde.[3] Insofern wird hier die in der Verordnung verankerte Zuständigkeitsverteilung verdeutlicht: Sämtliche Fragen, die die Rechtmäßigkeit der die Rückgabe anordnenden Entscheidung betreffen, dürfen nur vor den Gerichten des Ursprungsmitgliedstaates geltend gemacht werden.[4]

Letztlich liegt dem System der Gedanke des gegenseitigen Vertrauens zwischen den Mitgliedstaaten zugrunde. Hiernach wird davon ausgegangen, dass innerhalb der EU ein wirksamer Schutz der Grundrechte gewährleistet ist.[5]

---

[1] EuGH 22.12.2010 – C-491/10 PPU, Slg 2010, I-14247 = FamRZ 2011, 355 Rn. 48.

[2] EuGH 22.12.2010 – C-491/10 PPU, Slg 2010, I-14247 = FamRZ 2011, 355 Rn. 54.

[3] EuGH 22.12.2010 – C-491/10 PPU, Slg 2010, I-14247 = FamRZ 2011, 355 Rn. 55.

[4] EuGH 1.7.2010 – C-211/10 PPU, Slg 2010, I-6673 = FamRZ 2010, 1229 ff. Rn. 74; EuGH 22.12.2010 – C-491/10, Slg 2010, I-14247 = FamRZ 2011, 355, Rn. 51.

[5] EuGH 22.12.2010 – C 491/10 PPU, Slg 2010, I-14247 = FamRZ 2011, 355 Rn. 59 ff., 70; *Hausmann* EuEheVO Art. 42 Rn. 232.

II. Vollstreckbare Rückgabeentscheidungen

1. Rückgabeentscheidung iSd Art. 40 Abs. 1b)

3 Art. 42 betrifft nach seinem Abs. 1 lediglich Entscheidungen über die Rückgabe des Kindes iSd Art. 40 Abs. 1 b) – und damit die Rückgabe eines Kindes infolge einer die Rückgabe anordnenden Entscheidung gemäß Artikel 11 Absatz 8[6] und stellt Mindestanforderungen für die Ausstellung der Bescheinigung auf.[7]

4 Voraussetzung für die Ausstellung einer Bescheinigung nach Art. 42 ist, dass zuvor eine die Rückgabe ablehnende Entscheidung ergangen ist.[8] Erforderlich ist jedoch nicht das Fortbestehen dieser Entscheidung: So steht es der Ausstellung einer Bescheinigung nach Art. 42 nicht entgegen, wenn die Entscheidung ausgesetzt, abgeändert, aufgehoben oder jedenfalls nicht rechtskräftig geworden ist.[9] Insofern ist die Ausschöpfung des Rechtsweges im Zufluchtsstaat keine Voraussetzung für die erleichterte Vollstreckbarkeit nach Art. 42.[10]

5 Von Bedeutung ist jedoch die Reihenfolge der Entscheidungen: So findet Art. 42 lediglich dann Anwendung, wenn zunächst eine die Rückgabe verweigernde Entscheidung des neuen Aufenthaltsstaates nach Art. 13 HKU und sodann eine Entscheidung des vormaligen Aufenthaltsstaates ergangen ist.[11] Dies folgt nach dem EuGH sowohl aus dem Wortlaut des Art. 11 Abs. 8 sowie dem 17. Erwägungsgrund der Verordnung.[12] Insofern trifft die Brüssel IIa-Verordnung hiermit eine Regelung für den Fall, dass im neuen Aufenthaltsstaat ein Antrag auf Rückgabe des Kindes gestellt, jedoch gem. Art. 13 HKÜ wegen einer schweren Kindeswohlgefährdung abgelehnt wurde, in einer nachfolgenden Entscheidung des vormaligen Aufenthaltsstaates nun aber die Rückgabe angeordnet wird. Hieraus folgt mithin, dass in Fällen, in denen zunächst eine die Rückgabe anordnende Entscheidung des Ursprungsstaates und erst nachfolgend eine Entscheidung des neuen Aufenthaltsstaates nach Art. 13 HKÜ ergeht, die allgemeinen Regeln (Art. 23, 28 ff.) Anwendung finden und eine Bescheinigung nach Art. 42 mithin nicht ausgestellt werden kann.

6 Die Rückführungsentscheidung des Hauptsachegerichts wird nach den Art. 40, 42 ohne erneutes Anerkennungsverfahren im Vollstreckungsstaat vollstreckt – insofern sind Entscheidungen nach Art. 11 Abs. 8 im Zufluchtsstaat automatisch vollstreckbar, eine Prüfung findet nicht statt, vielmehr stellen die Gerichte des Zufluchtsmitgliedstaates lediglich die Vollstreckbarkeit fest.[13] Die Rückgabeent-

---

[6] Insofern scheidet eine analoge Anwendung der Vorschrift auf andere Entscheidungen bzgl. der Herausgabe von Kindern aus (OLG Celle FamRZ 2007, 1587 Rn. 39).

[7] EuGH 22.12.2010 – C-491/10, Slg 2010, I-14247 = FamRZ 2011, 355 Rn. 53.

[8] Die erleichterte Vollstreckung setzt mithin voraus, dass zuerst die Rückführung des Kindes im neuen Aufenthaltsstaat beantragt wird. Erst nach Ablehnung dieses Antrags kann der Rückführungsantrag im früheren Aufenthaltsstaat des Kindes gestellt werden (EuGH 11.7.2008 – C-195/08 PPU, Slg 2008, I-5271 = NJW 2008, 2973 Rn. 69 ff.; *Hausmann* EuEheVO Art. 42 Rn. 229).

[9] EuGH 11.7.2008 – C-195/08 PPU, Slg 2008, I-5271 = NJW 2008, 2973 Rn. 89.

[10] *Hausmann* EuEheVO Art. 42 Rn. 230; *Schulz* FamRZ 2008, 1733.

[11] Vgl. hierzu *Gruber* IPRax 2009, 413 (415).

[12] EuGH 11.7.2008 – C-195/08, Slg 2008, I-5271 = NJW 2008, 2973 Rn. 70 ff.

[13] EuGH 22.12.2010 – C 491/10 PPU, Slg 2010, I-14247 Rn. 48 = FamRZ 2011, 355 und hierzu *Dutta/Schulz* ZEuP 2012, 552. Nachgehend: EGMR 18.6.2013 – 3890/11 – FamRZ 2013, 1793.

scheidung des ursprünglichen Aufenthaltsstaates wird mithin anerkannt und vollstreckt, ohne dass die Anerkennung angefochten werden kann und ohne dass es einer Vollstreckbarerklärung bedarf.[14] Die Vollstreckung kann insofern auch nicht wegen eines Grundrechtsverstoßes (beispielsweise nicht erfolgte Anhörung des Kindes) oder etwa falschen Angaben in der Bescheinigung nach Art. 42 verweigert werden.

Das Gericht, das zunächst die Rückgabe des Kindes nach HKÜ (wegen Kindeswohlgefährdung) abgelehnt hatte, muss sodann die Rückgabeentscheidung des Ursprungsmitgliedstaates vollstrecken.[15] Art. 11 Abs. 8 führt insofern im Ergebnis dazu, dass dem Hauptsachegericht eine Letztentscheidungsbefugnis zukommt.[16] Hierdurch wird der Grundsatz verdeutlicht, nach dem die letztverbindliche Entscheidung über die Rückführung des Kindes bei den Gerichten des ursprünglichen Aufenthaltsstaates liegen soll. Insofern können die Gründe, die im nunmehrigen Aufenthaltsstaat zur Ablehnung der Rückgabe des Kindes nach Art. 13 HKÜ geführt haben, einer Vollstreckung der Entscheidung im ursprünglichen Aufenthaltsstaat nicht entgegengehalten werden. Dies gilt insbesondere für einen (angeblichen) Verstoß gegen den ordre public.[17]

Daher kommt einer Entscheidung nach Art. 13 HKÜ nur noch beschränkte praktische Wirkung zu – die Rückgabeverweigerung ist letztlich insofern nur vorläufiger Natur, als die Letztentscheidungsbefugnis bei den Gerichten des ursprünglichen Aufenthaltsstaates liegt.

2. Vollstreckbarkeit

Voraussetzung ist gemäß Art. 42 Abs. 1 die Vollstreckbarkeit der Entscheidung, **7** dh die nach Art. 11 Abs. 8 getroffene Entscheidung muss im Ursprungsstaat vollstreckbar sein. Ist dies – etwa in Folge der Einlegung eines Rechtsmittels – (noch) nicht der Fall und sieht das nationale Recht des Ursprungsstaates keine Möglichkeit vor, die Entscheidung für vorläufig vollstreckbar zu erklären, so ist es gemäß Art. 42 Abs. 1 S. 2 möglich, dass das Gericht des Ursprungsmitgliedstaates die vorläufige Vollstreckbarkeit anordnet. Diese Möglichkeit – die vorläufige Vollstreckbarkeit trotz der Einlegung eines Rechtsmittels und ggf. nicht vorhandener vorläufiger Vollstreckbarkeit im Ursprungsstaat – stellt insofern eine unter Umständen einschneidende Regelung dar, als die Anordnung der vorläufigen Vollstreckbarkeit und die sich sodann anschließende Vollstreckung der Rückführungsentscheidung einen erheblichen Einfluss auf die Lebensumstände des Kindes haben können.[18] Bedeutung erlangt die Regelung des Art. 42 Abs. 1 S. 2 auch dann, wenn deutsche Gerichte die Rückführung eines Kindes nach Art. 11 Abs. 8 anordnen: Denn die nach § 40 IntFamRVG mit der Beschwerde anfechtbare Rückgabeentscheidung ist nicht vorläufig vollstreckbar und kann nach deutschem nationalen Recht auch nicht von dem erstinstanzlich zuständigen Gericht für vorläufig vollstreckbar erklärt werden. Diese Befugnis steht nach § 40 Abs. 3 IntFamRVG lediglich dem Beschwerdegericht zu.[19]

---

[14] Vgl. hierzu *Gruber* IPRax 2009, 413.

[15] EuGH 11.7.2008 – C-195/08, Slg 2008, I-5271 = NJW 2008, 2973; vgl. hierzu auch *Rieck* NJW 2008, 2958 (2960).

[16] Vgl. *Hess* Europäisches Zivilprozessrecht, S. 424.

[17] Vgl. MüKoFamFG/*Gottwald* Art. 42 Rn. 12; *Gruber* IPRax 2009, 413 (414).

[18] So auch NK-BGB/*Benicke* Art. 42 Rn. 3; *Hausmann* EuEheVO Art. 42 Rn. 233.

[19] Vgl. hierzu auch *Hausmann* EuEheVO Art. 42 Rn. 234.

III. Voraussetzungen der Erteilung einer Bescheinigung (Art. 42 Abs. 2)

1. Zuständigkeit

8   Ausweislich Art. 42 Abs. 2 stellt der Richter, der die Entscheidung nach Art. 40 Abs. 1 b) erlassen hat, die Bescheinigung unter den in Abs. 2 a–c aufgeführten Voraussetzungen aus. Vgl. zu der Streitfrage, ob zwingend der erkennende Richter die Bescheinigung auszustellen hat, die Kommentierung zu Art. 41 (→ Art. 41 Rn. 8).

Nach deutschem Recht (§ 48 Abs. 2 IntFamRVG) ist in der ersten Instanz das Familiengericht, in der Beschwerdeinstanz das OLG und in der Rechtsbeschwerdeinstanz der BGH zuständig, wobei das Formular von dem jeweiligen Vorsitzenden ausgefüllt wird.

2. Verfahren

9   Die Bescheinigung ist unter Verwendung des Formblattes IV auszustellen, wobei das Formblatt in der Sprache ausgefüllt wird, in der auch die Entscheidung abgefasst ist (Art. 42 Abs. 2).

3. Voraussetzungen für die Erteilung der Bescheinigung

10   Die Voraussetzungen für die Erteilung der Bescheinigung ergeben sich aus Art. 42 Abs. 2 a)–c). Ob diese Voraussetzungen vorgelegen haben, prüft lediglich das zuständige Gericht des früheren Aufenthaltsstaates des Kindes; die Gerichte des Vollstreckungsstaates sind hierzu nicht befugt.[20]

Weitgehend entsprechen die Voraussetzungen denen des Art. 41 – mit einer Abweichung bzgl. der Anhörung: Während gem. Art. 41 Abs. 2 b) alle „betroffenen Parteien" Gelegenheit erhalten müssen, Stellung zu nehmen, ist dies gem. Art. 42 Abs. 2 b) lediglich bezüglich der „Parteien" der Fall. Grundsätzlich sind hiermit der fordernde und der entführende Elternteil gemeint.[21]

11   **a) Möglichkeit des Kindes, gehört zu werden.** Voraussetzung für die Erteilung der Bescheinigung ist nach Abs. 2 a) zunächst, dass das Kind die Möglichkeit hatte, gehört zu werden, sofern eine Anhörung nicht aufgrund seines Alters oder seines Reifegrads unangebracht erscheint. Art. 42 Abs. 2 statuiert insofern – ebenso wie Art. 41 Abs. 2 – durch das Erfordernis der Anhörung des Kindes (sowie der Parteien) einen gewissen Mindeststandard. Nach der Rechtsprechung des EuGH ist in der Bescheinigung nach Art. 42 allerdings lediglich zu bestätigen, dass dem Kind eine „tatsächliche und wirksame" Möglichkeit gegeben wurde, sich zu äußern. Hiernach muss nur diese Möglichkeit – nicht jedoch die tatsächlich durchgeführte Kindesanhörung – in der Bescheinigung bestätigt werden.[22] Hierzu rekurriert der EuGH auf Art. 24 der Charta der Grundrechte, der sich nicht auf die Anhörung des Kindes als solche beziehe, sondern lediglich auf die Möglichkeit des Kindes, gehört zu werden.[23] Der EuGH stellt insofern klar, dass es dem

---

[20] EuGH 22.12.2010 – C 491/10 PPU, Slg 2010, I-14247 = FamRZ 2011, 355 Rn. 52 ff.; *Hausmann* EuEheVO Art. 42 Rn. 235 mwN.

[21] Rauscher/*Rauscher* Art. 42 Rn. 14.

[22] EuGH 22.12.2010 – C 491/10 PPU, Slg 2010, I-14247 = FamRZ 2011, 355 Rn. 60 ff.

[23] EuGH 22.12.2010 – C 491/10 PPU, Slg 2010, I-14247 = FamRZ 2011, 355 Rn. 62.

Gericht, das über die Rückgabe des Kindes zu entscheiden hat, obliegt, die Zweckmäßigkeit einer solchen Anhörung zu beurteilen und diese keine absolute Verpflichtung darstellt, sondern die Erforderlichkeit einer Anhörung in jedem Einzelfall vor dem Hintergrund des Kindeswohls zu beurteilen ist.[24] Insofern geht der EuGH von einem gewissen Ermessensspielraum aus. Dieser Ermessensspielraum steht jedoch allein dem Gericht des Ursprungsmitgliedstaates zu. Anders als im Vollstreckbarerklärungsverfahren nach den Art. 28 ff., im Rahmen dessen das Gericht des Anerkennungsmitgliedstaates prüfen kann, ob die nach Art. 23 lit. b) erforderliche Anhörung auch tatsächlich erfolgt ist, ist diese Möglichkeit im Rahmen des Art. 42 nicht vorgesehen.[25] Insofern kann – sofern das Gericht im Ursprungsmitgliedstaat die Bescheinigung nach Art. 42 Abs. 2 ausgestellt hat – im Vollstreckungsmitgliedstaat nicht geltend gemacht werden, das Kind sei nicht (ausreichend) gehört worden.[26] Dies erscheint im Hinblick auf die Verfahrensgrundrechte des Kindes nicht unproblematisch.[27]

Wenn sich das Gericht dazu entschließt, das Kind anzuhören, so ist es nach Art. 42 Abs. 2 dazu verpflichtet, nach Maßgabe des Kindeswohls und unter Berücksichtigung der Umstände des Einzelfalls die geeigneten Maßnahmen im Hinblick auf die Anhörung zu treffen, um sicherzustellen, dass die praktische Wirksamkeit der Art. 24 Grundrechte-Charta und Art. 42 der Verordnung gewahrt wird und dem Kind eine wirksame Möglichkeit gewährt wird, sich zu äußern.[28]

Insofern kann nach der Rechtsprechung des EuGH nicht zwingend davon ausgegangen werden, dass eine Bescheinigung nach der Verordnung lediglich dann ausgestellt werden kann, wenn das Kind tatsächlich gehört wurde, sondern vielmehr auch (aber auch erst) dann, wenn das Gericht des Ursprungsmitgliedstaates geprüft hat, dass unter Berücksichtigung aller Umstände des Einzelfalles und des Kindeswohls die Entscheidung, die der Bescheinigung zugrunde liegt, unter Beachtung des Rechts des Kindes, sich zu äußern, erlassen worden ist und das Kind eine echte und wirksame Möglichkeit hatte, sich zu äußern.[29]

b) Möglichkeit der Parteien, gehört zu werden. Neben dem Kind müssen **12** auch die Parteien des Rückgabeverfahrens jedenfalls die Möglichkeit gehabt haben, gehört zu werden. Ob der Antragsgegner von dieser Möglichkeit tatsächlich Gebrauch gemacht hat, ist hingegen unerheblich.

c) Berücksichtigung der Ablehnungsgründe nach Art. 13 HKÜ. Zu **13** berücksichtigen ist weiterhin, dass eine Bescheinigung nach Art. 42 Abs. 2 c) lediglich dann erteilt wird, wenn das Gericht bei Erlass seiner Entscheidung die Gründe und Beweismittel berücksichtigt hat, die der nach Art. 13 HKÜ ergangenen Entscheidung zugrunde liegen. Ausreichend ist mithin nicht nur die Erforderung der betreffenden Beweismittel und die Zurkenntnisnahme der Gründe und Beweismittel, sondern vielmehr die erkennbare Berücksichtigung und damit Einbeziehung in die Abwägung.[30]

---

[24] EuGH 22.12.2010 – C 491/10 PPU, Slg 2010, I-14247 = FamRZ 2011, 355 Rn. 64.

[25] NK-BGB/*Benicke* Art. 42 Rn. 8; *Hausmann* EuEheVO Art. 42 Rn. 237.

[26] EuGH 22.12.2010 – C 491/10 PPU, Slg 2010, I-14247 = FamRZ 2011, 355 Rn. 54.

[27] Kritisch bzgl. der Entscheidung des EuGH in der Sache "Zarraga" ebenfalls *Mansel/Thorn/Wagner* IPRax 2012, 1 (18 f.).

[28] EuGH 22.12.2010 – C 491/10 PPU, Slg 2010, I-14247 = FamRZ 2011, 355 Rn. 68.

[29] EuGH 22.12.2010 – C 491/10 PPU, Slg 2010, I-14247 = FamRZ 2011, 355 Rn. 61–68 und hierzu *Schulz* FamRZ 2011, 355 ff.

[30] NK-BGB/*Benicke* Art. 42 Rn. 12 ff.

IV. Rechtsfolgen

14 Wird für eine Rückgabeentscheidung eine Bescheinigung nach Art. 42 Abs. 2
ausgestellt, so wird die Entscheidung in allen Mitgliedstaaten wie eine inländische
Entscheidung vollstreckt, ohne dass es einer Vollstreckbarerklärung bedarf oder
aber Anerkennungsversagungsgründe nach Art. 23 geltend gemacht werden können.[31] Die Bescheinigung an sich ist nicht anfechtbar.

15 Zu berücksichtigen ist jedoch, dass die Vollstreckung der lex fori unterliegt.
Insbesondere im Rahmen des Art. 42 – und damit in Situationen nach einer
Kindesentführung – kann der vollstreckungsrechtliche ordre public insofern eine
nicht unerhebliche Rolle spielen, als eine unmittelbare Gewaltanwendung im
Raum stehen kann.[32]

Art. 43 Klage auf Berichtigung

(1) **Für Berichtigungen der Bescheinigung ist das Recht des Ursprungsmitgliedstaats maßgebend.**

(2) **Gegen die Ausstellung einer Bescheinigung gemäß Artikel 41
Absatz 1 oder Artikel 42 Absatz 1 sind keine Rechtsbehelfe möglich.**

I. Berichtigung der Bescheinigung, Abs. 1

1. Anwendungsbereich

1 Nach dem 24. Erwägungsgrund ist eine Berichtigung lediglich bei materiellen
Fehlern möglich, dh dann, wenn in der Bescheinigung der Inhalt der Entscheidung nicht korrekt wiedergegeben ist.[1] Insofern bezieht sich Art. 43 insbesondere
auf Schreib- und Rechenfehler sowie offensichtliche Unrichtigkeiten.[2] Kein Fall
der zulässigen Berichtigung liegt hingegen dann vor, wenn vorgebracht wird, die
Voraussetzungen für die Erteilung der Bescheinigung nach Art. 41, 42 hätten
nicht vorgelegen. Denn hierbei würde es sich um einen nach Art. 43 Abs. 2
unzulässigen Rechtsbehelf gegen die Bescheinigung handeln.

2. Berichtigungsverfahren

2 **a) Anwendbares Recht.** Gemäß Abs. 1 der Vorschrift findet für Berichtigungen der Bescheinigung das Recht des Ursprungsmitgliedstaates Anwendung.
Daher bestimmt die lex fori zum einen, ob überhaupt ein Berichtigungsverfahren
zulässig ist und zum anderen, wer innerhalb welcher Frist und ggf. in welcher
Form zur Antragstellung berechtigt ist. Zu berücksichtigen ist, dass – vor dem
Hintergrund der in Abs. 2 getroffenen Regelung – eine Berichtigung nicht mit
einem Rechtsbehelf verknüpft sein darf.[3] Denn andernfalls wäre eine rasche Vollstreckung der Entscheidung nicht mehr gewährleistet.[4]

---

[31] MüKoFamFG/*Gottwald* Art. 42 Rn. 10.
[32] Rauscher/*Rauscher* Art. 42 Rn. 4 f.
[1] EuGH 1.7.2010 – C-211/10 PPU, Slg 2010, I-6673 = FamRZ 2010, 1229 ff. Rn. 71.
[2] NK-BGB/*Benicke*, Art. 43 Rn. 3; *Hausmann* EuEheVO Art. 43 Rn. 243.
[3] EuGH 22.12.2010 – C 491/10 PPU, Slg 2010, I-14247 = FamRZ 2011, 355 Rn. 50.
[4] *Hausmann* EuEheVO Art. 43 Rn. 243.

Im deutschen Recht verweist § 49 IntFamRVG auf § 319 ZPO. Hiernach **3**
ist ein Antrag auf Berichtigung der Bescheinigung nicht zwingend erforderlich,
vielmehr kann eine offensichtliche Unrichtigkeit auch von Amts wegen berichtigt
werden.[5]

b) Zuständigkeit. Zuständig für die Berichtigung sind lediglich die Gerichte **4**
des Ursprungsmitgliedstaates – nicht hingegen die Gerichte des Vollstreckungsmitgliedstaates.[6]

II. Unanfechtbarkeit der Bescheinigung, Abs. 2

Art. 43 Abs. 2 statuiert den Grundsatz, dass gegen die Ausstellung einer **5**
Bescheinigung gemäß Art. 41 Abs. 1 und Art. 42 Abs. 1 – außer der Klage auf
Berichtigung nach Art. 43 – keine Rechtsbehelfe möglich sind.[7] Insofern kann
der Vollstreckungsadressat nicht gegen die Bescheinigung an sich, sondern ledig-
lich gegen die der Bescheinigung zugrunde liegende Entscheidung vorgehen. Sinn
und Zweck dieser Regelung ist letztlich – wie auch im Rahmen des Art. 10
Abs. 4 EG-VollstrTitelVO –, eine Torpedierung der durch die Abschaffung des
Vollstreckbarkeitserklärungsverfahrens bezweckten Vollstreckungsbeschleunigung
durch die Ermöglichung von Rechtsbehelfen gegen die Bescheinigung (neben
Rechtsbehelfen gegen die zugrunde liegende Entscheidung) zu verhindern.[8]
Insofern kann von den Beteiligten weder überprüft werden, ob das Gericht
des Ursprungsstaates zu Recht vom Vorliegen der Voraussetzungen nach Art. 41
Abs. 2 bzw. Art. 42 Abs. 2 ausgegangen ist, noch ob das Gericht im Rahmen
seiner Entscheidung über die vorläufige Vollstreckbarkeit nach Art. 41 Abs. 1 S. 2
bzw. Art. 42 Abs. 1 S. 2 ermessensfehlerfrei gehandelt hat.[9]
Dem Vollstreckungsgegner steht es allerdings offen, gegen die Entscheidung **6**
selbst die im Ursprungsstaat vorgesehenen Rechtsbehelfe einzulegen.[10] Denn der
Ausschluss von Rechtsbehelfen betrifft lediglich die Ausstellung der Bescheinigung (vgl. Wortlaut Art. 43 Abs. 2), nicht hingegen die der Bescheinigung
zugrunde liegende Entscheidung. Diese kann nach den im Ursprungsmitgliedstaat
zulässigen Rechtsbehelfen (in Deutschland mit der Beschwerde/Rechtsbe-
schwerde) angefochten werden. Hierin zeigt sich wiederum die klare Zuständigkeitsverteilung zwischen den Gerichten des Ursprungsmitgliedstaates und den
Gerichten des Vollstreckungsmitgliedstaates, die eine rasche Rückgabe des Kindes
bezweckt. Hiernach müssen Fragen, die die Rechtmäßigkeit der Rückgabe an
sich betreffen, vor den Gerichten des Ursprungsmitgliedstaates geltend gemacht
werden.[11] Wird die Entscheidung im Rechtsmittelverfahren aufgehoben, so verliert auch die für diese Entscheidung ausgestellte Bescheinigung ihre Wirkung.[12]

---

[5] Vgl. Thomas/Putzo/*Hüßtege* Art. 41 Rn. 3.

[6] *Hausmann* EuEheVO Art. 43 Rn. 243.

[7] EuGH 11.7.2008 – C-195/08 PPU, Slg 2008, I-5271 = NJW 2008, 2973 ff. Rn. 85;
EuGH 22.12.2010 – C 491/10 PPU, Slg 2010, I-14247 = FamRZ 2011, 355 Rn. 50.

[8] Vgl. auch *Hausmann* EuEheVO Art. 43 Rn. 245.

[9] *Hausmann* EuEheVO Art. 43 Rn. 245.

[10] NK-BGB/*Benicke* Art. 43 Rn. 6.

[11] EuGH 22.12.2010 – C 491/10 PPU, Slg 2010, I-14247 = FamRZ 2011, 355 Rn. 51;
EuGH 1.7.2010 C-211/10 PPU, Slg 2010, I-6673 = FamRZ 2010, 1229 ff. Rn. 74.

[12] *Hausmann* EuEheVO Art. 43 Rn. 246; Staudinger/*Pirrung* Vorbem. zu Art. 19 EGBGB
Rn. C 170.

7   Zu berücksichtigen ist, dass sich Abs. 2 lediglich auf die „Ausstellung" der Bescheinigung bezieht und keine Regelung für den Fall der Ablehnung der Ausstellung der Bescheinigung trifft. Insofern ist eine Parallele zu der Regelung im Rahmen der Vollstreckungstitelverordnung zu ziehen: Die ratio beider Verordnungen – die Beschleunigung der Vollstreckung – steht einem Rechtsmittel nicht entgegen. Denn solange noch kein vollstreckbarer Titel vorliegt, besteht auch kein Beschleunigungsbedarf.[13]

8   Weiterhin ist zu berücksichtigen, dass Rechtsbehelfe lediglich gegen eine wirksame Bescheinigung ausgeschlossen sind. Die Nichtigkeit der Bescheinigung hingegen kann sowohl im Ursprungs- als auch im Vollstreckungsmitgliedstaat geltend gemacht werden[14] – wenn auch nur nach Maßgabe des Rechts des Ursprungsmitgliedstaates.[15] Eine Nichtigkeit der Bescheinigung kommt jedoch lediglich bei einem besonders schwerwiegenden Mangel in Betracht. Ein solcher könnte etwa dann anzunehmen sein, wenn die Bescheinigung für eine Entscheidung ausgestellt wird, die gar nicht vom Anwendungsbereich des Art. 40 umfasst ist, oder aber wenn es an einer vorherigen, die Rückgabe des Kindes ablehnenden Entscheidung fehlt,[16] wobei fraglich erscheint, ob in derartigen Fällen schon von einem so schwerwiegenden Mangel ausgegangen werden kann, der tatsächlich zu Nichtigkeit führt.

9   Schließlich stellt sich die Frage, ob sich die Unanfechtbarkeit des Art. 43 Abs. 2 auch auf die Anordnung der vorläufigen Vollstreckbarkeit bezieht und damit, ob die Anordnung der vorläufigen Vollstreckbarkeit nach Art. 41 Abs. 1 S. 2 bzw. Art. 42 Abs. 1 S. 2 ebenfalls keinem Rechtsbehelf unterliegt. Problematisch erscheint dies im Hinblick auf das Gebot effektiven Rechtsschutzes: Kann die Anordnung der vorläufigen Vollstreckbarkeit nicht angefochten werden, so besteht keine Möglichkeit, den status quo bis zum Abschluss des Rechtsmittelverfahrens zu sichern. Dies spricht dafür, vorläufige Regelungen nach der lex fori des Rechtsmittelgerichts zuzulassen, auch wenn diese zu der Aussetzung der vorläufigen Vollstreckbarkeit führen.[17]

Art. 44 Wirksamkeit der Bescheinigung

Die Bescheinigung ist nur im Rahmen der Vollstreckbarkeit des Urteils wirksam.

1   Art. 44, der der in Art. 11 Vollstreckungstitelverordnung getroffenen Regelung entspricht, ist letztlich deklaratorischer Natur und bestätigt, dass der Bescheinigung lediglich die Wirkungen der Art. 41 Abs. 1 und Art. 42 Abs. 1 zukommen.

Art. 45 Urkunden

(1) Die Partei, die die Vollstreckung einer Entscheidung erwirken will, hat Folgendes vorzulegen:
a) eine Ausfertigung der Entscheidung, die die für ihre Beweiskraft erforderlichen Voraussetzungen erfüllt,

---

[13] So ebenfalls MüKoFamFG/*Gottwald* Art. 43 Rn. 5; *Hausmann* EuEheVO Art. 43 Rn. 249 mwN; Rauscher/*Rauscher* Art. 43 Rn. 4.

[14] *Hausmann* EuEheVO Art. 42 Rn. 248.

[15] EuGH 7.7.2010 – C-211/10 PPU, Slg 2010, I-6673 = FamRZ 2010, 1229 ff. Rn. 73.

[16] So *Hausmann* EuEheVO Art. 43 Rn. 248 mwN.

[17] So auch Rauscher/*Rauscher* Art. 43 Rn. 2 f. In diesem Sinne auch *Britz* JZ 2013, 105 (110).

und

b) die Bescheinigung nach Artikel 41 Absatz 1 oder Artikel 42 Absatz 1.

(2) Für die Zwecke dieses Artikels

– wird der Bescheinigung gemäß Artikel 41 Absatz 1 eine Übersetzung der Nummer 12 betreffend die Modalitäten der Ausübung des Umgangsrechts beigefügt;

– wird der Bescheinigung gemäß Artikel 42 Absatz 1 eine Übersetzung der Nummer 14 betreffend die Einzelheiten der Maßnahmen, die ergriffen wurden, um die Rückgabe des Kindes sicherzustellen, beigefügt.

Die Übersetzung erfolgt in die oder in eine der Amtssprachen des Vollstreckungsmitgliedstaats oder in eine andere von ihm ausdrücklich zugelassene Sprache. Die Übersetzung ist von einer hierzu in einem der Mitgliedstaaten befugten Person zu beglaubigen.

I. Erforderliche Urkunden, Abs. 1

Art. 45 der Verordnung trifft eine autonome Regelung, welche Urkunden zur **1** Erwirkung der Vollstreckung einer Entscheidung vorzulegen sind. Insofern stellt Art. 45 eine Ausnahme von dem in Art. 47 Abs. 1 vorgesehenen Grundsatz dar, nach dem für das Vollstreckungsverfahren das Recht des Vollstreckungsstaates maßgebend ist. Der Ausnahmecharakter des Art. 45 spricht auch dafür, die Vorschrift hinsichtlich der Frage, welche Dokumente vorzulegen sind, als abschließende Regelung anzusehen. Die Partei, die die Vollstreckung erwirken möchte, hat daher (lediglich) die in Art. 45 aufgeführten Dokumente – und keine darüber hinausgehenden – vorzulegen.[1]

Bereits aus dem Wortlaut der Vorschrift „hat Folgendes vorzulegen" folgt, dass **2** die aufgeführten Dokumente zwingend vorzulegen sind und auf ihre Vorlage nicht verzichtet werden kann. Vorzulegen sind eine Ausfertigung der Entscheidung – mithin ist die Vorlage einer Kopie oder einer Abschrift nicht ausreichend[2] – sowie die Bescheinigung nach Art. 41 Abs. 1 oder Art. 42 Abs. 1 im Original.

Dies folgt ebenso aus dem formalisierten Charakter des Verfahrens nach Art. 40 ff., im Rahmen dessen dem Vollstreckungsmitgliedstaat keine sachliche Prüfungskompetenz zukommt. Vielmehr prüfen die Behörden des Vollstreckungsmitgliedstaates die vorgelegten Urkunden lediglich auf ihre Vollständigkeit und äußere Richtigkeit.[3] Dies führt dazu, dass der Vollstreckungsantrag bei Fehlen einer erforderlichen Urkunde zurückzuweisen ist, wobei die entsprechenden Dokumente mangels bestimmter Fristen nachgereicht werden können und sodann über den Vollstreckungsantrag neu zu entscheiden ist.

II. Übersetzungen[4]

Gemäß Art. 45 Abs. 2 werden den Bescheinigungen gem. Art. 41 Abs. 1 bzw. **3** Art. 42 Abs. 1 Übersetzungen beigefügt, wobei die Übersetzung in die (bzw.

---

[1] Vgl. zu der Frage, ob es sich bei Art. 45 um eine abschließende Regelung handelt auch *Rauscher* Art. 45 Brüssel IIa-VO Rn. 2.

[2] MüKoFamFG/*Gottwald* Art. 45 Rn. 1; *Hausmann* EuEheVO Art. 45 Rn. 254 mwN.

[3] *Rauscher/Rauscher* Art. 45 Rn. 3.

[4] Näher *Hausmann* EuEheVO Art. 45 Rn. 256.

eine der) Amtssprachen des Vollstreckungsmitgliedstaates oder aber in eine andere von ihm ausdrücklich zugelassene Sprache erfolgt. Die Übersetzung ist sodann von einer in dem betreffenden Mitgliedstaat hierzu befugten Person zu beglaubigen.

4   Probleme können sich in der Praxis aus der in Art. 45 Abs. 2 vorgesehenen Teilübersetzung ergeben: Hiernach sind lediglich Übersetzungen bestimmter Teile der Bescheinigung vorgesehen. Zugrunde liegt dieser Regelung offensichtlich die Vorstellung, dass eine Übersetzung der übrigen Teile nicht erforderlich sei. Dies mag – insbesondere in Fällen, in denen im Ursprungsstaat an der Bescheinigung Ergänzungen vorgenommen wurden – zu Verständnisschwierigkeiten führen.

III. Zuständigkeit

5   In Deutschland richtet sich die Zuständigkeit für die Vollstreckung von Entscheidungen, für die eine Bescheinigung nach Art. 41 f. erteilt wurde, nach §§ 10, 12 IntFamRVG. Hiernach sind die Familiengerichte zuständig.

Abschnitt 5. Öffentliche Urkunden und Vereinbarungen

Art. 46 Öffentliche Urkunden und Vereinbarungen

Öffentliche Urkunden, die in einem Mitgliedstaat aufgenommen und vollstreckbar sind, sowie Vereinbarungen zwischen den Parteien, die in dem Ursprungsmitgliedstaat vollstreckbar sind, werden unter denselben Bedingungen wie Entscheidungen anerkannt und für vollstreckbar erklärt.

I. Grundsätzliches

1   Art. 46 unterstellt öffentliche Urkunden dem Anerkennungssystem der Art. 21 ff. der Verordnung. Im Unterschied zu Art. 57, 58 Brüssel I erklärt Art. 46 öffentliche Urkunden und Vereinbarungen nicht (vorbehaltlich einer ordre-public-Prüfung) für vollstreckungsfähig, sondern erklärt die Art. 21 ff. für anwendbar, was zugleich zur Anwendbarkeit der Anerkennungshindernisse der Art. 22, 23 führt. Hintergrund dieser – im Vergleich zur Brüssel I-Verordnung – weniger weitgehenden Regelung ist eine Zurückhaltung bei personenstands- und sorgerechtlichen Angelegenheiten.[1]

2   Die Einbeziehung von öffentlichen Urkunden und Vereinbarungen in das Anerkennungssystem der Art. 21 ff. führt insofern zu einem Regimewechsel, als Rechtsakte, die bislang der materiellrechtlichen Anerkennung – und damit der Wirksamkeitsprüfung nach dem berufenen Recht – unterlagen, nunmehr verfahrensrechtlich anerkannt werden. Voraussetzung ist jedoch, dass es sich um eine Urkunde mit vollstreckungsfähigem Inhalt handelt.[2]

---

[1] Rauscher/*Rauscher* Art. 46 Rn. 1.
[2] Rauscher/*Rauscher* Art. 46 Rn. 2.

II. Anwendungsbereich

1. Öffentliche Urkunden

Der Anwendungsbereich umfasst zunächst öffentliche Urkunden, wobei 3
grundsätzlich von dem Begriff der öffentlichen Urkunde des Art. 57 Brüssel I-
Verordnung und damit nach der Rechtsprechung des EuGH[3] von einer autonomen Auslegung auszugehen ist.[4] Hiernach muss die Urkunde von einer Behörde
oder einer anderen von dem in Frage stehenden (Mitglied-)Staat hierzu ermäch-
tigten Stelle beurkundet worden sein.[5]

Im Gegensatz zur Brüssel I-Verordnung enthält die Brüssel IIa-Verordnung
keine Sonderregelung für gerichtliche Vergleiche; diese stellen jedoch öffentliche
Urkunden dar.[6]

Für die Frage der Wirksamkeit sowie der Vollstreckbarkeit ist auf das Recht
des Ursprungsmitgliedstaates abzustellen.

2. Vollstreckbare Vereinbarungen

Neben öffentlichen Urkunden sind vollstreckbare Parteivereinbarungen eben- 4
falls in den Anwendungsbereich des Art. 46 einbezogen. Damit sind insbesondere
gerichtliche Vergleiche (wobei es sich hierbei zugleich um öffentliche Urkunden
handelt) sowie auch vollstreckbare außergerichtliche Vereinbarungen umfasst.
Entscheidend ist jedoch, ob die Privaturkunde, wie etwa ein Anwaltsvergleich,
für vollstreckbar erklärt wurde (wie etwa nach § 796c ZPO). Lediglich in diesen
Fällen fällt eine Privaturkunde in den Anwendungsbereich.[7]

Sinn der Erweiterung des Anwendungsbereiches war die Einbeziehung vollstreckbarer Privaturkunden, die Irland, Großbritannien sowie skandinavische
Staaten kennen.[8] Für die Frage, ob entsprechende Vereinbarungen zulässig sind,
welche Formvorschriften einzuhalten sind und welche Wirkungen die Vereinbarungen entfalten, ist das Recht des Ursprungsmitgliedstaates entscheidend.[9]

3. Mitgliedstaatliche Urkunden/Vereinbarungen

Art. 46 bezieht sich – wie der Wortlaut der Vorschrift („die in einem Mitglied- 5
staat aufgenommen und vollstreckbar sind") verdeutlicht – lediglich auf Entscheidungen aus Mitgliedstaaten.[10] Abzustellen ist hierbei darauf, ob ein Organ eines
Mitgliedstaates etwa die entsprechende Vereinbarung beurkundet hat. Insoweit
kommt es weder auf die Staatsangehörigkeit noch den gewöhnlichen Aufenthalt
der Parteien, sondern vielmehr auf den Aufnahmestaat an.[11] Bei konsularischen
Urkunden ist auf den Entsendestaat abzustellen.

---

[3] Vgl. zur autonomen Auslegung des Urkundsbegriffs EuGH 17.6.1999 – C-260/97, Slg
1999, I-3715.

[4] MüKoFamFG/*Gottwald* Art. 46 Rn. 4.

[5] EuGH 17.6.1999 – C-260/97, Slg 1999, I-3715 Rn. 15 ff.

[6] *Hausmann* EuEheVO Art. 46 Rn. 262.

[7] *Hausmann* EuEheVO Art. 46 Rn. 260.

[8] Rauscher/*Rauscher* Art. 46 Rn. 3.

[9] Geimer/Schütze/*Paraschas* Art. 46 Rn. 6.

[10] Vgl. auch Rauscher/*Rauscher* Art. 46 Rn. 6.

[11] NK-BGB/*Andrae* Art. 46 Rn. 9; MüKoFamFG/*Gottwald* Art. 46 Rn. 6.

Problematisch kann hingegen die Zuordnung im Falle von Parteivereinbarungen ohne Beteiligung eines Gerichts oder einer Behörde sein – denn hier kann mangels Beteiligung eines mitgliedstaatlichen Organs keine einfache Zuordnung erfolgen. Um einen hinreichend engen Bezug herzustellen, sollte hier auf das Recht abgestellt werden, das nach dem Kollisionsrecht des Vollstreckungsstaates auf die Vereinbarung anwendbar ist.[12]

4. Anwendungsbereich der Verordnung

6   Die Vorschrift bezieht sich auf sämtliche öffentliche Urkunden bzw. Vereinbarungen, deren Gegenstand in den sachlichen Anwendungsbereich der Verordnung fällt.[13] In Fällen, in denen eine Urkunde bzw. Vereinbarung verschiedene Regelungen enthält, die lediglich zum Teil in den Anwendungsbereich fallen, ist – sofern es sich um einen abtrennbaren Teil handelt – die Urkunde/Vereinbarung insoweit nach den Regeln der Verordnung vollstreckbar, als sie in den Anwendungsbereich der Verordnung fällt.[14]

5. Vollstreckbarkeit

7   Art. 46 bezieht sich lediglich auf Urkunden, Vergleiche und Vereinbarungen, die vollstreckbar sind. Erforderlich ist mithin ein vollstreckungsfähiger Inhalt; nicht ausreichend ist insofern ein lediglich rechtsgestaltender oder deklaratorischer Inhalt.[15] Dies führt dazu, dass etwa Privatscheidungen nicht in den Anwendungsbereich fallen, ebenso wenig wie scheidungserschwerende Vereinbarungen oder Vergleiche.[16]

III. Vollstreckbarerklärung

8   Die betreffenden Urkunden bzw. Vereinbarungen müssen im Ursprungsstaat vollstreckbar sein und des Weiteren im Vollstreckungsstaat nach den Art. 28 ff. für vollstreckbar erklärt werden.[17] Denn die Vollstreckbarkeit im Ursprungsstaat wird nicht auf andere Mitgliedstaaten erstreckt. Anders als die Brüssel I-Verordnung mit ihrem Art. 57, nach dem die Vollstreckung aus der Urkunde lediglich dann versagt werden kann, wenn diese dem ordre public des Vollstreckungsmitgliedstaates offensichtlich widersprechen würde, enthält die Brüssel IIa-Verordnung keine Sonderregelung für öffentliche Urkunden, sondern verweist auf die für Entscheidungen geltenden Vorschriften. Hier ist zu berücksichtigen, dass die Ablehnungsgründe des Art. 23 auf Entscheidungen zugeschnitten sind und eine (entsprechende) Anwendung auf öffentliche Urkunden und Vereinbarungen insofern problematisch ist.[18]

Die Vollstreckbarerklärung sowie deren Ablehnung kann im Wege der Beschwerde/Rechtsbeschwerde gem. Art. 33 f. (§§ 24 ff. und §§ 28 ff. IntFamRVG) angegriffen werden.[19]

---

[12] Rauscher/*Rauscher* Art. 46 Rn. 8.
[13] Geimer/Schütze/*Paraschas* Art. 46 Rn. 4.
[14] Geimer/Schütze/*Paraschas* Art. 46 Rn. 4.
[15] MüKoFamFG/*Gottwald* Art. 46 Rn. 7.
[16] Rauscher/*Rauscher* Art. 46 Rn. 10.
[17] *Hausmann* EuEheVO Art. 46 Rn. 266.
[18] MüKoFamFG/*Gottwald* Art. 46 Rn. 9; *Hausmann* EuEheVO Art. 46 Rn. 267.
[19] MüKoFamFG/*Gottwald* Art. 46 Rn. 10.

Abschnitt 6. Sonstige Bestimmungen

Art. 47 Vollstreckungsverfahren

(1) Für das Vollstreckungsverfahren ist das Recht des Vollstreckungsmitgliedstaats maßgebend.

(2) Die Vollstreckung einer von einem Gericht eines anderen Mitgliedstaats erlassenen Entscheidung, die gemäß Abschnitt 2 für vollstreckbar erklärt wurde oder für die eine Bescheinigung nach Artikel 41 Absatz 1 oder Artikel 42 Absatz 1 ausgestellt wurde, erfolgt im Vollstreckungsmitgliedstaat unter denselben Bedingungen, die für in diesem Mitgliedstaat ergangene Entscheidungen gelten.

Insbesondere darf eine Entscheidung, für die eine Bescheinigung nach Artikel 41 Absatz 1 oder Artikel 42 Absatz 1 ausgestellt wurde, nicht vollstreckt werden, wenn sie mit einer später ergangenen vollstreckbaren Entscheidung unvereinbar ist.

I. Anwendbarkeit der lex fori, Abs. 1

1. Allgemeines

Nach Abs. 1 der Vorschrift ist für das Vollstreckungsverfahren das Recht des **1** Vollstreckungsmitgliedstaates maßgebend. Denn die Verordnung regelt in den Art. 28 ff. und Art. 40 ff. lediglich die Voraussetzungen, unter denen ein mitgliedstaatlicher Titel in anderen Mitgliedstaaten Vollstreckbarkeit erlangen kann – das Vollstreckungsverfahren selbst hingegen bestimmt sich nach dem Recht des jeweiligen Vollstreckungsstaates. Die Anwendung der lex fori entspricht dem allgemeinen Prinzip der Zwangsvollstreckung, nach dem jeder Staat aufgrund seiner territorialen Zwangsgewalt selbst festlegt, unter welchen Voraussetzungen eine Zwangsvollstreckung erfolgen kann und welche Rechtsbehelfe hiergegen zulässig sind.[1] Die Anwendung der lex fori ist beschränkt auf die Prüfung von Verfahrensfragen – Sachfragen (dh insbesondere Fragen, die den Inhalt der vollstreckbaren Entscheidung oder die Gültigkeit der Bescheinigung betreffen) sind nach dem Recht des Ursprungsstaates zu beurteilen.[2]

Der EuGH hat weiter ausdrücklich klargestellt, dass der Vollstreckungsmitgliedstaat allein für Verfahrensfragen bei der Vollstreckung der Rückgabe des Kindes, nicht aber für Sachfragen zuständig ist. Insofern können Gerichte des Vollstreckungsmitgliedstaates die Vollziehung der Rückgabeentscheidung nicht verweigern, wenn die Rückgabe des Kindes seit Erlass der zu vollstreckenden Entscheidung aufgrund einer Änderung der Umstände das Wohl des Kindes schwerwiegend gefährden könnte.[3] Denn bei der Frage, ob eine erhebliche Änderung der das Wohl des Kindes betreffenden Umstände vorliegt, handelt es sich

---

[1] Geimer/Schütze/*Paraschas* Art. 47 Rn. 4.

[2] EuGH 1.7.2010 – C-211/10 PPU, Slg 2010, I-6673 = FamRZ 2010, 1229 ff. Rn. 73 ff.; *Schulz* FamRZ 2010, 1370.

[3] EuGH 1.7.2010 – C-211/10 PPU, Slg 2010, I-6673 = FamRZ 2010, 1229 ff. Rn. 81; Thomas/Putzo/*Hüßtege* Art. 47 Rn. 2.

um eine Sachfrage, über die nach der in der Verordnung vorgesehenen Zuständigkeitsverteilung das zuständige Gericht des Ursprungsmitgliedstaates zu entscheiden
hat. Dieses Gericht ist auch für die Beurteilung des Kindeswohls zuständig, so
dass bei ihm ein etwaiger Antrag auf Aussetzung der Vollstreckung seiner Entscheidung zu stellen ist.[4]

Die Verordnung selbst trifft hinsichtlich der Voraussetzungen der Vollstreckung
lediglich in Art. 45 insofern eine Regelung, als dort festgelegt wird, welche
Urkunden vorzulegen sind (vgl. hierzu die Kommentierung zu Art. 45).

2. Vollstreckungsregeln nach dem IntFamRVG

2   Mit § 44 IntFamRVG wurde bzgl. des Art. 47 – soweit Herausgabe- oder
Umgangstitel betroffen sind – ein eigenständiges System geschaffen. Die allgemeine Regelung des § 90 FamFG wird hierdurch insoweit verdrängt. Die Vollstreckung erfolgt in Deutschland durch Ordnungsgeld und Ordnungshaft; zuständig ist gem. §§ 10, 12 IntFamRVG das Familiengericht, im Beschwerdeverfahren
das Oberlandesgericht, § 44 IntFamRVG. Zu berücksichtigen ist jedoch, dass § 44
IntFamRVG auf die Vollstreckung von Kostentiteln keine Anwendung findet.
Insoweit kommen die allgemeinen Bestimmungen zur Zwangsvollstreckung von
Geldforderungen zur Anwendung.[5]

II. Gleichstellung mit inländischen Titeln, Abs. 2 S. 1

3   Gemäß Art. 47 Abs. 2 S. 1 erfolgt die Vollstreckung einer entweder nach
Abschnitt 2 der Verordnung für vollstreckbar erklärten Entscheidung oder einer
Entscheidung, für die eine Bescheinigung nach Art. 41 Abs. 1 oder Art. 42 Abs. 1
ausgestellt wurde, nach denselben Bedingungen, die für in dem Vollstreckungsmitgliedstaat ergangene Entscheidungen gelten.

Insofern erfolgt hierdurch eine – auf dem Grundsatz des gegenseitigen Vertrauens und der Gleichwertigkeit des Rechtsschutzes innerhalb der Mitgliedstaaten
beruhende – vollständige Gleichstellung mitgliedstaatlicher mit inländischen
Titeln.

III. Unvereinbarkeit mit später ergangenen Entscheidungen, Abs. 2 S. 2

4   Von Bedeutung ist hier insbesondere die in S. 2 enthaltene Regelung: Hiernach
darf eine Entscheidung, für die eine Bescheinigung nach Art. 41 bzw. Art. 42
Abs. 1 ausgestellt wurde, nicht vollstreckt werden, wenn sie mit einer später
ergangenen vollstreckbaren Entscheidung des Ursprungsmitgliedstaates unvereinbar ist. Zu berücksichtigen ist jedoch, dass nach der Rechtsprechung des EuGH
Art. 47 Abs. 2 der Verordnung dahin gehend auszulegen ist, dass eine spätere
Entscheidung eines Gerichts des Vollstreckungsmitgliedstaates, mit der ein vorläu-
figes Sorgerecht gewährt wird und die nach dem Recht dieses Staates als vollstreckbar anzusehen ist, der Vollstreckung einer zuvor ergangenen und mit einer
Bescheinigung versehenen Entscheidung, mit der das zuständige Gericht des

---

[4] EuGH 1.7.2010 – C-211/10 PPU, Slg 2010, I-6673 = FamRZ 2010, 1229 ff. Rn. 81.
[5] Rauscher/*Rauscher* Art. 47 Rn. 4 f.

Ursprungsmitgliedstaates die Rückgabe des Kindes anordnet, nicht entgegengehalten werden kann.[6] Andernfalls würde dies zu einer Umgehung des durch
Abschnitt 4 des Kapitels III geschaffenen Systems führen: Art. 11 Abs. 8 räumt
dem zuständigen Gericht die Letztentscheidungsbefugnis ein.[7]

Art. 48 Praktische Modalitäten der Ausübung des Umgangsrechts

(1) Die Gerichte des Vollstreckungsmitgliedstaats können die praktischen Modalitäten der Ausübung des Umgangsrechts regeln, wenn die
notwendigen Vorkehrungen nicht oder nicht in ausreichendem Maße
bereits in der Entscheidung der für die Entscheidung der in der Hauptsache zuständigen Gerichte des Mitgliedstaats getroffen wurden und sofern
der Wesensgehalt der Entscheidung unberührt bleibt.

(2) Die nach Absatz 1 festgelegten praktischen Modalitäten treten außer
Kraft, nachdem die für die Entscheidung in der Hauptsache zuständigen
Gerichte des Mitgliedstaats eine Entscheidung erlassen haben.

Gemäß Art. 48 Abs. 1 können die Gerichte des Vollstreckungsmitgliedstaates **1**
die praktischen Modalitäten der Ausübung des Umgangsrechts regeln. „Praktische
Modalitäten der Ausübung des Umgangsrechts" können insbesondere Regelungen hinsichtlich der Zeit, der Dauer, des Ortes, und ggf. der Kontrolle des jeweiligen Umgangs sein.[1]

Dies setzt allerdings voraus, dass die notwendigen Vorkehrungen entweder gar
nicht oder nicht in ausreichendem Maße bereits in der Entscheidung
des in der Hauptsache zuständigen Gerichts getroffen wurden. Insofern ermöglicht
Art. 48 Abs. 1 lediglich die Konkretisierung von (zu) unbestimmten Umgangstit-
teln und eröffnet ausdrücklich keine originäre Regelungszuständigkeit des Vollstreckungsmitgliedstaates.[2] Dies verdeutlicht auch Abs. 2 der Vorschrift, nach dem
die nach Abs. 1 festgelegten praktischen Modalitäten außer Kraft treten, sobald
die für die Entscheidung in der Hauptsache zuständigen mitgliedstaatlichen
Gerichte eine Entscheidung erlassen haben. Hierdurch wird der Entscheidungs-
vorrang des Hauptsachegerichts statuiert. Zugleich folgt aus der Regelung des
Art. 48, dass die Gerichte des Vollstreckungsstaates in Anbetracht ihrer Befugnis,
die praktischen Modalitäten der Ausübung des Umgangsrechts selbst zu regeln,
nicht berechtigt sind, die Vollstreckung mit der Begründung, der Titel sei zu
unbestimmt, zu verweigern.[3]

Art. 49 Kosten

Die Bestimmungen dieses Kapitels mit Ausnahme der Bestimmungen
des Abschnitts 4 gelten auch für die Festsetzung der Kosten für die nach
dieser Verordnung eingeleiteten Verfahren und die Vollstreckung eines
Kostenfestsetzungsbeschlusses.

---

[6] EuGH 1.7.2010 – C-211/10 PPU, Slg 2010, I-6673 = FamRZ 2010, 1229 ff. Rn. 78.
[7] EuGH 1.7.2010 – C-211/10 PPU, Slg 2010, I-6673 = FamRZ 2010, 1229 ff. Rn. 78.
[1] MüKoFamFG/*Gottwald* Art. 48 Rn. 2.
[2] Rauscher/*Rauscher* Art. 48 Rn. 3.
[3] MüKoFamFG/*Gottwald* Art. 48 Rn. 1; Geimer/Schütze/*Paraschas* Art. 48 Rn. 2.

1 Art. 49 bestimmt, dass das Anerkennungs- und Vollstreckungssystem ebenfalls Entscheidungen über die Kostenfestsetzung sowie die Vollstreckung des Kostenfestsetzungsbeschlusses umfasst, wobei klargestellt wird, dass Kostentitel nicht auf der Grundlage einer Bescheinigung nach Art. 40 ff. vollstreckt werden können. Umfasst sind von der Vorschrift alle Kostengrund- und Kostenhöheentscheidungen im Rahmen von Hauptsacheverfahren, die in den Anwendungsbereich der Verordnung fallen.[1] In Deutschland sind mithin Kostengrundentscheidungen sowie Kostenfestsetzungsbeschlüsse[2]– nicht hingegen Kostenfestsetzungen eines Rechtsanwalts gegen seinen Mandanten – umfasst.[3]

2 Nicht ganz unproblematisch ist der Anwendungsbereich des Art. 49 im Hinblick auf Kostenentscheidungen bezüglich solcher Entscheidungen, die hinsichtlich ihrer Sachentscheidung nicht nach der Verordnung anerkennungsfähig sind. Dies betrifft zum einen statusablehnende Entscheidungen und zum anderen Verbundsachen. Im Hinblick auf eine die Statusänderung ablehnende Entscheidung ist die Anwendbarkeit des Art. 49 insofern zu bejahen, als das der Entscheidung zugrunde liegende Verfahren in den Anwendungsbereich der Verordnung fällt und die Anerkennung der Sachentscheidung (lediglich) zur Vermeidung von Präklusionswirkungen ausgeschlossen ist. Diese Argumentation trägt jedoch im Hinblick auf die Kostenentscheidung nicht.[4]

3 Problematisch erscheinen hingegen Kostenentscheidungen bezüglich Verbundsachen, die nicht unter die Verordnung fallen. Denn sofern über diese isoliert entschieden werden würde, wären hinsichtlich der Anerkennung nicht die Brüssel IIa-Verordnung, sondern ggf. die Haager Übereinkommen über den Zivilprozess von 1954 und über die Erleichterung des internationalen Zugangs zu den Gerichten von 1980 anwendbar.[5] Insofern stellt sich die Frage, ob – sofern bei entsprechender Abtrennbarkeit möglich – danach differenziert werden sollte, ob die Kosten Folgesachen betreffen, die in der Sache der Verordnung unterliegen oder nicht. Vor dem Hintergrund des grundsätzlichen Ziels der Erleichterung des Rechtsverkehrs zwischen den Mitgliedstaaten spricht manches dafür, jedenfalls dann, wenn eine Aufteilung nicht möglich ist,[6] die gesamte Kostenentscheidung als von Art. 49 umfasst anzusehen.[7]

Art. 50 Prozesskostenhilfe

Wurde dem Antragsteller im Ursprungsmitgliedstaat ganz oder teilweise Prozesskostenhilfe oder Kostenbefreiung gewährt, so genießt er in dem Verfahren nach den Artikeln 21, 28, 41, 42 und 48 hinsichtlich der

---

[1] BGH NJW 2005, 3424.

[2] MüKoFamFG/*Gottwald* Art. 49 Rn. 1.

[3] Rauscher/*Rauscher* Art. 49 Rn. 3.

[4] So auch Rauscher/*Rauscher* Art. 49 Rn. 4.

[5] Rauscher/*Rauscher* Art. 49 Rn. 5.

[6] Differenzierend auch MüKoFamFG/*Gottwald* Art. 49 Rn. 3.

[7] So NK-BGB/*Andrae* Art. 49 Rn. 1; *Hausmann* EuEheVO Art. 49 Rn. 278 mwN; Thomas/Putzo/*Hüßtege* Art. 49 Rn. 1. In diesem Sinne auch BGH NJW 2005, 3424. So geht der BGH davon aus, dass Kosten bzgl. Folgesachen, die nicht in den Anwendungsbereich der Verordnung fallen, lediglich dann nach den Vorschriften der Brüssel II-Verordnung für vollstreckbar erklärt werden können, wenn sie von den Kosten des Ehestatusverfahrens praktisch nicht zu trennen sind.

Prozesskostenhilfe oder der Kostenbefreiung die günstigste Behandlung, die das Recht des Vollstreckungsmitgliedstaats vorsieht.

I. Anwendungsbereich

Von Art. 50 werden lediglich die in der Vorschrift ausdrücklich erwähnten **1** Vorschriften erfasst, mithin gilt Art. 50 nur für den Antragsteller und auch nur für die genannten erstinstanzlichen Verfahren. Im Rechtsbehelfsverfahren hat das zuständige Gericht hingegen – ggf. unter Anwendung seines nationalen Rechts – neu über die Gewährung von Prozesskostenhilfe zu entscheiden.[1]

II. Meistbegünstigungsgrundsatz

Art. 50 statuiert – ebenso wie Art. 50 Brüssel I-VO – einen Meistbegünsti- **2** gungsgrundsatz zugunsten des Antragstellers im Hinblick auf Prozesskostenhilfe. Sofern dem Antragsteller im Ursprungsmitgliedstaat Prozesskostenhilfe gewährt wurde, so ist ihm – unabhängig davon, ob die Gewährung zu Recht erfolgte, was im Vollstreckungsstaat nicht zu überprüfen ist[2] – von Amts wegen Prozess- bzw. Verfahrenskostenhilfe nach dem Maßstab der günstigsten Behandlung im Vollstreckungsmitgliedstaat zu gewähren. Dies führt mithin dazu, dass der Antragsteller ex lege – ohne ein ansonsten nach der lex fori erforderliches Bewilligungsverfahren zu durchlaufen – die nach dem Recht des Vollstreckungsmitgliedstaates günstigste Behandlung erhält. Sofern die lex fori des Vollstreckungsstaates allerdings keinerlei Rechtsinstitut für mittellose Parteien kennt, so greift Art. 50 ins Leere, insbesondere führt Art. 50 nicht zu einer Verpflichtung eines Mitgliedstaates, aufgrund dieser Vorschrift Prozesskostenhilfe zu gewähren oder entsprechende Vorschriften zu erlassen.[3]

Art. 51 Sicherheitsleistung, Hinterlegung

Der Partei, die in einem Mitgliedstaat die Vollstreckung einer in einem anderen Mitgliedstaat ergangenen Entscheidung beantragt, darf eine Sicherheitsleistung oder Hinterlegung, unter welcher Bezeichnung es auch sei, nicht aus einem der folgenden Gründe auferlegt werden:
a) weil sie in dem Mitgliedstaat, in dem die Vollstreckung erwirkt werden soll, nicht ihren gewöhnlichen Aufenthalt hat, oder
b) weil sie nicht die Staatsangehörigkeit dieses Staates besitzt oder, wenn die Vollstreckung im Vereinigten Königreich oder in Irland erwirkt werden soll, ihr „domicile" nicht in einem dieser Mitgliedstaaten hat.

Art. 51 entspricht Art. 31 der Brüssel II-VO und stimmt inhaltlich mit Art. 51 **1** Brüssel I-VO überein. Die Vorschrift erklärt die Anordnung einer Sicherheitsleis-

---

[1] *Hausmann* EuEheVO Art. 50 Rn. 281.
[2] *Hausmann* EuEheVO Art. 50 Rn. 282 mwN.
[3] Geimer/Schütze/*Paraschas* Art. 50 Rn. 5. Vgl. jedoch die Richtlinie 2003/8/EG des Rates vom 27.1.2003 zur Verbesserung des Zugangs zum Recht bei Streitsachen mit grenzüberschreitendem Bezug durch Festlegung gemeinsamer Mindestvorschriften für die Prozesskostenhilfe in derartigen Streitsachen, ABl. EG Nr. L 26, S. 41.

tung aufgrund fehlenden gewöhnlichen Aufenthalts im Vollstreckungsstaat sowie aufgrund einer ausländischen Staatsangehörigkeit für unzulässig. Eigenständige Bedeutung erlangt Art. 51 in Anbetracht des Diskriminierungsverbotes des Art. 18 AEUV, das eine Anordnung von Ausländersicherheit gegenüber EU-Bürgern ohnehin verbietet, lediglich gegenüber Antragstellern mit einer Drittstaatenangehörigkeit.[1]

2   § 110 ZPO sieht in seinem Abs. 1 grundsätzlich eine Ausländersicherheit vor, allerdings gilt dies nicht bei gewöhnlichem Aufenthalt in einem Mitgliedstaat der EU oder einem Vertragsstaat des EWR-Abkommens. Zu berücksichtigen ist jedoch, dass Art. 51 darauf abstellt, wo die Entscheidung ergangen ist – und nicht auf die Staatsangehörigkeit oder den gewöhnlichen Aufenthalt der Partei, die die Vollstreckung beantragt. Insofern kann Art. 51 auch Personen erfassen, die ihren Wohnsitz außerhalb der EU haben. In derartigen Fällen ist Art. 51 Vorrang gegenüber der in § 110 ZPO getroffenen Regelung einzuräumen, so dass in diesen Fällen keine Sicherheit angeordnet werden darf.[2]

Art. 52 Legalisation oder ähnliche Förmlichkeit

Die in den Artikeln 37, 38 und 45 aufgeführten Urkunden sowie die Urkunde über die Prozessvollmacht, falls eine solche erteilt wird, bedürfen weder der Legalisation noch einer ähnlichen Förmlichkeit.

1   Die in Art. 52 getroffene Regelung stimmt mit Art. 56 Brüssel-I-VO überein und statuiert die Befreiung von jeglicher Legalisation, insbesondere der Apostille oder der Legalisation iSd § 438 Abs. 2 ZPO. Zu berücksichtigen ist, dass Art. 39 der Verordnung in Art. 52 – anders als noch in Art. 35 Brüssel II-VO – nicht genannt wird. Hierbei dürfte es sich jedoch um ein Redaktionsversehen handeln. Auch Bescheinigungen nach Art. 39 bedürfen keiner Legalisation.[1]

---

[1] Rauscher/*Rauscher* Art. 51 Rn. 3.
[2] Geimer/Schütze/*Paraschas* Art. 51 Rn. 4.
[1] Rauscher/*Rauscher* Art. 52 Rn. 2.

Kapitel IV. Zusammenarbeit zwischen den Zentralen Behörden bei Verfahren betreffend die elterliche Verantwortung

Vorbemerkung vor Art. 53–58

Die Regelung der Zusammenarbeit von Zentralen Behörden ist ein untypi- **1** scher Inhalt einer Zuständigkeits- und Vollstreckungsverordnung und der Besonderheit der Materie der elterlichen Verantwortung geschuldet. Das System der Zentralen Behörden, das dem HKÜ entstammt und im KSÜ sowie im Europäischen Sorgerechtsübereinkommen (ESÜ) übernommen und ausgebaut wurde, soll bei Verfahren betreffend die elterliche Verantwortung eine verstärkte Kommunikation zwischen den Gerichten und Behörden der Mitgliedstaaten gewährleisten.[1]

Art. 53 Allgemeine Zuständigkeit

Jeder Mitgliedstaat bestimmt eine oder mehrere Zentrale Behörden, die ihn bei der Anwendung dieser Verordnung unterstützen, und legt ihre räumliche oder sachliche Zuständigkeit fest. Hat ein Mitgliedstaat mehrere Zentrale Behörden bestimmt, so sind die Mitteilungen grundsätzlich direkt an die zuständige Zentrale Behörde zu richten. Wurde eine Mitteilung an eine nicht zuständige Zentrale Behörde gerichtet, so hat diese die Mitteilung an die zuständige Zentrale Behörde weiterzuleiten und den Absender davon in Kenntnis zu setzen.

In Deutschland ist alleinige Zentrale Behörde seit dem 1.1.2007 das Bundesamt **1** für Justiz in Bonn (§ 3 Abs. 1 Nr. 1 IntFamRVG), zuvor war es der Generalbundesanwalt beim BGH. Damit sind, wie dies für die Aufgabenerfüllung der Zentralen Behörden wünschenswert ist, die Funktionen als Zentrale Behörde nach allen Instrumenten auf dem Gebiet der elterlichen Sorge, nämlich neben der Brüssel IIa-VO nach Art. 29 KSÜ, nach Art. 6 HKÜ und nach Art. 2 des Europäischen Sorgerechtsübereinkommens, bei der gleichen Behörde konzentriert; § 3 Abs. 1 Nr. 2–4 IntFamRVG. Informationen über die Zentralen Behörden der anderen Mitgliedstaaten sind im Internet erhältlich.[1]

Den Sätzen 2 und 3 ist zu entnehmen, dass die zuständigen Behörden der **2** Mitgliedstaaten direkt miteinander kommunizieren sollen; innerstaatlich ist dies in § 6 Abs. 1 S. 2 IntFamRVG für das Bundesamt für Justiz nochmals ausdrücklich bestimmt. Die Unterstützung bei der Anwendung der Verordnung ist weit zu verstehen und umfasst insbesondere auch den Austausch von Informationen zwischen Behörden und Gerichten im Hinblick auf ein erforderliches Eingreifen

---

[1] Vgl. hierzu den Leitfaden der Kommission zur Anwendung der Brüssel IIa-VO (aktualisierte Fassung vom 1.6.2005, abrufbar unter http://ec.europa.eu/civiljustice/parental_resp/ parental_resp_ec_vdm_de.pdf), 55 f.

[1] http://europa.eu.int/comm/justice_home/judicialatlascivil.

im Rahmen einstweiliger Maßnahmen.[2] Gesondert normiert ist im deutschen IntFamRVG die Aufenthaltsermittlung (§ 7).

Art. 54 Allgemeine Aufgaben

Die Zentralen Behörden stellen Informationen über nationale Rechtsvorschriften und Verfahren zur Verfügung und ergreifen Maßnahmen, um die Durchführung dieser Verordnung zu verbessern und die Zusammenarbeit untereinander zu stärken. Hierzu wird das mit der Entscheidung 2001/470/EG eingerichtete Europäische Justizielle Netz für Zivil- und Handelssachen genutzt.

1   Art. 54 hebt unter den Aufgaben der Zentralen Behörden einerseits die gegenseitige Information über nationale Rechtsvorschriften und Verfahren und andererseits einen beständigen Diskurs über Verbesserungsmöglichkeiten bei der Anwendung der Brüssel IIa-VO hervor. Forum hierfür soll vor allem das Europäische Justizielle Netz[1] sein, in welches die Zentralen Behörden mit der Vorschrift integriert werden.[2] Art. 58 sieht hierzu ergänzend Zusammenkünfte vor (→ Art. 58 Rn. 1). In Deutschland sind neben den allgemein für das EJN eingerichteten Kontaktstellen fünf Richterstellen speziell für die Kommunikation im Rahmen der Brüssel IIa-VO eingerichtet.[3]

Art. 55 Zusammenarbeit in Fällen, die speziell die elterliche Verantwortung betreffen

Die Zentralen Behörden arbeiten in bestimmten Fällen auf Antrag der Zentralen Behörde eines anderen Mitgliedstaats oder des Trägers der elterlichen Verantwortung zusammen, um die Ziele dieser Verordnung zu verwirklichen. Hierzu treffen sie folgende Maßnahmen im Einklang mit den Rechtsvorschriften dieses Mitgliedstaats, die den Schutz personenbezogener Daten regeln, direkt oder durch Einschaltung anderer Behörden oder Einrichtungen:
a) Sie holen Informationen ein und tauschen sie aus über
   i)   die Situation des Kindes,
   ii) laufende Verfahren oder
   iii) das Kind betreffende Entscheidungen.
b) Sie informieren und unterstützen die Träger der elterlichen Verantwortung, die die Anerkennung und Vollstreckung einer Entscheidung, insbesondere über das Umgangsrecht und die Rückgabe des Kindes, in ihrem Gebiet erwirken wollen.

---

   [2] S. für ein Beispiel EuGH 2.4.2009 – C-523/07, Slg. 2009, I-2805 = FamRZ 2009, 843 Rn. 71 – A: Pflicht des Gerichts, das sich für unzuständig erklärt, direkt oder über Einschaltung der Zentralen Behörde das zuständige Gericht eines anderen Mitgliedstaats von seiner Entscheidung in Kenntnis zu setzen.

   [1] Abl. EG 2001 L 174, 25.

   [2] Im Internet http://europa.eu.int/comm/justive_home/ejn/index_de.htm.

   [3] Vgl. den Jahresbericht des EJN für Deutschland 2012 (abrufbar unter den Publikationen auf www.bundesjustizamt.de), S. 1. S. zur Tätigkeit ie *Carl/Menne* Verbindungsrichter und direkte richterliche Kommunikation im Familienrecht, NJW 2009, 3537.

c) **Sie erleichtern die Verständigung zwischen den Gerichten, insbesondere zur Anwendung des Artikels 11 Absätze 6 und 7 und des Artikels 15.**

d) **Sie stellen alle Informationen und Hilfen zur Verfügung, die für die Gerichte für die Anwendung des Artikels 56 von Nutzen sind.**

e) **Sie erleichtern eine gütliche Einigung zwischen den Trägern der elterlichen Verantwortung durch Mediation oder auf ähnlichem Wege und fördern hierzu die grenzüberschreitende Zusammenarbeit.**

Art. 55 betrifft das Tätigwerden der Zentralen Behörden in individuellen Verfahren ("in bestimmten Fällen") auf dem Gebiet der elterlichen Verantwortung. Eine ähnliche Regelung enthält das KSÜ in Art. 31 f. Voraussetzung des Tätigwerdens ist ein *Antrag* der Zentralen Behörde eines anderen Mitgliedstaats oder des Trägers der elterlichen Verantwortung. Regeln über die Ausgestaltung des Antrags der Träger der elterlichen Verantwortung, die Verfahrensweise und die Kosten enthält Art. 57 (→ Art. 57 Rn. 1 f. zu Ausgestaltung des Verfahrens und Rechtsmittel). Das Tätigwerden auf eigene Initiative und damit auch die Einleitung eines Verfahrens durch die Zentrale Behörde ist nach der VO nicht vorgesehen.[1] Die vorgesehenen Maßnahmen betreffen vor allem die Vermittlung von Informationen und Kommunikationsmöglichkeiten an bzw. zwischen Behörden und Gerichten, wobei die Zentralen Behörden jeweils die bei ihnen gültigen Datenschutzbestimmungen zu beachten haben. Maßnahmen können durch die Zentralen Behörden selbst oder – was praktisch der Regelfall ist – durch Einschaltung anderer Behörden oder Einrichtungen verwirklicht werden. Aus den Buchst. c und d ist ersichtlich, dass aber auch eine unmittelbare Zusammenarbeit der untergeordneten Behörden und Gerichte untereinander gefördert werden soll.[2]

Art. 56 Unterbringung des Kindes in einem anderen Mitgliedstaat

(1) **Erwägt das nach den Artikeln 8 bis 15 zuständige Gericht die Unterbringung des Kindes in einem Heim oder in einer Pflegefamilie und soll das Kind in einem anderen Mitgliedstaat untergebracht werden, so zieht das Gericht vorher die Zentrale Behörde oder eine andere zuständige Behörde dieses Mitgliedstaats zurate, sofern in diesem Mitgliedstaat für die innerstaatlichen Fälle der Unterbringung von Kindern die Einschaltung einer Behörde vorgesehen ist.**

(2) **Die Entscheidung über die Unterbringung nach Absatz 1 kann im ersuchenden Mitgliedstaat nur getroffen werden, wenn die zuständige Behörde des ersuchten Staates dieser Unterbringung zugestimmt hat.**

(3) **Für die Einzelheiten der Konsultation bzw. der Zustimmung nach den Absätzen 1 und 2 gilt das nationale Recht des ersuchten Staates.**

---

[1] So auch *Hausmann* Rn. N 13; Rauscher/*Rauscher* Art. 55 Rn. 3; aA MüKoFamFG/*Gottwald* Art. 55 Rn. 1; Hk-FamR/*Rieck* Art. 55 Rn. 2. Aus dem IntFamRVG kann für diese Frage nichts abgeleitet werden, weil dieses auch die Tätigkeit der Zentralen Behörde nach den → Vor Art. 53 Rn. 1 genannten Übereinkommen regelt.

[2] Dass eine solche unzulässig sein soll, wie Hk-ZPO/*Dörner* Art. 55 Rn. 2 annimmt, ist insb. mit Buchst. c nicht vereinbar, da die Erleichterung der Verständigung der Gerichte voraussetzt, dass es eine solche (untereinander) gibt; vgl. so auch MüKoFamFG/*Gottwald* Art. 55 Rn. 2.

(4) **Beschließt das nach den Artikeln 8 bis 15 zuständige Gericht die Unterbringung des Kindes in einer Pflegefamilie und soll das Kind in einem anderen Mitgliedstaat untergebracht werden und ist in diesem Mitgliedstaat für die innerstaatlichen Fälle der Unterbringung von Kindern die Einschaltung einer Behörde nicht vorgesehen, so setzt das Gericht die Zentrale Behörde oder eine zuständige Behörde dieses Mitgliedstaats davon in Kenntnis.**

1   Art. 56 regelt das Verfahren, wenn ein aufgrund der Art. 8 bis 15 tätig gewordenes Gericht eines Mitgliedstaats (Entscheidungsstaat) bezüglich eines Kindes über Unterbringungsmaßnahmen in einem anderen Mitgliedstaat (Unterbringungsstaat) beschließen will. Dabei ist das Verfahren nach den Absätzen 1 bis 3 immer einschlägig, wenn das Kind in einem Heim untergebracht werden soll; bei Unterbringung in einer Pflegefamilie hängt das Verfahren davon ab, ob das Recht des Unterbringungsstaates hierfür die notwendige Einschaltung einer Behörde vorsieht (dann Abs. 1 bis 3) oder nicht (dann Abs. 4). In Deutschland ist die Einschaltung einer Behörde bzw. des Familiengerichts stets vorgesehen (vgl. § 1631b BGB für die Heimunterbringung und § 44 SGB VIII für diejenige bei einer Pflegefamilie), so dass Abs. 4 hier keine Anwendung findet. Die Sanktion bei Verletzung der Verfahrensregeln nach Art. 56 findet sich im Anerkennungshindernis des Art. 23 lit. g.

2   Bei notwendiger Einschaltung einer Behörde im Unterbringungsstaat statuieren Abs. 1 bis 3 ein zweistufiges Verfahren zunächst der Konsultation während der Entscheidungsfindung des Gerichts (Abs. 1) und dann der Einholung der Zustimmung der zuständigen Behörde des Unterbringungsstaats vor Erlass der Entscheidung (Abs. 2). Der EuGH hat sich jüngst erstmals in einer Entscheidung schwerpunktmäßig mit dieser Zustimmung befasst und dabei ua klargestellt, dass das Gericht des Entscheidungsstaats die Zuständigkeit der Behörde im Unterbringungsstaat überprüfen darf, bei einer (nicht ausreichenden) Zustimmung nur des Heimes eine Heilung durch Zustimmung der zuständigen Behörde in Betracht kommt und im Falle der Verlängerung der Unterbringungsmaßnahmen erneut eine Zustimmung einzuholen ist.[1] Abs. 3 verweist für die Einzelheiten des Verfahrens auf das nationale Recht des Unterbringungsstaates.[2] In Deutschland sind diese Einzelheiten in den §§ 45 ff. IntFamRVG geregelt.

3   Die nach Abs. 1 vorgesehene Konsultation während der Entscheidungsfindung wird, nachdem die Bestimmung der tatsächlich zuständigen Behörde einem ausländischen Gericht regelmäßig Schwierigkeiten bereitet, praktisch meist über die Zentrale Behörde eingeleitet; das Gericht kann aber auch unmittelbar mit der zuständigen Behörde kommunizieren. Dies ist in Deutschland gem. § 45 IntFamRVG der überörtliche Träger der öffentlichen Jugendhilfe (also das Landesjugendamt) desjenigen Bundeslands, in welchem das Kind untergebracht werden soll, ersatzweise dasjenige des engsten örtlichen Bezugs und weiter ersatzweise des Landes Berlin.

4   Die Zustimmung der zunächst zu konsultierenden Behörde ist innerstaatlich in § 46 IntFamRVG geregelt. Danach findet eine nur eingeschränkte Prüfung daraufhin statt, ob die Unterbringung des Kindes gerade in Deutschland geboten

---

[1] Urt. v. 26.4.2012 – C-92/12 – *PPU*, FamRZ 2012, 1466, Rn. 67 ff., 134 ff. Zu dieser Entscheidung *Mansel/Thorn/Wagner* IPRax 2013, 1 (25 f.).

[2] Vgl. auch zu Ausmaß und Grenzen des Gestaltungsspielraums EuGH FamRZ 2012, 1466 Rn. 78 ff.

und durchführbar ist. Ferner ist die Übernahme der Kosten durch den Entscheidungsstaat nach § 46 Abs. 1 Nr. 6 IntFamRVG regelmäßige, aber nicht unabdingbare Voraussetzung. Für die Unterbringung im Heim sind ferner in § 46 Abs. 2 IntFamRVG zusätzliche Ablehnungsgründe vorgesehen, welche die Vereinbarkeit mit Art. 104 Abs. 2 S. 1 GG sicherstellen sollen.[3] Die Zustimmungserteilung muss schließlich gem. § 47 IntFamRVG durch das Familiengericht genehmigt werden; die Entscheidung ergeht als begründeter, aber unanfechtbarer Beschluss (§ 47 Abs. 3 IntFamRVG). Die funktionale und örtliche Zuständigkeit – Familiengericht am Sitz des OLG, in dessen Bezirk das Kind untergebracht werden soll – ist in §§ 14 Nr. 2 und 47 Abs. 2 IntFamRVG geregelt.

Soweit – nach der lex fori anderer Mitgliedstaaten – die Unterbringung des **5** Kindes in einer Pflegefamilie keine Einschaltung von Behörden erfordert, findet nach Abs. 4 lediglich ein Informationsverfahren statt. Die Zentrale Behörde oder die unmittelbar zuständige Behörde des fraglichen Mitgliedstaats werden von der Unterbringung dann lediglich in Kenntnis gesetzt.

Art. 57 Arbeitsweise

(1) **Jeder Träger der elterlichen Verantwortung kann bei der Zentralen Behörde des Mitgliedstaats, in dem er seinen gewöhnlichen Aufenthalt hat, oder bei der Zentralen Behörde des Mitgliedstaats, in dem das Kind seinen gewöhnlichen Aufenthalt hat oder in dem es sich befindet, einen Antrag auf Unterstützung gemäß Artikel 55 stellen. Dem Antrag werden grundsätzlich alle verfügbaren Informationen beigefügt, die die Ausführung des Antrags erleichtern können. Betrifft dieser Antrag die Anerkennung oder Vollstreckung einer Entscheidung über die elterliche Verantwortung, die in den Anwendungsbereich dieser Verordnung fällt, so muss der Träger der elterlichen Verantwortung dem Antrag die betreffenden Bescheinigungen nach Artikel 39, Artikel 41 Absatz 1 oder Artikel 42 Absatz 1 beifügen.**

(2) **Jeder Mitgliedstaat teilt der Kommission die Amtssprache(n) der Organe der Gemeinschaft mit, die er außer seiner/seinen eigenen Sprache(n) für Mitteilungen an die Zentralen Behörden zulässt.**

(3) **Die Unterstützung der Zentralen Behörden gemäß Artikel 55 erfolgt unentgeltlich.**

(4) **Jede Zentrale Behörde trägt ihre eigenen Kosten.**

Art. 57 enthält die nähere Ausgestaltung des in Art. 55 vorgesehenen Antrags **1** des Trägers der elterlichen Verantwortung auf Vermittlung bzw. Hilfestellung durch die Zentrale Behörde. Der Träger der elterlichen Verantwortung kann sich wahlweise an die Zentrale Behörde des Mitgliedstaats seines gewöhnlichen Aufenthalts oder diejenige am Ort des (gewöhnlichen oder schlichten) Aufenthalts des Kindes wenden. Abs. 1 S. 2 und 3 regeln die Mitwirkungsobliegenheiten des Antragstellers, insbesondere die Beifügung bereits ergangener Entscheidungen und im Falle der Hilfestellung bei Anerkennung und Vollstreckung die erforderlichen Bescheinigungen für Exequatur- bzw. unmittelbares Vollstreckungsverfahren umfassen (Abs. 1 S. 3). Der Antrag muss in einer der vom Mitgliedstaat zuge-

---

[3] S. Rauscher/*Rauscher* Art. 56 Rn. 5 u. iE die Gesetzesbegründung in BT-Drucks. 15/3981, 31.

lassenen Sprachen verfasst sein, die der Kommission gemäß Art. 67 Buchst. b mitgeteilt werden, bzw. in diese übersetzt werden. Im Fall Deutschlands können Anträge, die nicht in deutscher Sprache abgefasst oder in die deutsche Sprache übersetzt sind, gem. § 4 Abs. 1 IntFamRVG abgelehnt werden; bei ins Ausland übermittelten Anträgen veranlasst das Bundesjustizamt auf Kosten des Antragstellers die erforderliche Übersetzung, wenn dieser sie nicht beschafft (§ 5 Abs. 1 IntFamRVG). Im Übrigen werden Kosten weder gegenüber dem Antragsteller (Abs. 3) noch unter den Zentralen Behörden (Abs. 4) erhoben.

2   Das Tätigwerden des Bundesamts für Justiz ist nach § 3 Abs. 2 IntFamRVG Justizverwaltungsverfahren. Im Falle der Ablehnung eines Tätigwerdens kann gemäß § 8 IntFamRVG das OLG Köln angerufen werden, welches unanfechtbar entscheidet (Abs. 3).

Art. 58 Zusammenkünfte

(1) **Zur leichteren Anwendung dieser Verordnung werden regelmäßig Zusammenkünfte der Zentralen Behörden einberufen.**

(2) **Die Einberufung dieser Zusammenkünfte erfolgt im Einklang mit der Entscheidung 2001/470/EG über die Einrichtung eines Europäischen Justiziellen Netzes für Zivil- und Handelssachen.**

1   Art. 58 ist als Ergänzung zu Art. 54 zu verstehen und sieht im Sinne des dort statuierten Informationsaustauschs regelmäßige Zusammenkünfte der Zentralen Behörden im Rahmen des Justiziellen Netzes für Zivil- und Handelssachen (→ Art. 54 Rn. 1) vor.

Kapitel V. Verhältnis zu anderen Rechtsinstrumenten

Vorbemerkung vor Art. 59–63

Literatur: *Andrae*, Zur Abgrenzung des räumlichen Anwendungsbereichs von EheVO, MSA, KSÜ und autonomen IZPR/IPR, IPRax 2006, 82; *Roth*, Zur verbleibenden Bedeutung des deutsch-österreichischen Anerkennungs- und Vollstreckungsvertrags, IPRax 2013, 188; *Siehr*, Die Eheverordnung von 2003 und das MSA von 1961, FS Schwab, 2005, 1267; *Texeira de Sousa*, Ausgewählte Problem der Verordnung (EG) Nr. 2201/2003 und des Haager Übereinkommens vom 19.10.1996 über den Schutz des Kindes, FamRZ 2005, 1612.

Die Art. 59–63 regeln das Verhältnis der Brüssel IIa-VO zu anderen Rechtsin- **1** strumenten, insbesondere zu (zeitlich) vorangehenden völkerrechtlichen Verträgen, deren sachlicher Anwendungsbereich sich mit demjenigen der Brüssel IIa-VO überschneidet. Der den Vorschriften zugrunde liegende Grundsatz ist derjenige des Vorrangs der Brüssel IIa-VO zu kongruenten Anwendungsbereichen von völkerrechtlichen Verträgen; dieser Grundsatz wird in Art. 59 Abs. 1 für Verträge (nur) unter den Mitgliedstaaten und in den Art. 60–62 für die dort genannten multilateralen Übereinkommen formuliert. Ausnahmen im Sinne der vorrangigen Fortgeltung älterer völkerrechtlicher Verträge enthalten Art. 59 Abs. 2 und Art. 63. Diese Ausnahmen sind abschließend; für den Fall, dass es weitere Abkommen zwischen einem Mitgliedstaat und einem Drittstaat gäbe, die eine von der Brüssel IIa-VO abweichende Zuständigkeitsregel enthielten, ginge die Brüssel IIa-VO im Mitgliedstaat normenhierarchisch vor.

Nicht mehr explizit geregelt ist – anders als noch in Art. 39 Abs. 2 Brüssel II- **2** VO – die Frage des Neuabschlusses von Staatsverträgen. Das Verbot von Neuabschlüssen im Anwendungsbereich der Brüssel IIa-VO ergibt sich jedoch im Wege des Erst-recht-Schlusses aus den Art. 59 ff. und aus dem Wegfall des bisherigen Art. 39, der diese zur Ergänzung und Erleichterung der Durchführung der VO noch erlaubte.[1]

Nicht angesprochen ist das Verhältnis zu anderen EU-Verordnungen, insbeson- **3** dere zur Brüssel I-VO (ab 2015: Brüssel Ia-VO) und zur EuUntVO. Insoweit bestand jedoch auch kein Regelungsbedarf, da sich die sachlichen Anwendungsbereiche der Verordnungen nicht berühren (→ *Althammer* Vorb. Rn. 12).

Art. 59 Verhältnis zu anderen Rechtsinstrumenten

(1) **Unbeschadet der Artikel 60, 61, 62 und des Absatzes 2 des vorliegenden Artikels ersetzt diese Verordnung die zum Zeitpunkt des Inkrafttretens dieser Verordnung bestehenden, zwischen zwei oder mehr Mitgliedstaaten geschlossenen Übereinkünfte, die in dieser Verordnung geregelte Bereiche betreffen.**

(2)
a) **Finnland und Schweden können erklären, dass das Übereinkommen vom 6. Februar 1931 zwischen Dänemark, Finnland, Island, Norwe-**

---

[1] Rauscher/*Rauscher* Art. 59 Rn. 15. Sa *Hausmann* Rn. J 289.

gen und Schweden mit Bestimmungen des internationalen Verfahrensrechts über Ehe, Adoption und Vormundschaft einschließlich des Schlussprotokolls anstelle dieser Verordnung ganz oder teilweise auf ihre gegenseitigen Beziehungen anwendbar ist. Diese Erklärungen werden dieser Verordnung als Anhang beigefügt und im Amtsblatt der Europäischen Union veröffentlicht. Die betreffenden Mitgliedstaaten können ihre Erklärung jederzeit ganz oder teilweise widerrufen.

b) Der Grundsatz der Nichtdiskriminierung von Bürgern der Union aus Gründen der Staatsangehörigkeit wird eingehalten.

c) Die Zuständigkeitskriterien in künftigen Übereinkünften zwischen den in Buchstabe a) genannten Mitgliedstaaten, die in dieser Verordnung geregelte Bereiche betreffen, müssen mit den Kriterien dieser Verordnung im Einklang stehen.

d) Entscheidungen, die in einem der nordischen Staaten, der eine Erklärung nach Buchstabe a) abgegeben hat, aufgrund eines Zuständigkeitskriteriums erlassen werden, das einem der in Kapitel II vorgesehenen Zuständigkeitskriterien entspricht, werden in den anderen Mitgliedstaaten gemäß den Bestimmungen des Kapitels III anerkannt und vollstreckt.

(3) Die Mitgliedstaaten übermitteln der Kommission

a) eine Abschrift der Übereinkünfte sowie der einheitlichen Gesetze zur Durchführung dieser Übereinkünfte gemäß Absatz 2 Buchstaben a) und c),

b) jede Kündigung oder Änderung dieser Übereinkünfte oder dieser einheitlichen Gesetze.

I. Grundsatz der Ersetzung bestehender Übereinkünfte im Anwendungsbereich der Brüssel IIa-VO (Abs. 1)

1   Abs. 1 statuiert den Grundsatz, dass die Brüssel IIa-VO die im Zeitpunkt ihres Inkrafttretens gültigen völkerrechtlichen Vereinbarungen zwischen den Mitgliedstaaten „ersetzt". Dies ist, wie auch aus Art. 62 ersichtlich, so zu verstehen, dass die fraglichen Übereinkommen durch die Vorschriften der VO verdrängt werden, soweit die Anwendungsbereiche kongruent sind, aber in einem ggf. noch weitergehenden Anwendungsbereich fortbestehen. Der Vorrang der VO besteht ohne Rücksicht auf inhaltliche Gesichtspunkte; das Regime der Brüssel IIa-VO soll im Interesse der Einheitlichkeit ungeachtet zB der Günstigkeit seiner Vorschriften für die Anerkennung im Vergleich zu denjenigen des verdrängten Staatsvertrages gelten.[1] Die unter Art. 59 Abs. 1 fallenden Übereinkommen werden – anders als in der parallelen Regelung in Art. 69 der Brüssel I-VO – nicht aufgezählt, sondern allgemein als die „zwischen zwei oder mehr Mitgliedstaaten geschlossene(n) Übereinkünfte" definiert.

2   Der Vorrang der Brüssel IIa-VO (und das Verbot von Neuabschlüssen → Vor Art. 59 Rn. 2) gilt nur, soweit ihr eigener Anwendungsbereich reicht, und zwar in sachlicher, zeitlicher und räumlicher Hinsicht. In **sachlicher** Hinsicht ergibt sich

---

[1] Allg. Ansicht; Borrás-Bericht, ABl. EG 1998 C 221, 27, Rn. 115; *Geimer/Schütze* Art. 59 Rn. 2; Geimer/Schütze/*Bischoff* Art. 59 Rn. 3; Rauscher/*Rauscher* Art. 59 Rn. 2; Staudinger/*Spellenberg* Art. 59 Rn. 1.

diese – insoweit auch selbstverständliche – Einschränkung bereits aus dem Wortlaut („die in dieser Verordnung geregelten Bereiche") sowie aus Art. 62. Die gemäß Art. 1 der VO nicht erfassten Bereiche unterfallen also weiterhin etwaigen staatsvertraglichen Regelungen. In **zeitlicher** Hinsicht deutet der Wortlaut des Art. 59 die Beschränkung des Vorrangs – anders als die Vorläufervorschriften der Art. 36, 38 Abs. 2 Brüssel II-VO – nur noch an; sie ergibt sich aber aus den anderen Sprachfassungen[2] und im Umkehrschluss aus der abgestuften Regelung des Art. 64 selbst. Soweit diese für Verfahren bzw. Entscheidungen die Geltung der VO bzw. der Brüssel II-VO vorsieht, gilt auch der Vorrang dieser Instrumente.[3] In **räumlicher** Hinsicht gilt der Vorrang, soweit die Brüssel IIa-VO insoweit Geltung beansprucht, dh im Rahmen der Anerkennung und Vollstreckung (nur) für die Entscheidungen anderer Mitgliedstaaten und im Rahmen der Zuständigkeit in jedweder Hinsicht, soweit nicht die Art. 6 f. einen Rückgriff auf die lex fori des angerufenen Gerichts und damit auch die dort gültigen staatsvertraglichen Regelungen zulassen.[4]

Die aus deutscher Sicht von der Konkurrenz betroffenen Übereinkommen **3** sind die in Art. 69 Brüssel I-VO genannten Abkommen mit Italien,[5] Belgien,[6] Österreich,[7] dem Vereinigten Königreich,[8] Griechenland,[9] und den Niederlanden[10] sowie dasjenige mit Spanien.[11]

II. Ausnahmebestimmung für das Nordische Ehesachenübereinkommen vom 6.2.1931 (Abs. 2, 3)

Art. 59 Abs. 2 eröffnet Finnland und Schweden als Ausnahme von dem in **4** Art. 59 ff. statuierten Grundsatz die Möglichkeit, in den Beziehungen untereinander und zu den anderen nordischen Staaten anstelle der Brüssel IIa-VO weiterhin das Nordische Ehesachenübereinkommen zwischen Dänemark, Finnland, Island, Norwegen und Schweden vom 6.2.1931 anzuwenden. Die Erklärungen, mit denen Finnland und Schweden von dieser Möglichkeit Gebrauch gemacht haben,[12] sind in Anhang VI der VO abgedruckt; sie gelten bis zu ihrem Widerruf. Für künftige Übereinkünfte zwischen den genannten Staaten und damit auch für zukünftige Novellierungen des Nordischen Übereinkommens[13] ordnet Abs. 2 Buchst. c an, Konformität mit den Zuständigkeitskriterien der Brüssel IIa-VO herzustellen. Abs. 3 verpflichtet Finnland und Schweden, die Kommission über das Übereinkommen und dieses betreffende Entwicklungen durch Übermittlung der genannten Urkunden zu informieren.

---

[2] Vgl. *Hausmann* Rn. J 287.

[3] Rauscher/*Rauscher* Art. 59 Rn. 4 sowie Art. 62 Rn. 2.

[4] Vgl. so auch Rauscher/*Rauscher* Art. 59 Rn. 5 f.

[5] Deutsch-italienisches Abkommen v. 9.3.1936, RGBl. 1937 II 145.

[6] Deutsch-belgisches Abkommen v. 30.6. 1958, BGBl. 1959 II 766.

[7] Deutsch-österreichischer Vertrag v. 6.6.1959, BGBl. 1960 II 1246. Vgl. zu dessen verbleibender Bedeutung *Roth*, IPRax 2013, 188 zu öst. OGH Urt. v. 28.4.2011 – 1 Ob 44/11v, IPRax 2013, 182.

[8] Deutsch-britisches Abkommen v. 14.7.1960, BGBl. 1961 II 302.

[9] Deutsch-griechischer Vertrag v. 4.11.1961, BGBl. 1963 II 110.

[10] Deutsch-niederländischer Vertrag v. 30.8.1962, BGBl. 1965 II 27.

[11] Deutsch-spanischer Vertrag v. 14.11.1983, BGBl. 1987 II 35.

[12] Abl. EG 2001 L 58, 22.

[13] Geimer/Schütze/*Bischoff* Art. 59 Rn. 8.

5 Abs. 2 ist als Ausnahmevorschrift eng auszulegen; die Öffnung gilt demnach nicht für nicht ausdrücklich genannte Tatbestände.[14] Für den Anwendungsbereich stellt Buchst. b – in einer milderen Formulierung als die Vorgängervorschrift des Art. 36 Abs. 2 Buchst. b – klar, dass die Anwendung des Übereinkommens in Finnland und Schweden nicht zu einer Diskriminierung von EU-Bürgern führen darf (Art. 18, 20 AEUV), eine diskriminierende Vorschrift wäre also nicht anzuwenden.[15]

6 Die Konsequenzen aus der Durchbrechung der einheitlichen Zuständigkeitsregelung durch Abs. 2 für die Anerkennung und Vollstreckung zieht Buchst. d: Soweit die Anwendung VO-fremder Zuständigkeitsnormen zugelassen wird, ist auch nicht mehr „automatisch" anzuerkennen, sondern nur, soweit die in Anspruch genommene Zuständigkeit den Zuständigkeitskriterien der VO entspricht.[16] Letzteres kann folglich im betroffenen Mitgliedstaat auch überprüft werden. Dies entspricht der Überleitungsregelung für Entscheidungen aus Verfahren vor Geltung der Brüssel IIa-VO in Art. 64 Abs. 2, 4, so dass auch der Prüfungsumfang der gleiche ist (→ Art. 64 Rn. 9). Abweichungen sind insofern jedoch kaum noch denkbar, nachdem die Zuständigkeitsregeln der Brüssel II-VO im Jahr 2001 in das Nordische Übereinkommen übernommen worden sind.[17]

Art. 60 Verhältnis zu bestimmten multilateralen Übereinkommen

Im Verhältnis zwischen den Mitgliedstaaten hat diese Verordnung vor den nachstehenden Übereinkommen insoweit Vorrang, als diese Bereiche betreffen, die in dieser Verordnung geregelt sind:

a) Haager Übereinkommen vom 5. Oktober 1961 über die Zuständigkeit der Behörden und das anzuwendende Recht auf dem Gebiet des Schutzes von Minderjährigen,

b) Luxemburger Übereinkommen vom 8. September 1967 über die Anerkennung von Entscheidungen in Ehesachen,

c) Haager Übereinkommen vom 1. Juni 1970 über die Anerkennung von Ehescheidungen und der Trennung von Tisch und Bett, L 338/16 DE Amtsblatt der Europäischen Union 23.12.2003

d) Europäisches Übereinkommen vom 20. Mai 1980 über die Anerkennung und Vollstreckung von Entscheidungen über das Sorgerecht für Kinder und die Wiederherstellung des Sorgeverhältnisses und

e) Haager Übereinkommen vom 25. Oktober 1980 über die zivilrechtlichen Aspekte internationaler Kindesentführung.

---

[14] EuGH 27.11.2007 – C-433/06, Slg. 2007, I-10141 – C = IPRax 2008, 509 Rn. 59 ff. (für die Zusammenarbeit zwischen den nordischen Staaten auf dem Gebiet der Anerkennung und Vollstreckung von Verwaltungsentscheidungen über die Inobhutnahme und über die Unterbringung von Personen).

[15] Geimer/Schütze/*Bischoff* Art. 59 Rn. 10.

[16] Dies ist entgegen Staudinger/*Spellenberg* Art. 59 Rn. 8 auch im Hinblick darauf konsistent, dass ansonsten die Zuständigkeit auch dann nicht mehr überprüft wird, wenn das Gericht im Urteilsstaat in dem von Art. 6, 7 geöffneten Restbereich die lex fori angewandt hat. Denn auch insoweit ist – richtige Rechtsanwendung unterstellt – zumindest gewährleistet, dass die in Anspruch genommenen Zuständigkeiten der VO nicht *widersprechen*. Art. 59 Abs. 2 erlaubt demgegenüber andere Zuständigkeiten auch in demjenigen Bereich, in welchem die VO nach Art. 6, 7 Geltung beanspruchen würde. Vgl. wie hier auch Rauscher/*Rauscher* Art. 59 Rn. 13.

[17] Staudinger/*Spellenberg* Art. 59 Rn. 6.

Die Art. 60–62 formulieren den Grundsatz des Vorrangs der Brüssel IIa-VO, **1** der in Art. 59 Abs. 1 für Verträge unter den Mitgliedstaaten festgeschrieben wird, für die genannten multilateralen Übereinkommen im Verhältnis der Mitgliedstaaten untereinander. Soweit nunmehr – anders als nach der Brüssel II-VO – auch Vorrang gegenüber den genannten kindschaftsrechtlichen Übereinkommen angeordnet wird, wurden mit guten Gründen Zweifel an der rechtspolitischen Sinnhaftigkeit dieses Vorrangs geäußert, die sich jedoch nicht durchsetzen konnten.[1] Der nunmehr angeordnete Vorrang ist in der gleichen Weise zu verstehen wie im Rahmen des Art. 59, insbesondere ist er auf den zeitlich, sachlich und räumlich kongruenten Anwendungsbereich zwischen der Brüssel IIa-VO und den genannten Übereinkommen beschränkt (→ Art. 59 Rn. 1 f.). Hieraus folgt in sachlicher Hinsicht, dass zB die kollisionsrechtliche Regelung des MSA (Buchst. a), soweit dieses im Hinblick auf die fast vollständige Ablösung durch das KSÜ überhaupt noch zur Anwendung kommt,[2] auch im Verhältnis zur Brüssel IIa-VO anwendbar bleibt.[3] Das Europäische Sorgerechtsübereinkommen hingegen ist fast vollständig auf das Verhältnis zu den nicht zur EU gehörenden Vertragsstaaten und Dänemark reduziert.[4] Hinsichtlich des HKÜ ist der Vorrang insofern nicht umfassend, als die Brüssel IIa-VO in ihren Art. 10, 11 im Fall ihrer Anwendbarkeit ihrerseits das Verfahren nach dem HKÜ aufgreift und lediglich modifiziert.[5]

Der räumliche Vorrang ist – anders als nach Art. 61 gegenüber dem KSÜ – **2** gegenüber den hier genannten kindschaftsrechtlichen Übereinkommen nicht darauf beschränkt, dass das Kind seinen gewöhnlichen Aufenthalt in einem Mitgliedstaat der Brüssel IIa-VO hat. Dies bedeutet für die **Anerkennung und Vollstreckung** von Entscheidungen, dass sich diese für Entscheidungen aus einem Mitgliedstaat stets nach der Brüssel IIa-VO richten und das Anerkennungsregime des MSA in diesem Fall auch dann verdrängt wird, wenn das Kind seinen gewöhnlichen Aufenthalt in einem Mitgliedstaat dieses Übereinkommens hat.[6] Demgegenüber soll nach hM die **Zuständigkeitsregelung** des MSA vorrangig bleiben, wenn das Kind seinen gewöhnlichen Aufenthalt oder die Staatsangehörigkeit eines MSA-Staates hat, der nicht Mitgliedstaat der Brüssel IIa-VO ist. Gefolgert wird dies aus der Einschränkung des Anwendungsvorrangs auf das Verhältnis zwischen den Mitgliedstaaten.[7]

Letzteres erscheint sehr zweifelhaft: Bei dieser Auslegung wäre die ausdrückli- **3** che Einschränkung des Vorrangs auf den gewöhnlichen Aufenthalt des Kindes in einem Mitgliedstaat der Brüssel IIa-VO, die in Art. 61 für das Verhältnis zum KSÜ angeordnet wird, implizit bereits in Art. 60 enthalten und nur für Staaten

---

[1] Vgl. Rauscher/*Rauscher* Art. 60, 61 Rn. 2 f.; Staudinger/*Spellenberg* Art. 60 Rn. 2.

[2] Dies ist derzeit nur noch im Verhältnis zur Türkei und zu Macau der Fall; *Hausmann* Rn. B 255.

[3] Rauscher/*Rauscher* Art. 60, 61 Rn. 3 (zur gleichgelagerten Frage bezüglich des KSÜ). Vgl. zur umstrittenen Frage, inwieweit das Gleichlaufprinzip nach Art. 2 MSA bzw. Art. 15 Abs. 1 KSÜ anzuwenden ist, wenn die Zuständigkeit nicht aus diesen Übereinkommen, sondern aus der Brüssel IIa-VO abgeleitet wird, vgl. statt aller Palandt/*Thorn* Anh. Art. 24 EGBGB Rn. 21 mwN.

[4] S. ie *Hausmann* Rn. J 294.

[5] Vgl. auch *Hausmann* Rn. J 295.

[6] Rauscher/*Rauscher* Art. 60, 61 Rn. 7.

[7] OLG Stuttgart FamRZ 2013, 49; OLG Oldenburg FamRZ 2007, 1827; *Andrae* IPRax 2008, 82 (84); MüKoFamFG/*Gottwald* Art. 59, 60 Rn. 1; *Hausmann* Rn. B 255 f.; Rauscher/*Rauscher* Art. 60, 61 Rn. 6.

relevant, die weder dem KSÜ noch der Brüssel IIa-VO angehören.[8] Zudem kann das „Verhältnis zwischen den Mitgliedstaaten" sehr wohl auch dann betroffen sein, wenn das Kind seinen gewöhnlichen Aufenthalt in einem MSA-Staat hat, der nicht Mitgliedstaat der Brüssel IIa-VO ist, nämlich dann, wenn in einem Mitgliedstaat eine Entscheidung über diesen Minderjährigen getroffen wird, die dann aufgrund der Brüssel IIa-VO anzuerkennen ist. Die Frage hat allerdings fast keine Bedeutung mehr, da das MSA bereits fast vollständig durch das KSÜ ersetzt ist (Art. 51 KSÜ) und damit ohnehin Art. 61 einschlägig wird.

Art. 61 Verhältnis zum Haager Übereinkommen vom 19. Oktober 1996 über die Zuständigkeit, das anzuwendende Recht, die Anerkennung, Vollstreckung und Zusammenarbeit auf dem Gebiet der elterlichen Verantwortung und der Maßnahmen zum Schutz von Kindern

Im Verhältnis zum Haager Übereinkommen vom 19. Oktober 1996 über die Zuständigkeit, das anzuwendende Recht, die Anerkennung, Vollstreckung und Zusammenarbeit auf dem Gebiet der elterlichen Verantwortung und der Maßnahmen zum Schutz von Kindern ist diese Verordnung anwendbar,

a) wenn das betreffende Kind seinen gewöhnlichen Aufenthalt im Hoheitsgebiet eines Mitgliedstaats hat;

b) in Fragen der Anerkennung und der Vollstreckung einer von dem zuständigen Gericht eines Mitgliedstaats ergangenen Entscheidung im Hoheitsgebiet eines anderen Mitgliedstaats, auch wenn das betreffende Kind seinen gewöhnlichen Aufenthalt im Hoheitsgebiet eines Drittstaats hat, der Vertragspartei des genannten Übereinkommens ist.

1   Art. 61 gleicht in Funktion und grundsätzlichem Regelungsgehalt Art. 60 (→ Art. 60 Rn. 1) und schreibt diesen in modifizierter Form für das Verhältnis der VO zum KSÜ fort. Der Unterschied zur Regelung des Vorrangs gegenüber den in Art. 60 genannten Übereinkommen liegt darin, dass in Art. 61 klargestellt wurde, dass der Vorrang der Brüssel IIa-VO gegenüber dem KSÜ nur dann besteht, wenn das Kind seinen gewöhnlichen Aufenthalt in einem Mitgliedstaat der Brüssel IIa-VO hat (Buchst. a).[1] Diese Einschränkung gilt allerdings nach Buchst. b wiederum nicht, wenn es um die Anerkennung und Vollstreckung von Entscheidungen geht: Hier gilt das Regime der VO, wenn es sich um die Entscheidung eines anderen Mitgliedstaats handelt, auch dann vorrangig, wenn das betreffende Kind seinen gewöhnlichen Aufenthalt nicht in einem Mitgliedstaat hat. Der kollisionsrechtliche Gehalt des KSÜ bleibt – wie derjenige des MSA im Rahmen von Art. 60 (→ Art. 60 Rn. 1) – von der Brüssel IIa-VO ohnehin unberührt.[2]

---

[8] So auch Geimer/Schütze/*Bischoff* Art. 60 Rn. 4.

[1] Dabei genügt es aufgrund des damit verbundenen Wegfalls der Zuständigkeit nach KSÜ, wenn der gewöhnliche Aufenthalt erst während des Verfahrens in den Anwendungsbereich der Brüssel IIa-VO verlegt wird, während umgekehrt aber aufgrund der nach der Brüssel IIa-VO gegebenen *perpetuatio fori* ein Wegzug während des Verfahrens den Vorrang nicht beendet; vgl. hierzu iE *Hausmann* Rn. B 259 f. mwN.

[2] S. etwa OLG Karlsruhe FamRZ 2013, 1238.

Art. 62 Fortbestand der Wirksamkeit

(1) Die in Artikel 59 Absatz 1 und den Artikeln 60 und 61 genannten Übereinkünfte behalten ihre Wirksamkeit für die Rechtsgebiete, die durch diese Verordnung nicht geregelt werden.

(2) Die in Artikel 60 genannten Übereinkommen, insbesondere das Haager Übereinkommen von 1980, behalten vorbehaltlich des Artikels 60 ihre Wirksamkeit zwischen den ihnen angehörenden Mitgliedstaaten.

Art. 62 regelt nochmals ausdrücklich die – an sich selbstverständliche und im Umkehrschluss auch bereits in den Formulierungen der Art. 59 und 60 enthaltene – Beschränkung des Anwendungsvorrangs der Brüssel IIa-VO auf denjenigen Bereich, der **sachlich** (Abs. 1) und **räumlich** (Abs. 2) von der VO erfasst wird. Abs. 2 ist sprachlich missglückt und kann sinnvollerweise nur so verstanden werden, dass die in Art. 60 genannten Übereinkommen ihre Wirksamkeit im Verhältnis zwischen den *Vertrags*staaten *im Übrigen* (dh außerhalb des Verhältnisses der Mitgliedstaaten der VO untereinander) behalten. Ein besonderer Regelungsgehalt der Hervorhebung des HKÜ lässt sich der Vorschrift oder dem Kontext nicht entnehmen.[1] Nicht mehr ausdrücklich angesprochen ist die Beschränkung des Anwendungsvorrangs auf den **zeitlichen** Geltungsanspruch, der sich aber indirekt aus Art. 64 ergibt (→ Art. 59 Rn. 2). 1

Art. 63 Verträge mit dem Heiligen Stuhl

(1) Diese Verordnung gilt unbeschadet des am 7. Mai 1940 in der Vatikanstadt zwischen dem Heiligen Stuhl und Portugal unterzeichneten Internationalen Vertrags (Konkordat).

(2) Eine Entscheidung über die Ungültigkeit der Ehe gemäß dem in Absatz 1 genannten Vertrag wird in den Mitgliedstaaten unter den in Kapitel III Abschnitt 1 vorgesehenen Bedingungen anerkannt.

(3) Die Absätze 1 und 2 gelten auch für folgende internationalen Verträge (Konkordate) mit dem Heiligen Stuhl:
a) Lateranvertrag vom 11. Februar 1929 zwischen Italien und dem Heiligen Stuhl, geändert durch die am 18. Februar 1984 in Rom unterzeichnete Vereinbarung mit Zusatzprotokoll,
b) Vereinbarung vom 3. Januar 1979 über Rechtsangelegenheiten zwischen dem Heiligen Stuhl und Spanien,
c) Vereinbarung zwischen dem Heiligen Stuhl und Malta über die Anerkennung der zivilrechtlichen Wirkungen von Ehen, die nach kanonischem Recht geschlossen wurden, sowie von diese Ehen betreffenden Entscheidungen der Kirchenbehörden und –gerichte, einschließlich des Anwendungsprotokolls vom selben Tag, zusammen mit dem zweiten Zusatzprotokoll vom 6. Januar 1995.

(4) Für die Anerkennung der Entscheidungen im Sinne des Absatzes 2 können in Spanien, Italien oder Malta dieselben Verfahren und Nachprü-

---

[1] Vgl. ausführlich zur verfehlten Formulierung und möglichen Auslegungen, die aber der Norm sämtlich keinen weitergehenden Regelungsgehalt verleihen, Rauscher/*Rauscher* Art. 62 Rn. 3 f. Vgl. auch *Andrae* IPRax 2006, 82 (83), die auf Erwägungsgrund 17 der VO verweist und die Regelung des Art. 62 ebenfalls als „unglücklich geraten" bezeichnet.

fungen vorgegeben werden, die auch für Entscheidungen der Kirchengerichte gemäß den in Absatz 3 genannten internationalen Verträgen mit
dem Heiligen Stuhl gelten.

(5) Die Mitgliedstaaten übermitteln der Kommission
a) eine Abschrift der in den Absätzen 1 und 3 genannten Verträge,
b) jede Kündigung oder Änderung dieser Verträge.

1   Art. 63 enthält – wie Art. 59 Abs. 2 – eine echte Ausnahme von dem Grundsatz
des Vorrangs der Brüssel IIa-VO vor älteren völkerrechtlichen Vereinbarungen,
indem den genannten südeuropäischen Staaten gestattet wird, die VO „unbeschadet" ihrer bestehenden völkerrechtlichen Verpflichtungen aus den genannten
jeweiligen Vereinbarungen mit dem Heiligen Stuhl (Konkordaten) anzuwenden.
Für Italien, Spanien und Portugal enthielt bereits die Brüssel II-VO in ihrem
Art. 40 eine entsprechende Öffnung, die in die Brüssel IIa-VO übernommen
und kurz nach ihrem Inkrafttreten auf Malta erstreckt wurde.[1] Die Konkordate
enthalten einerseits Regelungen zur Zuständigkeit kirchlicher Gerichte für die
Ungültigerklärung und andererseits Kataloge von Ungültigkeitsgründen für nach
katholischem Ritus geschlossene Ehen mit ziviler Anerkennung (Konkordatsehen), während die Scheidung durch staatliche Gerichte von ihnen und damit auch
von Art. 63 unberührt bleibt. Art. 63 führt hinsichtlich der betroffenen Ehen zu
einer „ungleichgewichtigen" Anwendung der Verordnung dergestalt, dass die
genannten Mitgliedstaaten abweichend von der VO die Anerkennung der Ungültigerklärung einer Ehe aus einem anderen Mitgliedstaat versagen können, wenn
die Anerkennung die Bestimmungen des Konkordats verletzt, während die anderen Mitgliedstaaten die Ungültigerklärungen von Konkordatsehen, die in den
genannten Mitgliedstaaten durch kirchliche Gerichte ausgesprochen worden sind,
nach den im jeweiligen Staat gültigen Bedingungen anerkennen (Abs. 2, 3).[2]
Wegen der unterschiedlichen Ausprägung der Konkordate ist zu
unterscheiden zwischen dem im Abs. 1, 2 und 4 geregelten Fall Portugals einerseits
und dem Fall Italiens, Spaniens und Maltas (Abs. 3) andererseits:

2   Die Vereinbarungen zwischen Portugal und dem Heiligen Stuhl sehen eine
ausschließliche Zuständigkeit der kirchlichen Gerichte für die *Ungültigerklärung*
katholischer Ehen vor, während die staatlichen Gerichte die Scheidung von Ehen
aussprechen können. Die Entscheidungen der Kirchengerichte werden ohne weitere Überprüfung bestätigt und vollstreckt.[3] Einer Entscheidung über die Ungültigkeit einer unter das Konkordat fallenden Ehe, die durch ein Gericht eines
anderen Mitgliedstaats ausgesprochen wurde, kann demnach in Portugal die Anerkennung nicht nur wegen Verletzung des Katalogs der Ungültigkeitsgründe, sondern auch wegen Verletzung der ausschließlichen Zuständigkeit der Kirchengerichte versagt werden.[4] Umgekehrt sind portugiesische Entscheidungen auch der

---

[1] Vgl. die ÄnderungsVO Nr. 2116/2004 v. 2.12.2004, Abl. EU 2004 L 367, 1. Art. 63
galt gemäß Art. 2 dieser Verordnung ab dem 1.3.2005 und damit von Beginn seiner Geltung
überhaupt (Art. 72) in der geänderten Form.

[2] Die Anerkennungspflicht gilt nur für Ungültigerklärungen, nicht für antragsabweisende
Entscheidungen; vgl. *Kohler* NJW 2001, 10 (14); *Geimer/Schütze* Art. 63 Rn. 7; Rauscher/
Rauscher Art. 63 Rn. 7.

[3] Art. XXV bzw. XXIV des Konkordats zwischen dem Heiligen Stuhl und Portugal v.
7.5.1940 idF vom 4.4.1975, Art. 1625 f. port. CC; vgl. Rauscher/*Rauscher* Art. 63 Rn. 2.

[4] Borrás-Bericht, ABl. EG 1998 C 221, 27, Rn. 120; *Geimer/Schütze* Art. 63 Rn. 5; Rau-
scher/*Rauscher* Art. 63 Rn. 6.

Kirchengerichte in den anderen Mitgliedstaaten, darunter Deutschland, nach den Bestimmungen der VO, dh ohne inhaltliche Überprüfung, anzuerkennen (Abs. 2; zu Besonderheiten für Italien, Spanien und Malta nach Abs. 4 → Rn. 4).

Die Konkordatsverträge Italiens, Spaniens und Maltas mit dem Heiligen Stuhl **3** unterscheiden sich von demjenigen Portugals in zwei wesentlichen Punkten: Zum einen ist die Zuständigkeit der Kirchengerichte für die Ungültigerklärung keine ausschließliche (mehr), zum anderen gilt die Entscheidung der Kirchengerichte in allen drei Staaten nicht ohne weiteres, sondern – ähnlich einem ausländischen Urteil – erst nach Überprüfung in einem Verfahren vor staatlichen Gerichten (Delibationsverfahren).[5] Dies bedeutet, dass eine Nichtanerkennung der Entscheidung eines anderen Mitgliedstaats in Italien, Spanien und Malta nur in Betracht kommt, wenn diese auf einen mit dem jeweiligen Konkordat unvereinbaren Ungültigkeitsgrund gestützt wurde. Die Anerkennung in umgekehrter Richtung nach Abs. 2 setzt, weil die kirchengerichtliche Entscheidung ansonsten keine Rechtswirksamkeit hat, ein im Konkordatsstaat durchgeführtes Delibationsverfahren voraus.

Den nach ihren Konkordaten bestehenden Delibationsvorbehalt können – was **4** bislang allerdings nicht geschehen ist – Italien, Spanien und Malta abweichend von der Regel des Abs. 2 auch gegenüber Entscheidungen aus Portugal geltend machen. Dies ist zwar insofern einleuchtend, als sich die genannten Staaten gegenüber dem Heiligen Stuhl nicht zu mehr verpflichtet haben, aber andererseits insofern schwer nachvollziehbar, als alle anderen Mitgliedstaaten, die diesbezüglich gar keine völkerrechtliche Verpflichtung gegenüber dem Heiligen Stuhl haben, kraft Abs. 2 zur nachprüfungslosen Anerkennung der portugiesischen kirchengerichtlichen Entscheidungen verpflichtet sind.[6]

---

[5] Vgl. für Italien Art. 8 Abs. 2, 34 des Konkordats v. 27.5.1929 idF v. 18.2.1984 (Lateranvertrag). Die Konkordatsehe ist hier erst nach Eintragung in das Personensstandsregister (transcrizione) wirksam. Spanien: Art. VI Abs. 2 des Konkordats v. 3.1.1979 iVm Art. 80 span. CC. Malta: Art. 5 des Konkordats vom 3.2.1993 mit Protokollen vom selben Tag und vom 6.1.1995. S. ie auch Rauscher/*Rauscher* Art. 63 Rn. 2 ff.

[6] Geimer/Schütze/*Bischoff* Art. 63 Rn. 7; Rauscher/*Rauscher* Art. 63 Rn. 8.

Kapitel VI. Übergangsvorschriften

Art. 64

(1) Diese Verordnung gilt nur für gerichtliche Verfahren, öffentliche Urkunden und Vereinbarungen zwischen den Parteien, die nach Beginn der Anwendung dieser Verordnung gemäß Artikel 72 eingeleitet, aufgenommen oder getroffen wurden.

(2) Entscheidungen, die nach Beginn der Anwendung dieser Verordnung in Verfahren ergangen sind, die vor Beginn der Anwendung dieser Verordnung, aber nach Inkrafttreten der Verordnung (EG) Nr. 1347/2000 eingeleitet wurden, werden nach Maßgabe des Kapitels III der vorliegenden Verordnung anerkannt und vollstreckt, sofern das Gericht aufgrund von Vorschriften zuständig war, die mit den Zuständigkeitsvorschriften des Kapitels II der vorliegenden Verordnung oder der Verordnung (EG) Nr. 1347/2000 oder eines Abkommens übereinstimmen, das zum Zeitpunkt der Einleitung des Verfahrens zwischen dem Ursprungsmitgliedstaat und dem ersuchten Mitgliedstaat in Kraft war.

(3) Entscheidungen, die vor Beginn der Anwendung dieser Verordnung in Verfahren ergangen sind, die nach Inkrafttreten der Verordnung (EG) Nr. 1347/2000 eingeleitet wurden, werden nach Maßgabe des Kapitels III der vorliegenden Verordnung anerkannt und vollstreckt, sofern sie eine Ehescheidung, Trennung ohne Auflösung des Ehebandes oder Ungültigerklärung einer Ehe oder eine aus Anlass eines solchen Verfahrens in Ehesachen ergangene Entscheidung über die elterliche Verantwortung für die gemeinsamen Kinder zum Gegenstand haben.

(4) Entscheidungen, die vor Beginn der Anwendung dieser Verordnung, aber nach Inkrafttreten der Verordnung (EG) Nr. 1347/2000 in Verfahren ergangen sind, die vor Inkrafttreten der Verordnung (EG) Nr. 1347/2000 eingeleitet wurden, werden nach Maßgabe des Kapitels III der vorliegenden Verordnung anerkannt und vollstreckt, sofern sie eine Ehescheidung, Trennung ohne Auflösung des Ehebandes oder Ungültigerklärung einer Ehe oder eine aus Anlass eines solchen Verfahrens in Ehesachen ergangene Entscheidung über die elterliche Verantwortung für die gemeinsamen Kinder zum Gegenstand haben und Zuständigkeitsvorschriften angewandt wurden, die mit denen des Kapitels II der vorliegenden Verordnung oder der Verordnung (EG) Nr. 1347/2000 oder eines Abkommens übereinstimmen, das zum Zeitpunkt der Einleitung des Verfahrens zwischen dem Ursprungsmitgliedstaat und dem ersuchten Mitgliedstaat in Kraft war.

Literatur: *Hess*, Die intertemporale Anwendung des europäischen Zivilprozessrechts in den EU-Beitrittsstaaten, IPRax 2004, 374.

I. Allgemeines; Begriffsbestimmungen

1   Das Kapitel VI bestimmt mit seinem einzigen Artikel 64 den intertemporalen Anwendungsbereich der Brüssel IIa-VO. Die grundsätzliche Regelungstechnik

entspricht derjenigen der Brüssel I-VO (Art. 66) bzw. des EuGVÜ (Art. 54) sowie der Vorgängernorm in der Brüssel II-VO (Art. 42). Im Hinblick auf die Aufhebung der Brüssel II-VO durch Art. 71 war vor allem dafür zu sorgen, dass Entscheidungen aus Verfahren unter ihrer Geltung in das neue Anerkennungs- und Vollstreckungsregime überführt werden. Dabei war aber wiederum zu berücksichtigen, dass die Brüssel II-VO zwar ein weitgehend identisches Zuständigkeits- und Anerkennungsregime für Ehesachen enthielt, ihr sachlicher Anwendungsbereich jedoch im Unterschied zur Brüssel IIa-VO selbständige Verfahren im Bereich der elterlichen Sorge nicht umfasste. Die Regelung versucht dem Rechnung zu tragen, indem dem in Abs. 1 formulierten – und für das Zuständigkeitsregime uneingeschränkt geltenden – Grundsatz, dass die Brüssel IIa-VO nur Neuverfahren erfasst (II.), in Abs. 2–4 eine differenzierte Regelung für die Anerkennung und Vollstreckung von Entscheidungen aus Verfahren an die Seite gestellt wird, die teilweise oder ganz unter Geltung der Brüssel II-VO geführt wurden (III.). Mit diesem Mechanismus wird – unter den erforderlichen Anpassungen – zugleich die Geltung der VO für neue Beitrittsstaaten geregelt (IV.).

Art. 64 nimmt die zeitliche Abgrenzung anhand der Begriffe der **Einleitung** 2 **des Verfahrens** einerseits und des **Ergehens einer Entscheidung** andererseits vor. Um einen einheitlichen zeitlichen Anwendungsbereich der VO in allen Mitgliedstaaten zu gewährleisten, sind diese Begriffe nach Möglichkeit einheitlich auszulegen und verordnungsautonom zu bestimmen. Für den Zeitpunkt der **Einleitung des Verfahrens** ist dies ohne weiteres möglich, indem auf Art. 16 zurückgegriffen und damit der Eingang des verfahrenseinleitenden Schriftstücks bei Gericht als maßgeblicher Zeitpunkt bestimmt wird. Der Regelungsgehalt des Art. 16 ist unmittelbar berührt, wenn konkurrierende Verfahren im fraglichen Zeitraum um den 1.3.2005 begonnen wurden, und auch im Übrigen ist kein Grund ersichtlich, insoweit auf die lex fori abzustellen und durch etwaige Unterschiede zum Verständnis der Verfahrenseinleitung oder des Zustellungszeitpunkts die Gefahr eines uneinheitlichen zeitlichen Geltungsbereichs der VO zu schaffen. Der EuGH hat daher zu Recht für die Anwendung des Art. 64 bereits auf die Vorschrift zurückgegriffen.[1]

Schwieriger ist die Bestimmung des Zeitpunkts des **Ergehens einer Entschei-** 3 **dung,** der für die Abs. 2–4 der maßgebliche Fixpunkt ist. Da es insoweit an einer Regelung in der VO fehlt, aus der ein autonomer Begriff hierfür entwickelt werden könnte, kann zur Ausfüllung des Begriffs nur auf die jeweilige lex fori zurückgegriffen werden. Dies bedeutet indes nicht, dass sich aus der VO keine Vorgaben für das Begriffsverständnis ableiten ließen. So ist es aus Gründen der einheitlichen Anwendung jedenfalls geboten, autonom-einheitlich darüber zu entscheiden, ob es auf das Wirksamwerden der Entscheidung oder die Rechtskraft ankommt. Auch diesbezüglich hat der EuGH, indem er auf die „Verkündung" des Urteils abgestellt hat, bereits implizit eine Entscheidung – zugunsten einer einheitlichen Bestimmung im ersten Sinne – getroffen.[2]

---

[1] EuGH 16.7.2009 – C-168/08, Slg. 2009, I-6871 – Hadadi/Mesko = FamRZ 2009, 1571 Rn. 31; ebenso für die parallele Frage bei Art. 66 Brüssel I-VO BGH NJW 2004, 1652 (1653). Für die bereits zuvor hM in der Literatur und die Gegenansicht (Maßgeblichkeit der lex fori) s. *Hausmann* Rn. A 164 mwN.

[2] EuGH 16.7.2009 – C-168/08, Slg. 2009, I-6871 – Hadadi/Mesko = FamRZ 2009, 1571 Rn. 28. Für den Zeitpunkt des Wirksamwerdens auch Geimer/Schütze/*Dilger* Art. 64 Rn. 9; Rauscher/*Rauscher* Art. 64 Rn. 10; *Wagner* IPRax 2001, 73 (80); aA (Rechtskraft) Staudinger/*Spellenberg* Art. 64 Rn. 15; wohl auch *Geimer/Schütze* Art. 64 Rn. 3.

II. Grundsatz der Anwendung nur auf Neuverfahren

4   Der Grundsatz der intertemporalen Geltung der Brüssel IIa-VO wird in Abs. 1 formuliert: Grundsätzlich kommen ihre Regelungen nur für Neu-Verfahren zur Anwendung, die nach dem 1.3.2005 (Art. 72) eingeleitet wurden. Der Grundsatz des Abs. 1 gilt zunächst für die **Zuständigkeitsregeln** des II. Kapitels der VO. Da insoweit in Abs. 2–4 keine Abweichungen vorgesehen und solche auch nicht erforderlich sind, sind auf vor dem 1.3.2005 bereits eingeleitete und erst recht auf vor diesem Datum abgeschlossene Verfahren einschränkungslos die zuvor geltenden Vorschriften anzuwenden, dh aus deutscher Sicht für Ehesachen diejenigen der Brüssel II-VO und für Sorgerechtssachen meist das MSA.[3] Die darin liegende Abweichung vom Grundsatz der Maßgeblichkeit des Zeitpunkts der letzten mündlichen Verhandlung ergibt sich aus der vorrangigen europarechtlichen Bestimmung durch Art. 64 ebenso wie nach dem Grundsatz der *perpetuatio fori* für eine zuvor bereits bestehende Zuständigkeit.[4] Ebenso ist für den Fall einer fehlenden Zuständigkeit zu entscheiden; im Hinblick auf die Eventualität konkurrierender Anträge und Art. 19 erschiene es verfehlt, eine Heilung für den Fall anzunehmen, dass erst durch die Brüssel IIa-VO eine Zuständigkeit entstanden ist.[5] Die praktische Bedeutung der Frage ist infolge der Identität der eherechtlichen Zuständigkeiten und der weitgehenden Übereinstimmung mit den kindschaftsrechtlichen Staatsverträgen ohnehin gering. Soweit weiterhin zuständigkeitsrechtlich auf die Brüssel II-VO abzustellen ist, gelten innerstaatlich gemäß Art. 55 IntFamRVG die Bestimmungen dieses Gesetzes entsprechend, da davon abgesehen wurde, das AVAG allein für die Übergangsfälle in Kraft zu belassen.[6]

5   Eine Besonderheit ergibt sich bei der Anwendung der **Zuständigkeitskonfliktregelung** (Art. 19) der Brüssel IIa-VO. Ihre Anwendung ist unproblematisch für Verfahren, die nach dem 1.3.2005 eingeleitet wurden, sie muss zeitlich aber weiter zurückreichen. Denn die Zuständigkeitskonflikte werden mit Blick auf die Anerkennung und Vollstreckung der aus den fraglichen Verfahren resultierenden Entscheidungen geregelt (vgl. Art. 22 Buchst. d, 23 Buchst. f), so dass die Regelung auch all diejenigen noch laufenden Verfahren erfassen muss, die gem. Abs. 2 in das Anerkennungs- und Vollstreckungssystem der Brüssel IIa-VO übergeleitet werden (die Absätze 3 und 4 betreffen abgeschlossene Verfahren, so dass sie nicht in Betracht kommen).[7] Art. 19 ist demnach auch anwendbar auf am 1.3.2005 *noch* anhängige, aber zuvor eingeleitete Verfahren unter der Voraussetzung, dass die aus ihnen resultierende Entscheidung gem. Abs. 2 nach der Brüssel IIa-VO anerkennungs- und vollstreckungsfähig ist. Da dies eine Überprüfung der Zuständigkeit voraussetzt, muss das Zweitgericht bei Konkurrenz mit einem derartigen Verfahren ausnahmsweise die Zuständigkeit des Erstgerichts nach den Erfordernis-

---

[3] So zutr. die frz. Cass. civ. 1ère, Urt. v. 22.2.2005, D 2005, 666; aus der deutschen Rspr. KG IPRspr. 2007 Nr. 163; unrichtig hingegen OLG München IPRspr. 2005 Nr. 198.

[4] S. allg. → Vor Art. 3 Rn. 7 und speziell in diesem Zusammenhang Staudinger/*Spellenberg* Art. 64 Rn. 5.

[5] S. ausführlich zur parallelen Frage bei Prüfung der Zuständigkeit → Art. 3 Rn. 24 f. Gegen eine Heilung auch Geimer/Schütze/*Dilger* Art. 64 Rn. 2; dafür *Geimer/Schütze* Art. 64 Rn. 5; Staudinger/*Spellenberg* Art. 64 Rn. 6.

[6] Vgl. die Gesetzesbegründung BT-Drs. 15/3981, 32.

[7] Rauscher/*Rauscher* Art. 64 Rn. 20.

sen des Abs. 2 überprüfen (→ Rn. 9). Liegen die Voraussetzungen vor, ist weiter nach Art. 19 zu verfahren.[8]

Was die **Anerkennungs- und Vollstreckungsvorschriften** betrifft, so kom- 6 men die Vorschriften der Brüssel IIa-VO gemäß Abs. 1 zur Anwendung auf Verfahren, die nach dem 1.3.2005 eingeleitet wurden, während für alle anderen Verfahren die Abs. 2–4 einschlägig sind. Vollstreckbare Vereinbarungen und öffentliche Urkunden fallen unter die Brüssel IIa-VO, wenn sie ab diesem Tag geschlossen bzw. aufgenommen wurden.[9]

III. Regeln für die Anerkennung und Vollstreckung von Entscheidungen aus Verfahren im Geltungsbereich der Brüssel II-VO (Abs. 2–4)

Die Abs. 2–4 gewährleisten die wegen der Aufhebung der Brüssel II-VO 7 (Art. 71) erforderliche Überleitung von Verfahren, die mindestens teilweise im zeitlichen Geltungsbereich der Brüssel II-VO geführt wurden, in das Anerkennungs- und Vollstreckungsregime der Brüssel IIa-VO. Für diesen Zweck wird unterschieden zwischen Verfahren, die im zeitlichen Geltungsbereich der Brüssel II-VO begonnen, aber erst unter Geltung der Brüssel IIa-VO entschieden wurden (Überleitungsverfahren, Abs. 2, nachfolgend 1.), solchen, die von Einleitung bis Entscheidung in den Geltungsbereich der Brüssel II-VO fallen (Brüssel II-Verfahren, Abs. 3, nachfolgend 2.) und solchen, die bereits vor Geltung der Brüssel II-VO eingeleitet und unter ihrer Geltung entschieden wurden (Brüssel II-Überleitungsverfahren, Abs. 4, nachfolgend 3.). Aus der Regelung ergibt sich implizit auch die Behandlung der Altverfahren (4.), während einige Lücken in der Anwendung nicht bedacht wurden und durch analoge Anwendung der Abs. 2–4 zu schließen sind (5.).

1. Entscheidungen unter der Brüssel IIa-VO aus unter Geltung der Brüssel II-VO eingeleiteten Verfahren (Überleitungsverfahren)

Abs. 2 erfasst jene Verfahren, die im zeitlichen Geltungsbereich der Brüssel II- 8 VO, also nach dem 1.3.2001 (Art. 42 Abs. 1, 46 Brüssel II-VO) eingeleitet wurden, aber deren Abschluss durch die anzuerkennende und zu vollstreckende Entscheidung bereits im zeitlichen Geltungsbereich der Brüssel IIa-VO erfolgte („Überleitungsverfahren"). Die Anerkennung und Vollstreckung dieser Entscheidungen erfolgt regelmäßig bereits nach den Vorschriften der Brüssel IIa-VO, nämlich immer dann, wenn das erkennende Gericht aufgrund von Vorschriften zuständig war, die mit dem Zuständigkeitsregime der Brüssel IIa-VO, demjenigen der

---

[8] Geimer/Schütze/*Dilger* Art. 64 Rn. 5; Rauscher/*Rauscher* Art. 64 Rn. 22; Staudinger/*Spellenberg* Art. 64 Rn. 13. Dies entspricht der Rechtsprechung des EuGH schon zur intertemporalen Anwendung des Art. 21 EuGVÜ, vgl. EuGH 9.10.1997 – C-163/95, Slg. 1995 I, 5451 – von Horn/Cinnamond; ebenso für die Brüssel I-VO öst. OGH Urt. v. 9.9.2002 – 7 Ob 188/02a, IPRax 2003, 456 (457) m. zust. Anm. *Hau* 461. Soweit das erste Gericht noch nicht über seine Zuständigkeit entschieden hat, soll Art. 19 nur vorläufig angewandt werden; vgl. EuGH aaO Rn. 22; Geimer/Schütze/*Dilger* Art. 64 Rn. 5; MüKoFamFG/*Gottwald* Art. 64 Rn. 4; *Hausmann* Rn. A 167.

[9] MüKoFamFG/*Gottwald* Art. 64 Rn. 2.

Brüssel II-VO oder demjenigen eines zwischen Entscheidungs- und Anerkennungs-/Vollstreckungsstaat damals gültigen Abkommens übereinstimmen. Dies bedeutet, dass Entscheidungen, die in **Ehesachen** im räumlichen Geltungsbereich der Brüssel II-VO ergangen sind, ohne weiteres nach der Brüssel IIa-VO anerkannt und vollstreckt werden, was wegen des übereinstimmenden Zuständigkeitsregimes auch folgerichtig ist. Aber auch bei selbständigen **Sorgerechtsentscheidungen** ist die genannte Voraussetzung bei Entscheidungen aus Mitgliedstaaten – aufgrund des MSA – regelmäßig gegeben, so dass auch insoweit eine Anerkennung und Vollstreckung nach den Vorschriften der Brüssel IIa-VO einschließlich der Art. 40 ff.[10] stattfindet.

9   Die Voraussetzung des Abs. 2, dh die Zuständigkeit des Erstgerichts nach den genannten Bestimmungen, ist vom Zweitgericht abweichend von Art. 24 und 31 Abs. 2 zu prüfen. Dies erscheint merkwürdig für Entscheidungen aus Verfahren, die bereits vollständig im – auch sachlichen und räumlichen – Geltungsbereich der Brüssel II-VO stattgefunden haben, da eine derartige Überprüfung bei Fortgeltung der Brüssel II-VO nach deren Art. 17 nicht stattgefunden hätte und eine solche folgerichtig für vollständig unter der Brüssel II-VO geführte Verfahren (Abs. 3) nicht vorgesehen ist. Der Verordnungsgeber hat jedoch insoweit in Abs. 2 nicht differenziert und nach dem Wortlaut („... zuständig *war*") eine Prüfung vorgesehen, die jedenfalls für die zuvor nicht im Geltungsbereich der Brüssel II-VO befindlichen Verfahren auch unabdingbar ist. Zu prüfen ist im Einzelnen, ob eine (internationale[11]) Zuständigkeit nach den genannten Instrumenten *damals gegeben gewesen wäre*, die tatsächlich vom Erstrichter angewandte Vorschrift ist – schon weil dieser etwa die Brüssel IIa-VO gar nicht anwenden konnte – irrelevant. Aus dem gleichen Gesichtspunkt heraus kann der Zweitrichter auch an die im Ersturteil der Zuständigkeitsprüfung zugrunde gelegten Tatsachenfeststellungen nicht gebunden sein.[12] Der relevante Zeitpunkt, in dem die Zuständigkeit gegeben gewesen sein muss, ist hier – da es allein um die Kompatibilität für die Anerkennung und Vollstreckung geht und Zuständigkeitskonflikte nicht mehr im Raum stehen – derjenige der letzten mündlichen Verhandlung, wobei aber regelmäßig – zu entscheiden ist dies nach dem jeweiligen Instrument – der Grundsatz der *perpetuatio fori* zur Fortdauer einer bei Rechtshängigkeit gegebenen Zuständigkeit bis zu diesem Zeitpunkt führen wird (für die Brüssel IIa-VO → Vor Art. 3 Rn. 7).

2. Entscheidungen unter der Brüssel II-VO aus unter ihrer Geltung eingeleiteten Verfahren (Brüssel II-Verfahren)

10   Abs. 3 betrifft diejenigen Verfahren, die vollständig unter der Geltung der Brüssel II-VO, also zwischen dem 1.3.2001 und dem 1.3.2005, geführt und auch entschieden wurden. Sie werden ebenfalls nach den Regeln der Brüssel IIa-VO anerkannt und vollstreckt, soweit es sich um Verfahren aus dem sachlichen Anwendungsbereich der Brüssel II-VO (Ehesachen und mit solchen verbundene Sorgerechtsentscheidungen über gemeinsame Kinder) handelt. Eine Überprüfung der Zuständigkeit ist nicht vorgesehen, was insofern folgerichtig ist, als diese auch bei Fortgeltung der Brüssel II-VO nicht stattgefunden hätte. Problematisch

---

[10] Vgl. Rauscher/*Rauscher* Art. 64 Rn. 9.
[11] Die örtliche Zuständigkeit ist nach dem Kontext ungeachtet des dafür offenen Wortlauts nicht relevant; Geimer/*Schütze* Art. 64 Rn. 9.
[12] So auch Rauscher/*Rauscher* Art. 64 Rn. 11.

erscheint hingegen, dass den fraglichen Entscheidungen mit den Art. 40 ff. der Brüssel IIa-VO eine weitergehende Vollstreckbarkeit verliehen wird, als es nach der Brüssel II-VO der Fall gewesen wäre, ohne dass sich die Parteien des Verfahrens hierauf einstellen konnten. Soweit infolgedessen etwa Verfahrensrechte nicht wahrgenommen werden konnten, wäre im Hinblick auf die Wahrung der Rechtsstaatlichkeitsgrundsätze ggf. dem EuGH vorzulegen.[13]

3. Entscheidungen unter der Brüssel II–VO aus vor ihrer Geltung eingeleiteten Verfahren (Brüssel II-Überleitungsverfahren)

Abs. 4 schließlich betrifft diejenigen Verfahren, die bereits vor Geltung der Brüssel II-VO eingeleitet und nach ihrem Inkrafttreten – aber vor Inkrafttreten der Brüssel IIa-VO – entschieden wurden. Für diese Verfahren gelten folgerichtig die Voraussetzungen der Abs. 2 und 3 kumulativ, dh sie sind nur dann nach den Vorschriften der Brüssel IIa-VO anzuerkennen und zu vollstrecken, wenn sie unter den sachlichen Anwendungsbereich der Brüssel II-VO (Abs. 3) fielen und die Zuständigkeitskompatibilität im Sinne des Abs. 2 gewahrt ist. Damit werden nur Entscheidungen in Ehesachen und mit ihnen verbundene Sorgerechtsentscheidungen über gemeinsame Kinder aus Verfahren, die in die Brüssel II-VO übergeleitet wurden, nach der Brüssel IIa-VO anerkannt und vollstreckt.[14] Für die Prüfung der Zuständigkeitskompatibilität gilt das oben (→ Rn. 9) Gesagte; bei der Anwendung der Art. 40 ff. können sich die soeben (→ Rn. 10) angesprochenen Probleme der fehlenden Vorhersehbarkeit im Verfahren stellen. **11**

4. Entscheidungen vor Geltung der Brüssel II-VO (Altverfahren)

Die Behandlung von vor Geltung der Brüssel II-VO ergangenen Entscheidungen bzw. errichteten Prozessvergleichen und öffentlichen Urkunden ergibt sich implizit daraus, dass sie von dem ausnahmsweisen Rückbezug der Anerkennung und Vollstreckung nach der Brüssel IIa-VO nicht erfasst werden. Dies ist auch sachgerecht und selbstverständlich, weil weder für die Entscheidungszuständigkeit noch für das Verfahren im Übrigen gewährleistet ist, dass der gemeinsame Standard der Brüssel II-VOen eingehalten ist. Über die Anerkennung und Vollstreckung dieser Entscheidungen entscheidet daher jeder Mitgliedstaat vorrangig nach den für ihn verbindlichen Staatsverträgen (insbesondere dem MSA) bzw. – bei Fehlen staatsvertraglicher Regeln – nach seinem autonomen Recht (in Deutschland § 107 FamFG bzw. vor dem 1.9.2009 Art. 7 § 1 FamRÄndG). **12**

5. Behandlung verbleibender Lücken

Nicht explizit geregelt ist die Behandlung von Entscheidungen aus Verfahren, die vor dem 1.3.2001 eingeleitet, aber erst nach dem 1.3.2005 unter Geltung der Brüssel IIa-VO abgeschlossen wurden. Die Frage hat angesichts der möglichen **13**

---

[13] Bedenken in diesem Sinne äußert auch Rauscher/*Rauscher* Art. 64 Rn. 13. Zu weitgehend wohl *Geimer/Schütze* Art. 64 Rn. 14, die offenbar die Art. 40 ff. als von der Überleitung ausgeschlossen ansehen.

[14] Anders Staudinger/*Spellenberg* Art. 64 Rn. 34, der offensichtlich die ausdrückliche Beschränkung übersieht; vgl. so auch Rauscher/*Rauscher* Art. 64 Fn. 20.

Verfahrensdauer über bis zu drei Instanzen nicht nur theoretische Bedeutung. Da es sich einerseits um in die Brüssel II-VO übergeleitete, aber andererseits auch noch unter Geltung der Brüssel IIa-VO geführte Verfahren handelt, kommt sowohl eine Analogie zu Abs. 4 wie zu Abs. 2 in Betracht. Letzterer wird in der Literatur, soweit die Frage erörtert wird, mit der Erwägung der Vorzug gegeben, dass bei einer ohnehin stattfindenden Prüfung der Zuständigkeitskompatibilität die sachliche Beschränkung auf Ehesachen und damit verbundene Sorgerechtsentscheidungen nicht erforderlich ist.[15] Dies ist richtig, träfe an sich aber auch auf die Brüssel II-Überleitungsverfahren zu, für die Abs. 4 gleichwohl die sachliche Beschränkung formuliert. Gleichwohl erscheint die Analogie zu Abs. 2 richtiger als diejenige zu Abs. 4, weil das Verfahren immerhin auch noch unter Geltung der Brüssel IIa-VO geführt wurde und in der Tat die entscheidenden Belange durch die dort vorgesehene – für den eigentlichen Anwendungsbereich weitgehende (→ Rn. 9) – Zuständigkeitsüberprüfung gewahrt werden.

14 Der zweite regelungsbedürftige, aber nicht geregelte Fall ist derjenige von Prozessvergleichen und öffentlichen Urkunden, die unter Geltung der Brüssel II-VO (also zwischen dem 1.3.2001 und dem 1.3.2005) errichtet wurden. Da einerseits die Vollstreckbarkeit, die nach der Brüssel II-VO bereits gegeben war, nicht einfach entfallen kann, aber andererseits die Brüssel II-VO nach Art. 71 Abs. 1 ausdrücklich aufgehoben wird, ist eine Überleitung in die Brüssel IIa-VO geboten. Die passende Regelung ist diejenige des Abs. 3, weil die Situation derjenigen der Entscheidungen aus reinen Brüssel II-Verfahren vergleichbar und die Beschränkung auf den sachlichen Anwendungsbereich der Brüssel II-VO sachgerecht ist.[16] Letzteres gilt auch für die Beschränkung der Analogie auf öffentliche Urkunden und Vergleiche, die allein unter die Brüssel II-VO fielen, da es nur um die Aufrechterhaltung einer unter der Brüssel II-VO bereits einmal gegebenen Anerkennungs- und Vollstreckungsfähigkeit geht.[17]

15 Mit Schließung dieser Lücken findet die Anerkennung und Vollstreckung von Entscheidungen, die nach der Brüssel II-VO anerkennungs- und vollstreckungsfähig waren, ausschließlich nach der Brüssel IIa-VO statt, so dass es – wie es auch Art. 71 Abs. 1 entspricht – keine Fälle einer Vollstreckung nach der Brüssel II-VO mehr gibt.[18] Altentscheidungen, die nicht von den Regelungen der Abs. 3 und 4 erfasst werden, befinden sich auch außerhalb des Anwendungsbereichs der Brüssel II-VO, so dass für sie ohnehin seit jeher entweder staatsvertragliche (insbesondere MSA) oder die autonomen Anerkennungs- und Vollstreckungsregeln einschließlich ihrer jeweiligen intertemporalen Normen gelten. Für letztere ist lediglich auf § 55 IntFamRVG hinzuweisen, nach dem auch die Vollstreckung von Altentscheidungen dem neuen Vollstreckungssystem des IntFamRVG unterfällt.[19]

IV. Anwendung auf Beitrittsstaaten

16 Die Regelungen des Art. 64 sind mit den erforderlichen Anpassungen auch für den Fall des Beitritts weiterer Mitgliedstaaten nach Inkrafttreten der Brüssel IIa-

---

[15] *Geimer/Schütze* Art. 64 Rn. 18; Rauscher/*Rauscher* Art. 64 Rn. 17.

[16] Rauscher/*Rauscher* Art. 64 Rn. 19.

[17] Rauscher/*Rauscher* Art. 64 Rn. 19.

[18] Ebenso Rauscher/*Rauscher* Art. 64 Rn. 24 f.

[19] Vgl. so auch Rauscher/*Rauscher* Art. 64 Rn. 25.

VO, der ohne weiteres die Geltung der VO im Beitrittsstaat zur Folge hat, maßgeblich.[20] Die Situation hat in Art. 64 keine gesonderte Erwähnung gefunden, sie stellt sich aber analog zu der geregelten mit der Maßgabe dar, dass der Tag des Wirksamwerdens des Beitritts an die Stelle des Beginns der Anwendung der VO (also des 1.3.2005) zu setzen ist.[21] Erst ab diesem Tag sind die Alt-Mitgliedstaaten und der Beitrittsstaat im Verhältnis zueinander „Mitgliedstaaten" im Sinne des Art. 64 bzw. im Sinne der anzuwendenden Zuständigkeits- und Rechtshängigkeitsregeln; auch hinsichtlich der Anerkennung und Vollstreckung muss der Beitrittsstaat nur die nach dem Beitrittsdatum ergangenen Entscheidungen anderer Mitgliedstaaten als solche behandeln. Die Anerkennung und Vollstreckung von Entscheidungen aus dem Beitrittsstaat in den anderen Mitgliedstaaten nach den Regeln der Brüssel IIa-VO kommt ebenfalls nur für nach dem Beitrittsdatum ergangene Entscheidungen in Betracht; für den Fall eines bereits zuvor im Beitrittsstaat eingeleiteten Verfahrens ähnelt die Situation derjenigen eines noch vor Geltung der Brüssel II-VO eingeleiteten und erst nach Geltung der Brüssel IIa-VO abgeschlossenen Verfahrens (→ Rn. 13), wobei hier mangels Parallele zu Abs. 4 nur eine analoge Anwendung des Abs. 2 in Betracht kommt.[22]

---

[20] Allg. Ansicht, vgl. Geimer/Schütze/*Dilger* Art. 64 Rn. 16; *Geimer/Schütze* Art. 64 Rn. 22; Rauscher/*Rauscher* Art. 64 Rn. 3. Vgl. auch EuGH 16.7.2009 – C-168/08, Slg. 2009, I-6871 – Hadadi/Mesko = FamRZ 2009, 1571, Rn. 24 ff.

[21] Geimer/Schütze/*Dilger* Art. 64 Rn. 16; *Geimer/Schütze* Art. 64 Rn. 22; MüKoFamFG/ *Gottwald* Art. 64 Rn. 2; *Hausmann* Rn. A 165; Rauscher/*Rauscher* Art. 64 Rn. 3. Ebenso OLG Dresden NJW-RR 2007, 1145 zur gleichgelagerten Frage bei Art. 66 Abs. 1 Brüssel I-VO.

[22] *Hess* IPRax 2004, 374 (376).

Kapitel VII. Schlussbestimmungen

Art. 65 Überprüfung

Die Kommission unterbreitet dem Europäischen Parlament, dem Rat und dem Europäischen Wirtschafts- und Sozialausschuss spätestens am 1. Januar 2012 und anschließend alle fünf Jahre auf der Grundlage der von den Mitgliedstaaten vorgelegten Informationen einen Bericht über die Anwendung dieser Verordnung, dem sie gegebenenfalls Vorschläge zu deren Anpassung beifügt.

1 Der nach Art. 65 – der seiner Vorgängernorm in der Brüssel II-VO (Art. 43) und Art. 73 Brüssel I-VO entspricht – vorgesehene Bericht der Kommission soll einer Art „Inspektion" der Regelungen der VO nach einem Zeitraum von sieben Jahren praktischer Anwendung dienen. Der Bericht ist allerdings seit nunmehr eineinhalb Jahren überfällig.[1]

Art. 66 Mitgliedstaaten mit zwei oder mehr Rechtssystemen

Für einen Mitgliedstaat, in dem die in dieser Verordnung behandelten Fragen in verschiedenen Gebietseinheiten durch zwei oder mehr Rechtssysteme oder Regelwerke geregelt werden, gilt Folgendes:
a) Jede Bezugnahme auf den gewöhnlichen Aufenthalt in diesem Mitgliedstaat betrifft den gewöhnlichen Aufenthalt in einer Gebietseinheit.
b) Jede Bezugnahme auf die Staatsangehörigkeit oder, im Fall des Vereinigten Königreichs, auf das „domicile" betrifft die durch die Rechtsvorschriften dieses Staates bezeichnete Gebietseinheit.
c) Jede Bezugnahme auf die Behörde eines Mitgliedstaats betrifft die zuständige Behörde der Gebietseinheit innerhalb dieses Staates.
d) Jede Bezugnahme auf die Vorschriften des ersuchten Mitgliedstaats betrifft die Vorschriften der Gebietseinheit, in der die Zuständigkeit geltend gemacht oder die Anerkennung oder Vollstreckung beantragt wird.

1 Die Regelung, die wortgleich auch in der Brüssel II-VO enthalten war (Art. 41) und auch im KSÜ (Art. 48) sowie im Kollisionsrecht in Art. 14 Rom III-VO eine Entsprechung hat, legt für Mehrrechts- bzw. Mehrjurisdiktionsstaaten aus der VO heraus (anstelle des fraglichen Staates) die (Unter-)Anknüpfung in Bezug auf die Teilrechtsordnungen fest. Im Hinblick auf die Zuständigkeit erfolgt dies durch „Verlängerung" der Anknüpfungsmomente in den direkten Bezug zur fraglichen Teiljurisdiktion. Dies ist für die Anknüpfungsmomente des gewöhnlichen Aufenthalts und des *domicile* unproblematisch möglich, da diese ohnehin auf einen konkreten Raum bzw. eine Jurisdiktion bezogen sind. Schwierigkeiten würde hingegen das Anknüpfungsmoment der Staatsangehörigkeit

---

[1] Vgl. *Wagner* NJW 2013, 1654.

machen,[1] was aber derzeit ein theoretisches Problem bleibt, weil für den einzigen praktischen Anwendungsfall des Vereinigten Königreichs (→ Rn. 2) ohnehin auf das *domicile* abzustellen ist. Die Verlängerung bzw. Verengung des Zuständigkeitsbezugs auf die Teilrechtsordnung hat natürlich aufgrund des Zusammenhangs zwischen Zuständigkeit und Vollstreckung den Preis, dass – wie auch aus Buchst. d hervorgeht – die Anerkennung und Vollstreckung ebenfalls auf das Gebiet der Teiljurisdiktion beschränkt bleibt.

Entscheidend für die Anwendung des Art. 66 ist nicht das Vorliegen einer materiellen Rechtsspaltung, sondern das Bestehen mehrerer Jurisdiktionen,[2] was angesichts des Bezuges zur Zuständigkeit und Vollstreckung auch folgerichtig ist. Der einzige Anwendungsfall ist derzeit derjenige des Vereinigten Königreichs, welches aus den Teiljurisdiktionen England, Wales, Schottland und Nordirland besteht. Die in Spanien existierenden Foralrechtsordnungen wären zwar als Teiljurisdiktionen relevant, berühren den sachlichen Anwendungsbereich der Brüssel IIa-VO jedoch nicht.[3] **2**

Art. 67 Angaben zu den Zentralen Behörden und zugelassenen Sprachen

Die Mitgliedstaaten teilen der Kommission binnen drei Monaten nach Inkrafttreten dieser Verordnung Folgendes mit:
a) die Namen und Anschriften der Zentralen Behörden gemäß Artikel 53 sowie die technischen Kommunikationsmittel,
b) die Sprachen, die gemäß Artikel 57 Absatz 2 für Mitteilungen an die Zentralen Behörden zugelassen sind, und
c) die Sprachen, die gemäß Artikel 45 Absatz 2 für die Bescheinigung über das Umgangsrecht zugelassen sind.
Die Mitgliedstaaten teilen der Kommission jede Änderung dieser Angaben mit.
Die Angaben werden von der Kommission veröffentlicht.

Art. 67 regelt die Bekanntmachung der von den Mitgliedstaaten bzw. Teiljuris- **1** diktionen (Art. 66 Buchst. c) zu bestimmenden Zentralen Behörden (→ Art. 53 Rn. 1) sowie der im Rahmen der Art. 57 Abs. 2 und 45 Abs. 2 zugelassenen Sprachen (→ Art. 57 Rn. 1, → Art. 45 Rn. 3) durch Mitteilung an die Kommission, die dann veröffentlicht. Die Liste nach Art. 67 samt der dazu angebrachten Änderungen und Ergänzungen wird – ohne Obligo der Europäischen Institutionen – immer wieder in einer mit den dazu angebrachten Änderungen konsolidierten Fassung veröffentlicht.[1]

---

[1] Vgl. zu den möglichen Lösungen einerseits Geimer/Schütze/*Bischoff* Art. 66 Rn. 2 (Ermittlung der einschlägigen Gebietseinheit nach den Rechtsvorschriften des betroffenen Staates) und andererseits Rauscher/*Rauscher* Art. 66 Rn. 5 f. (Verlängerung der Wertungen der Anknüpfungen der Brüssel IIa-VO).
[2] Borrás-Bericht, ABl. EG 1998 C 221, 27, Rn. 126; Rauscher/*Rauscher* Art. 66 Rn. 2.
[3] Rauscher/*Rauscher* Art. 66 Rn. 2; Hk-FamR/*Rieck* Art. 66 Rn. 1.
[1] Konsolidierte Fassung 2201/2003. Angaben zu den Zentralen Behörden, Sprachen, Gerichten und den Rechtsbehelfen gemäß Artikel 67 und 68 der Verordnung (EG) Nr. 2201/2003 des Rates vom 27. November 2003 über die Zuständigkeit und die Anerkennung und Vollstreckung von Entscheidungen in Ehesachen und in Verfahren betreffend die elterliche Verantwortung und zur Aufhebung der Verordnung (EG) Nr. 1347/2000; im Internet

Art. 68 Angaben zu den Gerichten und den Rechtsbehelfen

Die Mitgliedstaaten teilen der Kommission die in den Artikeln 21, 29, 33 und 34 genannten Listen mit den zuständigen Gerichten und den Rechtsbehelfen sowie die Änderungen dieser Listen mit.

Die Kommission aktualisiert diese Angaben und gibt sie durch Veröffentlichung im Amtsblatt der Europäischen Union und auf andere geeignete Weise bekannt.

1 Anders als nach der Brüssel II-VO, welche die zuständigen Gerichte und statthaften Rechtsbehelfe in einem Anhang zum Verordnungstext selbst enthielt, sind die nach den genannten Artikel relevanten Gerichte und Rechtsbehelfe und etwaige Änderungen nunmehr von den Mitgliedstaaten an die Kommission mitzuteilen, welche diese gesondert bekanntmacht. Das Verfahren erspart die aufwendige Änderung des Verordnungstextes selbst. Die Liste nach Art. 68 ist in der soeben → Art. 67 Rn. 1 angesprochenen konsolidierten Fassung enthalten.[1]

Art. 69 Änderungen der Anhänge

Änderungen der in den Anhängen I bis IV wiedergegebenen Formblätter werden nach dem in Artikel 70 Absatz 2 genannten Verfahren beschlossen.

1 Art. 69 ermächtigt die Kommission zu Änderungen der in den Anhängen I bis IV abgedruckten Formblätter im Verfahren nach Art. 70 Abs. 2. Dies geht weiter als die nach der Vorgängervorschrift Art. 44 Abs. 2 Brüssel II-VO vorgesehene „Aktualisierung und technische Anpassung". Soweit mit den Änderungen Nachweiserfordernisse im Vollstreckbarkeitserklärungsverfahren reduziert oder erweitert würden, sind Bedenken hinsichtlich der Rechtsstaatlichkeit dieser Ermächtigung[1] nicht von der Hand zu weisen, da es an einer dafür erforderlichen demokratischen Legitimation der Kommission fehlen würde. Die Ermächtigung ist daher zur Wahrung der Rechtsstaatlichkeit entsprechend zu reduzieren.[2]

Art. 70 Ausschuss

(1) Die Kommission wird von einem Ausschuss (nachstehend „Ausschuss" genannt) unterstützt.

(2) Wird auf diesen Absatz Bezug genommen, so gelten die Artikel 3 und 7 des Beschlusses 1999/468/EG.

(3) Der Ausschuss gibt sich eine Geschäftsordnung.

---

http://ec.europa.eu/justice_home/judicialatlascivil/html/pdf/vers_consolide_cr2201_de.pdf. Diese Fassung wird allerdings nicht fortlaufend aktualisiert und befindet sich nicht auf dem letzten Stand. Aktuelle Angaben zu den Zentralen Behörden finden sich in der entsprechenden Suchmaske des Europäischen Gerichtsatlasses für Zivilsachen–Familienrecht (http://ec.europa.eu/justice_home/judicialatlascivil/html/rc_imm_centralauthorities_de.htm), die letzte Aktualisierung zu Gerichten und Rechtsbehelfen in Abl. EU 2013 C85, 6. Die derzeit gültigen Angaben sind – ohne Obligo – im Anhang abgedruckt.

[1] S.a. die letzte Aktualisierung zu Gerichten und Rechtsbehelfen in Abl. EU 2013, C 85, 6.
[1] Rauscher/*Rauscher* Art. 69 Rn. 1.
[2] Rauscher/*Rauscher* Art. 69 Rn. 1.

Art. 72

Die Kommission wird bei der Durchführung der im Rahmen der Brüssel IIa- 1
VO übertragenen Exekutivbefugnisse von dem nach Art. 70 (wie schon nach
Art. 45 Brüssel II-VO) vorgesehenen Ausschuss unterstützt. Der in Abs. 2 in
Bezug genommene Beschluss 1999/468/EG[1] enthält in seinem Art. 7 die maß-
geblichen Grundsätze für die Geschäftsordnung des Ausschusses, die sich dieser
nach Abs. 3 zu geben hat.

Art. 71 Aufhebung der Verordnung (EG) Nr. 1347/2000

(1) **Die Verordnung (EG) Nr. 1347/2000 wird mit Beginn der Geltung
dieser Verordnung aufgehoben.**

(2) **Jede Bezugnahme auf die Verordnung (EG) Nr. 1347/2000 gilt als
Bezugnahme auf diese Verordnung nach Maßgabe der Entsprechungstabelle in Anhang VI.**

Die Folgen der Regelungstechnik, die Brüssel II-VO mit Beginn der Geltung 1
der Brüssel IIa-VO (dh mit dem 1.3.2005, Art. 72) aufzuheben, werden von der
Überleitungsvorschrift des Art. 64 aufgefangen. Da nach Art. 64 Abs. 2 bis 4 die
Entscheidungen auch aus Altverfahren in das Anerkennungs- und Vollstreckungsregime der Brüssel IIa-VO (→ Art. 64 Rn. 7 ff.) übergeleitet werden, ist die Brüssel II-VO auch für die Anerkennung und Vollstreckung von Entscheidungen aus
(teilweise oder ganz) unter ihrer Geltung geführten Verfahren nicht mehr maßgeblich. Die Brüssel II-VO führt allerdings auch eine förmliche Geltung eine „Rest-
Existenz" als Prüfungsmaßstab für die Zuständigkeit von unter ihrer Geltung begon-
nenen Verfahren: Zum einen ist gemäß Art. 64 Abs. 2 und 4 die Anerkennungs-
und Vollstreckungsfähigkeit ua zu bejahen, wenn eine Zuständigkeit nach der Brüssel II-VO gegeben war bzw. gewesen wäre. Zum anderen bleibt in Verfahren, die
unter Geltung der Brüssel II-VO eingeleitet wurden, zuständigkeitsrechtlich die
Brüssel II-VO maßgeblich, ohne dass sich hieraus praktische Unterschiede ergeben
würden (→ Art. 64 Rn. 4). Innerstaatlich sind insoweit die Bestimmungen des
IntFamRVG entsprechend anzuwenden (→ Art. 64 Rn. 4).

Art. 71 Abs. 2 enthält eine für den Normgeber praktische, aber für den Rechts- 2
anwender ärgerliche und letztlich auch nicht unbedenkliche Verweisungstechnik.
Die Bezugnahmen auf die Brüssel II-VO in anderen Vorschriften des Unionsrechts wurden nicht im Wege einer Änderung an die Ersetzung durch die und
veränderte Nummerierung in der Brüssel IIa-VO angepasst, sondern durch
Art. 71 Abs. 2 iVm der im Anhang V (nicht, wie im Gesetzestext irrtümlich
angegeben, VI) befindlichen Entsprechungstabelle auf die neuen Vorschriften
bezogen. Dies ist nicht nur anwenderunfreundlich, sondern setzt voraus, dass der
Rechtsanwender *bereits weiß*, dass die Brüssel II-VO durch die Brüssel IIa-VO
abgelöst wurde, denn nur dann wird er deren Art. 71 Abs. 2 und die Tabelle
finden (letztere allerdings womöglich noch nicht einmal dann, denn sie ist zu allem
Überfluss auch noch der Nummerierung nach unrichtig bezeichnet, s. soeben).[1]

Art. 72 In-Kraft-Treten

Diese Verordnung tritt am 1. August 2004 in Kraft.
**Sie gilt ab 1. März 2005 mit Ausnahme der Artikel 67, 68, 69 und 70,
die ab dem 1. August 2004 gelten.**

---

[1] ABl. EG 1999 L 184, 23.
[1] So zu Recht Rauscher/*Rauscher* Art. 71 Rn. 2.

Diese Verordnung ist in allen ihren Teilen verbindlich und gilt gemäß dem Vertrag zur Gründung der Europäischen Gemeinschaft unmittelbar in den Mitgliedstaaten.

1   Nach Art. 72 wird – wie in allen anderen Zuständigkeitsverordnungen – zwischen dem Inkrafttreten der VO einerseits (mit sofortiger Geltung der „technischen" Schlussbestimmungen) und der Geltung der wesentlichen Teile ab dem 1.3.2005 unterschieden. „Geltung" bedeutet insoweit aber natürlich Geltung nach Maßgabe der eigenen Überleitungsvorschriften der VO in → Art. 64, die laufende Verfahren gerade weitgehend von der sofortigen Geltung ausnehmen. Das Prinzip der unmittelbaren Geltung ist für die VO selbstverständlich (Art. 288 Abs. 2 AEUV) und wird hier nur deklaratorisch nochmals wiederholt.

Geschehen zu Brüssel am 27. November 2003.

Im Namen des Rates

Der Präsident

R. Castelli

Anhang

ANHANG I

BESCHEINIGUNG GEMÄSS ARTIKEL 39 ÜBER ENTSCHEI-DUNGEN IN EHESACHEN[1]

1.   Ursprungsmitgliedstaat
2.   Ausstellendes Gericht oder ausstellende Behörde
2.1.   Bezeichnung
2.2.   Anschrift
2.3.   Telefon/Fax/E-Mail
3.   Angaben zur Ehe
3.1.   Ehefrau
3.1.1. Name, Vornamen
3.1.2. Anschrift
3.1.3. Staat und Ort der Geburt
3.1.4. Geburtsdatum
3.2.   Ehemann
3.2.1. Name, Vornamen
3.2.2. Anschrift
3.2.3. Staat und Ort der Geburt
3.2.4. Geburtsdatum
3.3.   Staat, Ort (soweit bekannt) und Datum der Eheschließung
3.3.1. Staat der Eheschließung
3.3.2. Ort der Eheschließung (soweit bekannt)
3.3.3. Datum der Eheschließung
4.   Gericht, das die Entscheidung erlassen hat
4.1.   Bezeichnung des Gerichts
4.2.   Gerichtsort
5.   Entscheidung
5.1.   Datum
5.2.   Aktenzeichen
5.3.   Art der Entscheidung
5.3.1. Scheidung
5.3.2. Ungültigerklärung der Ehe
5.3.3. Trennung ohne Auflösung des Ehebandes
5.4.   Erging die Entscheidung im Versäumnisverfahren?
5.4.1. Nein
5.4.2. Ja[2]
6.   Namen der Parteien, denen Prozesskostenhilfe gewährt wurde
7.   Können gegen die Entscheidung nach dem Recht des Ursprungsmitgliedstaats weitere Rechtsbehelfe eingelegt werden?

---

[1] Verordnung (EG) Nr. 2201/2003 des Rates vom 27. November 2003 über die Zuständigketi und Anerkennung und Vollstreckung von Entscheidungen in Ehesachen und in Verfahren betreffend die elterliche Verantwortung und zur Aufhebung der Verordnung (EG) Nr. 1347/2000.

[2] Die in Art. 37 Abs. 2 genannten Urkunden sind vorzulegen.

7.1.   Nein

7.2.   Ja

8.   Datum der Rechtswirksamkeit in dem Mitgliedstaat, in dem die Entscheidung erging

8.1.   Scheidung

8.2.   Trennung ohne Auflösung des Ehebandes

Geschehen zu .... am ....

Unterschrift und/oder Dienstsiegel

ANHANG II

BESCHEINIGUNG GEMÄSS ARTIKEL 39 ÜBER ENTSCHEI-DUNGEN ÜBER DIE ELTERLICHE VERANTWORTUNG[1]

1.	Ursprungsmitgliedstaat
2.	Ausstellendes Gericht oder ausstellende Behörde
2.1.	Bezeichnung
2.2.	Anschrift
2.3.	Telefon/Fax/E-Mail
3.	Träger eines Umgangsrechts
3.1.	Name, Vornamen
3.2.	Anschrift
3.3.	Geburtsdatum und -ort (soweit bekannt)
4.	Träger der elterlichen Verantwortung, die nicht in Nummer 3 genannt sind[2]
4.1.	Mutter
4.1.1.	Name, Vornamen
4.1.2.	Anschrift
4.1.3	Geburtsdatum und -ort (soweit bekannt)
4.2.	Vater
4.2.1.	Name, Vornamen
4.2.2.	Anschrift
4.2.3.	Geburtsdatum und -ort (soweit bekannt)
4.3	Andere
4.3.1.	Name, Vornamen
4.3.2.	Anschrift
4.3.3.	Geburtsdatum und -ort (soweit bekannt)
5.	Gericht, das die Entscheidung erlassen hat
5.1.	Bezeichnung des Gerichts
5.2.	Gerichtsort
6.	Entscheidung
6.1.	Datum
6.2.	Aktenzeichen
6.3.	Erging die Entscheidung im Versäumnisverfahren?
6.3.1.	Nein
6.3.2.	Ja[3]
7.	Kinder, für die die Entscheidung gilt[4]
7.1.	Name, Vornamen und Geburtsdatum
7.2.	Name, Vornamen und Geburtsdatum
7.3.	Name, Vornamen und Geburtsdatum
7.4.	Name, Vornamen und Geburtsdatum
8.	Namen der Parteien, denen Prozesskostenhilfe gewährt wurde
9.	Bescheinigung über die Vollstreckbarkeit und Zustellung

---

[1] Verordnung (EG) Nr. 2201/2003 des Rates vom 27. November 2003 über die Zuständigkeit und Vollstreckung von Entscheidungen in Ehesachen und in Verfahren betreffend die elterliche Verantwortung und zur Aufhebung der Verordnung (EG) Nr. 1347/2000.

[2] Im Fall des gemeinsamen Sorgerechts kann die in Nummer 3 genannte Person auch in Nummer 4 genannt werden.

[3] Die in Artikel 37 Absatz 2 genannten Urkunden sind vorzulegen.

[4] Gilt die Entscheidung für mehr als vier Kinder, ist ein weiteres Formblatt zu verwenden.

9.1.   Ist die Entscheidung nach dem Recht des Ursprungsmitgliedstaats vollstreckbar?
9.1.1.   Ja
9.1.2.   Nein
9.2.   Ist die Entscheidung der Partei, gegen die vollstreckt werden soll, zugestellt worden?
9.2.1.   Ja
9.2.1.1.   Name, Vornamen der Partei
9.2.1.2.   Anschrift
9.2.1.3.   Datum der Zustellung
9.2.2.   Nein
10.   Besondere Angaben zu Entscheidungen über das Umgangsrecht, wenn die Vollstreckbarkeitserklärung gemäß Artikel 28 beantragt wird. Diese Möglichkeit ist in Artikel 40 Absatz 2 vorgesehen
10.1.   Modalitäten der Ausübung des Umgangsrechts (soweit in der Entscheidung angegeben)
10.1.1.   Datum, Uhrzeit
10.1.1.1.   Beginn
10.1.1.2.   Ende
10.1.2.   Ort
10.1.3.   Besondere Pflichten des Trägers der elterlichen Verantwortung
10.1.4.   Besondere Pflichten des Umgangsberechtigten
10.1.5.   Etwaige Beschränkungen des Umgangsrechts
11.   Besondere Angaben zu Entscheidungen über die Rückgabe von Kindern, wenn die Vollstreckbarkeitserklärung gemäß Artikel 28 beantragt wird. Diese Möglichkeit ist in Artikel 40 Absatz 2 vorgesehen
11.1.   In der Entscheidung wird die Rückgabe der Kinder angeordnet.
11.2.   Rückgabeberechtigter (soweit in der Entscheidung angegeben)
11.2.1.   Name, Vornamen
11.2.2.   Anschrift

Geschehen zu .... am ....

Unterschrift und/oder Dienstsiegel

ANHANG III

BESCHEINIGUNG GEMÄSS ARTIKEL 41 ABSATZ 1 ÜBER ENTSCHEIDUNGEN ÜBER DAS UMGANGSRECHT[1]

1.   Ursprungsmitgliedstaat
2.   Ausstellendes Gericht bzw. ausstellende Behörde
2.1.   Bezeichnung
2.2.   Anschrift
2.3.   Telefon/Fax/E-Mail
3.   Träger eines Umgangsrechts
3.1.   Name, Vornamen
3.2.   Anschrift
3.3.   Geburtsdatum und -ort (soweit vorhanden)
4.   Träger der elterlichen Verantwortung, die nicht in Nummer 3 genannt sind[2,3]
4.1.   Mutter
4.1.1. Name, Vornamen
4.1.2. Anschrift
4.1.3   Geburtsdatum und -ort (soweit bekannt)
4.2.   Vater
4.2.1. Name, Vornamen
4.2.2. Anschrift
4.2.3. Geburtsdatum und -ort (soweit bekannt)
4.3.   Andere
4.3.1. Name, Vornamen
4.3.2. Anschrift
4.3.3. Geburtsdatum und -ort (soweit bekannt)
5.   Gericht, das die Entscheidung erlassen hat
5.1.   Bezeichnung des Gerichts
5.2.   Gerichtsort
6.   Entscheidung
6.1.   Datum
6.2.   Aktenzeichen
7.   Kinder, für die die Entscheidung gilt[4]
7.1.   Name, Vornamen und Geburtsdatum
7.2.   Name, Vornamen und Geburtsdatum
7.3.   Name, Vornamen und Geburtsdatum
7.4.   Name, Vornamen und Geburtsdatum
8.   Ist die Entscheidung im Ursprungsmitgliedstaat vollstreckbar?
8.1.   Ja
8.2.   Nein

---

[1] Verordnung (EG) Nr. 2201/2003 des Rates vom 27. November 2003 über die Zuständigkeit und Anerkennung und Vollstreckung von Entscheidungen in Ehesachen und in Verfahren betreffend die elterliche Verantwortung und zur Aufhebung der Verordnung (EG) Nr. 1347/2000.

[2] Im Fall des gemeinsamen Sorgerechts kann die in Nummer 3 genannte Person auch in Nummer 4 genannt werden.

[3] Das Feld ankreuzen, das der Person entspricht, gegenüber der die Entscheidung zu vollstrecken ist.

[4] Gilt die Entscheidung für mehr als vier Kinder, ist ein weiteres Formblatt zu verwenden.

9.   Im Fall des Versäumnisverfahrens wurde das verfahrenseinleitende Schriftstück oder ein gleichwertiges Schriftstück der säumigen Person so rechtzeitig und in einer Weise zugestellt, dass sie sich verteidigen konnte, oder, falls es nicht unter Einhaltung dieser Bedingungen zugestellt wurde, wurde festgestellt, dass sie mit der Entscheidung eindeutig einverstanden ist.

10. Alle betroffenen Parteien hatten Gelegenheit, gehört zu werden.

11. Die Kinder hatten die Möglichkeit, gehört zu werden, sofern eine Anhörung nicht aufgrund ihres Alters oder ihres Reifegrads unangebracht erschien.

12. Modalitäten der Ausübung des Umgangsrechts (soweit in der Entscheidung angegeben)

12.1. Datum, Uhrzeit

12.1.1. Beginn

12.1.2. Ende

12.2. Ort

12.3. Besondere Pflichten des Trägers der elterlichen Verantwortung

12.4. Besondere Pflichten des Umgangsberechtigten

12.5. Etwaige Beschränkungen des Umgangsrechts

13. Namen der Parteien, denen Prozesskostenhilfe gewährt wurde

Geschehen zu .... am ....

Unterschrift und/oder Dienstsiegel

ANHANG IV

BESCHEINIGUNG GEMÄSS ARTIKEL 42 ABSATZ 1 ÜBER ENTSCHEIDUNGEN ÜBER DIE RÜCKGABE DES KINDES[1]

1.   Ursprungsmitgliedstaat
2.   Ausstellendes Gericht oder ausstellende Behörde
2.1.   Bezeichnung
2.2.   Anschrift
2.3.   Telefon/Fax/E-Mail
3.   Rückgabeberechtigter (soweit in der Entscheidung angegeben)
3.1.   Name, Vornamen
3.2.   Anschrift
3.3.   Geburtsdatum und -ort (soweit bekannt)
4.   Träger der elterlichen Verantwortung[2]
4.1.   Mutter
4.1.1. Name, Vornamen
4.1.2. Anschrift
4.1.3. Geburtsdatum und -ort (soweit bekannt)
4.2.   Vater
4.2.1. Name, Vornamen
4.2.2. Anschrift
4.2.3. Geburtsdatum und -ort (soweit bekannt)
4.3.   Andere
4.3.1. Name, Vornamen
4.3.2. Anschrift (soweit bekannt)
4.3.3. Geburtsdatum und -ort (soweit bekannt)
5.   Beklagte Partei (soweit bekannt)
5.1.   Name, Vornamen
5.2.   Anschrift (soweit bekannt)
6.   Gericht, das die Entscheidung erlassen hat
6.1.   Bezeichnung des Gerichts
6.2.   Gerichtsort
7.   Entscheidung
7.1.   Datum
7.2.   Aktenzeichen
8.   Kinder, für die die Entscheidung gilt[3]
8.1.   Name, Vornamen und Geburtsdatum
8.2.   Name, Vornamen und Geburtsdatum
8.3.   Name, Vornamen und Geburtsdatum
8.4.   Name, Vornamen und Geburtsdatum
9.   In der Entscheidung wird die Rückgabe des Kindes angeordnet.
10.   Ist die Entscheidung im Ursprungsmitgliedstaat vollstreckbar?
10.1.   Ja

---

[1] Verordnung (EG) Nr. 2201/2003 des Rates vom 27. November 2003 über die Zuständigkeit und Anerkennung und Vollstreckung von Entscheidungen in Ehesachen und in Verfahren betreffend die elterliche Verantwortung und zur Aufhebung der Verordnung (EG) Nr. 1347/2000.

[2] Dieser Punkt ist fakultativ.

[3] Gilt die Entscheidung für mehr als vier Kinder, ist ein weiteres Formblatt zu verwenden.

10.2. Nein

11. Die Kinder hatten die Möglichkeit, gehört zu werden, sofern eine Anhörung nicht aufgrund ihres Alters oder ihres Reifegrads unangebracht erschien.

12. Die Parteien hatten die Möglichkeit, gehört zu werden.

13. In der Entscheidung wird die Rückgabe der Kinder angeordnet, und das Gericht hat in seinem Urteil die Gründe und Beweismittel berücksichtigt, auf die sich die nach Artikel 13 des Haager Übereinkommens vom 25. Oktober 1980 über die zivilrechtlichen Aspekte internationaler Kindesentführung ergangene Entscheidung stützt.

14. Gegebenenfalls die Einzelheiten der Maßnahmen, die von Gerichten oder Behörden ergriffen wurden, um den Schutz des Kindes nach seiner Rückkehr in den Mitgliedstaat seines gewöhnlichen Aufenthalts sicherzustellen

15. Namen der Parteien, denen Prozesskostenhilfe gewährt wurde

Geschehen zu .... am ....

Unterschrift und/oder Dienstsiegel

ANHANG V

**ENTSPRECHUNGSTABELLE ZUR VERORDNUNG (EG)
Nr. 1347/2000**

Aufgehobene Artikel	Entsprechende Artikel des neuen Textes
1	1, 2
2	3
3	12
4	
5	4
6	5
7	6
8	7
9	17
10	18
11	16, 19
12	20
13	2, 19, 46
14	21
15	22, 23
16	
17	24
18	25
19	26
20	27
21	28
22	21, 29
23	30
24	31
25	32
26	33
27	34
28	35
29	36
30	50
31	51
32	37
33	39
34	38

Aufgehobene Artikel	Entsprechende Artikel des neuen Textes
35	52
36	29
37	60, 61
38	62
39	
40	63
41	66
42	64
43	65
44	68, 69
45	70
46	72
Anhang I	68
Anhang II	68
Anhang III	68
Anhang IV	Anhang I
Anhang V	Anhang II

ANHANG VI

Erklärungen Schwedens und Finnlands nach Artikel 59 Absatz 2 Buchstabe a) der Verordnung des Rates über die Zuständigkeit und Anerkennung und Vollstreckung von Entscheidungen in Ehesachen und in Verfahren betreffend die elterliche Verantwortung und zur Aufhebung der Verordnung (EG) Nr. 1347/2000.

Erklärung Schwedens

Gemäß Artikel 59 Absatz 2 Buchstabe a) der Verordnung des Rates über die Zuständigkeit und Anerkennung und Vollstreckung von Entscheidungen in Ehesachen und in Verfahren betreffend die elterliche Verantwortung und zur Änderung der Verordnung (EG) Nr. 1347/2000 erklärt Schweden, dass das Übereinkommen vom 6. Februar 1931 zwischen Dänemark, Finnland, Island, Norwegen und Schweden mit Bestimmungen des internationalen Verfahrensrechts über Ehe, Adoption und Vormundschaft einschließlich des Schlussprotokolls anstelle dieser Verordnung ganz auf die Beziehungen zwischen Schweden und Finnland anwendbar ist.

Erklärung Finnlands

Gemäß Artikel 59 Absatz 2 Buchstabe a) der Verordnung des Rates über die Zuständigkeit und Anerkennung und Vollstreckung von Entscheidungen in Ehesachen und in Verfahren betreffend die elterliche Verantwortung und zur Änderung der Verordnung (EG) Nr. 1347/2000 erklärt Finnland, dass das Übereinkommen vom 6. Februar 1931 zwischen Finnland, Dänemark, Island, Norwegen und Schweden mit Bestimmungen des internationalen Verfahrensrechts über Ehe, Adoption und Vormundschaft einschließlich des Schlussprotokolls anstelle dieser Verordnung in den gegenseitigen Beziehungen zwischen Finnland und Schweden in vollem Umfang zur Anwendung kommt.

Anhang zu Art. 67 und 68

Angaben zu den Zentralen Behörden, Sprachen, Gerichten und den Rechtsbehelfen gemäß Artikel 67 und 68 der Verordnung (EG) Nr. 2201/2003 des Rates vom 27. November 2003 über die Zuständigkeit und die Anerkennung und Vollstreckung von Entscheidungen in Ehesachen und in Verfahren betreffend die elterliche Verantwortung und zur Aufhebung der Verordnung (EG) Nr. 1347/2000.

BELGIEN[*]

Artikel 67 Angaben zu den Zentralen Behörden und zugelassenen Sprachen

Artikel 67 (a)

Die Namen und Anschriften der Zentralen Behörden gemäß Artikel 53 sowie die technischen Kommunikationsmittel:

Service public federal Justice
Boulevard de Waterloo 115
1000 Bruxelles
Telefon.: +32 2 542 67 00

---

[*] Reihenfolge in alphabetischer Ordnung der jeweiligen Landessprache.

Fax: +32 2 542 70 06
E-Mail: rapt-parental@just.fgov.be

Artikel 67 (b)

Die Sprachen, die gemäß Artikel 57 Absatz 2 für Mitteilungen an die Zentralen Behörden zugelassen sind: Französisch, Niederländisch, Deutsch, Englisch

Artikel 67 (c)

Für die Bescheinigung über das Umgangsrecht und die Rückgabe eines Kindes – Artikel 45 Absatz 2: Der Bescheinigung ist eine Übersetzung in der Amtssprache des Vollstreckungsortes beizulegen. Diese Sprache (je nach Fall Französisch, Niederländisch oder Deutsch) wird in Spalte II des Verzeichnisses (Handbuchs) der belgischen Gemeinden und Gerichtsbezirke der erstinstanzlichen Gerichte angegeben, das der Verordnung über die Beweiserhebung (Obtention des preuves) beigefügt ist (F für Französisch, N für Niederländisch und D für Deutsch).

Artikel 68 Angaben zu den Gerichten und den Rechtsbehelfen

Liste 1
Anträge gemäß den Artikeln 21 und 29 sind bei folgenden Gerichten oder zuständigen Behörden zu stellen:
– in Belgien beim *tribunal de première instance/rechtbank van eerste aanleg/erstinstanzlichen Gericht.*
Liste 2
Der Rechtsbehelf gemäß Artikel 33 ist bei folgenden Gerichten einzulegen:
– in Belgien:
  (a) Die Person, die eine Vollstreckbarerklärung beantragt, kann sich an den *cour d'appel* oder *Hof van beroep* wenden.
  (b) Die Person, gegen die die Vollstreckung erwirkt werden soll, kann beim *tribunal de première instance/Rechtbank van eerste aanleg/erstinstanzlichen Gericht* Einspruch einlegen.
Liste 3
Rechtsbehelfe gemäß Artikel 34 können nur eingelegt werden:
– in Belgien: *pourvoi en cassation* (Kassationsbeschwerde).

BULGARIEN

Artikel 67 Angaben zu den Zentralen Behörden und zugelassenen Sprachen

Artikel 67 (a)

Namen und Anschriften der Zentralen Behörden gemäß Artikel 53 sowie technische Kommunikationsmittel:

Justizministerium
Direktion Internationaler Rechtsschutz des Kindes und Internationale Adoptionen
Telefon: (+359 2) 9237302
E-Mail: L_Chernogorova@justice.government.bg
Fax: (+359 2) 9871557
Anschrift: Ul. Slawjanska 1
1040 Sofia
Bulgarien

(In allen in der Verordnung geregelten Angelegenheiten betreffend Kindesentführungen und die Unterbringung von Kindern – Artikel 56)

Direktion Internationale Justizielle Zusammenarbeit und Europaangelegenheiten
Telefon: (+359 2) 9237413
Fax: (+359 2) 9809223
Anschrift: Ul. Slawjanska 1
1040 Sofia
Bulgarien
(In allen in der Verordnung geregelten Angelegenheiten, ausgenommen Fälle von Kindesentführungen und der Unterbringung von Kindern – Artikel 56)

Artikel 67 (b)

Die für die Kommunikation mit den Zentralen Behörden nach Artikel 57 Absatz 2 zugelassenen Sprachen sind: Bulgarisch, Englisch oder Französisch.

Artikel 67 (c)

Die für die Bescheinigung betreffend das Umgangsrecht gemäß Artikel 45 Absatz 2 zugelassenen Sprachen sind: Bulgarisch, Englisch oder Französisch.

Artikel 68 Angaben zu den Gerichten und den Rechtsbehelfen

Liste 1
Anträge gemäß den Artikeln 21 und 29 sind bei folgenden Gerichten oder zuständigen Behörden zu stellen:
– in Bulgarien beim окръжният съд.
Liste 2
Der Rechtsbehelf gemäß Artikel 33 ist bei folgenden Gerichten einzulegen:
– in Bulgarien beim апелативен съд София (Appellationsgericht Sofia).
Liste 3
Rechtsbehelfe gemäß Artikel 34 können nur eingelegt werden:
– in Bulgarien: mit einem касационно обжалване beim Върховния касационен съд.

TSCHECHISCHE REPUBLIK

Artikel 67 Angaben zu den Zentralen Behörden und zugelassenen Sprachen

Artikel 67 (a)

Die Namen und Anschriften der Zentralen Behörden gemäß Artikel 53 sowie die technischen Kommunikationsmittel:

Úřad pro mezinárodněpravní ochranu dětí
Silingrovo namesti 3/4
60200 Brno
Telefon: +420 542 215 522
Fax: +420 542 212 836
E-Mail: podatelna@umpod.cz

Artikel 67 (b)

Die Sprachen, die gemäß Artikel 57 Absatz 2 für Mitteilungen an die Zentralen Behörden zugelassen sind: Tschechisch, Französisch, Deutsch, Englisch.

Artikel 67 (c)

Für die Bescheinigung über das Umgangsrecht und die Rückgabe eines Kindes – Artikel 45 Absatz 2: Tschechisch, Deutsch, Englisch.

Artikel 68 Angaben zu den Gerichten und den Rechtsbehelfen

Liste 1

Anträge gemäß den Artikeln 21 und 29 sind bei folgenden Gerichten oder zuständigen Behörden zu stellen:
– in der Tschechischen Republik: *okresní soudy* und *soudní exekutoři.*

Liste 2

Der Rechtsbehelf gemäß Artikel 33 ist bei folgenden Gerichten einzulegen:
– in der Tschechischen Republik: *okresní soudy.*

Liste 3

Rechtsbehelfe gemäß Artikel 34 können nur eingelegt werden:
– in der Tschechischen Republik: *žaloba pro zmatečnost* gemäß § 229 ff. der Zivilprozessordnung 99/1963 in der geänderten Fassung und *dovolání* gemäß § 236 ff. der Zivilprozessordnung 99/1963 in der geänderten Fassung.

DEUTSCHLAND

Artikel 67 Angaben zu den Zentralen Behörden und zugelassenen Sprachen

Artikel 67 (a)

Die Namen und Anschriften der Zentralen Behörden gemäß Artikel 53 sowie die technischen Kommunikationsmittel:

Bundesamt für Justiz
Zentrale Behörde
Adenauerallee 99–103
53113 Bonn
Telefon: +49 228 410 5212
Fax: +49 228 410 5401
E-Mail: int.sorgerecht@bfj.bund.de

Artikel 67 (b)

Die Sprachen, die gemäß Artikel 57 Absatz 2 für Mitteilungen an die Zentralen Behörden zugelassen sind: Deutsch.

Artikel 67 (c)

Für die Bescheinigung über das Umgangsrecht und die Rückgabe eines Kindes – Artikel 45 Absatz 2: Deutsch.

Anhang

Artikel 68 Angaben zu den Gerichten und den Rechtsbehelfen

Liste 1

Anträge gemäß den Artikeln 21 und 29 sind bei folgenden Gerichten oder zuständigen Behörden zu stellen:

– in Deutschland:
  – im Bezirk des Kammergerichts (Berlin) das Familiengericht Pankow/Weißensee.
  – in den Bezirken der Oberlandesgerichte Braunschweig, Celle and Oldenburg, das Familiengericht Celle.
  – in den Bezirken der anderen Oberlandesgerichte das Familiengericht am Sitz des jeweiligen Oberlandesgerichts.

Liste 2

Der Rechtsbehelf gemäß Artikel 33 ist bei folgenden Gerichten einzulegen:

– in Deutschland beim Oberlandesgericht.

Liste 3

Rechtsbehelfe gemäß Artikel 34 können nur eingelegt werden:

– in Deutschland: mit einer Rechtsbeschwerde.

ESTLAND

Artikel 67 Angaben zu den Zentralen Behörden und zugelassenen Sprachen

Artikel 67 (a)

Die Namen und Anschriften der Zentralen Behörden gemäß Artikel 53 sowie die technischen Kommunikationsmittel:

Justiitsministeerium
Tõnismägi 5a
15191 Tallinn
Telefon: +372 6 208 100
Fax: +372 6 208 109
E-Mail: info@just.ee

Artikel 67 (b)

Die Sprachen, die gemäß Artikel 57 Absatz 2 für Mitteilungen an die Zentralen Behörden zugelassen sind: Estnisch, Englisch.

Artikel 67 (c)

Für die Bescheinigung über das Umgangsrecht und die Rückgabe eines Kindes – Artikel 45 Absatz 2: Estnisch, Englisch.

Artikel 68 Angaben zu den Gerichten und den Rechtsbehelfen

Liste 1

Anträge gemäß den Artikeln 21 und 29 sind bei folgenden Gerichten oder zuständigen Behörden zu stellen:

– in Estland beim maakohus.

Liste 2

Der Rechtsbehelf gemäß Artikel 33 ist bei folgenden Gerichten einzulegen:
– in Estland beim ringkonnakohus.

Liste 3

Rechtsbehelfe gemäß Artikel 34 können nur eingelegt werden:
– in Estland: mit dem kasaatsioonkaebus.

GRIECHENLAND

Artikel 67 Angaben zu den Zentralen Behörden und zugelassenen Sprachen

Artikel 67 (a)

Die Namen und Anschriften der Zentralen Behörden gemäß Artikel 53 sowie die technischen Kommunikationsmittel:

Υπουργείο Δικαιοσύνης
Τμήμα Διεθνούς Δικαστικής Συνεργασίας σε Αστικές Υποθέσεις κα Αργυρώ Ελευθεριάδου
κ. Θεόφιλος Τσαγρής
Μεσογείων 96
11527 Αθήνα
Telefon: (+30) 210 7767321
Fax: (+30) 210 7767499
E-Mail: minjust8@otenet.gr

Artikel 67 (b)

Die Sprachen, die gemäß Artikel 57 Absatz 2 für Mitteilungen an die Zentralen Behörden zugelassen sind: Griechisch, Englisch, Französisch.

Artikel 67 (c)

Für die Bescheinigung über das Umgangsrecht und die Rückgabe eines Kindes – Artikel 45 Absatz 2: Griechisch, Englisch, Französisch.

Artikel 68 Angaben zu den Gerichten und den Rechtsbehelfen

Liste 1

Anträge gemäß den Artikeln 21 und 29 sind bei folgenden Gerichten oder zuständigen Behörden zu stellen:
– in Griechenland beim Πρωτοδικείο.

Liste 2

Der Rechtsbehelf gemäß Artikel 33 ist bei folgenden Gerichten einzulegen:
– in Griechenland beim Εφετείο.

Liste 3

Rechtsbehelfe gemäß Artikel 34 können nur eingelegt werden:
– in Griechenland mit einer Kassationsbeschwerde.

Anhang

SPANIEN

Artikel 67 Angaben zu den Zentralen Behörden und zugelassenen Sprachen

Artikel 67 (a)

Die Namen und Anschriften der Zentralen Behörden gemäß Artikel 53 sowie die technischen Kommunikationsmittel:

Dirección General de Cooperación Jurídica Internacional del Ministerio de Justicia
Servicio de Convenios
San Bernardo 62
28015 Madrid
Telefon: +34 91 3904437 / +34 91 3904273
Fax: +34 91 3902383
E-Mail: carmen.garcia-revuelta@mju.es
　　　　e.gonzalez@sb.mju.es

Artikel 67 (b)

Die Sprachen, die gemäß Artikel 57 Absatz 2 für Mitteilungen an die Zentralen Behörden zugelassen sind: Spanisch, Englisch, Französisch.

Artikel 67 (c)

Für die Bescheinigung über das Umgangsrecht und die Rückgabe eines Kindes – Artikel 45 Absatz 2: Spanisch.

Artikel 68 Angaben zu den Gerichten und den Rechtsbehelfen

Liste 1
Anträge gemäß den Artikeln 21 und 29 sind bei folgenden Gerichten oder zuständigen Behörden zu stellen:
– in Spanien beim *Juzgado de Primera Instancia*
Liste 2
Der Rechtsbehelf gemäß Artikel 33 ist bei folgenden Gerichten einzulegen:
– in Spanien bei der *Audiencia Provincial.*
Liste 3
Rechtsbehelfe gemäß Artikel 34 können nur eingelegt werden:
– in Spanien mit einer Kassationsbeschwerde.

FRANKREICH

Artikel 67 Angaben zu den Zentralen Behörden und zugelassenen Sprachen

Artikel 67 (a)

Die Namen und Anschriften der Zentralen Behörden gemäß Artikel 53 sowie die technischen Kommunikationsmittel:

Ministère de la Justice, Direction des Affaires Civiles et du Sceau
Bureau de l'entraide civile et commerciale internationale (D3)
13 place Vendôme
75042 Paris Cedex 01
Büroanschrift:
5, boulevard de la Madeleine Paris 1 er
(allgemeine Aufgaben und Zusammenarbeit in Fällen, die speziell die elterliche
Verantwortung betreffen – Artikel 54 und 55).
Telefon: +33 1 44 77 61 05
Fax: +33 1 44 77 61 22
E-Mail: Entraide-civile-internationale@justice.gouv.fr

Ministère de la Justice
Direction de la Protection Judiciaire de la Jeunesse
Bureau des affaires judiciaires et de la législation
13, place Vendôme
75042 Paris Cedex 01
Büroanschrift: 251, rue Saint Honoré 1er (Unterbringung des Kindes – Artikel 56).
Telefon: +33 (01) 44 77 69 02
Fax: +33(01) 44 77 25 78
E-Mail: Madeleine.Mathieu@justice.gouv.fr
        David.Allonsius@justice.gouv.fr
        Jacquemine.Farge@justice.gouv.fr
        Lea.Parienti@justice.gouv.fr

Artikel 67 (b)

Die Sprachen, die gemäß Artikel 57 Absatz 2 für Mitteilungen an die Zentralen Behörden
zugelassen sind: Französisch, Englisch.

Artikel 67 (c)

Für die Bescheinigung über das Umgangsrecht und die Rückgabe eines Kindes – Artikel 45
Absatz 2: Französisch, Englisch.

Artikel 68 Angaben zu den Gerichten und den Rechtsbehelfen

Liste 1

Anträge gemäß den Artikeln 21 und 29 sind bei folgenden Gerichten oder zuständigen
Behörden zu stellen:
– in Frankreich beim Président du Tribunal de grande instance.

Liste 2

Der Rechtsbehelf gemäß Artikel 33 ist bei folgenden Gerichten einzulegen:
– in Frankreich bei der Cour d'appel.

Liste 3

Rechtsbehelfe gemäß Artikel 34 können nur eingelegt werden:
– in Frankreich: mit einem pourvoi en cassation bei der Cour de cassation.

IRLAND

Artikel 67 Angaben zu den Zentralen Behörden und zugelassenen Sprachen

Artikel 67 (a)

Die Namen und Anschriften der Zentralen Behörden gemäß Artikel 53 sowie die technischen Kommunikationsmittel:

Ministry for Justice and Equality
Department of Justice and Equality
Bishop's Square
Redmond Hill
Dublin 2
Telefon: +353 1 4790200
Fax: +3531 4790201
E-Mail: info@justice.ie

Artikel 67 (b)

Die Sprachen, die gemäß Artikel 57 Absatz 2 für Mitteilungen an die Zentralen Behörden zugelassen sind: Irisch, Englisch, Französisch.

Artikel 67 (c)

Für die Bescheinigung über das Umgangsrecht und die Rückgabe eines Kindes – Artikel 45 Absatz 2: Irisch, Englisch.

Artikel 68 Angaben zu den Gerichten und den Rechtsbehelfen

Liste 1

Anträge gemäß den Artikeln 21 und 29 sind bei folgenden Gerichten oder zuständigen Behörden zu stellen:
– in Irland beim *High Court.*

Liste 2

Der Rechtsbehelf gemäß Artikel 33 ist bei folgenden Gerichten einzulegen:
– in Irland beim *High Court.*

Liste 3

Rechtsbehelfe gemäß Artikel 34 können nur eingelegt werden:
– in Irland: ein auf Rechtsfragen beschränktes Rechtsmittel an den *Supreme Court.*

ITALIEN

Artikel 67 Angaben zu den Zentralen Behörden und zugelassenen Sprachen

Artikel 67 (a)

Die Namen und Anschriften der Zentralen Behörden gemäß Artikel 53 sowie die technischen Kommunikationsmittel:

Autorità Centrale per l'intero territorio nazionale è il Dipartimento per la Giustizia Minorile

Via Giulia 131
00187 Roma
Telefon: +39 06 681881
Fax: +39 06 68807087
E-Mail: giustizia.minorile@giustizia.it

Artikel 67 (b)

Die Sprachen, die gemäß Artikel 57 Absatz 2 für Mitteilungen an die Zentralen Behörden zugelassen sind: Italienisch, Englisch, Französisch.

Artikel 67 (c)

Für die Bescheinigung über das Umgangsrecht und die Rückgabe eines Kindes – Artikel 45 Absatz 2: Italienisch, Englisch, Französisch.

Artikel 68 Angaben zu den Gerichten und den Rechtsbehelfen

Liste 1
Anträge gemäß den Artikeln 21 und 29 sind bei folgenden Gerichten oder zuständigen Behörden zu stellen:
– in Italien beim *Corte d'appello.*

Liste 2
Der Rechtsbehelf gemäß Artikel 33 ist bei folgenden Gerichten einzulegen:
– in Italien beim *Corte d'appello.*

Liste 3
Rechtsbehelfe gemäß Artikel 34 können nur eingelegt werden:
– in Italien: *Ricorso per cassazione* (Kassationsbeschwerde).

ZYPERN

Artikel 67 Angaben zu den Zentralen Behörden und zugelassenen Sprachen

Artikel 67 (a)

Die Namen und Anschriften der Zentralen Behörden gemäß Artikel 53 sowie die technischen Kommunikationsmittel:

Υπουργείο Δικαιοσύνης και Δημοσίας Τάξεως (Ministry of Justice and Public Order)
Μονάδα Διεθνούς Νομικής Συνεργασίας (International Legal Cooperation Unit)
Λεωφόρος Αθαλάσσας 125 (125 avenue Athalassas)
Δασούπολη 1461, Λευκωσία (Dasoupoli 1461, Leucosia)
ΚΥΠΡΟΣ (Cyprus)

Kontakt:
Κα. Κιουλίκα ΓαΧτηπροδρόμου (Mrs. Yioulika Hadjiprodromou)
Νομικός Σύμβουλος (Legal Officer)
Μονάδα Διεθνούς Νομικής Συνεργασίας (Unit for International Legal Cooperation)
Υπουργείο Δικαιοσύνης και Δημοσίας Τάξεως (Ministry of Justice and Public Order)
Tel.:(+357) 22805943
Fax:(+357) 22518328
E-mail: yhadjiprodromou@mjpo.gov.cy

Κα. Τροοδία Διονυσίου (Mrs. Troodia Dionysiou)
ΔιοικηΧικός ΛειΧουργός (Administrative Officer)
Μονάδα Διεθνούς Νομικής Συνεργασίας (Unit for International Legal Cooperation)
Υπουργείο Δικαιοσύνης και Δημοσίας Τάξεως (Ministry of Justice and Public Order)
Tel.: (+357) 22805932
Fax: (+357)22518328
E-mail: tdionysiou@mjpo.gov.cy

Artikel 67 (b)

Die Sprachen, die gemäß Artikel 57 Absatz 2 für Mitteilungen an die Zentralen Behörden zugelassen sind:
Mitteilungen an die Zentrale Behörde (Art. 57 Abs. 2 und Art. 45 Abs.2) sind in den Amtssprachen der Republik Zypern, d.h. griechisch, türkisch und englisch zu verfassen.

Artikel 67 (c)

Für die Bescheinigung über das Umgangsrecht und die Rückgabe eines Kindes – Artikel 45 Absatz 2:
Mitteilungen an die Zentrale Behörde (Art. 57 Abs. 2 und Art. 45 Abs.2) sind in den Amtssprachen der Republik Zypern, d.h. griechisch, türkisch und englisch zu verfassen.

Artikel 68 Angaben zu den Gerichten und den Rechtsbehelfen

Liste 1
Anträge gemäß den Artikeln 21 und 29 sind bei folgenden Gerichten oder zuständigen Behörden zu stellen:
– in Zypern,
Οικογενειακό ΔικασΧήριο Λευκωσίας-Κερύνειας (Familiengericht von Lefkosia-Keryneia)
Οικογενειακό ΔικασΧήριο Λεμεσού-Πάφου (Familiengericht von Lemesos-Pafos)
Οικογενειακό ΔικασΧήριο Λάρνακας-ΑμμοχώσΧου (Familiengericht von Larnaka-Ammochostos)
Liste 2
Der Rechtsbehelf gemäß Artikel 33 ist bei folgenden Gerichten einzulegen:
– in Zypern beim ΔευΧεροζάθμιο Οικογενειακό ΔικασΧήριο
Liste 3
Rechtsbehelfe gemäß Artikel 34 können nur eingelegt werden:
– in Zypern: Art. 34: Es existiert kein Rechtsbehelf in einem Gericht dritter Instanz.

LETTLAND

Artikel 67 Angaben zu den Zentralen Behörden und zugelassenen Sprachen

Artikel 67 (a)

Namen und Anschriften der Zentralen Behörden gemäß Artikel 53 sowie die technischen Kommunikationsmittel:

The Ministry of Justice of the Republic of Latvia
Brīvības bulvāris 36

Rīga, LV - 1536
Latvia
Telefon: +371 67036836
Fax: +371 67036852
E-Mail: tm.kanceleja@tm.gov.lv

Artikel 67 (b)

Die Sprachen, die gemäß Artikel 57 Absatz 2 für Mitteilungen an die Zentralen Behörden zugelassen sind: Lettisch, Englisch.

Artikel 67 (c)

Für die Bescheinigung über das Umgangsrecht und die Rückgabe eines Kindes – Artikel 45 Absatz 2: Lettisch, Englisch.

Artikel 68 Angaben zu den Gerichten und den Rechtsbehelfen

Liste 1
Anträge gemäß den Artikeln 21 und 29 sind bei folgenden Gerichten oder zuständigen Behörden zu stellen:
– in Lettland beim rajona (pilsētas) tiesā.
Liste 2
Der Rechtsbehelf gemäß Artikel 33 ist bei folgenden Gerichten einzulegen:
– in Lettland beim apgabaltiesā ar rajona (pilsētas) tiesas starpniecību.
Liste 3
Rechtsbehelfe gemäß Artikel 34 können nur eingelegt werden:
– in Lettland: mit einem pārsūdzību kasācijas kārtībā Augstākās tiesas Senātā ar apgabaltiesas starpniecību

LITAUEN

Artikel 67 Angaben zu den Zentralen Behörden und zugelassenen Sprachen

Artikel 67 (a)

Die Namen und Anschriften der Zentralen Behörden gemäß Artikel 53 sowie die technischen Kommunikationsmittel:

Justizministerium der Republik Litauen
Gedimino ave. 30/1
LT-01104 Vilnius
Telefon: +370 5 2662981
Fax: +370 5 2625940

Ministerium für Arbeit und Soziales
A. Vivulskio str., 11
LT-03610 Vilnius
Telefon: +370 5 2664209
Fax: +370 5 260 38 13
E-Mail: post@socmin.lt

Artikel 67 (b)

Die Sprachen, die gemäß Artikel 57 Absatz 2 für Mitteilungen an die Zentralen Behörden zugelassen sind: Litauisch, Englisch.

Artikel 67 (c)

Für die Bescheinigung über das Umgangsrecht und die Rückgabe eines Kindes – Artikel 45 Absatz 2: Litauisch.

Artikel 68 Angaben zu den Gerichten und den Rechtsbehelfen

Liste 1

Anträge gemäß den Artikeln 21 und 29 sind bei folgenden Gerichten oder zuständigen Behörden zu stellen:
– in Litauen beim *Lietuvos apeliacinis teismas*.

Liste 2

Der Rechtsbehelf gemäß Artikel 33 ist bei folgenden Gerichten einzulegen:
– in Litauen beim *Lietuvos apeliacinis teismas*.

Liste 3

Rechtsbehelfe gemäß Artikel 34 können nur eingelegt werden:
– in Litauen: *Lietuvos Aukščiausiasis Teismas* [Kassationsbeschwerde beim Obersten Gerichtshof].

LUXEMBURG

Artikel 67 Angaben zu den Zentralen Behörden und zugelassenen Sprachen

Artikel 67 (a)

Die Namen und Anschriften der Zentralen Behörden gemäß Artikel 53 sowie die technischen Kommunikationsmittel:

Parquet Général près la Cour Suprême de Justice
Cité Judiciaire, Bâtiment CR
Plateau du Saint-Esprit
L-2080 Luxembourg
Telefon: +352 47 59 81-336
Fax: +352 47 05 50
E-Mail: parquet.general@justice.etat.lu

Artikel 67 (b)

Die Sprachen, die gemäß Artikel 57 Absatz 2 für Mitteilungen an die Zentralen Behörden zugelassen sind: Französisch, Deutsch, Englisch.

Artikel 67 (c)

Für die Bescheinigung über das Umgangsrecht und die Rückgabe eines Kindes – Artikel 45 Absatz 2: Französisch, Deutsch, Englisch.

Artikel 68 Angaben zu den Gerichten und den Rechtsbehelfen

Liste 1

Anträge gemäß den Artikeln 21 und 29 sind bei folgenden Gerichten oder zuständigen Behörden zu stellen:
– in Luxemburg: der vorsitzende Richter des Tribunal d'arrondissement.

Liste 2

Der Rechtsbehelf gemäß Artikel 33 ist bei folgenden Gerichten einzulegen:
- in Luxemburg bei der Cour d'appel.

Liste 3

Rechtsbehelfe gemäß Artikel 34 können nur eingelegt werden:
- in Luxemburg: pourvoi en cassation [Kassationsbeschwerde].

UNGARN

Artikel 67 Angaben zu den Zentralen Behörden und zugelassenen Sprachen

Artikel 67 (a)

Die Namen und Anschriften der Zentralen Behörden gemäß Artikel 53 sowie die technischen Kommunikationsmittel:

Ifjúsági, Családügyi, Szociális és Esélyegyenlőségi Minisztérium
1054 Budapest, Akadémia u. 3
(für alle Angelegenheiten im Anwendungsbereich der Verordnung mit Ausnahme der Kindesentführung)
Telefon: +36 1 312 7285
Fax: +36 1 312 7021
E-Mail: mandi.stefi@icsszem.hu

Jogellenes gyermekelvitellel kapcsolatos ügyekben: az Igazságügyi Minisztérium
1055 Budapest, Kossuth tér 4. (in Fällen von Kindesentführung)
Telefon: + 36 1 441 3110
Fax: +36 1 441 3112
E-Mail: nemzm@im.hu

Artikel 67 (b)

Die Sprachen, die gemäß Artikel 57 Absatz 2 für Mitteilungen an die Zentralen Behörden zugelassen sind: Ungarisch, Englisch, Deutsch, Französisch.

Artikel 67 (c)

Für die Bescheinigung über das Umgangsrecht und die Rückgabe eines Kindes – Artikel 45 Absatz 2: Ungarisch, Englisch, Deutsch, Französisch.

Artikel 68 Angaben zu den Gerichten und den Rechtsbehelfen

Liste 1

Anträge gemäß den Artikeln 21 und 29 sind bei folgenden Gerichten oder zuständigen Behörden zu stellen:
- in Ungarn, *helyi bíróság*, in Budapest beim *Budai Központi Kerületi Bíróság*.

Liste 2

Der Rechtsbehelf gemäß Artikel 33 ist bei folgenden Gerichten einzulegen:
- in Ungarn, *helyi bíróság*, in Budapest beim *Budai Központi Kerületi Bíróság*.

Liste 3

Rechtsbehelfe gemäß Artikel 34 können nur eingelegt werden:
- in Ungarn, mit einem *felülvizsgálati kérelem*.

MALTA

Artikel 67 Angaben zu den Zentralen Behörden und zugelassenen Sprachen

Artikel 67 (a)

Die Namen und Anschriften der Zentralen Behörden gemäß Artikel 53 sowie die technischen Kommunikationsmittel:

The Director
Department for Social Welfare Standards
Ministry for the Family and Social Solidarity
Bugeia Institute
St Joseph High Road
Sta Venera – MALTA
Telefon. +356 21 441311/ 21480130
Fax. +356 21 490468

Artikel 67 (b)

Die Sprachen, die gemäß Artikel 57 Absatz 2 für Mitteilungen an die Zentralen Behörden zugelassen sind: Maltesisch, Englisch.

Artikel 67 (c)

Für die Bescheinigung über das Umgangsrecht und die Rückgabe eines Kindes – Artikel 45 Absatz 2: Maltesisch, Englisch.

Artikel 68 Angaben zu den Gerichten und den Rechtsbehelfen

Liste 1

Anträge gemäß den Artikeln 21 und 29 sind bei folgenden Gerichten oder zuständigen Behörden zu stellen:
- in Malta rim' *Awla tal-Qorti Civili oder il-Qorti ta' Ma gistrati ta' Għawdex fil-ġurisdizzjoni superjuri tagħha* [Zivilgericht (Abteilung für Familienrecht) und Court of Magistrates (Gozo) (Abteilung für Familienrecht) (oberinstanzliches Gericht)].

Liste 2

Der Rechtsbehelf gemäß Artikel 33 ist bei folgenden Gerichten einzulegen:
- in Malta *Qorti tal-Appell* [Appellationsgericht] gemäß dem im *Kodiċi ta' Organizzazzjoni u Proċedura Ċivili* – Kap. 12 festgelegten Verfahren.

Liste 3

Rechtsbehelfe gemäß Artikel 34 können nur eingelegt werden: Ein solcher Rechtsbehelf ist im nationalen Rechtssystem nicht vorgesehen.

NIEDERLANDE

Artikel 67 Angaben zu den Zentralen Behörden und zugelassenen Sprachen

Artikel 67 (a)

Die Namen und Anschriften der Zentralen Behörden gemäß Artikel 53 sowie die technischen Kommunikationsmittel:

Abteilung für rechtliche und internationale Angelegenheiten
Direktion für Jugendsachen, Justizministerium
Schedeldoekshaven 100
Postbus 20301
2500 's-Gravenhage
Telefon: 31 70 370 48 93
Fax: +31 70 370 75 07

Artikel 67 (b)

Die Sprachen, die gemäß Artikel 57 Absatz 2 für Mitteilungen an die Zentralen Behörden zugelassen sind: Niederländisch, Französisch, Deutsch, Englisch.

Artikel 67 (c)

Für die Bescheinigung über das Umgangsrecht und die Rückgabe eines Kindes – Artikel 45 Absatz 2: Niederländisch, Deutsch, Englisch.

Artikel 68 Angaben zu den Gerichten und den Rechtsbehelfen

Liste 1

Anträge gemäß den Artikeln 21 und 29 sind bei folgenden Gerichten oder zuständigen Behörden zu stellen:
– in den Niederlanden beim *voorzieningenrechter van de rechtbank*.

Liste 2

Der Rechtsbehelf gemäß Artikel 33 ist bei folgenden Gerichten einzulegen:
– in den Niederlanden bei der *rechtbank*.

Liste 3

Rechtsbehelfe gemäß Artikel 34 können nur eingelegt werden:
– in Niederlanden: Kassationsbeschwerde an den Obersten Gerichtshof.

ÖSTERREICH

Artikel 67 Angaben zu den Zentralen Behörden und zugelassenen Sprachen

Artikel 67 (a)

Die Namen und Anschriften der Zentralen Behörden gemäß Artikel 53 sowie die technischen Kommunikationsmittel:
Bundesministerium für Justiz
Museumstrasse 7 „Abteilung I 10"
1016 Wien

Telefon: 43-1 52152 / 2134
Fax: 43-1 52152 / 2829
E-Mail: robert.fucik@bmj.gv.at

Artikel 67 (b)

Die Sprachen, die gemäß Artikel 57 Absatz 2 für Mitteilungen an die Zentralen Behörden zugelassen sind: Deutsch.

Anhang

Artikel 67 (c)

Für die Bescheinigung über das Umgangsrecht und die Rückgabe eines Kindes – Artikel 45 Absatz 2: Deutsch.

Artikel 68 Angaben zu den Gerichten und den Rechtsbehelfen

Liste 1
Anträge gemäß den Artikeln 21 und 29 sind bei folgenden Gerichten oder zuständigen Behörden zu stellen:
– in Österreich beim *Bezirksgericht.*
Liste 2
Der Rechtsbehelf gemäß Artikel 33 ist bei folgenden Gerichten einzulegen:
– in Österreich beim *Bezirksgericht.*
Liste 3
Rechtsbehelfe gemäß Artikel 34 können nur eingelegt werden:
– in Österreich mit einem *Revisionsrekurs.*

POLEN

Artikel 67 Angaben zu den Zentralen Behörden und zugelassenen Sprachen

Artikel 67 (a)

Die Namen und Anschriften der Zentralen Behörden gemäß Artikel 53 sowie die technischen Kommunikationsmittel:

Ministerstwo Sprawiedliwości
Departament Współpracy
Międzynarodowej i Prawa Europejskiego
Al. Ujazdowskie 11
00-950 Warszawa
Telefon/Fax: 48 22 628 09 49

Artikel 67 (b)

Die Sprachen, die gemäß Artikel 57 Absatz 2 für Mitteilungen an die Zentralen Behörden zugelassen sind: Polnisch, Deutsch, Englisch.

Artikel 67 (c)

Für die Bescheinigung über das Umgangsrecht und die Rückgabe eines Kindes – Artikel 45 Absatz 2: Polnisch.

Artikel 68 Angaben zu den Gerichten und den Rechtsbehelfen

Liste 1
Anträge gemäß den Artikeln 21 und 29 sind bei folgenden Gerichten oder zuständigen Behörden zu stellen:
– in Polen beim *sąd okręgowy.*
Liste 2
Der Rechtsbehelf gemäß Artikel 33 ist bei folgenden Gerichten einzulegen:
– in Polen beim *sąd apelacyjny za pośrednictwem sądu okręgowego.*

Liste 3

Rechtsbehelfe gemäß Artikel 34 können nur eingelegt werden:
– in Polen mit einem *skarga kasacyjna do Sądu Najwyższego*.

PORTUGAL

Artikel 67 Angaben zu den Zentralen Behörden und zugelassenen Sprachen

Artikel 67 (a)

Die Namen und Anschriften der Zentralen Behörden gemäß Artikel 53 sowie die technischen Kommunikationsmittel:

Direcção-Geral de Reinserção Social
Autoridade Central Portuguesa
Avenida Almirante Reis 72
1150-020 Lisboa
Telefon: +351 21 114 25 00
Fax: +351 21 317 61 71 –
correio.dgrs@dgrs.mj.pt

Artikel 67 (b)

Die Sprachen, die gemäß Artikel 57 Absatz 2 für Mitteilungen an die Zentralen Behörden zugelassen sind: Portugiesisch, Englisch.

Artikel 67 (c)

Für die Bescheinigung über das Umgangsrecht und die Rückgabe eines Kindes – Artikel 45 Absatz 2: Portugiesisch, Englisch.

Artikel 68 Angaben zu den Gerichten und den Rechtsbehelfen

Liste 1

Anträge gemäß den Artikeln 21 und 29 sind bei folgenden Gerichten oder zuständigen Behörden zu stellen:
– in Portugal: *Tribunal de Comarca* oder *Tribunal de Família e Menores*.

Liste 2

Der Rechtsbehelf gemäß Artikel 33 ist bei folgenden Gerichten einzulegen:
– in Portugal: *Tribunal da Relação*.

Liste 3

Rechtsbehelfe gemäß Artikel 34 können nur eingelegt werden:
– in Portugal: *recurso restrito à matéria de direito* beim *Supremo Tribunal de Justiça*.

RUMÄNIEN

Artikel 67 Angaben zu den Zentralen Behörden und zugelassenen Sprachen

Artikel 67 (a)

Die Namen und Anschriften der Zentralen Behörden gemäß Artikel 53 sowie die technischen Kommunikationsmittel:

Anhang

Ministerul Justiţiei şi Libertăţilor Cetăţeneşti Direcţia Drept Internaţional şi Tratate (Justiz-
ministerium, Abteilung für Internationales Recht und Verträge),
Serviciul Cooperare judiciară internaţională în materie civilă
Str. Apolodor Nr. 17 Sector 5 Bukarest PLZ 050741
Tel.: +40372041077/8 (cabinet director)
Fax: +40372041083, +40372041217/8 (Serviciul)
E-Mail: dreptinternational@just.ro

Artikel 67 (b)

Die Sprachen, die gemäß Artikel 57 Absatz 2 für Mitteilungen an die Zentralen Behörden
zugelassen sind: Rumänisch, Englisch, Französisch.

Artikel 67 (c)

Für die Bescheinigung über das Umgangsrecht und die Rückgabe eines Kindes – Artikel 45
Absatz 2: Rumänisch, Englisch, Französisch.

Artikel 68 Angaben zu den Gerichten und den Rechtsbehelfen

Liste 1
Anträge gemäß den Artikeln 21 und 29 sind bei folgenden Gerichten oder zuständigen
Behörden zu stellen:
– in Rumänien beim *tribunalul*.

Liste 2
Der Rechtsbehelf gemäß Artikel 33 ist bei folgenden Gerichten einzulegen:
– in Rumänien beim *Curtea de Apel*.

Liste 3
Rechtsbehelfe gemäß Artikel 34 können nur eingelegt werden:
– in Rumänien mit einer *contestaţia în anulare* und einer *revizuirea*.

SLOWENIEN

Artikel 67 Angaben zu den Zentralen Behörden und zugelassenen Sprachen

Artikel 67 (a)

Die Namen und Anschriften der Zentralen Behörden gemäß Artikel 53 sowie die technischen Kommunikationsmittel:

Ministrstvo za delo, družino in socialne zadeve
Kotnikova 5
1000 Ljubljana
Telefon: 386 (0)1 478 34 68
Fax: 386 (0)1 478 34 80
E-Mail: eu.mddsz@gov.si

Artikel 67 (b)

Die Sprachen, die gemäß Artikel 57 Absatz 2 für Mitteilungen an die Zentralen Behörden
zugelassen sind: Slowenisch, Englisch.

Artikel 67 (c)

Für die Bescheinigung über das Umgangsrecht und die Rückgabe eines Kindes – Artikel 45 Absatz 2: Slowenisch.

Artikel 68 Angaben zu den Gerichten und den Rechtsbehelfen

Liste 1
Anträge gemäß den Artikeln 21 und 29 sind bei folgenden Gerichten oder zuständigen Behörden zu stellen:
– in Slowenien beim *okrožno sodišče*.

Liste 2
Der Rechtsbehelf gemäß Artikel 33 ist bei folgenden Gerichten einzulegen:
– in Slowenien beim *okrožno sodišče*.

Liste 3
Rechtsbehelfe gemäß Artikel 34 können nur eingelegt werden:
– in Slowenien mit einem *pritožba* beim *Vrhovnem sodišču Republike Slovenije*.

SLOWAKISCHE REPUBLIK

Artikel 67 Angaben zu den Zentralen Behörden und zugelassenen Sprachen

Artikel 67 (a)

Die Namen und Anschriften der Zentralen Behörden gemäß Artikel 53 sowie die technischen Kommunikationsmittel:

(Artikel 55 Buchstabe c)
Ministerstvo spravodlivosti Slovenskej republiky
Župné námestie 13
813 11 Bratislava
Telefon: 421 2 59 353 111
Fax: 421 2 59 353 600
Web: www.justice.gov.sk

(Artikel 55 Buchstaben a, b, d und e und Artikel 56)
Centrum pre medzinárodnoprávnu ochranu detí a mládeže
Špitálska 8
P.O. Box 57
814 99 Bratislava
Telefon: 421 2 20 46 32 08
Fax: 421 2 20 46 32 58
E-Mail: cipc@cipc.gov.sk
Web: www.cipc.sk

Artikel 67 (b)

Die Sprachen, die gemäß Artikel 57 Absatz 2 für Mitteilungen an die Zentralen Behörden zugelassen sind: Slowakisch, Englisch, Französisch (Art 53 Buchstabe c); Slowakisch, Englisch (Artikel 55 Buchstabe d); Slowakisch; Englisch, Deutsch (Artikel 55 Buchstaben a, b und e).

Artikel 67 (c)

Für die Bescheinigung über das Umgangsrecht und die Rückgabe eines Kindes – Artikel 45 Absatz 2: Slowakisch.

Artikel 68 Angaben zu den Gerichten und den Rechtsbehelfen

Liste 1

Anträge gemäß den Artikeln 21 und 29 sind bei folgenden Gerichten oder zuständigen Behörden zu stellen:

– in der Slowakischen Republik:
   a) beim *Krajský súd v Bratislave* für Anträge auf Ehescheidung, Trennung ohne Auflösung des Ehebandes oder Ungültigerklärung einer Ehe,
   b) beim *Okresný súd* für den gewöhnlichen Aufenthalt des Kindes oder beim *Okresný súd Bratislava"* für Anträge in Bezug auf die elterliche Verantwortung, wenn das Kind keinen gewöhnlichen Aufenthalt in der Slowakischen Republik hat,

Liste 2

Der Rechtsbehelf gemäß Artikel 33 ist bei folgenden Gerichten einzulegen:

– in der Slowakischen Republik beim *Okresný súd,*

Liste 3

Rechtsbehelfe gemäß Artikel 34 können nur eingelegt werden:

– in der Slowakischen Republik mit einem *dovolanie.*

FINNLAND

Artikel 67 Angaben zu den Zentralen Behörden und zugelassenen Sprachen

Artikel 67 (a)

Die Namen und Anschriften der Zentralen Behörden gemäß Artikel 53 sowie die technischen Kommunikationsmittel:

Oikeusministeriö Kansainvälinen yksikkö
PL 25
00023 Valtioneuvosto
Telefon: +358 9 1606 7628
Fax: +358 9 1606 7524
E-Mail: central.authority@om.fi

Artikel 67 (b)

Die Sprachen, die gemäß Artikel 57 Absatz 2 für Mitteilungen an die Zentralen Behörden zugelassen sind: Finnisch, Schwedisch, Englisch.

Artikel 67 (c)

Für die Bescheinigung über das Umgangsrecht und die Rückgabe eines Kindes – Artikel 45 Absatz 2: Finnisch, Schwedisch, Englisch.

Artikel 68 Angaben zu den Gerichten und den Rechtsbehelfen

Liste 1

Anträge gemäß den Artikeln 21 und 29 sind bei folgenden Gerichten oder zuständigen Behörden zu stellen:

– in Finnland beim *Käräjäoikeus/tingsrätt.*

Liste 2

Der Rechtsbehelf gemäß Artikel 33 ist bei folgenden Gerichten einzulegen:
– in Finnland beim *Hovioikeus/hovrätt.*

Liste 3

Rechtsbehelfe gemäß Artikel 34 können nur eingelegt werden:
– in Finnland: mit einem Rechtsbehelf beim *Korkein oikeus/högsta domstolen.*

SCHWEDEN

Artikel 67 Angaben zu den Zentralen Behörden und zugelassenen Sprachen

Die Namen und Anschriften der Zentralen Behörden gemäß Artikel 53 sowie die technischen Kommunikationsmittel:

Utrikesdepartementet Enheten för konsulära och civilrättsliga ärenden (Abteilung für Konsularsachen und Zivilrecht)
S-10339 STOCKHOLM
Telefon: +46 (8) 405 1000 (växel)
Telefon vid nödsituationer annan tid än kontorstid: +46 (8) 405 5001
Fax: +46 (8) 723 1176
E-Mail: ud@foreign.ministry.se

Artikel 67 (b)

Die Sprachen, die gemäß Artikel 57 Absatz 2 für Mitteilungen an die Zentralen Behörden zugelassen sind: Schwedisch, Englisch.

Artikel 67 (c)

Für die Bescheinigung über das Umgangsrecht und die Rückgabe eines Kindes – Artikel 45 Absatz 2: Schwedisch, Englisch.

Artikel 68 Angaben zu den Gerichten und den Rechtsbehelfen

Liste 1

Anträge gemäß den Artikeln 21 und 29 sind bei folgenden Gerichten oder zuständigen Behörden zu stellen:
– in Schweden beim *Svea hovrätt,*

Liste 2

Der Rechtsbehelf gemäß Artikel 33 ist bei folgenden Gerichten einzulegen:
– in Schweden beim *Svea hovrätt,*

Liste 3

Rechtsbehelfe gemäß Artikel 34 können nur eingelegt werden:
– in Schweden mit einem Rechtsbehelf beim *Högsta domstolen,*

VEREINIGTES KÖNIGREICH

Artikel 67 Angaben zu den Zentralen Behörden und zugelassenen Sprachen

Artikel 67 (a)

Die Namen und Anschriften der Zentralen Behörden gemäß Artikel 53 sowie die technischen Kommunikationsmittel:

(England & Wales)
The International Child Abduction and Contact Unit
Victory House
30-34 Kingsway
London WC2AB 6EX
Telefon: +44(0) 20 3681 2608
Fax: +44(0) 20 3681 2763
E-Mail: icacu@offsol.gsi.gov.uk

(Scotland)
Scottish Government
Central Authority & International Law Team
2nd floor West – St Andrew's House – Regent Road
Edinburgh EH1 3DG
Telefon: +44 131 244 4827/4832
Fax: +44 131 244 4848
E-Mail: Dawn.Livingstone@scotland.gsi.gov.uk
        Bill.galbraith@scotland.gsi.gov.uk

(Northern Ireland)
Civil Policy Division
Northern Ireland Court Service
5st Floor Lajanside House
Belfast BT1 3LA
Telefon: +44 2890412910
Fax: +44 289072 8944
E-Mail: policyandlegislation@courtsni.gov.uk

Artikel 67 (b)

Die Sprachen, die gemäß Artikel 57 Absatz 2 für Mitteilungen an die Zentralen Behörden zugelassen sind: Englisch, Französisch.

Artikel 67 (c)

Für die Bescheinigung über das Umgangsrecht und die Rückgabe eines Kindes – Artikel 45 Absatz 2: Englisch, Französisch.

Artikel 68 Angaben zu den Gerichten und den Rechtsbehelfen

Liste 1

Anträge gemäß den Artikeln 21 und 29 sind bei folgenden Gerichten oder zuständigen Behörden zu stellen:

– im Vereinigten Königreich:

(a) in England und Wales beim High Court of Justice – Principal Registry of the Family Division.

(b) in Schottland beim Court of Session, Outer House.

(c) in Nordirland beim High Court of Justice.

Liste 2

Der Rechtsbehelf gemäß Artikel 33 ist bei folgenden Gerichten einzulegen:

– im Vereinigten Königreich:

(a) in England und Wales beim High Court of Justice – Principal Registry of the Family Division.

(b) in Schottland beim Court of Session, Outer House.

(c) in Nordirland beim High Court of Justice.

Liste 3

Rechtsbehelfe gemäß Artikel 34 können nur eingelegt werden:

– im Vereinigten Königreich: mit einem einzigen weiteren, auf Rechtsfragen beschränkten Rechtsbehelf:

(a) in England und Wales beim Court of Appeal.

(b) in Schottland beim Court of Session, Inner House.

(c) in Nordirland beim Northern Ireland Court of Appeal.

Verordnung (EU) Nr. 1259/2010 des Rates vom 20. Dezember 2010 zur Durchführung einer Verstärkten Zusammenarbeit im Bereich des auf die Ehescheidung und Trennung ohne Auflösung des Ehebandes anzuwendenden Rechts

(ABl. Nr. L 343 vom 29.12.2010, S. 10)

DER RAT DER EUROPÄISCHEN UNION –

gestützt auf den Vertrag über die Arbeitsweise der Europäischen Union, insbesondere auf Artikel 81 Absatz 3,

gestützt auf den Beschluss 2010/405/EU des Rates vom 12. Juli 2010 über die Ermächtigung zu einer Verstärkten Zusammenarbeit im Bereich des auf die Ehescheidung und Trennung ohne Auflösung des Ehebandes anzuwendenden Rechts,[1]

auf Vorschlag der Europäischen Kommission,

nach Zuleitung des Entwurfs des Gesetzgebungsakts an die nationalen Parlamente,

nach Stellungnahme des Europäischen Parlaments,

nach Stellungnahme des Europäischen Wirtschafts- und Sozialausschusses,

gemäß einem besonderen Gesetzgebungsverfahren,

in Erwägung nachstehender Gründe:

(1) Die Union hat sich zum Ziel gesetzt, einen Raum der Freiheit, der Sicherheit und des Rechts, in dem der freie Personenverkehr gewährleistet ist, zu erhalten und weiterzuentwickeln. Zum schrittweisen Aufbau eines solchen Raums muss die Union im Bereich der justiziellen Zusammenarbeit in Zivilsachen, die einen grenzüberschreitenden Bezug aufweisen, Maßnahmen erlassen, insbesondere wenn dies für das reibungslose Funktionieren des Binnenmarkts erforderlich ist.

(2) Nach Artikel 81 des Vertrags über die Arbeitsweise der Europäischen Union fallen darunter auch Maßnahmen, die die Vereinbarkeit der in den Mitgliedstaaten geltenden Kollisionsnormen sicherstellen sollen.

(3) Die Kommission nahm am 14. März 2005 ein Grünbuch über das anzuwendende Recht und die gerichtliche Zuständigkeit in Scheidungssachen an. Auf der Grundlage dieses Grünbuchs fand eine umfassende öffentliche Konsultation zu möglichen Lösungen für die Probleme statt, die bei der derzeitigen Sachlage auftreten können.

(4) Am 17. Juli 2006 legte die Kommission einen Vorschlag für eine Verordnung zur Änderung der Verordnung (EG) Nr. 2201/2003 des Rates[2] im Hinblick

---

[1] ABl. L 189 vom 22.7.2010, S. 12.

[2] Verordnung (EG) Nr. 2201/2003 des Rates vom 27.11.2003 über die Zuständigkeit und die Anerkennung und Vollstreckung von Entscheidungen in Ehesachen und in Verfahren betreffend die elterliche Verantwortung und zur Aufhebung der Verordnung (EG) Nr. 1347/2000 (ABl. L 338 vom 23.12.2003, S. 1).

auf die Zuständigkeit in Ehesachen und zur Einführung von Vorschriften betreffend das anwendbare Recht in diesem Bereich vor.

(5) Auf seiner Tagung vom 5./6. Juni 2008 in Luxemburg stellte der Rat fest, dass es keine Einstimmigkeit für diesen Vorschlag gab und es unüberwindbare Schwierigkeiten gab, die damals und in absehbarer Zukunft eine einstimmige Annahme unmöglich machen. Er stellte fest, dass die Ziele der Verordnung unter Anwendung der einschlägigen Bestimmungen der Verträge nicht in einem vertretbaren Zeitraum verwirklicht werden können.

(6) In der Folge teilten Belgien, Bulgarien, Deutschland, Griechenland, Spanien, Frankreich, Italien, Lettland, Luxemburg, Ungarn, Malta, Österreich, Portugal, Rumänien und Slowenien der Kommission mit, dass sie die Absicht hätten, untereinander im Bereich des anzuwendenden Rechts in Ehesachen eine Verstärkte Zusammenarbeit zu begründen. Am 3. März 2010 zog Griechenland seinen Antrag zurück.

(7) Der Rat hat am 12. Juli 2010 den Beschluss 2010/405/EU über die Ermächtigung zu einer Verstärkten Zusammenarbeit im Bereich des auf die Ehescheidung und Trennung ohne Auflösung des Ehebandes anzuwendenden Rechts erlassen.

(8) Gemäß Artikel 328 Absatz 1 des Vertrags über die Arbeitsweise der Europäischen Union steht eine Verstärkte Zusammenarbeit bei ihrer Begründung allen Mitgliedstaaten offen, sofern sie die in dem hierzu ermächtigenden Beschluss gegebenenfalls festgelegten Teilnahmevoraussetzungen erfüllen. Dies gilt auch zu jedem anderen Zeitpunkt, sofern sie neben den genannten Voraussetzungen auch die in diesem Rahmen bereits erlassenen Rechtsakte beachten. Die Kommission und die an einer Verstärkten Zusammenarbeit teilnehmenden Mitgliedstaaten stellen sicher, dass die Teilnahme möglichst vieler Mitgliedstaaten gefördert wird. Diese Verordnung sollte in allen ihren Teilen verbindlich sein und gemäß den Verträgen unmittelbar nur in den teilnehmenden Mitgliedstaaten gelten.

(9) Diese Verordnung sollte einen klaren, umfassenden Rechtsrahmen im Bereich des auf die Ehescheidung und Trennung ohne Auflösung des Ehebandes anzuwendenden Rechts in den teilnehmenden Mitgliedstaaten vorgeben, den Bürgern in Bezug auf Rechtssicherheit, Berechenbarkeit und Flexibilität sachgerechte Lösungen garantieren und Fälle verhindern, in denen ein Ehegatte alles daran setzt, die Scheidung zuerst einzureichen, um sicherzugehen, dass sich das Verfahren nach einer Rechtsordnung richtet, die seine Interessen seiner Ansicht nach besser schützt.

(10) Der sachliche Anwendungsbereich und die Bestimmungen dieser Verordnung sollten mit der Verordnung (EG) Nr. 2201/2003 im Einklang stehen. Er sollte sich jedoch nicht auf die Ungültigerklärung einer Ehe erstrecken.

Diese Verordnung sollte nur für die Auflösung oder die Lockerung des Ehebandes gelten. Das nach den Kollisionsnormen dieser Verordnung bestimmte Recht sollte für die Gründe der Ehescheidung und Trennung ohne Auflösung des Ehebandes gelten. Vorfragen wie die Rechts- und Handlungsfähigkeit und die Gültigkeit der Ehe und Fragen wie die güterrechtlichen Folgen der Ehescheidung oder der Trennung ohne Auflösung des Ehebandes, den Namen, die elterliche Verantwortung, die Unterhaltspflicht oder sonstige mögliche Nebenaspekte sollten nach den Kollisionsnormen geregelt werden, die in dem betreffenden teilnehmenden Mitgliedstaat anzuwenden sind.

(11) Um den räumlichen Geltungsbereich dieser Verordnung genau abzugrenzen, sollte angegeben werden, welche Mitgliedstaaten sich an der Verstärkten Zusammenarbeit beteiligen.

(12) Diese Verordnung sollte universell gelten, d.h. kraft ihrer einheitlichen Kollisionsnormen sollte das Recht eines teilnehmenden Mitgliedstaats, eines nicht teilnehmenden Mitgliedstaats oder das Recht eines Drittstaats zur Anwendung kommen können.

(13) Für die Anwendung dieser Verordnung sollte es unerheblich sein, welches Gericht angerufen wird. Soweit zweckmäßig, sollte ein Gericht als gemäß der Verordnung (EG) Nr. 2201/2003 angerufen gelten.

(14) Um den Ehegatten die Möglichkeit zu bieten, das Recht zu wählen, zu dem sie einen engen Bezug haben, oder um, in Ermangelung einer Rechtswahl, dafür zu sorgen, dass dieses Recht auf ihre Ehescheidung oder Trennung ohne Auflösung des Ehebandes angewendet wird, sollte dieses Recht auch dann zum Tragen kommen, wenn es nicht das Recht eines teilnehmenden Mitgliedstaats ist. Ist das Recht eines anderen Mitgliedstaats anzuwenden, könnte das mit der Entscheidung 2001/470/EG des Rates vom 28. Mai 2001 über die Einrichtung eines Europäischen Justiziellen Netzes für Zivil- und Handelssachen[3] eingerichtete Netz den Gerichten dabei helfen, sich mit dem ausländischen Recht vertraut zu machen.

(15) Eine erhöhte Mobilität der Bürger erfordert gleichermaßen mehr Flexibilität und mehr Rechtssicherheit. Um diesem Ziel zu entsprechen, sollte diese Verordnung die Parteiautonomie bei der Ehescheidung und Trennung ohne Auflösung des Ehebandes stärken und den Parteien in gewissen Grenzen die Möglichkeit geben, das in ihrem Fall anzuwendende Recht zu bestimmen.

(16) Die Ehegatten sollten als auf die Ehescheidung oder Trennung ohne Auflösung des Ehebandes anzuwendendes Recht das Recht eines Landes wählen können, zu dem sie einen besonderen Bezug haben, oder das Recht des Staates des angerufenen Gerichts. Das von den Ehegatten gewählte Recht muss mit den Grundrechten vereinbar sein, wie sie durch die Verträge und durch die Charta der Grundrechte der Europäischen Union anerkannt werden.

(17) Für die Ehegatten ist es wichtig, dass sie vor der Rechtswahl auf aktuelle Informationen über die wesentlichen Aspekte sowohl des innerstaatlichen Rechts als auch des Unionsrechts und der Verfahren bei Ehescheidung und Trennung ohne Auflösung des Ehebandes zugreifen können. Um den Zugang zu entsprechenden sachdienlichen, qualitativ hochwertigen Informationen zu gewährleisten, werden die Informationen, die der Öffentlichkeit auf der durch die Entscheidung 2001/470/EG des Rates eingerichteten Website zur Verfügung stehen, regelmäßig von der Kommission aktualisiert.

(18) Diese Verordnung sieht als wesentlichen Grundsatz vor, dass beide Ehegatten ihre Rechtswahl in voller Sachkenntnis treffen. Jeder Ehegatte sollte sich genau über die rechtlichen und sozialen Folgen der Rechtswahl im Klaren sein. Die Rechte und die Chancengleichheit der beiden Ehegatten dürfen durch die Möglichkeit einer einvernehmlichen Rechtswahl nicht beeinträchtigt werden. Die Richter in den teilnehmenden Mitgliedstaaten sollten daher wissen, dass es darauf ankommt, dass die Ehegatten ihre Rechtswahlvereinbarung in voller Kenntnis der Rechtsfolgen schließen.

(19) Regeln zur materiellen Wirksamkeit und zur Formgültigkeit sollten festgelegt werden, so dass die von den Ehegatten in voller Sachkenntnis zu treffende Rechtswahl erleichtert und das Einvernehmen der Ehegatten geachtet wird, damit Rechtssicherheit sowie ein besserer Zugang zur Justiz gewährleistet werden. Was

---

die Formgültigkeit anbelangt, sollten bestimmte Schutzvorkehrungen getroffen werden, um sicherzustellen, dass sich die Ehegatten der Tragweite ihrer Rechtswahl bewusst sind. Die Vereinbarung über die Rechtswahl sollte zumindest der Schriftform bedürfen und von beiden Parteien mit Datum und Unterschrift versehen werden müssen. Sieht das Recht des teilnehmenden Mitgliedstaats, in dem beide Ehegatten zum Zeitpunkt der Rechtswahl ihren gewöhnlichen Aufenthalt haben, zusätzliche Formvorschriften vor, so sollten diese eingehalten werden. Beispielsweise können derartige zusätzliche Formvorschriften in einem teilnehmenden Mitgliedstaat bestehen, in dem die Rechtswahlvereinbarung Bestandteil des Ehevertrags ist. Haben die Ehegatten zum Zeitpunkt der Rechtswahl ihren gewöhnlichen Aufenthalt in verschiedenen teilnehmenden Mitgliedstaaten, in denen unterschiedliche Formvorschriften vorgesehen sind, so würde es ausreichen, dass die Formvorschriften eines dieser Mitgliedstaaten eingehalten werden. Hat zum Zeitpunkt der Rechtswahl nur einer der Ehegatten seinen gewöhnlichen Aufenthalt in einem teilnehmenden Mitgliedstaat, in dem zusätzliche Formvorschriften vorgesehen sind, so sollten diese Formvorschriften eingehalten werden.

(20) Eine Vereinbarung zur Bestimmung des anzuwendenden Rechts sollte spätestens bei Anrufung des Gerichts geschlossen und geändert werden können sowie gegebenenfalls sogar im Laufe des Verfahrens, wenn das Recht des Staates des angerufenen Gerichts dies vorsieht. In diesem Fall sollte es genügen, wenn die Rechtswahl vom Gericht im Einklang mit dem Recht des Staates des angerufenen Gerichts zu Protokoll genommen wird.

(21) Für den Fall, dass keine Rechtswahl getroffen wurde, sollte diese Verordnung im Interesse der Rechtssicherheit und Berechenbarkeit und um zu vermeiden, dass ein Ehegatte alles daran setzt, die Scheidung zuerst einzureichen, um sicherzugehen, dass sich das Verfahren nach einer Rechtsordnung richtet, die seine Interessen seiner Ansicht nach besser schützt, harmonisierte Kollisionsnormen einführen, die sich auf Anknüpfungspunkte stützen, die einen engen Bezug der Ehegatten zum anzuwendenden Recht gewährleisten. Die Anknüpfungspunkte sollten so gewählt werden, dass sichergestellt ist, dass die Verfahren, die sich auf die Ehescheidung oder die Trennung ohne Auflösung des Ehebandes beziehen, nach einer Rechtsordnung erfolgen, zu der die Ehegatten einen engen Bezug haben.

(22) Wird in dieser Verordnung hinsichtlich der Anwendung des Rechts eines Staates auf die Staatsangehörigkeit als Anknüpfungspunkt verwiesen, so wird die Frage, wie in Fällen der mehrfachen Staatsangehörigkeit zu verfahren ist, weiterhin nach innerstaatlichem Recht geregelt, wobei die allgemeinen Grundsätze der Europäischen Union uneingeschränkt zu achten sind.

(23) Wird das Gericht angerufen, damit eine Trennung ohne Auflösung des Ehebandes in eine Ehescheidung umgewandelt wird, und haben die Parteien keine Rechtswahl getroffen, so sollte das Recht, das auf die Trennung ohne Auflösung des Ehebandes angewendet wurde, auch auf die Ehescheidung angewendet werden. Eine solche Kontinuität würde den Parteien eine bessere Berechenbarkeit bieten und die Rechtssicherheit stärken. Sieht das Recht, das auf die Trennung ohne Auflösung des Ehebandes angewendet wurde, keine Umwandlung der Trennung ohne Auflösung des Ehebandes in eine Ehescheidung vor, so sollte die Ehescheidung in Ermangelung einer Rechtswahl durch die Parteien nach den Kollisionsnormen erfolgen. Dies sollte die Ehegatten nicht daran hindern, die Scheidung auf der Grundlage anderer Bestimmungen dieser Verordnung zu beantragen

(24) In bestimmten Situationen, in denen das anzuwendende Recht eine Ehescheidung nicht zulässt oder einem der Ehegatten aufgrund seiner Geschlechtszugehörigkeit keinen gleichberechtigten Zugang zu einem Scheidungs- oder Trennungsverfahren gewährt, sollte jedoch das Recht des angerufenen Gerichts maßgebend sein. Der *Ordre-public*-Vorbehalt sollte hiervon jedoch unberührt bleiben.

(25) Aus Gründen des öffentlichen Interesses sollte den Gerichten der teilnehmenden Mitgliedstaaten in Ausnahmefällen die Möglichkeit gegeben werden, die Anwendung einer Bestimmung des ausländischen Rechts zu versagen, wenn ihre Anwendung in einem konkreten Fall mit der öffentlichen Ordnung (*Ordre public*) des Staates des angerufenen Gerichts offensichtlich unvereinbar wäre. Die Gerichte sollten jedoch den *Ordre-public*-Vorbehalt nicht mit dem Ziel anwenden dürfen, eine Bestimmung des Rechts eines anderen Staates auszuschließen, wenn dies gegen die Charta der Grundrechte der Europäischen Union und insbesondere gegen deren Artikel 21 verstoßen würde, der jede Form der Diskriminierung untersagt.

(26) Wird in der Verordnung darauf Bezug genommen, dass das Recht des teilnehmenden Mitgliedstaats, dessen Gericht angerufen wird, Scheidungen nicht vorsieht, so sollte dies so ausgelegt werden, dass im Recht dieses teilnehmenden Mitgliedstaats das Rechtsinstitut der Ehescheidung nicht vorhanden ist. In solch einem Fall sollte das Gericht nicht verpflichtet sein, aufgrund dieser Verordnung eine Scheidung auszusprechen. Wird in der Verordnung darauf Bezug genommen, dass nach dem Recht des teilnehmenden Mitgliedstaats, dessen Gericht angerufen wird, die betreffende Ehe für die Zwecke eines Scheidungsverfahrens nicht als gültig angesehen wird, so sollte dies unter anderem so ausgelegt werden, dass im Recht dieses teilnehmenden Mitgliedstaats eine solche Ehe nicht vorgesehen ist. In einem solchen Fall sollte das Gericht nicht verpflichtet sein, eine Ehescheidung oder eine Trennung ohne Auflösung des Ehebandes nach dieser Verordnung auszusprechen.

(27) Da es Staaten und teilnehmende Mitgliedstaaten gibt, in denen die in dieser Verordnung geregelten Angelegenheiten durch zwei oder mehr Rechtssysteme oder Regelwerke erfasst werden, sollte es eine Vorschrift geben, die festlegt, inwieweit diese Verordnung in den verschiedenen Gebietseinheiten dieser Staaten und teilnehmender Mitgliedstaaten Anwendung findet oder inwieweit diese Verordnung auf verschiedene Kategorien von Personen dieser Staaten und teilnehmender Mitgliedstaaten Anwendung findet.

(28) In Ermangelung von Regeln zur Bestimmung des anzuwendenden Rechts sollten Parteien, die das Recht des Staates wählen, dessen Staatsangehörigkeit eine der Parteien besitzt, zugleich das Recht der Gebietseinheit angeben, das sie vereinbart haben, wenn der Staat, dessen Recht gewählt wurde, mehrere Gebietseinheiten umfasst und jede Gebietseinheit ihr eigenes Rechtssystem oder eigene Rechtsnormen für Ehescheidung hat.

(29) Da die Ziele dieser Verordnung, nämlich die Sicherstellung von mehr Rechtssicherheit, einer besseren Berechenbarkeit und einer größeren Flexibilität in Ehesachen mit internationalem Bezug und damit auch die Erleichterung der Freizügigkeit in der Europäischen Union, auf Ebene der Mitgliedstaaten allein nicht ausreichend verwirklicht werden können und daher wegen ihres Umfangs und ihrer Wirkungen besser auf Unionsebene zu erreichen sind, kann die Union im Einklang mit dem in Artikel 5 des Vertrags über die Europäische Union niedergelegten Subsidiaritätsprinzip gegebenenfalls im Wege einer Verstärkten Zusam-

menarbeit tätig werden. Entsprechend dem in demselben Artikel genannten Verhältnismäßigkeitsprinzip geht diese Verordnung nicht über das für die Erreichung dieser Ziele erforderliche Maß hinaus.

(30) Diese Verordnung wahrt die Grundrechte und achtet die Grundsätze, die mit der Charta der Grundrechte der Europäischen Union anerkannt wurden, namentlich Artikel 21, wonach jede Diskriminierung insbesondere wegen des Geschlechts, der Rasse, der Hautfarbe, der ethnischen oder sozialen Herkunft, der genetischen Merkmale, der Sprache, der Religion oder der Weltanschauung, der politischen oder sonstigen Anschauung, der Zugehörigkeit zu einer nationalen Minderheit, des Vermögens, der Geburt, einer Behinderung, des Alters oder der sexuellen Ausrichtung verboten ist. Bei der Anwendung dieser Verordnung sollten die Gerichte der teilnehmenden Mitgliedstaaten diese Rechte und Grundsätze achten –

HAT FOLGENDE VERORDNUNG ERLASSEN:

Vorbemerkungen

Literatur: *Basedow,* European Divorce Law – Comments on the Rome III Regulation, FS Pintens, 2012, S. 135; *ders.*, Das internationale Scheidungsrecht der EU – Anmerkungen zur Rom III-Verordnung, FS Posch, 2011, S. 17; *Baarsma,* European Choice of Law on Divorce (Rome III) –Where Did It Go Wrong?, NIPR 2009, 9; *Becker,* Die Vereinheitlichung von Kollisionsnormen im europäischen Familienrecht – Rom III, NJW 2011, 1543; *Boele-Woelki,* For Better or for Worse: The Europeanization of International Divorce Law, YbPIL 2010, 1; *Brugnara/Pobitzer,* Grenzüberschreitende Trennungen und Scheidungen – Verordnung (EU) Nr. 1259/2010 des Rates vom 20. Dezember 2010 (Rom III), FS Pobitzer, 2012, S. 147; *Finger,* Verstärkte Zusammenarbeit in Europa für das Kollisionsrecht der Ehescheidung und der Trennung ohne Auflösung des Ehebandes, FamFR 2011, 433; *ders.*, Neues Kollisionsrecht der Ehescheidung und der Trennung ohne Auflösung des Ehebandes, VO Nr. 1259/2010 (Rom III) – vorrangig: Rechtswahl der Beteiligten, FuR 2013, 305; *Fiorini,* Rome III – Choice of Law in Divorce: Is the Europeanization of Family Law Going Too Far?, Int. Jnl. of Law, Policy and the Family 22, 2008, 178; *Franzina,* The Law Applicable to Divorce and Legal Separation under Regulation (EU) No. 1259/2010, CDT 11, 85; *Gade,* Schwerpunktbereich IPR: Die Rom III-VO, JuS 2013, 779; *Gärtner,* Die Rom III-Verordnung unter besonderer Berücksichtigung von Privatscheidungen, StAZ 2012, 357; *Gruber,* Scheidung auf Europäisch – die Rom III-VO, IPRax 2012, 381; *Hammje,* Le nouveau règlement (EU) n. 1259/2010 du Conseil du 20 décembre 2010 metttant en oeuvre une coopération renforcée dans le domaine de la loi appplicable au divorce et à la séparation de corps, Rev crit de droit internat. privé 2011, 291; *Hau,* Zur Durchführung der Rom III-Verordnung in Deutschland, FamRZ 2013, 249; *ders.*, Zur Maßgeblichkeit der lex fori in internationalen Ehesachen, FS Stürner, 2013, S. 1237; *Helms,* Reform des internationalen Scheidungsrechts durch die Rom III-VO, FamRZ 2011, 1765; *ders.*, Neues Europäisches Familienkollisionsrecht, FS Pintens, 2012, S. 681; *Henrich,* Internationales Scheidungsrecht – einschließlich Scheidungsfolgen, 2012; *ders.*, Zur Parteiautonomie im europäisierten internationalen Familienrecht, FS Pintens, 2012, S. 701; *ders.*, Europäisierung des Internationalen Familienrechts: Was bleibt vom EGBGB?, FS Spellenberg, 2010, S. 195; *Kemper,* Das neue Internationale Scheidungsrecht – eine Übersicht über die Regelungen der Rom III-VO, FamRBint 2012, 63; *ders.*, Die Umsetzung des neuen Internationalen Scheidungsrechts in Deutschland – Rom III und die Folgen, FamRBint 2013, 12; *Kohler,* Zur Gestaltung des europäischen Kollisionsrechts für Ehesachen, FamRZ 2008, 1673; *ders.*, Einheitliche Kollisionsnormen für Ehesachen in der Europäischen Union: Vorschläge und Vorbehalte, FPR

Vorbemerkungen

2008, 193; *Makowsky,* Europäisierung des Internationalen Ehescheidungsrechts durch die Rom III-Verordnung, GPR 2012, 266; *Mörsdorf-Schulte,* European Private International Law of Divorce (Rome III), RabelsZ 77 (2013), 786; *Pietsch,* Rechtswahl für Ehesachen nach „Rom III", NJW 2012, 1768; *Rauscher,* Anpassung des IPR an die Rom III-VO, FPR 2013, 257; *Rudolf,* Europäisches Kollisionsrecht für Ehescheidungen – Rom III-VO, EF-Z 2012, 101; *Rüberg,* Auf dem Weg zu einem europäischen Scheidungskollisionsrecht, 2005; *Nascimbene,* Jurisdiction and Applicable Law in Matrimonial Matters: Rome III Regulation, EuLF 2009 I, 1; *Oudin,* Contractualisation du divorce international: le règlement (UE) du 20 décembre 2010, Revue juridique personne et famille, mars 2011, 8 ff.; *Pfütze,* Die Inhaltskontrolle von Rechtswahlvereinbarungen im Rahmen der Verordnungen ROM I bis III, ZEUS 2011, 35; *Schurig,* Eine hinkende Vereinheitlichung des internationalen Ehescheidungsrechts in Europa, FS Hoffmann, 2011, S. 405; *J. Stürmer,* Die Rom III-VO – ein neues Scheidungskollisionsrecht, Jura 2012, 708; *Süß,* Europäisierung des Familienrechts – Handlungsempfehlungen für den Notar zum status quo, ZNotP 2011, 282; *Toscano,* Ehescheidungen mit grenzüberschreitendem Bezug – Von divergierenden nationalen Scheidungsvoraussetzungen zu einem einheitlichen europäischen Scheidungsrecht?, 2011; *Traar,* Rom III-VO – EU-Verordnung zum Kollisionsrecht für Ehescheidungen, ÖJZ 2011, 805; *Viarengo,* Il regolamento UE sulla legge applicabile alla separazione e al divorzio e il ruolo della volontà delle parti, Riv.dir.int.priv.proc. 2011, 601; *R. Wagner,* Überlegungen zur Vereinheitlichung des Internationalen Privatrechts in Ehesachen in der Europäischen Union, FamRZ 2003, 803; *ders.,* EG-Kompetenz für das Internationale Privatrecht in Ehesachen?, RabelsZ 68 (2004), 119; *ders.,* Aktuelle Entwicklungen in der europäischen justiziellen Zusammenarbeit in Zivilsachen, NJW 2010, 1707; *Winkler von Mohrenfels,* Die Rom III-VO und die Parteiautonomie, FS Hoffmann, 2011, S. 527; *ders.,* Die Rom III-VO. Teilvereinheitlichung des europäischen internationalen Scheidungsrechts, ZEuP 2013, 699.

I. Zweck der Verordnung

Ehen mit Auslandsberührung sind heutzutage alltäglich geworden und Glei- **1** ches gilt mittlerweile auch für binationale Scheidungen.[1] Vor der Geltung der Verordnung (EU) Nr. 1259/2010 des Rates vom 20. Dezember 2010 zur Durchführung einer Verstärkten Zusammenarbeit im Bereich des auf die Ehescheidung und Trennung ohne Auflösung des Ehebandes anzuwendenden Rechts (= Rom III-VO) bestimmten allein nationale Kollisionsregeln (in Deutschland Art. 17 EGBGB und in Österreich § 20 iVm §§ 9, 18 IPRG) das Scheidungsstatut.[2] Der aktuelle Trend zur Europäisierung des Internationalen Privatrechts musste auf Dauer aber auch das Scheidungsrecht erfassen.[3] Insoweit war es nicht nur konsequent, sondern auch eine Notwendigkeit, dass sich der Europäische Gesetzgeber der Thematik in Gestalt einer Einheit stiftenden Verordnung angenommen hat. Diese schafft nach ihrer Zielsetzung einen klaren und umfassenden Rechtsrahmen im Bereich des auf die Ehescheidung und Trennung ohne Auflösung des Ehebandes anzuwendenden Rechts in den teilnehmenden Mitgliedstaaten (vgl. Erwägungsgrund 9). In inhaltlicher Hinsicht unterscheidet sich die Rom III-VO dabei deutlich von den früheren Regeln des deutschen EGBGB (→ Rn. 15 ff.).[4]

---

[1] Vgl. etwa *J. Stürmer* Jura 2012, 708 Fn. 1.

[2] *Hau* FamRZ 2013, 249. Aus deutscher Sicht existiert eine einzige verdrängende völkerrechtliche Vereinbarung gegenüber dem Iran, vgl. dazu auch *J. Stürmer* Jura 2012, 708 Fn. 3; → Rn. 20.

[3] *J. Stürmer* Jura 2012, 708.

[4] NK-BGB/*Gruber* Vorbemerkungen zu Art. 1 Rn. 4.

2   Die Rom III-VO soll nach ihren Erwägungsgründen 9 und 15 einerseits Flexibilität, andererseits aber auch Rechtssicherheit bei der Bestimmung des Scheidungsstatuts garantieren, wobei immer die Wahrung der beiderseitigen Parteiinteressen
gewährleistet werden soll.[5] Ersteres wird durch den Ausbau der Rechtswahlmöglichkeiten (→ Rn. 15) sichergestellt. Die Verordnung will zudem einem im
Bereich des materiellen Scheidungsrechts **unerwünschten forum shopping** ent-
gegentreten[6] und den **internationalen Entscheidungseinklang in Ehesachen**
verbessern helfen.[7] Insbesondere sollen sich allein durch eine rasche Einreichung
des Scheidungsantrags keine kollisionsrechtlichen und materiell-rechtlichen Vorteile mehr für eine Partei ergeben (vgl. Erwägungsgründe 9 und 13).[8] Indes wird
mit Recht von kritischen Stimmen darauf hingewiesen, dass die Art des Zustande-
kommens der Verordnung im Wege einer „Verstärkten Zusammenarbeit"
(→ Rn. 4) und der damit zunächst verbundenen überschaubaren Zahl an Teilnehmerstaaten diesem Anliegen abträglich ist. Denn insoweit bestehen weiter starke
Anreize für einen Ehegatten, die Gerichte eines nicht an der Rom III-VO beteiligten Staates zu befassen.[9] Die Rom III-VO stellt kein völlig isoliertes Regelungswerk
dar, sondern sie soll in ihrem sachlichen Anwendungsbereich **im Einklang mit
der Brüssel IIa-VO** (= Verordnung (EG) Nr. 2201/2003)[10] interpretiert werden
(vgl. Erwägungsgrund 10 Abs. 1).

II. Entstehungsgeschichte

3   Für das europäische Ehescheidungsverfahrensrecht hat die Brüssel IIa-VO v.
27.11.2003, welche am 1.3.2005 die Verordnung (EG) Nr. 1347/2000 (=
EheVO 2000 = Brüssel II-VO) abgelöst hatte, eine Harmonisierung vollzogen
(→ Brüssel IIa-VO, Vorbemerkungen Rn. 1), wenngleich begrenzt auf das
Recht der internationalen Zuständigkeit und der Anerkennung und Vollstreckung von Entscheidungen.[11] Die Vereinheitlichung des Kollisionsrechts war
jedoch bereits seit dem Aktionsplan des Jahres 1999 in das Blickfeld des europäischen Gesetzgebers gerückt.[12] Ein wichtiger Zwischenschritt bestand am
14.3.2005 in der Annahme eines **Grünbuchs** über das anzuwendende Recht
und die gerichtliche Zuständigkeit in Scheidungssachen durch die Kommission.[13]

---

[5] So auch *J. Stürmer* Jura 2012, 708; *Helms* FamRZ 2011, 1765.

[6] *Hausmann* A Rn. 217.

[7] *Helms* FamRZ 2011, 1765.

[8] *J. Stürmer* Jura 2012, 708.

[9] *Gruber* IPRax 2012, 382; *Hausmann* A Rn. 217.

[10] Verordnung (EG) Nr. 2201/2003 des Rates vom 27.11.2003 über die Zuständigkeit
und die Anerkennung und Vollstreckung von Entscheidungen in Ehesachen und in Verfahren
betreffend die elterliche Verantwortung und zur Aufhebung der Verordnung (EG) Nr. 1347/
2000, ABl. EU L 388, S. 1.

[11] Dazu *Gruber* IPRax 2012, 381.

[12] Aktionsplan v. 3.12.1999 zur bestmöglichen Umsetzung der Bestimmungen des Ams-
terdamer Vertrags über den Aufbau eines Raums der Freiheit, der Sicherheit und des Rechts,
ABl. 1999 C 19, S. 1. Darin wurde auch die Schaffung eines Rechtsakts für das auf Ehesachen
anwendbare Recht angedacht; dazu *Winkler v. Mohrenfels* ZEuP 2013, 699 (700).

[13] KOM (2005) 82 endgültig; dazu *Pintens* FamRZ 2005, 1597 (1600 f.); NK-BGB/
Gruber Vorbemerkungen zu Art. 1 Rn. 11; *Winkler v. Mohrenfels* ZEuP 2013, 699 (721 f.).
Vgl. zu den sehr unterschiedlichen materiellen Scheidungsrechten der europäischen Mitglied-
staaten auch das Commission Staff Working Paper, Annex to the Green Paper on applicable

Darin wurde konstatiert, dass die Diskrepanzen zwischen den nationalen Kollisionsregeln und der Mangel einer europäischen Kollisionsrechtsvereinheitlichung zwangsläufig zu „*forum shopping*" führen müsse und einen „Wettlauf zu den Gerichten" begünstige.[14] Auf der Grundlage dieses Grünbuchs fand eine umfassende öffentliche Konsultation zu möglichen Lösungen statt (vgl. auch Erwägungsgrund 3). Die Verwirklichung eines einheitlichen europäischen Scheidungskollisionsrechts stieß jedoch zunächst auf größere Schwierigkeiten. Insbesondere war der Vorschlag der Europäischen Kommission zur **Reform der Brüssel IIa-VO v. 17.7.2006,** der diese um Kollisionsnormen für Ehesachen[15] ergänzen wollte (Art. 20 a des Vorschlags enthielt eine Regelung der Rechtswahl und Art. 20 b eine Regelung der objektiven Anknüpfung), am in Art. 81 Abs. 3 AEUV niedergelegten **Einstimmigkeitserfordernis** (vgl. auch Erwägungsgrund 5)[16] und insoweit insbesondere am Widerstand Schwedens gescheitert.[17] Schwedische Gerichte wollten auch in internationalen Scheidungsverfahren weiter ihr eigenes (liberales) Scheidungsrecht anwenden.[18] Nicht unerwähnt bleiben darf dabei jedoch, dass dieser Reformvorschlag auch progressive Vorschriften zur Änderung der internationalen Zuständigkeit enthielt (die Möglichkeit einer Gerichtsstandsvereinbarung durch Ehegatten, Art. 3 a des Verordnungsvorschlags, und eine abschließende (autonome) Regelung zur Restzuständigkeit, Art. 7 des Verordnungsvorschlags), was eine Einigung der europäischen Mitgliedstaaten nicht erleichterte.[19] Eine nachträgliche Integration kollisionsrechtlicher Normen in die Brüssel IIa-VO konnte somit nicht gelingen (vgl. auch Erwägungsgrund 5 der Rom III-VO); eine kollisionsrechtliche Vereinigung musste, wenn sie überhaupt von Erfolg gekrönt sein sollte, vielmehr in einem eigenständigen Rechtsakt erfolgen.[20]

Zur Verwirklichung der erwünschten Kollisionsrechtsvereinheitlichung 4 beschritten einige Mitgliedstaaten (vgl. zu den einzelnen Ländern Erwägungsgrund 6) nun in Folge den Weg über das **besondere Verfahren der „Verstärkten Zusammenarbeit"** (Art. 20 EUV ivm Art. 326–334 AEUV), und dies erstmals in der Geschichte der Europäischen Union.[21] Dies erforderte nach Art. 20 Abs. 2 EUV einen Ermächtigungsbeschluss des Rates, der grundsätzlich nur unter strengen Voraussetzungen als *ultima ratio* ergehen kann.[22] Am 24. März 2010 legte die Kommission einen Verordnungsvorschlag für eine Verordnung (EU) des Rates zur Begründung einer Verstärkten Zusammenarbeit im Bereich des auf die Ehescheidung und Trennung ohne Auflösung des Ehebandes anzuwendenden Rechts

---

law and jurisdiction in divorce matters, COM (2005) 82 final v. 14.3.2005, SEC (2005) 331, S. 7 ff.

[14] KOM (2005) 82 endgültig, S. 6; dazu NK-BGB/*Gruber* Vorbemerkungen zu Art. 1 Rn. 14 f.; *Kohler* FamRZ 2008, 803 (805); *Hausmann* A Rn. 213, 214.

[15] Verordnung des Rates zur Änderung der VO (EG) 2201/2003 im Hinblick auf die Zuständigkeit in Ehesachen und zur Einführung von Vorschriften betreffend das anwendbare Recht in diesem Bereich, KOM (2006) 399 endgültig; dazu *Helms* FamRZ 2011, 1765.

[16] Dazu allgemein *Dethloff*/*Hauschild* FPR 2010, 489 ff.

[17] *J. Stürner* Jura 2012, 708; *Traar* ÖJZ 2011, 806; *Helms* FamRZ 2011, 1765.

[18] *Helms* FamRZ 2011, 1765; *Kohler* FamRZ 2008, 1673 (1678); *ders.* FPR 2008, 193 (195).

[19] Dazu auch NK-BGB/*Gruber* Vorbemerkungen zu Art. 1 Rn. 17 f.

[20] *J. Stürner* Jura 2012, 708; *Hausmann* A Rn. 213, 214; *Kohler* FamRZ 2008, 1673 (1678).

[21] *Helms* FamRZ 2011, 1765; NK-BGB/*Gruber* Vorbemerkungen zu Art. 1 Rn. 23.

[22] Dazu auch *Winkler v. Mohrenfels* ZEuP 2013, 699 (701).

vor[23] und am 12.7.2010 beschloss der Rat, die initiativ gewordenen Mitgliedstaaten zu ermächtigen, untereinander eine Verstärkte Zusammenarbeit im Bereich des auf die Ehescheidung und Trennung ohne Auflösung des Ehebandes anzuwendenden Rechts zu begründen (vgl. Erwägungsgrund 7).[24] Der Weg zu einem **„Europa der unterschiedlichen Geschwindigkeiten"** war eröffnet.[25] Am 15.12.2010 hat das Europäische Parlament (mit einigen Änderungen) die Verordnung (EU) Nr. 1259/2010 zur Durchführung einer verstärkten Zusammenarbeit im Bereich des auf die Ehescheidung und Trennung ohne Auflösung des Ehebandes anzuwendenden Rechts angenommen[26] und am. 20.12.2010 hat der Rat der Europäischen Union diese erlassen.[27] Sie ist am 30.12.2010 in Kraft getreten (zur zeitlichen Anwendbarkeit → Rn. 5).[28] Inzwischen hat sich die **Bezeichnung als „Rom III-VO"** durchgesetzt, obgleich diese (anders als die Bezeichnung „Rom I-VO" oder „Rom II-VO") ursprünglich nicht offizieller Natur war.[29]

III. Geltungsbereich

1. Räumlicher und zeitlicher Geltungsbereich

5 Nach bisherigem Stand zählt die Rom III-VO **15 Mitgliedstaaten** (Belgien, Bulgarien, Deutschland, Frankreich, Italien, Lettland, Litauen, Luxemburg, Malta, Österreich, Portugal, Rumänien, Slowenien, Spanien und Ungarn). Abgesehen von Litauen, ist die Rom III-VO (mit Ausnahme von Artikel 17, der seit dem 21.6.2011 gilt) in allen diesen teilnehmenden Mitgliedstaaten seit dem 21.6.2012 universell anwendbar (vgl. Art. 21 Abs. 2 Rom III-VO).[30] Insoweit ist kein Raum mehr für das jeweilige nationale Kollisionsrecht. Für „Altrechtsfälle" ist die Übergangsregel in Art. 18 Rom III-VO zu beachten (ausführlich → Art. 18 Rn. 3 ff.).[31] Da **Litauen** erst nachträglich beigetreten ist,[32] gilt dort die Rom III-VO erst ab dem 22.5.2014.[33] **Griechenland** war bisher kein teilnehmender Mitgliedstaat und hat insofern eine mehrfache Kehrtwendung vollzogen: Nachdem es zunächst den Gesetzgebungsprozess mitinitiiert hatte, gab es am 3.3.2010 seine Bereitschaft zur Mitwirkung auf (vgl. Erwägungsgrund 6).[34] Nach Art. 328 Abs. 1 AEUV steht die Teilnahme an der Verstärkten Zusammenarbeit aber jedem weiteren Mitgliedstaat

---

[23] KOM (2010) 105 endgültig; *Helms* FamRZ 2011, 1765 Fn. 5.

[24] Beschluss des Rates vom 12.7.2010 über die Ermächtigung zu einer Verstärkten Zusammenarbeit im Bereich des auf die Ehescheidung und Trennung ohne Auflösung des Ehebandes anzuwendenden Rechts, ABl. 2010 L 189, S. 12; *Winkler v. Mohrenfels* ZEuP 2013, 699 (701); *J. Stürner* Jura 2012, 708.

[25] So plastisch *Hau* FamRZ 2013, 249.

[26] ABl. EU 2010 Nr. L 343, S. 10; dazu *Winkler v. Mohrenfels* ZEuP 2013, 699 (702).

[27] *Hau* FamRZ 2013, 249; *Helms* FamRZ 2011, 1765.

[28] Dazu *Winkler v. Mohrenfels* ZEuP 2013, 699 (700).

[29] NK-BGB/*Gruber* Vorbemerkungen zu Art. 1 Rn. 25.

[30] *Hau* FamRZ 2013, 249 (254); *Helms* FamRZ 2011, 1765; *J. Stürner* Jura 2012, 708.

[31] Zur Übergangsregelung ausführlich *Winkler v. Mohrenfels* ZEuP 2013, 699 (706).

[32] Vgl. den Beschluss der Kommission vom 21.11.2012 zur Bestätigung der Teilnahme Litauens an der Verstärkten Zusammenarbeit im Bereich des auf die Ehescheidung und Trennung ohne Auflösung des Ehebandes anzuwendenden Rechts, ABl. 2012 L 323, S. 18; dazu auch *Hau* FamRZ 2013, 249; anders noch *Helms* FamRZ 2011, 1765: 14 Mitgliedstaaten.

[33] *Winkler v. Mohrenfels* ZEuP 2013, 699 (700); *Hausmann* A Rn. 205.

[34] *Hau* FamRZ 2013, 249.

offen, sofern er die in dem ermächtigenden Beschluss festgelegten Teilnahmevoraussetzungen erfüllt und seine Bereitschaft zu einer Mitwirkung signalisieren sollte. Die Europäische Kommission hat aktuell am 27.1.2014 mitgeteilt, dass Griechenland nun doch als **16. Mitgliedstaat** beigetreten ist (Anwendung der Verordnung ab 29.7.2015).[35]

Von Bedeutung für die räumliche Geltung der Rom III-VO ist zudem die **6** Vorschrift des **Art. 355 AEUV,** wonach sich das Hoheitsgebiet der teilnehmenden Mitgliedstaaten über das Mutterland hinaus auch auf **weitere Gebiete** erstreckt (etwa Guadeloupe, Frz.-Guayana, Martinique, Réunion, Saint-Barthélemy, Saint-Martin, Madeira, die Azoren, die Kanarischen Inseln, die Balearen und Gibraltar).[36]

2. Universelle Anwendung

Gemäß Art. 4 Rom III-VO ist die Verordnung in allen teilnehmenden Mit- **7** gliedstaaten universell anzuwenden, was bedeutet, dass sie auch dann zur Anwendung kommt, wenn die in ihr enthaltenen Kollisionsnormen auf das Recht eines nicht teilnehmenden Mitgliedstaats oder auf das Recht eines sog. Drittstaates verweisen (→ Art. 1 Rn. 5).[37]

Für die Anwendbarkeit der Rom III-VO ist es zudem nicht erforderlich, dass **8** die jeweiligen Ehegatten Staatsangehörige eines teilnehmenden Mitgliedstaats sind oder dort ihren gewöhnlichen Aufenthalt haben.[38] Darüber hinaus setzt die Anwendung der Rom III-VO zwar nach Art. 1 Abs. 1 Rom III-VO eine „Verbindung zum Recht verschiedener Staaten", aber nicht zu verschiedenen EU-Mitgliedstaaten oder Rom III-VO-Mitgliedstaaten voraus.[39] Es genügt somit ein **allgemeiner Auslandsbezug.**[40]

3. Rechtslage für Deutschland

In Deutschland hat die Rom III-VO die bisher für das Scheidungsstatut ein- **9** schlägigen Vorschriften des EGBGB abgelöst.[41] Ein entsprechendes deutsches Durchführungsgesetz v. 23.1.2013 **(IPR-Anpassungsgesetz)** hat inzwischen zu einer Anpassung der Vorschriften des Internationalen Privatrechts an die Rom III-VO geführt.[42] Insbesondere wurde Art. 17 EGBGB neugefasst, der nun eine Verweisung auf die Rom III-VO enthält und sich im Übrigen nur dem Scheidungsfolgerecht widmet (vgl. zum Versorgungsausgleich Art. 17 Abs. 3 EGBGB, → Rn. 13). Zudem wurde in Art. 46 d EGBGB eine Bestimmung zur **notwendigen Form der Rechtswahlvereinbarung** nach Art. 5 Rom III-VO aufge-

---

[35] Beschluss der Kommission vom 27.1.2014 zur Bestätigung der Teilnahme Griechenlands an der Verstärkten Zusammenarbeit im Bereich des auf die Ehescheidung und Trennung ohne Auflösung des Ehebandes anzuwendenden Rechts, ABl. EU 2014 Nr. L 23 vom 28.1.2014, S. 41.

[36] Vgl. auch *Hausmann* A Rn. 219.

[37] *Hausmann* A Rn. 207.

[38] *Hausmann* A Rn. 220.

[39] *Hau* FamRZ 2013, 249; *Helms* FamRZ 2011, 1765.

[40] *Helms* FamRZ 2011, 1765.

[41] *Helms* FamRZ 2011, 1765.

[42] Gesetz zur Anpassung der Vorschriften des Internationalen Privatrechts an die Verordnung (EU) Nr. 1259/2010 (Rom III-Verordnung), BGBl. 2013 I 101; *Hau* FamRZ 2013, 249; *Rauscher* FPR 2013, 257.

nommen, wonach eine solche Vereinbarung grundsätzlich notariell zu beurkunden ist.[43]

4. Sachlicher Geltungsbereich

10   Nach Art. 1 Abs. 1 Rom III-VO erfasst der sachliche Anwendungsbereich sowohl die **Ehescheidung** als auch die **Trennung ohne Auflösung des Ehebandes,**[44] wobei diese Begriffe, wie die Verordnung als solche, im Wege **verordnungsautonomer Auslegung** zu interpretieren sind.[45] Nach der ständigen Rechtsprechung des EuGH (zur Brüssel IIa-VO) verdienen dabei insbesondere ihre Ziele und ihre Systematik besondere Beachtung,[46] wobei nach Erwägungsgrund 10 dem Gebot einer im Einklang mit der Brüssel IIa-VO stehenden verordnungsübergreifenden Auslegung besondere Bedeutung zukommt.[47] Ausgeschlossen vom Anwendungsbereich der Rom III-VO ist jedoch die Ungültigerklärung der Ehe (Art. 1 Abs. 2 lit. c). Darin liegt ein erster signifikanter Unterschied zur Brüssel IIa-VO (vgl. Art. 1 Abs. 1 lit. a).[48] Für die autonome Auslegung der Rom III-VO kommt zudem den vorangestellten **Erwägungsgründen** besondere Bedeutung zu. Zur Auslegungskompetenz des EuGH[49] Brüssel IIa-VO Vorbemerkungen Rn. 10.

11   Der **Begriff der „Ehe"** (als Vor- oder Erstfrage) selbst wird für die Rom III-VO unterschiedlich interpretiert, was die Einbeziehung **gleichgeschlechtlicher Ehen** (vorgesehen in Belgien, den Niederlanden, Norwegen, Portugal, Schweden und Spanien) betrifft.[50] Stellt man hierfür auf die *lex fori* ab, weil die Rom III-VO dazu schweigt, dann sind aus dem Blickwinkel deutscher Gerichte im Ausland geschlossene gleichgeschlechtliche Ehen nicht als Ehen iSd Rom III-VO zu bewerten (dazu näher → Art. 1 Rn. 13).[51] Für ihre „Scheidung" gilt in Deutschland somit nicht die Rom III-VO, sondern Art. 17b EGBGB analog.[52] In jedem Fall aber sind Mitgliedstaaten, die diese Art von Verbindung nach ihrem nationalen Recht nicht kennen, nicht verpflichtet, eine Ehescheidung in Anwendung dieser Verordnung auszusprechen (Art. 13 Var. 2 Rom III-VO).[53]

---

[43] *Winkler v. Mohrenfels* ZEuP 2013, 699 (702).

[44] *Helms* FamRZ 2011, 1765 (1765 f.).

[45] *Winkler v. Mohrenfels* ZEuP 2013, 699 (703).

[46] EuGH 27.11.2007 – C-435/06, Slg 2007, I-10141 = BeckRS 2007, 70959; EuGH 2.4.2009 – C-523/07, Slg 2009, I-2905 Rn. 27 = NJW 2009, 1868.

[47] Zu diesem Aspekt auch *Hausmann* A Rn. 223, 224.

[48] *Hau* FamRZ 2013, 250 weist treffend darauf hin, dass Anträge auf Eheaufhebung (vgl. dazu § 1314 BGB) in internationalen Fallgestaltungen durchaus keine Seltenheit darstellen; vgl. auch OLG Nürnberg FamRZ 2011, 1508.

[49] Siehe auch NK-BGB/*Gruber* Vorbemerkungen zu Art. 1 Rn. 26.

[50] Vgl. dazu etwa *Hau* FamRZ 2013, 250.

[51] *Helms* FamRZ 2011, 1765 (1766); *Hau* FamRZ 2013, 249 (250); *Pietsch* NJW 2012, 1768; *Rauscher* FPR 2013, 257 (259) Fn. 19; aA (unter Hinweis auf die Materialien zur Rom III-VO): *Hausmann* A Rn. 234; *Gruber* IPRax 2012, 381 (382 f.); *Franzina* Cuadernos de Derecho Transnacional 2011, 85 (101 f.); NK-BGB/*Gruber* Vorbemerkungen zu Art. 1 Rn. 30; zur Streitfrage auch *Winkler v. Mohrenfels* ZEuP 2013, 699 (703): Frage der gleichgeschlechtlichen Ehe nicht bedacht.

[52] OLG München FamRZ 2011, 1526; *Hau* FamRZ 2013, 249 (251) (auch zur internationalen Zuständigkeit); *Mankowski/Höffmann* IPRax 2011, 247; *Helms* FamRZ 2011, 1765 f.; *Schurig*, FS v. Hoffmann, 2011, 405 (411).

[53] Dazu auch NK-BGB/*Gruber* Vorbemerkungen zu Art. 1 Rn. 30.

Privatscheidungen ohne konstitutive staatliche Mitwirkung eines Gerichts **12** oder einer Behörde werden von der Brüssel IIa-VO nicht erfasst (Brüssel IIa-VO Vorbemerkungen Rn. 7).[54] In Deutschland darf auch nach Art. 17 Abs. 2 EGBGB nF[55] eine **Inlandsscheidung** weiter nur durch ein Gericht ausgesprochen werden.[56] Gleichwohl kann eine Privatscheidung über die Ebene des Kollisionsrechts der Rom III-VO Beachtung finden, wenn ihr nach dem anwendbaren Sachrecht Wirksamkeit zukommt.[57] Insoweit divergieren (entgegen Erwägungsgrund 10 Abs. 1 S. 1) die Anwendungsbereiche der Brüssel IIa-VO und der Rom III-VO (→ Art. 1 Rn. 7). Von Art. 1 Rom III-VO werden somit nach richtiger Ansicht auch Privatscheidungen erfasst.[58] Die Tatsache, dass auch die Rom III-VO in ihren Voraussetzungen teilweise auf die Anrufung eines Gerichts abstellt (vgl. etwa Art. 8), steht dabei nicht entgegen. Die Erstreckung des Anwendungsbereichs der Verordnung auf Privatscheidungen entspricht vor allem auch der intendierten **Harmonisierung des Kollisionsrechts** (→ Art. 1 Rn. 7 f.).[59] Aufgrund des universellen Anwendungsbereiches der Rom III-VO kann nicht allein das jeweilige nationale Verständnis ausschlaggebend sein. Erforderlich im Rahmen der autonomen Auslegung ist vielmehr auch die Einbeziehung ausländischer Rechtsinstitute (→ Art. 8 Rn. 4).[60]

Nicht in den Anwendungsbereich der Rom III-VO (vgl. auch den Ausnahme- **13** katalog in Art. 1 Abs. 2) fallen sämtliche **Folge- und Nebenentscheidungen,** seien sie **unterhalts- oder güterrechtlicher Art,** so dass insoweit auf andere europäische Verordnungen (etwa die zukünftige Güterrechtsverordnung) oder nationales IPR zurückgegriffen werden muss.[61] Dies gilt auch für alle anderen vermögensrechtlichen Folgen der Ehe wie die **Verteilung der Haushaltsgegenstände** oder die **Zuweisung der Ehewohnung.**[62] Aus der Sicht des deutschen IPR wird der Anwendungsbereich der Rom III-VO aber durch Art. 17 Abs. 1 EGBGB nF insoweit erweitert, als diese Vorschrift nunmehr eine **akzessorische Anknüpfung** an die Rom III-VO bereithält.[63] Für den **Versorgungsausgleich** sieht Art. 17 Abs. 3 EGBGB nF ebenfalls eine akzessorische Verweisung auf die Rom III-VO vor (→ Art. 1 Rn. 8 f.).[64] Mittelbare Bedeutung kann schließlich eine Rechtswahl nach Art. 5 ff. Rom III-VO dadurch erlangen, dass Vorschriften aus anderen Rechtsgebieten daran anknüpfen wollen (vgl. Art. 8 Abs. 1 lit. d des Haager Protokolls über das auf Unterhaltspflichten anzuwendende Recht vom 23.11.2007).[65] Selbstverständlich findet die Rom III-VO für Fragen der **elterli-**

---

[54] Rauscher/*Rauscher* Art. 1 Brüssel IIa-VO Rn. 12.

[55] Begründung der Bundesregierung, BT-Drs. 17/11049, S. 10.

[56] *Gärtner* StAZ 2012, 357 (360 ff.); *Rauscher* FPR 2013, 257 (260).

[57] Vgl. BGHZ 110, 267; BGH NJW-RR 2008, 1169 (1172).

[58] *Hau* FamRZ 2013, 249 (250); *Gärtner* StAZ 2012, 357 (358 ff.); *Winkler v. Mohrenfels* ZEuP 2013, 699 (704); aA: *Gruber* IPRax 2012, 381 (383); *Schurig*, FS v. Hoffmann, 2011, 405 (411 f.).

[59] *Winkler v. Mohrenfels* ZEuP 2013, 699 (704); *Hausmann* A Rn. 238. Die Einbeziehung der Privatscheidungen findet auch in der Begründung der Bundesregierung zum IPR-Anpassungsgesetz Ausdruck, BT-Drs. 17/11049, S. 8.

[60] So zutreffend *Helms* FamRZ 2011, 1765 (1766).

[61] NK-BGB/*Gruber* Vorbemerkungen zu Art. 1 Rn. 31; *Hausmann* A Rn. 218.

[62] *Hau* FamRZ 2013, 249 (251); *Rauscher* FPR 2013, 257 (258).

[63] Vgl. *Hau* FamRZ 2013, 249 (251); *Gärtner* StAZ 2012, 357 (358).

[64] Näher *Rauscher* FPR 2013, 257 (259 f.); *Hau* FamRZ 2013, 249 (251), vgl. auch OLG Hamm BeckRS 2013, 09327 Rn. 79.

[65] NK-BGB/*Gruber* Vorbemerkungen zu Art. 1 Rn. 38.

chen **Verantwortung** keine Anwendung, so dass hier aus deutscher Sicht auf
Art. 15 ff. KSÜ zurückgegriffen werden muss.[66]

14   Das **Bestehen, die Gültigkeit und die Anerkennung einer Ehe** ist nach
Art. 1 Abs. 2 lit. b Rom III-VO vom Anwendungsbereich der Verordnung nicht
erfasst, obgleich sich insbesondere die Frage der Gültigkeit einer Ehe regelmäßig
als **praktisch wichtige Vorfrage** (bzw. Erstfrage) im Rahmen des Scheidungsstatuts stellt (näher → Art. 1 Rn. 17).[67] Insoweit bleibt Raum für die *lex fori*, so
dass aus der Sicht eines deutschen Gerichts für die Frage der Wirksamkeit einer
Ehe auf Art. 13 EGBGB zurückgegriffen werden muss.[68] Im Übrigen wurden
auch sonstige Vorfragen mit Bedacht aus dem Anwendungsbereich der
Rom III-VO ausgesondert, so dass Raum für das nationale Kollisionsrecht der
teilnehmenden Mitgliedstaaten verbleibt.[69]

IV. Reformschwerpunkte: insbesondere subjektive und objektive Anknüpfung

1. Stärkung der Parteiautonomie der Ehegatten

15   Die Rom III-VO fördert bewusst die **Rechtswahlmöglichkeiten** und stärkt
dadurch die Parteiautonomie bei der Ehescheidung und der Trennung ohne Auflösung des Ehebandes (Erwägungsgrund 15).[70] Art. 5 f. Rom III-VO werden
deswegen mit Recht als das **Kernstück der Verordnung** bezeichnet (→ Art. 5
Rn. 1). Freilich muss das gewählte Recht einen besonderen Bezug zu den Ehegatten aufweisen, wobei die in Art. 5 Rom III-VO genannten Anknüpfungskriterien
grundsätzlich den Ehegatten frei zur Wahl stehen.[71] Etwaige durch rechtliche
Informationsasymmetrien hervorgerufene Ungerechtigkeiten bei Vereinbarung
des Scheidungsstatuts sollen durch die bewusste Förderung umfassender Information der Ehegatten und entsprechende Formerfordernisse ausgeschlossen werden
(Erwägungsgründe 17 – 19), damit sich die Ehegatten über die Tragweite ihrer
Rechtswahl im Klaren sind.[72] Insoweit wird ein wesentlicher Unterschied zu
Art. 17 EGBGB aF deutlich: Dort konnten die Parteien nur hinsichtlich der
persönlichen Ehewirkungen eine Rechtswahl treffen, welche dann auf das Scheidungsstatut durchschlug (Art. 17 Abs. 1 S. 1 EGBGB aF iVm Art. 14 Abs. 2, 3
EGBGB). Eine unmittelbare Wahl des Scheidungsstatuts war dagegen ausgeschlossen.[73] Die Möglichkeit zur Rechtswahl werden Ehegatten zukünftig regelmäßig
dahingehend nutzen, ein Recht zu wählen, welches die Ehescheidung gestattet.[74]

---

[66] Vgl. auch *Gärtner* StAZ 2011, 65.

[67] Vgl. BT-Drs. 17/11049, S. 8: „Ob eine wirksame Ehe vorliegt, muss für die Zwecke
einer Scheidung oder Trennung ohne Auflösung des Ehebandes als Vorfrage beantwortet
werden"; NK-BGB/*Gruber* Vorbemerkungen zu Art. 1 Rn. 67 ff.

[68] *Schurig*, FS v. Hoffmann, 2011, 405 (410 f.); *Rauscher* FPR 2013, 257 (259) Fn. 19; *Hau*
FamRZ 2013, 249 (250); *Helms* FamRZ 2011, 1765 f.

[69] NK-BGB/*Gruber* Vorbemerkungen zu Art. 1 Rn. 68 f.

[70] Vgl. statt vieler *Hausmann* A Rn. 207 f.; NK-BGB/*Gruber* Vorbemerkungen zu Art. 1
Rn. 34.

[71] Vgl. Erwägungsgrund Nr. 16 und das der Verordnung vorausgegangene Grünbuch,
KOM (2005) 82 endgültig, S. 8.

[72] *J. Stürner* Jura 2012, 708 (709).

[73] *Hausmann* A Rn. 265.

[74] NK-BGB/*Gruber* Vorbemerkungen zu Art. 1 Rn. 54.

Insoweit ist die Stärkung der Parteiautonomie auch Ausdruck einer sehr **scheidungsfreundlichen Tendenz** der Rom III-VO.

Bei realistischer Betrachtung werden die Bemühungen um eine Stärkung der **16** Parteiautonomie in der Praxis aber nur eingeschränkt von Erfolg gekrönt sein. Denn wenn der Scheidungsantrag bei einem nach Art. 3 Brüssel IIa-VO international zuständigen Gericht eines europäischen Mitgliedstaates gestellt wird, das kein teilnehmender Mitgliedstaat der Rom III-VO ist, wird das Gericht sein eigenes nationales Scheidungskollisionsrecht anwenden, das in vielen Fällen nur eingeschränktere Rechtswahlmöglichkeiten kennt.[75] Etwaige Rechtswahlvereinbarungen zwischen den Ehegatten im Vorfeld können somit eventuell keine Wirkung zeigen. Eine Möglichkeit, dieser Rechtsunsicherheit für die Parteien auf wirksame Art und Weise zu begegnen, wäre *de lege ferenda* die **Einführung einer Prorogationsmöglichkeit** in der Brüssel IIa-VO,[76] welche es den Ehegatten ermöglicht, den Kreis der zuständigen Gerichte mittels Gerichtsstandvereinbarung auf die Teilnehmerstaaten der Rom III-VO zu begrenzen.[77]

2. Objektive Anknüpfungskriterien

Neben Art. 5 Rom III-VO kann auch **Art. 8 Rom III-VO** als ein Kernstück **17** der Verordnung gelten. Soweit die Parteien keine (gültige) Rechtswahl getroffen haben (Art. 5 Rom III-VO), dienen gemäß Art. 8 Rom III-VO als objektive Anknüpfungskriterien das Recht des gemeinsamen (lit. a) oder (unter bestimmten einschränkenden Voraussetzungen) des letzten gemeinsamen gewöhnlichen Aufenthalts (lit. b) und nachrangig das jeweilige Heimatrecht (lit. c). Nur hilfsweise kann dagegen auf die *lex fori* zurückgegriffen werden (lit. d).[78] Es existiert also eine **Anknüpfungsleiter**[79] mit mehreren subsidiären Anknüpfungskriterien (zwingende Rangordnung).[80] Im Vergleich zu Art. 14 EGBGB (iVm Art. 17 EGBGB aF) werden diese aber in ihrer Reihenfolge vertauscht.[81] Der **Vorrang** kommt nicht mehr dem gemeinsamen Heimatrecht, sondern stattdessen dem aktuellen **gemeinsamen gewöhnlichen Aufenthalt** der Ehegatten bzw. einem früheren gemeinsamen Aufenthalt, soweit er nicht länger als ein Jahr zurückliegt (vgl. näher Art. 8 lit. b Rom III-VO), zu.[82] Die Zurückdrängung des gemeinsamen Heimatrechts als Anknüpfungsmoment zeigt sich besonders darin (→ Art. 8 Rn. 2),[83] dass auch Art. 8 Rom III-VO eine frühere gemeinsame Staatsangehörigkeit bedeutungslos geworden ist.[84] Die Rom III-VO kennt **keine allgemeine Auffangklausel** iSe „engsten Verbindung", wie sie für das Scheidungsstatut im deutschen Kollisionsrecht in Art. 17 Abs. 1 S. 1 EGBGB aF iVm Art. 14 Abs. 1 Nr. 3 EGBGB vorgesehen war. Ob die (eigentlich völlig subsidiäre) Anknüpfung an die *lex fori* nach Art. 8 lit. d Rom III-VO häufiger als erwartet zur Anwendung

---

[75] Ebenso NK-BGB/*Gruber* Vorbemerkungen zu Art. 1 Rn. 86 f.
[76] Art. 3 a des Vorschlags der Europäischen Kommission zur Reform der Brüssel IIa-VO v. 17.7.2006 wollte die Möglichkeit der Gerichtsstandvereinbarung einführen, → Rn. 3.
[77] So auch zutreffend NK-BGB/*Gruber* Vorbemerkungen zu Art. 1 Rn. 86 f.
[78] *Helms* FamRZ 2011, 1765.
[79] *Hau* FamRZ 2013, 249 (252).
[80] *J. Stürner* Jura 2012, 708 (710).
[81] *Helms* FamRZ 2011, 1765 (1769).
[82] *Hausmann* A Rn. 209; NK-BGB/*Gruber* Vorbemerkungen zu Art. 1 Rn. 40 ff.
[83] *Helms* FamRZ 2011, 1765 (1769).
[84] NK-BGB/*Gruber* Vorbemerkungen zu Art. 1 Rn. 40 ff.

kommen wird,[85] wird allein die Praxis zeigen. Der Rückgriff auf diese objektiven Anknüpfungsregeln soll aber nach den Vorstellungen des Verordnungsgebers ohnehin die Ausnahme sein, weil die Ehegatten (idealerweise) von ihrer neuen Rechtswahlmöglichkeit Gebrauch machen werden, was aber in der Tat nicht besonders realistisch erscheint.[86]

3. Sachnormverweisung

18 Die Rom III-VO enthält nur Sachnormverweisungen und keine Gesamtverweisungen, so dass eine Rück- oder Weiterverweisung technisch ausgeschlossen ist (Art. 11 Rom III-VO).[87] Darin liegt ein wichtiger Unterschied zu Art. 17 Abs. 1 EGBGB aF (iVm Art. 4 Abs. 1 EGBGB).[88]

4. Vorbehaltsklauseln

19 Ein weiteres Spezifikum der Rom III-VO besteht in der Einführung unterschiedlicher Vorbehaltsklauseln, die neben die allgemeine *ordre public*-Klausel (Art. 12 Rom III-VO) treten. So sieht etwa Art. 10 Rom III-VO einen speziellen *ordre public*-Vorbehalt vor,[89] welcher der *lex fori* den Vorzug gibt, sofern das zur Anwendung berufene Recht eine Ehescheidung nicht ermöglicht (1. Alt.).[90] Die Vorschrift geht auf eine Anregung der spanischen Delegation zurück und hat Art. 107 Abs. 2 lit. c span. Código Civil (CC) zum Vorbild.[91] Art. 10 Rom III-VO trägt dabei auch der Gefahr der Anwendung Frauen benachteiligender Institute des islamischen Scheidungsrechts (insbesondere des *talâq*) Rechnung (2. Alt.)[92] und ermöglicht erstmals eine **Inhaltskontrolle des anwendbaren Sachrechts** im Hinblick auf eine mögliche Diskriminierung (zu den damit einhergehenden Auslegungsfragen → Art. 10 Rn. 1 ff.). Andererseits sind im Gegenzug nach Art. 13 Rom III-VO Staaten, deren Rechtsordnung keine Ehescheidung duldet, nicht verpflichtet, eine Ehescheidung in Anwendung dieser Verordnung auszusprechen.

V. Internationale Übereinkommen

20 Nach Art. 19 Abs. 1 Rom III-VO bleibt die Anwendung von zum Zeitpunkt des Inkrafttretens der Verordnung bereits bestehenden internationalen Übereinkommen eines oder mehrerer teilnehmender Mitgliedstaaten unter den dort genannten Voraussetzungen unberührt. Für Deutschland ist hier nur das **deutsch-iranische Niederlassungsabkommen** v. 17.2.1929[93] zu nennen, welches in Art. 8 Abs. 3 der gemeinsamen Staatsangehörigkeit der Ehegatten entscheidende

---

[85] So die Befürchtung von NK-BGB/*Gruber* Vorbemerkungen zu Art. 1 Rn. 43: keine Beschränkung auf seltene Ausnahmefälle.

[86] *J. Stürner* Jura 2012, 708 (709).

[87] Näher (und kritisch) *Hau* FamRZ 2013, 249 (254); *J. Stürner* Jura 2012, 708 (710).

[88] *Hausmann* A Rn. 210.

[89] *Helms* FamRZ 2011, 1765 (1771); NK-BGB/*Gruber* Vorbemerkungen zu Art. 1 Rn. 46.

[90] *Helms* FamRZ 2011, 1765 (1771).

[91] Zu dieser Normgeschichte siehe auch *Winkler v. Mohrenfels* ZEuP 2013, 699 (713).

[92] *Helms* FamRZ 2011, 1765 (1771 f.); *Winkler v. Mohrenfels* ZEuP 2013, 699 (713 f.).

[93] RGBl. 1930 II 1006

Bedeutung beimisst.[94] Der Abschluss weiterer Übereinkommen ist dagegen für den sachlichen Anwendungsbereich der Brüssel III-VO nicht mehr möglich.[95]

---

[94] *Helms* FamRZ 2011, 1765 (1767).
[95] *Hausmann* A Rn. 211, 222.

Kapitel I. Anwendungsbereich, Verhältnis zur Verordnung (EG) Nr. 2201/2003, Begriffsbestimmungen und universielle Anwendung

Art. 1 Anwendungsbereich

(1) Diese Verordnung gilt für die Ehescheidung und die Trennung ohne Auflösung des Ehebandes in Fällen, die eine Verbindung zum Recht verschiedener Staaten aufweisen.

(2) Diese Verordnung gilt nicht für die folgenden Regelungsgegenstände, auch wenn diese sich nur als Vorfragen im Zusammenhang mit einem Verfahren betreffend die Ehescheidung oder Trennung ohne Auflösung des Ehebandes stellen:
a) die Rechts- und Handlungsfähigkeit natürlicher Personen,
b) das Bestehen, die Gültigkeit oder die Anerkennung einer Ehe,
c) die Ungültigerklärung einer Ehe,
d) die Namen der Ehegatten,
e) die vermögensrechtlichen Folgen der Ehe,
f) die elterliche Verantwortung,
g) Unterhaltspflichten,
h) Trusts und Erbschaften.

Literatur: *Baarsma*, European choice of law on divorce (Rom III) – where did it go wrong?, NIPR 2009, 9; *Basedow*, Das internationale Scheidungsrecht der EU-Anmerkungen zur Rom III-Verordnung, FS Posch, 2011, 17; *E. Becker*, Die Vereinheitlichung von Kollisionsnormen im europäischen Familienrecht – Rom III, NJW 2011, 154; *Fallon* Le nouveau droit du divorce international selon le règlement Rome III: une évolution tranquille, Rev. trim. dr. fam. 2012, 291; *Finger*, Verstärkte Zusammenarbeit in Europa für das Kollisionsrecht der Ehescheidung und der Trennung ohne Auflösung des Ehebandes, FamFR 2011, 43; *Finger*, Neues Kollisionsrecht der Ehescheidung und der Trennung ohne Auflösung des Ehebandes, FuR 2013, 305; *Franzina*, The Law applicable to divorce and legal separation under Regulation (EU) No. 1259/2010 of 20 December 2010, Cuadernos de Derecho Transnacional 2011, 85; *Gärtner*, Die Privatscheidung im deutschen und gemeinschaftsrechtlichen Internationalen Privat- und Verfahrensrecht, 2008; *Gärtner*, Die Rom-III-Verordnung unter besonderer Berücksichtigung von Privatscheidungen, StAZ 2012, 357; *Ganz*, Internationales Scheidungsrecht – Eine praktische Einführung, Teil 1, FuR 2011, 69; *Ganz*, Internationales Scheidungsrecht – Eine praktische Einführung, Teil 2, FuR 2011, 369; *Gruber*, Scheidung auf Europäisch – die Rom III-Verordnung, IPRax 2012, 381; *Hammje*, Le nouveau reglement (UE) n- 1259/2010 du Conseil du 20 décembre 2010 mettant en œuvre une coopération renforcée dans le domaine de la loi applicable au divorce et a la séparation de corps, Rev. crit. DIP 2011, 291; *Hau*, Zur Durchführung der Rom III-VO in Deutschland, FamRZ 2013, 249; *Hausmann*, Internationales und Europäisches Ehescheidungsrecht, 2013; *Helms*, Reform des internationalen Scheidungsrechts durch die Rom III-Verordnung, FamRZ 2011, 1765; *Henrich*, Internationales Scheidungsrecht – einschließlich Scheidungsfolgen, 2012; *Jayme*, Zum Jahrhundertwechsel: Das Kollisionsrecht zwischen Postmoderne und Futurismus, IPRax 2000, 165; *Kohler*, Zur Gestaltung des europäischen Kollisionsrechts für Ehesachen: Der steinige Weg zu einheitlichen Vorschriften über das anwendbare Recht für Scheidung und Trennung, FamRZ 2008, 1673; *Kohler*, Einheitliche Kollisionsnormen für Ehesachen in der Europäischen Union: Vorschläge und Vorbehalte, FPR 2008, 193; *Kohler/Pintens*, Entwicklungen im europäischen Personen- und Familienrecht 2012-2013,

FamRZ 2013, 1437; *Kropholler*, Europäisches Internationales Zivilverfahrensrecht ohne europäisches Kollisionsrecht – ein Torso. Das Beispiel der Kinderschutzmaßnahmen, FS Schlosser, 2005, 449; *Looschelders*, Scheidungsfreiheit und Schutz des Antragsgegners im internationalen Privat- und Prozessrecht, FS Kropholler, 2008, 329; *Makowsky*, Europäisierung des Internationalen Ehescheidungsrechts durch die Rom III-Verordnung, GPR 2012, 266; *Mceleavy*, Free Movement of Persons and Cross-Border Relationships, International Law FORUM du droit international 2005, 153; *Nascimbene*, Jurisdiction and applicable law in matrimonial matters: Rome III Regulation?, The European Legal Forum 2009, I-1; *Rauscher*, Anpassung des IPR an die Rom III-VO, FPR 2013, 257; *P. Scholz*, Die Internationalisierung des deutschen ordre public und ihre Grenzen am Beispiel islamisch geprägten Rechts, IPRax 2008, 213; *Schurig*, Eine hinkende Vereinheitlichung des internationalen Ehescheidungsrechts in Europa, FS v. Hoffmann, 2011, 405; *Spernat*, Die gleichgeschlechtliche Ehe im Internationalen Privatrecht, 2011; *Spickhoff*, Zur Qualifikation der nichtehelichen Lebensgemeinschaft im Europäischen Zivilprozess- und Kollisionsrecht, FS Schurig, 2012, 285; *J. Stürner*, Die Rom III-VO – ein neues Scheidungskollisionsrecht, Jura 2012, 708; *Traar*, Rom III – EU-Verordnung zum Kollisionsrecht für Ehescheidungen, ÖJZ 2011, 805; *R. Wagner*, Das neue Internationale Privat- und Verfahrensrecht zur eingetragenen Lebenspartnerschaft, IPRax 2001, 281; *Winkler v. Mohrenfels*, Die gleichgeschlechtliche Ehe im deutschen IPR und im europäischen Verfahrensrecht, FS Ansay, 2006, 527; *Winkler von Mohrenfels*, Rom III-VO, ZEuP 2013, 699.

Übersicht

I. Allgemeines

Art. 1 Abs. 1 beschränkt den **sachlichen Anwendungsbereich** der Rom III- **1** VO auf die Ehescheidung und die Trennung ohne Auflösung des Ehebandes.

Art. 1 Abs. 2 nimmt einzelne Regelungsgegenstände ausdrücklich vom Anwendungsbereich aus.

2   In **räumlicher Hinsicht** (vgl. Erwägungsgrund 11) gilt die Rom III-VO nur in den Mitgliedstaaten, die an der verstärkten Zusammenarbeit teilnehmen.[1] Dies sind die Bundesrepublik Deutschland, Belgien, Bulgarien, Frankreich, Italien, Lettland, Luxemburg, Malta, Österreich, Portugal, Rumänien, Slowenien, Spanien und Ungarn, ab dem 22.5.2014 auch Litauen.

3   Zum **zeitlichen Anwendungsbereich** der Verordnung (die in den teilnehmenden Mitgliedstaaten im Wesentlichen für gerichtliche Verfahren gilt, die ab dem 21. Juni 2012 eingeleitet wurden), vgl. OLG Hamm FamRZ 2013, 1486 (Rn. 44) sowie Kommentierung zu Art. 18 und 21.

II. Sachlicher Anwendungsbereich

4   Der sachliche Anwendungsbereich der Verordnung ist **eng begrenzt**.[2]

1. Verbindung zum Recht verschiedener Staaten

5   Gem. Art. 1 Abs. 1 erfasst die Verordnung nur Sachverhalte, die eine Verbindung zum Recht verschiedener Staaten aufweist. Dabei gelten **keine strengen Anforderungen**.[3] Nicht erforderlich ist ein Bezug zu einem anderen Mitgliedstaat.[4] Ausreichend ist vielmehr sowohl ein Bezug zu einem nicht an der Verordnung teilnehmenden Mitgliedstaat der Europäischen Union, ebenso aber lediglich ein Bezug zu einem **Drittstaat**.[5] Nur diese Lösung ist mit Blick auf die in Art. 4 geregelte universelle Anwendbarkeit der Verordnung konsequent. Dazu, ob bei einer **Rechtswahl** schon zu deren Zeitpunkt eine Verbindung zum Recht verschiedener Staaten vorliegen muss, und ob umgekehrt eine solche Verbindung im Zeitpunkt der Rechtswahl genügt, wenn sie später nicht mehr besteht vgl. Kommentierung zu Art. 5.

2. Ehescheidung

6   **a) Zum Begriff der Ehescheidung.** Der Begriff der Ehescheidung ist im Grundsatz ebenso zu verstehen wie in Art. 1 Abs. 1 lit. a Brüssel IIa-VO. Dies folgt aus Erwägungsgrund 10 Abs. 1 S. 1, der eine Einheit der sachlichen Anwendungsbereiche beider Verordnungen als Ziel vorgibt. Grundsätzlich gelten daher die Erläuterungen zu Art. 1 Abs. 1 lit. a EuEheVO entsprechend (vgl. Kommentierung → Brüssel IIa-VO Art. 1 Rn. 4 ff.). **Nicht** erfasst ist die in Art. 1 Abs. 1 lit. a EuEheVO ausdrücklich genannte **Ungültigerklärung** einer Ehe, die sich auf die Auflösung der Ehe wegen spezifischer Fehler bei der Eheschließung bezieht – unabhängig davon, ob die Auflösung *ex tunc* oder *ex nunc* eintritt.[6] Aus deutscher Sicht betrifft dies die **Aufhebung der Ehe** gem. § 1314 BGB.[7]

---

[1]   Zu einigen politischen Hintergründen *Baarsma* NIPR 2009, 9.

[2]   Das kann man als Teil einer Politik der kleinen Schritte auch positiv bewerten, vgl. *Becker* NJW 2011, 1543 (1545).

[3]   *Winkler v. Mohrenfels* ZEuP 2013, 699 (718).

[4]   *Helms* FamRZ 2011, 1765.

[5]   *Hau* FamRZ 2013, 249; *Winkler v. Mohrenfels* ZEuP 2013, 699 (717 f).

[6]   *Hau* FamRZ 2013, 249; *Gruber* IPRax 2012, 381 (383); *Hammje* Rev. crit. DIP 2011, 291 (298 f.).

[7]   *Hau* FamRZ 2013, 249 (250).

b) Privatscheidung. Trotz des Gebots der einheitlichen Auslegung von Brüs- 7
sel IIa-VO und Rom III-VO (s. auch Erwägungsgrund 10 Abs. 1 S. 1) erstreckt
sich der Anwendungsbereich der Verordnung auch auf Privatscheidungen, bei
denen keine konstitutive Mitwirkung eines Gerichts iSd Verordnung erforderlich
ist.[8] Eine ausdrückliche Einbeziehung fehlt zwar; die Privatscheidung ist aber
anderseits auch nicht etwa in Art. 1 Abs. 2 vom Anwendungsbereich der Verordnung explizit ausgenommen. Auch sind einige Vorschriften der Rom III-VO
deutlich an gerichtlichen Scheidungen orientiert (insbesondere die objektive
Anknüpfung in Art. 8, die sich in allen Alternativen an der „Anrufung des Gerichts"
orientiert). Das lässt sich aber damit erklären, dass Privatscheidungen in den teilnehmenden Mitgliedstaaten unbekannt sind. Vor allem aber spricht für die Einbeziehung von Privatscheidungen der mit der Verordnung angestrebte **Harmonisie-
rungszweck:**[9] Dieser wäre vor dem Hintergrund der universellen Anwendbarkeit
der Verordnung (vgl. Kommentierung zu Art. 4) erheblich beeinträchtigt, wenn
Privatscheidungen ausgeklammert blieben. Dies entspricht auch der Auffassung
des deutschen Gesetzgebers.[10] Daraus resultieren zwar **Folgeprobleme** bei der
Anwendung der Vorschriften, die auf gerichtliche Scheidungen zugeschnitten sind.
Diese lassen sich aber durch **teleologische Auslegung** ohne weiteres lösen. So
kann etwa im Rahmen von Art. 8 ähnlich wie zu Art. 17 Abs. 1 EGBGB aF auf
einen funktionell äquivalenten Zeitpunkt abgestellt werden, etwa dem, zu dem
der Scheidungsgegner mit der Scheidung erstmals förmlich befasst wird.[11] Zu Einzelheiten vgl. Kommentierung zu Art. 8.

c) Reichweite des Scheidungsstatuts. Erfasst sind insbesondere die **materi-** 8
ellen Scheidungsvoraussetzungen wie Verschuldens- oder Zerrüttungsprinzip,
Trennungsfristen, Widerspruchsmöglichkeiten und die Möglichkeit der einverständlichen Scheidung.[12] Ob ein **Schuldausspruch erforderlich** ist, unterliegt
als materiell-rechtliche Frage dem Scheidungsstatut.[13] Wenn die Scheidung nach
dem anwendbaren Recht Verschulden voraussetzt,[14] ist das **Verschulden** von
deutschen Gerichten als Scheidungsvoraussetzung zu prüfen und auch im **Tenor**
auszusprechen, sofern dieser Ausspruch nach dem Scheidungsstatut rechtliche
Relevanz (etwa für Unterhaltsansprüche) entfalten kann.[15] Das Scheidungsstatut

---

[8] *Helms* FamRZ 2011, 1765 (1766 f.); *Hau* FamRZ 2013, 249 (250); *Gärtner* StAZ
2012, 357 (358 ff.); Palandt/*Thorn* Rn. 3; *Hausmann* Rn. A 237; *Winkler v. Mohrenfels* ZEuP
2013, 699 (704); aA: *Gruber* IPRax 2012, 381 (383); *Schurig,* FS v. Hoffmann, 2011, 405
(411 f.).

[9] Allgemein zu diesem *Kohler* IPRax 2008, 1673; s. auch *Winkler v. Mohrenfels* ZEuP
2013, 699 (704) mwN.

[10] Begründung der Bundesregierung, BT-Drs. 17/11049, S. 8.

[11] BGHZ 110, 267 Rn. 15; *Helms* FamRZ 2011, 1765 (1766); *Gärtner* StAZ 2012, 357
(359).

[12] *Hausmann* Rn. A 229 mwN; Palandt/*Thorn* Rn. 6 mwN; *Hammje,* Rev. crit. DIP 2011,
291 (298 ff.).

[13] Vgl. BGH NJW 1988, 636 (637 f.); OLG Düsseldorf FamRZ 1994, 1261 (1262); zur
Rom III-VO *Gruber* IPRax 2012, 381 (383).

[14] Die Verschuldensscheidung ist noch weit verbreitet, vgl. BeckOK-BGB/*Heiderhoff*
Art. 17 EGBGB Rn. 23 ff.

[15] BGH NJW 1988, 636; OLG Zweibrücken FamRZ 1997, 430; BeckOK-BGB/*Heiderhoff* Art. 17 EGBGB Rn. 29 mwN. Zu prozessualen Folgefragen s. *H. Roth* IPRax 2000,
292.

sollte entsprechend auch für **seltenere Formen der Eheauflösung** *ex nunc* herangezogen werden, wie Todeserklärung oder Verschollenheit.[16]

9 Auch die Frage nach der **Form der Scheidung** unterliegt dem Scheidungsstatut.[17] Die bei Privatscheidungen möglicherweise relevante Frage nach der Zulässigkeit einer Stellvertretung ist akzessorisch an das Scheidungsstatut anzuknüpfen.[18] Zu der Voraussetzung eines **Sühneversuchs** vor Gericht → Rn. 15.

10 Die Rom III-VO erfasst die **unmittelbare Wirkung der Scheidung** auf das Eheband.[19] Ob die Ehegatten zur **Wiederheirat** berechtigt sind, unterliegt dagegen dem Eheschließungsstatut.[20]

3. Trennung ohne Auflösung des Ehebandes

11 Auch der **Begriff** der Trennung ohne Auflösung des Ehebandes entspricht demjenigen in Art. 1 Abs. 1 lit. a EuEheVO, so dass die Erläuterungen zu Art. 1 Abs. 1 lit. a EuEheVO entsprechend gelten (vgl. Kommentierung zu Art. 1 Abs. 1 lit. a EuEheVO). Das geltende deutsche Familienrecht beinhaltet kein eigenständiges Institut der Trennung ohne Auflösung des Ehebandes. Gemeint ist ein **eigenständiges Rechtsinstitut zur Lockerung des ehelichen Bandes** (mit unterschiedlichen Wirkungen im Detail), wobei das Eheband nicht vollständig aufgelöst wird. Die Trennung ohne Auflösung des Ehebandes kommt insbesondere in **romanisch geprägten Rechtsordnungen** vor (Trennung von Tisch und Bett, séparation des corps). Die kollisionsrechtliche Erfassung dieses Instituts durch die Rom III-VO bestätigt die frühere Qualifikation, wonach die Trennung ohne Auflösung des Ehebandes dem Scheidungsstatut unterfiel.[21] Sie kann durch Urteil auch vor deutschen Gerichten ausgesprochen werden.[22] Seinem Umfang nach entspricht der Anwendungsbereich der Verordnung bezüglich der Trennung ohne Auflösung des Ehebands demjenigen des Scheidungsstatuts (→ Rn. 4 ff.).

III. Von der Verordnung nicht erfasste Fragen

1. Vorfragen

12 **a) Allgemeines.** Aus Art. 1 Abs. 2 und Erwägungsgrund 10 Abs. 3 ist abzuleiten, dass sich der **Anwendungsbereich** der Rom III-VO nicht auf Vorfragen erstreckt.[23] Dies lässt das mit der Verordnung angestrebte Ziel der Harmonisierung des anwendbaren Rechts[24] letztlich als illusorisch erscheinen: Vorfragen spielen

[16] BeckOK-BGB/*Heiderhoff* Art. 17 EGBGB Rn. 12 und 27 mwN; aA wohl *Hau* FamRZ 2013, 249 (250).

[17] Palandt/*Thorn* Rn. 6.

[18] BGHZ 29, 137; BayObLGZ 2000, 335 Rn. 9 mwN.

[19] *Hausmann* Rn. A 229; BeckOK-BGB/*Heiderhoff* Art. 17 EGBGB Rn. 10.

[20] Palandt/*Thorn* Rn. 6; BeckOK-BGB/*Heiderhoff* Art. 17 EGBGB Rn. 11; *Hausmann* Rn. A 229.

[21] BGHZ 47, 324; Palandt/*Thorn* Rn. 2 mwN.

[22] BGHZ 47, 324; OLG Karlsruhe IPRax 1982, 75; Palandt/*Thorn* Rn. 2.

[23] *Gruber* IPRax 2012, 381 (389).

[24] Dazu etwa *Kohler* IPRax 2008, 1673; *Looschelders*, FS Kropholler, 2008, 329 (349) insbesondere unter dem Gesichtspunkt, dass der Antragsteller das anwendbare Recht nicht durch Wahl der Gerichtsstands präjudizieren können soll.

im Bereich des Familienrechts eine ausschlaggebende Rolle. Dies zeigt schon die für die Scheidung stets zentrale Vorfrage nach einer wirksamen bestehenden Ehe. Ohne eine einheitliche Behandlung der Vorfragen kann **keine Harmonisierung des *law in action*** erreicht werden und *forum shopping* nur ansatzweise verhindert werden.[25] Dies gilt umso mehr, als Erwägungsgrund 10 Abs. 3 verlangt, Vorfragen nach den Kollisionsnormen der jeweiligen Mitgliedstaaten anzuknüpfen. Aus deutscher Sicht bleibt es daher im Grundsatz bei der selbständigen Vorfragenanknüpfung nach den **Systembegriffen der jeweiligen *lex fori*.**[26] Mit Blick darauf, dass die Rom III-VO originär europarechtlichen Ursprungs ist, wäre eine rechtsvergleichend-autonome Qualifikation zwar systematisch befriedigender.[27] Sie wäre allerdings gerade hinsichtlich der im Anwendungsbereich der Verordnung relevanten Vorfragen mit großer Rechtsunsicherheit verbunden, da rechtsvergleichend ermittelte autonome Begriffsinhalte derzeit noch unzureichend erkennbar sind.

    b) Bestehen einer Ehe. Eine der wichtigsten Vorfragen (hier teils als „Erstfrage" **13** bezeichnet, weil sich die Vorfrage im Tatbestand einer Kollisionsnorm stellt) im Anwendungsbereich der Verordnung ist die nach dem Bestehen einer wirksamen Ehe.[28] Art. 1 Abs. 2 klammert sie ausdrücklich aus dem Anwendungsbereich der Verordnung aus. Die Frage ist gleichwohl entscheidend: Wenn keine wirksame Ehe besteht, kann sie auch nicht geschieden werden. Die Vorfrage ist, wie auch Art. 13 Var. 2 und Erwägungsgrund 26 S. 3 bestätigen, **selbständig nach der *lex fori* zu beantworten;**[29] maßgeblich ist im deutschen Recht Art. 13 EGBGB.[30] Daher begründen aus deutscher Sicht insbesondere im Ausland geschlossene **gleichgeschlechtliche Ehen** keine Ehen iSd Verordnung, so dass der Anwendungsbereich der Rom III-VO nicht eröffnet ist.[31] Dafür spricht auch das **Gebot der einheitlichen Auslegung** von Rom III-VO und Brüssel IIa-VO, wie es in Erwägungsgrund 10 Abs. 1 bestätigt ist. Maßgeblich ist vielmehr Art. 17b EGBGB.[32] Ebenso wenig ist

---

[25] Vgl. dazu auch *S. Arnold* IPRax 2012, 311.

[26] *Hausmann* Rn. A 254; *Gruber* IPRax 2012, 381 (389); *Finger* FuR 2013, 305 (308); *Hau* FamRZ 2013, 249 (250 f.); *Traar* ÖJZ 2011, 805 (807); *Fallon* Rev. trim. dr. fam. 2012, 291; s. zu Art. 17 Abs. 1 EGBGB aF etwa BGHZ 169, 240 (243); BGH NJW-RR 2003, 850; aA: *Franzina*, Cuadernos de Derecho Transnacional 2011, 85 (101 f.); *Palandt/Thorn* Rn. 8; *Winkler v. Mohrenfels* ZEuP 2013, 699 (702 f.).

[27] Dafür *Palandt/Thorn* Rn. 8; *Winkler v. Mohrenfels* ZEuP 2013, 699 (702 f.).

[28] Vgl. auch Begründung der Bundesregierung, BT-Drs. 17/11049, S. 8: „Ob eine wirksame Ehe vorliegt, muss für die Zwecke einer Scheidung oder Trennung ohne Auflösung des Ehebandes als Vorfrage beantwortet werden."

[29] *Hammje* Rev. crit. DIP 2011, 291 (301 ff.).

[30] *Schurig*, FS v. Hoffmann, 2011, 405 (410 f.); *Rauscher* FPR 2013, 257 (259, Fn. 19); *Hau* FamRZ 2013, 249 (250); *Helms* FamRZ 2011, 1765 (1766).

[31] *Becker* NJW 2011, 1543; *Helms* FamRZ 2011, 1765 (1766); *Hau* FamRZ 2013, 249 (250); *Makowsky* GPR 2012, 266 (267 f.); *Pietsch* NJW 2012, 1768; *Rauscher* FPR 2013, 257 (259, Fn. 19); *Pietsch* NJW 2012, 1768; *Fallon* Rev. trim. dr. fam. 2012, 291 (294 ff); vgl. auch *Mankowski/Thorn* IPRax 2011, 247; aA: *Hausmann* Rn. A 234; *Gruber* IPRax 2012, 381 (382 f.); *Franzina*, Cuadernos de Derecho Transnacional 2011, 85 (101 f.); *Makowsky* GPR 2012, 266 (267); offen bei *Winkler v. Mohrenfels* ZEuP 2013, 699 (703).

[32] Vgl. OLG München FamRZ 2011, 1526; *Mankowski/Höffmann* IPRax 2011, 247; *Helms* FamRZ 2011, 1765 (1766); *Schurig*, FS v. Hoffmann, 2011, 405 (411); aA: *Spernat*, S. 62 ff.

die Verordnung auf (eingetragene oder nicht eingetragene) **Lebenspartnerschaften** anwendbar.[33]

2. Verfahrensrechtliche Aspekte

14   Die Verordnung betrifft nur das Kollisionsrecht (vgl. auch Erwägungsgrund 2). Verfahrensrechtliche Anforderungen richten sich grundsätzlich nach der *lex fori*,[34] die also insbesondere für Scheidungen im Inland einen Gerichtsvorbehalt einführen oder beibehalten kann.[35] Der deutsche Gesetzgeber hat vor diesem Hintergrund **Art. 17 Abs. 2 EGBGB** nicht geändert.[36] Eine **Inlandsscheidung** kann daher in Deutschland nach wie vor nur durch ein Gericht ausgesprochen werden.[37] Bei **Scheidungen im Ausland,** auf die deutsches Scheidungsrecht anzuwenden ist, soll nach Auffassung der Bundesregierung § 1564 BGB weiterhin als materiell-rechtliche zwingende Grundentscheidung des deutschen Scheidungsrechts qualifiziert werden.[38]

15   Wenn das ausländische Recht einen **gerichtlichen Sühneversuch** vorsieht,[39] sollte dieser auch vor deutschen Gerichten durchgeführt werden, wenn nach dem Scheidungsstatut keine Scheidung ohne erfolglos durchgeführten Sühneversuch möglich ist.[40] Denn dann ist die erfolglose Durchführung des Sühneversuchs **materielle Scheidungsvoraussetzung der *lex causae*.**[41] Entsprechendes gilt, wenn das Scheidungsstatut die (erfolglos bleibende) Einschaltung eines **Vermittlers**[42] oder einer **geistlichen oder behördlichen Stelle**[43] vorsieht. Hier ist jeweils eine **funktionelle Entsprechung im deutschen Scheidungsverfahren** zu suchen, etwa durch die Einsetzung eines Vermittlers aus dem Verwandten-

---

[33] *Andrae* FPR 2010, 505 (506); *Gruber* IPRax 2012, 381 (383); *Schurig,* FS v. Hoffmann, 2011, 405 (410 f.); *Makowsky* GPR 2012, 266 (268); zu deren kollisionsrechtlichen Behandlung stellvertretend BeckOK-BGB/*Heiderhoff* Art. 17 EGBGB Rn. 16 f.

[34] *Finger* FuR 2013, 305 (307); *Hau* FamRZ 2013, 249 (250).

[35] Eingehend dazu *Gärtner* StAZ 2012, 357 (360 ff.).

[36] Vgl. auch Begründung der Bundesregierung, BT-Drs. 17/11049, S. 10.

[37] *Gärtner* StAZ 2012, 357 (360 ff.); *Rauscher* FPR 2013, 157, 260; eingehend zum gerichtlichen Scheidungsmonopol des Art. 17 Abs. 2 EGBGB *Gärtner* S. 44 ff.

[38] Vgl. auch Begründung der Bundesregierung, BT-Drs. 17/11049, 10 sowie BGHZ 110, 267 (276).

[39] Die Wiedereinführung eines solchen Sühneversuchs in Deutschland forderte 2001 etwa *Bergerfurth* FamRZ 2001, 12.

[40] OLG Frankfurt FamRZ 2001, 293 Rn. 11 f. (im Fall war der Sühneversuch nach kroatischem Familienrecht allerdings freiwillig, dh die Scheidung konnte nach kroatischem Scheidungsrecht auch ausgesprochen werden, wenn kein erfolgloser Sühneversuch vorausging); OLG Hamburg FamRZ 2001, 1007 Rn. 25 (*obiter*); OLG Stuttgart FamRZ 1997, 1161 Rn. 12 (*obiter*); OLG Bremen IPRax 1985, 47; aus der Literatur Staudinger/*Spellenberg* (Neubearbeitung 2005) Anhang zu § 606a ZPO Rn. 147 mwN; aA etwa: *Hausmann* Rn. A 229: Dem Erfordernis eines Versöhnungsversuchs werde durch persönliche Anhörung der Parteien und gegebenenfalls Verfahrensaussetzung Genüge getan (ebenso AG Lüdenscheid FamRZ 2002, 1486 (1488); *Finger* FuR 2013, 305 (307). Diese Institute sind indes keine ausreichenden Funktionsäquivalente.

[41] MüKoBGB/*Sonnenberger* Einleitung Internationales Privatrecht Rn. 595; Staudinger/*Spellenberg* (Neubearbeitung 2005) Anhang zu § 606a ZPO Rn. 149.

[42] OLG Bremen FamRZ 2001, 1007 Rn. 25.

[43] Staudinger/*Spellenberg* (Neubearbeitung 2005) Anhang zu § 606a ZPO Rn. 149.

oder Bekanntenkreis der Eheleute.[44] So kann in Einzelfällen das von der *lex causae* vorgesehene Verfahren das Verfahrensrecht der *lex fori* beeinflussen.[45]

3. Sachfragen im Kontext der Ehescheidung (Abs. 2)

a) die Rechts- und Handlungsfähigkeit natürlicher Personen. Über die **16** Rechts- und Handlungsfähigkeit entscheidet die *lex fori*, in Deutschland also die Art. 7 und 12 EGBGB.

b) das Bestehen, die Gültigkeit oder die Anerkennung einer Ehe. Die **17** Verordnung klammert das Bestehen, die Gültigkeit oder die Anerkennung einer Ehe ausdrücklich aus ihrem Anwendungsbereich aus. Insbesondere das Vorliegen einer wirksamen Ehe ist eine im internationalen Scheidungsrecht praktisch höchst bedeutsame Materie. Zu den damit zusammenhängenden Problemen → Rn. 12 f. Auch Fragen des Bestehens oder der Anerkennung einer Ehe fallen nicht in den Anwendungsbereich der Verordnung.

c) die Ungültigerklärung einer Ehe. Art. 1 Abs. 2 lit. c klammert explizit **18** die Ungültigerklärung einer Ehe aus. Dies hält auch Erwägungsgrund 10 Abs. 1 S. 2 fest. Darin liegt ein wesentlicher Unterschied zur Brüssel IIa-Verordnung (→ Art. 1 Brüssel IIa-VO Rn. 12). Das anwendbare Recht ist diesbezüglich also weiterhin nach den **autonomen Kollisionsrechten** der Mitgliedstaaten zu ermitteln. Gleiches gilt für die in Rahmen von **Feststellungsklagen** möglicher Weise maßgebliche Frage, ob eine Ehe besteht oder nicht.[46]

d) die Namen der Ehegatten. Die Ehescheidungen kann Auswirkung auf **19** den Namen der Ehegatten haben. Maßgeblich ist diesbezüglich weiterhin das **autonome Kollisionsrecht** der Mitgliedstaaten.

e) die vermögensrechtlichen Folgen der Ehe. Die Verordnung klammert **20** auch die vermögensrechtlichen Folgen der Ehe aus ihrem Anwendungsbereich aus. Alle vermögensrechtlichen Konsequenzen werden bis zum Inkrafttreten weiterer Harmonisierungsmaßnahmen nach **autonomem Kollisionsrecht** beurteilt.[47] Das betrifft insbesondere das **Ehegüterrecht,** aber auch die **Verteilung der Haushaltsgegenstände** und die Zuweisung von **Ehewohnung** und **Hausrat.**[48] Art. 17 Abs. 1 EGBGB sieht diesbezüglich freilich in seiner Neufassung eine **akzessorische Anknüpfung** an die Rom III-VO vor.[49] Die Regelung erfasst auch **vermögensrechtliche Scheidungsfolgen ausländischer Familienrechte,** die kein Äquivalent im deutschen Recht haben (etwa Genugtuungs- oder Schadensersatzansprüche oder auch Ansprüche auf noch nicht geleistete Morgengaben).[50] Ähnliches gilt für den **Versorgungsausgleich,** der als vermögensrechtliche Scheidungsfolge jetzt gem. Art. 17 Abs. 3 EGBGB ebenfalls **akzessorisch** zur Rom III-VO angeknüpft wird.[51]

---

[44] OLG Bremen FamRZ 2001, 1007 Rn. 25.
[45] Näher *Hau* FamRZ 2013, 249 (250).
[46] *Hausmann* Rn. A 244 (auch zu den Hintergründen).
[47] *Hau* FamRZ 2013, 249 (251).
[48] *Hau* FamRZ 2013, 249 (250); *Rauscher* FPR 2013, 257 (258).
[49] Vgl. *Hau* FamRZ 2013, 249 (251); *Gärtner* StAZ 2012, 357 (358).
[50] Begründung der Bundesregierung, BT-Drs. 17/11049, S. 10; *Hau* FamRZ 2013, 249 (251); Palandt/*Thorn* Rn. 7.
[51] Näher *Rauscher* FPR 2013, 257 (259 f.); *Hau* FamRZ 2013, 249 (251), vgl. auch OLG Hamm BeckRS 2013, 09327 Rn. 79.

21   **f) die elterliche Verantwortung.** Ehescheidung und Ehetrennung können sich auch auf die elterliche Verantwortung auswirken. Die Verordnung ist auf die hier relevanten Fragen nicht anwendbar; maßgeblich ist vielmehr das **mitgliedstaatliche Kollisionsrecht**, in Deutschland va die Art. 15 ff. KSÜ.[52] Der Begriff entspricht inhaltlich dem der Brüssel IIa-VO (dazu → Brüssel IIa-VO Art. 1 Rn. 15 ff.).

22   **g) Unterhaltspflichten.** Auch Unterhaltspflichten liegen außerhalb des Anwendungsbereichs der Verordnung. Maßgeblich ist wiederum das **in den jeweiligen Mitgliedstaaten geltende Kollisionsrecht.** Aus deutscher Sicht ist seit dem 18.6.2011 Art. 15 EuUntVO iVm dem Haager Unterhaltsprotokoll maßgebend.[53]

23   **h) Trusts und Erbschaften.** Die Verordnung erstreckt sich auch weder auf Trusts noch auf Erbschaften. Wiederum gilt das **in den Mitgliedstaaten jeweils geltende Kollisionsrecht** – ab dem 17.8.2015 daher im Wesentlichen die EU-Erbrechtsverordnung.

Art. 2 **Verhältnis zur Verordnung (EG) Nr. 2201/2003**

Diese Verordnung lässt die Anwendung der Verordnung (EG) Nr. 2201/2003 unberührt.

Literatur: *Baarsma,* European choice of law on divorce (Rom III) – where did it go wrong?, NIPR 2009, 9; *Gruber,* Scheidung auf Europäisch – die Rom III-Verordnung, IPRax 2012, 381; *Hausmann,* Internationales und Europäisches Ehescheidungsrecht, 2013; *Helms,* Reform des internationalen Scheidungsrechts durch die Rom III-Verordnung, FamRZ 2011, 1765; *Kropholler,* Europäisches Internationales Zivilverfahrensrecht ohne europäisches Kollisionsrecht – ein Torso. Das Beispiel der Kinderschutzmaßnahmen, FS Schlosser, 2005, 449.

I. Hintergründe

1   Internationales Privatrecht und internationales Zivilverfahrensrecht stehen in einem **untrennbaren Zusammenhang.** So kann das kollisionsrechtlich berufene Sachrecht etwa von der verfahrensrechtlich begründeten Zuständigkeit abhängen. Auch die Anknüpfungsmomente des internationalen Privatrechts sind mit denen des internationalen Verfahrensrechts oft identisch. So ist die programmatische Bezeichnung *Krophollers* einer zivilverfahrensrechtlichen Harmonisierung ohne gleichzeitige Harmonisierung des Kollisionsrechts als „Torso" naheliegend.[1] Auch Ehescheidung und Ehetrennung waren lange Zeit nur verfahrensrechtlich vereinheitlicht, insbesondere die internationale Zuständigkeit und die Anerkennung von Entscheidungen in Ehesachen. Davon blieb aber die Frage nach dem anwendbaren Scheidungsrecht unberührt. Dass daraus Anreize zum *forum shopping* entstanden,[2] erstaunt kaum. Der Vorschlag der Kommission vom 17.7.2006 einer umfassenden Reformierung der Brüssel IIa-

---

[52] Einzelheiten bei *Gärtner* StAZ 2011, 65.
[53] Zu Einzelheiten *S. Arnold* IPRax 2012, 311.
[1] *Kropholler,* FS Schlosser, 2005, 449.
[2] *Kohler* FamRZ 2008, 1673; *Gruber* IPRax 2012, 381 f.; *Helms* FamRZ 2011, 1765.

VO[3] sah ein einheitliches Instrument für das internationale Verfahrens- und das Kollisionsrecht vor, der diesen Torso beenden hätte können; doch der Vorschlag war politisch nicht durchsetzbar.[4] Mit der **Rom III-Verordnung** ist eine im Einklang mit dem internationalen Verfahrensrecht stehende **Harmonisierung** auch des Kollisionsrechts **immerhin ansatzweise** erreicht.

II. Regelungsinhalt

Die Regelung des Art. 2 stellt klar, dass die Rom III-VO die **Anwendung** 2 **der Brüssel IIa-Verordnung unberührt** lässt.[5] Ihrem unmittelbaren Regelungsgehalt nach ist die Bestimmung überflüssig. Denn die Anwendungsbereiche überschneiden sich nicht. Soweit die Brüssel IIa-Verordnung zu einer Zuständigkeit von Mitgliedstaaten führt, die auch an der Rom III-Verordnung beteiligt sind, soll das anwendbare Sachrecht in diesen Mitgliedstaaten einheitlich nach der Rom III-Verordnung bestimmt werden. Ziel ist es, das durch die fehlende kollisionsrechtliche Harmonisierung mögliche *forum shopping* zu verhindern.[6] Mit Blick auf den äußerst engen sachlichen Anwendungsbereich der Rom III-Verordnung und die Ausklammerung der Vorfragen kann dieses Ziel allerdings nur ansatzweise erreicht werden. Dem Ziel der Kollisionsrechtsvereinheitlichung in diesem Bereich entspricht es dennoch, Begriffe **möglichst einheitlich auszulegen,** wenn sie sowohl in der Brüssel IIa-Verordnung als auch in der Rom III-Verordnung verwendet werden (vgl. auch Erwägungsgrund 10 Abs. 1). Die Brüssel IIa-Verordnung wird dabei naturgemäß die Vorreiterrolle übernehmen. Die zu ihr (und ihren Vorgängern) ergangene Rechtsprechung muss bei der Auslegung und Anwendung der Rom III-VO berücksichtigt werden – freilich nicht, ohne die durch deren Anwendungsbereich, Entstehungsgeschichte und Regelungsanliegen bestimmten Besonderheiten zu beachten.

Art. 3 Begriffsbestimmungen

Für die Zwecke dieser Verordnung bezeichnet der Begriff:
1. **„teilnehmender Mitgliedstaat" einen Mitgliedstaat, der auf der Grundlage des Beschlusses 2010/405/EU des Rates vom 12. Juli 2010 oder auf der Grundlage eines gemäß Artikel 331 Absatz 1 Unterabsatz 2 oder 3 des Vertrags über die Arbeitsweise der Europäischen Union angenommenen Beschlusses an der Verstärkten Zusammenarbeit im Bereich des auf die Ehescheidung und Trennung ohne Auflösung des Ehebandes anzuwendenden Rechts teilnimmt;**
2. **„Gericht" alle Behörden der teilnehmenden Mitgliedstaaten, die für Rechtssachen zuständig sind, die in den Anwendungsbereich dieser Verordnung fallen.**

---

[3] Vorschlag für eine Verordnung des Rates zur Änderung der Verordnung (EG) Nr. 2201/2003 im Hinblick auf die Zuständigkeit in Ehesachen und zur Einführung von Vorschriften betreffend das anwendbare Recht in diesem Bereich, Kom (2006) 399 endg.

[4] Zu den Hintergründen vgl. nur *Baarsma* NIPR 2009, 9; *R. Wagner* NJW 2009, 1911 (1912).

[5] Vgl. auch OLG Hamm BeckRS 2013, 09327 Rn. 34.

[6] *Gruber* IPRax 2012, 381; zur Harmonisierung im europäischen Eherecht allgemein *Kohler* IPRax 2008, 1673.

I. Allgemeines

1 Die Regelung zieht ebenso wie Art. 2 Brüssel IIa-Verordnung und die Verordnungen der „neuen Generation" **zentrale Begriffe vor die Klammer.** Allgemein dazu vgl. Kommentierung zu Art. 2 Brüssel IIa-VO.

II. „Teilnehmender Mitgliedstaat"

2 **Teilnehmende Mitgliedstaaten** sind gem. Art. 3 Nr. 1 nur Mitgliedstaaten
der Europäischen Union, die an der Verstärkten Zusammenarbeit im Bereich des
auf die Ehescheidung und Trennung ohne Auflösung des Ehebandes anzuwendenden Rechts teilnehmen. Dies sind die Bundesrepublik Deutschland, Belgien, Bulgarien, Frankreich, Italien, Lettland, Luxemburg, Malta, Österreich, Portugal,
Rumänien, Slowenien, Spanien und Ungarn, ab dem 22.5.2014 auch Litauen.
Hierin liegt eine markante Besonderheit der Rom III-VO. Sie ist die erste im
Rahmen der **verstärkten Zusammenarbeit** ergangene Verordnung der Europäischen Union. Durch Ratsbeschluss gem. Art. 331 Abs. 1 UAbs. 2 oder 3 AEUV
kann die Teilnahme auch weiteren Mitgliedstaaten ermöglicht werden. In den
nicht teilnehmenden Mitgliedstaaten kann die Rom III-VO nur im Rahmen
einer **Gesamtverweisung des autonomen Kollisionsrechts des nicht teilnehmenden Mitgliedstaats** auf das Recht eines teilnehmenden Mitgliedstaates
Relevanz entfalten.[1]

III. „Gericht"

3 Gem. Art. 3 Nr. 2 sind **alle Behörden** der teilnehmenden Mitgliedstaaten
Gerichte, die für Rechtssachen im Anwendungsbereich der Verordnung zuständig
sind, also für die Scheidung und die Aussprechung der Trennung ohne Auflösung
des Ehebandes. Der Begriff entspricht im Wesentlichen demjenigen des **Art. 2
Nr. 1 Brüssel IIa-VO,** so dass bezüglich Einzelheiten auf die Kommentierung
zu dieser Vorschrift verwiesen werden kann (→ Brüssel IIa-VO Art. 2 Rn. 3).
Derzeit ist die **praktische Bedeutung gering,** da in allen teilnehmenden Mitgliedstaaten Gerichte über Ehescheidung und (gegebenenfalls) Trennung ohne
Auflösung des Ehebandes entscheiden.[2]

Art. 4 Universelle Anwendung

**Das nach dieser Verordnung bezeichnete Recht ist auch dann anzu-
wenden, wenn es nicht das Recht eines teilnehmenden Mitgliedstaats ist.**

Literatur: *Hausmann,* Internationales und Europäisches Ehescheidungsrecht, 2013; *Kreuzer,* Gemeinschaftskollisionsrecht und universales Kollisionsrecht. Selbstisolation, Koordination oder Integration?, FS Kropholler, 2008, 129; *Jayme/ Kohler,* Europäisches Kollisionsrecht
2005: Hegemonialgesten auf dem Weg zu einer Gesamtvereinheitlichung, IPRax 2005, 481;
Winkler v. Mohrenfels, Rom III, ZEuP 2013, 699.

---

[1] *Hausmann* Rn. A 260.
[2] *Hausmann* Rn. A 261.

I. Allgemeines

Art. 4 ordnet die **universelle Anwendung** der Verordnung an, die auch Gel- **1**
tung beansprucht, wenn das zur Anwendung berufene Recht nicht das Recht
eines teilnehmenden Mitgliedstaates ist.[1] Dies gilt sowohl für das **Recht eines
nicht teilnehmenden Mitgliedstaates** als auch für das **Recht eines Drittstaates,** der kein Mitgliedstaat der Europäischen Union ist. Dies ergibt sich bereits aus
dem Wortlaut der Regelung und wird zudem in Erwägungsgrund 12 ausdrücklich
klargestellt. Aus den Kollisionsnormen der Rom III-VO kann sich daher etwa
auch die Anwendung polnischen oder afghanischen materiellen Scheidungsrechts
ergeben.

II. Funktionen

Die universelle Anwendung der Rom III-VO entspricht der **allgemeinen** **2**
Tendenz des europäischen Kollisionsrechts[2] und erklärt sich im Ansatz aus
ihrem **Harmonisierungsziel:** Die Rechtsvereinheitlichung bliebe begrenzt,
wenn sich das anwendbare Recht nach autonomen Kollisionsrechten bestimmen
würde, wenn nicht das Recht eines teilnehmenden Mitgliedstaates berufen wird.
Zugleich **verhindert** die universelle Anwendbarkeit eine unerwünschte und
schwer handhabbare **Zweispurigkeit der Kollisionsrechte** in den teilnehmenden Mitgliedstaaten.[3] Die Aufhebung des Art. 17 Abs. 1 EGBGB aF veranschaulicht dieses durch Art. 4 Rom III-VO erreichte Ergebnis: Für ein autonomes
Scheidungsstatut ist im autonomen deutschen Kollisionsrecht kein Bedarf mehr.

Die Verweisungen der Rom III-VO sind gem. deren Art. 11 **Sachnormver-** **3**
weisungen.[4] Dies gilt auch in dem von Art. 4 Rom III-VO ermöglichten Fall
der Anwendbarkeit des Rechts eines nicht teilnehmenden Mitgliedstaates oder
Drittstaates.[5]

---

[1] *Winkler v. Mohrenfels* ZEuP 2013, 699 (717 f.).
[2] *Jayme/Kohler* IPRax 2005, 481; *Kreuzer,* FS Kropholler, 2008, 129.
[3] *Hausmann* Rn. A 262.
[4] Näher vgl. Kommentierung zu Art. 11.
[5] Dies kann zu einer Beeinträchtigung des internationalen Entscheidungseinklangs führen.
Näher dazu *Hausmann* Rn. A 264.

Kapitel II. Einheitliche Vorschriften zur Bestimmung des auf die Ehescheidung und Trennung ohne Auflösung des Ehebandes anzuwendenden Rechts

Art. 5 Rechtswahl der Parteien

(1) Die Ehegatten können das auf die Ehescheidung oder die Trennung ohne Auflösung des Ehebandes anzuwendende Recht durch Vereinbarung bestimmen, sofern es sich dabei um das Recht eines der folgenden Staaten handelt:
a) das Recht des Staates, in dem die Ehegatten zum Zeitpunkt der Rechtswahl ihren gewöhnlichen Aufenthalt haben, oder
b) das Recht des Staates, in dem die Ehegatten zuletzt ihren gewöhnlichen Aufenthalt hatten, sofern einer von ihnen zum Zeitpunkt der Rechtswahl dort noch seinen gewöhnlichen Aufenthalt hat, oder
c) das Recht des Staates, dessen Staatsangehörigkeit einer der Ehegatten zum Zeitpunkt der Rechtswahl besitzt, oder
d) das Recht des Staates des angerufenen Gerichts.

(2) Unbeschadet des Absatzes 3 kann eine Rechtswahlvereinbarung jederzeit, spätestens jedoch zum Zeitpunkt der Anrufung des Gerichts, geschlossen oder geändert werden.

(3) Sieht das Recht des Staates des angerufenen Gerichts dies vor, so können die Ehegatten die Rechtswahl vor Gericht auch im Laufe des Verfahrens vornehmen. In diesem Fall nimmt das Gericht die Rechtswahl im Einklang mit dem Recht des Staates des angerufenen Gerichts zu Protokoll.

Literatur: *Basedow*, European Divorce Law – Comments on the Rome III Regulation, FS Pintens, 2012, 135; *Basedow*, Das internationale Scheidungsrecht der EU – Anmerkungen zur Rom III-Verordnung, FS Posch, 2011, 17; *Basedow*, Theorie der Rechtswahl oder Parteiautonomie als Grundlage des Internationalen Privatrechts, RabelsZ 2011, 32; *Becker*, Die Vereinheitlichung von Kollisionsnormen im europäischen Familienrecht – Rom III, NJW 2011, 1543; *Boele-Woelki*, For better or for worse: The Europeanization of International Divorce Law, YbPIL 2010, 1; *Briggs*, Agreements on jurisdiction and choice of law, 1. Aufl. 2008; *Brugnara/Pobitzer*, Grenzüberschreitende Trennungen und Scheidungen – Verordnung (EU) Nr. 1259/2010 des Rates vom 20. Dezember 2010 (Rom III), FS Pobitzer, 2012, 147; *Carruthers*, Party Autonomy in the Legal Regulation of Adult Relationships: What Place for Party Choice in Private International Law?, ICLQ 2012, 881; *Coester-Waltjen/Coester*, Rechtswahlmöglichkeiten im Europäischen Kollisionsrecht, FS Schurig, 2012, 33; *Dimmler/Bißmaier*, „Rom III" in der Praxis, FamRBint 2012, 66; *Finger*, Verstärkte Zusammenarbeit in Europa für das Kollisionsrecht der Ehescheidung und der Trennung ohne Auflösung des Ehebandes, FamFR 2011, 433; *Finger*, Neues Kollisionsrecht der Ehescheidung und der Trennung ohne Auflösung des Ehebandes, VO Nr. 1259/2010 (Rom 3) – vorrangig: Rechtswahl der Beteiligten, FuR 2013, 305; *Fiorini*, Rome III – Choice of Law in Divorce: Is the Europeanization of Family Law going too far?, Int. Jnl. of Law, Policy and the Family 22, 2008, 178; *Franzina*, The Law Applicable to Divorce and Legal Separation Under Regulation (EU) No. 1259/2010 of 20 December 2010, CDT (Cuadernos de Derecho Transnacional) 2011, 85; *Gruber*, Scheidung auf Europäisch – die Rom III-Verordnung, IPRax 2012, 381; *Hau*, Zur Maßgeblichkeit der lex fori in internationalen Ehesachen, FS Stürner, 2013, 1237; *Hau*, Zur Durchführung der Rom III-Verordnung in Deutschland, FamRZ 2013, 249; *Helms*, Neues Europäisches Familienkollisionsrecht, FS Pintens, 2012, 681; *Helms*, Reform des internationalen Scheidungsrechts durch die Rom III-Verordnung, FamRZ 2011, 1765; *Henrich*, Internationales Scheidungsrecht – einschließlich Scheidungsfolgen, 2012; *Henrich*, Zur Parteiautonomie im europäisierten internationalen Familienrecht, FS Pintens, 2012, 701; *Henrich*, Europäisierung des Internationalen Familienrechts: Was bleibt vom EGBGB?, FS Spellenberg, 2010, 195; *Kemper*, Das neue Internationale Scheidungsrecht – eine Übersicht über die Regelungen der Rom III-VO, FamRBint 2012, 63; *Kemper*, Die Umsetzung des neuen Internationalen Scheidungsrechts in Deutschland – Rom III und die Folgen, FamRBint 2013, 12; *Kohler*, Vom Markt zum Menschen: Das internationale Familienrecht der Europäischen Union nach dem Vertrag von Lissabon, in: Meng/Ress/Stein (Hrsg.), Europäische Integration und Globalisierung, FS 60 Jahre Europa-Institut, 2011, 309; *Leible*, Parteiautonomie im IPR – Allgemeines Anknüpfungsprinzip oder Verlegenheitslösung?, FS Jayme, 2004, 485; *Makowsky*, Europäisierung des Internationalen Ehescheidungsrechts durch die Rom III-Verordnung, GPR 2012, 266; *Mörsdorf-Schulte*, Europäisches Internationales Scheidungsrecht (Rom III), RabelsZ 77 (2013), 786; *Pfütze*, Die Inhaltskontrolle von Rechtswahlvereinbarungen im Rahmen der Verordnungen ROM I bis III, ZEuS 2011, 35; *Pietsch*, Rechtswahl für Ehesachen nach „Rom III", NJW 2012, 1768; *Rieck*, Möglichkeiten und Risiken der Rechtswahl nach supranationalem Recht bei der Gestaltung von Ehevereinbarungen, NJW 2014, 257; *Rösler*, Rechtswahlfreiheit im Internationalen Scheidungsrecht der Rom III-Verordnung, RabelsZ 78 (2014), 155; *Röthel*, Rom III-VO: Impulse für eine Materialisierung der Parteiautonomie, in: Jahrbuch für Italienisches Recht, 2013, 3; *Rudolf*, Europäisches Kollisionsrecht für Ehescheidungen – Rom III-VO, EF-Z 2012, 101; *Schurig*, Eine hinkende Vereinheitlichung des internationalen Ehescheidungsrechts in Europa, FS v. Hoffmann, 2011, 405; *Spickhoff*, Internationales Scheidungsrecht und Rechtswahl, in: ders. (Hrsg.), Symposium Parteiautonomie im Europäischen Internationalen Privatrecht, 2014, 93; *J. Stürner*, Die Rom III-VO – ein neues Scheidungskollisionsrecht, Jura 2012, 708; *Süß*, Europäisierung des Familienrechts – Handlungsempfehlungen für den Notar zum status quo, ZNotP 2011, 282; *Traar*, Rom III – EU-Verordnung zum Kollisionsrecht für Ehescheidungen, ÖJZ 2011, 805; *Vido*, The Relevance of Double Nationality to Conflict-Of-Laws issues relating to Divorce and Legal Separation in Europe, CDT (Cuadernos de Derecho Transnacional) 2012, 222; *Winkler von Mohrenfels*, Die Rom III-VO und die Parteiautonomie, FS v. Hoffmann, 2011, 527.

Übersicht

I. Überblick

1   In Kapitel II der Rom III-VO (Art. 5–16) sind die Regeln zur Bestimmung des auf die Ehescheidung und die Trennung ohne Auflösung des Ehebandes anzuwendenden Rechts geregelt. Die Art. 5–7 Rom III-VO bilden das **Kernstück der Verordnung:** Durch die dort vorgesehene **Rechtswahlmöglichkeit** wird die Parteiautonomie – das kollisionsrechtliche Pendant zur materiell-rechtlichen Privatautonomie – der Ehegatten im Vergleich zur bisherigen Rechtslage deutlich gestärkt. Die Rechtswahl durch die Ehegatten soll nach Vorstellung des EU-Gesetzgebers die Regel, die Bestimmung des anwendbaren Rechts durch die Verordnung mittels objektiver Anknüpfung nach Art. 8 Rom III-VO hingegen die Ausnahme sein.

2   Nach **bisherigem Recht** war in Deutschland eine direkte Wahl des Scheidungsstatuts nicht möglich.[1] Das anwendbare Scheidungsstatut ergab sich aus Art. 17 Abs. 1 S. 1 EGBGB aF iVm. Art. 14 EGBGB. Maßgeblich war das Recht, das im Zeitpunkt der Rechtshängigkeit des Scheidungsantrags für die allgemeinen Wirkungen der Ehe galt. Aufgrund der Verweisung des Art. 17 EGBGB aF auf die Anknüpfungsregeln der allgemeinen Ehewirkungen hatte eine vor Rechtshängigkeit des Scheidungsantrags unter Beachtung der Voraussetzungen des Art. 14 Abs. 2–4 EGBGB getroffene Wahl des Ehewirkungsstatuts mittelbar auch die Rechtswahl des Ehescheidungsstatuts zur Folge, die der objektiven Anknüpfung nach Art. 14 Abs. 1 EGBGB vorging. Eine Rück- oder Weiterverweisung aus dem indirekt gewählten Scheidungsstatut war ausgeschlossen, Art. 4 Abs. 2 EGBGB. Die meisten anderen der bisher 16 teilnehmenden Mitgliedstaaten kannten dagegen bisher keine Parteiautonomie in Familiensachen.[2] Neben Deutschland gibt es laut dem *Commission Staff Working Paper*[3] nur in Belgien,[4] den Niederlanden[5] und Spanien[6] autonome kollisionsrechtliche Regelungen, die in begrenztem Umfang eine parteiautonome Bestimmung des Scheidungsstatuts vorsehen.

---

[1]   *Hausmann* Rn. A 265; Staudinger/*Mankowski* BGB Art. 17 EGBGB Rn. 139 jew. mwN.

[2]   Zur geschichtlichen Entwicklung der Parteiautonomie im Europäischen Gemeinschaftsrecht ausführlich *Winkler von Mohrenfels,* FS v. Hoffmann, 2011, 527 (530 ff.).

[3]   Annex to the Green Paper on applicable law and jurisdiction in divorce matters [COM (2005) 82 final], SEC (2005) 331, S. 8.

[4]   In Belgien können die Ehegatten ausschließlich das Recht des Staates, dem beide Ehegatten im Zeitpunkt der Anrufung des Gerichts angehören, oder belgisches Recht wählen; die Rechtswahl muss zu Beginn der ersten mündlichen Verhandlung vor Gericht mitgeteilt werden, Art. 55 Abs. 2 des Belgischen IPR-Gesetzbuchs, abgedruckt bei Bergmann/Ferid/ Henrich/*Pintens,* Internationales Ehe- und Kindschaftsrecht, Belgien (Stand: 15.3.2011), S. 73.

[5]   In den Niederlanden kann gemäß Art. 56 Abs. 2 und 3 Burgerlijk Wetboek Boek 10 das Recht der gemeinsamen Staatsangehörigkeit gewählt werden, s. dazu (noch zum Gesetzesentwurf) *Baarsma,* The Europeanisation of International Family Law, 2011, 42 ff. (mit englischer Übersetzung des Gesetzestextes); *Basedow,* FS Pintens, 2012, 135 (137 Fn. 14); *Gruber* IPRax 2012, 381 Fn. 4.

[6]   In Spanien kann spanisches Recht zur Anwendung gebracht werden, wenn einer der Ehegatten Spanier ist oder dort seinen gewöhnlichen Aufenthalt hat und beide Ehegatten in ihrer (gemeinsam) bei einem spanischen Gericht eingereichten Klage die Scheidung beantragen oder einer der Ehegatten den Antrag mit Zustimmung des anderen stellt, Art. 107 Abs. 2 S. 2 lit. b Código civil, abgedruckt bei Bergmann/Ferid/Henrich/*Daum,* Internationales Ehe- und Kindschaftsrecht, Spanien (Stand: 9.1.2012), S. 37.

Vor allem durch die bisher übliche primäre Anknüpfung an die gemeinsame **3**
Staatsangehörigkeit der Ehegatten (vgl. Art. 17 Abs. 1 S. 1 EGBGB aF iVm.
Art. 14 Abs. 1 Nr. 1 EGBGB) kam nicht selten eine Rechtsordnung zur Anwendung, zu der die Ehegatten nur eine lose Verbindung hatten. Auch nach den in
Art. 8 Rom III-VO vorgesehenen objektiven Anknüpfungskriterien, die zwangsläufig auf typisierenden Annahmen beruhen, ist häufig ein Scheidungsstatut
anwendbar, das den legitimen Erwartungen der Ehegatten nicht immer gerecht
wird.[7] Dem will die **Rom III-VO** mit der Einführung einer **vorrangigen
Rechtswahlmöglichkeit** abhelfen. Als Reaktion auf die zunehmende Mobilität
der Bürger und die steigende Zahl multinationaler Familien will die Verordnung
damit in Bezug auf die Ehescheidung und die Trennung ohne Auflösung des
Ehebandes in Fällen, die eine Verbindung zum Recht verschiedener Staaten aufweisen, für mehr **Rechtssicherheit** und **Vorhersehbarkeit** des in der Sache
anwendbaren Rechts sorgen sowie den Ehegatten diesbezüglich mehr **Flexibilität**
und Gestaltungsspielraum einräumen (Erwägungsgrund 15). Art. 5 Rom III-
VO ermöglicht den Parteien, ein objektiv anwendbares Recht abzuwählen und ein
anderes, vor allem scheidungsfreundlicheres Recht als anwendbares Scheidungsstatut zu bestimmen (*favor divortii*). Hier zeigt sich deutlich die unterschiedliche
Reichweite der materiell-rechtlichen Privatautonomie und der kollisionsrechtlichen Parteiautonomie: Während es den Parteien im Rahmen der Privatautonomie
nicht möglich ist, zwingendes materielles Recht abzubedingen, können sie über
die Parteiautonomie zumindest ein anderes Recht zur Anwendung bringen, und
zwar sowohl ein scheidungsfreundlicheres als auch ein strengeres Recht. Allerdings **beschränkt** Art. 5 Rom III-VO die Möglichkeit der Rechtswahl auf solche
Rechtsordnungen, zu denen die Eheleute einen engen Bezug haben (vgl.
Erwägungsgrund 16 S. 1). Durch den *ordre public*-**Vorbehalt** in Art. 12 Rom III-
VO wird außerdem sichergestellt, dass durch die Anwendbarkeit des von den
Ehegatten gewählten Scheidungs- bzw. Trennungsrechts im konkreten Einzelfall
keine Ergebnisse erzielt werden, die mit den Grundrechten und anerkannten
Werten der Europäischen Union unvereinbar sind (vgl. Erwägungsgrund 16
S. 2).[8]

Die Kollisionsnormen der Rom III-VO haben gemäß Art. 4 **universelle 4
Geltung** und sind daher auch dann anwendbar, wenn kein Recht eines teilnehmenden Mitgliedstaats, sondern dasjenige eines Drittstaats gewählt wird
(→ Rn. 10). **Rück- und Weiterverweisungen** schließt Art. 11 Rom III-VO
aus. Wird das Recht eines Staates mit zwei oder mehreren Rechtssystemen
gewählt, bestimmen sich die durch **interlokale oder interpersonale Rechts-
kollisionen** ergebenden Probleme nach Art. 14 und Art. 15 Rom III-VO,
sofern die Parteien nicht zugleich die maßgebliche Teilrechtsordnung benennen
(→ Rn. 21).[9]

In zeitlicher Hinsicht ist die Rom III-VO auf alle Rechtswahlvereinbarun- **5**
gen iSd Art. 5 ff. Rom III-VO anwendbar, die ab dem 21.6.2012[10] geschlossen

---

[7] *Helms* FamRZ 2011, 1765 (1767); vgl. auch *Basedow*, FS Pintens, 2012, 135 (144 f.),
der für eine Verlängerung der in Art. 8 lit. b Rom III-VO vorgesehenen Frist plädiert.

[8] KOM (2010) 105, S. 8.

[9] Zu dieser Möglichkeit *Eichel*, Interlokale und interpersonale Anknüpfung, in: Leible/
Unberath, Brauchen wir eine Rom0-VO?, 397.

[10] Für Litauen gilt als Stichtag der 22.5.2014, für Griechenland der 29.7.2015, → Art. 18
Rn. 1.

werden, Art. 18 Abs. 1 S. 1 Rom III-VO. Das gilt auch für ab dem 21.6.2012 getroffene Vereinbarungen, durch die eine vor dem Stichtag erfolgte Rechtswahl abgeändert wird. Darüber hinaus sind gemäß Art. 18 Abs. 1 S. 2 Rom III-VO auch vor diesem Stichtag geschlossene Rechtswahlvereinbarungen wirksam, sofern sie den formellen Anforderungen der Art. 6 und 7 Rom III-VO genügen. Näher hierzu → Art. 18 Rn. 3.

6 **Wirkungslos** bleibt eine Rechtswahl allerdings, wenn die Scheidung vor einem Gericht eines nicht teilnehmenden Mitgliedstaats oder eines Drittstaats beantragt wird, in dessen autonomem Recht eine Rechtswahlmöglichkeit nicht vorgesehen ist (→ Art. 6 Rn. 2).[11]

II. Rechtswahl

1. Kreis der wählbaren Rechte

7 **a) Grundlagen.** Die Rechtswahlmöglichkeit bezieht sich nur auf das **kollisionsrechtlich anwendbare Recht.** Ob und inwieweit Ehegatten berechtigt sind, die danach vorgesehenen materiell-rechtlichen Voraussetzungen der Ehescheidung vertraglich zu modifizieren, richtet sich hingegen nach der anwendbaren lex causae.[12]

8 Art. 5 Abs. 1 Rom III-VO beschränkt die Parteiautonomie auf **vier Wahlmöglichkeiten:** das Recht des Staates, in dem beide Ehegatten zum Zeitpunkt der Rechtswahl ihren gewöhnlichen Aufenthalt haben (lit. a) oder zuletzt hatten, sofern einer von ihnen diesen bis zum Zeitpunkt der Rechtswahl beibehalten hat (lit. b), das Recht des Staates, dem (mindestens) ein Ehegatte zum Zeitpunkt der Rechtswahl angehört (lit. c), oder das Recht des Staates des angerufenen Gerichts (*lex fori*, lit. d). Durch diese Begrenzung soll gewährleistet werden, dass ein Recht zur Anwendung kommt, zu dem die **Ehegatten einen besonderen Bezug haben** (Erwägungsgrund 16). Nicht erforderlich ist, dass bereits im Zeitpunkt der Rechtswahl ein Auslandsbezug iSd Art. 1 Abs. 1 Rom III-VO besteht.[13] Ebenso wenig müssen im Zeitpunkt der Vereinbarung mehrere Rechtsordnungen zur Auswahl stehen; auch wenn nach den Kriterien von Art. 5 Rom III-VO nur ein Rechtsregime zur Verfügung steht, kann dieses von den Parteien gewählt werden.[14] Die Wahl eines nicht-staatlichen, insb. religiösen, Rechts ist aber nicht möglich („Recht eines der folgenden Staaten…").[15]

9 Anders als bei der objektiven Anknüpfung, die sich nach der **zwingenden Rangordnung des Art. 8 Rom III-VO** richtet, sind die in Art. 5 Abs. 1 aufgelisteten Anknüpfungskriterien von ihrer Reihenfolge her von den Ehegatten **frei wählbar.** Sie können damit entsprechend ihrer Präferenz und ohne dies besonders begründen zu müssen, das ihren Interessen am besten gerecht werdende Scheidungsstatut bestimmen. Die Ehegatten können gegebenenfalls sogar für die Trennung von Tisch und Bett eine andere Rechtsordnung wählen als für die Scheidung (arg. Art. 9 Abs. 1 aE Rom III-VO); relevant kann dies etwa werden, wenn die

---

[11] *Gruber* IPRax 2012, 381 (384); Palandt/*Thorn* BGB Art. 5 Rom III Rn. 2.

[12] Richtig *Franzina* CDT 2011, 85 (110 Rn. 47).

[13] *Gruber* IPRax 2012, 381 (384); *Hausmann* Rn. A 265.

[14] OLG Hamm v. 7.5.2013 – 3 UF 267/12, BeckRS 2013, 09327.

[15] *Carruthers* ICQL 2012, 881 (890); *Coester-Waltjen/Coester*, FS Schurig, 2012, 33 (37); *Pfütze* ZEuS 2011, 35 (51).

Ehegatten ihren Aufenthaltsort zwischen der Trennung und der Scheidung ändern und deshalb ein anderes Scheidungsrecht wünschen.[16]

Gemäß Art. 4 Rom III-VO ist das nach der Verordnung berufene Eheschei- **10** dungsstatut auch dann anzuwenden, wenn es nicht das Recht eines teilnehmenden Mitgliedstaats ist (**universelle Anwendung**). Bei formwirksamer Rechtswahl kann also neben den Rechten der teilnehmenden Mitgliedstaaten auch das Recht eines nicht teilnehmenden EU-Mitgliedstaats oder eines Drittstaats zur Anwendung berufen werden (vgl. Erwägungsgrund 12).

b) Recht des gewöhnlichen Aufenthalts. Als Scheidungsstatut wählbar ist **11** zunächst das Recht des Staates, in dem die Ehegatten zum Zeitpunkt der Rechtswahl ihren gewöhnlichen Aufenthalt haben (lit. a) oder zuletzt hatten, sofern einer von ihnen zum Zeitpunkt der Rechtswahl dort noch seinen gewöhnlichen Aufenthalt hat (lit. b). Der Begriff des gewöhnlichen Aufenthalts wird in der Rom III-VO – wie auch in anderen europäischen Rechtsakten – nicht definiert; er ist autonom auszulegen.

Im Wesentlichen besteht Einigkeit, dass sich der gewöhnliche Aufenthalt nach **12** dem **tatsächlichen Lebensmittelpunkt** einer Person bestimmt.[17] Die bloße körperliche Anwesenheit in einem Mitgliedstaat genügt nicht. In **Grenz- und Zweifelsfällen** ist aber umstritten, ob der Begriff **im IPR** und **im IZVR** einheitlich ausgelegt werden kann oder je nach Normzusammenhang funktional bestimmt werden sollte.[18] Die Anlehnung der Formulierungen in lit. a und lit. b an Art. 3 Abs. 1 lit. a Str. 1 und 2 Brüssel IIa-VO spricht dafür, dass die dortigen Auslegungsmaßstäbe auch im Rahmen von Art. 5 lit. a und b Rom III-VO zugrunde gelegt werden können (vgl. auch Erwägungsgrund 10 S. 1).[19] Ist der gewöhnliche Aufenthalt in einer Streitsache (hier: dem Scheidungsverfahren) sowohl für die Zuständigkeit als auch das anwendbare Recht maßgeblich, sollte der Begriff in Bezug auf dieselbe Person anhand gleicher Kriterien einheitlich bestimmt werden. Dem steht auch nicht die Rechtsprechung des EuGH zu Art. 8 Brüssel IIa-VO entgegen, in der dieser klargestellt hat, dass der Begriff des gewöhnlichen Aufenthalts selbst innerhalb des Zuständigkeitsregimes nicht immer nach einer einheitlichen Regel ausgelegt werden könne, sondern der rechtliche Kontext, in dem der Begriff verwendet werde, sowie Sinn und Zweck der jeweili-

---

[16] Erman/*Hohloch* Anh. Art. 17 EGBGB Art. 5 Rn. 1; *Kemper* FamRBint 2012, 63 (65).

[17] So ausdrücklich die Schlussanträge der Generalanwältin Kokott in der Rs. C-523/07 Rn. 31, 38 – A (zu Art. 8 Brüssel IIa-VO); ähnlich EuGH 22.12.2010 – C-497/10 PPU, Slg. 2010, 14309 = FamRZ 2011, 617 (619 [51]: „Mittelpunkt seiner Interessen") – Mercredi/Chaffe; *Basedow/Hopt/Zimmermann/Baetge*, Handwörterbuch des Europäischen Privatrechts, 2009, 758 ff.; *Helms*, FS Pintens, 2012, 681 (687); *ders.* FamRZ 2011, 1765 (1769); Erman/*Hohloch* Anh. Art. 17 EGBGB Art. 5 Rn. 4; *Pirrung* IPRax 2011, 50 (53).

[18] Für ein einheitliches Begriffsverständnis *Andrae* § 4 Rn. 97; *Gruber* IPRax 2012, 381 (385); *Hausmann* Rn. A 275; *Spickhoff*, Symposium Parteiautonomie, S. 93 (99 f.); Palandt/*Thorn* BGB Art. 5 Rom III-VO Rn. 3; eingeschränkt auch Staudinger/*Spellenberg* BGB Art. 3 EheGVO Rn. 43 (weitgehend gleiches Verständnis); für eine Differenzierung, aber einheitliche Auslegung jeweils innerhalb des IPR und IZVR Erman/*Hohloch* BGB Art. 5 EGBGB Rn. 46; MüKoBGB/*Sonnenberger* Einl. IPR Rn. 721 mwN; für eine funktionale Auslegung *Großerichter* →† Art. 3 Brüssel IIa-VO Rn. 6; *Helms*, FS Pintens, 2012, 681 (688) mwN; *ders.* FamRZ 2011, 1765 (1769); *Hilbig-Lugani*, FS Brudermüller, 2014, 323 (326 ff.); *Rösler* RabelsZ 78 (2014), 155 (165 f.).

[19] NK-BGB/*Gruber* Anh. zu Art. 17 EGBGB Rn. 10; *ders.* IPRax 2012, 381 (385).

gen Regelung für die Auslegung entscheidend seien.[20] Dass innerhalb des IZVR in Kindschaftssachen der gewöhnliche Aufenthalt eines Kindes nach anderen Kriterien zu bestimmen sein kann wie derjenige eines Ehegatten in Ehesachen, mag nach dem Sinn und Zweck der jeweiligen Regelung gerechtfertigt sein (Schäuble → Art. 8 Brüssel IIa-VO Rn. 4 ff.), eine differenzierende Bestimmung des Begriffs des gewöhnlichen Aufenthalts ein und derselben Person im IPR und IZVR erscheint jedoch weder praxis- noch sachgerecht (ebenso *Tolani* → Art. 8 Rn. 6). Freilich kann der gewöhnliche Aufenthalt im Zeitpunkt der Rechtswahl und bei Anrufung des Gerichts ein anderer sein, die zur Begriffsbestimmung heranzuziehenden Kriterien sollten jedoch die gleichen sein.

13 Für die Bestimmung des tatsächlichen Lebensmittelpunkts einer Person ist in erster Linie auf **objektive Kriterien** abzustellen.[21] Einen Lebensmittelpunkt hat eine Person an dem Ort, an dem sie sich durch familiäre, freundschaftliche und berufliche Beziehungen sozial integriert und eingewöhnt hat, wobei eine gewisse **Aufenthaltsdauer** ein entscheidendes Kriterium ist.[22] Subjektive Verweilabsichten können ein zusätzliches Indiz für oder gegen die Begründung eines gewöhnlichen Aufenthalts sein, der bloße Aufenthaltswille (für begrenzte oder längere Dauer) genügt jedoch nicht. Nur bei einem zeitnahen und von Anfang an feststehenden Ende eines vorübergehenden Aufenthalts im Ausland kann davon ausgegangen werden, dass lediglich der schlichte, nicht aber der gewöhnliche Aufenthalt gewechselt wurde.

14 Wollen Ehegatten vermeiden, dass sich bei einem auf unbestimmte Zeit erfolgenden Aufenthaltswechsel das Ehescheidungsstatut gemäß Art. 8 lit. a Rom III-VO ebenfalls ändert, sind sie gut beraten, vorsorglich eine Rechtswahl nach Art. 5 Rom III-VO zu treffen, die vor der Abreise auf den noch bestehenden gewöhnlichen Aufenthalt im Inland (lit. a) sowie die inländische Staatsangehörigkeit eines Ehegatten (lit. c) gestützt werden kann, nach der Abreise nur noch auf die inländische Staatsangehörigkeit. Die Wahl der lex fori (lit. d) wäre hingegen nur dann sinnvoll, wenn gleichzeitig eine Gerichtsstandsvereinbarung zugunsten der deutschen Gerichte getroffen werden könnte, die in Ehesachen bisher allerdings nicht vorgesehen ist (→ Rn. 22).

15 Ein gewöhnlicher Aufenthalt setzt **keinen „gemeinsamen"** Aufenthalt iS eines ehelichen Zusammenlebens voraus; ausreichend ist vielmehr, dass beide Ehegatten ihren gewöhnlichen Aufenthalt in ein und demselben Staat haben bzw. hatten. Führen Ehegatten in demselben Staat eine Fernbeziehung, kann daher dessen Recht gewählt werden.

16 Im Unterschied zu Art. 8 lit. a und b Rom III-VO stellen Art. 5 lit. a und b Rom III-VO – ebenso wie lit. c – nicht auf den Zeitpunkt der Anrufung des Gerichts, sondern auf den **Zeitpunkt der Rechtwahl** ab. Während sich mit dem Wechsel des gewöhnlichen Aufenthalts während des Bestehens der Ehe der objektive Anknüpfungspunkt für das anwendbare Recht ändert, bleibt eine auf Art. 5 lit. a und b Rom III-VO gestützte Rechtswahl von einem nachträglichen

---

[20] EuGH 2.4.2009 – C-523/07, Slg. 2009, 2805 = FamRZ 2009, 843 (845 [35 f.]) – A; EuGH 22.12.2010 – C-497/10 PPU, Slg. 2010, 14309 = FamRZ 2011, 617 (619 [46]) – Mercredi/Chaffe.

[21] Ähnlich *Becker* NJW 2011, 1543 (1545).

[22] EuGH 2.4.2009 – C-523/07, Slg. 2009, 2805 = FamRZ 2009, 843 (845 [39]) – A; EuGH 22.12.2010 – C-497/10 PPU, Slg. 2010, 14309 = FamRZ 2011, 617 (619 [51]) – Mercredi/Chaffe; *Helms* FamRZ 2011, 1765 (1770).

grenzüberschreitenden Umzug unberührt. Umgekehrt kann eine ursprünglich unwirksame Rechtswahlvereinbarung nicht dadurch geheilt werden, dass die Voraussetzungen von lit. a und b erst nachträglich eintreten.[23] Mit einer Rechtswahlvereinbarung gestützt auf Art. 5 lit. a und b Rom III-VO können die Ehegatten also die Anwendbarkeit des im Zeitpunkt der Rechtswahl objektiv maßgeblichen Rechts konservieren und einen **nachträglichen Statutenwechsel** vermeiden.[24] Davon zu unterscheiden ist die Frage, ob die Ehegatten auch das materielle Recht „einfrieren" können: Dies kann relevant werden, wenn sich das gewählte Recht seit Abschluss der Vereinbarung (zu Ungunsten eines oder beider Ehegatten) materiell-rechtlich geändert hat. Die Frage, ob sich die Rechtswahl auch auf den Rechtszustand im Zeitpunkt der Rechtswahl erstrecken kann, wird von Art. 5 Rom III-VO nicht beantwortet, sollte jedoch autonom bestimmt werden. Dies spricht für eine dynamische Rechtswahl,[25] letztlich wird diese Frage aber vom EuGH zu klären sein.

c) Heimatrecht eines Ehegatten. Nach lit. c können die Parteien ferner das **17** Recht des Staates wählen, dem einer der Ehegatten zum Zeitpunkt der Rechtswahl angehört. Dem Trend im Rahmen der Europäisierung des internationalen Familienrechts entsprechend hat auch in der Rom III-VO das **Aufenthaltsprinzip das Staatsangehörigkeitsprinzip** als vorrangiges objektives Anknüpfungskriterium **verdrängt.** Die Parteien können jedoch weiterhin ihr gemeinsames oder das Heimatrecht eines Ehegatten zum maßgeblichen Scheidungsstatut bestimmen und damit die Entscheidung des Verordnungsgebers zugunsten der vorrangigen Anknüpfung an das Aufenthaltsrecht (Art. 8 lit. a und b Rom III-VO) korrigieren.[26] Denn nicht immer ist die objektive Anknüpfung an den (gerade aktuellen) gewöhnlichen Aufenthalt sach- bzw. aus Sicht der Ehegatten interessengerecht.[27]

Bemerkenswert ist, dass anders als in lit. a und b (und auch der Gerichtsstandsregelung in Art. 3 Abs. 1 lit. b Brüssel IIa-VO) hier die Beziehung nur eines Ehegatten zu dem gewählten Recht ausreicht. Dies weicht von der **bisherigen Rechtslage** ab, die nur unter engen Voraussetzungen die Wahl des Heimatrechts nur eines Ehegatten vorsah. Zwar konnten Ehegatten nach deutschem Recht gemäß Art. 17 Abs. 1 EGBGB aF iVm. Art. 14 Abs. 2 EGBGB schon bisher das Heimatrecht *beider* Ehegatten als Scheidungsstatut wählen, und zwar auch dann, wenn diese Staatsangehörigkeit für einen oder beide nicht die effektive iS von Art. 5 Abs. 1 EGBGB war; denn Sinn und Zweck von Art. 14 Abs. 2 EGBGB ist es

18

---

[23] *Hausmann* Rn. A 276; NK-BGB/*Gruber* Anh. zu Art. 17 EGBGB Rn. 10. AA NK-BGB/*Hilbig-Lugani* Art. 5 Rom III-VO Rn. 31 (verweisend auf das Beispiel der Wahl der *lex fori*, für die aber gerade keine zeitliche Vorgabe besteht, → Rn. 24 ff.).
[24] *Gruber* IPRax 2012, 381 (385).
[25] AA *Franzina* CDT 2011, 85 (110 f. Rn. 47), der nicht überzeugend sogar die Aufnahme einer Klausel empfiehlt, nach der die Rechtswahlvereinbarung in diesem Fall automatisch unwirksam werden solle.
[26] S. OLG Nürnberg FamRZ 2013, 1321 (zur Erfolgsaussicht eines nach dem gewählten, nicht aber nach dem deutschen Recht erfolgversprechenden Scheidungsantrags bei Vorlage einer Rechtswahlvereinbarung im Verfahrenskostenhilfeverfahren); *Hau* FamRZ 2013, 249 (252); *Kohler*, FS 60 Jahre Europa-Institut, 2011, 309 (322); *Winkler von Mohrenfels*, FS v. Hoffmann, 2011, 527 (536).
[27] Vgl. *Martiny*, Symposium Spellenberg, 2006, 119 (128); *Henrich*, FS Spellenberg, 2010, 195 (197).

gerade, dasjenige Recht wählbar werden zu lassen, das bei Anwendung von Art. 5
Abs. 1 EGBGB eigentlich zurücktreten würde („ungeachtet des Artikels 5
Abs. 1").[28] Die Wahl des Heimatrechts nur eines der Ehegatten war nach Art. 14
Abs. 3 EGBGB demgegenüber nur unter den Voraussetzungen möglich, dass (1)
die Ehegatten keine gemeinsame Staatsangehörigkeit haben oder während der
Ehe einmal hatten und (2) kein Ehegatte dem Staat angehört, in dem beide
Ehegatten ihren gewöhnlichen Aufenthalt haben (Nr. 1) oder die Ehegatten ihren
gewöhnlichen Aufenthalt nicht in demselben Staat haben (Nr. 2).

19   Nicht ausdrücklich geregelt ist in Art. 5 lit. c Rom III-VO die Frage, welches
Recht im Falle **mehrfacher Staatsangehörigkeit** eines oder beider Ehegatten
gewählt werden kann.[29] Erwägungsgrund 22 verweist für Fälle, in denen die
Rom III-VO auf die Staatsangehörigkeit als Anknüpfungspunkt abstellt, bei mehrfacher Staatsangehörigkeit eines oder beider Ehegatten auf die Regelungen des
innerstaatlichen Rechts, wobei allerdings „die allgemeinen Grundsätze der Europäischen Union uneingeschränkt zu achten sind". Die systematische Stellung dieses Erwägungsgrundes spricht zwar dafür, dass er sich nur auf die objektive
Anknüpfung nach Art. 8 lit. c Rom III-VO bezieht, der Wortlaut erstreckt sich
aber auf die ganze Verordnung („Wird in dieser Verordnung...").[30] Zu den
allgemeinen Grundsätzen der EU gehört auch das Verbot der Diskriminierung
aus Gründen der Staatsangehörigkeit (Art. 18 AEUV). Nicht zuletzt deshalb sollte
sich im Rahmen der gebotenen autonomen Auslegung Einvernehmen erzielen
lassen, dass die gemeinschaftsrechtlich gewährte Rechtswahlfreiheit nicht durch
mitgliedstaatliche Vorschriften eingeschränkt werden kann und Mehrstaater ihre
Rechtswahl somit auf **jede Staatsangehörigkeit** stützen können,[31] auch wenn
es sich um eine nach deutschem Verständnis **ineffektive**[32] Ein Abstellen
auf die effektive Staatsangehörigkeit (Art. 5 Abs. 1 S. 1 EGBGB) würde erfordern,
dass bereits im Zeitpunkt der Rechtswahl bestimmt wird, welche Staatsangehörigkeit die effektive ist; die Rom III-VO will jedoch durch die Stärkung der Parteiautonomie solche Rechtsunsicherheit gerade überwinden.[33] Ein Rückgriff auf
nationale Regelungen wie den rechtspolitisch zweifelhaften Art. 5 Abs. 1 S. 2
EGBGB, die der eigenen Staatsangehörigkeit den absoluten Vorrang einräumen,
hätte eine uneinheitliche Beurteilung des Personenstandes innerhalb der teilnehmenden Mitgliedstaaten zur Folge und würde dem internationalen Entscheidungseinklang zuwiderlaufen. Vorschriften wie Art. 5 Abs. 1 EGBGB müssen daher im
Rahmen von Art. 5 Abs. 1 lit. c Rom III-VO außer Betracht bleiben.[34] Dafür

---

[28] *Rauscher* § 8 Rn. 756 f.; *v. Hoffmann/Thorn* § 8 Rn. 26; *Kegel/Schurig* § 20 V, S. 834;
Kropholler § 45 III 3a, S. 350.

[29] Begrüßenswerterweise findet sich nunmehr in Art. 17 Abs. 2 des Vorschlags für eine
Verordnung über die Zuständigkeit, das anzuwendende Recht, die Anerkennung und die
Vollstreckung von Entscheidungen im Bereich des Ehegüterrechts vom 16.3.2011 (Eu-
EheGR-VOE), KOM (2011) 126, zumindest eine ansatzweise Regelung.

[30] So auch *Hausmann* Rn. A 280; *Gruber* IPRax 2012, 381 (385).

[31] Die Verordnung (EU) Nr. 650/2012 (EuErbVO) sieht dies in Art. 22 Abs. 1 Unter-
abs. 2 ausdrücklich vor.

[32] *Basedow*, FS Pintens, 2012, 135 (141); *Helms*, FS Pintens, 2012, 681 (694); *ders.* FamRZ
2011, 1765 (1770); Erman/*Hohloch* BGB Anh. Art. 17 EGBGB Art. 5 Rn. 7; *Makowski* GPR
2012, 266 (269); NK-FamR/*Rieck* Art. 5 VO (EU) Nr. 1259/2010 Rn. 5; so wohl auch
Palandt/*Thorn* BGB Art. 5 Rom III-VO Rn. 4. AA *Finger* FuR 2011, 61 (65).

[33] *Helms*, FS Pintens, 2012, 681 (694 f.).

[34] Wie hier *Hau* FamRZ 2013, 249 (252); *Helms* FamRZ 2011, 1765 (1770 f.); *Rösler*
RabelsZ 78 (2014), 155 (183 f.); *Spickhoff*, Symposium Parteiautonomie, S. 93 (101); ebenso

spricht auch die Rechtsprechung des EuGH zur Auslegung des Art. 3 Abs. 1 lit. b Brüssel IIa-VO (im Zusammenhang mit der Frage der Anerkennungsfähigkeit einer ausländischen Entscheidung), wonach jede (auch eine ineffektive) Staatsangehörigkeit zuständigkeitsbegründend sein kann (Diskriminierungsverbot).[35]

Bei **Staatenlosen** ist im Rahmen von Art. 5 Abs. 1 lit. c Rom III-VO auf das **20** New Yorker UN-Übereinkommen über die Rechtsstellung der Staatenlosen vom 28.9.1954[36] zurückzugreifen, das gemäß Art. 12 Abs. 1 auf den „Wohnsitz", hilfsweise auf den Aufenthalt der Person abstellt. Das kann relevant werden, wenn die Ehegatten keinen gemeinsamen gewöhnlichen Aufenthalt iS von lit. a oder b haben. Die Rom III-VO ist insofern lückenhaft und durch Rückgriff auf staatsvertragliche bzw. nationale Regelungen zu schließen.[37] Bei **Flüchtlingen** ist lit. c teleologisch zu reduzieren und ebenfalls auf staatsvertragliche bzw. nationale Regeln abzustellen,[38] namentlich Art. 12 Abs. 1 des Genfer UN-Abkommens über die Rechtsstellung der Flüchtlinge v. 28.7.1951,[39] der gleichfalls auf den „Wohnsitz", hilfsweise auf den Aufenthalt der Person abstellt.

Gehören die Ehegatten einem **Mehrrechtsstaat** an (zB den USA oder Spa- **21** nien), können sie im Rahmen der von Art. 5 Abs. 1 Rom III-VO gesetzten Grenzen unmittelbar eine Teilrechtsordnung bestimmen. Schwierigkeiten ergeben sich, wenn die Ehegatten nur pauschal auf das Recht des Mehrrechtsstaats verweisen, ohne zu konkretisieren, welche Teilrechtsordnung maßgeblich sein soll. Wählen beispielsweise amerikanische Ehegatten als Scheidungsstatut „das Recht der USA", kann die Rechtswahl wirkungslos bleiben,[40] wenn sie nicht durch vorrangige Auslegung zugunsten der am ehesten in Betracht kommenden Teilrechtsordnung gerettet werden kann. Von der Möglichkeit der Auslegung sollte großzügig Gebrauch gemacht werden, um eine Rechtswahl nicht vorschnell leerlaufen zu lassen. **Keine eigenständige Rechtswahlmöglichkeit sieht Art. 14 lit. c Var. 2 Rom III-VO vor:** Die missglückte Regelung missachtet zum einen mit ihrer Anknüpfungsleiter die Vorrangigkeit einer Rechtswahl vor der objektiven Anknüpfung und verweist im Übrigen nur auf die bereits aus Art. 5 Rom III-VO folgende Möglichkeit der Wahl einer Teilrechtsordnung.[41] Ist eine Rechtswahl der Ehegatten auch nach Auslegung mangels Bestimmtheit unwirksam, kön-

---

zur italienischen Parallelregelung *Franzina* CDT 2011, 85 (111 Rn. 50); anders *Gruber* IPRax 2012, 381 (385 f.), nur der Art. 5 Abs. 1 S. 2 EGBGB für unanwendbar hält.

[35] EuGH 16.7.2009 – C-168/08, Slg. 2009, 6871 = FamRZ 2009, 1571 (1572 f. [41-43]) – Hadadi/Mesko, mit zust. Anm. *Hau* IPRax 2010, 50 und *Dilger* IPRax 2010, 54 sowie abl. Anm. *Kohler* FamRZ 2009, 1574.

[36] BGBl. 1976 II 473; in Kraft getreten am 24.1.1977, BGBl. II 235.

[37] *Franzina* CDT 2011, 85 (111 f. Rn. 50); *Gruber* IPRax 2012, 381 (386); Erman/*Hohloch* BGB Anh. Art. 17 EGBGB Art. 5 Rn. 8 („Prinzip der ‚Inländergleichbehandlung'"); Palandt/*Thorn* BGB Art. 5 Rom III-VO Rn. 4. AA *Hausmann* Rn. A 282.

[38] *Franzina* CDT 2011, 85 (112 Rn. 50); *Gruber* IPRax 2012, 381 (386); Palandt/*Thorn* BGB Art. 5 Rom III-VO Rn. 4. AA *Hausmann* Rn. A 282.

[39] BGBl. 1953 II 559; in Kraft getreten am 22.4.1954, BGBl. 1954 II 619. S. dazu auch das Genfer Protokoll über die Rechtsstellung der Flüchtlinge v. 31.1.1967, BGBl. 1969 II 1294.

[40] So *Basedow*, FS Posch, 2011, 17 (26-27): Die Einigung sei unwirksam, weil es an einer Einigung über eine essentialia negotii fehle.

[41] Zur Widersprüchlichkeit von Art. 14 lit. c Rom III-VO *Eichel*, Interlokale und interpersonale Anknüpfung, in: Leible/Unberath, Brauchen wir eine Rom 0-VO?, 397 (414 f.), der daraus dessen Unanwendbarkeit folgert.

nen die Ehegatten – etwa nach einem entsprechenden Hinweis des Gerichts – die maßgebliche Gebietseinheit auch noch durch nachträgliche Rechtswahl (Art. 5 Abs. 3 Rom III-VO) bestimmen.[42]

22   **d) Lex fori.** Schließlich stellt lit. d den Ehegatten auch das **Recht des Staates des angerufenen Gerichts** zur Wahl. Eine solche Regelung wäre vor allem im Zusammenhang mit der Möglichkeit einer **Gerichtsstandsvereinbarung** sinnvoll, weil dann bereits im Zeitpunkt der Rechtswahl der lex fori feststeht, welches materielle Recht im Scheidungsfall anwendbar sein wird. Die Möglichkeit einer vorsorglichen Rechtswahl zugunsten der lex fori war daher eine sinnvolle Ergänzung zu der im ursprünglichen Änderungsvorschlag zur Brüssel IIa-VO[43] vorgesehenen Einführung einer Gerichtsstandsvereinbarung.[44] Bedauerlicherweise konnte die Kommission diese Regelung im weiteren Gesetzgebungsverfahren nicht durchsetzen, so dass die Möglichkeit der Wahl der lex fori jetzt ohne ein prozessuales Pendant allein steht.

23   Lit. d ermöglicht einen **Gleichlauf zwischen den Zuständigkeits- und den Kollisionsrechtsregeln** und sorgt damit – nicht zuletzt im Interesse der Schonung knapper Justizressourcen – dafür, dass die Gerichte ihr eigenes, bekanntes Sachrecht anwenden können, ohne zeitaufwendige Recherchen zur Ermittlung eines fremden Sachrechts anstellen zu müssen. Die **Kehrseite** eines lex-fori-Ansatzes ist freilich, dass damit der internationale Entscheidungseinklang beeinträchtigt und unerwünschtes *forum shopping* begünstigt wird, welches die Rom III-VO gerade zu verhindern sucht (vgl. Erwägungsgrund 9).

24   Während in Art. 5 Abs. 1 lit. a–c Rom III-VO jeweils klargestellt wird, dass für eine Rechtswahlvereinbarung der Zeitpunkt der Rechtswahl maßgeblich ist, wird in lit. d der **zeitliche Anwendungsbereich** nicht näher bestimmt. Deshalb stellt sich die Frage, ob die Ehegatten bereits im Voraus abstrakt die „lex fori" zum maßgeblichen Scheidungsstatut bestimmen können, oder ob eine Wahl der lex fori erst dann möglich sein soll, wenn das zur Entscheidung berufene Gericht bereits angerufen ist bzw. das künftige Forum zumindest feststeht.

25   Versteht man lit. d dahingehend, dass die Ehegatten bereits im Voraus eine **abstrakte Rechtswahl** zugunsten des Rechts des Staates des (irgendwann) angerufenen Gerichts treffen können, ohne dass sie auf ein bestimmtes Forum oder materielles Recht Bezug nehmen, hat es weitgehend der Antragsteller in der Hand, mittelbar durch die Forumswahl auch das (ihm möglichst günstige) anwendbare Scheidungsrecht zu bestimmen. Angesichts der weiten Zuständigkeitsgründe des Art. 3 Brüssel IIa-VO, nach denen der gewöhnliche Aufenthalt nur eines Ehegatten, auch des Antragstellers, bereits nach 12 Monaten bzw., wenn der Antragsteller zugleich Staatsangehöriger des betreffenden Mitgliedstaates ist, schon nach sechs Monaten zuständigkeitsbegründend sein kann, werden die Rechtswahlmöglichkeiten durch lit. d erheblich erweitert.[45] Eine abstrakte Rechtswahl der lex fori würde im Zeitpunkt der Vereinbarung das maßgebliche Scheidungsstatut noch offen lassen und seine Konkretisierung letztlich demjenigen Ehegatten überlassen, der bei einem international zuständigen Gericht im Falle

---

[42] Dazu *Basedow*, FS Posch, 2011, 17 (27).

[43] KOM (2006) 399, S. 15 f. (Art. 3a Brüssel IIa-VOE).

[44] *Helms* FamRZ 2011, 1765 (1767 Fn. 27).

[45] *Basedow*, FS Pintens, 2012, 135 (141), sieht darin kein Problem: „In present-day Europe where divorce is available everywhere, no spouse will find themselves deliberately choosing a habitual residence for the sole purpose of securing a divorce."

des Scheiterns der Ehe später schneller einen Scheidungsantrag stellt:[46] Ein „race to the courthouse" wollte die Rom III-VO indes gerade vermeiden (vgl. Erwägungsgrund 21).

Für die zweitgenannte **engere Deutung** spricht der deutsche Wortlaut von **26** Art. 5 Abs. 1 lit. d Rom III-VO („angerufenen Gerichts"), der die Wahl der lex fori erst ab der Anrufung des Gerichts zu erlauben scheint. Bei dieser Lesart würde sich die Regelung allerdings in kaum gewollter Weise auf den Anwendungsbereich des Art. 5 Abs. 3 Rom III-VO beschränken, der die Rechtswahl im Laufe des Verfahrens nur nach Maßgabe des nationalen Rechts erlaubt. Auch aus Art. 5 Abs. 2 Rom III-VO wird deutlich, dass eine Rechtswahl bereits vor Anrufung des Gerichts, und sogar schon vor Eheschließung im Rahmen eines Ehevertrags möglich sein muss.[47] Für diese Lösung sprechen auch andere Sprachfassungen, die ohne Weiteres eine Wahl des Rechts des (zukünftig) angerufenen Gerichts ermöglichen (englischer Text: „law of the forum"; französischer Text: „loi du for").[48] Umstritten ist allerdings, ob bei einer Rechtswahl vor Anrufung eines Gerichts ein **Bestimmtheitserfordernis** aufzustellen ist. Erwägungsgrund 18 legt zwar dar, dass beide Ehegatten ihre Rechtswahl „in voller Sachkenntnis" treffen sollen, dieses Anliegen liefert aber keine hinreichend bestimmte Auslegungshilfe zur Konkretisierung von Art. 5 Abs. 1 lit. d Rom III-VO, aus der sich ableiten ließe, dass sich die Wahl der lex fori stets auf eine konkrete Rechtsordnung beziehen müsste.[49] Außerdem bringt die Forderung, dass sich eine Rechtswahl gemäß Art. 5 Abs. 1 lit. d Rom III-VO auf eine konkrete lex fori beziehen muss, keine größere Rechtssicherheit, denn der antragstellende Ehegatte kann eine solche Rechtswahl später einfach leer laufen lassen, indem er das Scheidungsverfahren in einem anderen zuständigen Forum einleitet, in dem dann eine objektive Anknüpfung erfolgen muss. Letztlich hätte es der Antragsteller also genauso in der Hand, das für ihn günstigste Recht im Wege des *forum shopping* zu ermitteln. Ein Bestimmtheitserfordernis ist deshalb **abzulehnen.**

De lege lata ist davon auszugehen, dass Art. 5 Abs. 1 lit. d Rom III-VO den **27** Ehegatten die Wahl der lex fori abstrakt und selbst dann eröffnen will, wenn das Scheidungsforum noch nicht feststeht. Da der Verordnungsgeber eine **gerichtliche Kontrolle der inhaltlichen Angemessenheit** einer solchen Rechtswahlvereinbarung nicht vorgesehen hat, wird der gebotene Schutz vor Übervorteilung derzeit nur unzureichend über die geringen Formvorschriften der Art. 6 und 7 Rom III-VO gewährleistet. Auf einen **angemessenen Anwendungsbereich** ließe sich Art. 5 Abs. 1 lit. d Rom III-VO **de lege ferenda** dadurch begrenzen, dass auch in Ehesachen die Möglichkeit einer Gerichtsstandsvereinbarung geschaf-

---

[46] Nach Art. 19 Brüssel IIa-VO tritt damit eine Rechtshängigkeitssperre ein.

[47] Vgl. *Basedow*, FS Pintens, 2012, 135 (142); *Hau*, FS Stürner, 2013, 1237 (1242).

[48] Darauf verweist *Basedow*, FS Posch, 2011, 17 (22); *ders.*, FS Pintens, 2012, 135 (142); *Helms* FamRZ 2011, 1765 (1767 Fn. 24).

[49] So auch *Basedow*, FS Posch, 2011, 17 (23); *Hau*, FS Stürner, 2013, 1237 (1241 f.), der in Erwägungsgrund 18 lediglich „rechtspolitisch beschwichtigende Rhetorik ohne hinreichend interpretatorische Leitfunktion" sieht. AA *Hausmann* Rn. A 284; *Helms* FamRZ 2011, 1765 (1767 f.); *Gruber* IPRax 2012, 381 (386); *Mörsdorf-Schulte* RabelsZ 77 (2013), 786 (814); *Röthel* in: Jahrbuch für Italienisches Recht, 3 (11); Palandt/*Thorn*, Art. 5 Rom III-VO Rn. 5. Wieder anders *Rösler* RabelsZ 78 (2014), 155 (170), der eine begrenzt-abstrakte Rechtswahl der lex fori zulassen will, die sich auf mehrere potenzielle Forumstaaten bezieht, sofern „eine hinreichende Eingrenzung und Information erfolgte".

fen und die Rechtswahlmöglichkeit auf die lex fori des prorogierten Gerichts beschränkt würde.[50]

2. Zeitpunkt der Rechtswahl

28   Eine Rechtswahlvereinbarung is von Art. 5 Abs. 1 Rom III-VO kann gemäß **Art. 5 Abs. 2 Rom III-VO jederzeit,** jedoch **spätestens zum Zeitpunkt der Anrufung des Gerichts,** geschlossen oder geändert werden. Letzteres ist insbesondere für Ehegatten interessant, die ihren gewöhnlichen Aufenthalt wechseln, nachdem sie eine Rechtswahlvereinbarung zugunsten des Rechts des bisherigen Aufenthaltsstaates geschlossen haben, und das gewählte Scheidungsstatut den geänderten Umständen anpassen wollen.

29   Der **Zeitpunkt der Anrufung des Gerichts** bestimmt sich nach Art. 16 Brüssel IIa-VO (vgl. Erwägungsgründe 10 und 13). Ein Abstellen auf diesen Zeitpunkt für die Unwandelbarkeit des Scheidungsstatuts macht aus Gründen der Rechtssicherheit zwar dann Sinn, wenn objektiv angeknüpft werden muss, damit der Antragsteller seinen Antrag an dem (objektiv) anwendbaren Recht ausrichten kann. Sofern die Ehegatten das anwendbare Recht hingegen selbst wählen, ist es sachgerecht, eine (einvernehmliche) Wahl auch noch **bis zum Schluss der mündlichen Verhandlung** zuzulassen, denn für das Gericht muss erst dann feststehen, nach welchem Recht der Scheidungsantrag zu beurteilen ist; Gründe der Verfahrensökonomie gebieten für diesen Fall keine zeitlich frühere Grenze.[51] Allerdings beantwortet die Rom III-VO nicht selbst, ob über den Grundsatz des Abs. 2 hinaus eine Rechtswahl auch erst im Laufe eines Verfahrens vor Gericht möglich ist, sondern überlässt die Antwort auf diese Frage gemäß **Art. 5 Abs. 3 Rom III-VO** der **lex fori.**[52] Gemäß Art. 17 Abs. 1 lit. b Rom III-VO mussten die teilnehmenden Mitgliedstaaten der Kommission bis 21.9.2011 ihre nationalen Bestimmungen mitteilen, die is von Art. 5 Abs. 3 Rom III-VO die Möglichkeit einer Rechtswahl im laufenden Verfahren vorsehen. Der deutsche Gesetzgeber hat von dieser Option sinnvollerweise Gebrauch gemacht, denn häufig werden den Parteien die Problematik des anwendbaren Rechts und die Vorzüge einer Rechtswahl erst vor Gericht – ggf. nach entsprechendem gerichtlichen Hinweis – bewusst. In solchen Fällen ist es sach- und interessengerecht, den Parteien auch in diesem Stadium noch die Möglichkeit zu geben, einvernehmlich eine ihren Erwartungen entsprechende Rechtswahl zu treffen.[53] Gemäß **Art. 46d Abs. 2 S. 1 EGBGB**[54] können Ehegatten in Deutschland eine Rechtswahl zugunsten einer der nach Art. 5 Abs. 1 Rom III-VO zur Verfügung stehenden Rechtsordnungen bis zum Schluss der mündlichen Verhandlung im ersten Rechtszug vornehmen,[55] die vom Gericht gemäß

---

[50] Vgl. auch *Hau,* FS Stürner, 2013, 1237 (1242); für die Einführung der Möglichkeit einer Gerichtsstandsvereinbarung in die Brüssel IIa-VO plädiert auch *Carruthers* ICLQ 2012, 881 (892 ff.).

[51] So aber scheinbar Erman/*Hohloch* BGB Anh. Art. 17 EGBGB Art. 5 Rn. 2.

[52] Kritisch hierzu *Hau* FamRZ 2013, 249 (252).

[53] So auch *Schurig,* FS v. Hoffmann, 2011, 405 (408).

[54] Eingefügt durch Gesetz zur Anpassung der Vorschriften des Internationalen Privatrechts an die Verordnung (EU) Nr. 1259/2010 und zur Änderung anderer Vorschriften des Internationalen Privatrechts vom 23.1.2013, BGBl. I 101.

[55] Anders noch der Referentenentwurf des BMJ v. 2.5.2012, in dem die Ehegatten die Rechtswahl bis zum Schluss der *letzten* mündlichen Verhandlung (also auch noch in der

Art. 5 Abs. 3 S. 2 Rom III-VO im Einklang mit den Vorschriften der lex fori (in Deutschland: § 113 Abs. 1 FamFG iVm. §§ 159 ff. ZPO) zu protokollieren ist. Durch die sekundärrechtlich vorgeschriebene **Protokollierung der Rechtswahl** wird die Form gewahrt (→ Art. 7 Rn. 6); dies wird durch den Verweis in Art. 46d Abs. 2 S. 2 EGBGB auf § 127a BGB (nur) klargestellt.[56] Für die Rechtswahl im Verfahren besteht **kein Anwaltszwang:** Die Rom III-VO ordnet einen solchen zwar weder verordnungsautonom an, noch verbietet sie den Mitgliedstaaten, einen Anwaltszwang vorzusehen (insb. fehlt eine Art. 24 EuMahnVO und Art. 10 EuBagatellVO entsprechende Vorschrift); § 114 Abs. 1 FamFG gilt für Rechtswahlvereinbarung iS von Art. 5 Abs. 3 Rom III-VO aber schon deshalb nicht, weil diese Norm nur Verfahrenshandlungen meint, nicht hingegen materiell- oder kollisionsrechtliche Rechtsgeschäfte wie die Rechtswahl, und zwar auch dann nicht, wenn diese nur gelegentlich bzw. im Verfahren vor Gericht vorgenommen werden.[57] Allein das Protokollierungserfordernis des Art. 5 Abs. 3 S. 2 Rom III-VO macht die Rechtswahl nicht zu einer Verfahrenshandlung, sondern ist lediglich Voraussetzung der Formwirksamkeit einer – auch außerhalb des Verfahrens vornehmbaren – Rechtswahl.

3. Auswirkungen auf das Scheidungsfolgenrecht

Vor der Rechtswahl sollten die **Auswirkungen** der Wahl eines bestimmten   **30** Scheidungsstatuts **auf die Anknüpfung der Scheidungsfolgen** bedacht und gegebenenfalls das Scheidungsstatut mit dem auf die Scheidungsfolgen anwendbaren Recht abgestimmt werden. Zwar ergibt sich aus dem in Art. 1 Abs. 2 Rom III-VO enthaltenen **Negativkatalog,** dass die Rom III-VO auf das Scheidungs- bzw. Trennungsfolgenrecht nicht anwendbar ist, es steht jedem teilnehmenden Mitgliedstaat aber frei, in seinem nationalen Kollisionsrecht hinsichtlich der Scheidungsfolgen eine **akzessorische Anknüpfung** an das Rom III-Scheidungsstatut vorzusehen.[58] Von dieser Möglichkeit macht der deutsche Gesetzgeber mit der Neufassung von **Art. 17 Abs. 1 EGBGB** Gebrauch, wonach vermögensrechtliche Scheidungsfolgen, die von keiner expliziten Regelung des EGBGB erfasst werden, dem nach der Rom III-VO auf die Scheidung anzuwendenden Recht unterliegen, und zwar unabhängig davon, ob das anwendbare Recht kraft Rechtswahl (Art. 5) oder kraft objektiver Anknüpfung (Art. 8) berufen ist. Diese

---

Rechtsmittelinstanz) vornehmen konnten. Kritisch zur Begründung des Regierungsentwurfs *Hau* FamRZ 2013, 249 (253).

[56] *Hau* FamRZ 2013, 249 (252 Fn. 52), weist zutreffend darauf hin, dass die Ausführungen in BT-Drs. 17/11049, 11 zur entsprechenden Anwendung von Art. 46d Abs. 2 S. 2 EGBGB auf einen schriftlichen Vergleich iSv § 36 Abs. 3 FamFG und § 278 Abs. 6 S. 1 Alt. 2 ZPO im Hinblick auf die Ehestatussache wenig Sinn machen. Auch die Aussage, dass nach Art. 5 Abs. 3 Rom III-VO „Schriftform" erforderlich sei, bleibt angesichts der von der Verordnung vorgeschriebenen Protokollierungspflicht unklar.

[57] AA – nicht überzeugend – jurisOK-BGB/*Ludwig*, Band 6, Art. 46d EGBGB Rn. 4, der allzu formalistisch allein aus der Formulierung „vor Gericht" *zwingend* ableitet, dass es sich bei der Rechtswahl um eine Prozesshandlung handeln müsse. Auch die weitere Folgerung (in Rn. 5), dass eine Rechtswahl vor Gericht ausschließlich in einem gerichtlichen Vergleich erfolgen könne, ist abzulehnen, da auch in diesem Stadium eine Rechtswahl selbstverständlich einvernehmlich getroffen werden und durch schlichte Protokollierung Wirksamkeit erlangen kann.

[58] Klarstellend *Basedow*, FS Posch, 2011, 17 (19 f.); *Hau* FamRZ 2013, 249 (251).

akzessorische Anknüpfung an das (gewählte oder objektiv zu bestimmende) Scheidungsstatut hat zur Folge, dass eine **unterschiedliche Rechtswahl für die Ehestatus- und die Scheidungsfolgesache** oder eine Rechtswahl nur für die eine oder andere Sache **nicht möglich** ist.

31   Dies wirkt sich insbesondere bei dem für den **Versorgungsausgleich** maßgeblichen Kollisionsrecht aus (Art. 17 Abs. 1 und 3 EGBGB nF[59]): Haben ausländische Ehegatten im Hinblick auf die Ehestatussache (form-)wirksam zB ihr Heimatrecht gewählt, schließen sie damit automatisch und zwangsläufig – wenn auch häufig ungewollt – gemäß Art. 17 Abs. 1 und 3 EGBGB den deutschen Versorgungsausgleich aus, weil sich auch diese Frage in einem solchen Fall nach dem gewählten Scheidungsstatut bestimmt.[60] Noch überraschendere Ergebnisse können sich bei einer in der Praxis wohl noch häufiger vorkommenden Rechtswahlvereinbarung von Ehegatten ergeben, die sich explizit nur auf Folgesachen bezieht. Lehnt man die Möglichkeit einer konkludenten Rechtswahl des Scheidungsstatuts gemäß Art. 5 Abs. 1 Rom III-VO richtigerweise ab (→ Art. 7 Rn. 5),[61] genügt die Rechtswahl einer bloßen Scheidungsfolge den Anforderungen der Art. 5 ff. Rom III-VO nicht, so dass mangels wirksamer Rechtswahl hinsichtlich der Ehestatussache das insofern anwendbare Recht objektiv nach Art. 8 Rom III-VO anzuknüpfen ist. Gemäß Art. 17 Abs. 1 und 3 EGBGB bestimmt sich dann nach diesem Recht auch das auf den Versorgungsausgleich anwendbare Recht, und die isolierte Rechtswahl der Scheidungsfolge geht ins Leere. In diesem Fall ist freilich das entscheidende Gericht gehalten (§ 139 ZPO), die Parteien im Verfahren auf die Möglichkeit einer Rechtswahl nach Art. 5 Abs. 3 Rom III-VO, Art. 46d Abs. 2 EGBGB hinzuweisen.

32   Über die Regelung in Art. 8 Abs. 1 lit. d Alt. 1 HUntP kann eine Wahl des Scheidungsstatuts auch für die Wahl des auf **Unterhaltspflichten** anzuwendenden Rechts Bedeutung erlangen. Das **Güterrechtsstatut** bleibt von einer Rechtswahl des Scheidungsstatuts hingegen unberührt. Häufig wird es aber sinnvoll sein, für die Scheidung und das Güterrecht die Anwendbarkeit desselben materiellen Rechts zu bestimmen, um Friktionen zu vermeiden. Nach Art. 15 Abs. 2 EGBGB kann für das Güterrecht bisher nur das Recht des Staates, dem einer der Ehegatten angehört (Nr. 1), das Recht des Staates, in dem einer von ihnen seinen gewöhnlichen Aufenthalt hat (Nr. 2) oder für unbewegliches Vermögen das Recht des Lageorts (Nr. 3) gewählt werden. Zukünftig könnte nach gegenwärtigem Stand des Gesetzgebungsverfahrens als Güterrechtsstatut nach Art. 16 EuEheGR-VOE[62] – ähnlich den Möglichkeiten nach Art. 5 Abs. 1 lit. a–c Rom III-VO – das Recht des Staates, in dem die Ehegatten oder künftigen Ehegatten oder einer der Ehegatten oder künftigen Ehegatten zum Zeitpunkt der Vereinbarung ihren

---

[59] Fassung durch Gesetz zur Anpassung der Vorschriften des Internationalen Privatrechts an die Verordnung (EU) Nr. 1259/2010 und zur Änderung anderer Vorschriften des Internationalen Privatrechts vom 23.1.2013, BGBl. I 101.

[60] Zutreffend *Hau* FamRZ 2013, 249 (253).

[61] So auch *Helms* FamRZ 2011, 1765 (1768) (arg.: Erwägungsgründe Nr. 17 ff. sowie Umkehrschluss aus Art. 3 Abs. 1 S. 2 Rom I-VO, Art. 14 Abs. 1 S. 2 Rom II-VO). AA aber *Gruber* IPRax 2012, 381 (387) (arg. Umkehrschluss aus Art. 6 Abs. 2 Rom III-VO).

[62] Vorschlag für eine Verordnung des Rates über die Zuständigkeit, das anzuwendende Recht, die Anerkennung und die Vollstreckung von Entscheidungen im Bereich des Ehegüterrechts vom 16.3.2011, KOM (2011) 126, geändert durch den Bericht des Rechtsausschusses vom 20.8.2013, A7-0253/2013, der am 10.9.2013 vom Europäischen Parlament angenommen wurde.

bzw. seinen gewöhnlichen Aufenthalt haben bzw. hat (Abs. 1 lit. a) oder das
Recht des Staates, dessen Staatsangehörigkeit einer der Ehegatten oder künftigen
Ehegatten zum Zeitpunkt der Vereinbarung besitzt (Abs. 1 lit. b), wählbar wer-
den. Für Lebenspartner und Lebenspartnerinnen soll zusätzlich noch das Recht
des Staates, in dem die Partnerschaft eingetragen ist, zur Wahl stehen, Art. 15b
Abs. 1 lit. c EuLebenspartGR-VOE.[63]

4. Neue Gestaltungsmöglichkeiten – Einzelfragen

a) Privatscheidung. Die Rom III-VO geht vom Regelfall einer gerichtlichen 33
(bzw. behördlichen, Art. 3 Nr. 2) Scheidung aus (vgl. Art. 5 Abs. 1 lit. d, Abs. 2,
Art. 8 und Art. 10 Rom III-VO), regelt jedoch nicht die Frage, ob sie auch für
Privatscheidungen rechtsgeschäftlicher Art gilt, die ohne konstitutive Mitwirkung
einer Behörde erfolgen.[64] Für in Deutschland vorgenommene Ehescheidungen gilt
zwar gemäß **Art. 17 Abs. 2 EGBGB** (ebenso wie gemäß § 1564 S. 1 BGB für
nach deutschem Recht zu scheidende Ehen) das **Scheidungsmonopol der
Gerichte** auch nach Inkrafttreten der Rom III-VO fort,[65] eine Rechtswahl zugunsten eines Rechts, das eine Privatscheidung durch Verstoßung (talaq) oder Vertrag
zulässt, kann aber auch in Deutschland von praktischer Bedeutung sein, wenn die
im Inland vorgenommene Verstoßung Grundlage eines Scheidungsbeschlusses sein
soll[66] oder die **Wirksamkeit einer im Ausland vorgenommenen Privatscheidung** in Rede steht. In letzterem Fall stellt sich für deutsche Gerichte die Frage,
ob eine im Ausland vorgenommene Privatscheidung in Deutschland zu berücksichtigen und nach welchen Regeln dies zu beurteilen ist. Insofern ist zu differenzieren:

Innerhalb der EU (mit Ausnahme Dänemarks) richtet sich die **Anerkennung** 34
mitgliedstaatlicher gerichtlicher bzw. behördlicher Scheidungen nach
Art. 21 ff. Brüssel IIa-VO; für reine Privatscheidungen ohne jede behördliche
Mitwirkung gilt die Brüssel IIa-VO allerdings nicht.[67] Für in **Drittstaaten** ergangene gerichtliche oder behördliche Entscheidungen über eine Ehescheidung sind
in Deutschland §§ 107 ff. FamFG maßgeblich. § 107 FamFG statuiert für die Anerkennung ausländischer Entscheidungen in Ehesachen ein besonderes Anerkennungsverfahren, das auf Privatscheidungen aber ebenfalls nur dann anwendbar ist,
wenn das anwendbare Sachrecht eine konstitutive oder deklaratorische Mitwirkung einer Behörde vorsieht (sonst fehlt es an einer „Entscheidung" iS des § 107

---

[63] Vorschlag für eine Verordnung über die Zuständigkeit, das anzuwendende Recht,
die Anerkennung und die Vollstreckung von Entscheidungen im Bereich des Güterrechts
eingetragener Partnerschaften [KOM (2011) 127]. Die fragwürdige Ursprungsfassung, in der
für Lebenspartner und Lebenspartnerinnen keine Rechtswahlmöglichkeit vorgesehen war,
wurde durch den am 10.9.2013 vom Europäischen Parlament angenommenen Bericht des
Rechtsausschusses vom 20.8.2013, A7-0254/2013, um eine Rechtswahlregelung ergänzt, um
den Kommissionsvorschlag in Einklang mit Art. 20 und 21 der Grundrechtecharta zu bringen.

[64] Rechtsvergleichender Überblick bei Staudinger/*Mankowski* BGB Art. 17 EGBGB
Rn. 58 ff.

[65] NK-BGB/*Gruber* Anh. zu Art. 17 EGBGB Rn. 5; *Helms* FamRZ 2011, 1765 (1766);
Erman/*Hohloch* BGB Anh. Art. 17 EGBGB Rn. 5; *Makowski* GPR 2012, 266 (268); unzutref-
fend *Süß* MittBayNot 2012, 308 (311 f.).

[66] S. hierzu OLG Hamm v. 7.5.2013 – 3 UF 267/12, BeckRS 2013, 09327.

[67] Prütting/Helms/*Hau* FamFG § 98 Rn. 7. Noch weitergehend *Rauscher* EuZPR/EuIPR
Art. 1 Brüssel IIa-VO Rn. 12 (Unanwendbarkeit für alle Privatscheidungen ohne *konstitutive*
behördliche Mitwirkung).

FamFG).[68] Bei **konstitutiver Mitwirkung** ist die ausländische Entscheidung im Inland von allen Gerichten und Behörden erst dann zu beachten, wenn sie förmlich nach verfahrensrechtlichen Grundsätzen anerkannt wurde: Im Ausland vorgenommene Ehescheidungen (einschließlich Privatscheidungen, die erst infolge eines konstitutiven Hoheitsakts Wirkung erlangen) sind also selbst dann anzuerkennen, wenn die Entscheidung aus deutscher Sicht „unrichtig" oder auf ein nicht anwendbares Recht gestützt wurde. Nur bei Vorliegen eines der in § 109 FamFG aufgeführten verfahrensrechtlichen Anerkennungshindernisse kann die Anerkennung versagt werden.[69]

35   Bei allen anderen **reinen Privatscheidungen,** die ohne (konstitutive) Mitwirkung eines Gerichts oder einer staatlichen Behörde vorgenommen werden, ist eine **verfahrensrechtliche Anerkennung** dagegen **nicht möglich;** vielmehr beurteilt sich die Wirksamkeit eines solchen Rechtsgeschäfts oder einer einseitigen (Verstoßungs-)Handlung nach dem **kollisionsrechtlich berufenen Sachrecht.**[70] Dies gilt auch bei Privatscheidungen, die nur durch einen deklaratorischen Hoheitsakt registriert oder bestätigt werden.[71] Eine auf diese Weise beendete Ehe ist in Deutschland mithin nur dann wirksam geschieden, wenn das auf die Scheidung anwendbare Recht eine Auflösung der Ehe durch Vertrag oder Verstoßung zulässt. Während man bisher auf eine entsprechende Anwendung des Art. 17 EGBGB aF zurückgriff,[72] ergibt sich das für Ehescheidungen **maßgebliche Kollisionsrecht** in den teilnehmenden Mitgliedstaaten nunmehr aus der **Rom III-VO;** erst das danach kraft Rechtswahl (Art. 5 ff.) oder objektiver Anknüpfung (Art. 8) anwendbare Recht entscheidet über die Wirksamkeit der in Rede stehenden Privatscheidung.[73]

36   Haben die Eheleute keine wirksame Rechtswahl gemäß Art. 5 Rom III-VO getroffen und ist deshalb nach Art. 8 Rom III-VO **deutsches Recht berufen,** scheidet eine kollisionsrechtliche Anerkennung einer Privatscheidung aus, da **§ 1564 S. 1 BGB** für die Ehescheidung stets eine gerichtliche Entscheidung verlangt.[74] In den meisten Fällen wird die Rom III-VO bei objektiver Anknüpfung

---

[68] BGHZ 110, 267 = NJW 1990, 2194 (2195) (noch zum alten Recht); *Bassenge/Roth/Althammer* FamFG/RPflG § 107 Rn. 4; *Prütting/Helms/Hau* FamFG § 107 Rn. 26; *Zöller/Geimer* ZPO § 107 FamFG Rn. 23 f.; *Haußleiter/Gomille* FamFG § 107 Rn. 6.

[69] *Prütting/Helms/Hau* FamFG § 107 Rn. 43.

[70] *Staudinger/Mankowski* BGB Art. 17 EGBGB Rn. 115; *Zöller/Geimer* ZPO § 107 FamFG Rn. 25; *Helms* FamRZ 2011, 1765 (1766); *Schurig,* FS v. Hoffmann, 2012, 405 (411).

[71] BGHZ 176, 365 = NJW-RR 2008, 1169 (1172) (Get-Scheidung vor einem (nicht: durch ein) Rabbinatsgericht); BGHZ 110, 267 = NJW 1990, 2194 (2195 f.); OLG München FamRZ 2012, 1142 (noch zur alten Rechtslage nach Art. 17, 14 EGBGB), mit weiterführender Anm. zur Rechtslage nach der Rom III-VO *Süß* MittBayNot 2012, 306 (311); *Prütting/Helms/Hau* FamFG § 107 Rn. 43.

[72] Vgl. nur *Geimer* Rn. 2641a.

[73] Wie hier *Hau* FamRZ 2013, 249 (250); *Helms* FamRZ 2011, 1765 (1766 f.); ebenso aus österreichischer Sicht *Traar* ÖJZ 2011, 805 (807); vgl. auch BT-Drs. 17/11049, 8; im Grundsatz ähnlich *Schurig,* FS v. Hoffmann, 2012, 405 (411 f.), der jedoch Art. 11 Rom III-VO für unpassend hält und die Verordnung daher nur auf im Inland vorgenommene Privatscheidungen anwenden will. Anders *Gruber* IPRax 2012, 381 (383), der nationales Kollisionsrecht für anwendbar hält, dem nationalen Gesetzgeber aber eine Rom III-akzessorische Anknüpfung freistellt.

[74] Vgl. zur alten Rechtslage nach Art. 17, 14 EGBGB BGHZ 176, 365 = NJW-RR 2008, 1169 (1172); BGHZ 110, 267 = NJW 1990, 2194 (2196); OLG München FamRZ

des Scheidungsstatuts die Möglichkeit einer Privatscheidung künftig ausschließen. Da diese Rechtsfolge den Interessen und Vorstellungen der Ehegatten nicht immer gerecht wird, **kann durch eine formwirksame und rechtzeitige Rechtswahl** gemäß Art. 5–7 Rom III-VO zugunsten eines Rechts, das die Ehescheidung durch privates Rechtsgeschäft erlaubt, nunmehr eine **kollisionsrechtliche Anerkennung einer Privatscheidung erreicht werden.**[75] Der Anwendbarkeit eines gewählten ausländischen Scheidungsstatuts, das eine rechtsgeschäftliche Ehescheidung erlaubt, kann allenfalls der (materiell-rechtliche) *ordre public*-Vorbehalt (Art. 12 Rom III-VO) entgegenstehen, sofern die Anwendung einer Vorschrift des berufenen Rechts mit der öffentlichen Ordnung des Staates des angerufenen Gerichts offensichtlich unvereinbar ist.[76] Aus deutscher Sicht verstößt beispielsweise ein einseitiges Verstoßungsrecht des Ehemannes (talaq) gegen den Gleichheitssatz des Art. 3 Abs. 2 GG.[77] Ob auch das Fehlen des Erfordernisses jeglicher Scheidungsgründe angesichts des verfassungsrechtlich garantierten Schutzes der Ehe und Familie (Art. 6 Abs. 1 GG) gegen den deutschen *ordre public* verstößt, ist fraglich.[78] Ein *ordre public*-Verstoß scheidet jedoch aus, wenn der verstoßene Ehegatte der Ehescheidung (freiwillig) zustimmt oder die Voraussetzungen für eine Scheidung auch nach deutschem Recht vorliegen (Zerrüttung der Ehe).[79] Eine „Verletzung des rechtlichen Gehörs" ist bei reinen Privatscheidungen schon mangels Mitwirkung eines Gerichts ausgeschlossen.[80]

b) Hinkende Rechtsverhältnisse. Bevor die Ehegatten sich für die Wahl **37** eines bestimmten Scheidungsstatuts entscheiden, gilt es außerdem zu berücksichtigen, ob und unter welchen Voraussetzungen nach dem gewählten Recht ausgesprochene Scheidung **im Heimatstaat jedes Ehegatten anerkannt** wird. Anders als innerhalb der EU-Mitgliedstaaten (vgl. Art. 25 Brüssel IIa-VO) führen einige Länder im Rahmen der Entscheidungsanerkennung eine **kollisionsrechtliche Kontrolle** durch und erkennen einen ausländischen Scheidungsbeschluss nur dann an, wenn das gleiche Sachrecht angewandt wurde, das auch aus Sicht des Anerkennungsstaates zur Anwendung gelangt wäre.[81] Dadurch entsteht die Gefahr sog. **hinkender Rechtsverhältnisse,** die bei jeder Rechtswahl zu beden-

---

2012, 1142; Staudinger/*Mankowski* BGB Art. 17 EGBGB Rn. 116; MüKoBGB/*Winkler von Mohrenfels* Art. 17 EGBGB Rn. 378.

[75] Auch ein Verfahren auf Trennung von Tisch und Bett nach italienischem Recht kann vor deutschen Gerichten nur erreicht werden, wenn die Ehegatten eine wirksame Rechtswahl zugunsten des italienischen Rechts schließen, OLG Stuttgart NJW 2013, 398.

[76] Staudinger/*Mankowski* BGB Art. 17 EGBGB Rn. 115a (Art. 6 EGBGB); ebenso Zöller/*Geimer* ZPO § 107 FamFG Rn. 29.

[77] Vgl. OLG Frankfurt FamRZ 2011, 1065 (iranisches Scheidungsrecht); OLG Hamm FamRZ 2011, 1056 (1057) (marokkanisches Scheidungsrecht); OLG Rostock FamRZ 2006, 947 (948) (algerisches Scheidungsrecht); MüKoBGB/*Winkler von Mohrenfels* Art. 17 EGBGB Rn. 112.

[78] In diesem Sinne etwa *Süß* MittBayNot 2012, 308 (310).

[79] BGHZ 160, 332 = NJW-RR 2005, 81 (86) (zur Anwendung religiösen – islamisch-schiitischen – Rechts); *Andrae* NJW 2007, 1730 (1731); NK-BGB/*Gruber* Art. 17 EGBGB Rn. 68 f., 85; Staudinger/*Mankowski* BGB Art. 17 EGBGB Rn. 122 f.; NK-BGB/*Schulze* Art. 6 EGBGB Rn. 62; *Süß* MittBayNot 2012, 308 (310 Fn. 19) mwN, auch zur österreichischen Rechtsprechung; MüKoBGB/*Winkler von Mohrenfels* Art. 17 EGBGB Rn. 112, 378.

[80] Zutreffend *Süß* MittBayNot 2012, 308 (310).

[81] *Helms* FamRZ 2011, 1765 (1768).

ken ist. Darauf sollten die Ehegatten durch entsprechende Aufklärung und Beratung hingewiesen werden.

III. Fazit und Ausblick

38   Ob sich das von der Verordnung vorgesehene **Regel-Ausnahme-Verhältnis** zwischen einer Rechtswahlvereinbarung und der objektiven Anknüpfung durchsetzt, bleibt abzuwarten.[82] Es steht freilich zu befürchten, dass selbst Ehegatten, die aufgrund ihrer Berührung mit mehreren Rechtsordnungen einen Handlungsbedarf im Hinblick auf die Wahl des auf eine (potentielle) Ehescheidung anwendbaren Rechts erkennen, auf eine vorsorgende Regelung verzichten, weil sie die mit einer sinnvollerweise vorgesehenen (→ Art. 7 Rn. 1) rechtlichen Beratung verbundenen Kosten scheuen und angesichts der Komplexität der Materie ohne Beratung keine informierte Entscheidung treffen können.[83]

39   Auch wenn in der Praxis nicht die vorsorgende, sondern die nachträgliche Rechtswahl zugunsten einer scheidungsfreundlicheren Rechtsordnung oder der lex fori im Vordergrund stehen wird,[84] ist die Betonung des Vorrangs der **Möglichkeit einer Rechtswahl** und die **Stärkung der Parteiautonomie zu begrüßen,** die häufiger zu interessengerechten Ergebnissen führen wird als eine objektive Anknüpfung.[85] Sehr **zu befürworten** wäre die **ergänzende Einführung der Möglichkeit einer Gerichtsstandsvereinbarung** in die Brüssel IIa-VO, an die die Rechtswahlmöglichkeit nach Art. 5 Abs. 1 lit. d Rom III-VO gekoppelt werden und dadurch auf einen sinnvollen Anwendungsbereich begrenzt werden könnte. Außerdem sollte im Rahmen der 2015 anstehenden Revision eine ausdrückliche **verordnungsautonome Regelung zu Doppelstaatern** entsprechend der Regelung in Art. 22 Abs. 1 S. 2 EuErbVO in die Rom III-VO aufgenommen werden.

40   Vorerst sind insbesondere die **Notare** aufgerufen, Ehegatten mit Verbindungen zu mehreren Rechtsordnungen auch ungefragt bei der Beurkundung von Eheverträgen über die Möglichkeit der Wahl des Scheidungsstatuts und die Folgen, auch des Unterlassens einer Rechtswahl, **aufzuklären.** Durch die primäre Anknüpfung an den gewöhnlichen Aufenthalt in Art. 8 Rom III-VO und den damit in Zukunft zwangsläufig verbundenen, viel häufiger auftretenden Scheidungsstatutswechseln darf die Information und Aufklärung der Bürger über die Folgen eines grenzüberschreitenden Umzugs nicht vernachlässigt werden. Die wenigsten Ehegatten sind sich dessen bewusst, dass sich – ohne vorsorgende Regelung – das auf die Ehescheidung anwendbare Recht ändert, wenn sie von ihren Grundfreiheiten der EU, namentlich der Niederlassungsfreiheit, Gebrauch machen. Die Rom III-VO wird ihr Ziel der Stärkung der Parteiautonomie nur erreichen, wenn die Bürger der teilnehmenden Mitgliedstaaten ihre Rechte und Möglichkeiten kennen.

Art. 6 Einigung und materielle Wirksamkeit

(1) **Das Zustandekommen und die Wirksamkeit einer Rechtswahlvereinbarung oder einer ihrer Bestimmungen bestimmen sich nach dem**

---

[82]   Allzu kritisch *Rauscher* § 8 Rn. 806.

[83]   Ebenso *Becker* NJW 2011, 1543 (1544).

[84]   So *Helms* FamRZ 2011, 1765 (1767); *Henrich*, Internationales Scheidungsrecht, Rn. 74 f.

[85]   *Becker* NJW 2011, 1543 (1544); *Rieck* NJW 2014, 257 (262).

Recht, das nach dieser Verordnung anzuwenden wäre, wenn die Vereinbarung oder die Bestimmung wirksam wäre.

(2) Ergibt sich jedoch aus den Umständen, dass es nicht gerechtfertigt wäre, die Wirkung des Verhaltens eines Ehegatten nach dem in Absatz 1 bezeichneten Recht zu bestimmen, so kann sich dieser Ehegatte für die Behauptung, er habe der Vereinbarung nicht zugestimmt, auf das Recht des Staates berufen, in dem er zum Zeitpunkt der Anrufung des Gerichts seinen gewöhnlichen Aufenthalt hat.

Literatur: Siehe bei Art. 5 vor Rn. 1.

I. Überblick

Art. 6 Rom III-VO bestimmt, dass sich im Falle einer Rechtswahl nach Art. 5 **1** Rom III-VO das **Zustandekommen** und die **Wirksamkeit der Vereinbarung** nach dem gewählten Recht richten. Da Art. 11 Rom III-VO einen *renvoi* ausschließt, wird damit auf die Sachnormen der gewählten Rechtsordnung verwiesen.[1] Die Regelung entspricht Art. 10 Rom I-VO und Art. 31 EGBGB aF, ist im Scheidungskollisionsrecht jedoch neu.

Zu beachten ist freilich, dass auch eine nach Art. 5 ff. Rom III-VO wirksame **2** Rechtswahlvereinbarung in vielen nicht-teilnehmenden Mitgliedstaaten oder Drittstaaten nicht beachtet wird, die eine Rechtswahl des Scheidungsstatuts nicht zulassen und auf die lex fori abstellen.[2] **Ins Leere geht eine Rechtswahl** auch dann, wenn das gewählte Recht eines Drittstaats keine Ehescheidung vorsieht (so nur noch den Philippinen und im Vatikanstaat) oder einem Ehegatten auf Grund seiner Geschlechtszugehörigkeit keinen gleichberechtigten Zugang zur Ehescheidung oder Trennung gewährt. Eine Lösung ist in diesen Fällen über Art. 10 Rom III-VO bzw. Art. 12 Rom III-VO (*ordre public*)[3] zu suchen.[4]

II. Einigung und materielle Wirksamkeit

1. Maßgeblichkeit des gewählten Scheidungsstatuts

Gemäß **Art. 6 Abs. 1 Rom III-VO** richtet sich das Zustandekommen und die **3** materielle Wirksamkeit einer Rechtswahlvereinbarung iS des Art. 5 Rom III-VO nach dem gewählten Recht, dessen wirksame Wahl insofern unterstellt wird. Das gilt sowohl für eine eigenständige Rechtswahlvereinbarung als auch für solche, die Teil einer umfassenderen Scheidungsvereinbarung sind (zur Unmöglichkeit einer konkludenten Rechtswahl → Art. 7 Rn. 5).[5] Das **Zustandekommen** beschränkt sich auf das Vorliegen, einschließlich Abgabe und Zugang, zweier übereinstimmender Willenserklärungen, die auf den Abschluss einer Rechtswahlvereinbarung zur Bestimmung des auf eine Ehescheidung oder Trennung ohne Auflösung des Ehebandes anwendbaren Rechts gerichtet sind; nur insofern sieht Abs. 2 eine Sonderanknüpfung vor. Die **materielle Wirksamkeit** der Vereinbarung hängt entscheidend

---

[1] *Basedow*, FS Pintens, 2012, 135 (143).
[2] *Gruber* IPRax 2012, 381 (384); Palandt/*Thorn* BGB Art. 5 Rom III Rn. 2.
[3] Beachte dazu BGH NJW-RR 2007, 145 (148 f.).
[4] *Henrich*, FS Pintens, 2012, 701 (707) mit Beispielen.
[5] Erman/*Hohloch* BGB Anh. Art. 17 EGBGB Art. 6 Rn. 1.

davon ab, ob die Erklärung eines oder beider Ehegatten an Willensmängeln leidet und welche Wirkungen und Folgen derartige Mängel haben. Die Frage der Wirksamkeit umfasst auch das Vorliegen und die Zulässigkeit etwaiger Bedingungen sowie die Folgen einer Teilnichtigkeit der Vereinbarung. Verstöße gegen gesetzliche Verbote kommen wegen des Vorrangs von Art. 5 ff. Rom III-VO nicht in Betracht,[6] eine Unvereinbarkeit mit den guten Sitten kann allenfalls iRe Inhaltskontrolle nach nationalem Recht (→ Rn. 4) relevant werden. AGB-rechtliche Fragen der wirksamen Einbeziehung und Inhaltskontrolle vorformulierter Rechtswahlklauseln spielen im Bereich des Familienrechts innerhalb der EU keine Rolle (vgl. § 310 Abs. 4 BGB; Richtlinie 93/13/EWG[7] Erwägungsgrund 10),[8] richten sich aber letztlich nach dem gewählten Recht.[9] Nicht von Art. 6 Abs. 1 Rom III-VO erfasst werden Fragen der Rechts- und Handlungsfähigkeit, die ausdrücklich vom Anwendungsbereich der Rom III-VO ausgenommen sind, Art. 1 Abs. 2 lit. a Rom III-VO; diese Fragen sind nach nationalem Recht, in Deutschland nach Art. 7 EGBGB, anzuknüpfen:[10] Fehlt danach einem Ehegatten bei Vornahme der Rechtswahlvereinbarung die erforderliche Rechts- oder Handlungsfähigkeit, so richten sich die rechtlichen Wirkungen ihres Fehlens auf die Vereinbarung aber wieder nach dem gemäß Art. 6 Abs. 1 Rom III-VO anwendbaren Recht.[11]

4   Anders als Art. 8 Abs. 5 HUntP 2007 sieht die Rom III-VO **keine richterliche Inhalts- bzw. Angemessenheitskontrolle** der Rechtswahlvereinbarung zum Schutz der schwächeren Partei vor.[12] Erwägungsgrund 18 weist zwar auf die Bedeutung hin, die die volle Kenntnis der Rechtsfolgen für eine ausgewogene Rechtswahl und die Rechte und Chancengleichheit der Parteien hat, aus dem Appell an die Richter der teilnehmenden Mitgliedstaaten ergibt sich aber keine richterliche Kontrollpflicht. Ob damit zugleich ein **Rückgriff** auf entsprechende nationale Kontrollinstrumente versperrt ist, ist umstritten: Richtigerweise ist angesichts der Maßgeblichkeit des gewählten Rechts für die materielle Wirksamkeit der Vereinbarung gemäß Art. 6 Abs. 1 Rom III-VO eine Inhalts- und Angemessenheitskontrolle (sehr wohl, wenn auch nur) insoweit vorzunehmen, als eine solche in dem gewählten Recht vorgesehen ist,[13] zumal der gebotene Schutz vor Übervorteilung durch die geringen Formerfordernisse des Art. 7 Rom III-VO nicht hinreichend gewährleistet wird.

2. Korrekturstatut

5   **Art. 6 Abs. 2 Rom III-VO** enthält eine ebenfalls bereits aus dem Vertragskollisionsrecht (Art. 10 Abs. 2 Rom I-VO;[14] Art. 31 Abs. 2 EGBGB aF) bekannte

---

[6] Richtig *Hausmann* Rn. A 293; aA Erman/*Hohloch* BGB Anh. Art. 17 EGBGB Art. 6 Rn. 1.

[7] Richtlinie 93/13/EWG über missbräuchliche Klauseln in Verbraucherverträgen vom 5.4.1993, ABl. EG L 95, 29.

[8] So wohl auch Erman/*Hohloch* BGB Anh. Art. 17 EGBGB Art. 6 Rn. 1; *Mörsdorf-Schulte* RabelsZ 77 (2013), 786 (819).

[9] Ungenau *Rauscher* § 8 Rn. 819.

[10] Erman/*Hohloch* BGB Anh. Art. 17 EGBGB Art. 6 Rn. 1.

[11] Erman/*Hohloch* BGB Anh. Art. 17 EGBGB Art. 6 Rn. 1.

[12] *Hau* FamRZ 2013, 249 (252).

[13] Wie hier *Hausmann* Rn. A 268; *Rauscher* § 8 Rn. 819; *Rösler* RabelsZ 78 (2014), 155 (180 f.); *Röthel* in: Jahrbuch für Italienisches Recht, 3 (11 ff., 14); wohl auch *Becker* NJW 2011, 1543 (1545). AA *Hau* FamRZ 2013, 249 (252); *Pfütze* ZEuS 2011, 35 (57 ff., 68 ff.), der für eine europäische Ausgestaltung der Inhaltskontrolle plädiert.

[14] Vgl. zum Zweck dieser Regel MüKoBGB/*Spellenberg* Art. 10 Rom I-VO Rn. 208 ff.

Zumutbarkeitsregel: Wenn es nicht gerechtfertigt erscheint, einen Ehegatten an den Wirkungen seines Verhaltens nach dem gewählten Recht festzuhalten, soll für die **Wirksamkeit seiner Zustimmung** zu der Vereinbarung das Recht des Staates seines Aufenthalts gelten. Die Regelung erstreckt sich nur auf einen kleinen Teilbereich der „materiellen Wirksamkeit", nämlich allein solche Willensmängel, die die *Zustimmung* zur Vereinbarung betreffen. Art. 6 Abs. 2 Rom III-VO hat eine Situation vor Augen, in der einem Ehegatten nach dem Eingehungsstatut, dh dem gewählten Recht, ein Verhalten als wirksame Willenserklärung zugerechnet wird, obwohl er nach seinem Heimat- oder Aufenthaltsrecht mit einer solchen Qualifizierung nicht zu rechnen braucht. In einem solchen Fall kann er gestützt auf das – vom Eingehungsstatut abweichende – Recht seines gewöhnlichen Aufenthalts behaupten, dass er danach der Vereinbarung nicht (wirksam) zugestimmt habe und es an einem wirksamen Vertragsschluss fehle.

Im Ehescheidungsrecht macht eine solche **Einredemöglichkeit** allerdings **6** wenig Sinn,[15] außerdem geht der **Anwendungsbereich** der Regelung deutlich **zu weit:** Angesichts der zwingenden Mindestformvoraussetzungen des Art. 7 Rom III-VO sind kaum Fälle vorstellbar, in denen ein Ehegatte – trotz schriftlicher Fixierung der Vereinbarung und der Unterschrift beider Ehegatten – glaubhaft darlegen kann, dass er der Vereinbarung nicht (freiwillig?) zugestimmt hat.[16] Davon abgesehen ist das generelle Abstellen auf das Recht des Staates, in dem der betroffene Ehegatte „im Zeitpunkt der Anrufung des Gerichts" seinen gewöhnlichen Aufenthalt hat, nicht immer angemessen: Mag die Bestimmung noch Sinn machen, wenn der gewöhnliche Aufenthalt des schutzbedürftigen Ehegatten im Zeitpunkt der Anrufung des Gerichts mit demjenigen bei Abschluss der Vereinbarung übereinstimmt,[17] so überzeugt die Anknüpfung des Art. 6 Abs. 2 Rom III-VO nicht, wenn die Rechtswahlvereinbarung Jahre früher getroffen wurde, als die Ehegatten noch in einem anderen Staat gelebt haben (die Vereinbarung also unter Geltung eines anderen Ortsrechts geschlossen wurde). Denn in einem solchen Fall können nun nach Vertragsschluss eintretende Veränderungen entgegen den allgemein anerkannten Grundsätzen rückwirkend zur Unwirksamkeit der Rechtswahlvereinbarung führen.[18]

Zur Feststellung, ob ausnahmsweise eine Bindung des betroffenen Ehegatten **7** an sein Verhalten iS des Abs. 2 unzumutbar ist, bedarf es einer umfassenden **Interessenabwägung.** Maßgeblich sind allein die Parteiinteressen und deren Gewichtung nach den Umständen des Einzelfalls, wobei insbesondere die Unerfahrenheit und eine deutlich schwächere Position eines Ehegatten im Vergleich zum anderen zu berücksichtigen sind.[19]

---

[15] Anders im Vertragskollisionsrecht: Dort ist der Schutz einer Partei vor einer überraschenden rechtlichen Bindung nach fremdem Recht durch ein Verhalten, dessen Erklärungswert die Partei nicht zu kennen braucht, nachvollziehbar, vor allem weil die rechtliche Bewertung des Schweigens in den verschiedenen Rechtsordnungen unterschiedlich beantwortet wird, vgl. Staudinger/*Hausmann* Art. 10 Rom I-VO Rn. 43.

[16] AA *Rauscher* § 8 Rn. 819.

[17] So Erman/*Hohloch* BGB Anh. Art. 17 EGBGB Art. 6 Rn. 2.

[18] Dies hebt *Basedow*, FS Pintens, 2012, 135 (143: „completely inconsistent") und FS Posch, 2011, 17 (24), zu Recht hervor; ebenso *Gruber* IPRax 2012, 381 (387); *Mörsdorf-Schulte* RabelsZ 77 (2013), 786 (820).

[19] Erman/*Hohloch* BGB Anh. Art. 17 EGBGB Art. 6 Rn. 2.

Art. 7 Formgültigkeit

(1) Die Rechtswahlvereinbarung nach Artikel 5 Absätze 1 und 2 bedarf der Schriftform, der Datierung sowie der Unterzeichnung durch beide Ehegatten. Elektronische Übermittlungen, die eine dauerhafte Aufzeichnung der Vereinbarung ermöglichen, erfüllen die Schriftform.

(2) Sieht jedoch das Recht des teilnehmenden Mitgliedstaats, in dem beide Ehegatten zum Zeitpunkt der Rechtswahl ihren gewöhnlichen Aufenthalt hatten, zusätzliche Formvorschriften für solche Vereinbarungen vor, so sind diese Formvorschriften anzuwenden.

(3) Haben die Ehegatten zum Zeitpunkt der Rechtswahl ihren gewöhnlichen Aufenthalt in verschiedenen teilnehmenden Mitgliedstaaten und sieht das Recht beider Staaten unterschiedliche Formvorschriften vor, so ist die Vereinbarung formgültig, wenn sie den Vorschriften des Rechts eines dieser Mitgliedstaaten genügt.

(4) Hat zum Zeitpunkt der Rechtswahl nur einer der Ehegatten seinen gewöhnlichen Aufenthalt in einem teilnehmenden Mitgliedstaat und sind in diesem Staat zusätzliche Formanforderungen für diese Art der Rechtswahl vorgesehen, so sind diese Formanforderungen anzuwenden.

Literatur: Siehe bei Art. 5 vor Rn. 1.

I. Überblick

1   **Art. 7 Rom III-VO** regelt die Formerfordernisse einer Rechtswahlvereinbarung, die gleichermaßen auch für **Abänderungen** und **Aufhebungen** solcher Vereinbarungen gelten.[1] Gemäß Absatz 1 genügt im Grundsatz die **Schriftform mit Datierung und Unterschrift** beider Ehegatten, wobei – anders als im deutschen Recht – die elektronische Übermittlung die Schriftform erfüllt (Abs. 1 S. 2). Auch eine Rechtswahl per E-Mail ist damit formgültig. Etwas anderes kann sich nur aus den Absätzen 2–4 ergeben, die den Mitgliedstaaten die Möglichkeit einräumen, strengere Formvorschriften vorzusehen. Gedacht ist hierbei insbesondere an solche Fälle, in denen die Rechtswahlvereinbarung Bestandteil eines Ehevertrags wird, für den zusätzliche Formvorschriften in den Mitgliedstaaten vorgesehen sind (vgl. Erwägungsgrund 19 S. 5). Von dieser Option hat der deutsche Gesetzgeber sinnvollerweise Gebrauch gemacht und in **Art. 46d Abs. 1 EGBGB** die **notarielle Beurkundung** vorgeschrieben. Für den Rechtsverkehr haben Formvorschriften va Publizitäts- und Beweisfunktion, für die Parteien Warn-, Schutz- und Hinweisfunktion. Es darf allerdings bezweifelt werden, dass die geringen Formerfordernisse des Art. 7 Abs. 1 Rom III-VO dem Ziel des Verordnungsgebers genügen, durch „bestimmte Schutzvorkehrungen" sicherzustellen, dass sich beide Ehegatten der Bedeutung und Tragweite ihrer Rechtswahl bewusst sind (vgl. Erwägungsgrund 19). Die gebotene fachkundige Beratung und Aufklärung wird durch die von der Verordnung vorgeschriebene Form nicht gewährleistet,[2] zumal strengere nationale

---

[1]   AA NK-BGB/*Hilbig-Lugani* Art. 7 Rn. 16.
[2]   S. nur die deutliche Kritik von *Schurig*, FS v. Hoffmann, 2011, 405 (408): „Einladung, den uninfomierten Partner ‚über den Tisch zu ziehen.'"

Formvorschriften eines teilnehmenden Mitgliedstaats – wie in Deutschland –
nur zur Anwendung kommen, wenn das entsprechende Formstatut nach Art. 7
Abs. 2–4 Rom III-VO berufen ist, insbesondere also nicht durch ein großzügi-
geres Recht eines anderen teilnehmenden Mitgliedstaats verdrängt wird (vgl.
Abs. 3). Hat kein Ehegatte zum Zeitpunkt der Rechtswahl seinen gewöhnlichen
Aufenthalt in einem teilnehmenden Mitgliedstaat, so bleibt es bei den geringen
Formerfordernissen des Art. 7 Abs. 1 Rom III-VO.

Art. 7 Rom III-VO weicht deutlich von der bisherigen Rechtslage in Art. 17 **2**
Abs. 1 S. 1 EGBGB aF iVm. Art. 14 Abs. 4 EGBGB, aber auch Art. 11 EGBGB
und Art. 11 Rom I-VO ab. An der in Art. 14 Abs. 4 EGBGB vorgesehenen
notariellen Beurkundung wird sich in Fällen, in denen deutsches Kollisionsrecht
anwendbar ist, letztlich aber nichts ändern.

II. Formgültigkeit

1. Schriftform

Absatz 1 regelt den Grundsatz der **Schriftform.** Dieses Erfordernis ist auto- **3**
nom zu definieren. Es genügt jede Art der schriftlichen Niederlegung der Vereinbarung;[3] auch eine **elektronische Übermittlung,** die eine dauerhafte Aufzeichnung der Vereinbarung ermöglicht, zB per E-Mail, ist ausreichend (Art. 7 Abs. 1
S. 2 Rom III-VO). Hinzukommen muss die **Datierung** sowie die **Unterzeichnung** durch beide Ehegatten. Eine handschriftliche Unterschrift beider Ehegatten
erfüllt allemal das Erfordernis der Unterzeichnung, da allerdings die elektronische
Übermittlung genügt, wird man in diesem Fall das Hinzufügen eines die Erklärung
abschließenden, den Erklärenden eindeutig identifizierenden Namens durch eine
elektronische Signatur für erforderlich, aber auch ausreichend halten müssen.[4]
Letztlich wird diese Frage aber der EuGH zu klären haben.

Art. 7 Abs. 1 Rom III-VO verlangt weder, dass die jeweiligen Erklärungen der **4**
Ehegatten höchstpersönlich abgegeben werden, noch die gleichzeitige Anwesenheit beider Parteien. Eine **Stellvertretung** – auch durch den anderen Ehegatten –
ist daher möglich,[5] sofern nicht nach nationalem Recht iS von Abs. 2–4 strengere
Vorschriften vorgesehen sind, die eine Unterzeichnung durch einen Stellvertreter
verbieten.[6] Um den Schutz des vertretenen Ehegatten nicht leer laufen zu lassen,
wird man jedoch fordern müssen, dass für die **Vollmacht** die gleichen Formerfordernisse gelten, wie für die eigentliche Erklärung; im Anwendungsbereich deutschen Rechts ist daher – abweichend von § 167 Abs. 2 BGB – auch die Vollmacht
entsprechend Art. 46d Abs. 1 EGBGB notariell zu beurkunden.

Auch wenn der Wortlaut von Art. 7 Abs. 1 Rom III-VO keine ausdrückliche **5**
Rechtswahl verlangt, ist die Möglichkeit einer **konkludenten Wahl** des Scheidungsstatuts abzulehnen. Dies ergibt sich zum einen schon aus dem Schriftformerfordernis des Art. 7 Abs. 1 Rom III-VO (bzw. dem Protokollierungserfordernis
des Art. 5 Abs. 3 S. 2 Rom III-VO), das sich konkret auf die Rechtswahlvereinbarung nach Art. 5 Rom III-VO bezieht, zum anderen aus den Erwägungsgrün-

---

[3] Erman/*Hohloch* BGB Anh. Art. 17 EGBGB Art. 7 Rn. 2.

[4] Ebenso *Hausmann* Rn. A 304; Erman/*Hohloch* BGB Anh. Art. 17 EGBGB Art. 7 Rn. 2.

[5] Zum Parallelproblem bei der EuEheGR-VO *Pintens*, FS Hahne, 2012, 99 (100).

[6] AA Erman/*Hohloch* BGB Anh. Art. 17 EGBGB Art. 7 Rn. 2, 3 aE, der eine Stellvertretung (nur) nach Maßgabe der Abs. 2–4 für zulässig hält; ebenso *Hausmann* Rn. A 295.

den 17–19 sowie einem Umkehrschluss zu Art. 3 Abs. 1 S. 2 Rom I-VO und
Art. 14 Abs. 1 S. 2 Rom II-VO.[7] Insbesondere genügt es dem Schriftformerfordernis des Art. 7 Abs. 1 Rom III-VO nicht, wenn ehevertraglich eine (notarielle)
Scheidungsfolgenvereinbarung getroffen wurde, die eine Rechtswahlklausel enthält (vgl. dazu und zu den Konsequenzen → Art. 5 Rn. 31).[8] Wirksamer Bestandteil eines Ehevertrags, der zwar in materiell-rechtlicher Hinsicht nur Scheidungsfolgen regeln kann, wird eine IPR-rechtliche Rom III-Rechtswahl nur dann,
wenn sich eine Klausel zum anwendbaren Recht ausdrücklich (auch) auf das
Scheidungsstatut erstreckt.

6   Kommt die **Rechtswahlvereinbarung erst im Laufe eines Scheidungsverfahrens** zustande, ist die Rechtswahl formwirksam, wenn sie im Einklang
mit dem Recht des Staates des angerufenen Gerichts **zu Protokoll genommen**
wird, Art. 5 Abs. 3 S. 2 Rom III-VO. Dies ergibt sich zwar nicht eindeutig aus
dem Verordnungstext selbst, aus Erwägungsgrund 20 lässt sich jedoch schließen,
dass die ordnungsgemäße Aufnahme der Rechtswahlvereinbarung in das Protokoll ausreichend, aber auch erforderlich ist, um den Formvorschriften der Verordnung zu genügen (→ Art. 5 Rn. 29).[9] Der deutsche Gesetzgeber hat auf
eine besondere Durchführungsnorm zur angeordneten Protokollierung einer
erst im Laufe des Scheidungsverfahrens vorgenommenen Rechtswahl nach
Art. 5 Abs. 3 S. 2 Rom III-VO verzichtet, weil für Ehesachen, und damit auch
Scheidungssachen (§ 121 Nr. 1 FamFG), nach § 113 FamFG die allgemeinen
Vorschriften der ZPO entsprechende Anwendung finden, zu denen auch die
Vorschriften über das Sitzungsprotokoll nach §§ 159 ff. ZPO gehören. Unklar
bleibt dabei aber, ob das Protokoll im Hinblick auf die protokollierte Rechtswahlvereinbarung gemäß § 162 ZPO von den Parteien genehmigt werden muss;
angesichts der vergleichbaren Bedeutung der Rechtswahlvereinbarung mit den
in § 162 ZPO in Bezug genommenen Verfahrenshandlungen wird man dies
bejahen können.

2. Strengere nationale Formvorschriften

7   Haben beide Ehegatten zum Zeitpunkt der Rechtswahl ihren gewöhnlichen
Aufenthalt (der nicht mit dem Ort des Eheschlusses übereinstimmen muss) **in
demselben teilnehmenden Mitgliedstaat,** dessen Recht für derartige Vereinbarungen „**zusätzliche Formvorschriften**" vorsieht, so sind gemäß **Absatz 2**
diese Formvorschriften anstelle der Grundregel des Abs. 1 anzuwenden. Für
Deutschland als teilnehmendem Mitgliedstaat gilt in diesem Sinne eine strengere
Form, da gemäß Art. 46d Abs. 1 EGBGB eine Rechtswahlvereinbarung nach
Art. 5 Rom III-VO der **notariellen Beurkundung** bedarf. Entgegen dem miss-
verständlichen Wortlaut des Art. 46d EGBGB, der für alle Rechtswahlvereinbarungen nach der Rom III-VO die notarielle Form vorzuschreiben scheint,

---

[7] Wie hier *Basedow,* FS Posch, 2011, 17 (24); *Helms* FamRZ 2011, 1765 (1768); *Henrich,*
Internationales Scheidungsrecht, Rn. 80; *Pfütze* ZEuS 2011, 35 (52); Palandt/*Thorn* BGB
Art. 6 Rom III-VO Rn. 2. AA *Gruber* IPRax 2012, 381 (387) (arg. Umkehrschluss aus Art. 6
Abs. 2 Rom III-VO, dem er allerdings – insofern widersprüchlich – wegen der Formerfordernisse für die Rechtswahl keine größere Bedeutung beimisst); NK-BGB/*Hilbig-Lugani* Art. 5
Rom III-VO Rn. 11; *Spickhoff,* Symposium Parteiautonomie, S. 93 (102), der eine konkludente Rechtswahl jedoch nur in „eng begrentzten" und „eindeutigen" Fällen anerkennt.
[8] AA *Gruber* IPRax 2012, 381 (387 Fn. 83).
[9] So auch NK-BGB/*Gruber* Anh. zu Art. 17 EGBGB Rn. 14.

beschränkt sich dessen Anwendungsbereich jedoch auf die Fälle des Art. 7 Abs. 2–4 Rom III-VO und kann deshalb unter Umständen sogar durch weniger strenge Formvorschriften eines anderen teilnehmenden Mitgliedstaats verdrängt werden (→ Rn. 8). Die Einführung der notariellen Form ist freilich zu begrüßen,[10] weil das bloße Schriftformerfordernis allenfalls eine Beweisfunktion erfüllen, nicht jedoch die von der Verordnung beabsichtigte (vgl. Erwägungsgründe 17–19) fachkundige Beratung und Aufklärung über die Konsequenzen der Wahl eines bestimmten Scheidungsstatuts sicherstellen kann,[11] die angesichts der Unterschiede im Scheidungsrecht der einzelnen EU-Mitgliedstaaten und Drittstaaten durchaus erheblich sein können.

Absatz 3 regelt die Fälle, in denen die Ehegatten ihren **gewöhnlichen Auf-** 8 **enthalt** im Zeitpunkt des Abschlusses der Rechtswahlvereinbarung **in verschiedenen teilnehmenden Mitgliedstaaten** haben und das Recht der beiden Staaten unterschiedliche Formvorschriften für derartige Vereinbarungen vorsieht. In einem solchen Fall soll die Rechtswahlvereinbarung formgültig sein, wenn sie den (weniger strengen) Vorschriften des Rechts eines dieser Mitgliedstaaten genügt. Auch wenn das Gesetz hier nicht von „zusätzlichen", sondern nur von „unterschiedliche(n) Formvorschriften" spricht, wird man für die Formgültigkeit einer Vereinbarung aber zumindest die in Art. 7 Abs. 1 Rom III-VO genannten Voraussetzungen verlangen müssen. Vorzugswürdig wäre gewesen, an das Recht anzuknüpfen, das strengere Formvorschriften vorsieht, und nur wenn beide Rechtsordnungen im Vergleich zu Abs. 1 zusätzliche Anforderungen stellen, die Erfüllung der Vorschriften eines der beiden Staaten genügen zu lassen.

Hat zum Zeitpunkt der Rechtswahl **nur einer der Ehegatten** seinen 9 **gewöhnlichen Aufenthalt in einem teilnehmenden Mitgliedstaat** und sind in diesem Staat zusätzliche Formanforderungen für derartige Rechtswahlvereinbarungen vorgesehen, müssen gemäß **Absatz 4** diese Formanforderungen eingehalten werden. Die Wahrung der in dem nicht teilnehmenden Mitgliedstaat oder Drittstaat vorgeschriebenen Form genügt nicht, wenn diese hinter denjenigen des teilnehmenden Mitgliedstaates zurückbleiben.

Rechtswahlvereinbarungen, die **außerhalb des räumlichen Anwen-** 10 **dungsbereichs** der Verordnung geschlossen wurden, aber vor einem teilnehmenden Mitgliedstaat relevant werden, müssen nur den Anforderungen des Art. 7 Abs. 1 Rom III-VO genügen.[12]

Art. 8 In Ermangelung einer Rechtswahl anzuwendendes Recht

Mangels einer Rechtswahl gemäß Artikel 5 unterliegen die Ehescheidung und die Trennung ohne Auflösung des Ehebandes:
a) dem Recht des Staates, in dem die Ehegatten zum Zeitpunkt der Anrufung des Gerichts ihren gewöhnlichen Aufenthalt haben, oder anderenfalls

---

[10] AA *Helms*, FS Pintens, 2012, 681 (692 f.), der sich gegen die Einführung einer verschärften Formvorschrift durch den deutschen Gesetzgeber ausspricht, weil das Erfordernis einer notariellen Beurkundung vorsorgende Rechtswahlvereinbarungen verhindern würde, und ein gravierendes Schutzbedürfnis, das einer erleichterten Rechtswahl entgegenstehen könnte, nicht ersichtlich sei.

[11] Ähnlich Erman/*Hohloch* BGB Anh. Art. 17 EGBGB Art. 7 Rn. 3.

[12] Erman/*Hohloch* BGB Anh. Art. 17 EGBGB Art. 7 Rn. 6.

b) **dem Recht des Staates, in dem die Ehegatten zuletzt ihren gewöhnlichen Aufenthalt hatten, sofern dieser nicht vor mehr als einem Jahr vor Anrufung des Gerichts endete und einer der Ehegatten zum Zeitpunkt der Anrufung des Gerichts dort noch seinen gewöhnlichen Aufenthalt hat, oder anderenfalls**

c) **dem Recht des Staates, dessen Staatsangehörigkeit beide Ehegatten zum Zeitpunkt der Anrufung des Gerichts besitzen, oder anderenfalls**

d) **dem Recht des Staates des angerufenen Gerichts.**

Literatur: *Basedow,* Das Staatsangehörigkeitsprinzip, IPRax 2010, 54; *ders.,* Das Staatsangehörigkeitsprinzip, IPRax 2011, 109; *ders.,* Das internationale Scheidungsrecht der EU – Anmerkungen zur Rom III-Verordnung, Festschrift für Posch, 2011, 17; *Becker,* Die Vereinheitlichung von Kollisionsnormen im europäischen Familienrecht – Rom III, NJW 2011, 1543; *Dilger,* EuEheVO: Identische Doppelstaater und forum patriae (Art. 3 Abs. 1 lit. b), IPRax 2010, 54; *Dimmler/Bißmaier,* Rom III in der Praxis, FamRBint 2012, 66; *Franzina,* The Law Applicable to Divorce and Legal Separation Under Regulation (EU) No. 1259/ 2010 of 20 December 2010, Cuadernos de Derecho Transnational (CDT) 2011, 85; *Gärtner,* Die Privatscheidung im deutschen und im Internationalen Privat- und Verfahrensrecht, 2008; *Gruber,* Scheidung auf Europäisch – die Rom III-Verordnung, IPRax 2012, 381; *Hau,* Zur Durchführung der Rom III-Verordnung in Deutschland, FamFZ 2013, 249; *ders.,* Doppelte Staatsangehörigkeit im europäischen Eheverfahrensrecht, IPRax 2010, 50; *ders.,* Zur Maßgeblichkeit der lex fori in internationalen Ehesachen, Festschrift für R. Stürner, 2013, 1238; *Helms,* Reform des internationalen Scheidungsrechts durch die Rom III-Verordnung, FamRZ 2011, 1765; *ders.,* Neues Europäisches Familienkollisionsrecht, Festschrift für Pintens, 2012, 701; *Henrich,* Abschied vom Staatsangehörigkeitsprinzip?, Festschrift für Stoll, 2001, 437; *ders.,* Europäisierung des internationalen Familienrechts: Was bleibt vom EGBGB?, Festschrift für Spellenberg 2010, 195; *Hilbig-Lugani,* Neue Herausforderungen des Begriffs des gewöhnlichen Aufenthalts im europäischen Familienrecht, Festschrift für Brudermüller 2014, 323; *C. Kohler,* Zur Gestaltung des europäischen Kollisionsrechts für Ehesachen: Der steinige Weg zu einheitlichen Vorschriften über das anwendbare Recht für Scheidung und Trennung, FamRZ 2008, 1673; *Makowksy,* Internationales Privat- und Zivilverfahrensrecht. Europäisierung des Internationalen Scheidungsrechts durch die Rom III-Verordnung, GPR 2012, 266; *Martiny,* Die Kommissionsvorschläge für das internationale Ehegüterrecht sowie für das internationale Güterrecht eingetragener Lebenspartnerschaften, IPRax 2011, S. 437 ff.; *Rauscher,* Heimatlos in Europa? Gedanken gegen eine Aufgabe des Staatsangehörigkeitsprinzips im IPR, Festschrift für Jayme 2004, 719; *ders.,* Scheidungs-IPR von der Brüsseler Baustelle, in: Festschrift für Kerameus 2009, 1119; *J. Stürner,* Die Rom III-VO – ein neues Scheidungskollisionsrecht, JURA 2012, 708; *Traar,* Rom III-EU-Verordnung zum Kollisionsrecht für Ehescheidungen, ÖJZ 2011, 805.

I. Überblick

1 Art. 8 ist neben Art. 5 Kernstück der Verordnung. Die Vorschrift enthält **objektive Anknüpfungskriterien,** die gegenüber einer Rechtswahl nach Art. 5 subsidiär gelten. Haben die Ehegatten keine Rechtswahl nach Art. 5 vorgenommen bzw. erweist sich diese als unwirksam, so richtet sich das anwendbare Recht nach Art. 8. Kennzeichen der Regelung ist eine vorrangige Anknüpfung an den gemeinsamen bzw. letzten gemeinsamen gewöhnlichen Aufenthalt der Ehegatten (lit. a und b) unter Zurückdrängung des Staatsangehörigkeitsprinzips.[1]

---

[1] *Helms* FamRZ 2011, 1765 (1769).

Nach **bisherigem Recht** ergab sich das anwendbare Scheidungsstatut aus 2
Art. 17 Abs. 1 S. 1 iVm Art. 14 EGBGB. Hiernach unterlag die Scheidung dem
Recht, das im Zeitpunkt des Eintritts der Rechtshängigkeit des Scheidungsantrags
für die allgemeinen Wirkungen der Ehe maßgebend war (Ehewirkungsstatut).
Die objektive Anknüpfung nach Art. 14 Abs. 1 EGBGB war gegenüber einer
gemäß Art. 14 Abs. 2–4 EGBGB möglichen – aber in der Praxis weniger bedeut-
samen – Rechtswahl des Ehewirkungsstatuts nachrangig. Die objektiven Anknüp-
fungskriterien waren im Vergleich zu der Parallelnorm des Art. 8 in umgekehrter
Reihenfolge geregelt: Das Staatsangehörigkeitsprinzip bildete das primäre
Anknüpfungsmoment (Art. 14 Abs. 1 Nr. 1 EGBGB), während der gewöhnliche
Aufenthalt beider Ehegatten erst auf zweiter Stufe (Art. 14 Abs. 1 Nr. 2 EGBGB)
stand. Hilfsweise galt dasjenige Recht, mit dem die Ehegatten auf andere Weise
am engsten (Art. 14 Abs. 1 Nr. 3 EGBGB) verbunden waren (sog. Kegel'sche
Leiter). Die *lex fori* schied als Auffangtatbestand aus. Die primäre Anknüpfung an
das Staatsangehörigkeitsprinzip hatte jedoch oftmals eine recht lose Verbindung
der Ehegatten zum anwendbaren materiellen Recht zur Folge. Demgegenüber
wird unter Beibehaltung des rechtstechnischen Prinzips der Leiter in Art. 8 die
bisherige Regelanknüpfung an die gemeinsame Staatsangehörigkeit nach Art. 14
Abs. 1 Nr. 1 EGBGB durch die Regelanknüpfung an den gemeinsamen gewöhnlichen Aufenthalt ersetzt. Die neue Reihenfolge bedeutet indes nicht, dass das
Kriterium der Staatsangehörigkeit vollkommen an Bedeutung für das anwendbare
materielle Recht verliert. Es gilt lediglich subsidiär. Die maßgeblichen Anknüpfungskriterien sind also im Vergleich zu Art. 17 Abs. 1 S. 1 iVm 14 Abs. 1 EGBGB
umgekehrt. Diese neue Systematik entspricht der allgemeinen Verdrängung des
Staatsangehörigkeitsprinzips als Anknüpfungspunkt im Internationalen Privatrecht
und vor allem im europäischen Sekundärrecht.[2] Vorsicht ist aufgrund der neuen
Rechtslage unter Geltung der Rom III-VO daher geboten für Ehegatten, die
beide die **deutsche Staatsangehörigkeit** besitzen und eine Zeitspanne ihrer Ehe
außerhalb Deutschlands verbracht haben.

Beispiel:

Die Ehegatten haben 5 Jahre in Frankreich gelebt. Nach der Trennung ist die Ehefrau
nach Deutschland zurückgekehrt und lebt dort seit mittlerweile 10 Monaten. Der Ehemann
ist weiterhin in Frankreich beheimatet. Da das Trennungsjahr nach deutschem Recht fast
abgelaufen ist, reicht der Ehemann vor dem deutschen Amtsgericht den Scheidungsantrag
ein. Nach der Neuregelung könnte in diesem Fall das Zusammenleben beider Ehegatten in
Frankreich zu dem primären Anknüpfungspunkt des gewöhnlichen Aufenthaltes führen,
womit die deutsche Staatsangehörigkeit beider Ehegatten für die Bestimmung des anwendbaren Rechts keine Bedeutung mehr hätte.

Die objektive Anknüpfung nach Art. 8 ist gegenüber einer Rechtswahl nach 3
Art. 5 subsidiär.[3] Haben die Ehegatten keine Rechtswahl nach Art. 5 vorgenommen oder ist eine solche unwirksam, so richtet sich das anwendbare Recht nach
Art. 8. Kennzeichen der Regelung ist eine vorrangige Anknüpfung an den
gemeinsamen gewöhnlichen Aufenthalt der Ehegatten unter Zurückdrängung des
bisher dominierenden Staatsangehörigkeitsprinzips.[4]

---

[2] MüKoBGB/*Sonnenberger* Einl IPR Rn. 720; *Henrich*, FS Stoll, 2001, 442.
[3] Vgl. hierzu OLG Hamm, Beschl. v. 7.5.2013 – II-3 UF 267/12, NJOZ 2013, 1524
(1527).
[4] *Makowsky* GPR 5/2012, 266 (269).

Die Kollisionsnormen der Rom III-VO haben gemäß Art. 4 **universelle Geltung** (*loi uniforme*), wie es namentlich auch aus Erwägungsgrund 12 hervorgeht. Die Normen der Verordnung sind daher auch dann anwendbar, wenn auf das Recht eines Drittstaates verwiesen wird. **Rück- und Weiterverweisungen** sind gemäß Art. 11 ausgeschlossen. Sofern der Staat, auf dessen Recht verwiesen wird, mehrere Systeme des Scheidungsrechts kennt, kommen hinsichtlich der Bestimmung der anwendbaren Teilrechtsordnung Art. 14 bzw. Art. 15 zur Anwendung.

4   **In zeitlicher Hinsicht** ist Art. 8 nur in solchen Verfahren anwendbar, für die das Gericht ab dem Inkrafttreten der Rom III-VO (vgl. Art. 18) am 21.6.2012[5] angerufen worden ist. Die im Hinblick auf ein beabsichtigtes Scheidungsverfahren erfolgte Beantragung von Prozesskostenhilfe vor dem 21.6.2012 genügt hierfür nicht.[6] In früheren Verfahren bleibt es bei dem nationalen Kollisionsrecht. Art. 8 ist auch auf die **Privatscheidung** anwendbar.[7] Auch Art. 17 EGBGB erfasste nach einhelliger Meinung jede Art der Ehebeendigung ex nunc.[8] Zwar spricht die Anknüpfung an die lex fori in Art. 8 lit. d (vgl. auch Art. 5 Abs. 1 lit. d) dafür, dass die Verordnung nur die gerichtliche Scheidung zugrunde legt. Denn die *lex fori* versagt im Falle einer ohne Mitwirkung eines Gerichts möglichen Ehescheidung. Bei der Auslegung des Begriffes der „Ehescheidung" ist jedoch wegen des universellen Anwendungsbereiches gemäß Art. 4 nicht das eigene nationale Verständnis maßgebend, sondern es sind auch vergleichbare ausländische Rechtsinstitute in das Verständnis miteinzubeziehen.[9]

II. Objektive Anknüpfung

1. Die Anknüpfungskriterien im Allgemeinen

5   Art. 8 enthält **vier mögliche Anknüpfungskriterien:** das Recht des Staates, in dem die Ehegatten zum Zeitpunkt der Anrufung des Gerichts ihren gewöhnlichen Aufenthalt haben (lit. a) oder zuletzt hatten, sofern dieser nicht vor mehr als einem Jahr vor Anrufung des Gerichts endete und sofern einer der Ehegatten diesen bis zum Zeitpunkt der Anrufung des Gerichts beibehalten hat (lit. b), das Recht des Staates, dem beide Ehegatten zum Zeitpunkt der Anrufung des Gerichts angehören (lit. c), oder das Recht des Staates des angerufenen Gerichts (*lex fori*, lit. d). Die in Art. 8 enthaltenen Anknüpfungskriterien basieren wie die Parallelkriterien des Art. 5 auf der Erwägung, einen engen Bezug – im Idealfall den engsten Bezug – der Ehegatten zum anzuwendenden Recht sicherzustellen. Zudem wird ein Gleichlauf von Zuständigkeit, Anerkennung und Vollstreckung nach der Brüssel IIa-VO und anwendbarem materiellem Recht vor allem durch

---

[5] Für Litauen gilt als Stichtag der 14.5.2014, → Art. 18 Rn. 1.

[6] So *Dimmler/Bißmaier* FamRBint 2012, 66 (67) mit Hinweis auf die Parallelproblematik zur Anwendung des FamFG nach BGH, FamRZ 2012, 783.

[7] Dies ist umstritten. Zustimmend insoweit *Traar* ÖJZ 2011, 805 (807); *Helms* FamRZ 2011, 1765 (1767); *Palandt/Thorn* Art. 8 Rom III Rn. 7; *Hau* FamRZ 2013, 249 (250); ablehnend: *Gruber* IPRax 2012, 381 (383); NK-BGB/*Gruber* Anh. zu Art. 17 EGBGB Rn. 5; *Gärtner,* S. 306 ff. und S. 360. Als Beispiel für eine Privatscheidung kann die Scheidung durch Übergabe eines Scheidungsbriefes *(Get)* nach mosaischem Recht genannt werden. Vgl. BGH NJW-RR 2008, 1169.

[8] *Kegel/Schurig,* Internationales Privatrecht 2004, § 20 VII 1.

[9] So zutreffend *Helms* FamRZ 2011, 1765 (1766).

die gemeinsame Verwendung des gewöhnlichen Aufenthaltes als maßgebliches Anknüpfungskriterium, vgl. Art. 3 Abs. 1 lit. a) Brüssel IIa-VO, erstrebt. Die Kriterien des Art. 8 stehen dabei anders als die vier Wahlmöglichkeiten des Art. 5 in einem **zwingenden sich gegenseitig ausschließenden Rangverhältnis**.

2. Die Anknüpfungskriterien im Einzelnen

a) Recht des gewöhnlichen Aufenthalts. Primär entscheidet der gemein- **6** same gewöhnliche Aufenthalt der Ehegatten (lit. a) im Zeitpunkt der Anrufung der Gerichts (vgl. auch Art. 5 Abs. 1 lit. a und lit. b, Art. 7 Abs. 2 bis 4). Der gewöhnliche Aufenthalt wird nach autonomen Kriterien bestimmt. Ein Rückgriff auf das jeweilige nationale Verständnis scheidet aus.[10] Der Terminus wird außerhalb des Familienrechts ua in der Rom I-[11] und Rom II-Verordnung,[12] im familienrechtlichen Kontext insbesondere in verschiedenen Haager Abkommen,[13] in der Brüssel IIa-VO[14] und in der Unterhaltsverordnung[15] verwendet. Eine einheitliche europarechtliche Definition existiert indes nicht. Auch enthält die Rom III-VO keine Definition des Begriffes „gewöhnlicher Aufenthalt". Jedoch lässt sich als wesentlicher Begriffskern des unbestimmten Rechtsbegriffes herauskristallisieren, dass sich der gewöhnliche Aufenthalt nach dem **tatsächlichen Lebensmittelpunkt** einer Person bestimmt.[16] Die nur zeitweilige physische Präsenz einer Person in einem Mitgliedstaat genügt hierfür nicht. Im Einzelnen ist indes umstritten, ob eine Anlehnung an das Zuständigkeitsrecht nach der Brüssel IIa-VO gelten soll[17] oder ob in Grenzfällen eine gewisse funktionale Begriffsdifferenzierung geboten ist.[18] Nach der Rechtsprechung des EuGH sind die Begriffe einer Vor-

[10] Bzgl. Art. 8 Brüssel IIa-VO: EuGH 2.4.2009 – C-523/07 = FamRZ 2009, 843 (844 f.); EuGH 22.10.2010 – C-497/10 = FamRZ 2011, 617 (619).

[11] Vgl. Art. 4 Abs. 1 lit. a) und Art. 5 Abs. 2 S. 3 lit. a) Rom I-VO.

[12] Vgl. Art. 4 Abs. 2 Rom II-VO.

[13] Beispielsweise in Art. 3 Abs. 1 lit. a und Art. 4 HKiEntÜ; Art. 14 HAdoptÜ; Art. 5 Abs. 1, 7 Abs. 1, 10 Abs. 1, 16 Abs. 1, 17 KSÜ; Art. 1 MSA.

[14] ZB Art. 3 Abs. 1, 8 Abs. 1, 10 Brüssel IIa-VO.

[15] ZB Art. 3 lit. a und b, 4 Abs. 1 S. 1 lit. a UnthVO.

[16] So explizit die Schlussanträge der Generalanwältin Kokott in der Rs. C-253/07 – A, Rn. 31 und 38; vgl. auch EuGH 2.4.2009 – C-523/07, Slg. I 2009, 2831 = FamRZ 2009, 843 (844 f.); vgl. auch EuGH 22.10.2010 – C-497/10 PPU, Slg. 2010, 14309 = FamRZ 2011, 617 (619) – Mercredi/Chaffe; zum deutschen Begriffsverständnis *Prütting/Helms*, FamFG, § 122 FamFG Rn. 4 mwN.

[17] Für ein einheitliches Begriffsverständnis: Palandt/*Thorn* Art. 5 Rom III-VO Rn. 3; *Gruber* IPRax 2012, 381 (385); NK-BGB/*Gruber* Anhang zu Art. 17 EGBGB Rn. 10; *Traar* ÖJZ 2011, 805 (808); *Andrae*, Internationales Familienrecht, § 4 Rn. 97; *Martiny* IPRax 2011, 437 (450).

[18] Für eine funktionale Begriffsdifferenzierung *Helms*, FS Pintens, 2012, 681 (688); *ders.* FamRZ 11, 1765 (1769); *Hilbig-Lugani*, FS Brudermüller, 2014, 323 (326 ff.); nach *Kropholler* IPR § 39 II, S. 283 f. ist eine „vorsichtige Differenzierung" nach Rechtsgebieten bei der Definition angebracht; nach *Hausmann* kann das Ziel, den Schwerpunkt des Rechtsverhältnisses in nur einer einzigen Rechtsordnung zu lokalisieren, zu einem noch engeren Konzept des gewöhnlichen Aufenthalts in der Rom III-VO als in Art. 3 Brüssel IIa-VO führen. Es könne aber im Regelfall auf die Grundsätze des gewöhnlichen Aufenthaltes in Art. 3 Brüssel IIa-VO zurückgegriffen werden. *Hausmann*, Internationales und Europäisches Ehescheidungsrecht, Rom III-VO Art. 8 Rn. 317 f.

schrift des Unionsrechts, die für die Ermittlung ihres Sinns und ihrer Bedeutung nicht explizit auf das Recht der Mitgliedstaaten verweist, in der Regel unter Berücksichtigung des Kontextes der Vorschrift und des mit der Regelung verfolgten Ziels autonom und einheitlich auszulegen.[19] Die Rechtsprechung zum Begriff des gewöhnlichen Aufenthalts in anderen Bereichen des Rechts der EU kann nicht unbesehen auf andere Rechtsakte übertragen werden.[20] Zu beachten ist, dass diese Rechtsprechung den gewöhnlichen Aufenthalt von Kindern im Rahmen der elterlichen Verantwortung nach Art. 8, 10 Brüssel IIa-VO betrifft und daher nur bedingt für den gewöhnlichen Aufenthalt von Erwachsenen im Kontext des Scheidungsrechts maßgeblich sein kann.[21] zum gewöhnlichen Aufenthalt des Kindes: *Schäuble* → Art. 8 Brüssel IIa Rn. 4 ff. Indes sprechen der enge Zusammenhang der Rom III-VO mit der Brüssel IIa-VO sowie die offensichtliche Parallelität des Wortlautes von Art. 5 lit. a und b mit Art. 3 Abs. 1 lit. a Str. 1 und Str. 2 der Brüssel IIa-VO für eine terminologische Übereinstimmung. Maßgeblich sollte jedoch sein, dass nach Erwägungsgrund Nr. 10 Abs. 1 S. 1 ausdrücklich ein Gleichklang mit der Brüssel IIa-VO erwünscht ist. Auch vor dem Hintergrund des Grundsatzes der einheitlichen verordnungsübergreifenden Auslegung würde es vor allem widersprüchlich anmuten, wenn sich ein Gericht aufgrund des gewöhnlichen Aufenthalts eines oder mehrerer Ehegatten für zuständig erklären würde, und schließlich – im Rahmen der Anwendung der Rom III-VO – den gewöhnlichen Aufenthalt in einem anderen Staat lokalisieren würde.[22] Die Kriterien, die zur Bestimmung des gewöhnlichen Aufenthalts von Ehepartnern im Rahmen eines Scheidungsverfahrens heranzuziehen sind, können daher im Internationalen Verfahrensrecht und im Kollisionsrecht nicht unterschiedlich sein. Zwar mögen zur Bestimmung des gewöhnlichen Aufenthalts von Kindern im Hinblick auf das Kindeswohl und der Notwendigkeit rascher Schutzmaßnahmen andere Kriterien heranzuziehen sein als im Rahmen der Bestimmung des gewöhnlichen Aufenthalts der Eltern.[23] Bei der Festlegung des gewöhnlichen Aufenthalts von Ehegatten im Scheidungsverfahren wäre es jedenfalls nicht sach- und interessengerecht, die Zuständigkeit nach Art. 3 Abs. 1 lit. a Str. 1 und Str. 2 Brüssel IIa-VO auf den gewöhnlichen Aufenthalt zu stützen und in demselben Verfahren zu demselben Zeitpunkt – Anrufung des Gerichts – den gleichen Terminus bei der Bestimmung des anwendbaren Rechts nach Art. 8 lit. a anhand anderer Kriterien festzulegen. Vgl. ebenso *Mayer* → Art. 5 Rn. 12; abweichend *Großerichter* → Brüssel IIa-VO Art. 3 Rn. 6.

7   Vor diesem Hintergrund kann unter Rückgriff auf die Grundsätze zur Auslegung des gewöhnlichen Aufenthalts nach Art. 3 Brüssel IIa-VO festgehalten werden: Gemeinsamer gewöhnlicher Aufenthalt erfordert übereinstimmende physische Präsenz im selben Staat bzw. Rechtsgebiet. Dieser Aufenthalt muss sich darüber hinaus als Ausdruck einer gewissen Integration in ein soziales und/oder familiäres Umfeld darstellen.[24] Der gewöhnliche Aufenthalt ist daher in dem Staat

---

[19] Vgl. ua EuGH 22.12.2010 – C-497/10 PPU, Slg. 2010, 14309 = FamRZ 2011, 617 (619) – Mercredi/Chaffe mwN.

[20] EuGH 2.4.2009– C-523/07, Slg. 2009, 2805 = FamRZ 2009, 843.

[21] *Traar* ÖJZ 2011, 805 (808).

[22] Vgl. *Gruber* IPRax 2012, 381 (385 Fn. 57).

[23] Vgl. *Hausmann*, Internationales und Europäisches Ehescheidungsrecht, EuEheVO Art. 3 Rn. 48.

[24] Vgl. EuGH 2.4.2009 – C-523/07, Slg I 2009, 2831 = FamRZ 2009, 843 (845) und EuGH 22.10.2010 – C-497/10 PPU, Slg. 2010, 14309 = FamRZ 2011, 617 (619) – Mercredi/Chaffe.

gegeben, in dem die Ehegatten einen gemeinsamen Lebensmittelpunkt haben, und zwar aufgrund des Prinzips der universellen Anwendbarkeit (Art. 4) unabhängig davon, ob dieser in einem teilnehmenden Mitgliedstaat, einem anderen Mitgliedstaat oder in einem Drittstaat besteht.[25] Im Hinblick auf den Aspekt der Rechtssicherheit ist bei der Bestimmung des gemeinsamen gewöhnlichen Aufenthalts primär auf objektive Kriterien abzustellen. Als erstes Indiz ist eine **gewisse objektive Aufenthaltsdauer** als zeitliche Komponente heranzuziehen.[26] Denn mit dem Adjektiv „gewöhnlich" ist eine gewisse Beständigkeit bzw. Regelmäßigkeit verbunden.[27] Eine objektive Mindestverweildauer ist indes nicht erforderlich.[28] Der Aufenthalt darf sich nicht auf eine lediglich vorübergehende oder gelegentliche Anwesenheit beschränken. Er darf mithin nicht flüchtig sein, sondern ihm muss eine tiefere Bedeutung zukommen. Die subjektive Komponente erhält indes eine gewisse Bedeutung, denn subjektive Integrationsabsichten können ein weiteres Indiz für die Begründung des gewöhnlichen Aufenthaltes sein. Der gewöhnliche Aufenthalt kann nämlich auch schon nach einer kurzen Aufenthaltsdauer in einem bestimmten Staat begründet werden, sofern ein Verbleib auf längere Sicht intendiert ist.[29] Die Dauer des Aufenthalts ist lediglich Indiz zur Beurteilung der Beständigkeit, die vor dem Hintergrund aller besonderen tatsächlichen Umstände des Einzelfalles vorzunehmen ist.[30] Umgekehrt kann die Absicht, den betreffenden Staat wieder zu verlassen, auch gegen die Begründung eines gewöhnlichen Aufenthaltes sprechen. Der Wille zur Begründung eines gewöhnlichen Aufenthalts ist jedoch nicht zwingend. Dementsprechend kann auch unfreiwilliger Aufenthalt, zB im Rahmen der Haft, zu einem gewöhnlichen Aufenthalt führen. Insgesamt ist zu prüfen, ob der Aufenthalt Ausdruck sozialer bzw. familiärer Integration ist.[31] Es ist danach zu fragen, ob das Ehepaar gemeinsam seinen „räumlich-sozialen Schwerpunkt"[32] lebt, also eine gewisse Nähebeziehung im Hinblick auf eine gesellschaftliche Integration in dem betreffenden Staat hat.[33]

---

[25] Erman/*Hohloch* EGBGB Anhang zu Art. 17, Art. 8 Rn. 2.

[26] EuGH 2.4.2009 – C-523/07, Slg I 2009, 2831 = FamRZ 2009, 843 (845); EuGH 22.10.2010 – C-497/10 PPU, Slg. 2010, 14309 = FamRZ 2011, 617 (619) – Mercredi/Chaffe; Helms FamRZ 2011, 1765 (1770).

[27] EuGH 22.10.2010 – C-497/10 PPU, Slg. 2010, 14309 = FamRZ 2011, 617 (619) – Mercredi/Chaffe.

[28] EuGH 22.10.2010 – C-497/10 PPU, Slg. 2010, 14309 = FamRZ 2011, 617 (619) – Mercredi/Chaffe; *Helms* FamRZ 2011, 1765 (1770); *Hausmann*, Internationales und Europäisches Ehescheidungsrecht, EuEheVO Art. 3 Rn. 49; aA Erman/*Hohloch*, EGBGB, Anhang zu Art. 17, Art. 5 Rn. 4, der als Grundregel nennt, dass ein Ehegatte dort seinen gewöhnlichen Aufenthalt hat, wo er seit wenigstens 6 Monaten freiwillig seinen Lebensmittelpunkt angesiedelt hat. Diese Frist soll jedoch idR nicht im Hinblick auf den in den Staat des gewöhnlichen Aufenthalts des anderen Ehegatten zuziehenden Partners gelten.

[29] Schlussanträge der Generalanwältin *Kokott* in der Rs. C-523/07 v. 29.1.2009, BeckRS 2009, 70122 Rn. 43 f.

[30] EuGH 22.10.2010 – C-497/10 PPU, Slg. 2010, 14309 = FamRZ 2011, 617 (619) – Mercredi/Chaffe.

[31] EuGH 2.4.2009 – C 523/07 = FamRZ 2009, 843 (845) Rn. 38; EuGH 22.10.2010 – C-497/10 = FamRZ 2011, 617 (619), Rn. 47; *Helms* FamRZ 2011, 1765 (1770).

[32] Vgl. *Helms* FamRZ 2011, 1765 (1771).

[33] Vgl. zu der Rechtsprechung des EuGH in Bezug auf den gewöhnlichen Aufenthalt eines Kindes iSv Art. 8 Abs. 1 EuEheVO auch die Ausführungen von *Basedow* IPRax 2011, 109 (115).

Die Nähebeziehung wird indiziert durch die Intensität sozialer und familiärer Bindungen.[34] Ein lediglich flüchtiger Aufenthaltswechsel führt mithin nicht zum Wechsel des Aufenthaltsortes. Bei Arbeitsmigranten in Grenzgebieten, die lediglich für bestimmte begrenzte Zeiträume im Hinblick auf die Arbeit ihre Heimat verlassen, ihre sozialen und familiären Bindungen aber in der Heimat beibehalten, bleibt unter Berücksichtigung der Mobilität der Gesellschaft der gemeinsame gewöhnliche Aufenthalt im Heimatstaat. Problematisch sind hingegen die Fälle, in denen Ehegatten während eines längeren Zeitraums, dh über Monate oder Jahre, in einem anderen Staat leben, aber zu ihrem bisherigen Wohnsitzstaat eine intensive Bindung aufrechterhalten.[35] Dies kann beispielsweise auf die Berufsgruppen der Diplomaten, Angehörige von Streitkräften oder auf EU-Beamte zutreffen. Zur Bestimmung des gewöhnlichen Aufenthalts ist in derartigen Fällen von wesentlicher Bedeutung, in welchem Staat sich eine gewisse Integration der Ehegatten in ein soziales Umfeld manifestiert. Das Gericht hat alle besonderen tatsächlichen Umstände des Einzelfalls zu würdigen. Entscheidende Faktoren, die eine Beibehaltung des gewöhnlichen Aufenthalts im bisherigen Wohnsitzstaat belegen, wären insbesondere noch vorhandene intensive Bindungen zum bisherigen Wohnsitzstaat bzw. eine in concreto geplante Rückkehr. Gegen eine Beibehaltung und für eine Neubegründung des gewöhnlichen Aufenthaltes könnten folgende Faktoren sprechen: die Beherrschung der fremden Sprache durch beide Ehegatten, Berufsausübung im neuen Wohnsitzstaat, Einbindung in ein anderes soziales Umfeld außerhalb der Familie.[36]
Der gemeinsame gewöhnliche Aufenthalt erfordert keinen übereinstimmenden Aufenthalt am selben Ort. Es genügt insoweit übereinstimmender Aufenthalt im selben Staat bzw. Rechtsgebiet.[37]

8   **b) Recht des letzten gemeinsamen gewöhnlichen Aufenthalts.** Anderenfalls gilt der letzte gemeinsame gewöhnliche Aufenthalt der Ehegatten (lit. b). Bezüglich der Definition des gewöhnlichen Aufenthalts gelten die Ausführungen zu lit. a. Der letzte gemeinsame gewöhnliche Aufenthalt kommt indes nur unter **zwei Voraussetzungen** zur Anwendung. Erstens darf er nicht mehr als ein Jahr vor Anrufung des Gerichts zurückliegen. Zweitens muss einer der Ehegatten den gewöhnlichen Aufenthalt ununterbrochen fortgeführt haben.[38] Die zeitliche Begrenzung von einem Jahr ist im Vergleich zu der bisherigen Rechtslage nach den Art. 17 Abs. 1 S. 1 iVm 14 Abs. 1 Nr. 2 Alt. 2 EGBGB neu und sichert die enge Verbindung zum anwendbaren Recht. Insoweit besteht auch ein Unterschied zur Rechtswahl nach Art. 5 lit. b, wonach eine zeitliche Begrenzung der Anknüpfung an den letzten gemeinsamen gewöhnlichen Aufenthalt nicht vorgesehen ist. Eine nach bisherigem Recht mögliche objektive Anknüpfung an einen längst beendeten gemeinsamen gewöhnlichen Aufenthalt kommt daher nicht mehr in Betracht.[39] Der letzte gemeinsame gewöhnliche Aufenthalt bleibt im Ergebnis außer Betracht, sofern ein Gericht mehr als ein Jahr nach Beendigung dieses Aufenthaltes angerufen wird. Die Anknüpfungsregelung ermöglicht

---

[34] *Helms* FamRZ 2011, 1765 (1770).

[35] Hierzu näher *Helms* FamRZ 2011, 1765 (1770).

[36] *Helms* FamRZ 2011, 1765 (1770).

[37] Erman/*Hohloch* EGBGB Anhang zu Art. 17, Art. 5 Rn. 4.

[38] Erman/*Hohloch* EGBGB, Anhang zu Art. 17, Art. 8 Rn. 3; Palandt/*Thorn* Art. 8 Rom III-VO Rn. 3.

[39] Erman/*Hohloch* EGBGB Anhang zu Art. 17, Art. 8 Rn. 1.

daher taktisches Vorgehen, denn der scheidungswillige Ehegatte kann bei einer gemischt-nationalen Ehe in das Ausland ziehen und das Verstreichen der Jahresfrist abwarten, um sich dann über die Wahl nach Art. 3 Brüssel IIa-VO ein für ihn günstiges Scheidungsstatut zu verschaffen.[40] Die Darlegungs- und Beweislast hinsichtlich der einschränkenden Voraussetzungen liegt bei dem antragstellenden Ehegatten.[41]

c) Recht der Staatsangehörigkeit beider Ehegatten. Die gemeinsame **9** Staatsangehörigkeit beider Ehegatte im Zeitpunkt der Anrufung des Gerichts ist nachrangiges Anknüpfungsmoment (lit. c). Im Unterschied zu Art. 5 lit. c genügt die Beziehung nur eines Ehegatten zum Heimatrecht nicht, sondern es ist – wie im Rahmen von Art. 3 Abs. 1 lit. b Brüssel IIa-VO – die **gemeinsame Staatsangehörigkeit beider Ehegatten** entscheidend. Insoweit besteht auch eine Übereinstimmung mit der bisherigen Rechtslage nach Art. 14 Abs. 1 Nr. 1 EGBGB, wonach an das Heimatrecht beider Ehegatten angeknüpft wurde. Durch Verlagerung der bisherigen Grundsatzanknüpfung gemäß Art. 14 Abs. 1 Nr. 1 EGBGB auf Stufe drei der Anknüpfungsleiter hat das Kriterium des Heimatrechts jedoch erheblich an Bedeutung verloren. Das gemeinsame Heimatrecht kommt nur noch dann zum Zuge, wenn die Eheleute ihren gemeinsamen gewöhnlichen Aufenthalt aktuell nicht in demselben Staat haben und dieser mehr als ein Jahr vor Anrufung des Gerichts zurückliegt. Es genügt damit der Wechsel des gewöhnlichen Aufenthalts nur eines Ehegatten, sofern als weitere Voraussetzung die Jahresfrist verstreicht. In diesem Fall ist die Anknüpfung an die gemeinsame Staatsangehörigkeit ausnahmsweise naheliegender, als die Anknüpfung an das Recht des gemeinsamen gewöhnlichen Aufenthalts.[42]

Beispiel:

Die Ehegatten deutscher Staatsangehörigkeit haben in Spanien gelebt. Die Ehefrau kehrt nach Deutschland zurück und begründet hier ihren gewöhnlichen Aufenthalt. Nach Ablauf von eininhalb Jahren beantragt sie vor dem deutschen Amtsgericht die Scheidung.

Das Beispiel belegt, dass Raum für taktische Überlegungen des Antragstellers besteht, welcher durch einen Antrag nach Ablauf der Jahresfrist bzw. durch einen rechtzeitigen, dh innerhalb der Jahresfrist gestellten Antrag, das anwendbare Recht determinieren kann.

Maßgebend ist allein die **aktuelle,** nicht eine frühere gemeinsame Staatsange- **10** hörigkeit.[43] Insoweit hat sich die Rechtslage im Vergleich zu der **bisherigen Rechtslage** nach Art. 17 iVm Art. 14 Abs. 1 Nr. 1 EGBGB, der die gemeinsame Staatsangehörigkeit während der Ehe genügen ließ, sofern einer der Ehepartner diesem Staat noch angehörte, verändert. Wie die übrigen Anknüpfungspunkte, muss die gemeinsame Staatsangehörigkeit beider Ehegatten im Zeitpunkt der Anrufung des Gerichts bestehen. Unerheblich ist daher, ob die Ehegatten die gemeinsame Staatsangehörigkeit bereits zu Beginn der Ehe hatten. Unerheblich ist ferner auch, wenn ein Ehegatte bzw. beide Ehegatten die Staatsangehörigkeit nach Anrufung des Gerichts wechseln.[44]

---

[40] Palandt/*Thorn* Art. 8 Rom III-VO Rn. 3.
[41] Erman/*Hohloch* EGBGB Anhang zu Art. 17, Art. 8 Rn. 3.
[42] *Henrich*, FS Stoll, 2001, 442.
[43] *Dimmler/Bißmaier* FamRBint 2012, 66 (68).
[44] Erman/*Hohloch*, EGBGB Anhang zu Art. 17, Art. 8 Rn. 4.

11   Problematisch ist, wie im Falle **mehrfacher Staatsangehörigkeit** der Ehegatten zu verfahren ist. Diese Frage ist in Art. 8 nicht ausdrücklich geregelt. Einerseits ist namentlich nach Erwägungsgrund Nr. 10 Abs. 1 S. 1 ein Gleichklang von Rom III und Brüssel IIa-VO gewünscht. In Bezug auf die Zuständigkeitsprüfung nach Art. 3 Abs. 1 lit. b Brüssel IIa-VO sollen nach der ständigen Rechtsprechung des EuGH bei Doppelstaatern beide Staatsangehörigkeiten ohne Effektivitätsprüfung formal gleichberechtigt nebeneinander stehen. Die Anknüpfung an eine einzige maßgebliche Staatsangehörigkeit wird demgegenüber abgelehnt.[45] Andererseits verweist Erwägungsgrund Nr. 22 für die Fälle mehrfacher Staatsangehörigkeit auf das innerstaatliche Recht der *lex fori*. Nach Art. 5 EGBGB richtet sich die effektive Staatszugehörigkeit nach dem Staat, mit dem die engste Verbundenheit besteht. Indiz hierfür ist der gewöhnliche Aufenthalt. Der Widerspruch ist in Bezug auf Art. 8 durch einen Vorrang von Erwägungsgrund Nr. 22 zu lösen. Denn dieser Erwägungsgrund bezieht sich explizit auf die Problematik der mehrfachen Staatsangehörigkeit, während Nr. 10 Abs. 1 S. 1 eine eher allgemeine Zielsetzung formuliert. Schließlich ist die Interessenlage im Rahmen von Art. 8 eine andere als im Rahmen von Art. 5 Abs. 1 lit. c, da dieser in besonderem Maße vor dem Hintergrund der erstrebten Stärkung der Parteiautonomie zu interpretieren ist und aus diesem Grunde auch die Wahlmöglichkeit einer ineffektiven Staatsangehörigkeit eröffnen muss,[46] Mayer → Art. 5 Rn. 19. Damit entscheidet im Rahmen von Art. 8 im Falle mehrfacher Staatsangehörigkeit gemäß Art. 5 Abs. 1 S. 1 EGBGB die **effektive.** Indes ist Art. 5 Abs. 1 EGBGB nur mit der Maßgabe anzuwenden, dass die effektive Staatsangehörigkeit stets gilt und eine abstrakte Bevorzugung der deutschen Staatsangehörigkeit durch deutsche Gerichte gemäß Art. 5 Abs. 1 S. 2 EGBGB aufgrund teleologischer Reduktion der Vorschrift keine Anwendung findet.[47] Nach Art. 5 Abs. 1 S. 2 EGBGB wird die Person, die neben einer oder mehreren ausländischen Staatsbürgerschaften auch die deutsche besitzt, so behandelt, als wäre sie nur Deutsche. Eine derartige Bevorzugung der deutschen Staatsangehörigkeit würde die nach Erwägungsgrund Nr. 22 uneingeschränkt zu beachtenden allgemeinen Grundsätze der EU, namentlich das Verbot von Diskriminierung aus Gründen der Staatsangehörigkeit (Art. 18 AEUV, Art. 12 EGV aF), verletzen.[48]

Sofern beide Ehegatten mehrere Staatsbürgerschaften besitzen, ist lit. c nur dann anwendbar, wenn eine der mehreren Staatsangehörigkeiten der Ehegatten für beide übereinstimmend die effektive ist.[49]

---

[45] EuGH 16.7.2009 – C-168/08 – Hadadi/Mesko, Slg. I 2009, 6871 = FamRZ 2009, 1571 (1573 f.); vgl. dazu folgende Anmerkungen: *C. Kohler* FamRZ 2009, 1574; *Hau* IPRax 2010, 50; *Dilger* IPRax 2010, 54; vgl. ferner *Basedow* IPRax 2011, 109 (114).

[46] Für eine unterschiedliche Handhabung im Rahmen von Art. 5 und Art. 8: *Helms* FamRZ 2011, 1765 (1771); Palandt/*Thorn* Art. 5 Rom III-VO Rn. 4 und Art. 8 Rn. 4; Erman/*Hohloch* Art. 8 EGBGB Rn. 4 und Art. 5 Rn. 7; nach *Gruber* ist auch im Rahmen der Rechtswahl nach Art. 5 EGBGB auf die effektive Staatsangehörigkeit nach Art. 5 Abs. 1 S. 1 EGBGB abzustellen, IPRax 2012, 381 (384 f.).

[47] NK-BGB/*Gruber* Anhang zu Art. 17 EGBGB, Art. 21 Rom III-VO, Rn. 17; *ders.* IPRax 2012, 381 (386); *Helms* FamRZ 2011, 1765 (1771).

[48] So auch *Helms* FamRZ 2011, 1765 (1771); NK-BGB/*Gruber* Anhang zu Art. 17 EGBGB, Art. 21 Rom III-VO, Rn. 17; Palandt/*Thorn* Art. 5 Rom III-VO Rn. 4; vgl. auch *Hau* FamRZ 2013, 249 (253) und *Basedow*, FS Posch, 2011, 27 f.; zum Diskriminierungsverbot nach Art. 18 AEUV vgl. auch *Basedow* IPRax 2011, 109 (112 f.).

[49] Erman/*Hohloch* EGBGB, Art. 8 Rn. 4.

In der Sondersituation der **Staatenlosigkeit** ist das New Yorker UN-Überein- 12
kommen über die Rechtsstellung der Staatenlosen von 28.9.1954 anwendbar,[50]
Mayer → Art. 5 Rn. 20. Denn insoweit enthält die Rom III-VO eine Regelungs-
lücke, die durch ergänzende Anwendung staatsvertraglichen bzw. nationalen
Rechts zu schließen ist (vgl. Erwägungsgrund 22).[51] Gemäß Art. 12 Abs. 1 des
New Yorker UN-Übereinkommens über die Rechtsstellung von Staatenlosen
gilt das Recht des Wohnsitzes des Ehegatten, welcher nach hM als gewöhnlicher
Aufenthalt zu verstehen ist.[52] Bei Flüchtlingen ist lit. c teleologisch zu reduzieren
und es sind ebenfalls staatsvertragliche bzw. nationale Regeln anzuwenden.[53] Insoweit gilt Art. 12 des Genfer UN-Abkommens über die Rechtsstellung der Flüchtlinge vom 28.7.1951, wonach der Wohnsitz entscheidet.[54]

d) Recht des angerufenen Staates *(lex fori)*. Höchst hilfsweise ist das Recht 13
des angerufenen Staates, die *lex fori* (lit. d), berufen. Dadurch wird ein Gleichlauf
zwischen Zuständigkeit und anwendbarem Recht erzielt, Mayer → Art. 5
Rn. 23. Wird ein deutsches Gericht angerufen, so hat dieses daher deutsches
materielles Scheidungsrecht anzuwenden. Im Ergebnis kann die Geltung der *lex
fori* aufgrund der großzügig gefassten Zuständigkeit nach Art. 7 Brüssel IIa-VO –
zB wegen der Staatsangehörigkeit eines Ehepartners – zur Anwendung eines
Rechts führen, mit dem außer der Anhängigkeit keine enge Verbindung gegeben
ist.[55] Im Falle der Privatscheidung scheidet die Anknüpfung nach lit. d aus und
es ist das Rechtssystem anzuwenden, zu dem die Ehegatten im Zeitpunkt der
Antragstellung die engste Verbindung haben.[56]

3. Zeitpunkt

Maßgeblicher Zeitpunkt für die in Art. 8 genannten Anknüpfungskriterien ist 14
die **Anrufung des Gerichts.** Dieser Zeitpunkt ist nach den Grundsätzen gemäß
Art. 16 Brüssel IIa-VO zu bestimmen.[57] Veränderungen im Bezug auf die
Anknüpfungskriterien nach Anrufung des Gerichts sind daher irrelevant.[58] Die
zeitliche Fixierung an den Zeitpunkt der Anrufung des Gerichts eröffnet Raum
für taktische Überlegungen desjenigen, der die Scheidung beantragt und das maßgebende Recht steuern kann.[59] Im Falle der **Privatscheidung** ist der Zeitpunkt
maßgeblich, zu dem die auf die Scheidung gerichteten Willenserklärungen abgegeben werden.[60]

---

[50] Palandt/*Thorn* Art. 5 Rom III-VO Rn. 4; *Gruber* IPRax 2012, 381 (386).

[51] *Franzina* CDT 2011, 85 (111 Rn. 50); *Gruber* IPRax 2012, 381 (386).

[52] *Gruber* IPRax 2012, 381 (386 Fn. 69) mit Hinweis auf MüKoBGB/*Sonnenberger* Art. 5
EGBGB Anh. 1 Rn. 8.

[53] *Franzina* CDT 2011, 85 (111 Rn. 50); *Gruber* IPRax 2012, 381 (386); Palandt/*Thorn*
Art. 5 Rom III-VO Rn. 4.

[54] *Gruber* IPRax 2012, 381 (386 Fn. 71).

[55] Kritisch dazu *C. Kohler* FamRZ 2008, 1673 (1679) und NK-BGB/*Gruber* Anhang zu
Art. 17 EGBGB Rn. 18.

[56] Palandt/*Thorn* Art. 8 Rom III-VO Rn. 7.

[57] Gemäß Nr. 10 Abs. 1 S. 1 und Nr. 13 S. 2 der Erwägungsgründe.

[58] Erman/*Hohloch* EGBGB Anhang zu Art. 17, Art. 8 Rn. 2.

[59] NK-BGB/*Gruber* Anhang zu Art. 17 EGBGB Art. 21 Rn. 16; *Traar* ÖJZ 2011, 805
(811).

[60] *Helms* FamRZ 2011, 1765 (1766) mwN.

4. Sonstiges

15   Die Scheidungsfolgen werden von der Vorschrift nicht erfasst (vgl. Erwägungsgrund 10). Diesbezüglich gelten ua das Haager Protokoll über das auf Unterhaltspflichten anwendbare Recht und Art. 15, 17 EGBGB.[61]

III. Abschließende Normkritik

16   Das Kollisionsrecht wird durch Umkehrung des bisherigen Leiterprinzips aus Art. 17 iVm 14 Abs. 1 EGBGB grundlegend verändert. Der Wandel von der tradierten Heimatanknüpfung hin zur Aufenthaltsanknüpfung entspricht einem internationalen Trend.[62] Die neue Aufenthaltsanknüpfung steht im Lichte einer zunehmenden Mobilität der Bürger der EU. Sie geht jedoch mit einer weitgehenden Aufgabe des stabilen, dh der Wandelbarkeit kaum unterworfenen, und in der Praxis leicht zu ermittelnden Staatsangehörigkeitsprinzips einher.[63] An dieser Stelle kann indes nicht vertieft diskutiert werden, ob der Vorrang des Staatsangehörigkeitsprinzips oder der des Aufenthaltsprinzips vorzugswürdig ist.[64] Abzuwarten bleibt, ob der Prinzipienwechsel Anerkennungsprobleme für deutsche Scheidungen im Ausland mit sich bringt.[65] Festhalten lässt sich vorliegend, dass die neue Rechtslage einen gewissen Gleichlauf von materiellem Recht mit dem internationalen Zuständigkeitsrecht ermöglicht, da gemäß Art. 3 Abs. 1 der Brüssel IIa-VO vorrangig die Gerichte des Mitgliedstaates, in dessen Hoheitsgebiet beide Ehegatten ihren gewöhnlichen Aufenthalt haben, zuständig sind. Die vorrangige Anknüpfung an den gewöhnlichen Aufenthalt stellt für die praktische Rechtsanwendung insofern eine Erleichterung dar, als deutsche Rechtsanwälte und Gerichte auf Grundlage von Art. 8 lit. a idR das ihnen vertraute deutsche materielle Scheidungsrecht heranziehen werden, sofern ausländische Staatsangehörige ihren gewöhnlichen Aufenthalt in Deutschland haben. Die bisher erforderliche Anwendung ausländischen Kollisions- und gegebenenfalls Sachrechts erübrigt sich, womit die Ehegatten auch nicht mehr mit dem Risiko einer möglichen fehlerhaften Rechtswendung und mit den Kosten für die den Prozess verzögernden Rechtsauskünfte zu ihrem Heimatrecht belastet werden.[66] Dies führt letztlich auch zu einer Verfahrensbeschleunigung. Die Neuregelung wird sich daher als praktisch sinnvoll erweisen. Insgesamt entspricht die Anknüpfung an den gewöhnlichen Aufenthalt auch dem Gebot der kollisionsrechtlichen Gerechtigkeit, denn die Ehe wird idR nach dem Recht des Staates geschieden, in dem sie auch gelebt worden ist.[67] Insofern ist die Neuregelung durchaus überzeugend.

---

[61]   Vgl. *Gruber* IPRax 2012, 381 (383); vgl. *Dimmler/Bißmaier* FamRBint 2012, 66 (67).

[62]   MüKoBGB/*Sonnenberger* Einleitung IPR Rn. 20; *Henrich*, FS Stoll, 2001, 442.

[63]   Kritisch bezüglich einer Aufgabe des Staatsangehörigkeitsprinzips *Rauscher*, FS Jayme 2004, S. 733 und 745. Für die Beibehaltung des Staatsangehörigkeitsprinzips sprach sich auch der Deutsche Bundesrat zu Frage 3 des Grünbuches über das anzuwendende Recht und die gerichtliche Zuständigkeit in Scheidungssachen vom 14.3.2005, KOM (2005) 82 aus, BR-Drs. 214/1/05 S. 3.

[64]   Vgl. die Argumente für den Wandel bei *Henrich*, FS Stoll, 2001, 443 ff. Zur Diskussion vgl. auch *Rauscher*, FS Jayme, 2004, Bd. 1, 719 (730) mwN.

[65]   Vgl. dazu *Dimmler/Bißmaier* FamRBint 2012, 66 (66).

[66]   Vgl. zu dieser Erwägung *Henrich*, FS Spellenberg, 2010, 195 (197).

[67]   So *Henrich*, FS Spellenberg, 2010, 195 (197).

Der neue Auffangtatbestand der *lex fori* bildet gegenüber dem bisherigen **17** schwer fassbaren Anknüpfungskriterium der engsten Verbindung aus Art. 14 Abs. 1 Nr. 3 EGBGB ein klares Anknüpfungsmoment.[68] Jedoch erscheint die Anwendung der *lex fori* nicht angemessen, wenn der letzte gemeinsame gewöhnliche Aufenthalt von bedeutender Dauer war.[69] Diesbezüglich hätte es anstelle der pauschalen Jahresfrist nach lit. b einer Differenzierung bedurft. Denn durch das Erfordernis eines beiderseitigen gewöhnlichen Aufenthalts in lit. b enthaltenen einschränkenden Voraussetzungen kann schon der Aufenthaltswechsel nur eines Ehegatten zu einem Wechsel des anwendbaren Rechts führen. Dadurch werden häufig Statutenwechsel herbeigeführt und die Kontinuitätsinteressen des anderen Ehegatten werden vernachlässigt.[70] Der „verlassene" Ehegatte sollte im Ergebnis den Scheidungsantrag im eigenen Aufenthaltsort noch innerhalb der Jahresfrist stellen, da er ansonsten mit einem Scheidungsrecht konfrontiert wird, zu dem er uU keinen Bezug hat.[71] Zudem wäre im Hinblick auf lit. c eine eindeutige Regelung, nach welcher Staatsangehörigkeit die Anknüpfung erfolgen soll, wenn einer der Ehegatten mehrere Staatsangehörigkeiten besitzt, wünschenswert gewesen. Ein weiterer Kritikpunkt ist die Ausklammerung des Kollisionsrechts hinsichtlich der Scheidungsfolgesachen, welche im Hinblick auf die Effizienz mit der Harmonisierung der Kollisionsnormen des anwendbaren Scheidungsrechts hätte einhergehen müssen.[72]

Art. 9 Umwandlung einer Trennung ohne Auflösung des Ehebandes in eine Ehescheidung

(1) **Bei Umwandlung einer Trennung ohne Auflösung des Ehebandes in eine Ehescheidung ist das auf die Ehescheidung anzuwendende Recht das Recht, das auf die Trennung ohne Auflösung des Ehebandes angewendet wurde, sofern die Parteien nicht gemäß Artikel 5 etwas anderes vereinbart haben.**

(2) **Sieht das Recht, das auf die Trennung ohne Auflösung des Ehebandes angewendet wurde, jedoch keine Umwandlung der Trennung ohne Auflösung des Ehebandes in eine Ehescheidung vor, so findet Artikel 8 Anwendung, sofern die Parteien nicht gemäß Artikel 5 etwas anderes vereinbart haben.**

Literatur: *Dimmler/Bißmaier*, Rom III in der Praxis, FamRBint 2012, 66; *Gruber*, Scheidung auf Europäisch – die Rom III-Verordnung, IPRax 2012, 381; *Pabst*, Kollisionsrechtliche Absicherung der Umwandlung einer Ehetrennung in eine Ehescheidung?, FPR 2008, 230.

I. Überblick

Art. 9 enthält eine **Sonderregelung** für das Spezialproblem, dass eine Entschei- **1** dung über die Trennung ohne Auflösung des Ehebandes in eine Scheidung

---

[68] Vgl. auch *J. Stürner* JURA 2012, 708 (710).

[69] So richtig *Gruber* IPRax 2012, 381 (388); kritisch auch *C. Kohler* FamRZ 2008, 1673, (1679); vgl. auch *Hau*, FS Stürner, 2013, 1238 (1244).

[70] So *Gruber* IPRax 2012, 381 (392).

[71] *Gruber* IPRax 2012, 381 (388); kritisch auch *Hau*, FS Stürner, 2013, 1238 ff. (1244).

[72] So auch der Deutsche Bundesrat BR-Drs. 214/1/05 S. 2.

umgewandelt werden soll. Hintergrund der Vorschrift ist, dass in einigen Zivilrechtsordnungen die gerichtliche Trennung von Tisch und Bett eine Alternative zu der Ehescheidung (zB in Frankreich gemäß art. 296 ff code civile), in anderen eine obligatorische Vorstufe der Ehescheidung (zB in Italien gemäß artt. 150 ff. codice civile) ist.[1] Der deutschen Rechtsordnung ist die Trennung von Tisch und Bett hingegen unbekannt. Die nachträgliche Umwandlung einer Trennung in eine Scheidung war den Gerichten indes möglich.[2] Es galt insoweit Art. 17 iVm Art. 14 Abs. 1 EGBGB. Die Vorschrift des Art. 9 bewirkt, dass das Gericht im Zweitverfahren bezüglich der Scheidung dasjenige materielle Recht anzuwenden hat, das der Entscheidung über die Trennung zugrunde lag. Die Vorschrift dient insgesamt damit den **Kontinuitätsinteressen** der Ehegatten (vgl. Erwägungsgrund 23).[3] Sie findet ihre Parallele in Art. 5 Brüssel IIa-VO, der eine internationale Annexzuständigkeit für die nachfolgende Scheidung begründet, besteht vor dem Hintergrund, dass durch Verlegung des gewöhnlichen Aufenthalts nach Einleitung des Ehetrennungsverfahrens ein Wechsel der internationalen Zuständigkeit möglich ist. In einem solchen Fall fehlt dem im Erstverfahren zuständigen Gericht im Zweitverfahren die internationale Zuständigkeit nach Art. 3 Brüssel IIa-VO.[4] Art. 5 Brüssel IIa-VO dient in diesem Fall der Perpetuierung der Zuständigkeit für das Zweitverfahren, *Großerichter* → Art. 5 Brüssel IIa-VO Rn. 1, während Art. 9 sicherstellt, dass im Zweitverfahren dieselbe Rechtsordnung wie im Erstverfahren zur Anwendung gelangt.

2   Zwar kennt das deutsche Recht selbst die gerichtliche Trennung bzw. die gerichtliche Bestätigung der Trennung als Voraussetzung der Ehescheidung nicht. Jedoch können auch in Deutschland bei entsprechender internationaler Zuständigkeit gemäß Art. 3 Abs. 1 Brüssel IIa-VO oder bei subsidiärer Zuständigkeit nach autonomem Recht gemäß Art. 98 FamFG Trennungsverfahren geführt werden.[5] Die Vorschrift kommt insbesondere dann zum Zuge, wenn das Trennungsverfahren im Inland nach gemäß Art. 5 bzw. Art. 8 geltendem ausländischem Sachrecht geführt wird.[6] Größere Bedeutung erhält sie in denjenigen Mitgliedstaaten, deren Rechtsordnungen die Trennung von Tisch und Bett vorsehen.

II. Die Regelung im Einzelnen

1. Kollisionsrechtliche Kontinuität nach Abs. 1

3   Im Interesse der Einheit von gerichtlicher Trennung und Ehescheidung ist nach **Abs. 1** – vorbehaltlich einer Rechtswahl gemäß Art. 5 – dasjenige Recht

---

[1] Vgl. Staudinger/*Spellenberg* Art. 5 EheGVO Rn. 2; in Spanien hingegen ist die Trennung nicht mehr Voraussetzung des Scheidungsverfahrens. Vgl. dazu *Martin-Casals/Ribot* FamRZ 2006, 1331 (1334 ff.); *Gonzalez/Beilfuß* FamRZ 2006, 878 (882 f.); *Finger*, in: Schnitzler, Familienrecht, § 36 Rn. 78; vgl. auch *Pabst* FPR 2008, 230 (230 und Fn. 3 mwN.).
[2] Vgl. dazu RGZ 150, 106 (109); OLG Frankfurt FamRZ 1975, 632; LG Hamburg IPRspr 1976 Nr. 47; AG Rüsselsheim IPRspr 1985 Nr 74 = IPRax 1985, 229 LS mit Anm. *Jayme* IPRax 1985, 230; AG Leverkusen FamRZ 2002, 1635 mit Anm. *P. Gottwald* FamFZ 2002, 1635.
[3] Vgl. NK-BGB/*Gruber* Anhang zu Art. 17 EGBGB Rn. 19; *ders.* IPRax 2012, 381 (388).
[4] *Pabst* FPR 2008, 230 (231).
[5] Erman/*Hohloch* EGBGB Art. 9 Rn. 1.
[6] Erman/*Hohloch* EGBGB Art. 9 Rn. 1.

anzuwenden, das auf die Trennung ohne Auflösung des Ehebandes angewendet wurde. Art. 8 wird insoweit verdrängt. Die Vorschrift ist eine kollisionsrechtliche **Parallelvorschrift zu Art. 5 Brüssel IIa-VO,**[7] wonach die Gerichte, welche die Trennung ohne Auflösung des Ehebandes ausgesprochen haben, auch für das anschließende Scheidungsverfahren zuständig bleiben, *Großerichter* → Art. 5 Brüssel IIa-VO Rn. 1. Nach Art. 9 müssen diese Gerichte das Recht zugrunde legen, das sie bei bereits der Entscheidung über die Trennung ohne Auflösung des Ehebandes angewendet haben. Entscheidend ist mithin, welches Recht dieses Gericht **tatsächlich** angewendet hat.[8] Die mit der Vorschrift erstrebte Kontinuität im Sinne der Wahrung der Statuseinheit soll den Parteien bessere Berechenbarkeit bieten und die Rechtssicherheit stärken (vgl. Erwägungsgrund Nr. 23).

Beispiel:[9]

Die Ehegatten haben in Italien die Ehe geschlossen. Beide besitzen die italienische Staatsbürgerschaft. Das zuständige deutsche Gericht hat die gerichtliche Trennung der Ehegatten nach dem italienischen Zivilgesetzbuch ausgesprochen. Ein Jahr später begehrt die Ehefrau Ehescheidung mit Antrag bei demselben Gericht. Eine Rechtswahl nach Art. 5 wurde nicht getroffen. Beide Ehegatten leben mittlerweile in Deutschland. Wie für die Ehetrennung ist hier auch für die Ehescheidung gemäß Art. 9 italienisches Recht anzuwenden. Art. 8 lit. a findet demgegenüber keine Anwendung.

Das Beispiel verdeutlicht, dass aus Art. 8 die Geltung einheitlichen Rechts für die Trennung und für die Scheidung der Ehe nicht per se folgt, denn die Anknüpfung an den gemeinsamen gewöhnlichen Aufenthalt im Zeitpunkt der Antragstellung gemäß Art. 8 lit. a kann zu einem anderen Sachrecht führen. Dies ist beispielsweise auch dann der Fall, wenn die Rechtswahl gemäß Art. 5 auf die Trennung beschränkt wurde.[10]

Die Vorschrift ist auch dann anwendbar, wenn für die Scheidung ein anderes **4** Gericht angerufen wird, als dasjenige, das die Trennung ohne Auflösung des Ehebandes ausgesprochen hat.[11] Es wendet also nicht nur das Erstgericht, sondern **jedes Gericht** das im Erstverfahren herangezogene materielle Recht an. Dazu muss das zur Ehescheidung angerufene Gericht das Recht ermitteln, welches der Trennung ohne Auflösung des Ehebandes zugrunde lag.[12] Außerdem greift die Vorschrift selbst dann ein, wenn die Trennung ohne Auflösung des Ehebandes in einem nicht teilnehmenden Mitgliedstaat oder in einem Drittstaat ausgesprochen wurde.[13] Hierfür sprechen der Wortlaut der Vorschrift und die Kontinuitätsinteressen der Parteien.[14]

Die Kontinuität kann durch eine wirksame Rechtswahl gemäß Art. 5 durchbrochen werden.

---

[7] OLG Stuttgart, Beschl. v. 17.1.2013 – 17 WF 251/12, BeckRS 2013, 01985; NK-BGB/*Gruber* Art. 21 Rn. 19.

[8] OLG Stuttgart, Beschl. v. 17.1.2013 – 17 WF 251/12, BeckRS 2013, 01985; *Gruber* IPRax 2012, 381 (388); *Dimmler/Bißmaier* FamRBint 2012, 66 (67).

[9] Gebildet nach OLG Stuttgart, Beschl. v. 17.1.2013 – 17 WF 251/12, BeckRS 2013, 01985.

[10] Erman/*Hohloch* EGBGB Art. 9 Rn. 1.

[11] NK-BGB/*Gruber* Anhang zu Art. 17 EGBGB, Art. 21 Rn. 19.

[12] *Gruber* IPRax 2012, 381 (388).

[13] *Gruber* IPRax 2012, 381 (388); Palandt/*Thorn* Art. 9 Rom III-VO Rn. 1.

[14] *Gruber* IPRax 2012, 381 (388).

2. Subsidiäre Anknüpfung nach Absatz 2

5   Die subsidiäre Anknüpfung nach **Absatz 2** ist dann maßgebend, wenn das Recht, welches auf die Trennung ohne Auflösung des Ehebandes angewendet wurde, keine Umwandlung in eine Ehescheidung vorsieht. In diesem Fall findet die allgemeine Regelung des Art. 8 Anwendung, es sei denn, es besteht eine Rechtswahlvereinbarung der Ehegatten nach Art. 5. Ein Kontinuitätsinteresse und ein Bedürfnis nach Wahrung der Statuseinheit bestehen in der Situation des Abs. 2 nicht.[15] Voraussetzungen für die Anwendung des Abs. 2 sind, dass das nach Abs. 1 an sich anzuwendende Recht die **Umwandlung** in eine Ehescheidung überhaupt nicht kennt und dass nach diesem Recht eine gerichtliche Trennung bereits ausgesprochen ist. Die Vorschrift greift damit dann nicht, wenn lediglich einzelne Voraussetzungen der Umwandlung in concreto nicht erfüllt sind.[16] Von Art. 9 Abs. 2 abzugrenzen ist der Fall, in dem das Recht gar keine Ehescheidung vorsieht. Dann gilt gemäß Art. 10 die *lex fori* (vgl. Erwägungsgrund 26 Satz 1).

III. Abschließende Normkritik

6   Die Vorschrift löst Probleme, die bisher aus dem möglichen Wandel des Scheidungsstatuts in dem Zeitraum nach Trennung bis zur Rechtshängigkeit des Scheidungs-(Umwandlungs) antrages resultierten. Die neue Anknüpfung ist vor dem Hintergrund, dass einige Rechtsordnungen die Umwandlung einer bereits ausgesprochenen Trennung nicht vorsehen, notwendig, um den Ehegatten nicht die Möglichkeit der Umwandlung zu nehmen. Denn würden die Gerichte auf die *lex fori* abstellen, so müssten die Scheidungsvoraussetzungen nach dem anwendbaren Recht erfüllt sein. Sind diese aber nicht erfüllt, wäre den Ehegatten eine Scheidung verwehrt.[17] Die Zuständigkeitsregel des Art. 5 Brüssel IIa-VO konnte das Problem nur eingeschränkt lösen, denn sie bezieht sich lediglich auf die internationale Zuständigkeit und nicht auf das Kollisionsrecht.[18] Art. 9 löst das Problem hingegen auf kollisionsrechtlicher Ebene und stellt sicher, dass das gesamte Eheauflösungsverfahren homogen nach derselben Rechtsordnung durchgeführt wird.[19] Die Anwendung derselben Rechtsordnung erscheint auch insoweit gerechtfertigt, als es sich bei der Trennung als Vorstufe der Scheidung und der Scheidung selbst trotz der prozessualen Eigenständigkeit des Trennungs- und des Scheidungsverfahrens um einen einheitlichen Lebenssachverhalt handelt. Mit Beginn des Trennungsverfahrens wird ein Weg eingeschlagen, der in der Regel in der Auflösung der Ehe endet.[20] Die vorausgegangene Trennung ist materiell-rechtlich Voraussetzung für die Scheidung und der gesamte Vorgang bildet materiell eine Einheit.[21] Art. 9 stellt im Ergebnis eine für die Praxis notwendige Komplettierung zu Art. 5 Brüssel IIa-VO dar. Das Zusammenspiel der beiden Vorschriften bewirkt, dass den Ehegatten im Ergebnis ein bekanntes Forum und eine bekannte Rechtsordnung auch für den zweiten Teil des Verfahrens zur Verfügung stehen. Dem erneut

---

[15] OLG Stuttgart, Beschl. v. 17.1.2013 – 17 WF 251/12, BeckRS 2013, 01985.

[16] Palandt/*Thorn* Art. 9 Rom III-VO Rn. 2; *Gruber* IPRax 2012, 381 (390).

[17] Vgl. dazu *Pabst* FPR 2008, 230 (231).

[18] *Pabst* FPR 2008, 230 (232).

[19] *Pabst* FPR 2008, 230 (232).

[20] *Pabst* FPR 2008, 230 (230).

[21] MusielakZPO/*Borth* Art. 5 Brüssel IIa-VO Rn. 1; *Pabst* FPR 2008, 230 (230).

berufenen Gericht sind die Parteien, die Sache und das einschlägige Recht bereits bekannt.[22] Die dargestellte Kontinuität entspricht zweifelsohne nicht zuletzt auch der Prozessökonomie.

Art. 10 Anwendung des Rechts des Staates des angerufenen Gerichts

Sieht das nach Artikel 5 oder Artikel 8 anzuwendende Recht eine Ehescheidung nicht vor oder gewährt es einem der Ehegatten aufgrund seiner Geschlechtszugehörigkeit keinen gleichberechtigten Zugang zur Ehescheidung oder Trennung ohne Auflösung des Ehebandes, so ist das Recht des Staates des angerufenen Gerichts anzuwenden.

Literatur: *Andrae*, Anwendung des islamischen Rechts im Scheidungsverfahren vor deutschen Gerichten, NJW 2007, 1730; *Caravaca/C. González*, Cuadernos de Derecho Transnacional (CDT) 2009, 36; *Gruber*, Scheidung auf Europäisch – die Rom III-Verordnung, IPRax 2012, 381; *Hau*, Zur Durchführung der Rom III-Verordnung in Deutschland, FamRZ 2013, 249; *ders.*, Zur Maßgeblichkeit der lex fori in internationalen Ehesachen, Festschrift für R. Stürner, 2013, 1238ff.; *Helms*, Reform des internationalen Scheidungsrechts durch die Rom III-Verordnung, FamRZ 2011, 1765; *Herfarth*, Get-Statutes und ihre Anwendbarkeit in Deutschland, IPRax 2002, 17; *C. Kohler*, Zur Gestaltung des europäischen Kollisionsrecht für Ehesachen, FamRZ 2008, 1673; *Pietsch*, Scheidungsrecht in Malta, FamRZ 2012, 426; *Schurig*, Eine hinkende Vereinheitlichung des internationalen Ehescheidungsrechts in Europa, Festschrift für von Hoffmann, 2011, 405.

I. Überblick

Die Vorschrift des Art. 10 enthält in systematischer Hinsicht einen gegenüber **1** Art. 12 **speziellen** *ordre public***-Vorbehalt** und bewirkt somit eine **Inhaltskontrolle** des kollisionsrechtlich anwendbaren Sachrechts. Die Vorschrift enthält zwei Regelungsinhalte: Die Alt. 1 dient der Absicherung der Eheschließungsfreiheit durch Ermöglichung einer Scheidung und ist mit Art. 17 S. 2 EGBGB vergleichbar. Demgegenüber dient die praktisch weitaus bedeutsamere Alt. 2 der **Verwirklichung des Gleichheitsgrundsatzes** gegenüber einem solchen ausländischen Scheidungsrecht, das einen Ehegatten – idR die Ehefrau – diskriminiert. Zwingende Rechtsfolge beider Alternativen ist die Nichtanwendung des an sich berufenen ausländischen Sachrechts und stattdessen die Heranziehung der *lex fori*. Rechtspolitischer Hintergrund des Absatzes 2 ist vor allem die Haltung skandinavischer Staaten wie Schweden, welche ein liberales Scheidungsrecht haben und der Anwendung restriktiven ausländischen Scheidungsrechts – vor allem frauenfeindlichen islamischen Rechts – durch eigene Gerichte entgegenwirken wollten.[1]

II. Scheidungsfeindliches Statut nach Alt. 1

Die Alt. 1 erfasst die Situation, in der das nach Art. 5 bzw. Art. 8 eigentlich **2** berufene ausländische Recht eine Scheidung **nicht vorsieht.** In diesem Falle könnte eine Scheidung an sich nicht erfolgen. Hier ist das Recht des **angerufenen**

---

[22] *Pabst* FPR 2008, 230 (232).
[1] *C. Kohler* FamRZ 2008, 1673 (1678); *Helms* FamRZ 2011, 1765 (1772); Palandt/*Thorn* Art. 10 Rom III-VO, Rn. 3.

Gerichts *(lex fori)* anzuwenden (vgl. Erwägungsgrund 24). Weitere Voraussetzungen müssen nicht gegeben sein, insbesondere muss – anders als nach dem allgemeinen ordre public-Vorbehalt und nach Art. 17 Abs. 1 S. 2 EGBGB aF – keine besondere Beziehung zur *lex fori* bestehen.[2] Wichtig ist, dass Art. 10 nur dann greift, wenn in der Rechtordnung des Staates das Rechtsinstitut der Ehescheidung **schlechthin fehlt.** Dies ergibt sich aus Erwägungsgrund Nr. 26. Daher ist nicht die Situation erfasst, in der die individuelle Ehe im Einzelfall aufgrund nicht erfüllter Voraussetzungen, zB aufgrund restriktiv gefasster Scheidungsgründe wie einer längeren Trennungszeit im anwendbaren Scheidungsrecht, nicht scheidbar ist. Auch ist eine Anwendbarkeit der Vorschrift nicht gerechtfertigt, wenn das Recht des Staates unzumutbar hohe Anforderungen für eine Scheidung statuiert. In derartigen Fällen kommt nur der Rückgriff auf den allgemeinen ordre public-Vorbehalt gemäß Art. 12 in Betracht.[3] Im Ergebnis wird der Anwendungsbereich der Vorschrift erheblich eingeschränkt und ist gegenüber Art. 17 Abs. 1 S. 2 EGBGB wesentlich enger.[4] Die Vorschrift hatte im Hinblick auf europäische Rechte nur bezüglich der maltesischen Rechtsordnung Bedeutung (sog. Malta-Klausel). Denn diese sah lange Zeit überhaupt keine Scheidung vor. Seit aber auch Malta als letzter EU-Staat die Scheidung eingeführt hat,[5] hat Art. 10 nur noch im Hinblick auf Rechtsordnungen von Drittstaaten wie zB den Philippinen sowie im Hinblick auf kanonische Scheidungsverbote praktische Relevanz.[6] Die Vorschrift ist ausweislich des eindeutigen Wortlautes auch dann anzuwenden, wenn die Ehegatten ein Recht gewählt haben, das eine Scheidung nicht vorsieht. Auch dann ist auf die *lex fori* zurückzugreifen.[7] Hierdurch erhält die scheidungsfreundliche Tendenz der Rom III-VO Vorrang gegenüber der privatautonomen Entscheidung der Ehegatten nach Art. 5.[8]

III. Geschlechtsspezifische Diskriminierung nach Alt. 2

3   Die Alt. 2 erfasst diejenigen Fälle, in denen das nach Art. 5 oder Art. 8 einschlägige Scheidungsstatut einem der Ehegatten **aufgrund der Geschlechtszugehörigkeit** einen in engeren Grenzen bestehenden Zugang zur Ehescheidung ermöglicht. Dies ist insbesondere dann gegeben, wenn nur dem Ehemann, nicht aber

---

[2] NK-BGB/*Gruber* Anhang zu Art. 17 Rn. 20; *ders.* IPRax 2012, 381 (391); Palandt/*Thorn* Art. 10 Rom III-VO Rn. 2.

[3] *Helms* FamRZ 2011, 1765 (1771); Palandt/*Thorn* Art. 10 Rom III-VO Rn. 2.

[4] Nach einhelliger Meinung setzte Art. 17 Abs. 1 S. 2 aF EGBGB nicht voraus, dass die Ehe nach dem anwendbaren Recht grundsätzlich nicht scheidbar war. Die Anwendung kam bereits dann in Betracht, wenn die Ehe im konkreten Einzelfall nach dem maßgeblich geschieden werden konnte. Demgegenüber war die Anwendbarkeit ausgeschlossen im Falle eines fehlenden Ablaufs der Trennungszeit nach dem Primärstatut des maßgeblichen ausländischen Rechts. Vgl. BGH NJW 2007, 220 (222).

[5] Art. 66 B des Civil Code. Einführung durch Civil Code (Amendment) Act, Government Gazette of Malta No. 18784 v. 29.7.2011; dazu *Pietsch* FamRZ 2012, 426 (426).

[6] Palandt/*Thorn* Art. 10 Rom III-VO Rn. 2; *Gruber* IPRax 2012, 390; bezüglich des Anwendungsfalles der Unscheidbarkeit einer Ehe nach kanonischem Recht BGHZ 169, 240 = FamRZ 2007, 109 mit Anm. *Henrich* = JZ 2007, 738 mit Anm. *Rauscher* JZ 2007, 738.

[7] Nach *Gruber* scheint es in einem solchen Fall überzeugender, vorrangig auf Art. 8 abzustellen, *Gruber* IPRax 2012, 381 (391 Fn. 129).

[8] So auch NK-BGB/*Gruber* Anhang zu Art. 17 Rn. 20.

der Ehefrau ein Scheidungsrecht bzw. eine einseitige Auflösungsbefugnis gegeben wird. Auch hier ist mit der Anwendung der *lex fori* abzuhelfen. Eine Ungleichbehandlung der Geschlechter durch eingeschränkte Scheidungsgründe für die Ehefrau und Scheidungsfreiheit für den Ehemann ist Kennzeichen vor allem islamisch geprägter Rechtsordnungen.[9] Hier liegt daher der maßgebliche Anwendungsbereich der Vorschrift. Aber auch das jüdische Recht statuiert unterschiedliche Scheidungsvoraussetzungen für Mann und Frau[10] und ist daher von der Regelung betroffen. Regelungszweck ist die **Vermeidung von geschlechtsspezifischer Diskriminierung,** womit die Vorschrift Art. 21 der Grundrechtecharta der EU gerecht wird, vgl. Erwägungsgrund Nr. 16. Die Alternative erfasst wichtige Anwendungsfälle des allgemeinen ordre public-Vorbehalts (Art. 12), und macht einen Rückgriff auf diesen in Situationen einer Diskriminierung nach der Geschlechtszugehörigkeit entbehrlich.[11]

Unklar ist, ob bereits eine abstrakte Ungleichbehandlung von Mann und Frau **4** im ausländischen Recht als solche ausreicht oder diese Ungleichbehandlung die Frau **in concreto** benachteiligen muss. Nach dem Wortlaut der Vorschrift würde bereits eine abstrakte Ungleichbehandlung von Mann und Frau genügen. Für diese weite Auslegung spricht auch die Gegenüberstellung mit der Formulierung in Art. 12, welcher anders als Art. 10 auf „die Anwendung" im Einzelfall abstellt. Die Erwägungsgründe 24 und 25 stützen diese Auslegung, denn Nr. 25 betont für den allgemeinen ordre public-Vorbehalt die „Anwendung in einem konkreten Fall".[12] Bei einem Abstellen allein auf die abstrakte Ungleichbehandlung wäre Konsequenz eine weitgehende Verdrängung religiös geprägten Scheidungsrechts und eine pauschale Unterwerfung religiös geschlossener und gelebter Ehen unter eine vollkommen andere Rechtsordnung. Dies wäre indes dann nicht sinnvoll, wenn das ausländische Recht zwar abstrakt den Ehemann bevorzugt, jedoch im konkreten Fall auch der den Scheidungsantrag stellenden Ehefrau die Scheidung ermöglicht.[13] Vor dem Hintergrund des Kerngedankens des IPR, aufgrund prinzipieller Gleichwertigkeit der Rechtsordnungen grundsätzlich dasjenige Recht anzuwenden, zu welchem der Sachverhalt die engste Verbindung aufweist – dies wäre im Falle einer religiös geprägten Ehe grundsätzlich das religiös geprägte Recht –, erscheint indes eine **teleologische Reduktion** der Vorschrift dahingehend vorzugswürdig, dass Art. 10 nur dann anzuwenden ist, wenn das anwendbare Recht zu **Benachteiligung in casu** führt.[14] Dies ist insbesondere dann der Fall, wenn für eine die Scheidung beantragende Ehefrau nach ausländischem Scheidungsrecht kein Scheidungsgrund besteht, während parallel dem Ehemann Scheidungsfreiheit zugestanden wird. Für das Erfordernis einer konkreten Diskriminie-

---

[9] Vgl. auch *Andrae* NJW 2007, 1730. Vgl. dazu *Herfarth* IPRax 2002, 17.

[10] Vgl. dazu *Herfarth* IPRax 2002, 17.

[11] NK-BGB/*Gruber* Anhang zu Art. 17 Rn. 23.

[12] Vgl. dazu *Helms* FamRZ 2011, 1765 (1772).

[13] Erman/*Hohloch* EGBGB Art. 10 Rn. 2; auch *Gruber* IPRax 2012, 391; *Helms* FamRZ 2011, 1772.

[14] Für diese einschränkende Auslegung: NK-BGB/*Gruber* Art. 21 Rn. 21; Palandt/*Thorn* Art. 10 Rom III-VO Rn. 4; *Helms* FamRZ 2011, 1765 (1772); *Hau* FamRZ 2013, 249 (254); *ders.*, FS Stürner, 2013, 1238 (1246); aA *Traar* ÖJZ 2011, 805 (812). Eine konkrete Benachteiligung lag in dem der Entscheidung des OLG Hamm, Beschl. v. 7.5.2013 – II-3 UF 267/12, NJOZ 2013, 1524, zugrunde liegenden Sachverhalt nicht vor, denn hier konnte die iranische Ehefrau nach dem anwendbaren iranischen Scheidungsrecht die Ehescheidung beantragen.

rung spricht schließlich auch die Einordnung von Art. 10 als *lex specialis* gegenüber dem ergebnisorientieren allgemeinen ordre public-Vorbehalt des Art. 12.[15]

IV. Abschließende Normkritik

5   Im Rahmen der praktisch bedeutsameren Alt. 2 der Vorschrift bleibt abzuwarten, ob sich der EuGH der in der Literatur vorgeschlagenen teleologischen Reduktion anschließen wird. Die bisherige eher offene Praxis der höchstrichterlichen deutschen Rechtsprechung zur Anwendbarkeit islamischen Scheidungsrechts[16] müsste bei einem Ausreichen einer abstrakten Ungleichbehandlung von Mann und Frau zukünftig jedenfalls durch Art. 10 Alt. 2 massive Änderungen erfahren. Denn Art. 6 EGBGB erforderte eine konkrete Benachteiligung.[17] Dementsprechend wurde nach bisheriger Praxis deutscher Gerichte beispielsweise islamisches Scheidungsrecht auch dann als nicht ordre public-widrig angewendet, wenn es die Frau aufgrund einer einseitigen Auflösungsbefugnis des Ehemannes zwar abstrakt benachteiligte, aber im konkreten Fall eine solche Benachteiligung nicht vorlag, zB weil selbst bei Anwendung deutschen Rechts die Ehe zu scheiden wäre.[18] Eine konkrete Ungleichbehandlung fehlt nach deutscher Rechtsprechung auch dann, wenn beide Ehegatten die Scheidung wollen und dies im Scheidungsverfahren erklären. Denn das Ergebnis – „die Scheidung" – verletzt nicht den Gleichheitsgrundsatz.[19] Eine fehlende einzelfallbezogene Betrachtung führt hingegen zu einem undifferenzierten Ausschluss des ausländischen Scheidungsrechts, was aus Sicht der Betroffenen als „diskriminierend" erachtet werden könnte.[20] Die Vorschrift soll Diskriminierung verhindern, trägt jedoch ihrerseits – bei entsprechender Auslegung – selbst das Potential von Diskriminierung in sich. Eine Anerkennung des Scheidungsurteils im Drittstaat wird im Ergebnis nicht gefördert. Die Vorschrift muss daher aufgrund ihrer abstrakten und unklaren Formulierung als wenig geglückt bezeichnet werden.[21]

Art. 11 Ausschluss der Rück- und Weiterverweisung

Unter dem nach dieser Verordnung anzuwendenden Recht eines Staates sind die in diesem Staat geltenden Rechtsnormen unter Ausschluss derjenigen des Internationalen Privatrechts zu verstehen.

---

[15] So auch *Helms* FamRZ 2011, 1765 (1772); *Hau* FamRZ 2013, 249 (254); *ders.*, FS Stürner, 2013, 1238 (1246).

[16] Vgl. OLG Hamm, FamRZ 2007, 400 = IPRax 2008, 353; BGH, FamRZ 2004, 1952 = IPRax 2005, 346.

[17] BGH FamRZ 2007, 109 (111, 113); BGH FamRZ 2004, 1952 (1955).

[18] OLG Hamm, FamRZ 2007, 400 = IPRax 2008, 353.

[19] OLG Hamm, FamRZ 2007, 400 = IPRax 2008, 353; AG Kulmbach IPRax 2004, 529 mit Anm. *Unberath*; *Andrae* NJW 2007, 1730 (1731).

[20] Kritisch auch *Gruber* IPRax 2012, 381 (391) und *Schurig*, FS von Hoffmann, 2011, 405 (410).

[21] Laut *Gruber* stellt Art. 10 Alt. 2 einen „Missgriff des europäischen Gesetzgebers" dar. *Gruber* IPRax 2012, 381 (391); vgl. hingegen die Ausführungen von *Caravaca/C. González* CDT 2009, 36, 67 Rn. 43, wonach die Vorschrift der Rechtssicherheit diene und den Richter von der politischen Bürde entlasten soll, den Verstoß gegen den ordre public festzustellen.

Literatur: *Boele-Woelki*, For better or for worse; the Europeanization of International Divorce Law, YbPIL 12 (2010), 1; *Gruber*, Scheidung auf Europäisch – die Rom III-Verordnung, IPRax 2012, 381 ff.; *Hau*, Zur Durchführung der Rom III-Verordnung in Deutschland, FamRZ 2013, 249; *Schurig*, Eine hinkende Vereinheitlichung des internationalen Scheidungsrechts in Europa, Festschrift für von Hoffmann, 2011, 405; *Traar*, Rom III-EU-Verordnung zum Kollisionsrecht für Ehescheidungen, ÖJZ 2011, 805.

I. Regelungsgehalt

Alle Anknüpfungsregeln der VO sind **Sachnormverweisungen,** dh sie ver- 1
weisen nur auf das materielle Recht der fremden Rechtsordnung unter Ausschluss des fremden Kollisionsrechts. Ein abweichender kollisionsrechtlicher Standpunkt bleibt im Anwendungsbereich der Rom III-VO bei der Bestimmung des maßgeblichen materiellen Rechts damit unbeachtlich. Will die fremde Rechtsordnung beispielsweise die Verweisung nicht annehmen und das Recht des Gerichtsortes zur Anwendung bringen (**Rückverweisung** oder *renvoi au premier degré*) oder ordnet es die Anwendung einer dritten Rechtsordnung an (**Weiterverweisung** oder *renvoi au second degré*), so ist dieses Verweisungsergebnis nach Art. 11 unbeachtlich. Die Norm entspricht der europäischen IPR-Doktrin, vgl. Art. 20 Rom I-VO und Art. 24 Rom II-VO,[1] sowie der Regelung in anderen europäischen Staaten wie zB Spanien, Griechenland, Dänemark, Norwegen, Schweden und in einigen Staaten der U.S.A. Demgegenüber erfasst die Verweisung der deutschen Kollisionsnormen auf ein ausländisches Recht gemäß Art. 4 Abs. 1 S. 1 EGBGB grundsätzlich nicht nur dessen Sachnormen, sondern auch dessen Kollisionsrecht (Grundsatz der **Gesamtverweisung**). Ein Renvoi oder eine Weiterverweisung sind damit nach Art. 4 Abs. 1 S. 1 EGBGB möglich. Im Falle der Rückverweisung auf das deutsche Recht wurden daher nach bisheriger Rechtslage gemäß Art. 17, 4 Abs. 1 S. 2 EGBGB die deutschen Sachvorschriften angewendet, womit die Verweisungskette endete. Dem Art. 4 Abs. 1 EGBGB entsprechende Regelungen finden sich zB im IPR Frankreichs, Belgiens und Österreichs. Der Grundsatz der Sachnormverweisung gemäß Art. 11 gilt unabhängig davon, ob auf das Recht eines teilnehmenden Mitgliedstaates, eines nicht teilnehmenden Mitgliedstaates oder auf das Recht eines Drittstaates verwiesen wird.

Gemäß Art. 11 bleibt auch die Rechtsfigur der „**versteckten Rückverwei-** 2
sung" ausgeschlossen. Bei einer solchen ergibt sich die Rückverweisung nicht aus einer materiellen Kollisionsnorm, sondern bereits aus einer Zuständigkeitsnorm (sog. *rules of jurisdiction*).[2] Ist nach diesen Zuständigkeitsvorschriften die internationale Zuständigkeit der Gerichte eines anderen Staates gegeben, so bleibt diesen auch stillschweigend die Anwendung ihres eigenen Sachrechts überlassen.[3] Versteckte Kollisionsnormen kommen im internationalen Ehe- und Kindschaftsrecht, insbesondere des anglo-amerikanischen Rechtskreises, häufig vor. Praxisrelevant wird die „versteckte Rückverweisung" beispielsweise, wenn sich ein in Deutschland ansässiges Ehepaar mit US-amerikanischer Staatsbürgerschaft in Deutschland scheiden lassen möchte. Sofern die Zuständigkeitsvorschrift des

---

[1] Ermann/*Hohloch* EGBGB Art. 10, Rn. 1; Palandt/*Thorn* Art. 10 Rom III-VO Rn. 1.
[2] Vgl. zur „versteckten Rückverweisung" MüKoBGB/*Winkler v. Mohrenfels* Art. 17 EGBGB Rn. 47 ff.
[3] Palandt/*Thorn* Art. 4 EGBGB Rn. 2.

betreffenden Bundesstaates eine Rückverweisung auf das deutsche Recht enthielt, war diese nach bisheriger Rechtslage des Scheidungskollisionsrechts nach Art. 17 aF gemäß Art. 4 Abs. 1 S. 1 beachtlich und die Anwendung des gemeinsamen deutschen Aufenthaltsrechts wurde ermöglicht.[4] Im Rahmen des Anwendungsbereiches der Rom III-VO wird die Rückverweisung künftig unbeachtlich sein. Dies wird indes nicht nur das Kollisionsrecht von Drittstaaten, sondern auch das Kollisionsrecht derjenigen EU-Staaten betreffen, die sich nicht an der Rom III-VO beteiligen.

II. Abschließende Normkritik

3   Die Nichtberücksichtigung einer Rückverweisung wird eine deutliche Änderung gegenüber der bisherigen Rechtslage mit sich bringen. Sie ist im Falle der objektiven Anknüpfung nicht zu begrüßen.[5] Denn sie führt zu Beeinträchtigungen des internationalen Entscheidungseinklangs,[6] von denen auch nicht an der Rom III-VO beteiligte EU-Staaten betroffen sein werden. Das Bemühen um internationalen Entscheidungseinklang zählt indessen zu einem der wichtigsten Motive für die Beachtung der Rückverweisung.[7] Zudem sprechen Praktikabilitätserwägungen gegen die neue Rechtslage: Der Ausschluss eines Renvoi belastet einerseits die Gerichte und Rechtsanwälte mit der Ermittlung des ihnen weniger vertrauten ausländischen Scheidungsrechts und andererseits die Parteien mit dem Risiko einer fehlerhaften Rechtsanwendung und erhöhter Kosten.[8] Das Argument einer angeblichen Rechtssicherheit vermag diese Belastung nicht zu rechtfertigen. Vielmehr steht die neue Regelung nicht im Lichte der Prozessökonomie, denn die Notwendigkeit, erforderliche Auskünfte über ausländisches materielles Sachrecht einzuholen, verzögert und verteuert den Prozess im Ergebnis. Hierdurch entsteht insoweit ein Widerspruch zu Art. 8 lit. a, der es im Sinne der praktischen Rechtsanwendung und Prozessökonomie idR ermöglichen soll, inländisches Recht zur Anwendung zu bringen.[9] Rechtsdogmatisch gesehen erscheint Art. 11 ferner in einem gewissen Widerspruch zu denjenigen Vorschriften der Rom III-VO zu stehen, welche die Anwendung der *lex fori* erstreben, vgl. Art. 8 lit. d.[10] Eine beschränkte Zulässigkeit einer Weiter- und Rückverweisung – zumindest auf die *lex fori* – im Rahmen der objektiven Anknüpfung gemäß Art. 8 hätte vor allem in Situationen der versteckten Rückverweisung oder bei der Heimatzuständigkeit nach Art. 3 Abs. 1 lit. b Brüssel IIa-VO in einigen Fällen zur *lex fori* und damit zu einem internationalen Entscheidungseinklang geführt.[11]

---

[4] Näher hierzu MükoBGB/*Winkler v. Mohrenfels* Art. 17 EGBGB Rn. 48 ff.; *Hau* FamRZ 2013, 249 (254).

[5] So auch *Gruber* IPRax 2012, 381 (388); kritisch auch *Hau* FamRZ 2013, 249 (254) und *Schurig*, FS von Hoffmann 2011, 405 (412 f.); unkritisch hingegen *Boele-Woelki* YbPIL 12 (2010), 1 (14).

[6] *Gruber* IPRax 2012, 381 (388); *Schurig*, FS von Hoffmann 2011, 405 (412 f.).

[7] Vgl. Staudinger/*Hausmann* Art. 4 EGBGB Rn. 17 mwN.

[8] Vgl. *Gruber* IPRax 2012, 381 (388) und vgl. im Rahmen einer allgemeinen Diskussion von Vorteilen eines Renvoi auch Staudinger/*Hausmann* Art. 4 EGBGB Rn. 19.

[9] Vgl. hierzu →Art. 8 Rn. 17.

[10] So auch *Gruber* IPRax 2012, 381 (388).

[11] So *Traar* ÖJZ 2011, 805 (813).

Art. 12 Öffentliche Ordnung (Ordre public)

Die Anwendung einer Vorschrift des nach dieser Verordnung bezeichneten Rechts kann nur versagt werden, wenn ihre Anwendung mit der öffentlichen Ordnung (Ordre public) des Staates des angerufenen Gerichts offensichtlich unvereinbar ist.

Literatur: *Basedow*, Die Verselbständigung des europäischen ordre public, FS Sonnenberger, 2004, 291; *Brüning*, Die Beachtlichkeit des fremden ordre public; *Brunn*, Der europäische ordre public, NJW 1962, 985; *Gärtner*, Die Privatscheidung im deutschen und gemeinschaftsrechtlichen Internationalen Privat- und Verfahrensrecht, 2008; *Hausmann*, Internationales und Europäisches Ehescheidungsrecht, 2013; *v. Houtte* From a National to a European Public Policy, Essays in Honor of Arthur T. von Mehren, 2002, 841; *Jayme*, Methoden der Konkretisierung des ordre public im Internationalen Privatrecht; *S. Lorenz*, Renvoi und ausländischer ordre public, FS Geimer, 2002, 555; *Looschelders*, Die Ausstrahlung der Grund- und Menschenrechte auf das Internationale Privatrecht, RabelsZ 2001, 463; *Looschelders*, Scheidungsfreiheit und Schutz des Antragsgegners im internationalen Privat- und Prozessrecht, FS Kropholler, 2008, 329; *Martiny*, Die Zukunft des europäischen ordre public im Internationalen Privat- und Zivilverfahrensrecht, FS Sonnenberger, 2004, 523; *Rauscher*, Talaq und deutscher ordre public, IPRax 2000, 391; *Reichelt*, „Europäischer" ordre public im autonomen Kollisionsrecht, ZfRV 1975, 217; *P. Scholz*, Die Internationalisierung des deutschen ordre public und ihre Grenzen am Beispiel islamisch geprägten Rechts, IPRax 2008, 213; *Spernat*, Die gleichgeschlechtliche Ehe im Internationalen Privatrecht, 2011; *Spickhoff*, Der ordre public im internationalen Privatrecht, 1989; *Spickhoff*, Der völkerrechtsbezogene ordre public, in: *Leible/Ruffert* (Hrsg.), Völkerrecht und IPR, 2006, 275; *Spickhoff*, Eheschließung, Ehescheidung und ordre public, JZ 1991, 323; *Völker*, Zur Dogmatik des ordre public, 1998.

Übersicht

I. Allgemeines

1. Regelungszweck

1   Das Kollisionsrecht der Rom III-VO führt zur **Anwendung ausländischer Sachrechte** durch die Gerichte der Mitgliedstaaten. Das gilt nicht nur für andere Mitgliedstaaten, sondern auch für drittstaatliches Sachrecht. Diese Toleranz des europäischen IPR kann allerdings im Einzelfall zu Ergebnissen führen, die mit fundamentalen Grundsätzen der Rechtsordnung des jeweils entscheidenden Gerichts unvereinbar sind. Vor diesem Hintergrund schafft Art. 12 das notwendige Gegengewicht zu der toleranten Grundentscheidung des Kollisionsrechts, auch ausländisches Sachrecht anzuwenden. Die Regelung gibt den mitgliedstaatlichen Gerichten die Möglichkeit, in Ausnahmefällen eine ausländische Rechtsregel nicht anzuwenden, wenn ihre Anwendung in einem konkreten Fall mit der öffentlichen Ordnung (*ordre public*) des angerufenen Gerichts offensichtlich unvereinbar wäre.[1] Das anwendbare Recht darf nicht unter Berufung auf den ohnehin eingreifenden *ordre public* offengelassen werden.[2] Art. 12 kommt als **unmittelbar geltendes europäisches Sekundärrecht** Vorrang gegenüber dem autonomen *ordre public*-Vorbehalt des Art. 6 EGBGB zu (vgl. Art. 3 Nr. 1 lit. d EGBGB). Die Rechtsprechung zu Art. 6 EGBGB kann aber wegen der Funktionsidentität der beiden Regelungen auch zur Konkretisierung des Art. 12 herangezogen werden.[3]

2. Autonomer Begriff der öffentlichen Ordnung

2   Dabei ist der Begriff der öffentlichen Ordnung selbst **autonom** zu bestimmen, denn er ist als Teil der Rom III-VO ein unmittelbarer Bestandteil des europäischen Sekundärrechts und daher ein originär europarechtlicher Begriff. Dies gilt allerdings unabhängig von der Frage, aus welchen Normbeständen heraus der Begriff mit Inhalt erfüllt wird. Maßgeblich ist daher zunächst die **Begriffsprägung durch den EuGH**. Er rechnet zum *ordre public* „nationale Vorschriften (…), deren Einhaltung als so entscheidend für die Wahrung der politischen, sozialen oder wirtschaftlichen Organisation des betreffenden Mitgliedstaats angesehen wird, daß ihre Beachtung für alle Personen, die sich im nationalen Hoheitsgebiet dieses Mitgliedstaats befinden, und für jedes dort lokalisierte Rechtsverhältnis vorgeschrieben ist."[4]

3   Die autonome Begriffsbildung wirkt sich aber auch inhaltlich aus: Sie ermöglicht dem EuGH, einen **äußersten Rahmen für die Anwendung des Art. 12** zu ziehen. Diese darf nicht in einer Weise erfolgen, die mit dem europäischen Recht (etwa den Grundfreiheiten des AEUV oder mit Grundrechten der Grundrechtecharta) unvereinbar ist. So verpflichten auch Erwägungsgrund 25 S. 2 sowie 30 die Gerichte bei der Anwendung der Verordnung der Grundrechtecharta der Europäischen Union, insbesondere deren Diskriminierungsverbot: Die Nichtanwendung einer ausländischen Norm scheidet aus, wenn sie die Grundrechtecharta verletzt. Zur Schaffung eines Anwendungsrahmens für Art. 12 steht dem EUGH

---

[1]   S. auch Erwägungsgrund 25 S. 1.
[2]   *Kropholler*, Internationales Privatrecht, § 36 II.
[3]   *Hausmann* Rn. A 355.
[4]   EuGH 23.11.1999 – C-369/96 – Arblade, Slg. 1999, I-8453 Rn. 30 = NJW 2000, 1553.

allerdings **nur das Vorabentscheidungsverfahren** nach Art. 267 AEUV zur Verfügung.[5] Die zu Art. 34 Nr. 1 EuGVO entstandene Rechtsprechung des EuGH[6] kann im Ansatz herangezogen werden:[7] Danach speise sich zwar der **konkrete Inhalt des** *ordre public* aus den **öffentlichen Ordnungen der Mitgliedstaaten;** der Gerichtshof könne Inhalt der öffentlichen Ordnung eines Vertragsstaates nicht definieren. Gleichwohl habe er „über die Grenzen zu wachen, innerhalb deren sich das Gericht eines Vertragsstaats auf diesen Begriff stützen darf…".[8] Sie betrifft zwar den anerkennungsrechtlichen *ordre public*, dem schon deshalb besonders enge Grenzen zueigen sind, weil er das in diesem Bereich geltende Verbot der *révision au fond* durchbricht. Der Grundgedanke der Rechtsprechung ist aber auch für Art. 12 plausibel. Er ist zudem insoweit konsequent, als der Begriff der „öffentlichen Ordnung" selbst, unmittelbarer Bestandteil des Europarechts ist, über dessen Auslegung und Anwendung der Gerichtshof wacht. Allerdings muss der EuGH hier **Zurückhaltung** üben und die kulturell und religiös geprägten Eigenheiten der hier betroffenen Regelungsmaterie berücksichtigen.

II. Anwendungsbereich

Die Rom III-VO beinhaltet in ihren **Art. 10 und 13 besondere Ausformu-** **4** **lierungen** des *ordre public*-Vorbehalts.[9] Art. 10 sieht eine Anwendung der *lex fori* als Ersatzrecht vor, wenn an sich ein materielles Scheidungsrecht zur Anwendung berufen wäre, das keine Ehescheidung vorsieht oder sie nur unter diskriminierenden Bedingungen gewährt.[10] Erwägungsgrund 24 S. 2 zufolge lässt Art. 10 EGBGB den *ordre public*-Vorbehalt unberührt. Doch besteht für sein Eingreifen kein Anlass mehr, wenn ohnehin die *lex fori* gilt:[11] Diese kann gegen ihre eigenen Grundsätze nicht verstoßen. Art. 13 betrifft dagegen den (derzeit obsoleten) Fall, dass die Rechtsordnung eines teilnehmenden Mitgliedstaats keine Ehescheidung vorsieht sowie den Fall, dass die Rechtsordnung eines teilnehmenden Mitgliedstaats eine Ehe für die Zwecke des Scheidungsverfahrens nicht als gültig ansieht. In diesen Fällen bringt Art. 13 die **negative Funktion des** *ordre public* zum Tragen und erlaubt den Gerichten, die Ehescheidung in Anwendung dieser Verordnung abzulehnen.[12] Innerhalb ihres Anwendungsbereichs sind die Art. 10 (trotz des Erwägungsgrundes 24) und 13 als **abschließende Sonderregelungen** zu behandeln, so dass Art. 12 insoweit unanwendbar ist.[13] Das schließt etwa aus, die von Art. 10 vorgesehene Anwendung der *lex fori* durch die bei der Anwendung des Art. 12 maßgeblichen Lösungen des Ersatzrechts zu ersetzen oder zu ergänzen.

---

[5] Zu dessen fehlender Effizienz etwa *S. Arnold* RIW 2009, 679 mwN.

[6] S. insbesondere EuGH 28.3.2000 – C-7/98, Slg. 2000, I-01935 – Krombach sowie zuletzt EuGH Slg. 2009, I-03571 Rn. 57 – Apostolides mwN.

[7] Für Übertragung dieser Rechtsprechungsgrundsätze *Hausmann* Rn. A 352.

[8] S. insbesondere EuGH 2000, I-01935 Rn. 23 – Krombach.

[9] Kritisch zu dieser Häufung *Schurig*, FS v. Hoffmann, 2011, 405 (408 f.).

[10] Zu Einzelheiten vgl. Kommentierung zu Art. 10.

[11] *Hausmann* Rn. A 354 mwN.

[12] Zu Einzelheiten vgl. Kommentierung zu Art. 13.

[13] Zum dadurch resultierenden Bedeutungsverlust des Art. 12 *Finger* FuR 2013, 305 (310).

III. Voraussetzungen

1. Gegenstand der *ordre public*-Kontrolle

5   **a) Bezug auf das Anwendungsergebnis.** Art. 12 bezieht sich auf die
„Anwendung einer Vorschrift". Indem diese Anwendung in der Rechtsfolge
„versagt" wird, bringt die Verordnung deutlich einen zentralen Aspekt des *ordre
public*-Vorbehalts zum Ausdruck: Sie bezieht sich **nicht auf die abstrakte Kontrolle** der ausländischen Rechtsnormen. Vielmehr erstreckt sich die *ordre public*-
Kontrolle nur auf das konkrete Ergebnis der Rechtsanwendung. Dies bringt Erwägungsgrund 25 dem Wortlaut nach deutlicher als Art. 12 zum Ausdruck, wenn
er von der „Anwendung in einem konkreten Fall" spricht. Bildlich gesprochen
kommt es nicht auf den Weg an, auf dem das ausländische Recht zu einem
bestimmten Ergebnis gelangt, sondern nur auf das **Ergebnis** selbst. Das hat zur
Folge, dass Anwendungsergebnisse auch dann nicht über Art. 12 korrigiert werden, wenn die Normen, auf denen sie beruhen, eklatant gegen die öffentliche
Ordnung der *lex fori* verstoßen.

6   So greift Art. 12 beispielsweise nicht schon deshalb ein, dass ein zur Anwendung
berufenes Scheidungsrecht *per se* **gleichheitswidrig** ist, etwa, weil die Frau nur
unter höheren Hürden die Scheidung erreichen kann als der Mann. Eine
„**Talaq**"-**Scheidung** nach iranischem Scheidungsrecht verstößt deshalb nicht
gegen Art. 12, wenn zugleich die Voraussetzungen der Ehescheidung nach deutschem Scheidungsrecht vorliegen (etwa wegen nachgewiesener Zerrüttung der
Ehe gem. §§ 1565 Abs. 2, 1566 Abs. 1, 1567 BGB).[14]

7   Wegen der auch von den Erwägungsgründen 25 S. 2 und 30 hervorgehobenen
Bedeutung des **Diskriminierungsverbots**[15] kann eine abstrakt diskriminierende
Regelung ausnahmsweise nicht anzuwenden sein, obwohl das Anwendungsergeb-
nis *per se* nicht gleichheitswidrig ist.[16]

8   **b) Beschränkung auf die Anwendung ausländischer Sachnormen.** Kon-
trollobjekt des Art. 12 können nur ausländische Sachnormen sein. Dies folgt aus
Art. 11. Die Verweisungen der Verordnung ermöglichen von vornherein nur die
Anwendung fremden Sachrechts, nicht aber die Anwendung fremden Kollisionsrechts. Damit bedarf hier auch die Frage keiner Erörterung, inwieweit bei Rück-
oder Weiterverweisungen der ausländische *ordre public* zu beachten ist.[17]

2. Der Kontrollmaßstab des Art. 12

9   **a) Der Begriff der öffentlichen Ordnung (*ordre public*).** Bezugspunkt des
Art. 12 ist die öffentliche Ordnung, die mit dem Begriff des *ordre public* gleichge-
setzt wird. Der Begriff veranschaulicht, dass die Regelung ein öffentliches Ordnungsinteresse schützt, das auf die **Abwehr untragbarer Rechtsanwendungs-
ergebnisse** gerichtet ist. Dies ist ein anschauliches Beispiel, dass auch das auf
private Konflikte zugeschnittene europäische Kollisionsrecht öffentliche Aspekte
beinhaltet. Die öffentliche Ordnung meint allerdings nicht jede Einzelregelung

---

[14] OLG Hamm BeckRS 2013, 09327.

[15] Dazu auch *Looschelders* RabelsZ 2001, 463 (486 f.).

[16] Vgl. OLG Düsseldorf IPRax 2009, 520; OLG Hamm ZEV 2005, 436 (437); ausführlich
dazu *S. Lorenz* IPRax 1993, 148.

[17] Vgl. zu diesen Fragen *S. Lorenz*, FS Geimer, 2002, 555.

der *lex fori*, sondern nur die **tragenden Gerechtigkeitsprinzipien,**[18] wie sie insbesondere in den **Grundrechten** zum Ausdruck kommen, aber auch in den Generalklauseln des Bürgerlichen Rechts.[19]

b) Offensichtliche Unvereinbarkeit. Art. 12 setzt eine *offensichtliche* Unver- **10** einbarkeit voraus. Schon der Wortlaut macht unzweifelhaft deutlich, dass nicht etwa *jede* Abweichung genügen kann.[20] Es muss vielmehr um **krasse Abweichungen** gehen, die einem verständigen Bürger sofort einleuchten. Eine **Konkretisierung** nach abstrakten Kriterien ist dabei kaum abschließend möglich.[21] Von Fall zu Fall kann die Offensichtlichkeit aber bestimmt werden, wobei jede Konkretisierung ihrerseits wieder „aufgehoben" werden kann, indem sie gleichzeitig bewahrt und fortentwickelt wird. Die so geschaffene Elastizität des *ordre public*-Vorbehalts ist erforderlich, um eine **Fortentwicklung** des Rechts zu ermöglichen und seine Versteinerung zu verhindern. Dabei ist mit Blick auf das Harmonisierungsziel der Verordnung und den „effet utile" des Gemeinschaftsrechts eine **strenge Handhabung** angezeigt.[22] Jede Anwendung des Art. 12 führt zu einer Abweichung von der Verordnung an sich zur Anwendung berufenen Rechts und gefährdet so den Entscheidungseinklang. Die bei der Anwendung des Art. 6 EGBGB geltenden engen Grenzen gelten im Rahmen des Art. 12 daher in aller Schärfe. Art. 12 setzt daher ein Ergebnis voraus, „das mit Grundgedanken der deutschen Regelungen und den in ihnen enthaltenen Gerechtigkeitsvorstellungen in so starkem Widerspruch steht", dass es „untragbar erscheint".[23]

c) Recht der *lex fori* als Ursprung des maßgeblichen Ordnungsbegriffs. **11** Art. 12 erklärt ausdrücklich die Ordnung des Staates des angerufenen Gerichts für maßgeblich.[24] Auch wenn der Begriff der öffentlichen Ordnung selbst europarechtlicher Natur und autonom auszulegen ist, so gewinnt er **Inhalt** erst durch Konkretisierungen, die der **Rechtsordnung des Staates des angerufenen Gerichts** entspringen. Dieser Ausgangspunkt ist staatstheoretisch nachvollziehbar. Die Gerichte üben bei ihrer rechtsprechenden Tätigkeit Hoheitsgewalt ihres jeweiligen Staates aus. Als Elemente ihres Staates sind sie dabei an dessen jeweilige Ordnung gebunden und dazu verpflichtet, dessen öffentliche Interessen zu schützen. Dagegen ist es nicht Aufgabe der Gerichte, die Ordnungsinteressen anderer Staaten zu schützen.[25] Inhaltlich überschneiden sich die maßgeblichen **Ordnungsbegriffe in den teilnehmenden Mitgliedstaaten** allerdings sehr wohl. Dies ergibt sich schon daraus, dass zentrale Elemente des Ordnungsbestandes europäisch geprägt und gestaltet sind. Zudem haben die teilnehmenden Mitgliedstaaten eine gemeineuropäisch ausgerichtete gemeinsame Rechtskultur, die sich in Teilen auch auf das Scheidungsrecht erstreckt.

d) Zur Bedeutung der Grundrechte der Mitgliedstaaten. Auch wenn **12** Art. 12 dies nicht ausdrücklich ausspricht, bilden die Grundrechte der jeweiligen

---

[18] *Hausmann* Rn. A 359.

[19] Eingehend zur Funktion der „guten Sitten" im Rahmen des Art. 6 EGBGB MüKoBGB/*Sonnenberger*, Art. 6 EGBGB Rn. 61 ff.

[20] *Fallon* Rev. trim. dr. fam. 2012, 291 (305).

[21] Zur Problematik grundlegend *Jayme* S. 19 ff.; s. auch *C. Völker* S. 94 ff.

[22] *Fallon* Rev. trim. dr. fam. 2012, 291 (305).

[23] St. Rspr. des BGH, vgl. BGHZ 123, 268 (270) mwN.

[24] S. auch *Fallon* Rev. trim. dr. fam. 2012, 291 (305).

[25] Weitergehend *Brüning*, S. 236 ff.

Mitgliedstaaten einen wichtigen Anhaltspunkt bei der Anwendung des *ordre public*. Einzelheiten zur Bedeutung ihrer Grundrechte als Bestandteil der öffentlichen Ordnung überlässt Art. 12 den Rechtsordnungen der Mitgliedstaaten. Für das autonome Kollisionsrecht Deutschlands spricht Art. 6 S. 2 EGBGB die grundlegende Funktion der Grundrechte explizit aus.[26] Das **Bundesverfassungsgericht** hatte sie – ausgehend von seiner berühmten „Spanier-Entscheidung"[27] – nachdrücklich auch für das Kollisionsrecht eingefordert,[28] das viele lange Zeit für „grundrechtsneutral" gehalten haben.[29] Die Grundrechte entfalten insbesondere bei der Anwendung kollisionsrechtlicher Generalklauseln ebenso Wirkung im internationalen Privatrecht wie im materiellen Bürgerlichen Recht.[30] Für **Art. 12** kann nichts anderes gelten, wenn deutsche Gerichte zuständig sind: Die Regelung ordnet selbst an, dass der *ordre public* auch hier Inhalt aus Normen der deutschen Rechtsordnung schöpft. Ein **Verstoß gegen den *ordre public*** ist daher **indiziert, wenn** das konkrete Anwendungsergebnis zu einer **Grundrechtsverletzung** führt.[31] Die Grundrechte dürfen allerdings nicht reflexhaft auf jeden kollisionsrechtlichen Sachverhalt angewendet werden. Hier gelten die im Rahmen der autonomen *ordre public*-Kontrolle entwickelten Maßstäbe: Zum einen ist eine **ausreichende Inlandsbeziehung** erforderlich.[32] Zum anderen muss das konkret betroffene **Grundrecht Geltung** auch bezüglich des **konkreten** Sachverhalts beanspruchen.[33] Das gilt es, durch Auslegung der jeweiligen Grundrechtsnorm zu ermitteln.[34] Dabei kann es auch zu einer modifizierten Auslegung der Grundrechte kommen, die den Besonderheiten des konkreten Falles und der Stärke seines Inlandsbezugs angepasst ist.[35]

13   **e) Zum internationalen und europäischen ordre public.** Zur öffentlichen Ordnung der jeweiligen Mitgliedstaaten gehören auch **internationale** und vor allem **europäische Ordnungselemente.**[36] Dies folgt mit Selbstverständlichkeit daraus, dass auch internationale und europäische Rechtsregeln **Bestandteil der jeweiligen mitgliedstaatlichen Rechtsordnung** sind.[37] Für das deutsche Recht ergibt sich dies etwa für das Völkergewohnheitsrecht schon aus Art. 25 GG.[38] Menschenrechtliche Übereinkommen wie etwa die EMRK gehören zur deutschen öffentlichen Ordnung iSd Art. 12.

14   Auch das **europäische Primär- und Sekundärrecht** gehört dem deutschen *ordre public* ebenso an wie dem *ordre public* aller anderen Mitgliedsstaaten. Das folgt

---

[26] Dazu *Spickhoff*, S. 115 ff.

[27] BVerfGE 31, 58; BGHZ 60, 68 (79).

[28] S. insbes. BVerfGE 63, 181 (195); BVerfGE 68, 384 (390).

[29] Ausführlich dazu *Looschelders* RabelsZ 2001, 463 (467 ff.), der selbst für ein materielles Verständnis des Kollisionsrechts eintritt.

[30] *Spickhoff* JZ 1991, 323.

[31] Vgl. BVerfG NJW 2007, 900 (903).

[32] BVerfGE 31, 58 (77); BGHZ 60, 68 (79); BGH NJW 1993, 848 (849); aus der Literatur s. *Spickhoff* JZ 1991, 323.

[33] BGH NJW 1993, 848 (849).

[34] S. etwa *Kropholler*, Internationales Privatrecht, 2006, S. 251 mwN.

[35] BGH NJW 1993, 848 (849); aus der Literatur stellvertretend BeckOK-BGB/*S. Lorenz* Art. 6 EGBGB Rn. 15.

[36] *v. Houtte*, Essays in Honor of Arthur T. von Mehren, 2002, 841; *Fallon* Rev. trim. dr. fam. 2012, 291 (305).

[37] *Spickhoff*, in: *Leible/Ruffert* (Hrsg.), Völkerrecht und IPR, 2006, S. 275 (278 f., 285 f.).

[38] Vgl. nur *Kropholler*, Internationales Privatrecht, 2006, S. 248.

ohne weiteres daraus, dass das europäische Recht Bestandteil des deutschen Rechts ist.[39] Beispielsweise können daher auch Verstöße gegen **die Grundfreiheiten des AEUV** zu einer Anwendung des Art. 12 führen. Denkbar wäre etwa eine Verletzung der in Art. 45 AEUV geschützten Freizügigkeit durch ein besonders restriktives Scheidungsrecht. Inhaltlich wird der *ordre public* wegen der zunehmenden Bedeutung und Reichweite europäischen Rechts zunehmend von dessen Regelungen geprägt.[40] Zum europäischen Recht, das als Bestandteil der mitgliedstaatlichen Rechtsordnungen zu berücksichtigen ist, zählen auch die **europäischen Grund- und Menschenrechte.** Gem. Art. 6 Abs. 3 EUV speisen sich diese neben den gemeinsamen Verfassungsüberlieferungen der Mitgliedstaaten insbesondere aus der Europäischen Konvention zum Schutz der Menschenrechte; gem. Art. 6 Abs. 1 EUV gehören auch die in der **Grundrechtecharta** enthaltenen Rechte, Freiheiten und Grundsätze hierher, wie Erwägungsgrund 16 S. 2 eigens hervorhebt.[41]

Vor diesem Hintergrund mag man wegen der Prägung der mitgliedstaatlichen **15** *ordre public*-Verfassungen auch von einem „**europäischen** *ordre public*" sprechen.[42] *Sonnenberger* hat diese Begrifflichkeit freilich zurecht als „eher verwirrend" kritisiert: Denn entscheidend für die Ausfüllung des *ordre public* bleibt die Rechtsordnung der *lex fori* – also beispielsweise die deutsche Rechtsordnung bei der Zuständigkeit deutscher Gerichte. Europarechtliche Elemente aber ebenso wie international-rechtliche Elemente zueigen; nur daraus folgt deren Relevanz bei der Konkretisierung des *ordre public* im Rahmen der Anwendung des Art. 12.[43] Dieser – dem Wortlaut des Art. 12 entsprechende – Ansatz ermöglicht auch die **Einbeziehung rechtsvergleichend gewonnener europäischer Rechtsprinzipien** in den *ordre public*. Auch diese Rechtsprinzipien – die ihren Ursprung in gemeinsamen Verfassungstraditionen und Rechtskulturen nehmen – können Bestandteil des *ordre public* der Mitgliedstaaten sein und werden. Art. 12 schließt seinem Wortlaut nach aber derzeit ein vom nationalen Recht emanzipiertes Institut aus, das nur die entscheidenden Rechtsregeln sondern auch die Rechtsfolgen originär und ausschließlich dem europäischen Recht entnehmen würde.[44]

3. Inlandsbeziehung als ungeschriebene Tatbestandsvoraussetzung

Ungeschriebene Tatbestandsvoraussetzung des Art. 12 ist ein hinreichender **16** Inlandsbezug. Dies folgt schon aus dem **Zweck der Regelung,** die inländischen Gerechtigkeitsvorstellungen dient und so inländische Ordnungsinteressen schützt. Zugleich ist es ein Gebot des Respekts vor anderen Rechtsordnungen, deren Regeln trotz ihrer generellen Anwendbarkeit nur dann ausnahmsweise nicht anzuwenden, wenn der Fall auch inhaltliche Bezüge zum Inland aufweist.[45] Die **zu**

---

[39] Vgl. BGHZ 123, 268 (279) sowie aus der Literatur stellvertretend und mwN MüKoBGB/*Sonnenberger* Art. 6 EGBGB Rn. 19.

[40] S. nur *Hammje* Rev. crit. DIP 2011, 291 (335 ff.).

[41] Zum Ganzen näher *Hausmann* Rn. A 353.

[42] S. schon *v. Brunn* NJW 1962, 985 sowie *Reichelt* ZfRV 16, 1975, 217.

[43] Besonders deutlich und klar: MüKoBGB/*Sonnenberger* Art. 6 EGBGB Rn. 65 f.

[44] Zum europäischen *ordre public* als originär europäisches Instrument vgl. etwa *Basedow*, FS Sonnenberger, 2004, 291; *Martiny,* FS Sonnenberger, 2004, 523 ff.

[45] BeckOK-BGB/*S. Lorenz* Art. 6 EGBGB Rn. 16.

Art. 6 EGBGB entwickelten Grundsätze zu einem ausreichend starken Inlandsbezug gelten daher auch bei der Anwendung des Art. 12 durch deutsche Gerichte.[46]

17   Die nötige Stärke des Inlandsbezug steht in einer Relation zur Stärke des *ordre public*-Verstoßes: Je stärker der Verstoß ist, desto eher kann ein ausreichender Inlandsbezug bejaht werden (**Relativität des *ordre public***).[47] Umgekehrt gilt: Je schwächer die Inlandsbeziehung ist, desto eher können Ergebnisse des fremden Rechts hingenommen werden, die aus dem inländischen Blickwinkel heraus irritieren. Mit Blick auf den Regelungsgegenstand der Verordnung muss der Inlandsbezug zugleich einen **Bezugspunkt zur Scheidung oder Trennung** aufweisen.[48] Ein Inlandsbezug kann sich insbesondere aus der deutschen Staatsangehörigkeit oder dem gewöhnlichen Aufenthalt im Inland ergeben.[49]

4. Maßgeblicher Zeitpunkt

18   Der Zeitpunkt der richterlichen Entscheidung ist dafür maßgeblich, ob ein *ordre public*-Verstoß vorliegt.[50] Der *ordre public* ist daher **wandelbar.**

5. Beispiele

19   Bei **strengeren Anforderungen** an die Scheidung verletzt die Anwendung ausländischen Scheidungsrechts den deutschen *ordre public* nur in Ausnahmefällen.[51] Für Fälle, in denen ein Ehegatte (in der Regel die Ehefrau) nur einen diskriminierenden Scheidungszugang gewährt, ist jetzt Art. 10 maßgeblich → Kommentierung zu Art. 10.

20   **Kein untragbarer Widerspruch** zu Grundprinzipien der deutschen Rechtsordnung liegt nach der Rechtsprechung des BGH vor, wenn das ausländische Scheidungsrecht – wie früher das deutsche – eine Scheidung nur ermöglicht, wenn einen der Ehegatten **Verschulden** trifft.[52] Ein *ordre public*-Verstoß könne aber gegeben sein, wenn der schuldige Teil Mitverschulden des anderen Teils nicht ausreichend zur Geltung bringen kann.[53]

21   Art. 12 kann eingreifen, wenn die notwendigen **Trennungsfristen** so **lang** sind, dass das Scheidungsrecht praktisch ausgeschlossen ist.[54] Kein Verstoß liegt darin, dass die Frist in Abhängigkeit von der Durchführung eines Ehetrennungsverfahrens berechnet wird.[55] **Kürzere Trennungsfrist** als nach deutschem Recht sind ebenfalls hinzunehmen,[56] ebenso der Verzicht auf Mindesttrennungsfristen.[57]

---

[46] Zu diesen vgl. etwa BVerfGE 31, 58 (77); BGH NJW 1993, 848 (849) mit ausführlichen weiteren Nachweisen zur Rechtsprechung.

[47] Vgl. etwa BVerfG NJW 2007, 900 Rn. 73; BGHZ 118, 312 (349); aus der Literatur stellvertretend *Spickhoff* S. 97 ff.

[48] *Hausmann* Rn. A 362.

[49] Näher dazu *Spickhoff* JZ 1991, 323.

[50] BGHZ 169, 240 (insbes. Rn. 37) und dazu *Rauscher* JZ 2007, 741; s. auch *Spickhoff* S. 95.

[51] OLG Hamm FPR 2004, 391 (392); *Gruber* IPRax 2012, 381 (391).

[52] BGH NJW 1982, 1940 (1942).

[53] BGH NJW 1982, 1940 (1942).

[54] *Rauscher* JZ 2007, 741 (744) bejaht bei starkem Inlandsbezug einen ordre public-Verstoß bei Scheidungsverzögerung über drei Jahre.

[55] BGH FamRZ 2007, 113 Rn. 22 ff.

[56] *Hausmann* Rn. A 368.

[57] OLG Hamm FamRZ 1997, 881.

Die Scheidung einer Ehe durch **Privatscheidung** verstößt *per se* nicht gegen   **22**
den deutschen *ordre public*. Das zeigt schon Art. 17 Abs. 2 EGBGB, der nur für
das Inland ein Ordnungsinteresse an einer gerichtlichen Scheidung statuiert.
Unbedenklich ist daher etwa eine Scheidung nach syrischem Scheidungsrecht,
wenn beide Ehegatten (auch) syrische Staatsangehörige sind, die Scheidung einvernehmlich erfolgt und die Ehe auch nach deutschem Recht scheidbar wäre.[58]

Auch eine Scheidung durch **einseitige Verstoßungserklärung** des Mannes   **23**
(„talaq-Scheidung") begründet nicht *per se* einen Verstoß gegen den deutschen
ordre public. Bei ausreichender Inlandsbeziehung kann ein untragbares Ergebnis
aber etwa darin liegen, dass der Frau trotz zerrütteter Ehe im **konkreten Fall** die
Scheidung wegen Ehebruchs des Mannes verweigert würde, während der Mann
umgekehrt die Scheidung wegen Ehebruchs der Frau aussprechen könnte.[59] Kein
Verstoß gegen den *ordre public* liegt – unabhängig vom vielleicht diskriminierenden
Weg zur Scheidung – dann vor, wenn die Ehe im Ergebnis **auch nach deutschem Scheidungsrecht geschieden werden kann,**[60] oder wenn die **Ehefrau**
mit der **Scheidung einverstanden** ist.[61]

IV. Rechtsfolge, Beschränkung auf die negative Funktion des *ordre public*

1. Negative Funktion des *ordre public*

Art. 12 beschreibt als Rechtsfolge das „Versagen der Anwendung" einer Rege-   **24**
lung des nach der Verordnung berufenen Rechts. Damit beschränkt sie sich auf
die *negative* **Funktion des *ordre public*,** die in der Ausschließung andernfalls
anwendbarer Normen des Sachrechts besteht.[62] Hier zeigt sich bereits ein zentrale
Funktion des Art. 12: Er zielt darauf ab, die unerwünschte Ergebnisse zu korrigieren, die sich aus der Anwendung fremden Rechts ergeben können. Diese
Korrekturfunktion ist insbesondere mit Blick auf die universale Anwendbarkeit
der Verordnung (vgl. Kommentierung zu Art. 4) unverzichtbar. Dagegen ermöglicht Art. 12 den mitgliedstaatlichen Gerichten nicht, grundlegenden Ordnungs-
vorstellungen ihrer jeweiligen Rechtsordnung unbedingte Geltung zu verleihen.[63]
So ist etwa eine unerträglich lange Trennungsfrist ausländischen Rechts nicht
anzuwenden.[64]

2. Lückenschließung

Durch die Anwendung des Art. 12 kann eine Lücke entstehen, die aus der   **25**
Nichtanwendung des ausländischen Rechts resultiert. Wie diese Lücke zu schlie-

---

[58] BayObLG NJW-RR 1998, 1538 (1539 f.) mwN.

[59] OLG Stuttgart FamRZ 2004, 25; OLG Köln FamRZ 2002, 166.

[60] BGH IPRax 2005, 346; AG Kulmbach IPRax 2004, 529 mit Anm. Unberath IPRax
2004, 515; OLG Hamm IPRspr 2006, Nr. 55, 107.

[61] BGHZ 160, 332 Rn. 41; aus der Literatur stellvertretend *Hausmann* Rn. A 372.

[62] Zu dieser und ihrem Verhältnis zur positiven Funktion des ordre public *Spickhoff*
S. 112 ff.

[63] Vgl. zum insoweit identisch ausgestalteten Art. 6 EGBGB MüKoBGB/*Sonnenberger*
Art. 6 EGBGB Rn. 8 ff.

[64] Beispiel bei *Hausmann* Rn. A 375.

ßen ist, darüber schweigt die Verordnung.[65] Keineswegs ist zwingend die *lex fori* maßgeblich. So gilt etwa im Beispiel unerträglich langer Trennungsfristen nicht *per se* die entsprechende deutsche Trennungsfrist.[66] Der Zweck der *ordre public*-Kontrolle fordert nur die Nichtanwendung, soweit die Anwendung ausländischen Rechts diesen Interessen widerspricht. **Vorrangig** sollte die Lücke durch eine **angepasste Anwendung des ausländischen Rechts** selbst geschlossen werden.[67] So können etwa trotz des *ordre public*-Verstoßes des anwendbaren Scheidungsrechts die Nebenfolgen der Scheidung diesem Recht entnommen werden.[68] Auch könnte im Fall unerträglich langer Trennungsfristen eine **modifizierte Anwendung der *lex causae*** des Inhalts erfolgen, dass im Ergebnis die gerade noch mit dem *ordre public* zu vereinbarende Trennungsfrist gilt.[69] Nur höchst hilfsweise gilt das **Sachrecht der *lex fori*.** Dies ist ein logisch nicht zwingendes, aber aus pragmatischen Gründen naheliegendes Gebot.

Art. 13 Unterschiede beim nationalen Recht

Nach dieser Verordnung sind die Gerichte eines teilnehmenden Mitgliedstaats, nach dessen Recht die Ehescheidung nicht vorgesehen ist oder die betreffende Ehe für die Zwecke des Scheidungsverfahrens nicht als gültig angesehen wird, nicht verpflichtet, eine Ehescheidung in Anwendung dieser Verordnung auszusprechen.

Literatur: *Gruber*, Scheidung auf Europäisch – die Rom III-Verordnung, IPRax 2012, 381; *Hau*, Zur Durchführung der Rom III-Verordnung in Deutschland, FamFZ 2013, 249; *Helms*, Reform des internationalen Scheidungsrechts durch die Rom III-Verordnung, FamRZ 2011, 1765; *Mankowski/Höffmann*, Scheidung ausländischer gleichgeschlechtlicher Ehen in Deutschland?, IPRax 2011, 247; *Sörgjerd*, Reconstructing Marriage – The Legal Status of Relationships in a Changing Society, 2012.

I. Überblick

1   Die Vorschrift gibt den Gerichten der teilnehmenden Mitgliedstaaten in zwei Konstellationen die Möglichkeit, eine Sachentscheidung zu verweigern. Sie enthält damit „**Verweigerungsrechte**".[1] Die Alt. 1 betrifft den Fall, dass nach dem Recht des Mitgliedstaates eine Scheidung **generell nicht vorgesehen** ist. Sie ist nur dann einschlägig, wenn das Rechtsinstitut der Ehescheidung dort überhaupt nicht existiert, vgl. Erwägungsgrund 26. Mit Einführung der Ehescheidung in Malta ist Alt. 1 **obsolet** geworden. Die Alt. 2 betrifft den Fall, dass der teilnehmende Staat die betreffende Ehe nicht anerkennt. Ausweislich des Erwägungsgrundes Nr. 26 ist der Fall gemeint, in dem die Rechtsordnung des betreffenden Mitgliedstaats „eine solche Ehe" nicht vorsieht. Die Gerichte sollen nicht ver-

---

[65] *Schurig*, FS v. Hoffmann, 2011, 405 (408).

[66] Beispiel bei *Hausmann* Rn. A 375.

[67] OLG Hamm FamRZ 2010, 1563 Rn. 10; *Spickhoff* 103 ff. (insbes 107 f.); *Hausmann* Rn. A 376;

[68] OLG Hamm IPRax 1995, 174 (177); *Hausmann* Rn. A 376 mwN.

[69] *Hausmann* Rn. A 375.

[1] *Gruber* IPRax 2012, 381 (389).

pflichtet sein, eine Scheidung dieser Ehe bzw. eine Trennung ohne Auflösung des Ehebandes nach dieser Verordnung auszusprechen.[2]

II. Fehlen einer wirksamen Ehe nach Alt. 2

Die Alt. 2 bezieht sich vor allem auf **gleichgeschlechtliche Ehen,** die in einer **2** Reihe europäischer Rechtsordnungen zugelassen sind.[3] Rechtsfolge ist, dass die betreffenden Gerichte den Antrag **ohne weitere Sachprüfung** ablehnen können.[4] Ausweislich des klaren Wortlautes („nicht verpflichtet") können die Gerichte der Mitgliedstaaten die Entscheidung verweigern. Eine Pflicht hierzu besteht jedoch nicht.

Auch das deutsche Recht kennt die gleichgeschlechtliche Ehe nicht, womit ein **3** Verweigerungsrecht nach Art. 13 Alt. 2 in Betracht kommt. Jedoch sieht die deutsche Rechtsordnung im Hinblick auf gleichgeschlechtliche Partnerschaften das Rechtsinstitut der **eingetragenen Lebenspartnerschaft** vor. Nach deutscher Rechtslage wird eine im Ausland geschlossene gleichgeschlechtliche Ehe nach überwiegender Ansicht nicht als Ehe, sondern als eingetragene Lebenspartnerschaft qualifiziert. Auf Grundlage einer solchen **Umdeutung** kam bisher Art. 17b EGBGB zur Anwendung mit der Folge der Anwendbarkeit des Sachrechts des registerführenden Staates.[5] Ein Antrag auf „echte" Scheidung einer im Ausland geschlossenen gleichgeschlechtlichen Ehe wurde dementsprechend in einen Antrag auf Auflösung der betreffenden Partnerschaft umgedeutet.[6] Hieran ist auch unter Geltung der Rom III-VO festzuhalten. Für deutsche Gerichte, die nach Art. 5 oder Art. 8 ein Scheidungsrecht anzuwenden hätten, das eine gleichgeschlechtliche Ehe anerkennt, gilt damit unter Beibehaltung der dargestellten Umdeutung weiterhin Art. 17b EGBGB direkt bzw. analog.[7] Art. 13 Alt. 2 mit der Rechtsfolge eines Verweigerungsrechts deutscher Gerichte in Bezug auf die Ehescheidung und Art. 13 Alt. 2 kommt damit nicht zur Anwendung. Art. 13 erhält auf Grundlage dieses Verständnisses eine **Befugnis zur Anwendung nationalen Kollisionsrechts.** Hierfür spricht eindeutig der Wortlaut des Art. 13, der die Gerichte eben „nicht verpflich-

---

[2] Erwägungsgrund Nr. 26.

[3] So beispielsweise in den Niederlanden, Belgien, Spanien, Portugal, Schweden und seit 29.5.2013 auch in Frankreich. Vgl. Überblicke bei: *Gebauer,* in: Heidel/Hüßtege/Mansel/ Noack, BGB, Allg. Teil/EGBGB, Art. 17b Rn. 18; BeckOK-BGB/*Heiderhoff* Art. 17b Rn. 5.1.; *Mankowski/Höffmann* IPRax 2011, 247 (248 f.); *Sörgjerd* 191 ff., 219 ff.

[4] *Gruber* IPRax 2012, 381 (390) mit Hinweis auf den Entwurf eines Berichts über den Vorschlag für eine Verordnung des Rates zur Begründung einer verstärkten Zusammenarbeit im Bereich des auf die Eheschließung und Trennung ohne Auflösung des Ehebandes anzuwendenden Rechts (KOM (2010) 0105 – C7-0102/2010 – 2010/0067 (CNS), Rechtsausschuss, Berichterstatter *Tadeusz Zwiefka,* 2010, 0067 (CNS), 32).

[5] OLG München FamRZ 2011, 1526; KG FamRZ 2011, 1525; AG Münster IPRax 2011, 269 = NJW-RR 2010, 518 (mit der bemerkenswerten Tenorierung: „Die … Ehe … wird geschieden", vgl. dazu *Mankowski/Höffmann* IPRax 2011, 247 (250 f.); Staudinger/ *Mankowski* EGBGB Art. 17 Rn. 22 f.; aA Palandt/*Thorn* Art. 17b EGBGB Rn. 1.

[6] Staudinger/*Mankowski* Art. 17 EGBGB Rn. 25; für eine analoge Anwendung *Hau* FamRZ 2013, 249 (251).

[7] So *Helms* FamRZ 2011, 1765 (1766); *Hau* FamRZ 2013, 249 (251); nach NK-BGB/ *Gruber* Anh. zu Art. 17 EGBGB Rn. 27, wäre eine Verweigerung der Entscheidung durch deutsche Gerichte ein Verstoß gegen den Justizgewährungsanspruch. Kritisch zu dieser Erwägung Palandt/*Thorn* Art. 13 Rom III-VO Rn. 2.

tet", die Ehescheidung auszusprechen. Ein Zwang zur Entscheidungsverweigerung besteht demnach nicht.[8] Der **Rückgriff auf Art. 17b EGBGB** ermöglicht jedoch den nach Art. 13 explizit zulässigen Ausspruch und kommt so letztlich dem Rechtsschutzbegehren des Antragstellers entgegen,[9] der durch eine – gemäß Art. 13 Alt. 2 durchaus mögliche – vollständige Entscheidungsablehnung nur belastet würde. Sofern daher bei einem deutschen Amtsgericht die Scheidung einer im Ausland bestehenden gleichgeschlechtlichen Ehe beantragt wird, gilt gemäß Art. 17b Abs. 1 S. 1 EGBGB direkt bzw. analog, dass die Auflösung dem materiellen Recht des Errichtungsstaates unterliegt.[10] Auch die internationale Zuständigkeit richtet sich dann nicht nach Art. 3 Brüssel IIa-VO, sondern nach nationalem Zuständigkeitsrecht, und zwar nach § 103 FamFG.[11]

4   Darüber hinaus sind im Rahmen einer weiten Auslegung auch die Fallgestaltungen erfasst, in denen **keine wirksame Ehe** besteht.[12] Hierfür spricht vor allem der Wortlaut des 26. Erwägungsgrundes, wonach die Vorschrift einschlägig sein soll, wenn die betreffende Ehe für die Zwecke des Scheidungsverfahrens nicht als „gültig" angesehen wird. Dies soll „unter anderem" gegeben sein, wenn die Rechtsordnung des teilnehmenden Staates eine solche Ehe nicht vorsieht. Ungültigkeit erfasst indes nicht nur die Fallgestaltung, dass ein bestimmter Typus der Ehe schlechthin nicht vorgesehen ist, sondern auch das Fehlen von Wirksamkeitsvoraussetzungen. Damit ist es Gerichten gestattet, die Scheidung einer Ehe zu verweigern, wenn diese aus ihrer Sicht von vornherein nicht wirksam bzw. existent ist.[13] Bei der Beurteilung handelt es sich um ein Vorfragenproblem.

III. Abschließende Normkritik

5   Der europäische Gesetzgeber trägt mit Art. 13 Alt. 2 in erster Linie den unterschiedlichen Auffassungen vom Institut der Ehe und damit den entsprechenden nationalen Wertungen Rechnung. Er akzeptiert diese durch Einräumung eines Verweigerungsrechts einer Sachentscheidung durch mitgliedstaatliche Gerichte. Sofern sich ein mitgliedstaatliches Gericht auf Art. 13 Alt. 2 beruft, ist dies natürlich für den rechtsuchenden Ehegatten sehr ungünstig.[14] Vom Gesetzgeber nicht

---

[8] Vgl. NK-BGB/*Gruber* Art. 17 EGBGB Rn. 27.

[9] Freilich wird seinem Rechtsschutzbegehren nicht vollständig entsprochen, denn die Ehe wird nach der hier vorgeschlagenen Lösung zu einer eingetragenen Lebenspartnerschaft herabgestuft. Sie wird hierdurch nicht „geschieden", sondern es wird eine Lebenspartnerschaft aufgehoben. Es stellt sich hierdurch die Folgeproblematik, ob eine derartige Entscheidung in den Staaten, in denen das betreffende Rechtsverhältnis als „Ehe" qualifiziert wird, auch anerkannt werden könnte. Vgl. *Gruber* IPRax 2012, 381 (390) und im Ansatz zu möglichen Bedenken des scheidungswilligen Partners: *Mankowski/Höffmann* IPRax 2011, 247 (250).

[10] Für eine analoge Anwendung *Hau* FamRZ 2013, 249 (251); für eine direkte Anwendung *Mankowski/Höffmann* IPRax 2011, 247 (252 f.).

[11] NK-BGB/*Gruber* Art. 17 EGBGB Rn. 28; *Hau* FamRZ 2013, 249 (251); *Mankowski/Höffmann* IPRax 2011, 247 (253). Vgl. dazu etwa auch Bassenge/Roth/Althammer § 103 FamFG.

[12] Für diese weite Auslegung zutreffend auch NK-BGB/*Gruber* Art. 17 EGBGB Rn. 29; laut *Thorn* ist der Anwendungsbereich der 2. Alt. „unklar" und „insbesondere" einschlägig, wenn eine „solche Ehe" im betreffenden Mitgliedstaat nicht vorgesehen ist, Palandt/*Thorn* Art. 13 Rom III-VO Rn. 2.

[13] NK-BGB/*Gruber* Art. 17 EGBGB Rn. 29.

[14] *Gruber* IPRax 2012, 381 (390).

gelöst wurden die problematischen Fälle, in denen nur die Zuständigkeit eines einzigen Gerichts gegeben ist und sich dieses auf sein Verweigerungsrecht nach Art. 13 Alt. 2 beruft. Hier stellt sich für die künftige Rechtsanwendung die Frage einer teleologischen Reduktion der Vorschrift oder einer Eröffnung der Zuständigkeit eines scheidungswilligen Gerichts.[15]

Art. 14 Staaten mit zwei oder mehr Rechtssystemen – Kollisionen hinsichtlich der Gebiete

Umfasst ein Staat mehrere Gebietseinheiten, von denen jede ihr eigenes Rechtssystem oder ihr eigenes Regelwerk für die in dieser Verordnung geregelten Angelegenheiten hat, so gilt Folgendes:
a) Jede Bezugnahme auf das Recht dieses Staates ist für die Bestimmung des nach dieser Verordnung anzuwendenden Rechts als Bezugnahme auf das in der betreffenden Gebietseinheit geltende Recht zu verstehen;
b) jede Bezugnahme auf den gewöhnlichen Aufenthalt in diesem Staat ist als Bezugnahme auf den gewöhnlichen Aufenthalt in einer Gebietseinheit zu verstehen;
c) jede Bezugnahme auf die Staatsangehörigkeit betrifft die durch das Recht dieses Staates bezeichnete Gebietseinheit oder, mangels einschlägiger Vorschriften, die durch die Parteien gewählte Gebietseinheit oder, mangels einer Wahlmöglichkeit, die Gebietseinheit, zu der der Ehegatte oder die Ehegatten die engste Verbindung hat bzw. haben.

Literatur: *Eichel*, Interlokale und interpersonale Anknüpfung, in: *Leible/Unberath*. Brauchen wie eine Rom 0-VO?, 2013, 397; *Jayme*, Rechtsspaltung im spanischen Privatrecht und deutsche Praxis, in: *Jayme*, Rechtsvergleichung – Ideengeschichte und Grundlagen von Emerico Amari zur Postmoderne, 2000, 156; *ders.*, Zugehörigkeit und kulturelle Identität – Die Sicht des Internationalen Privatrechts, 2012; *Franzina*, The law applicable to divorce and legal separation under regulation (EU) No. 1259/2010 of 20. December 2010, Cuadernos de Derecho Transnacional (Oktober 2011), Vol. 3, N 2, 85; *Schröder*, Die Verweisung auf Mehrrechtsstaaten im deutschen IPR unter besonderer Berücksichtigung der Verweisung auf die Vereinigten Staaten von Amerika, 2007; *Spickhoff*, Die engste Verbindung im interlokalen und internationalen Familienrecht, JZ 1993, 336; *Winkler von Mohrenfels*, Teilvereinheitlichung des internationalen Scheidungsrechts, ZEuP 2013, 699.

I. Allgemeines

Art. 14 stellt für Fälle lokaler Rechtsspaltung Unteranknüpfungen bereit. Die **1** Vorschrift entspricht ihrem Regelungszweck (dem durch den Anwendungsvorrang der Rom III-VO verdrängten) Art. 4 Abs. 3 EGBGB im autonomen deutschen Kollisionsrecht. Parallelvorschriften zu Art. 14 enthalten etwa Art. 22 Rom I-VO, Art. 25 Rom II-VO, Art. 16 des Haager Unterhaltsprotokolls v. 23.11.2007 und Art. 36 der Erbrechtsverordnung v. 4.7.2012. Für Fälle personeller Rechtsspaltung enthält Art. 15 eine Regelung. Art. 14 und 15 können gleichzeitig Anwendung finden. So sieht das griechische Recht vor, dass in

---

[15] *Gruber* IPRax 2012, 381 (390).

Thrakien (Gebietseinheit) Eheleute islamischen Glaubens (personale Spaltung) nach aufgeklärtem osmanischem Recht geschieden werden können.[1] Während unter den an der Verordnung teilnehmenden Mitgliedstaaten nur Griechenland und Spanien eine (teilweise) lokale Rechtsspaltung kennen, hat die Norm ihren praktischen Anwendungsbereich aufgrund der universellen Anwendung der Verordnung in Fällen der Verweisung auf föderal geprägte Drittstaaten. So liegt etwa in den USA die Gesetzgebungskompetenz auf dem Gebiet des Scheidungsrechts bei den einzelnen Bundesstaaten.

2   Art. 14 ist auch anzuwenden, wenn das verwiesene Recht teilweise für das gesamte Staatsgebiet einheitliche Regeln bereit hält und nur für einzelne von der Rom III-VO erfasste Sachbereiche unterschiedliche Vorschriften gelten.[2] Die Begriffe eigenes Rechtssystem oder eigenes Regelwerk erfassen neben kodifizierten Rechtsvorschriften auch unterschiedliches in einem Staat geltendes Gewohnheits- oder Richterrecht.[3]

II. Bezugnahme auf das Recht des Mehrrechtsstaates, lit. a

3   Die Fälle, in denen die Verweisungsnomen der Verordnung an den gewöhnlichen Aufenthalt bzw. an die Staatsangehörigkeit der Ehegatten anknüpfen, finden sich in Art. 14 lit. b, bzw. lit. c vorrangig geregelt. Lit. a betrifft daher lediglich die Verweisung auf das „Recht des Staates des angerufenen Gerichts" aufgrund Rechtswahl gem. Art. 5 Abs. 1 lit. d oder aufgrund objektiver Anknüpfung gemäß Art. 8 lit. d. Anzuwenden ist demgemäß das Recht der Gebietseinheit, in der das angerufene Gericht seinen Bezirk hat.[4] Maßgebend ist der Bezirk des Ausgangsgerichts.[5] Der Anwendungsbereich von lit. a ist gering. Denn die Norm kommt nur zur Anwendung im Falle der Anrufung eines mitgliedstaatlichen Gerichts. Eine räumliche Rechtsspaltung kennt insoweit lediglich (in Teilbereichen) das griechische und spanische Recht.

III. Bezugnahme auf den gewöhnlichen Aufenthalt in einem Mehrrechtsstaat, lit. b

4   Verweist die Verordnung durch ihre Anknüpfung an den gewöhnlichen Aufenthalt in einem Staat auf einen Mehrrechtsstaat, so meint dies nach lit. b eine Bezugnahme auf den gewöhnlichen Aufenthalt in der betreffenden Gebietseinheit.

5   Durch diese „Verlängerung" der allgemeinen Kollisionsregel auf die jeweilige Teilrechtsordnung wird im Falle der Verweisung auf das Recht eines Mehrrechtstaates, der über ein gesamtstaatliches interlokales Privatrecht verfügt, genau dieses übergangen. In verwandter Form findet sich dieser Ausschluss der Regeln des interlokalen Kollisionsrechts des verwiesenen Rechts in Art. 22 Abs. 1 Rom I-

[1] NK-BGB/*Nordmeier* Art. 14 Rn. 4; näher: *Jayme*, Zugehörigkeit und kulturelle Identität – Die Sicht des Internationalen Privatrechts, 44.
[2] NK-BGB/*Nordmeier* Art. 14 Rn. 15.
[3] NK-BGB/*Nordmeier* Art. 14 Rn. 14.
[4] *Hausmann* A Rn. 387.
[5] NK-BGB/*Nordmeier* Art. 14 Rn. 16.

VO sowie Art. 25 Abs. 1 Rom II-VO.[6] Dagegen wird im Rahmen der Erbrechtsverordnung v. 4.7.2012 (vgl. deren Art. 36 Abs. 1), im Rahmen des Haager Unterhaltsprotokolls v. 23.11.2007 (vgl. dessen Art. 16 Abs. 2 lit. a) oder im Rahmen des KSÜ (vgl. dort. Art. 48) dem interlokalen Verweisungsrecht des Mehrrechtstaates Beachtung geschenkt. Aufgrund der direkten Bezugnahme auf die in einer Gebietseinheit geltende Teilrechtsordnung kommt eine interlokale Weiterverweisung auf das Recht einer anderen Gebietseinheit nicht in Betracht.[7]

Die „Verlängerung" der allgemeinen Verweisung auf die jeweilige Teilrechts **6** ordnung führt im Rahmen einer Rechtswahl nach Art. 5 Abs. 1 lit. a dazu, dass Ehegatten die sich beide in der gleichen Gebietseinheit aufhalten (beispielsweise in Kalifornien), nach dieser Vorschrift nicht das Recht einer anderen Gebietseinheit (z. B. das Recht von New York) wählen können.[8] Eine von den Ehegatten nach Art. 5 Abs. 1 lit. a erklärte Rechtswahl zugunsten des „US-amerikanischen Rechts" wird in der Regel dahingehend ausgelegt werden können, dass die Rechtswahl auf das Recht des Bundesstaats gerichtet ist, in dem sich die Ehegatten gewöhnlich aufhalten.[9]

Für den Fall, dass die Ehegatten zwar ihren gewöhnlichen Aufenthalt im glei **7** chen Mehrrechtstaat haben, aber aufgrund der Trennung in unterschiedlichen Gebietseinheiten, kommt über Art. 14 lit. b die Anwendung von Art. 5 lit. b bzw. Art. 8 lit. b in Betracht. Wählbar ist damit das Recht der Gebietseinheit des letzten gemeinsamen gewöhnlichen Aufenthalts.[10] Nach anderer Ansicht ist in diesem Fall primär das interlokale Privatrecht des Mehrrechtstaates zu befragen. Fehlt es an einem solchen, wie etwa im australischen, kanadischen oder US-amerikanischen Recht, ist auf den Grundsatz der engsten Verbindung in entsprechender Anwendung von lit. c zurückzugreifen.[11] Hatten die Ehegatten niemals einen gemeinsamen gewöhnlichen Aufenthalt in derselben Gebietseinheit des Mehrrechtstaats, sollte die Möglichkeit einer Rechtswahl Art. 5 lit. b verneint werden. Für diesen Fall vermittelt der gewöhnliche Aufenthalt keine hinreichende, eine Rechtswahlanknüpfung rechtfertigende, Beziehung zu einer Teilrechtsordnung. Gleiches gilt für die objektive Anknüpfung nach Art. 8 lit. b. In letzterem Fall ist ggf. Art. 8 lit. c (iVm Art. 14 lit. c), ersatzweise Art. 8 lit. d (iVm Art. 14 lit. a) anzuwenden.

IV. Bezugnahme auf die Staatsangehörigkeit eines Mehrrechtstaates, lit. c

Knüpft die Rom III-VO an die Staatsangehörigkeit an und führt dies zur **8** Anwendung des Rechts eines Staates mit mehreren lokalen Rechtsordnungen, stellt lit. c drei Unteranknüpfungen bereit, die in einem Stufenverhältnis stehen.

---

[6] Krit. *Hausmann* A Rn. 390.
[7] *Hausmann* A Rn. 388.
[8] JurisPK-BGB/*Ludwig* Art. 14 Rn. 3.
[9] *Hausmann* A Rn. 389.
[10] So auch NK-BGB/*Nordmeier* Art. 14 Rn. 18 vgl. auch Palandt/*Thorn* (IPR) Rom III 13–17 Rn. 1.
[11] So Erman/*Hohloch* Art. 14 Rn. 2; *Hausmann* A Rn. 391; aA NK-BGB/*Nordmeier* Art. 14 Rn. 18: Die in lit. c vorgesehene Unteranknüpfung ist bewusst auf den Fall der Anknüpfung an die Staatsangehörigkeit beschränkt.

1. Interlokales Kollisionsrecht, Var. 1

9 Primär entscheidet das interlokale Kollisionsrecht des betreffenden Mehrrechtstaates darüber, welche Teilrechtsordnung zur Anwendung gelangt. Es muss sich dabei um gesamtstaatliche Vorschriften des geschriebenen oder zumindest Gewohnheits- oder Richterrechts handeln.[12] Solches gesamtstaatliches interlokales Privatrecht hält etwa das spanische Recht bereit.

2. Wahl einer Gebietseinheit, Var. 2

10 Fehlt es in der verwiesenen Rechtsordnung an einem solchen gesamtstaatlichen interlokalen Verweisungsrecht, wie etwa in Australien, Kanada oder in den USA, so können die Parteien im Rahmen der durch Art. 5 lit. c zur Verfügung gestellten Parteiautonomie auch die entsprechende Teilrechtsordnung wählen.[13] Eine etwaige interlokale Weiterverweisung der gewählten Teilrechtsordnung (z. B. der gewählten englischen Rechtsordnung auf das schottische Recht oder umgekehrt) bleibt dann außer Betracht.[14]

11 Diese in anderen Verordnungen nicht vorzufindende weitere Wahlmöglichkeit unterstreicht die Bedeutung, die der europäische Gesetzgeber der Parteiautonomie ausweislich des Erwägungsgrundes Nr. 28 im internationalen Scheidungsrecht beimisst.[15] Der Wahl einer konkreten Gebietseinheit kommt aufgrund des Stufenverhältnisses der drei Unteranknüpfungen nur Bedeutung zu, falls kein gesamtstaatliches interlokales Kollisionsrecht vorhanden ist.[16] Wählen die Ehegatten nicht allgemein das Recht ihrer Staatsangehörigkeit, sondern vielmehr das Recht einer konkreten Gebietseinheit des Staates, dem sie angehören, hält aber das gesamtstaatliche Recht interlokale Kollisionsvorschriften bereit, so dass der Wahl einer Gebietseinheit keine rechtliche Bedeutung zukommt, ist auf Grundlage des hypothetischen Parteiwillens zu ermitteln, ob die Parteien das Recht der Gebietseinheit wählen wollten, das gemäß der interlokalen Kollisionsvorschriften anzuwenden ist. Dies ist selbstverständlich der Fall, wenn das Recht der gewählten Gebietseinheit mit dem kraft der interlokalen Verweisungsregeln anzuwendenden Recht übereinstimmt.[17]

12 Auch wenn zwischen der Rechtswahl nach Art. 5 Abs. 1 lit. c und der Wahl der konkreten Gebietseinheit unterschieden werden kann,[18] sind jedenfalls die primär für die Rechtswahl geltenden Vorschriften der Art. 5 Abs. 2 und Abs. 3 und Art. 6 f. sinngemäß auch auf die Wahl der Gebietseinheit anzuwenden. Rechtswahl iSd Vorschriften meint damit auch Rechtswahl durch Wahl einer konkreten Gebietseinheit. Darüberhinaus soll die Wahl der Gebietseinheit auf einem der in Art. 5 genannten Anknüpfungsmerkmalen beruhen müssen,[19] was dann aber der Wahl der Gebietseinheit einen eigenständigen Anwendungsbereich nimmt.[20]

---

[12] NK-BGB/*Nordmeier* Art. 14 Rn. 20.

[13] Krit. *Gruber* IPRax 2012, 381 (389).

[14] *Hausmann* A Rn. 394.

[15] *Hausmann* A Rn. 393.

[16] Siehe zur Unterscheidung zwischen Rechtswahl nach Art. 5 lit. c und Wahl einer Teilrechtsordnung nach Art. 14 lit. c: *Franzina*, CDT (Oktober 2011), Vol. 3, N 2, 85 (119).

[17] → Art. 5 Rn. 21.

[18] *Franzina*, CDT (Oktober 2011), Vol. 3, N 2, 85 (119); JurisPK-BGB/*Ludwig* Art. 14 Rn. 6.

[19] *Winkler von Mohrenfels* ZEuP 2013, 699 (719).

[20] Hierfür: *Eichel*, Interlokale und interpersonale Anknüpfung, in: Leible/Unberath, Brauchen wir eine Rom 0-VO, 397 (414 f.).

3. Engste Verbindung, Var. 3

Falls das Recht des verwiesenen Mehrrechtstaats keine interlokalen Verweisungs- **13** normen vorsieht und auch keine Wahl des Rechts einer Gebietseinheit vorliegt und diese auch nicht nachträglich getroffen werden kann, ist das Recht der Gebietseinheit anzuwenden, zu der die Ehegatten gemeinsam (bzw. ein Ehegatte allein in den Fällen des Art. 5 Abs. 1 lit. b bzw. Art. 8 lit. b) die engste Verbindung haben. Insoweit ist eine Gesamtabwägung aller Umstände vorzunehmen. Für diese Gesamtabwägung können auf die zu Art. 17 Abs. 1 EGBGB aF iVm Art. 4 Abs. 3 S. 2 EGBGB entwickelten Grundsätze zurückgegriffen werden.[21]

Art. 15 Staaten mit zwei oder mehr Rechtssystemen – Kollisionen hinsichtlich der betroffenen Personengruppen

In Bezug auf einen Staat, der für die in dieser Verordnung geregelten Angelegenheiten zwei oder mehr Rechtssysteme oder Regelwerke hat, die für verschiedene Personengruppen gelten, ist jede Bezugnahme auf das Recht des betreffenden Staates als Bezugnahme auf das Rechtssystem zu verstehen, das durch die in diesem Staat in Kraft befindlichen Vorschriften bestimmt wird. Mangels solcher Regeln ist das Rechtssystem oder das Regelwerk anzuwenden, zu dem der Ehegatte oder die Ehegatten die engste Verbindung hat bzw. haben.

I. Personale Rechtsspaltung

Art. 15 enthält eine Regelung für Fälle, in denen das von der Verordnung **1** zur Anwendung berufene Sachrecht für verschiedene Personengruppen, etwa aus Gründen der Religions- oder der Stammeszugehörigkeit, verschiedenes Scheidungsrecht bereithält, es demgemäß in personeller Hinsicht gespalten ist. Derartige personale Rechtsspaltungen finden sich etwa im islamisch geprägten Nahen und Mittleren Osten,[1] in Nordafrika,[2] weiter in Indien, Indonesien,[3] Israel,[4] Malaysia, Pakistan,[5] Panama[6] und auf den Philippinen.[7] Verschiedene afrikanische Rechtsordnungen kennen zwar ein staatliches Familienrecht, daneben aber als Alternative religiöses oder Stammesrecht. Hier können die Ehegatten zwischen dem staatlichen und dem islamischen oder dem Stammesrecht wählen.[8] Die an der Rom III-VO teilnehmenden 14 Mitgliedstaaten kennen hingegen mit Ausnahme Griechenlands[9] keine personelle Rechtsspaltung. Art. 15 ist mit Art. 4 Abs. 3 EGBGB

---

[21] *Hausmann* A Rn. 395.
[1] Siehe BGH FamRZ 2007, 109 (Syrien); OLG Zweibrücken NJW-RR 2002, 581 (Libanon); OLG Köln FamRZ 2002, 1481; *Elwan/Ost* IPRax 1996, 389 (Jordanien).
[2] *Bälz* IPRax 1996, 353 (Ägypten).
[3] IPR 1999 (Köln) Nr. 21.
[4] OLG Oldenburg StAZ 2006, 295; BayObLG FamRZ 1985, 1238.
[5] KG StAZ 1984, 309; OLG Köln FamRZ 2002, 1481; Frankfurt FamRZ 2009, 1504 (1505).
[6] NK-BGB/*Nordmeier* Art. 15 Rn. 4.
[7] BGH NJW-RR 2007, 145 (148); OLG München FamRZ 2011, 1506 f.
[8] Staudinger/*Hausmann* EGBGB Art. 4 Rn. 383, MüKoBGB/*Sonnenberger* EGBGB Art. 4 Rn. 86.
[9] → Art. 14 Rn. 1.

vergleichbar. Die von Art. 15 verwendeten Begriffe des Rechtssystems oder des Regelwerks sind gleich wie in Art. 14 zu verstehen.[10]

II. Interpersonales Kollisionsrecht des Mehrrechtsstaates, S. 1

2   Ist durch die Kollisionsnormen der Verordnung das Recht eines Staates mit personeller Rechtsspaltung zur Anwendung berufen, so ist nach S. 1 zunächst zu untersuchen, ob dieser Staat selbst eine Regelung des interpersonalen Kollisionsrechts bereithält. Dies ist regelmäßig der Fall. Denn ansonsten stünden die Gerichte solcher Staaten vor kaum lösbaren Problemen.[11] Die Anwendung des über S. 1 berufenen interpersonalen Verweisungsrechts erfolgt auf der Grundlage des verwiesenen Rechts. Dieses bestimmt folglich unter welchen Voraussetzungen eine Person einer besonderen Gruppe angehört, für welche besondere Vorschriften gelten.[12] Das interpersonale Recht des Mehrrechtsstaates befindet weiter darüber, welches Teilrecht auf religiöse bzw. ethnische Mischehen zur Anwendung gelangt. Für den Fall, dass das interpersonale Kollisionsrecht an die Religions- oder Stammeszugehörigkeit des Ehemannes anknüpft, kann dessen Anwendung durch die Gerichte eines Mitgliedstaats an dem *ordre public*-Vorbehalt nach Art. 12 iVm dem Gleichheitssatz scheitern.[13] Ersatzweise ist dann die engere Verbindung der Ehegatten zu einer der beiden Religionen bzw. zu einer Volksgruppe maßgebend.[14] Davon zu unterscheiden ist die Frage, ob das kraft des interpersonalen Kollisionsrechts zur Anwendung berufene Sachrecht *ordre public*-widrige Regelungen enthält.[15]

III. Räumliche und personelle Rechtsspaltung

3   Für den Fall, dass das durch die Kollisionsnormen der Verordnung berufene Recht eines Mehrrechtsstaates sowohl räumlich als auch personell gespalten ist, ist zunächst die räumlich maßgebende Teilrechtsordnung gemäß Art. 14 und anschließend das dort geltende interpersonale Privatrecht nach S. 1 zu ermitteln.[16]

IV. Engste Verbindung, S 2

4   Hält die durch die Verweisungsregeln der Rom III-VO berufene Rechtsordnung kein interpersonales Kollisionsrecht bereit, ist nach S. 2 hilfsweise auf das Recht der engsten Verbindung eines (vgl. Art. 5 Abs. 1 lit. b bzw. Art. 8 lit. b) oder beider Ehegatten zu einer Personengruppe abzustellen. Diese engste Verbindung ist im Wege einer Gesamtbetrachtung aller Umstände zu ermitteln. Es kann

---

[10] → Art. 14 Rn. 2.

[11] Staudinger/*Hausmann* EGBGB Art. 4 Rn. 413.

[12] NK-BGB/*Nordmeier* Art. 15 Rn. 5.

[13] Eine ordre public-Kontrolle des interlokalen Verweisungsrechts wird z.T. mit dem Argument abgelehnt, dass Art. 15 dieses in die Rom III-VO inkorporiere und damit zum Gegenstand des Verweisungsrechts der Rom III-VO selbst mache, welches nicht der *ordre public*-Kontrolle unterliegen könne, so NK-BGB/*Nordmeier* Art. 15 Rn.7.

[14] *Hausmann* A Rn. 397.

[15] NK-BGB/*Nordmeier* Art. 15 Rn. 7.

[16] *Hausmann* B Rn. 396.

dabei wegen der vergleichbaren Fragestellung auf die zum bisherigen deutschen Scheidungsrecht (Art. 17 aF iVm Art. 4 Abs. 3 S. 2 EGBGB) entwickelten Grundsätze zurückgegriffen werden.[17]

Art. 16 Nichtanwendung dieser Verordnung auf innerstaatliche Kollisionen

Ein teilnehmender Mitgliedstaat, in dem verschiedene Rechtssysteme oder Regelwerke für die in dieser Verordnung geregelten Angelegenheiten gelten, ist nicht verpflichtet, diese Verordnung auf Kollisionen anzuwenden, die allein zwischen diesen verschiedenen Rechtssystemen oder Regelwerken auftreten.

Die an der Verordnung teilnehmenden 14 Mitgliedstaaten sind nicht verpflich- **1** tet, die Verweisungsregeln der Verordnung auf rein innerstaatliche Sachverhalte anzuwenden, d.h. auf Sachverhalte, die keinen Bezug zu einem anderen Staat haben. Sie sind jedoch berechtigt, die Verweisungsnormen der Rom III-VO anzuwenden.[1] Die Vorschrift kann derzeit lediglich für spanische und in Teilbereichen für griechische Gerichte praktische Bedeutung gewinnen. Um etwa zu ermitteln, ob im Falle der Ehescheidung eines Ehemannes aus Madrid von seiner Ehefrau aus Barcelona das Scheidungsrecht von Katalonien oder das gemeinspanische Scheidungsrecht des Código civil zur Anwendung kommt, haben diese mithin nicht die Kollisionsnormen der Art. 5 ff., sondern das spanische interlokale Privatrecht (Art. 14, 15 Codigo Civil) anzuwenden.[2] Die Vorschrift hat womöglich eine künftige Teilnahme des Vereinigten Königreichs im Blick, das ebenfalls eine territoriale Rechtsspaltung kennt.[3]

---

[17] *Hausmann* A Rn. 395.
[1] JurisPK-BGB/*Ludwig* Art. 16 Rn. 1.
[2] Staudinger/*Hausmann* EGBGB Anh. Art. 4 Rn. 267.
[3] *Winkler von Mohrenfels* ZEuP 2013, 699 (720).

Kapitel III. Sonstige Bestimmungen

Art. 17 Informationen der teilnehmenden Mitgliedstaaten

(1) Die teilnehmenden Mitgliedstaaten teilen bis spätestens zum 21. September 2011 der Kommission ihre nationalen Bestimmungen, soweit vorhanden, betreffend Folgendes mit:
a) die Formvorschriften für Rechtswahlvereinbarungen gemäß Artikel 7 Absätze 2 bis 4, und
b) die Möglichkeit, das anzuwendende Recht gemäß Artikel 5 Absatz 3 zu bestimmen.
Die teilnehmenden Mitgliedstaaten teilen der Kommission alle späteren Änderungen dieser Bestimmungen mit.

(2) Die Kommission macht die nach Absatz 1 übermittelten Informationen auf geeignetem Wege, insbesondere auf der Website des Europäischen Justiziellen Netzes für Zivil- und Handelssachen, öffentlich zugänglich.

1   Art. 17 Rom III-VO gilt bereits seit **21.6.2011** (Art. 21 S. 2 Rom III-VO). **Absatz 1** regelt die **Mitteilungspflichten** der teilnehmenden Mitgliedstaaten zum einen im Hinblick auf die „zusätzlichen Formvorschriften" iS des Art. 7 Abs. 2–4 Rom III-VO und zum anderen im Hinblick auf die Möglichkeit, das anzuwendende Recht gemäß Art. 5 Abs. 3 Rom III-VO auch erst im Laufe des Verfahrens zu bestimmen. Für **Litauen,** das der Rom III-VO erst nachträglich mit Wirkung ab dem 22.5.2014 beigetreten ist, endete die Mitteilungsfrist erst am 22.8.2013;[1] für **Griechenland,** das mit Wirkung ab dem 29.7.2015 beigetreten ist, läuft die Mitteilungsfrist bis 29.10.2014.[2]

2   **Absatz 2** und die entsprechenden Erwägungsgründe 14 und 17 entsprechen nicht mehr dem aktuellen Stand: Die Webseiten des Europäischen Justiziellen Netzes für Zivil- und Handelssachen[3] werden Schritt für Schritt in das **Europäische Justizportal**[4] überführt. Auf diesem Portal werden auch die übermittelten Informationen iS des Art. 17 Abs. 2 Rom III-VO öffentlich bekannt gemacht.

Art. 18 Übergangsbestimmungen

(1) Diese Verordnung gilt nur für gerichtliche Verfahren und für Vereinbarungen nach Artikel 5, die ab dem 21. Juni 2012 eingeleitet beziehungsweise geschlossen wurden.
Eine Rechtswahlvereinbarung, die vor dem 21. Juni 2012 geschlossen wurde, ist ebenfalls wirksam, sofern sie die Voraussetzungen nach den Artikeln 6 und 7 erfüllt.

---

[1] Vgl. Art. 2 des Beschlusses der Kommission (2012/714/EU) vom 21.11.2012, ABl. EU L 323, 18.

[2] Vgl. Art. 2 des Beschlusses der Kommission (2014/39/EU) vom 27.1.2014, Abl. EU L 23, 41.

[3] http://ec.europa.eu/civiljustice/index_de.htm.

[4] www.e-justice.eu.

(2) Diese Verordnung lässt Rechtswahlvereinbarungen unberührt, die nach dem Recht eines teilnehmenden Mitgliedstaats geschlossen wurden, dessen Gerichtsbarkeit vor dem 21. Juni 2012 angerufen wurde.

Art. 18 Rom III-VO regelt den **Stichtag,** ab dem die Verordnung anwendbar **1** ist. Sie gilt für alle gerichtlichen Verfahren und formwirksamen Rechtswahlvereinbarungen, die am **21.6.2012** (für Litauen: 22.5.2014; für Griechenland: 29.7.2015)[1] oder später eingeleitet bzw. geschlossen wurden. Abzustellen ist auf den **Zeitpunkt der Verfahrenseinleitung** (iS von Art. 16 Brüssel IIa-VO, vgl. Erwägungsgrund 13 S. 2). Wurde vor dem 21.6.2012 lediglich ein Verfahrenskostenhilfeantrag[2] gestellt und das Hauptsacheverfahren erst nach dem Stichtag eingeleitet, hindert der VKH-Antrag die Anwendbarkeit der Verordnung nicht.[3]

Da es bei **Privatscheidungen** (→ Art. 5 Rn. 33 ff.) keine Verfahrenseinlei- **2** tung gibt, muss insofern auf den Zeitpunkt abgestellt werden, in dem die Scheidung nach dem berufenen Scheidungsstatut *wirksam* wird. In Rechtsordnungen, die eine Scheidung durch einseitige, nicht zugangsbedürftige Willenserklärung zulassen, ist also unabhängig vom Zeitpunkt der Kenntniserlangung durch den anderen Ehegatten der Zeitpunkt des Ausspruchs der Verstoßung maßgeblich.[4]

Schwierigkeiten bereiten die – nur noch für eine Übergangszeit relevanten – **3** Verfahren, bei denen der Abschluss der Rechtswahlvereinbarung und die Verfahrenseinleitung im Hinblick auf den zeitlichen Anwendungsbereich der Rom III-VO auseinanderfallen. Dabei sind vier Konstellationen zu unterscheiden:

– Erfolgt sowohl die **Verfahrenseinleitung** als auch die **Rechtswahlvereinbarung ab dem 21.6.2012,** ist allein die Rom III-VO maßgeblich.

– Wurde sowohl das **Verfahren vor** dem 21.6.2012 eingeleitet als auch die **Rechtswahlvereinbarung vor dem Stichtag** geschlossen, gilt primär das IPR des Forumstaats. Ist die Rechtswahl danach unwirksam, kann sie allerdings gemäß **Art. 18 Abs. 1 UAbs. 2 Rom III-VO** wirksam sein, wenn sie den Voraussetzungen der Art. 6 und 7 Rom III-VO entspricht. Bemerkenswert ist, dass Art. 5 nicht in Bezug genommen wird. Dabei dürfte es sich um ein Redaktionsversehen handeln, da die Rom III-VO gerade gewährleisten will, dass in den teilnehmenden Mitgliedstaaten stets ein Recht zur Anwendung gelangt, zu dem die Ehegatten einen engen Bezug haben.[5] Insofern erscheint es nicht gerechtfertigt, dass eine formgerecht getroffene Rechtswahl zugunsten eines Rechtes, zu dem die Ehegatten keine (enge) Verbindung haben, beachtlich wäre, also einer objektiven Anknüpfung nach Art. 8 Rom III-VO vorginge

---

[1] Vgl. Art. 3 der Beschlüsse der Kommission (2012/714/EU) vom 21.11.2012, ABl. EU L 323, 18 und (2014/39/EU) vom 27.1.2014, ABl. EU L 23, 41.

[2] Beachtenswert OLG Düsseldorf NJW-RR 2012, 521: Einem VKH-Antrag sei nicht stattzugeben, wenn der Scheidungsantrag gemäß dem noch geltenden deutschen Kollisionsrecht dem italienischen Heimatrecht unterliege, demzufolge eine Auflösung der Ehe (noch) nicht möglich war, während nach Inkrafttreten der Rom III-VO eine Scheidung nach Maßgabe des dann anwendbaren deutschen Aufenthaltsrechts in Betracht komme.

[3] OLG Hamm v. 7.5.2013 – 3 UF 267/12, BeckRS 2013, 09327; OLG Stuttgart NJW 2013, 398; *Dimmler/Bißmaier* FamRBint 2012, 66 (67). Vgl. zur Parallelproblematik im Übergangsrecht des FamFG, BGH NJW-RR 2012, 753 Rn. 15 ff. mwN zum Meinungsstand.

[4] NK-BGB/*Gruber* Art. 17 EGBGB Rn. 17; *Rauscher* § 8 Rn. 808; aA *Hausmann* Rn. A 287 (Zeitpunkt der Registrierung).

[5] Palandt/*Thorn* BGB Art. 18 Rom III-VO Rn. 1.

und damit weder den Rechtswahl-Begrenzungen der Rom III-VO noch den Anforderungen des nationalen IPR genügen müsste.[6]
– Wurde die **Rechtswahlvereinbarung** bereits **vor** dem 21.6.2012 geschlossen, das **Verfahren** aber erst **am oder nach** dem Stichtag eingeleitet, richtet sich die Rechtswahlvereinbarung nach nationalem IPR, kann aber unter den Voraussetzungen des Art. 18 Abs. 1 UAbs. 2 Rom III-VO ebenfalls wirksam sein (zur Änderung der Rechtswahlvereinbarung → Rn. 4).
– Wurde das **Verfahren** bereits **vor** dem 21.6.2012 eingeleitet, die **Rechtswahlvereinbarung** aber erst **am oder nach** dem Stichtag gemäß Art. 5 Abs. 3 Rom III-VO getroffen, ist auf die Rechtswahlvereinbarung (nur) die Rom III-VO anwendbar. Daran ändert auch Art. 18 Abs. 2 Rom III-VO nichts, der lediglich die zweite Konstellation betrifft („lässt Rechtswahlvereinbarungen unberührt, die …geschlossen wurden") und daher nur klarstellenden Charakter hat.[7]

4   Eine nach altem Kollisionsrecht vor dem 21.6.2012 getroffene Rechtswahlvereinbarung bleibt unabhängig vom Zeitpunkt der Einleitung eines Scheidungsverfahrens wirksam und beurteilt sich nach den nationalen Kollisionsregeln.[8] Wird eine danach wirksame Vereinbarung am oder nach dem 21.6.2012 geändert, ist auf die **Änderung der Rechtswahlvereinbarung** jedenfalls dann die Rom III-VO anwendbar, wenn die Änderung in einem ab dem 21.6.2012 eingeleiteten Verfahren vorgenommen wird. Ob dies auch dann gilt, wenn die Änderung in einem laufenden Scheidungsverfahren vorgenommen wird, das bereits vor dem 21.6.2012 eingeleitet wurde, ist umstritten, aber zu bejahen.[9] Dem Sinn und Zweck der Verordnung entspricht es, dass alle nach dem Stichtag vorgenommenen Vereinbarungen über das Scheidungsstatut einschließlich Änderungsvereinbarungen der Rom III-VO unterfallen.

5   **Art. 229 § 28 EGBGB** sieht **Übergangsvorschriften** für die Regeln zur akzessorischen Anknüpfung der Scheidungsfolgen an das Rom III-Scheidungsstatut vor (Art. 17 Abs. 1 und 3, 17b EGBGB),[10] nicht hingegen für die eigentlichen Rom III-Durchführungsbestimmungen in Art. 46d EGBGB. Für letztere wird man daher auf Art. 18 Rom III-VO analog abstellen müssen.[11]

Art. 19 Verhältnis zu bestehenden internationalen Übereinkommen

(1) **Unbeschadet der Verpflichtungen der teilnehmenden Mitgliedstaaten gemäß Artikel 351 des Vertrags über die Arbeitsweise der Europäischen Union lässt diese Verordnung die Anwendung internationaler**

---

[6] *Gruber* IPRax 2012, 381 (384 Fn. 46); *Rauscher* § 8 Rn. 822; im Ergebnis ebenso *Franzina* CDT 2011, 85 (106 Rn. 38), der von Art. 18 Abs. 1 UAbs. 2 nur solche Vereinbarungen erfasst ansieht, die vollständig mit der Rom III-VO in Einklang stehen, weil die Vorschrift nur die Erwartung der Parteien hinsichtlich der absehbaren Anwendbarkeit der Verordnung schützen wolle. AA Erman/*Hohloch* BGB Anh. Art. 17 EGBGB Art. 18 Rn. 1.

[7] Ebenso Erman/*Hohloch* BGB Anh. Art. 17 EGBGB Art. 18 Rn. 2. AA NK-BGB/*Nordmeier* Art. 18 Rn. 10, 11.

[8] *Rauscher* § 8 Rn. 822.

[9] Wie hier *Gruber* IPRax 2012, 381 (384 Fn. 49); zweifelnd *Franzina* CDT 2011, 85 (106 Rn. 38 mit Fn. 94). AA *Traar* ÖJZ 2011, 805 (808).

[10] BT-Drs. 17/11049, 13.

[11] S. zur Relevanz dieser Frage die Fallkonstellation bei OLG Nürnberg FamRZ 2013, 1321.

Übereinkommen unberührt, denen ein oder mehrere teilnehmende Mitgliedstaaten zum Zeitpunkt der Annahme dieser Verordnung oder zum Zeitpunkt der Annahme des Beschlusses gemäß Artikel 331 Absatz 1 Unterabsatz 2 oder 3 des Vertrags über die Arbeitsweise der Europäischen Union angehören und die Kollisionsnormen für Ehescheidung oder Trennung ohne Auflösung des Ehebandes enthalten.

(2) Diese Verordnung hat jedoch im Verhältnis zwischen den teilnehmenden Mitgliedstaaten Vorrang vor ausschließlich zwischen zwei oder mehreren von ihnen geschlossenen Übereinkommen, soweit diese Bereiche betreffen, die in dieser Verordnung geregelt sind.

Nach **Art. 19 Abs. 1 Rom III-VO** bleibt die Anwendung internationaler 1 Übereinkommen, denen ein teilnehmender Mitgliedstaat zum Zeitpunkt der Annahme der Rom III-VO angehört, von der Verordnung unberührt. In Deutschland ist daher **Art. 8 Abs. 3 des deutsch-iranischen Niederlassungsabkommens** zu beachten,[1] der laut dem Schlussprotokoll[2] auch auf die Scheidung anwendbar ist und Vorrang vor der Rom III-VO hat.

Art. 8 Abs. 3 des Abkommens lautet: „In bezug auf das Personen-, Familien- 2 und Erbrecht bleiben die Angehörigen jedes der vertragschließenden Staaten im Gebiet des anderen Staates jedoch den Vorschriften ihrer heimischen Gesetze unterworfen. Die Anwendung dieser Gesetze kann von dem anderen vertragschließenden Staat nur ausnahmsweise und nur insoweit ausgeschlossen werden, als ein solcher Ausschluß allgemein gegenüber jedem anderen fremden Staat erfolgt."

Dabei handelt es sich um eine **Sachnormverweisung,** die (nur dann) auf das 3 iranische Recht verweist, wenn **beide Ehegatten nur iranische Staatsangehörige** sind.[3] Daran fehlt es, wenn beide Ehegatten deutsch-iranische Doppelstaater[4] sind oder ein Ehegatte (auch) deutscher Staatsangehöriger ist bzw. sich sein Personalstatut (zB als Flüchtling) nach dem deutschen Recht richtet.[5] Insbesondere Art. 5 und Art. 8 Rom III-VO sind im Anwendungsbereich des Niederlassungsabkommens deshalb nicht anwendbar. Führt die Anwendung des iranischen Rechts im Einzelfall zu einem – aus deutscher Sicht – *ordre-public*-widrigen Ergebnis,[6] muss eine Korrektur über Art. 12 Rom III-VO erfolgen.[7]

---

[1] Niederlassungsabkommen zwischen dem Deutschen Reich und dem Kaiserreich Persien v. 17.2.1929, RGBl. 1930 II 1006. Die Weitergeltung des Abkommens nach dem zweiten Weltkrieg im Verhältnis zum Iran wurde mWv 4.11.1954 bestätigt, Bek. v. 15.8.1955, BGBl. II 829.

[2] RGBl. 1930 II 1012.

[3] Vgl. nur BVerfG NJW-RR 2007, 577 (Nichtannahmebeschluss); BGH NJW-RR 2005, 81 Rn. 22; BGH NJW-RR 1986, 1005 Rn. 7; OLG Hamm v. 7.5.2013 – 3 UF 267/12 BeckRS 2013, 09327; OLG Hamm FamRZ 2012, 1498 (1499); OLG Celle NJOZ 2011, 1993 (1995); OLG Koblenz FamRZ 2009, 611 Rn. 47.

[4] Vgl. BVerfG NJW-RR 2007, 577 (Nichtannahmebeschluss).

[5] BGH NJW 1990, 636.

[6] Abgelehnt im konkreten Fall von OLG Hamm NJOZ 2013, 961, wenn das Scheidungsrecht für die Ehefrau lediglich höhere Hürden aufstellt, aber keine krasse Ungleichbehandlung wegen des Geschlechts vorliegt.

[7] Richtig NK-BGB/*Nordmeier* Art. 19 Rn. 7. AA Erman/*Hohloch* BGB Anh Art. 17 EGBGB Art. 19 Rn. 1 (Art. 6 EGBGB).

4 Verweist die Rom III-VO auf das **Recht eines anderen Staates,** bleiben von diesem Staat geschlossene Abkommen iS des Art. 19 Rom III-VO wegen Art. 11 Rom III-VO unbeachtlich.

5 **Absatz 2** hat **für Deutschland keine Bedeutung,** weil Deutschland mit keinem anderen teilnehmenden Mitgliedstaat ein Übereinkommen zu Fragen des auf die Ehescheidung und Trennung ohne Auflösung des Ehebandes anwendbaren Rechts geschlossen hat.[8]

Art. 20 Revisionsklausel

(1) **Die Kommission legt dem Europäischen Parlament, dem Rat und dem Europäischen Wirtschafts- und Sozialausschuss spätestens zum 31. Dezember 2015 und danach alle fünf Jahre einen Bericht über die Anwendung dieser Verordnung vor. Dem Bericht werden gegebenenfalls Vorschläge zur Anpassung dieser Verordnung beigefügt.**

(2) **Die teilnehmenden Mitgliedstaaten übermitteln der Kommission zu diesem Zweck sachdienliche Angaben betreffend die Anwendung dieser Verordnung durch ihre Gerichte.**

1 Art. 20 Rom III-VO enthält die aus anderen Rechtsakten der EU bekannte Revisionsklausel.

---

[8] Das Haager Abkommen v. 12.6.1902 (RGBl. 1904, 231) zur Regelung des Geltungsbereichs der Gesetze und der Gerichtsbarkeit auf dem Gebiete der Ehescheidung und der Trennung von Tisch und Bett ist nach Kündigung im Verhältnis zu Deutschland seit 1.6.1934 nicht mehr in Kraft (RGBl. 1934 II 26).

Kapitel IV. Schlussbestimmungen

Art. 21 Inkrafttreten und Geltungsbeginn

Diese Verordnung tritt am Tag nach ihrer Veröffentlichung im Amtsblatt der Europäischen Union in Kraft.

Sie gilt ab dem 21. Juni 2012, mit Ausnahme des Artikels 17, der ab dem 21. Juni 2011 gilt.

Für diejenigen teilnehmenden Mitgliedstaaten, die aufgrund eines nach Artikel 331 Absatz 1 Unterabsatz 2 oder Unterabsatz 3 des Vertrags über die Arbeitsweise der Europäischen Union angenommenen Beschlusses an der Verstärkten Zusammenarbeit teilnehmen, gilt diese Verordnung ab dem in dem betreffenden Beschluss angegebenen Tag.

Diese Verordnung ist in allen Teilen verbindlich und gilt gemäß den Verträgen unmittelbar in den teilnehmenden Staaten.

Anhang: IPR der Elterlichen Verantwortung (KSÜ)

Einführung

Literatur: *Gärtner*, Elterliche Sorge bei Personenstandsfällen mit Auslandsbezug – Änderungen durch Inkrafttreten des Kinderschutzübereinkommen, StAZ 2011, 65; *Krah*, Das Haager Kinderschutzabkommen, 2003; *Rauscher*, Haager Kinderschutzübereinkommen und Auswanderungsmotive in der Sorgerechtsregelung, NJW 2011, 2332; *Schulz*, Inkrafttreten des Haager Kinderschutzübereinkommens v. 19.10.1996 für Deutschland am 1.1.2011, FamRZ 2011, 156; *Siehr*, Das neue Haager Übereinkommen von 1996 über den Schutz von Kindern, RabelsZ 98, 464; *Wagner/Janzen*, Die Anwendung des Haager Kinderschutzübereinkommens in Deutschland, FPR 2011, 110.

Auf dem Gebiet des auf Fragen der elterlichen Verantwortung anzuwendenden **1** Rechts ist das **Haager Kinderschutzübereinkommen** vom 19.10.1996 (KSÜ)[1] seit seinem Inkrafttreten für Deutschland am 1.1.2011 für den inländischen Rechtsanwender die primäre Rechtsquelle.

Das KSÜ verdrängt gemäß seinem Art. 51 das Haager Minderjährigenschutz- **2** abkommen v. 5.10.1961 (MSA)[2] im Verhältnis der Vertragsstaaten zueinander. Daher ist die in Art. 4 Abs. 2 MSA enthaltene Kollisionsregel aus inländischer Perspektive nur dann maßgebend, wenn die Bestimmung des auf die Anordnung von Schutzmaßnahmen für Kinder deutscher Staatsangehörigkeit anzuwenden- den Rechts in Frage steht, die ihren gewöhnlichen Aufenthalt in der **Türkei** oder in der chinesischen Sonderverwaltungsregion **Macau** haben. Weiter ist für Kinder dieser Staaten mit gewöhnlichem Aufenthalt im Inland der in Art. 2 MSA (mit dem Vorbehalt des Art. 3) normierte Gleichlaufgrundsatz maßgebend.[3] Für Fragen der Beurteilung der kraft Gesetzes (bzw. kraft Rechtsgeschäfts) bestehen- den elterlichen Verantwortung enthält das MSA nach hM keine eigenen Kollisi- onsregeln,[4] so dass für den inländischen Rechtsanwender insoweit in deren Anwendungsbereich die Vorschriften des KSÜ zur Anwendung gelangen. **Ita- lien** ist Vertragstaat des MSA, aber noch nicht des KSÜ. Daher scheint auch im Verhältnis zu Italien das MSA anwendbar zu sein. Allerdings sollten die Kollisionsregeln des MSA nur dann für anwendbar erachtet werden, wenn sich die internationale Zuständigkeit aus diesem ergibt.[5] Dies ist aufgrund der Ver- drängung des MSA durch die Brüssel IIa-VO im Rahmen der internationalen Zuständigkeit nicht der Fall.

---

[1] Übereinkommen über die Zuständigkeit, das anzuwendende Recht, die Anerkennung, Vollstreckung und Zusammenarbeit auf dem Gebiet der elterlichen Verantwortung und der Maßnahmen zum Schutz von Kindern, BGBl. 2009 II 603; zu den Vertragsstaaten des KSÜ Jayme/Hausmann Nr. 53 bzw. die Statustabelle auf der Homepage der Haager Konferenz für Internationales Privatrecht: http://www.hcch.net.

[2] Übereinkommen über die Zuständigkeit der Behörden und das anzuwendende Recht auf dem Gebiet des Schutzes von Minderjährigen v. 5.10.1961, BGBl. 1971 II 217.

[3] Erman/*Hohloch* Anh Art. 24 EGBGB Rn. 3 u. 12 a. E.; NK-BGB/*Benicke* Art. 1 KSÜ Rn. 8; Keidel/*Engelhardt* § 99 FamFG Rn. 4.

[4] *Siehr* RabelsZ 98, 464 (489).

[5] Palandt/*Thorn* Archiv I, MSA Rn. 16; str.

3   Vorrangig vor dem KSÜ wie auch vor dem MSA ist Art. 8 Abs. 3 des **deutsch-iranischen Niederlassungsabkommens** von 1929[6] anzuwenden.[7] Dem Niederlassungsabkommen kommt weiter Vorrang vor dem autonomen Kollisionsrecht zu (→ klarstellend Art. 3 Nr. 2 EGBGB). Das Niederlassungsabkommen gilt sachlich für das gesamte Familienrecht. Es ist damit auf Fragen der elterlichen Verantwortung anzuwenden, auch wenn diese in der deutsch-iranischen Erklärung zum Geltungsbereich des Art. 8 Abs. 3 nicht explizit genannt werden.[8] In persönlicher Hinsicht ist das Abkommen vor deutschen Gerichten allerdings nur dann anzuwenden, falls sowohl die Eltern wie auch das Kind **ausschließlich die iranische Staatsangehörigkeit** besitzen.[9] Dies führt etwa dazu, dass für den Fall, dass ein Kind iranischer Eltern die deutsche Staatsangehörigkeit besitzt und ein weiteres Kind die iranische, im Verhältnis zu dem iranischen Kind das Niederlassungsabkommen, im Verhältnis zu dem deutschen Kind in seinem Anwendungsbereich das KSÜ anzuwenden ist.[10] Auch für den Fall, dass Eltern und Kind ausschließlich die iranische Staatsangehörigkeit besitzen, scheidet die Anwendung des Abkommens dann aus, wenn einer oder beide Elternteile oder das Kind die Rechtsstellung als Flüchtlinge iSd Genfer Flüchtlingskonvention oder als Asylberechtigte i.S. des AsylVfG erlangt haben.[11]

4   Art. 8 Abs. 3 des Abkommens verweist i.S. einer **Sachnormverweisung** auf das iranische Recht. Da dieses wiederum religiös gespalten ist, muss die Unteranknüpfung des Art. 49 KSÜ herangezogen werden.[12] Im Regelfall ist damit islamisch-schiitisches Kindschaftsrecht anzuwenden.[13]

5   Art. 8 Abs. 3 S. 2 des Abkommens enthält eine besondere Ausprägung des „**ordre public**"-Vorbehalts, weshalb gemäß den Grundsätzen des Art. 6 EGBGB die Anwendung des verwiesenen iranischen Rechts verweigert werden kann, falls dessen Anwendung zu einem Ergebnis führt, das mit wesentlichen Grundsätzen des deutschen Rechts offensichtlich unvereinbar ist.[14]

6   Eigene kollisionsrechtliche Regelungen des sekundären Unionsrechts bestehen im Bereich der elterlichen Verantwortung nicht. Die Brüssel IIa-VO beschränkt sich sachlich auf die Regelung verfahrensrechtlicher Fragen. Allerdings wird man dem EuGH nicht nur in den vom KSÜ geregelten verfahrensrechtlichen Aspekten, sondern auch im Bereich des Kollisionsrechts das Auslegungsmonopol zusprechen müssen. Damit ist das KSÜ für Deutschland faktisch als **sekundäres Unionsrecht** zu betrachten,[15] auch wenn im Rahmen des KSÜ die Mitgliedsstaaten der EU selbst Vertragsstaaten des Übereinkommens sind und nicht die EU mit

---

[6]   Niederlassungsabkommen zwischen dem Deutschen Reich und dem Kaiserreich Persien vom 17.2.1929, RGBl. 1931 II 9; Bestätigung der Weitergeltung vom 4.11.1954, BGBl 1955 II 829.

[7]   Vgl. Art. 52 Abs. 1 KSÜ, Art. 18 Abs. 2 MSA.

[8]   BGHZ 120, 29 (30 f.) = NJW 1993, 848; BGH NJW-RR 2005, 81 (82).

[9]   Vgl. etwa BGH NJW 1990, 636; OLG Koblenz NJW-RR 2009, 1014 (1018); *Hausmann* B Rn. 574 m. weit. Nachw. aus der Rspr.

[10]   OLG Koblenz NJW-RR 2009, 1014 (1017 f.).

[11]   Vgl. etwa BGH NJW 1990, 636.

[12]   Vgl. BGHZ 120, 29 (32) = NJW 1993, 848; NJW-RR 2005, 81 (83) (jeweils zu Art. 4 Abs. 3 EGBGB).

[13]   *Hausmann* B Rn. 576.

[14]   Vgl. etwa BGH FamRZ 1993, 316 (317 f.); OLG Düsseldorf FamRZ 2003, 379 (381).

[15]   *Hausmann* B Rn. 469; *Hess*, Europäisches Zivilprozessrecht § 5 Rn. 41.

Wirkung für die Mitgliedsstaaten, wie dies im Rahmen des Haager Unterhaltsprotokolls v. 23.11.2007 der Fall ist. Denn das KSÜ steht lediglich Staaten im herkömmlichen Sinne offen.

Das **autonome Kollisionsrecht** hat mit Inkrafttreten des KSÜ seine praktische   **7**
Bedeutung weitgehend verloren. Seine Anwendung kommt nur noch in Betracht:

1. wenn die kraft Gesetzes oder kraft Rechtsgeschäfts bestehende elterliche Sorge
   für eine Person zu beurteilen ist, für die das KSÜ gemäß seinem Art. 2 persönlich nicht anwendbar ist. Dies kann für Personen in Betracht kommen, die
   nach ihrem Heimatrecht erst später als mit Vollendung des 18. Lebensjahres
   die Volljährigkeit erreichen (siehe etwa Art. 7 EGBGB).[16]
2. wenn das auf eine gerichtliche oder behördliche Schutzmaßnahme anwenbare Recht zu bestimmen ist, und weder das KSÜ, MSA (noch das Erwachsenenschutzübereinkommen (ESÜ)[17]) sind sachlich, persönlich oder räumlich
   anwendbar. So findet das KSÜ etwa persönlich keine Anwendung auf die
   Anordnung einer Vormundschaft oder Pflegschaft für ein noch ungeborenes
   Kind.[18] Räumlich setzten die Kollisionsregeln des KSÜ, MSA und ESÜ für
   die Bestimmung des auf die Anordnung von Schutzmaßnahmen anzuwendennen Rechts voraus, dass die internationale Zuständigkeit für diese Maßnahme
   nicht aus dem nationalen Recht folgt. Soweit demgemäß die Zuständigkeit
   für eine Schutzmaßnahme ausnahmsweise auf nationales Recht gestützt werden darf,[19] gelangt das autonome Kollisionsrecht zur Anwendung.
3. Italien hat das KSÜ zwar unterzeichnet, jedoch bisher nicht ratifiziert. Daher
   verdrängt das KSÜ das MSA gemäß Art. 51 KSÜ nicht im Verhältnis zu
   Italien. Allerdings werden die Zuständigkeitsvorschriften des MSA durch die
   Brüssel IIa-VO verdrängt (Art. 60 Abs. 1 lit. a Brüssel IIa-VO), so dass dessen
   Kollisionsnormen nicht mehr zum Zuge kommen können.[20] Daher wird
   teilweise in Bezug auf Italien das autonome Kollisionsrecht für einschlägig
   erachtet.[21] ME sollte aus der Unanwendbarkeit der Kollisionsnormen des
   MSA nicht der Rückgriff auf das nationale Recht geschlossen werden. Vielmehr sind die Kollisionsnormen des KSÜ heranzuziehen. Mit dem vermutlich absehbaren Inkrafttreten des KSÜ für Italien wird sich diese Frage erledigt haben.

---

[16] *Hausmann* B Rn. 509; NK-BGB/*Benicke* Art. 16 Rn. 6; *Rauscher* NJW 2011, 2332
(2333).

[17] Haager Übereinkommen über den internationalen Schutz von Erwachsenen v.
13.1.2000, BGBl. 2007 II, 323; abgedruckt bei Jayme/Hausmann Nr 20.

[18] Lagarde-Bericht, Rn. 15; Bamberger/Roth/*Heiderhoff* Art. 24 EGBGB Rn. 18.

[19] → Art. 14 Brüssel IIa-VO Rn. 1.

[20] → Rn. 2.

[21] Palandt/*Thorn* Anh EGBGB 24 Rn. 12 und Palandt/*Thorn* Archiv I, MSA Rn. 16.

Übereinkommen über die Zuständigkeit, das anzuwendende Recht, die Anerkennung, Vollstreckung und Zusammenarbeit auf dem Gebiet der elterlichen Verantwortung und der Maßnahmen zum Schutz von Kindern

Vom 19. Oktober 1996[1,2]
(ABl. 2003 Nr. L 48 S. 3)

Die Unterzeichnerstaaten dieses Übereinkommens,
in der Erwägung, dass der Schutz von Kindern im internationalen Bereich verbessert werden muss;
in dem Wunsch, Konflikte zwischen ihren Rechtssystemen in Bezug auf die Zuständigkeit, das anzuwendende Recht, die Anerkennung und Vollstreckung von Maßnahmen zum Schutz von Kindern zu vermeiden;
eingedenk der Bedeutung der internationalen Zusammenarbeit für den Schutz von Kindern;
bekräftigend, dass das Wohl des Kindes vorrangig zu berücksichtigen ist;
angesichts der Notwendigkeit, das Übereinkommen vom 5. Oktober 1961 über die Zuständigkeit der Behörden und das anzuwendende Recht auf dem Gebiet des Schutzes von Minderjährigen zu überarbeiten;
in dem Wunsch, zu diesem Zweck unter Berücksichtigung des Übereinkommens der Vereinten Nationen vom 20. November 1989 über die Rechte des Kindes gemeinsame Bestimmungen festzulegen,
haben die folgenden Bestimmungen vereinbart:

I. Anwendungsbereich des Übereinkommens

Art. 1 [Ziel dieses Übereinkommens]

(1) Ziel dieses Übereinkommens ist es,
a) den Staat zu bestimmen, dessen Behörden zuständig sind, Maßnahmen zum Schutz der Person oder des Vermögens des Kindes zu treffen;
b) das von diesen Behörden bei der Ausübung ihrer Zuständigkeit anzuwendende Recht zu bestimmen;
c) das auf die elterliche Verantwortung anzuwendende Recht zu bestimmen;

---

[1] Das Übereinkommen wurde ratifiziert in der Bundesrepublik Deutschland v. 25.6.2009 (BGBl. II S. 602).
[2] Das Übereinkommen trat am 1.1.2011 gem. Bekanntmachung v. 7.12.2010 (BGBl. II S. 1527) in Kraft.

d) die Anerkennung und Vollstreckung der Schutzmaßnahmen in allen Vertragsstaaten sicherzustellen;

e) die zur Verwirklichung der Ziele dieses Übereinkommens notwendige Zusammenarbeit zwischen den Behörden der Vertragsstaaten einzurichten.

(2) Im Sinn dieses Übereinkommens umfasst der Begriff „elterliche Verantwortung" die elterliche Sorge und jedes andere entsprechende Sorgeverhältnis, das die Rechte, Befugnisse und Pflichten der Eltern, des Vormunds oder eines anderen gesetzlichen Vertreters in Bezug auf die Person oder das Vermögen des Kindes bestimmt.

Art. 1 definiert den sachlichen Anwendungsbereich des KSÜ. Dieser umfasst **1** gem. lit. b kollisionsrechtlich die Bestimmung des auf gerichtliche oder behördliche Schutzmaßnahmen (→ Art. 3) anzuwendenden Rechts (→ Art. 15). Darüber hinaus regelt das KSÜ gem. lit. c sämtliche kollisionsrechtliche Fragen der elterlichen Verantwortung in dem von Art. 1 Abs. 2 definierten Sinne. Dabei ist die autonom auszulegende Legaldefinition des Art. 1 Abs. 2 umfassend zu verstehen. Erfasst ist die Personensorge, wie auch die Vermögenssorge und die Vertretung des Kindes.[1] Der Begriff der elterlichen Verantwortung umfasst neben der elterlichen Sorge (als deren Unterfall) auch die Sorgeberechtigung einer anderen Person, wie etwa eines Vormunds, Beistands, Pflegers oder eines anderen gesetzlichen Vertreters des Kindes.[2] Daraus, dass Abs. 2 davon spricht, dass die andere Person „gesetzlicher Vertreter" des Kindes ist, ist nicht zu schließen, dass die Sorgeberechtigung in einer gesetzlichen Vertretung bestehen muss. Auch Regelungen über das Besuchs- oder Umgangsrecht von Großeltern oder anderen dem Kind nahestehenden Personen werden vom Anwendungsbereich des KSÜ erfasst. Ein Anhaltspunkt für dieses (erweiternde) Verständnis kann dem Katalog möglicher Schutzmaßnahmen in Art. 3 entnommen werden.[3]

Der räumlich-persönliche Anwendungsbereich des KSÜ ist nicht explizit gere- **2** gelt. Für Fragen der Beurteilung der kraft Gesetzes (bzw. kraft Rechtsgeschäfts) bestehenden elterlichen Verantwortung ist der gewöhnliche Aufenthalt des Kindes, wie auch seine Staatsangehörigkeit ohne Bedeutung. Die Vorschriften des KSÜ sind insoweit stets anzuwenden (soweit nicht das deutsch-iranische Niederlassungsabkommen von 1929 zur Anwendung gelangt (→ Einführung Rn. 3). Die Anwendung der auf die *lex fori* verweisenden Kollisionsnorm des Art. 15 für Schutzmaßnahmen setzt die internationale Zuständigkeit des Gerichts bzw. der Behörde nach den Vorschriften der Brüssel IIa-VO (bzw. des KSÜ) voraus (→ Art. 15 Rn. 1 f.).

Art. 2 [Anwendung auf Kinder]

Dieses Übereinkommen ist auf Kinder von ihrer Geburt bis zur Vollendung des 18. Lebensjahrs anzuwenden.

Das KSÜ findet auf alle Personen von der Geburt bis zur Vollendung des 18. **1** Lebensjahres Anwendung. Auf die Anordnung von Schutzmaßnahmen für ein

---

[1] Siehe Art. 2 zum Begriff des Kindes.
[2] Staudinger/*Pirrung* Vorb G zu Art. 19 EGBGB Rn. 21.
[3] NK-BGB/*Benicke* Art. 1 Rn. 5.

ungeborenes Kind ist das KSÜ daher nicht heranzuziehen.[1] Nicht von Belang ist, ob es sich um ehe-, nichteheliche, leibliche, Adoptiv- oder Pflegekinder handelt. Auch die Staatsangehörigkeit ist – wenn nicht aus der Staatsangehörigkeit die Anwendung des MSA oder deutsch-iranischen Niederlassungsabkommens folgt – nicht von Relevanz.[2] Der Begriff des Kindes ist rein tatsächlich zu verstehen. Ob das Kind nach den Rechtsvorschriften seines Heimatrechts bzw. nach den am Ort seines gewöhnlichen Aufenthalts geltenden Rechtsvorschriften minderjährig ist, ist (abweichend von Art. 12 MSA) nicht von Bedeutung. Daher ist das KSÜ auch dann anwendbar, wenn die Person (nach einem der genannten Rechte) schon vor Vollendung des 18. Lebensjahres volljährig oder uneingeschränkt geschäftsfähig geworden sein sollte.[3] Umgekehrt entfällt die Anwendung des KSÜ für die Beantwortung von Rechtsfragen, die sich auf den Zeitraum ab Vollendung des 18. Lebensjahres beziehen.[4] Ist die Person weiterhin schutzbedürftig, so greift in seinem Anwendungsbereich das Erwachsenenschutzübereinkommen (ESÜ),[5] ersatzweise das autonome Recht.

Art. 3 [Umfang der Maßnahmen]

Die Maßnahmen, auf die in Artikel 1 Bezug genommen wird, können insbesondere Folgendes umfassen:
a) die Zuweisung, die Ausübung und die vollständige oder teilweise Entziehung der elterlichen Verantwortung sowie deren Übertragung;
b) das Sorgerecht einschließlich der Sorge für die Person des Kindes und insbesondere des Rechts, den Aufenthalt des Kindes zu bestimmen, sowie das Recht zum persönlichen Umgang einschließlich des Rechts, das Kind für eine begrenzte Zeit an einen anderen Ort als den seines gewöhnlichen Aufenthalts zu bringen;
c) die Vormundschaft, die Pflegschaft und entsprechende Einrichtungen;
d) die Bestimmung und den Aufgabenbereich jeder Person oder Stelle, die für die Person oder das Vermögen des Kindes verantwortlich ist, das Kind vertritt oder ihm beisteht;
e) die Unterbringung des Kindes in einer Pflegefamilie oder einem Heim oder seine Betreuung durch Kafala oder eine entsprechende Einrichtung;
f) die behördliche Aufsicht über die Betreuung eines Kindes durch jede Person, die für das Kind verantwortlich ist;
g) die Verwaltung und Erhaltung des Vermögens des Kindes oder die Verfügung darüber.

1   Was unter einer Schutzmaßnahmen zu verstehen ist, findet sich im KSÜ nicht allgemein definiert. Allerdings nennt Art. 3 zur Veranschaulichung beispielhaft und damit nicht abschließend, mögliche Schutzmaßnahmen, die auf Grundlage des KSÜ von den zuständigen Gerichten oder Behörden getroffen werden kön-

---

[1] Lagarde-Bericht, Rn. 15; Bamberger/Roth/*Heiderhoff* Art. 24 EGBGB Rn. 18.
[2] Erman/*Hohloch* Anh Art. 24 EGBGB/KSÜ Rn. 12.
[3] Palandt/*Thorn* Anh EGBGB 24 Rn. 17.
[4] Staudinger/*Pirrung* Vorb G zu Art. 19 EGBGB Rn. 23.
[5] Haager Übereinkommen über den internationalen Schutz von Erwachsenen v. 13.1.2000, BGBl. 2007 II 323; abgedruckt bei Jayme/Hausmann Nr. 20.

nen. Ergänzend kann auf die zu Art. 1 MSA entwickelten Grundsätze zurückgegriffen werden.[1] Allerdings war unter Geltung des MSA umstritten, ob die elterliche Sorge betreffende gerichtliche Genehmigungen, etwa zur Veräußerung eines dem Kind gehörenden Grundstücks, als Schutzmaßnahme eingeordnet werden können.[2] Dem erläuternden Bericht von *Paul Lagarde* lässt sich die Einordnung solcher Genehmigungen als Schutzmaßnahme entnehmen.[3]

Art. 4 [Nicht eingeschlossene Maßnahmen]

Dieses Übereinkommen ist nicht anzuwenden
a) **auf die Feststellung und Anfechtung des Eltern-Kind-Verhältnisses;**
b) **auf Adoptionsentscheidungen und Maßnahmen zur Vorbereitung einer Adoption sowie auf die Ungültigerklärung und den Widerruf der Adoption;**
c) **auf Namen und Vornamen des Kindes;**
d) **auf die Volljährigerklärung;**
e) **auf Unterhaltspflichten;**
f) **auf Trusts und Erbschaften;**
g) **auf die soziale Sicherheit;**
h) **auf öffentliche Maßnahmen allgemeiner Art in Angelegenheiten der Erziehung und Gesundheit;**
i) **auf Maßnahmen infolge von Straftaten, die von Kindern begangen wurden;**
j) **auf Entscheidungen über Asylrecht und Einwanderung.**

Art. 4 nimmt in abschließender Weise bestimmte Rechtsgebiete ausdrücklich **1** aus dem sachlichen Anwendungsbereich des KSÜ aus. Allerdings wird die Anwendung der Kollisionsnormen des KSÜ hinsichtlich der in Art. 4 genannten Rechtsgebiete nur insoweit ausgeschlossen, als diese Rechtsgebiete als Hauptfrage zu beurteilen sind. So unterliegt die gesetzliche Vertretung des Kindes auch dann dem von Art. 15 ff. zur Anwendung berufenen Recht, wenn Gegenstand des Vertreterhandelns eine nach Art. 4 aus dem Anwendungsbereich des KSÜ ausgeschlossene Maßnahme, etwa die Geltendmachung von Unterhaltspflichten, ist.[1]

II. Zuständigkeit

Art. 5–14 (nicht abgedruckt)

Die Art. 5–14 KSÜ regeln die internationale Zuständigkeit für Verfahren **1** betreffend die elterliche Verantwortung. Deutsche Gerichte haben die Art. 5 ff.

---

[1] *Hausmann* B Rn. 289.
[2] Eingehend hierzu: Staudinger/*Kropholler*, Vorb B zu Art. 19 EGBGB Rn. 89 ff.
[3] Lagarde-Bericht, Rn. 55 (zu Art. 8 Abs. 2) u. Rn. 89 (zu Art. 15 Abs. 2); ebenfalls als Schutzmaßnahme einordnend etwa: Prütting/Wegen/Weinreich/*Martiny* Art. 21 Anhang II EGBGB Rn. 4; Staudinger/*Pirrung* Vorb G zu Art. 19 EGBGB Rn. 32, MüKoFamFG/*Rauscher* § 99 Rn. 29.
[1] *Hausmann* B Rn. 301; NK-BGB/*Benicke* Art. 4 Rn. 2.

nur dann anzuwenden, wenn nicht die Vorschriften der Art. 8 ff. Brüssel IIa-VO[1]
und des MSA[2] maßgebend sind. Gibt man danach den Vorschriften des KSÜ
bzw. MSA für die Bestimmung der direkten internationalen Zuständigkeit für
deutsche Gerichte überhaupt einen Anwendungsbereich, so setzt die Anwendung
der Zuständigkeitsvorschriften der Art. 5 ff. KSÜ weiter voraus, dass das Kind
seinen gewöhnlichen Aufenthalt in einem Vertragsstaat[3] hat. Handelt es sich um
ein Flüchtlingskind oder lässt sich der gewöhnliche Aufenthalt des Kindes nicht
feststellen, so genügt nach Art. 6 KSÜ der schlichte Aufenthalt in einem Vertragsstaat.[4] Der räumliche Anwendungsbereich der Zuständigkeitsvorschriften KSÜ ist
damit einzelfallbezogen.

III. Anzuwendendes Recht

Art. 15 [Recht des Vertragsstaats]

(1) **Bei der Ausübung ihrer Zuständigkeit nach Kapitel II wenden die
Behörden der Vertragsstaaten ihr eigenes Recht an.**

(2) **Soweit es der Schutz der Person oder des Vermögens des Kindes
erfordert, können sie jedoch ausnahmsweise das Recht eines anderen
Staates anwenden oder berücksichtigen, zu dem der Sachverhalt eine
enge Verbindung hat.**

(3) **Wechselt der gewöhnliche Aufenthalt des Kindes in einen anderen
Vertragsstaat, so bestimmt das Recht dieses anderen Staates vom Zeitpunkt des Wechsels an die Bedingungen, unter denen die im Staat des
früheren gewöhnlichen Aufenthalts getroffenen Maßnahmen angewendet
werden.**

I. Gleichlaufgrundsatz, Abs. 1

1   Art. 15 Abs. 1 bestimmt ebenso wie bereits Art. 2 MSA für Schutzmaßnahmen
(→ Art. 3) den Grundsatz des **Gleichlaufs** von internationaler Zuständigkeit und
anwendbarem Recht.

2   Die Kollisionsnorm des Art. 15 ist gemäß ihrem Wortlaut und nach allgemeiner
Meinung dann anzuwenden, wenn sich die Zuständigkeit des Gerichts oder der
Behörde für den Erlass von Schutzmaßnahmen aus den Art. 5 ff. KSÜ ergibt. Ob
deutsche Gerichte die direkte internationale Zuständigkeit überhaupt aus den
Art. 5 ff. KSÜ herleiten können, wird unterschiedlich beurteilt.[1]

3   Art. 15 findet darüber hinaus jedenfalls auch dann Anwendung, wenn sich die
internationale Zuständigkeit des Gerichts oder der Behörde für den Erlass von

---

[1] Zur Abgrenzung von Brüssel IIa-VO und KSÜ → Brüssel IIa-VO Vorb. zu Art. 8 ff.
Rn. 4.

[2] Zur Abgrenzung von Brüssel IIa-VO und MSA → Brüssel IIa-VO Vorb. zu Art. 8 ff.
Rn. 3.

[3] Zu den Vertragsstaaten des KSÜ siehe Jayme/Hausmann Nr. 53 bzw. die Statustabelle
auf der Homepage der Haager Konferenz für Internationales Privatrecht: http://www.hcch.net.

[4] Bamberger/Roth/*Heiderhoff* Art. 21 EGBGB Rn. 6; *Hausmann* B Rn. 273.

[1] Zur Abgrenzung der Brüssel IIa-VO zum KSÜ → Brüssel IIa-VO Vorb. zu Art. 8 ff.
Rn. 4.

Schutzmaßnahmen nicht aus den Vorschriften des KSÜ, sondern aus den Art. 8 ff. Brüssel IIa-VO ergibt, sofern die die Schutzmaßnahme erlassende Stelle zumindest hypothetisch auch nach den Art. 5 ff. KSÜ zuständig wäre.[2]

Nach richtiger und herrschender Ansicht ist das auf Schutzmaßnahmen anzu- **4** wendende Recht darüber hinaus auch dann auf Grundlage von Art. 15 zu bestimmen, wenn sich die Zuständigkeit allein aus den Art. 8 ff. Brüssel IIa-VO ergibt. Dass eine hypothetische Zuständigkeit auf Grundlage der Art. 5 ff. KSÜ gegeben ist, bedarf dementsprechend keiner Prüfung.[3] Der Wortlaut des Art. 15 Abs. 1, der davon spricht, dass die Behörden „bei der Ausübung ihrer Zuständigkeit nach Kapitel II" des KSÜ ihr eigenes Recht anwenden, ist gemäß dem Sinn und Zweck des Art. 15 Abs. 1 korrigierend auszulegen. Durch Art. 15 Abs. 1 soll effektiver Rechtsschutz im Sinne des Kindeswohls ohne komplizierte kollisionsrechtliche Vorprüfungen durch Anwendung der der Behörde vertrauten eigenen Sachrechts gewährleistet werden.[4] Müssten die an die Brüssel IIa-VO gebunden Gerichte neben ihrer Zuständigkeit auf der Grundlage der Art. 8 ff. Brüssel IIa-VO weiter allein aus Gründen des anwendbaren Rechts eine hypothetische Zuständigkeit auch nach Maßgabe der Art. 5 ff. KSÜ prüfen, würde dies dem Zweck des Art. 15 Abs. 1 zuwiderlaufen. Außerdem spricht für diese Lösung, dass sich das auf Schutzmaßnahmen anwendbare Recht so innerhalb der EU-Mitgliedstaaten iSd Brüssel IIa-VO einheitlich bestimmen lässt.[5]

Sachlich bestimmt die über Art. 15 Abs. 1 anwendbare *lex fori* die Vorausset- **5** zungen wie den Inhalt und die Wirkungen der zu treffenden Schutzmaßnahmen.[6]

II. Ausweichklausel, Abs. 2

Die Ausweichklausel des Abs. 2 räumt den Gerichten der Vertragsstaaten eine **6** gewisse Flexibilität bei der Bestimmung des anwendbaren Rechts ein. Das mit der Schutzmaßnahme befasste Gericht kann ausnahmsweise das Recht eines anderen Staates anwenden oder berücksichtigen, zu dem der Sachverhalt eine enge Beziehung hat, soweit der Schutz der Person oder des Vermögens des Kindes dies erfordert. Als Ausnahmevorschrift ist von der Ausweichklausel zurückhaltend Gebrauch zu machen,[7] was aufgrund der in der Praxis anzutreffenden Tendenz der Bevorzugung des eigenen Rechts schon aus diesem Grund tatsächlicher Rechtsanwendung entsprechen dürfte.

Die Anwendung der Ausweichklausel kommt zum einen dann in Betracht, **7** wenn der Gleichlaufgrundsatz des Abs. 1 zur Anwendung eines vom gewöhnlichen Aufenthalt des Kindes abweichenden Rechts führt. Hier erlaubt Abs. 2 dem

---

[2] OLG Karlsruhe NJW-RR 2013, 1157 (1158); Rauscher/*Rauscher* Art. 8 EuEheVO Rn. 24 f.; eingehend und umfassend abwägend: *Solomon* FamRZ 2004, 1409 (1416); ebenso zu Art. 2 MSA: AG Leverkusen IPRax 2008, 274.

[3] *Hausmann* B Rn. 487; *Wagner/Janzen* FPR 2011, 110 (111); *Schulz* FamRZ 2011, 156 (159); Palandt/*Thorn* Anh Art. 24 EGBGB Rn. 21; Erman/*Hohloch* Anh Art. 24 EGBGB/ KSÜ Rn. 3; NK-BGB/*Benicke* Art. 24 EGBGB Rn. 5; NK-BGB/*Gruber* Art. 8 Brüssel IIa-VO Rn. 10 und Art. 61 Brüssel IIa-VO Rn. 13 ff.; Staudinger/*Pirrung* Vorb G zu Art. 19 EGBGB Rn. 216; Zöller/*Geimer* Anh II Art. 8 Rn. 11 ff.

[4] Staudinger/*Pirrung* Vorb G zu Art. 19 EGBGB Rn. 100.

[5] *Hausmann* B Rn. 487 u. 501.

[6] *Hausmann* B Rn. 499.

[7] Staudinger/*Pirrung* Vorb G zu Art. 19 EGBGB Rn. 102.

befassten Gericht, auf die Erleichterung zu verzichten, die die Anwendung des eigenen Rechts mit sich bringt und stattdessen das Recht am gewöhnlichen Aufenthalt des Kindes der Schutzmaßnahme zugrunde zu legen, wenn dort der Schwerpunkt der von der beantragten Maßnahme betroffenen Rechtsbeziehungen liegt.[8] Umgekehrt kann über die Ausweichklausel des Abs. 2 ein vom Recht des gewöhnlichen Aufenthalts oder gar des schlichten Aufenthalts (siehe Art. 13 Brüssel IIa-VO, Art. 6 KSÜ) des Kindes abweichendes Recht angewendet werden, so etwa bei mangelnder sozialer Integration des Kindes dessen Heimatrecht.[9] Gleiches gilt, wenn eine baldige Rückkehr des Kindes in seinen Heimatstaat zu erwarten ist.[10] Über die Ausweichklausel des Abs. 2 kommt weiter die Anwendung des Belegenheitsrechts in Betracht, wenn die Anordnung von Schutzmaßnahmen für das in einem anderen Staat belegene Kindesvermögen in Frage steht; so etwa für die Bestellung eines nur dort tätigen Verwalters.[11] Gleiches gilt etwa im Falle der Veräußerung von außerhalb des Staates des gewöhnlichen Aufenthalts des Kindes befindlichen Vermögens des Minderjährigen. Hier erlaubt Abs. 2, dass die befasste Behörde in diesem Fall aus Praktikabilitätserwägungen das Belegenheitsrecht anwendet und die nach diesem Recht vorgesehene Genehmigung erteilen kann, selbst wenn das Recht der befassten Behörde hier kein Genehmigungserfordernis vorsieht;[12] sofern die Behörde das Verfahren nicht nach Art. 15 Brüssel IIa-VO bzw. Art. 8 an die Behörde des Belegenheitsstaates abgibt. Schließlich kann bei Anhängigkeit eines gerichtlichen Verfahrens zwischen den Eltern in einem anderen Staat, die Anwendung der Ausweichklausel angezeigt sein.[13]

8 Abs. 2 erlaubt sowohl die vollständige Anwendung eines von der *lex fori* abweichenden Rechts, wie auch dessen Berücksichtigung im Rahmen der Anwendung des dem Gericht eigenen Rechts. Letzeres meint die Beachtung ausländischen Rechts im Rahmen der Ausfüllung von Generalklauseln und unbestimmten Rechtsbegriffen der *lex fori*.[14]

III. Wechsel des gewöhnlichen Aufenthalts des Kindes, Abs. 3

9 Die von den Gerichten des früheren Aufenthaltsstaates erlassenen Schutzmaßnahmen bleiben im Rahmen des durch das KSÜ vereinheitlichten Rechts so lange in Kraft, bis die zuständigen Behörden sie ändern, ersetzen oder aufheben (Art. 14). Sie sind – sofern sie extraterritoriale Wirkung entfalten – von dem neuen Aufenthaltsstaat grds. anzuerkennen, sofern dieser an das KSÜ gebunden ist.[15] Die Bedingungen, unter denen die im Staat des früheren gewöhnlichen Aufenthalts getroffenen Maßnahmen angewendet werden, richten sich jedoch nach Abs. 3 nach dem Recht des neuen gewöhnlichen Aufenthalts des Kindes, falls es sich um das Recht eines Vertragsstaates handelt. Bedingungen der Anwen-

---

[8] Lagarde-Bericht, Rn. 89, Erman/*Hohloch* Anh Art. 24 EGBGB Rn. 41.
[9] *Hausmann* B Rn. 503.
[10] Lagarde-Bericht, Rn. 89; NK-BGB/*Benicke* Art. 15 Rn. 4.
[11] *Hausmann* B Rn. 503.
[12] Lagarde-Bericht, Rn. 89; *Rauscher*, IPR, 8 Rn. 946.
[13] Staudinger/*Pirrung* Vorb G zu Art. 19 EGBGB Rn. 104.
[14] Palandt/*Thorn* Anh Art. 24 EGBGB Rn. 19.
[15] Lagarde-Bericht, Rn. 81.

dung meint insbesondere das Erfordernis einer gerichtlichen Genehmigung für Geschäfte des gerichtlich bestellten gesetzlichen Vertreters nach dem Recht des neuen gewöhnlichen Aufenthalts.[16]

Art. 16 [Elterliche Verantwortung kraft Gesetzes]

(1) Die Zuweisung oder das Erlöschen der elterlichen Verantwortung kraft Gesetzes ohne Einschreiten eines Gerichts oder einer Verwaltungsbehörde bestimmt sich nach dem Recht des Staates des gewöhnlichen Aufenthalts des Kindes.

(2) Die Zuweisung oder das Erlöschen der elterlichen Verantwortung durch eine Vereinbarung oder ein einseitiges Rechtsgeschäft ohne Einschreiten eines Gerichts oder einer Verwaltungsbehörde bestimmt sich nach dem Recht des Staates des gewöhnlichen Aufenthalts des Kindes in dem Zeitpunkt, in dem die Vereinbarung oder das einseitige Rechtsgeschäft wirksam wird.

(3) Die elterliche Verantwortung nach dem Recht des Staates des gewöhnlichen Aufenthalts des Kindes besteht nach dem Wechsel dieses gewöhnlichen Aufenthalts in einen anderen Staat fort.

(4) Wechselt der gewöhnliche Aufenthalt des Kindes, so bestimmt sich die Zuweisung der elterlichen Verantwortung kraft Gesetzes an eine Person, die diese Verantwortung nicht bereits hat, nach dem Recht des Staates des neuen gewöhnlichen Aufenthalts.

I. Allgemeines

Art. 16 enthält eine allseitige Kollisionsnorm für die Beurteilung der kraft **1** Gesetzes oder Vereinbarung bestehenden elterlichen Verantwortung. Aufgrund der universellen Anwendbarkeit von Art. 16 wird das autonome deutsche Kollisionsrecht (Art. 21 EGBGB, Art. 24 EGBGB) für die Beurteilung der „elterlichen" Verantwortung kraft Gesetzes oder kraft Rechtsgeschäfts für ein Kind bis zur Vollendung des 18. Lebensjahres vollständig verdrängt.[1]

II. Elterliche Verantwortung kraft Gesetzes, Abs. 1

1. Anwendungsbereich

Anknüpfungsgegenstand des Abs. 1 ist zunächst die Zuweisung der elterlichen **2** Verantwortung kraft Gesetzes. Gemeint ist das Entstehen bzw. die Zuordnung der elterlichen Verantwortung ohne dass ein Gericht oder eine Verwaltungsbehörde eine diesbezügliche (rechtsgestaltende) Regelung trifft (vgl. im deutschen Recht §§ 1626, 1626a Abs. 2, § 1680 Abs. 1, Abs. 3 BGB). Daher ist die deklaratorische Feststellung eines kraft Gesetzes bestehenden Sorgerechts keine Maßnahme i. S. v. Art. 15. Eine solche Feststellung beruht auf der Kollisionsnorm des Art. 16.[2]

---

[16] Lagarde-Bericht, Rn. 91.
[1] *Hausmann* B Rn. 509; NK-BGB/*Benicke* Art. 16 Rn. 6; Palandt/*Thorn* Anh Art. 24 EGBGB Rn. 24; *Rauscher* NJW 2011, 2332 (2333).
[2] OGH IPRax 2011, 542 m. Anm. *Hohloch* 567 (571 f.).

Abs. 1 erfasst weiter das Erlöschen der elterlichen Verantwortung kraft Gesetzes, etwa aufgrund der Volljährigkeit des Kindes oder durch den Tod eines Elternteils (vgl. im deutschen Recht §§ 1677, 1680 Abs. 1, 1681 Abs. 1 BGB).

3 In Erweiterung des zu eng gefassten Wortlauts erfasst die Anknüpfung des Abs. 1 alle den Inhalt der elterlichen Verantwortung betreffenden Rechtsfragen. Abs. 1 regelt damit auch das auf die Rechte, Befugnisse und Pflichten derjenigen Personen, denen die elterliche Verantwortung kraft Gesetzes zusteht, anzuwendende Recht. Denn Art. 1 Abs. 2 definiert den Begriff der elterlichen Verantwortung umfassend.[3] Art. 16 erfasst damit – wie Art. 19 KSÜ bestätigt – alle mit der **gesetzlichen Vertretung** des Kindes zusammenhängenden Fragen, wie z. B. deren Beschränkungen durch das Erfordernis einer (familien-)gerichtlichen Genehmigung.[4]

4 Die Frage, ob dem Kind (volle) Geschäftsfähigkeit zukommt und damit für den Abschluss des als Hauptfrage zu prüfenden Rechtsgeschäfts überhaupt einer gesetzlichen Vertretung bedarf, wird nicht von Art. 16 KSÜ erfasst.[5] Die Geschäftsfähigkeit und die Folgen mangelnder Geschäftsfähigkeit werden richtigerweise selbstständig gemäß Art. 7 EGBGB angeknüpft.[6]

5 Die Auswirkungen einer Eheschließung der Eltern auf Fragen der elterlichen Verantwortung (insb. auf das Sorge- und Umgangsrecht) und die Ausgestaltung der gemeinsamen Ausübung der elterlichen Verantwortung werden ebenfalls von Art. 16 Abs. 1 erfasst. Die Vorschrift umfasst weiter die Regelung von Meinungsverschiedenheiten und von Auskunftsansprüchen.[7] Art. 16 bestimmt (abweichend von Art. 21 EGBGB), wem kraft Gesetzes für das Kind Entscheidungsbefugnis zukommt, wenn die Eltern von der elterlichen Sorge ausgeschlossen oder verstorben sind. Damit unterliegen weiter die Entstehung und der Inhalt einer gesetzliche Vormundschaft oder Beistandschaft dem durch Art. 16 Abs. 1 bestimmten Recht.[8]

2. Gewöhnlicher Aufenthalt

6 Die Anknüpfung an den gewöhnlichen Aufenthalt kann im Ausgangspunkt parallel zu Art. 8 Brüssel IIa-VO bzw. Art. 5 KSÜ bestimmt werden, da stets der Schutz des Kindeswohls bezweckt wird.[9] Allerdings ist zu beachten, dass vorliegend die Bestimmung des anwendbaren Rechts in Frage steht und kollisionsrechtliche Wertungen nur zum Teil mit den mannigfaltigen Zuständigkeitsinteressen übereinstimmen. Die kollisionsrechtliche Suche nach dem Schwerpunkt des Rechtsverhältnisses könnte dafür sprechen, an den gewöhnlichen Aufenthalt höhere Anforderungen als im Rahmen von Art. 8 Brüssel IIa-VO bzw. Art. 5 KSÜ zu stellen. Das über Art. 15 bestimmte auf Schutzmaßnahmen anzuwendende Recht wäre hiervon nicht betroffen. Allerdings legt der Lagarde-Bericht

---

[3] Geimer/Schütze/*Gruber* Art. 16 Rn. 2; NK-BGB/*Benicke* Art. 16 Rn. 1.

[4] Vgl. OLG Stuttgart NJW-RR 1996, 1288 (zu Art. 21 EGBGB), *Hausmann* B Rn. 523.

[5] Lagarde-Bericht, Rn. 101; Geimer/Schütze/*Gruber* Art. 16 Rn. 2.

[6] Bamberger/Roth/*Heiderhoff* Art. 24 EGBGB Rn. 9; Reithmann/Martiny/*Hausmann* Rn. 6121.

[7] *Hausmann* B Rn. 513.

[8] *Hausmann* B Rn. 514.

[9] *Wagner/Janzen* FPR 2011, 110 (112); zum Begriff des gewöhnlichen Aufenthalts im Rahmen von Art. 8 Brüssel IIa-VO → Brüssel IIa-VO Art. 8 Rn. 4 ff.; im Rahmen von Art. 3 Brüssel IIa-VO → Brüssel IIa-VO Art. 3 Rn. 6 ff. im Rahmen von Art. 5, 8 Rom III-VO → Rom III-VO Art. 5 Rn. 11 ff.

eine einheitliche Auslegung nahe.[10] Ein mehrfacher gewöhnlicher Aufenthalt des Kindes ist jedenfalls auch im Rahmen des KSÜ nicht anzuerkennen.

3. Wandelbarkeit

In der Vergangenheit unter dem bisher maßgebenden Recht abgeschlossene **7** Vorgänge, etwa die Begründung der elterlichen Sorge, bleiben vom Wechsel des gewöhnlichen Aufenthalts unberührt.[11] Für nicht abgeschlossene Vorgänge kommt es mit einem Wechsel des gewöhnlichen Aufenthalts zu einem Statutenwechsel. Allerdings kann das nunmehr maßgebende Recht gemäß den allgemeinen Grundsätzen für nunmehr zu beantwortende Rechtsfragen in der Vergangenheit liegende Umstände berücksichtigen.[12]

III. Elterliche Verantwortung kraft Vereinbarung, Abs. 2

Nach Abs. 2 richtet sich die Zuweisung oder das Erlöschen der elterlichen **8** Verantwortung durch eine zwischen den Eltern getroffene Vereinbarung oder durch einseitiges Rechtsgeschäft eines Elternteils ebenfalls nach dem Recht am gewöhnlichen Aufenthalt des Kindes. Maßgebender Zeitpunkt ist hierbei der Zeitpunkt zu dem die Vereinbarung oder das Rechtsgeschäft wirksam wird. Wechselt das Kind nach dem Zustandekommen der Vereinbarung bzw. nach der Abgabe der Erklärung, aber noch vor deren Wirksamwerden seinen gewöhnlichen Aufenthalt, so ist gem. Abs. 2 das neue Aufenthaltsrecht maßgebend. Dieses befindet darüber, inwieweit die unter dem alten Recht durchgeführten Vorgänge Wirkung unter Geltung des neuen Statuts entfalten. Wird die elterliche Verantwortung in einer Scheidungsvereinbarung geregelt, so wird diese nach den meisten Rechtsordnungen erst wirksam, wenn die Scheidung ausgesprochen worden ist. Eine in einem Testament enthaltene Erklärung wird im Regelfall erst im Zeitpunkt des Todes des Erblassers wirksam.[13] Zu beachten ist allerdings, dass die durch letztwillige Verfügung getroffene Vormundbenennung deutschen Rechts (§ 1777 Abs. 3 BGB) aufgrund des Erfordernisses eines konstitutiv wirkenden gerichtlichen Beschlusses über die Bestellung als Vormund nicht der Kollisionsnorm des Art. 16 unterfällt, sondern als dem Art. 15 unterliegende Schutzmaßnahme zu qualifizieren ist. Geben die Eltern die Sorgeerklärungen (§ 1626a Abs. 1 BGB) nach deutschem Recht getrennt ab, so liegt Wirksamkeit iSd Abs. 2 erst mit öffentlicher Beurkundung der zweiten Erklärung vor, sofern die erste Erklärung bis zu diesem Zeitpunkt nicht widerrufen wurde.[14] Weiter können Sorgeerklärungen nach deutschem Recht schon vor der Geburt eines Kindes abgegeben werden, sie erlangen aber erst mit der Geburt des Kindes Wirksamkeit.[15] Ein Wechsel des gewöhnlichen Aufenthalts nach Wirksamkeit der Vereinbarung bzw. der Erklärung, hat aufgrund der Unwandelbarkeit der Anknüpfung keinen Einfluss auf die Wirksamkeit des Rechtsgeschäfts.

---

[10] Lagarde-Bericht Rn. 93, 96.
[11] Geimer/Schütze/*Gruber* Art. 16 Rn. 5.
[12] *Hausmann* B Rn. 516.
[13] Lagarde-Bericht Rn. 104; Geimer/Schütze/*Gruber* Art. 16 Rn. 7.
[14] *Hausmann* B Rn. 518.
[15] KG FamRZ 2011, 1516.

9   Parallel zur erweiterten Lesart der Anknüpfung des Abs. 1,[16] ist auch Abs. 2 dahingehend zu verstehen, dass alle den Inhalt der elterlichen Verantwortung betreffenden Rechtsfragen von der Anknüpfung des Abs. 2 erfasst werden.

10   Abs. 2 findet auch dann Anwendung, wenn die Erklärung oder Vereinbarung durch eine Amtsperson beurkundet oder gegenüber einer Behörde abgegeben werden muss (wie dies im deutschen Recht auf die Sorgeerklärungen unverheirateter Eltern nach § 1626a Abs. 1 Nr. 1 BGB zutrifft (§ 1626d Abs. 1 BGB).[17] Ist die Mitwirkung der Behörde materielle Wirksamkeitsvoraussetzung des Rechtsgeschäfts, z. B. in Gestalt eines Zustimmungserfordernisses, so gilt nicht Art. 16. Vielmehr findet insoweit Art. 15 Anwendung.[18]

IV. Wechsel des gewöhnlichen Aufenthalts des Kindes, Abs. 3, 4

1. Fortbestand der elterlichen Verantwortung, Abs. 3

11   Die nach dem Recht am gewöhnlichen Aufenthalt des Kindes entstandene elterliche Verantwortung besteht auch nach einem Wechsel des gewöhnlichen Aufenthalts in einen anderen Staat fort. Unerheblich ist dabei, ob es sich bei dem Zuzugsstaat um einen Vertragsstaat oder um einen Drittstaat handelt. Der Fortbestand gilt gerade auch dann, wenn nach dem Recht am neuen Aufenthaltsort eine solche elterliche Verantwortung, wie etwa das (Mit-) Sorgerecht des Vaters eines nichtehelichen Kindes kraft Gesetzes, nicht entstanden wäre.[19] Dies bedeutet eine Abweichung zu den bisher maßgeblichen Grundsätzen des Art. 21 EGBGB.[20]

12   Der Anwendungsbereich von Abs. 3 beschränkt sich nicht auf die Zuweisung der elterlichen Sorge kraft Gesetzes nach Abs. 1. Vielmehr findet Abs. 3 auch Anwendung, wenn die elterliche Verantwortung durch Rechtsgeschäft nach Abs. 2 begründet wurde. Weiter ist Abs. 3 auf die Fälle anzuwenden, in denen die elterliche Verantwortung gem. Abs. 4 erst durch einen Wechsel des gewöhnlichen Aufenthaltes erlangt wurde, für den Fall eines nochmaligen Wechsels des gewöhnlichen Aufenthalts.[21] Die Ausübung der fortbestehenden elterlichen Verantwortung richtet sich allerdings nach dem Recht am neuen gewöhnlichen Aufenthaltsort (Art. 17). Für die Fälle gerichtlich angeordneter elterlicher Verantwortung gelten über Art. 15 Abs. 3 entsprechende Grundsätze.

13   Für die gesetzliche Beistandschaft des Jugendamts nach §§ 1712 ff. BGB kann Abs. 3 deren Fortbestand bei einem Wechsel des gewöhnlichen Aufenthalts in das Ausland nicht anordnen. Denn die gesetzliche Beistandschaft nach §§ 1712 ff. BGB endet gem. § 1717 BGB, wenn das Kind seinen gewöhnlichen Aufenthalt ins Ausland verlegt.[22]

---

[16] → Art. 16 Rn. 3.

[17] KG FamRZ 2011, 1516.

[18] Geimer/Schütze/*Gruber* Art. 16 Rn. 6; Staudinger/*Pirrung* Vorb G zu Art. 19 EGBGB Rn. 109.

[19] Lagarde-Bericht, Rn. 107; *Schulz* FamRZ 2011, 156 (159); Palandt/*Thorn* Anh Art. 24 EGBGB Rn. 23; *Rauscher* NJW 2011, 2332 (2333).

[20] *Hausmann* B Rn. 519.

[21] Erman/*Hohloch* Anh Art. 34 EGBGB/KSÜ Rn. 48.

[22] *Hausmann* B Rn. 519 a. E.

Abs. 3 gewinnt insbesondere für die unter Rn. 10 angesprochene elterliche **14** Verantwortung von Vätern, die mit der Mutter des Kindes nicht verheiratet sind, praktische Bedeutung.[23] Die Voraussetzungen für den Erwerb der elterlichen Sorge sind in diesen Fällen in den einzelnen Rechtsordnungen höchst unterschiedlich geregelt. Dies gilt auch für die Mitgliedsstaaten der EU.[24] Nach manchen Rechten erlangt der Vater, dessen Vaterschaft anerkannt oder festgestellt worden ist, die elterliche Sorge *ex lege*.[25] Andere Rechtsordnungen fordern für den Erwerb der elterlichen Sorge die Zustimmung der Mutter. Wiederum andere Rechtssysteme verlangen für den Erwerb des nicht mit der Mutter verheirateten Vaters eine gerichtliche Zuweisung[26] oder ihnen ist die gemeinsame elterliche Sorge unverheirateter Eltern gänzlich unbekannt. Hat der Kindesvater etwa nach dem bisherigen italienischen Aufenthaltsrecht des Kindes die elterliche Sorge erworben, so bleibt diese auch bei einem Umzug der Familie nach Deutschland bestehen, selbst wenn keine Sorgeerklärungen nach §§ 1626a ff. BGB abgegeben werden.[27] Aus der Bescheinigung nach § 58a SBG VIII darüber, dass keine Eintragungen im Sorgeregister vorliegen, kann daher nicht zwingend auf die alleinige Sorgeberechtigung der Mutter geschlossen werden.[28] Auch bestehen für den Fall der Trennung oder Scheidung der Eltern hinsichtlich der Frage, ob eine gemeinsame elterliche Sorge fortgeführt wird, in den einzelnen Rechtsordnungen Unterschiede.[29]

2. Erwerb der elterlichen Verantwortung, Abs. 4

Ein Elternteil, dem nach dem am bisherigen gewöhnlichen Aufenthalt des **15** Kindes geltenden Recht, bisher die elterliche Verantwortung nicht zukam, erwirbt diese gem. Abs. 4 bei einem Wechsel des gewöhnlichen Aufenthalts des Kindes, sofern ihm das am neuen gewöhnlichen Aufenthalt des Kindes geltende Recht die elterliche Verantwortung kraft Gesetzes zuspricht.[30] Gemäß Abs. 4 kann ein Aufenthaltswechsel zu einer Erweiterung des Kreises der kraft Gesetzes (Mit-)Sorgeberechtigten führen. Im Hinblick auf Abs. 3 kann ein Aufenthaltswechsel diesen Personenkreis jedoch nicht einschränken.[31] Nach dem Wortlaut des Abs. 4 ist es möglich, dass es zu mehr als zwei sorgeberechtigten Elternteilen kommt.[32] Bedeutung gewinnt Abs. 4 insoweit in Fällen, in denen ein Kind nicht

---

[23] Lagarde-Bericht, Rn. 107.

[24] → die Serviceseiten der Europäischen Kommission mit einer Übersicht zu allen Mitgliedstaaten: http://ec.europa.eu/civiljustice/parental_resp/parental_resp_gen_de.htm.

[25] Vgl. etwa das französische Recht (Art. 372 Abs. 1 CC – gemeinsames Sorgerecht kraft Gesetzes, falls die Vaterschaft im ersten Lebensjahr des Kindes festgestellt wird; BGH NJW 2011, 2360 – Rn. 38).

[26] Vgl. etwa das österreichische Recht (§ 167 ABGB) oder das schweizerische Recht (Art. 298a ZGB); siehe zum irischen Recht: EuGH Entsch. v. 5.10.2010 – C-400/10 PPU, BeckRS 2010, 91256 – Rn. 13.

[27] Bsp. nach *Hausmann* B Rn. 520. Nach italienischem Recht erfordert der Erwerb gemeinsamer Sorge eine förmliche Anerkennung des Kindes, Art. 280, 316 Abs. 2 ital. CC.

[28] → etwa die Hinweise des Deutschen Instituts für Jugendhilfe und Familienrecht eV (DIJuF) vom 23. November 2012 – Internet.

[29] Bamberger/Roth/*Heiderhoff* Art. 22 EGBGB Rn. 15.

[30] Palandt/*Thorn* Anh Art. 24 EGBGB Rn. 23.

[31] *Wagner/Janzen* FPR 2011, 110 (112); Erman/*Hohloch* Anh Art. 24 EGBGB Rn. 47.

[32] Bamberger/Roth/*Heiderhoff* Art. 21 EGBGB Rn. 13; *Schulz* FamRZ 2011, 156 (159); *Gärtner* StAZ 2011, 65 (68).

verheirateter Eltern seinen gewöhnlichen Aufenthalt in einen Staat verlegt, der in Erleichterung zu den von dem bisherigen Aufenthaltsrecht aufgestellten Erfordernissen, dem Vater kraft Gesetzes das Mitsorgerecht zuspricht, wie dies etwa nach französischem[33] oder italienischem Recht der Fall ist.[34]

Art. 17 [Ausübung der elterlichen Verantwortung]

Die Ausübung der elterlichen Verantwortung bestimmt sich nach dem Recht des Staates des gewöhnlichen Aufenthalts des Kindes. Wechselt der gewöhnliche Aufenthalt des Kindes, so bestimmt sie sich nach dem Recht des Staates des neuen gewöhnlichen Aufenthalts.

I. Allgemeines

1   Die Kollisionsnorm des Art. 16 erfasst neben der Zuweisung und dem Erlöschen der elterlichen Verantwortung auch deren Inhalt.[1] Allerdings enthält Art. 17 für die Ausübung der elterlichen Verantwortung, als deren Teilbereich, eine gegenüber Art. 16 vorrangige Kollisionsnorm. Art. 17 erlangt dann praktische Bedeutung, wenn das Kind seinen gewöhnlichen Aufenthalt in einen anderen Staat verlegt. Denn dieser Aufenthaltswechsel führt gem. Art. 16 Abs. 3 nicht zu einem Statutenwechsel. Vielmehr bleibt das Recht des bisherigen gewöhnlichen Aufenthalts für die Fragen der Zuweisung, des Erlöschens und des Inhalts der elterlichen Verantwortung maßgebend. Art. 17 ordnet nun jedoch für die Teilfrage der Ausübung der elterlichen Verantwortung eine Anknüpfung an den jeweiligen gewöhnlichen Aufenthalt an und gestaltet die Anknüpfung dieser Teilfrage damit wandelbar. Die Regelung ist der für gerichtliche Schutzmaßnahmen geltenden Regelung des Art. 15 Abs. 3 vergleichbar.

II. Anknüpfungsgegenstand

2   Was unter „Ausübung der elterlichen Verantwortung" zu verstehen ist, bestimmt das KSÜ nicht. Durch die gesonderte Anknüpfung soll den Beteiligten die Anpassung an die Verhältnisse in ihrem neuen Aufenthaltsstaat erleichtert werden.[2] Vor diesem Hintergrund sollte der Anwendungsbereich des Art. 17 weit verstanden werden.[3] Zu den Regeln über die Ausübung der elterlichen Verantwortung gehören insbesondere Vorschriften, die die gesetzliche Vertretungsmacht der Eltern beschränken, z. B. im Falle von Insichgeschäften oder durch das Erfordernis einer gerichtlichen Genehmigung.[4] Die Sonderanknüpfung des Art. 17 erfasst weiter die Frage, ob einem Elternteil – etwa bei Trennung – alleinige Entscheidungsbefugnis trotz gemeinsamen Sorgerechts zukommt.[5] Ob

---

[33] BGH NJW 2011, 2360 (2362) – Rn. 38.

[34] *Hausmann* B Rn. 521.

[1] → Art. 16 Rn. 3.

[2] *Hausmann* B Rn. 523.

[3] Erman/*Hohloch* Anh Art. 34 EGBGB/KSÜ Rn. 49; Geimer/Schütze/*Gruber* Art. 17 Rn. 1.

[4] *Hausmann* B Rn. 523; DNotI-Gutachten 2012 87 (88).

[5] *Hausmann* B Rn. 523; NK-BGB/*Benicke* Art. 17 Rn. 1.

auch die Pflichten der Eltern gegenüber dem Kind als „Ausübung" der elterlichen Verantwortung anzusehen sind, wird unterschiedlich beurteilt.[6]

Art. 18 [Behördliche Eingriffe in die kraft Gesetzes bestehende elterliche Verantwortung]

Durch Maßnahmen nach diesem Übereinkommen kann die in Artikel 16 genannte elterliche Verantwortung entzogen oder können die Bedingungen ihrer Ausübung geändert werden.

Die Vorschrift stellt klar, dass die kraft Gesetzes bestehende elterliche Verant- 1 wortung durch Schutzmaßnahmen iSd Art. 15 KSÜ geändert werden kann.

Art. 19 [Verkehrsschutz bei Abschluss von Rechtsgeschäften durch einen gesetzlichen Vertreter]

(1) Die Gültigkeit eines Rechtsgeschäfts zwischen einem Dritten und einer anderen Person, die nach dem Recht des Staates, in dem das Rechtsgeschäft abgeschlossen wurde, als gesetzlicher Vertreter zu handeln befugt wäre, kann nicht allein deswegen bestritten und der Dritte nicht nur deswegen verantwortlich gemacht werden, weil die andere Person nach dem in diesem Kapitel bestimmten Recht nicht als gesetzlicher Vertreter zu handeln befugt war, es sei denn, der Dritte wusste oder hätte wissen müssen, dass sich die elterliche Verantwortung nach diesem Recht bestimmte.

(2) Absatz 1 ist nur anzuwenden, wenn das Rechtsgeschäft unter Anwesenden im Hoheitsgebiet desselben Staates geschlossen wurde.

I. Allgemeines

Art. 19 enthält eine Verkehrsschutzregelung: Wird in Deutschland unter 1 Anwesenden ein Rechtsgeschäft durch den gesetzlichen Vertreter des Kindes für dieses abgeschlossen, so schützt Art. 19 einen gutgläubigen Vertragspartner in seinem Vertrauen darauf, dass der gesetzliche Vertreter den Vertrag abzuschließen berechtigt ist, sofern er nach deutschem Recht abschlussberechtigt wäre; auch wenn nach dem durch die Art. 15 ff. berufenen Recht keine Vertretungsmacht besteht.

Art. 19 gewinnt zunächst Bedeutung in Fällen, in denen das Kind seinen 2 gewöhnlichen Aufenthalt nicht in dem Staat hat, indem das Rechtsgeschäft vorgenommen wird. Hat das Kind z. B. seinen gewöhnlichen Aufenthalt in Frankreich und wird für das Kind in Deutschland ein Vertrag abgeschlossen, so gelangt alternativ zu dem nach Art. 16 f. anwendbaren französischen Recht unter den Voraussetzungen des Art. 19 das deutsche Recht zur Anwendung.[1]

Art. 19 gewährt weiter in den Fällen Schutz, in denen das Kind seinen gewöhn- 3 lichen Aufenthalt im Vornahmestaat hat, sich die elterliche Verantwortung jedoch

---

[6] Bejahend Erman/*Hohloch* Anh Art. 24 EGBGB/KSÜ Rn. 49, verneinend *Hausmann* B Rn. 523.

[1] Bsp. nach Geimer/Schütze/*Gruber* Art. 19 Rn. 3.

gem. Art. 16 Abs. 3 weiterhin nach dem Recht des Staates der ursprünglichen gewöhnlichen Aufenthaltes richtet.[2] Soweit trotz gem. Art. 16 Abs. 3 fortbestehender gemeinsamer elterlicher Sorge einem Elternteil gem. Art. 17 nach dem Recht des gewöhnlichen Aufenthalts des Kindes alleinige Vertretungsmacht zukommt, bedarf es keiner Anwendung der Verkehrsschutzregelung des Art. 19. Dies ist nach deutschem Recht etwa für die passive Stellvertretung gem. § 1629 Abs. 1 S. 2 Hs. 2 BGB der Fall, nach österreichischem Recht etwa nach § 154 AGBGB.

4   Schließlich kann Art. 19 Bedeutung gewinnen, wenn die gesetzliche Vertretungsmacht durch eine Maßnahme eines Gerichts oder einer Behörde außerhalb des Vornahmestaates, einer anderen Person als dem als Vertreter Auftretenden übertragen wurde. Hat demgemäß ein französisches Gericht eine Sorgerechtsentscheidung erlassen, so bietet Art. 19 dem gutgläubigen Vertragspartner Schutz, wenn der Scheinvertreter in Deutschland für das Kind ein Rechtsgeschäft vornimmt, auch wenn aufgrund der Anerkennung (Wirkungserstreckung) der französischen Maßnahme Rechtsgestaltung auch für das deutsche Recht eingetreten ist und demgemäß auch nach deutschem Recht keine Vertretungsmacht mehr besteht. Art. 19 bewirkt insoweit, dass unter den Voraussetzungen des Art. 19 deutsches Recht mit der Maßgabe zur Anwendung gelangt, dass die anzuerkennende französische Maßnahme hinwegzudenken ist.[3] Allerdings wird für diesen Fall eine einschränkende Auslegung von Art. 19 dahingehend vertreten, dass Verkehrsschutz auf Grundlage von Art. 19 dann nicht gewährt wird, wenn die im Ausland vorgenommene sorgerechtsgestaltende Maßnahme nach ihren Voraussetzungen und Rechtswirkungen ebenso gut durch Stellen im Vornahmestaat hätte erlassen werden können.[4] Der durch Art. 19 gewährte Schutz ist nicht auf Vertragsschlüsse in einem Vertragsstaat des KSÜ beschränkt.[5]

II. Voraussetzungen des Verkehrsschutzes

1. Rechtsgeschäft unter Anwesenden im Hoheitsgebiet desselben Staates, Abs. 2

5   Verkehrsschutz wird nach Abs. 2 nur bei Rechtsgeschäften gewährt, die von Beteiligten im Hoheitsgebiet desselben Staates abgeschlossen werden. Der gesetzliche Vertreter des Kindes und der Vertragspartner müssen bei Abschluss des Rechtsgeschäfts im gleichen Staat anwesend sein. Art. 19 gewährt damit keinen Verkehrsschutz bei grenzüberschreitenden Distanzgeschäften. Im Falle von Distanzgeschäften, etwa Aufspaltung in Angebot und Annahme, innerhalb des gleichen Staates ist Art. 19 jedoch anwendbar. Aus dem deutschen Wortlaut von Abs. 2, der den Abschluss des Rechtsgeschäfts unter Anwesenden fordert, ist nicht zu schließen, dass sich die Kontrahenten am gleichen Ort aufhalten müssen. Dies ergibt sich aus der englischen und französischen Sprachfassung.[6] Ist auch der

---

[2]   Lagarde-Bericht, Rn. 111.

[3]   Geimer/Schütze/*Gruber* Art. 19 Rn. 5; NK-BGB/*Benicke* Art. 19 Rn. 5 f.

[4]   Eingehend Geimer/Schütze/*Gruber* Art. 19 Rn. 7 ff.

[5]   *Hausmann* B Rn. 533.

[6]   *Hausmann* B Rn. 531; Staudinger/*Pirrung* Vorb G zu Art. 19 EGBGB Rn. 114 aA Geimer/Schütze/*Gruber* Art. 19 Rn. 11; *Krah*, 238: genereller Ausschluss von Art. 19 bei Distanzgeschäften.

Vertragspartner vertreten, so ist der Aufenthalt des Vertreters für die Anwendung von Art. 19 maßgebend.[7] Lässt sich hingegen (auch) der gesetzliche (Schein-)Vertreter von einem Bevollmächtigten vertreten und befindet sich der gesetzliche (Schein-)Vertreter im Ausland ist Art. 19 nicht anwendbar. Der Vertragspartner kann in diesem Fall nicht darauf vertrauen, dass sich die Vertretungsmacht nach inländischem Recht richtet. Ob sich das Kind bei Abschluss des Rechtsgeschäfts im gleichen oder in einem anderen Staat aufhält ist für die Anwendung von Art. 19 hingegen unerheblich, ebenso wie die Staatsangehörigkeit oder der gewöhnliche Aufenthalt der Vertragsschließenden oder des Kindes. Die Anwesenheit der Vertragsschließenden im gleichen Staat muss keinen dauerhaften Charakter haben. Verkehrsschutz wird demgemäß bei einem Vertragsschluss im Inland auch dann gewährt, wenn alle Beteiligten Ausländer sind und ihren gewöhnlichen Aufenthalt im Ausland haben.[8] Eine teleologische Reduktion für rein zufällige Inlandskontrakte wird richtigerweise ganz überwiegend abgelehnt.[9]

2. Erfasste Rechtsgeschäfte

Der Anwendungsbereich des Art. 19 ist nicht auf sog. Verkehrsgeschäfte **6** beschränkt. Art. 19 findet auf Rechtsgeschäfte jeder Art Anwendung und gilt mithin insbesondere auch für Rechtsgeschäfte familien- oder erbrechtlicher Natur,[10] etwa für Unterhaltsvereinbarungen mit einem Kind im Rahmen einer Scheidungsvereinbarung (soweit diese nach dem Unterhaltsstatut zulässig sind). Art. 19 ist insbesondere auf die gesetzliche Vertretung beim Abschluss schuld- und sachenrechtlicher Verträge (etwa Übereignung eines Grundstücks) anwendbar. Art. 19 erfasst weiter einseitige Rechtsgeschäfte wie etwa die Kündigung oder den Rücktritt.[11] Weiter unterfällt Art. 19 die Frage, ob durch die Entgegennahme einer Leistung durch den Scheinvertreter Erfüllungswirkung eintritt – nach deutschem Recht: Empfangszuständigkeit.[12]

3. Gutgläubigkeit des Drittkontrahenten

Art. 19 gewährt Verkehrsschutz in Fällen mangelnder Vertretungsmacht des **7** für das Kind handelnden gesetzlichen Vertreters. Die Vorschrift verlangt, dass der Drittkontrahent weder wusste noch hätte wissen müssen, dass sich die gesetzliche Vertretung nicht nach dem Recht des Staates beurteilt, in dem das Rechtsgeschäft vorgenommen wurde, er mithin gutgläubig ist. Art. 19 schützt – abweichend von Art. 12 EGBGB – nicht denjenigen, der wusste oder hätte wissen müssen, dass sich die gesetzliche Vertretung nach einem ausländischen Recht richtet, jedoch darauf vertraute, dass die gesetzliche Vertretung nach der ausländischen Rechtsordnung ähnlich wie nach inländischem Recht geregelt ist.[13]

Der für die Frage, wann der Vertragspartner hätte wissen müssen, dass **8** sich die elterliche Verantwortung nach einer ausländischen Rechtsordnung richtet, anzulegende Sorgfaltsmaßstab ist (übereinkommens-)autonom zu

---

[7] Geimer/Schütze/*Gruber* Art. 19 Rn. 12.
[8] *Hausmann* B Rn. 532 f.
[9] Geimer/Schütze/*Gruber* Art. 19 Rn. 13.
[10] Palandt/*Thorn* Anh EGBGB Rn. 24.
[11] Geimer/Schütze/*Gruber* Art. 19 Rn. 10.
[12] Lagarde-Bericht, Rn. 112; NK-BGB/*Benicke* Art. 19 Rn. 14.
[13] NK-BGB/*Benicke* Art. 19 Rn. 7.

bestimmen.[14] Maßgebende Kriterien sind insoweit insbesondere die wirtschaftliche Bedeutung des Geschäfts, die Üblichkeit der Einholung rechtlicher Erkundigungen bei Geschäften dieser Art und die Geschäftsgewandtheit des Drittkontrahenten. Dementsprechend ist bei Geschäften mit erheblicher wirtschaftlicher Bedeutung ein strengerer Sorgfaltsmaßstab anzulegen als bei Verbrauchergeschäften des täglichen Lebens. Als Beispiel für bedeutende Geschäfte mit erhöhtem Sorgfaltsmaßstab nennt der Lagarde-Bericht Immobiliengeschäfte.[15] Von einem Unternehmer können weitergehende Erkundigungen erwartet werden, als bei einem Verbraucher. Schutzwürdig ist der Vertragspartner mithin nur, wenn ihm sein Irrtum nicht vorzuwerfen ist. Die französische und die englische Textfassung legen es nahe, den Sorgfaltsmaßstab nicht zu niedrig anzusetzen (*devrait savoir*, bzw. *should have known*).[16] Schon leichte Fahrlässigkeit soll die Anwendung von Art. 19 ausschließen.[17] Ist dem Vertragspartner bei Abschluss eines Geschäfts von wirtschaftlicher Bedeutung bekannt, dass das vertretene Kind seinen gewöhnlichen Aufenthalt im Ausland hat oder bis vor kurzem hatte, ist eine Erkundigungsobliegenheit zu bejahen. Hier sollte sich der Vertragspartner vom gesetzlichen Vertreter eine **Vertreterbescheinigung** nach Art. 40 vorlegen lassen, soweit diese erhältlich ist.[18] Ob bei Vorlage einer Bescheinigung nach § 58a SBG VIII darüber, dass keine Eintragungen im Sorgeregister vorliegen, der Vertragspartner von der Alleinvertretungsbefugnis der Mutter ausgehen darf, lässt sich nicht generell beantworten. Dem Vertragspartner müssen insoweit Anhaltspunkte dafür vorliegen, dass aus der Bescheinigung aufgrund des Auslandsbezugs nicht auf die Alleinsorge der Mutter geschlossen werden kann.[19] Der fehlende gute Glaube ist von derjenigen Partei zu beweisen, die sich auf die mangelnde gesetzliche Vertretungsmacht beruft („es sei denn").[20]

III. Rechtsfolge

9   Sind die Verkehrsschutzvoraussetzungen des Art. 19 zu bejahen, richtet sich die gesetzliche Vertretungsmacht alternativ nach dem Recht des Vornahmestaates. Kann der Scheinvertreter nach diesem Recht (allein) für das Kind handeln, so ist das von ihm vorgenommene Rechtsgeschäft mit Wirkung für und gegen das vertretene Kind gültig. Daher können von gutgläubigen Vertragspartnern im Vornahmestaat auch Zahlungen mit befreiender Wirkung an den Scheinvertreter getätigt werden.[21] Die Frage, welche Rechtsfolgen sich bei Nichteingreifen von Art. 19 und damit bei mangelnder Vertretungsmacht ergeben, richtet sich nach dem auf das Rechtsgeschäft als solchem anzuwendenden Recht, z. B. dem sich aus Art. 3 ff. Rom I-VO folgenden Vertragsstatut oder dem aus Art. 3 ff. des

---

[14] *Hausmann* B Rn. 536.

[15] Lagarde-Bericht, Rn. 114; Staudinger/*Pirrung* Vorb G zu Art. 19 EGBGB Rn. 117.

[16] *Krah*, 239.

[17] NK-BGB/*Benicke* Art. 19 Rn. 8.

[18] → Art. 40 Rn. 1.

[19] Vgl. Hinweise des Deutschen Instituts für Jugendhilfe und Familienrecht eV (DIJuF) vom 23. November 2012 – Quelle Internet.

[20] NK-BGB/*Benicke* Art. 19 Rn. 8.

[21] → Art. 19 Rn. 6.

Haager Unterhaltsprotokolls v. 23.11.2007 folgenden Unterhaltsstatuts (soweit nach diesem Unterhaltsvereinbarungen mit Kindern als Vertragspartner zulässig sind).[22]

Art. 20 [Universelle Geltung]

Dieses Kapitel ist anzuwenden, selbst wenn das darin bestimmte Recht das eines Nichtvertragsstaats ist.

Die Vorschrift stellt klar, dass es sich bei den Bestimmungen der Art. 15–19 **1** grundsätzlich um eine sog. *loi uniforme* handelt. Es kann mithin auch auf das Recht eines Nichtvertragsstaates verwiesen werden. Allerdings führt die Anknüpfung des Art. 15 Abs. 1 für Schutzmaßnahmen an die *lex fori* zwingend zur Anwendung des Rechts eines Vertragsstaates, soweit das befasste Gericht nicht von der Möglichkeit des Art. 15 Abs. 2 Gebrauch macht und das Recht eines Nichtvertragsstaates berücksichtigt oder anwendet.

Art. 21 [Ausschluss des Renvoi]

(1) **Der Begriff "Recht" im Sinn dieses Kapitels bedeutet das in einem Staat geltende Recht mit Ausnahme des Kollisionsrechts.**
(2) **Ist jedoch das nach Artikel 16 anzuwendende Recht das eines Nichtvertragsstaats und verweist das Kollisionsrecht dieses Staates auf das Recht eines anderen Nichtvertragsstaats, der sein eigenes Recht anwenden würde, so ist das Recht dieses anderen Staates anzuwenden. Betrachtet sich das Recht dieses anderen Nichtvertragsstaats als nicht anwendbar, so ist das nach Artikel 16 bestimmte Recht anzuwenden.**

I. Sachnormverweisung, Abs. 1

Bei den Verweisungsvorschriften des KSÜ handelt es sich nach Abs. 1 um **1** sog. **Sachnormverweisungen** auf das jeweilige materielle Recht der elterlichen Verantwortung. Das IPR und damit sowohl Rück- oder Weiterverweisungen des verwiesenen Rechts bleiben außer Betracht.

II. Gesamtverweisung, Abs. 2

Nach Abs. 2 bestehen gewisse Ausnahmen von dem in Abs. 1 normierten **2** Grundsatz der Nichtbeachtung eines Renvoi. Verweist Art. 16 Abs. 1 für die Beurteilung der elterlichen Verantwortung kraft Gesetzes auf das Recht eines Nichtvertragsstaats und verweist das Kollisionsrecht dieses Nichtvertragsstaates auf das Recht eines anderen Nichtvertragsstaats weiter, dessen Recht diese Weiterverweisung annimmt und sein eigenes Sachrecht anwenden würde, so ist das Recht dieses anderen Staates anzuwenden (S. 1). Durch Abs. 2 S. 1 soll sichergestellt werden, dass der internationale Entscheidungseinklang zwischen den beiden Nichtvertragsstaaten nicht gestört wird.[1] Wird die Weiterverweisung durch den

---

[22] Erman/*Hohloch* Anh Art. 24 EGBGB/KSÜ Rn. 52 a. E.
[1] Lagarde-Bericht, Rn. 116.

anderen Nichtvertragsstaat hingegen nicht angenommen, so verbleibt es bei der Anwendung des Sachrechts desjenigen (Nichtvertrags-)Staats, auf den Art. 16 Abs. 1 verweist (S. 2). Nichtannahme der Weiterverweisung i.S.v. S. 2 liegt vor, wenn der Zweitstaat auf den weiterverweisenden Nichtvertragsstaat zurückverweist, auf einen dritten Nichtvertragsstaat weiterverweist aber auch wenn auf das Recht eines Vertragsstaats weiterverwiesen wird.[2] Abs. 2 S. 1 findet nur auf die Verweisungsnorm des Art. 16 Abs. 1 Anwendung, nicht auf die Verweisungsnorm des Art. 16 Abs. 2.[3]

Art. 22 [Ordre public]

Die Anwendung des in diesem Kapitel bestimmten Rechts darf nur versagt werden, wenn sie der öffentlichen Ordnung (ordre public) offensichtlich widerspricht, wobei das Wohl des Kindes zu berücksichtigen ist.

1   Die Vorschrift enthält die übliche Vorbehaltsklausel.[1] Von der Vorbehaltsklausel ist − gemäß den allgemeinen Grundsätzen − nur bei offensichtlichen und gravierenden Widersprüchen des gemäß den Verweisungsvorschriften des KSÜ anwendbaren Rechts und den inländischen Rechts- und Wertevorstellungen Gebrauch zu machen.[2] Stets erforderlich ist ein hinreichender Inlandsbezug. Gemäß Art. 22 ist das Kindeswohl bei der Abwägung ausdrücklich zu berücksichtigen. Die zu Art. 16 MSA bzw. zu Art. 6 EGBGB entwickelten Grundsätze lassen sich auf Art. 22 unter Berücksichtigung der Intentionen des KSÜ grundsätzlich übertragen.[3]

2   Praktische Bedeutung erlangt der *ordre public*-Vorbehalt vor allem im Rahmen der Anwendung **islamischen Kindschaftsrechts.** Danach kann die tatsächliche Personensorge (*hadana*) für Kinder bis zu einer gewissen Altersgrenze allein der Mutter zustehen. Der Vater ist in dieser Zeit Inhaber der Vermögenssorge und der Erziehungsgewalt. Er übt die Aufsicht über die Erziehung und Ausbildung des Kindes aus. Nach dem Ende der *hadana,* wobei die einzelnen islamischen Rechtsordnungen unterschiedliche Altersgrenzen vorsehen, bis zur Volljährigkeit des Kindes, steht die elterliche Sorge allein dem Vater zu.[4] Diese Regeln können im Einzelfall gegen den deutschen *ordre public* verstoßen, soweit das Kindeswohl eine andere Ausgestaltung der elterlichen Sorge verlangt.[5] Problematisch ist aus *ordre public*-Erwägungen die Beschränkung der mütterlichen Personensorge durch die kraft Gesetzes bestehende Erziehungsgewalt des Vaters. Allerdings ist gemäß den allgemeinen Grundsätzen zunächst zu prüfen, ob durch eine Anpassung des verwiesenen Rechts eine mit den Grundvorstellungen des deutschen Rechts vereinbare Rechtsanwendung erreicht werden kann, bevor die Anwendung des verwiesenen Rechts gänzlich abgelehnt wird. So kann der Mutter die vollständige Personensorge (einschließlich der gesetzlichen Vertretung in Unterhaltssachen)

---

[2] Lagarde-Bericht, Rn. 116; *Hausmann* B Rn. 546.
[3] Geimer/Schütze/*Gruber* Art. 21 Rn. 2; *Krah*, 230; Staudinger/*Pirrung* Vorb G zu Art. 19 EGBGB Rn. 120.
[1] Zum Scheidungsstatut → Rom III-VO Art. 12 Rn. 1 ff.
[2] Staudinger/*Pirrung* Vorb G zu Art. 19 EGBGB Rn. 121.
[3] Erman/*Hohloch* Anh Art. 24 EGBGB/KSÜ Rn. 56.
[4] Erläuterung nach *Hausmann* B Rn. 548.
[5] BGH FamRZ 1993, 316 (317) m. Anm. *Henrich* IPRax 1993, 81; BGH FamRZ 1993, 1053 (1054); OLG Karlsruhe FamRZ 1992, 1465 (1466 f.).

übertragen und das Erziehungsrecht des Vaters auf die Vermögenssorge beschränkt werden.[6] Mit Art. 3 Abs. 3 GG unvereinbar und als *ordre public*-Verstoß im Rahmen der inländischen Rechtsanwendung ohne Berücksichtigung bleiben bei hinreichendem Inlandsbezug Regeln des islamischen Rechts, die die Übertragung des Sorgerechts auf die Mutter davon abhängig machen, dass sich die Mutter (weiterhin) zum islamischen Glauben bekennt.[7]

IV. Anerkennung und Vollstreckung

Art. 23–28

Die Art. 23–28 werden nicht abgedruckt.

V. Zusammenarbeit

Art. 29–39

Die Art. 29–39 werden nicht abgedruckt.

VI. Allgemeine Bestimmungen

Art. 40 [Bescheinigung über Berechtigung zum Handeln]

(1) **Die Behörden des Vertragsstaats, in dem das Kind seinen gewöhnlichen Aufenthalt hat oder in dem eine Schutzmaßnahme getroffen wurde, können dem Träger der elterlichen Verantwortung oder jedem, dem der Schutz der Person oder des Vermögens des Kindes anvertraut wurde, auf dessen Antrag eine Bescheinigung über seine Berechtigung zum Handeln und die ihm übertragenen Befugnisse ausstellen.**

(2) **Die Richtigkeit der Berechtigung zum Handeln und der Befugnisse, die bescheinigt sind, wird bis zum Beweis des Gegenteils vermutet.**

(3) **Jeder Vertragsstaat bestimmt die für die Ausstellung der Bescheinigung zuständigen Behörden.**

Art. 40 normiert keine Pflicht zur Erteilung einer Bescheinigung über die **1** Berechtigung zum Handeln und über die übertragenen Befugnisse („können").[1] Dadurch trägt das KSÜ dem Umstand Rechnung, dass nicht nur für den Rechtsverkehr, sondern auch für die Behörde, die eine Bescheinigung ausstellen soll, die tatsächlichen und rechtlichen Verhältnisse nicht immer leicht zu ermitteln

---

[6] BGH FamRZ 1993, 316 (318); OLG Koblenz FamRZ 2009, 611 (615); *Hausmann* B Rn. 549.

[7] OLG Hamm FamRZ 1990, 781 (782); *Hausmann* B Rn. 550.

[1] Lagarde-Bericht, Rn. 154.

sind und das KSÜ auch keine einheitliche Form der Bescheinigung vorsieht.[2] Der deutsche Gesetzgeber hat bisher für die Erteilung der Bescheinigung keine zuständige Stelle benannt. Hierzu heißt es in der Gesetzesbegründung:[3]

> „Das deutsche Recht kennt eine vergleichbare Urkunde nicht. § 1791 des Bürgerlichen Gesetzbuchs (BGB) sieht lediglich eine Bestallungsurkunde für den Vormund vor, der jedoch keine Richtigkeitsvermutung zukommt. Dementsprechend wäre eine Umsetzung des Artikels 40 des Haager Kinderschutzübereinkommens in Deutschland mit einigem Aufwand verbunden. Denn es wäre sicherzustellen, dass eine solche Bescheinigung die Rechtslage jederzeit zutreffend wiedergibt. Dieser Aufwand stünde voraussichtlich nicht im Verhältnis zu dem Nutzen, den eine solche Bescheinigung für die betroffenen Elternteile hätte. Der Entwurf schlägt daher vor, Artikel 40 des Haager Kinderschutzübereinkommens zunächst nicht umzusetzen."

2   Eine Übersicht der für die Erteilung der Bescheinigung nach Art. 40 zuständigen Behörden findet sich auf der Homepage der Haager Konferenz: http://www.hcch.net.

Art. 42–45

Die Art. 42–45 werden nicht abgedruckt.

Art. 46 [Kollisionsregel]

Ein Vertragsstaat, in dem verschiedene Rechtssysteme oder Gesamtheiten von Regeln für den Schutz der Person und des Vermögens des Kindes gelten, muss die Regeln dieses Übereinkommens nicht auf Kollisionen anwenden, die allein zwischen diesen verschiedenen Rechtssystemen oder Gesamtheiten von Regeln bestehen.

1   Die Vorschrift hat lediglich für Mehrrechtsstaaten, wie etwa Australien oder die USA Bedeutung. Sie stellt klar, dass diese Staaten bei der Ausgestaltung ihrer interlokalen oder/und interpersonalen Kollisionsregeln durch die Regeln des KSÜ nicht eingeschränkt sind.

Art. 47 [Zuordnungen]

Gelten in einem Staat in Bezug auf die in diesem Übereinkommen geregelten Angelegenheiten zwei oder mehr Rechtssysteme oder Gesamtheiten von Regeln in verschiedenen Gebietseinheiten, so ist jede Verweisung
1. **auf den gewöhnlichen Aufenthalt in diesem Staat als Verweisung auf den gewöhnlichen Aufenthalt in einer Gebietseinheit zu verstehen;**
2. **auf die Anwesenheit des Kindes in diesem Staat als Verweisung auf die Anwesenheit des Kindes in einer Gebietseinheit zu verstehen;**
3. **auf die Belegenheit des Vermögens des Kindes in diesem Staat als Verweisung auf die Belegenheit des Vermögens des Kindes in einer Gebietseinheit zu verstehen;**

---

[2] Staudinger/*Pirrung* Vorb G zu Art. 19 EGBGB Rn. 176.
[3] BT-Drucks. 16/12063, 12.

4. auf den Staat, dem das Kind angehört, als Verweisung auf die von
   dem Recht dieses Staates bestimmte Gebietseinheit oder, wenn solche Regeln fehlen, als Verweisung auf die Gebietseinheit zu verstehen, mit der das Kind die engste Verbindung hat;
5. auf den Staat, bei dessen Behörden ein Antrag auf Scheidung, Trennung, Aufhebung oder Nichtigerklärung der Ehe der Eltern des Kindes anhängig ist, als Verweisung auf die Gebietseinheit zu verstehen,
   bei deren Behörden ein solcher Antrag anhängig ist;
6. auf den Staat, mit dem das Kind eine enge Verbindung hat, als Verweisung auf die Gebietseinheit zu verstehen, mit der das Kind eine
   solche Verbindung hat;
7. auf den Staat, in den das Kind verbracht oder in dem es zurückgehalten wurde, als Verweisung auf die Gebietseinheit zu verstehen, in die
   das Kind verbracht oder in der es zurückgehalten wurde;
8. auf Stellen oder Behörden dieses Staates, die nicht Zentrale Behörden
   sind, als Verweisung auf die Stellen oder Behörden zu verstehen, die
   in der betreffenden Gebietseinheit handlungsbefugt sind;
9. auf das Recht, das Verfahren oder die Behörde des Staates, in dem
   eine Maßnahme getroffen wurde, als Verweisung auf das Recht, das
   Verfahren oder die Behörde der Gebietseinheit zu verstehen, in der
   diese Maßnahme getroffen wurde;
10. auf das Recht, das Verfahren oder die Behörde des ersuchten Staates
    als Verweisung auf das Recht, das Verfahren oder die Behörde der
    Gebietseinheit zu verstehen, in der die Anerkennung oder Vollstre-
    ckung geltend gemacht wird.

Art. 47 findet gemäß Art. 48 lit. b nur Anwendung, sofern das verwiesene **1**
Recht keine gesamtstaatlichen interlokalen Kollisionsregeln bereithält. Nr. 1 ent-
spricht Art. 14 lit. b Rom III-VO (→ Art. 14 Rom III-VO Rn. 4 ff.). Nr. 4
entspricht Art. 14 lit. c Rom III-VO, mit der Ausnahme, dass im Rahmen von
Nr. 4 nicht die Möglichkeit vorgesehen ist, die maßgebliche Gebietseinheit durch
Rechtswahl zu bestimmen (→ Art. 14 Rom III-VO Rn. 9 ff.).

Art. 48 [Mehrere Gebietseinheiten mit eigenen Rechtssystemen]

Hat ein Staat zwei oder mehr Gebietseinheiten mit eigenen Rechtssystemen oder Gesamtheiten von Regeln für die in diesem Übereinkommen
geregelten Angelegenheiten, so gilt zur Bestimmung des nach Kapitel III
anzuwendenden Rechts Folgendes:
a) Sind in diesem Staat Regeln in Kraft, die das Recht einer bestimmten
   Gebietseinheit für anwendbar erklären, so ist das Recht dieser Einheit
   anzuwenden;
b) fehlen solche Regeln, so ist das Recht der in Artikel 47 bestimmten
   Gebietseinheit anzuwenden.

Nach Art. 48 ist im Falle der Verweisung auf das Recht eines Mehrrechtsstaates **1**
primär dessen interlokales Verweisungsrecht zu prüfen. Dieses kann neben kodifizierten Rechtsvorschriften auch aus Gewohnheits- oder Richterrecht bestehen.[1]
Es muss sich dabei um gesamtstaatliche Vorschriften handeln. Solches gesamtstaat-

---

[1] Staudinger/*Pirrung* Vorb G zu Art. 19 EGBGB Rn. 187.

liches interlokales Privatrecht hält etwa das spanische Recht bereit. Ein interlokales gesamtstaatliches Verweisungsrecht fehlt hingegen in Australien, Kanada oder den USA. In diesen Fällen ist gem. lit. b auf Art. 47 zurückzugreifen.

Art. 49 [Anwendung mehrerer Rechtssysteme auf verschiedene Personengruppen]

Hat ein Staat zwei oder mehr Rechtssysteme oder Gesamtheiten von Regeln, die auf verschiedene Personengruppen hinsichtlich der in diesem Übereinkommen geregelten Angelegenheiten anzuwenden sind, so gilt zur Bestimmung des nach Kapitel III anzuwendenden Rechts Folgendes:
a) Sind in diesem Staat Regeln in Kraft, die bestimmen, welches dieser Rechte anzuwenden ist, so ist dieses anzuwenden;
b) fehlen solche Regeln, so ist das Rechtssystem oder die Gesamtheit von Regeln anzuwenden, mit denen das Kind die engste Verbindung hat.

1   Die Vorschrift entspricht Art. 15 Rom III-VO für das Scheidungsstatut.

Art. 50 [Verhältnis zu Übereinkommen vom 25. Oktober 1980 über die zivilrechtlichen Aspekte internationaler Kindesentführung]

Dieses Übereinkommen lässt das Übereinkommen vom 25. Oktober 1980 über die zivilrechtlichen Aspekte internationaler Kindesentführung im Verhältnis zwischen den Vertragsparteien beider Übereinkommen unberührt. Einer Berufung auf Bestimmungen dieses Übereinkommens zu dem Zweck, die Rückkehr eines widerrechtlich verbrachten oder zurückgehaltenen Kindes zu erwirken oder das Recht zum persönlichen Umgang durchzuführen, steht jedoch nichts entgegen.

Art. 51 [Übereinkommen vom 5. Oktober 1961 über die Zuständigkeit der Behörden und das anzuwendende Recht auf dem Gebiet des Schutzes von Minderjährigen]

Im Verhältnis zwischen den Vertragsstaaten ersetzt dieses Übereinkommen das Übereinkommen vom 5. Oktober 1961 über die Zuständigkeit der Behörden und das anzuwendende Recht auf dem Gebiet des Schutzes von Minderjährigen und das am 12. Juni 1902 in Den Haag unterzeichnete Abkommen zur Regelung der Vormundschaft über Minderjährige, unbeschadet der Anerkennung von Maßnahmen, die nach dem genannten Übereinkommen vom 5. Oktober 1961 getroffen wurden.

Art. 52 [Internationale Übereinkünfte]

(1) Dieses Übereinkommen lässt internationale Übereinkünfte unberührt, denen Vertragsstaaten als Vertragsparteien angehören und die Bestimmungen über die im vorliegenden Übereinkommen geregelten Angelegenheiten enthalten, sofern die durch eine solche Übereinkunft gebundenen Staaten keine gegenteilige Erklärung abgeben.

(2) Dieses Übereinkommen lässt die Möglichkeit unberührt, dass ein oder mehrere Vertragsstaaten Vereinbarungen treffen, die in Bezug auf Kinder mit gewöhnlichem Aufenthalt in einem der Staaten, die Vertragsparteien solcher Vereinbarungen sind, Bestimmungen über die in diesem Übereinkommen geregelten Angelegenheiten enthalten.

(3) Künftige Vereinbarungen eines oder mehrerer Vertragsstaaten über Angelegenheiten im Anwendungsbereich dieses Übereinkommens lassen im Verhältnis zwischen solchen Staaten und anderen Vertragsstaaten die Anwendung der Bestimmungen des Übereinkommens unberührt.

(4) Die Absätze 1 bis 3 gelten auch für Einheitsrecht, das auf besonderen Verbindungen insbesondere regionaler Art zwischen den betroffenen Staaten beruht.

Aus deutscher Sicht ist Art. 8 Abs. 3 des deutsch-iranischen Niederlassungsabkommen von 1929 vorrangig anzuwenden (→ KSÜ Einführung Rn. 3 ff.) **1**

Art. 53 [Zeitlicher Geltungsbereich]

(1) Dieses Übereinkommen ist nur auf Maßnahmen anzuwenden, die in einem Staat getroffen werden, nachdem das Übereinkommen für diesen Staat in Kraft getreten ist.

(2) Dieses Übereinkommen ist auf die Anerkennung und Vollstreckung von Maßnahmen anzuwenden, die getroffen wurden, nachdem es im Verhältnis zwischen dem Staat, in dem die Maßnahmen getroffen wurden, und dem ersuchten Staat in Kraft getreten ist.

Art. 54–56

Die Art. 54–56 werden nicht abgedruckt.

VII. Schlussbestimmungen

Art. 57–63

Die Art. 57–63 werden nicht abgedruckt.

Gesetz zur Aus- und Durchführung bestimmter Rechtsinstrumente auf dem Gebiet des internationalen Familienrechts (Internationales Familienrechtsverfahrensgesetz – IntFamRVG)[1]

Vom 26. Januar 2005
(BGBl. I S. 162)
FNA 319-109

zuletzt geänd. durch Art. 7 G zur Durchführung der VO (EG) Nr. 4/2009 und zur Neuordnung bestehender Aus- und Durchführungsbestimmungen auf dem Gebiet des internationalen Unterhaltsverfahrensrechts v. 23.5.2011 (BGBl. I S. 898)

Inhaltsübersicht[2]

[1] Verkündet als Art. 1 G v. 26.1.2005 (BGBl. I S. 162); Inkrafttreten gem. Art. 3 Satz 2 dieses G am 1.3.2005 mit Ausnahme der §§ 12 Abs. 3 und 47 Abs. 2, die gem. Art. 3 Satz 1 am 1.2.2005 in Kraft getreten sind.
[2] Inhaltsübersicht geänd. mWv 1.9.2009 durch G v. 17.12.2008 (BGBl. I S. 2586); geänd. mWv 1.1.2011 durch G v. 25.6.2009 (BGBl. I S. 1594), vgl. Bek. v. 25.10.2010 (BGBl. I S. 1498).

Abschnitt 10   Kosten
§§ 50–53   (weggefallen)
§ 54   Übersetzungen
Abschnitt 11   Übergangsvorschriften
§ 55   Übergangsvorschriften zu der Verordnung (EG) Nr. 2201/2003
§ 56   Übergangsvorschriften zum Sorgerechtsübereinkommens-Ausführungsgesetz

Abschnitt 1 Anwendungsbereich; Begriffsbestimmungen

§ 1[1] Anwendungsbereich

Dieses Gesetz dient
1. der Durchführung der Verordnung (EG) Nr. 2201/2003 des Rates vom 27. November 2003 über die Zuständigkeit und die Anerkennung und Vollstreckung von Entscheidungen in Ehesachen und in Verfahren betreffend die elterliche Verantwortung und zur Aufhebung der Verordnung (EG) Nr. 1347/2000 (ABl. EU Nr. L 338 S. 1);
2. der Ausführung des Haager Übereinkommens vom 19. Oktober 1996 über die Zuständigkeit, das anzuwendende Recht, die Anerkennung, Vollstreckung und Zusammenarbeit auf dem Gebiet der elterlichen Verantwortung und der Maßnahmen zum Schutz von Kindern (BGBl. 2009 II S. 602, 603) – im Folgenden: Haager Kinderschutzübereinkommen;
3. der Ausführung des Haager Übereinkommens vom 25. Oktober 1980 über die zivilrechtlichen Aspekte internationaler Kindesentführung (BGBl. 1990 II S. 207) – im Folgenden: Haager Kindesentführungsübereinkommen vom 20. Mai
4. der Ausführung des Luxemburger Europäischen Übereinkommens vom 20. Mai 1980 über die Anerkennung und Vollstreckung von Entscheidungen über das Sorgerecht für Kinder und die Wiederherstellung des Sorgeverhältnisses (BGBl. 1990 II S. 220) – im Folgenden: Europäisches Sorgerechtsübereinkommen.

§ 2 Begriffsbestimmungen

Im Sinne dieses Gesetzes sind „Titel" Entscheidungen, Vereinbarungen und öffentliche Urkunden, auf welche die durchzuführende EG-Verordnung oder das jeweils auszuführende Übereinkommen Anwendung findet.

Abschnitt 2 Zentrale Behörde; Jugendamt

§ 3[1] Bestimmung der Zentralen Behörde

(1) Zentrale Behörde nach
1. Artikel 53 der Verordnung (EG) Nr. 2201/2003,
2. Artikel 29 des Haager Kinderschutzübereinkommens,

---

[1] § 1 Nr. 2 eingef., bish. Nr. 2 und 3 werden Nr. 3 und 4 mWv 1.1.2011 durch G v. 25.6.2009 (BGBl. I S. 1594), vgl. Bek. v. 25.10.2010 (BGBl. I S. 1498).

[1] § 3 Abs. 1 geänd. mWv 1.1.2007 durch G v. 17.12.2006 (BGBl. I S. 3171); Abs. 1 Nr. 2 eingef., bish. Nr. 2 und 3 werden Nr. 3 und 4 mWv 1.1.2011 durch G v. 25.6.2009 (BGBl. I S. 1594), vgl. Bek. v. 25.10.2010 (BGBl. I S. 1498).

3. Artikel 6 des Haager Kindesentführungsübereinkommens,
4. Artikel 2 des Europäischen Sorgerechtsübereinkommens
ist das Bundesamt für Justiz.

(2) Das Verfahren der Zentralen Behörde gilt als Justizverwaltungsverfahren.

§ 4[2] Übersetzungen bei eingehenden Ersuchen

(1) Die Zentrale Behörde, bei der ein Antrag aus einem anderen Staat nach der Verordnung (EG) Nr. 2201/2003 oder nach dem Europäischen Sorgerechtsübereinkommen eingeht, kann es ablehnen, tätig zu werden, solange Mitteilungen oder beizufügende Schriftstücke nicht in deutscher Sprache abgefasst oder von einer Übersetzung in diese Sprache begleitet sind.

(2) Ist ein Schriftstück nach Artikel 54 des Haager Kinderschutzübereinkommens oder nach Artikel 24 Abs. 1 des Haager Kindesentführungsübereinkommens ausnahmsweise nicht von einer deutschen Übersetzung begleitet, so veranlasst die Zentrale Behörde die Übersetzung.

§ 5[3] Übersetzungen bei ausgehenden Ersuchen

(1) Beschafft die antragstellende Person erforderliche Übersetzungen für Anträge, die in einem anderen Staat zu erledigen sind, nicht selbst, veranlasst die Zentrale Behörde die Übersetzungen auf Kosten der antragstellenden Person.

(2) Das Amtsgericht befreit eine antragstellende natürliche Person, die ihren gewöhnlichen Aufenthalt oder bei Fehlen eines gewöhnlichen Aufenthalts im Inland ihren tatsächlichen Aufenthalt im Gerichtsbezirk hat, auf Antrag von der Erstattungspflicht nach Absatz 1, wenn sie die persönlichen und wirtschaftlichen Voraussetzungen für die Gewährung von Verfahrenskostenhilfe ohne einen eigenen Beitrag zu den Kosten nach den Vorschriften des Gesetzes über das Verfahren in Familiensachen und in Angelegenheiten der freiwilligen Gerichtsbarkeit erfüllt.

§ 6 Aufgabenerfüllung durch die Zentrale Behörde

(1) Zur Erfüllung der ihr obliegenden Aufgaben veranlasst die Zentrale Behörde mit Hilfe der zuständigen Stellen alle erforderlichen Maßnahmen. Sie verkehrt unmittelbar mit allen zuständigen Stellen im In- und Ausland. Mitteilungen leitet sie unverzüglich an die zuständigen Stellen weiter.

(2) Zum Zweck der Ausführung des Haager Kindesentführungsübereinkommens und des Europäischen Sorgerechtsübereinkommens leitet die Zentrale Behörde erforderlichenfalls gerichtliche Verfahren ein. Im Rahmen dieser Übereinkommen gilt sie zum Zweck der Rückgabe des Kindes als bevollmächtigt, im Namen der antragstellenden Person selbst oder im Weg der Untervollmacht durch Vertreter gerichtlich oder außergerichtlich tätig zu werden. Ihre Befugnis, zur Sicherung der Einhaltung der Übereinkommen im eigenen Namen entsprechend zu handeln, bleibt unberührt.

§ 7 Aufenthaltsermittlung

(1) Die Zentrale Behörde trifft alle erforderlichen Maßnahmen einschließlich der Einschaltung von Polizeivollzugsbehörden, um den Aufenthaltsort des Kindes zu

---

[2] § 4 Abs. 2 geänd. mWv 1.1.2011 durch G v. 25.6.2009 (BGBl. I S. 1594), vgl. Bek. v. 25.10.2010 (BGBl. I S. 1498).

[3] § 5 Abs. 2 geänd. mWv 1.9.2009 durch G v. 17.12.2008 (BGBl. I S. 2586); Abs. 2 neu gef. mWv 15.12.2010 durch G v. 8.12.2010 (BGBl. I S. 1864).

ermitteln, wenn dieser unbekannt ist und Anhaltspunkte dafür vorliegen, dass sich das Kind im Inland befindet.

(2) Soweit zur Ermittlung des Aufenthalts des Kindes erforderlich, darf die Zentrale Behörde bei dem Kraftfahrt-Bundesamt erforderliche Halterdaten nach § 33 Abs. 1 Satz 1 Nr. 2 des Straßenverkehrsgesetzes erheben und die Leistungsträger im Sinne der §§ 18 bis 29 des Ersten Buches Sozialgesetzbuch um Mitteilung des derzeitigen Aufenthalts einer Person ersuchen.

(3) Unter den Voraussetzungen des Absatzes 1 kann die Zentrale Behörde die Ausschreibung zur Aufenthaltsermittlung durch das Bundeskriminalamt veranlassen. Sie kann auch die Speicherung eines Suchvermerks im Zentralregister veranlassen.

(4) Soweit andere Stellen eingeschaltet werden, übermittelt sie ihnen die zur Durchführung der Maßnahmen erforderlichen personenbezogenen Daten; diese dürfen nur für den Zweck verwendet werden, für den sie übermittelt worden sind.

§ 8[4] Anrufung des Oberlandesgerichts

(1) Nimmt die Zentrale Behörde einen Antrag nicht an oder lehnt sie es ab, tätig zu werden, so kann die Entscheidung des Oberlandesgerichts beantragt werden.

(2) Zuständig ist das Oberlandesgericht, in dessen Bezirk die Zentrale Behörde ihren Sitz hat.

(3) Das Oberlandesgericht entscheidet im Verfahren der freiwilligen Gerichtsbarkeit. § 14 Abs. 1 und 2 sowie die Abschnitte 4 und 5 des Buches 1 des Gesetzes über das Verfahren in Familiensachen und in den Angelegenheiten der freiwilligen Gerichtsbarkeit gelten entsprechend.

§ 9[5] Mitwirkung des Jugendamts an Verfahren

(1) [1]Unbeschadet der Aufgaben des Jugendamts bei der grenzüberschreitenden Zusammenarbeit unterstützt das Jugendamt die Gerichte und die Zentrale Behörde bei allen Maßnahmen nach diesem Gesetz. [2]Insbesondere
1. gibt es auf Anfrage Auskunft über die soziale Lage des Kindes und seines Umfelds,
2. unterstützt es in jeder Lage eine gütliche Einigung,
3. leistet es in geeigneten Fällen Unterstützung bei der Durchführung des Verfahrens, auch bei der Sicherung des Aufenthalts des Kindes,
4. leistet es in geeigneten Fällen Unterstützung bei der Ausübung des Rechts zum persönlichen Umgang, der Heraus- oder Rückgabe des Kindes sowie der Vollstreckung gerichtlicher Entscheidungen.

(2) [1]Zuständig ist das Jugendamt, in dessen Bereich sich das Kind gewöhnlich aufhält. [2]Solange die Zentrale Behörde oder ein Gericht mit einem Herausgabe- oder Rückgabeantrag oder dessen Vollstreckung befasst ist, oder wenn das Kind keinen gewöhnlichen Aufenthalt im Inland hat, oder das zuständige Jugendamt nicht tätig wird, ist das Jugendamt zuständig, in dessen Bereich sich das Kind tatsächlich aufhält. [3]In den Fällen des Artikels 35 Absatz 2 Satz 1 des Haager Kinderschutzübereinkommens ist das Jugendamt örtlich zuständig, in dessen Bezirk der antragstellende Elternteil seinen gewöhnlichen Aufenthalt hat.

---

[4] § 8 Abs. 3 Satz 2 neu gef., Satz 3 aufgeh. mWv 1.9.2009 durch G v. 17.12.2008 (BGBl. I S. 2586).

[5] § 9 Abs. 2 Satz 3 angef. mWv 1.1.2011 durch G v. 25.6.2009 (BGBl. I S. 1594), vgl. Bek. v. 25.10.2010 (BGBl. I S. 1498).

(3) Das Gericht unterrichtet das zuständige Jugendamt über Entscheidungen nach diesem Gesetz auch dann, wenn das Jugendamt am Verfahren nicht beteiligt war.

Abschnitt 3 Gerichtliche Zuständigkeit und Zuständigkeitskonzentration

§ 10[1] Örtliche Zuständigkeit für die Anerkennung und Vollstreckung

Örtlich ausschließlich zuständig für Verfahren nach
- Artikel 21 Abs. 3 und Artikel 48 Abs. 1 der Verordnung (EG) Nr. 2201/2003 sowie für die Zwangsvollstreckung nach den Artikeln 41 und 42 der Verordnung (EG) Nr. 2201/2003,
- den Artikeln 24 und 26 des Haager Kinderschutzübereinkommens,
- dem Europäischen Sorgerechtsübereinkommen

ist das Familiengericht, in dessen Zuständigkeitsbereich zum Zeitpunkt der Antragstellung
1. die Person, gegen die sich der Antrag richtet, oder das Kind, auf das sich die Entscheidung bezieht, sich gewöhnlich aufhält oder
2. bei Fehlen einer Zuständigkeit nach Nummer 1 das Interesse an der Feststellung hervortritt oder das Bedürfnis der Fürsorge besteht,
3. sonst das im Bezirk des Kammergerichts zur Entscheidung berufene Gericht.

§ 11 Örtliche Zuständigkeit nach dem Haager Kindesentführungsübereinkommen

Örtlich zuständig für Verfahren nach dem Haager Kindesentführungsübereinkommen ist das Familiengericht, in dessen Zuständigkeitsbereich
1. sich das Kind beim Eingang des Antrags bei der Zentralen Behörde aufgehalten hat oder
2. bei Fehlen einer Zuständigkeit nach Nummer 1 das Bedürfnis der Fürsorge besteht.

§ 12 Zuständigkeitskonzentration

(1) In Verfahren über eine in den §§ 10 und 11 bezeichnete Sache sowie in Verfahren über die Vollstreckbarerklärung nach Artikel 28 der Verordnung (EG) Nr. 2201/2003 entscheidet das Familiengericht, in dessen Bezirk ein Oberlandesgericht seinen Sitz hat, für den Bezirk dieses Oberlandesgerichts.

(2) Im Bezirk des Kammergerichts entscheidet das Familiengericht Pankow/Weißensee.

(3) [1]Die Landesregierungen werden ermächtigt, diese Zuständigkeit durch Rechtsverordnung einem anderen Familiengericht des Oberlandesgerichtsbezirks oder, wenn in einem Land mehrere Oberlandesgerichte errichtet sind, einem Familiengericht für die Bezirke aller oder mehrerer Oberlandesgerichte zuzuweisen. [2]Sie können die Ermächtigung auf die Landesjustizverwaltungen übertragen.

---

[1] § 10 geänd. mWv 1.1.2011 durch G v. 25.6.2009 (BGBl. I S. 1594), vgl. Bek. v. 25.10.2010 (BGBl. I S. 1498).

§ 13² Zuständigkeitskonzentration für andere Familiensachen

(1) ¹Das Familiengericht, bei dem eine in den §§ 10 bis 12 bezeichnete Sache anhängig wird, ist von diesem Zeitpunkt an ungeachtet des § 137 Abs. 1 und 3 des Gesetzes über das Verfahren in Familiensachen und in den Angelegenheiten der freiwilligen Gerichtsbarkeit für alle dasselbe Kind betreffenden Familiensachen nach § 151 Nr. 1 bis 3 des Gesetzes über das Verfahren in Familiensachen und in den Angelegenheiten der freiwilligen Gerichtsbarkeit einschließlich der Verfügungen nach § 44 und den §§ 35 und 89 bis 94 des Gesetzes über das Verfahren in Familiensachen und in den Angelegenheiten der freiwilligen Gerichtsbarkeit zuständig. ²Die Zuständigkeit nach Satz 1 tritt nicht ein, wenn der Antrag offensichtlich unzulässig ist. ³Sie entfällt, sobald das angegangene Gericht auf Grund unanfechtbarer Entscheidung unzuständig ist; Verfahren, für die dieses Gericht hiernach seine Zuständigkeit verliert, sind nach näherer Maßgabe des § 281 Abs. 2 und 3 Satz 1 der Zivilprozessordnung von Amts wegen an das zuständige Gericht abzugeben.

(2) Bei dem Familiengericht, das in dem Oberlandesgerichtsbezirk, in dem sich das Kind gewöhnlich aufhält, für Anträge der in Absatz 1 Satz 1 genannten Art zuständig ist, kann auch eine andere Familiensache nach § 151 Nr. 1 bis 3 des Gesetzes über das Verfahren in Familiensachen und in den Angelegenheiten der freiwilligen Gerichtsbarkeit anhängig gemacht werden, wenn ein Elternteil seinen gewöhnlichen Aufenthalt in einem anderen Mitgliedstaat der Europäischen Union oder in einem anderen Vertragsstaat des Haager Kinderschutzübereinkommens, des Haager Kindesentführungsübereinkommens oder des Europäischen Sorgerechtsübereinkommens hat.

(3) ¹Im Falle des Absatzes 1 Satz 1 hat ein anderes Familiengericht, bei dem eine dasselbe Kind betreffende Familiensache nach § 151 Nr. 1 bis 3 des Gesetzes über das Verfahren in Familiensachen und in den Angelegenheiten der freiwilligen Gerichtsbarkeit im ersten Rechtszug anhängig ist oder anhängig wird, dieses Verfahren von Amts wegen an das nach Absatz 1 Satz 1 zuständige Gericht abzugeben. ²Auf übereinstimmenden Antrag beider Elternteile sind andere Familiensachen, an denen diese beteiligt sind, an das nach Absatz 1 oder Absatz 2 zuständige Gericht abzugeben. ³§ 281 Abs. 2 Satz 1 bis 3 und Abs. 3 Satz 1 der Zivilprozessordnung gilt entsprechend.

(4) ¹Das Familiengericht, das gemäß Absatz 1 oder Absatz 2 zuständig oder an das die Sache gemäß Absatz 3 abgegeben worden ist, kann diese aus wichtigen Gründen an das nach den allgemeinen Vorschriften zuständige Familiengericht abgeben oder zurückgeben, soweit dies nicht zu einer erheblichen Verzögerung des Verfahrens führt. ²Als wichtiger Grund ist es in der Regel anzusehen, wenn die besondere Sachkunde des erstgenannten Gerichts für das Verfahren nicht oder nicht mehr benötigt wird. ³§ 281 Abs. 2 und 3 Satz 1 der Zivilprozessordnung gilt entsprechend. ⁴Die Ablehnung einer Abgabe nach Satz 1 ist unanfechtbar.

(5) §§ 4 und 5 Abs. 1 Nr. 5, Abs. 2 und 3 des Gesetzes über das Verfahren in Familiensachen und in den Angelegenheiten der freiwilligen Gerichtsbarkeit bleibt unberührt.

---

² § 13 Abs. 1 Satz 1 neu gef., Abs. 2, 3 Satz 1 und Abs. 5 geänd. mWv 1.9.2009 durch G v. 17.12.2008 (BGBl. I S. 2586); Abs. 1 Satz 2 und Abs. 2 geänd. mWv 1.1.2011 durch G v. 25.6.2009 (BGBl. I S. 1594), vgl. Bek. v. 25.10.2010 (BGBl. I S. 1498).

§ 13a[3] Verfahren bei grenzüberschreitender Abgabe

(1) [1]Ersucht das Familiengericht das Gericht eines anderen Vertragsstaats nach Artikel 8 des Haager Kinderschutzübereinkommens um Übernahme der Zuständigkeit, so setzt es eine Frist, innerhalb derer das ausländische Gericht die Übernahme der Zuständigkeit mitteilen kann. [2]Setzt das Familiengericht das Verfahren nach Artikel 8 des Haager Kinderschutzübereinkommens aus, setzt es den Parteien eine Frist, innerhalb derer das ausländische Gericht anzurufen ist. [3]Ist die Frist nach Satz 1 abgelaufen, ohne dass das ausländische Gericht die Übernahme der Zuständigkeit mitgeteilt hat, so ist in der Regel davon auszugehen, dass das ersuchte Gericht die Übernahme der Zuständigkeit ablehnt. [4]Ist die Frist nach Satz 2 abgelaufen, ohne dass eine Partei das ausländische Gericht angerufen hat, bleibt es bei der Zuständigkeit des Familiengerichts. [5]Das Gericht des ersuchten Staates und die Parteien sind auf diese Rechtsfolgen hinzuweisen.

(2) Ersucht ein Gericht eines anderen Vertragsstaats das Familiengericht nach Artikel 8 des Haager Kinderschutzübereinkommens um Übernahme der Zuständigkeit oder ruft eine Partei das Familiengericht nach dieser Vorschrift an, so kann das Familiengericht die Zuständigkeit innerhalb von sechs Wochen übernehmen.

(3) Die Absätze 1 und 2 sind auf Anträge, Ersuchen und Entscheidungen nach Artikel 9 des Haager Kinderschutzübereinkommens entsprechend anzuwenden.

(4) [1]Der Beschluss des Familiengerichts,
1. das ausländische Gericht nach Absatz 1 Satz 1 oder nach Artikel 15 Absatz 1 Buchstabe b der Verordnung (EG) Nr. 2201/2003 um Übernahme der Zuständigkeit zu ersuchen,
2. das Verfahren nach Absatz 1 Satz 2 oder nach Artikel 15 Absatz 1 Buchstabe a der Verordnung (EG) Nr. 2201/2003 auszusetzen,
3. das zuständige ausländische Gericht nach Artikel 9 des Kinderschutzübereinkommens oder nach Artikel 15 Absatz 2 Buchstabe c der Verordnung (EG) Nr. 2201/2003 um Abgabe der Zuständigkeit zu ersuchen,
4. die Parteien einzuladen, bei dem zuständigen ausländischen Gericht nach Artikel 9 des Haager Kinderschutzübereinkommens die Abgabe der Zuständigkeit an das Familiengericht zu beantragen, oder
5. die Zuständigkeit auf Ersuchen eines ausländischen Gerichts oder auf Antrag der Parteien nach Artikel 9 des Haager Kinderschutzübereinkommens an das ausländische Gericht abzugeben,

ist mit der sofortigen Beschwerde in entsprechender Anwendung der §§ 567 bis 572 der Zivilprozessordnung anfechtbar. [2]Die Rechtsbeschwerde ist ausgeschlossen. [3]Die in Satz 1 genannten Beschlüsse werden erst mit ihrer Rechtskraft wirksam. [4]Hierauf ist in dem Beschluss hinzuweisen.

(5) Im Übrigen sind Beschlüsse nach den Artikeln 8 und 9 des Haager Kinderschutzübereinkommens und nach Artikel 15 der Verordnung (EG) Nr. 2201/2003 unanfechtbar.

(6) [1]Parteien im Sinne dieser Vorschrift sowie der Artikel 8 und 9 des Haager Kinderschutzübereinkommens und des Artikels 15 der Verordnung (EG) Nr. 2201/2003 sind die in § 7 Absatz 1 und 2 Nummer 1 des Gesetzes über das Verfahren in Familiensachen und in den Angelegenheiten der freiwilligen Gerichtsbarkeit genannten Beteiligten. [2]Die Vorschriften über die Hinzuziehung weiterer Beteiligter bleiben unberührt.

---

[3] § 13a eingef. mWv 1.1.2011 durch G v. 25.6.2009 (BGBl. I S. 1594), vgl. Bek. v. 25.10.2010 (BGBl. I S. 1498).

Abschnitt 4 Allgemeine gerichtliche Verfahrensvorschriften

§ 14[1] Familiengerichtliches Verfahren

Soweit nicht anders bestimmt, entscheidet das Familiengericht
1. über eine in den §§ 10 und 12 bezeichnete Ehesache nach den hierfür geltenden Vorschriften des Gesetzes über das Verfahren in Familiensachen und in den Angelegenheiten der freiwilligen Gerichtsbarkeit,
2. über die übrigen in den §§ 10, 11, 12 und 47 bezeichneten Angelegenheiten als Familiensachen im Verfahren der freiwilligen Gerichtsbarkeit.

§ 15[2] Einstweilige Anordnungen

Das Gericht kann auf Antrag oder von Amts wegen einstweilige Anordnungen treffen, um Gefahren von dem Kind abzuwenden oder eine Beeinträchtigung der Interessen der Beteiligten zu vermeiden, insbesondere um den Aufenthaltsort des Kindes während des Verfahrens zu sichern oder eine Vereitelung oder Erschwerung der Rückgabe zu verhindern; Abschnitt 4 des Buches 1 des Gesetzes über das Verfahren in Familiensachen und in den Angelegenheiten der freiwilligen Gerichtsbarkeit gilt entsprechend.

Abschnitt 5 Zulassung der Zwangsvollstreckung, Anerkennungsfeststellung und Wiederherstellung des Sorgeverhältnisses

Unterabschnitt 1 Zulassung der Zwangsvollstreckung im ersten Rechtszug

§ 16 Antragstellung

(1) Mit Ausnahme der in den Artikeln 41 und 42 der Verordnung (EG) Nr. 2201/2003 aufgeführten Titel wird der in einem anderen Staat vollstreckbare Titel dadurch zur Zwangsvollstreckung zugelassen, dass er auf Antrag mit der Vollstreckungsklausel versehen wird.

(2) Der Antrag auf Erteilung der Vollstreckungsklausel kann bei dem zuständigen Familiengericht schriftlich eingereicht oder mündlich zu Protokoll der Geschäftsstelle erklärt werden.

(3) Ist der Antrag entgegen § 184 des Gerichtsverfassungsgesetzes nicht in deutscher Sprache abgefasst, so kann das Gericht der antragstellenden Person aufgeben, eine Übersetzung des Antrags beizubringen, deren Richtigkeit von einer
1. in einem Mitgliedstaat der Europäischen Union oder
2. in einem anderen Vertragsstaat eines auszuführenden Übereinkommens hierzu befugten Person bestätigt worden ist.

---

[1] § 14 einl. Satzteil, Nr. 1 und 2 geänd. mWv 1.9.2009 durch G v. 17.12.2008 (BGBl. I S. 2586).
[2] § 15 geänd. mWv 1.9.2009 durch G v. 17.12.2008 (BGBl. I S. 2586).

§ 17[1] Zustellungsbevollmächtigter

(1) Hat die antragstellende Person in dem Antrag keinen Zustellungsbevollmächtigten im Sinne des § 184 Abs. 1 Satz 1 der Zivilprozessordnung benannt, so können bis zur nachträglichen Benennung alle Zustellungen an sie durch Aufgabe zur Post (§ 184 Abs. 1 Satz 2, Abs. 2 der Zivilprozessordnung) bewirkt werden.

(2) Absatz 1 gilt nicht, wenn die antragstellende Person einen Verfahrensbevollmächtigten für das Verfahren bestellt hat, an den im Inland zugestellt werden kann.

§ 18[2] Einseitiges Verfahren

(1) [1]Im Anwendungsbereich der Verordnung (EG) Nr. 2201/2003 und des Haager Kinderschutzübereinkommens erhält im erstinstanzlichen Verfahren auf Zulassung der Zwangsvollstreckung nur die antragstellende Person Gelegenheit, sich zu äußern. [2]Die Entscheidung ergeht ohne mündliche Verhandlung. [3]Jedoch kann eine mündliche Erörterung mit der antragstellenden oder einer von ihr bevollmächtigten Person stattfinden, wenn diese hiermit einverstanden ist und die Erörterung der Beschleunigung dient.

(2) Abweichend von § 114 Absatz 1 des Gesetzes über das Verfahren in Familiensachen und in den Angelegenheiten der freiwilligen Gerichtsbarkeit ist in Ehesachen im ersten Rechtszug eine anwaltliche Vertretung nicht erforderlich.

§ 19 Besondere Regelungen zum Europäischen Sorgerechtsübereinkommen

Die Vollstreckbarerklärung eines Titels aus einem anderen Vertragsstaat des Europäischen Sorgerechtsübereinkommens ist auch in den Fällen der Artikel 8 und 9 des Übereinkommens ausgeschlossen, wenn die Voraussetzungen des Artikels 10 Abs. 1 Buchstabe a oder b des Übereinkommens vorliegen, insbesondere wenn die Wirkungen des Titels mit den Grundrechten des Kindes oder eines Sorgeberechtigten unvereinbar wären.

§ 20[3] Entscheidung

(1) [1]Ist die Zwangsvollstreckung aus dem Titel zuzulassen, so beschließt das Gericht, dass der Titel mit der Vollstreckungsklausel zu versehen ist. [2]In dem Beschluss ist die zu vollstreckende Verpflichtung in deutscher Sprache wiederzugeben. [3]Zur Begründung des Beschlusses genügt in der Regel die Bezugnahme auf die Verordnung (EG) Nr. 2201/2003 oder den auszuführenden Anerkennungs- und Vollstreckungsvertrag sowie auf die von der antragstellenden Person vorgelegten Urkunden.

(2) Auf die Kosten des Verfahrens ist § 81 des Gesetzes über das Verfahren in Familiensachen und in den Angelegenheiten der freiwilligen Gerichtsbarkeit entsprechend anzuwenden; in Ehesachen gilt § 788 der Zivilprozessordnung entsprechend.

---

[1] § 17 Abs. 2 geänd. mWv 1.6.2007 durch G v. 26.3.2007 (BGBl. I S. 358); Abs. 2 neu gef. mWv 1.7.2007 durch G v. 17.4.2007 (BGBl. I S. 529), Inkrafttreten des ÄndG gem. Art. 4 ÄndG iVm der Bek. v. 12.6.2007 (BGBl. I S. 1058).

[2] § 18 Abs. 2 geänd. mWv 1.9.2009 durch G v. 17.12.2008 (BGBl. I S. 2586); Abs. 1 Satz 1 geänd. mWv 1.1.2011 durch G v. 25.6.2009 (BGBl. I S. 1594), vgl. Bek. v. 25.10.2010 (BGBl. I S. 1498); Abs. 2 geänd. mWv 18.6.2011 durch G v. 23.5.2011 (BGBl. I S. 898).

[3] § 20 Abs. 2 geänd. mWv 1.9.2009 durch G v. 17.12.2008 (BGBl. I S. 2586).

(3) ¹Ist der Antrag nicht zulässig oder nicht begründet, so lehnt ihn das Gericht durch mit Gründen versehenen Beschluss ab. ²Für die Kosten gilt Absatz 2; in Ehesachen sind die Kosten dem Antragsteller aufzuerlegen.

§ 21 Bekanntmachung der Entscheidung

(1) ¹Im Falle des § 20 Abs. 1 sind der verpflichteten Person eine beglaubigte Abschrift des Beschlusses, eine beglaubigte Abschrift des noch nicht mit der Vollstreckungsklausel versehenen Titels und gegebenenfalls seiner Übersetzung sowie der gemäß § 20 Abs. 1 Satz 3 in Bezug genommenen Urkunden von Amts wegen zuzustellen. ²Ein Beschluss nach § 20 Abs. 3 ist der verpflichteten Person formlos mitzuteilen.

(2) ¹Der antragstellenden Person sind eine beglaubigte Abschrift des Beschlusses nach § 20, im Falle des § 20 Abs. 1 ferner eine Bescheinigung über die bewirkte Zustellung zu übersenden. ²Die mit der Vollstreckungsklausel versehene Ausfertigung des Titels ist der antragstellenden Person erst dann zu übersenden, wenn der Beschluss nach § 20 Abs. 1 wirksam geworden und die Vollstreckungsklausel erteilt ist.

(3) In einem Verfahren, das die Vollstreckbarerklärung einer die elterliche Verantwortung betreffenden Entscheidung zum Gegenstand hat, sind Zustellungen auch an den gesetzlichen Vertreter des Kindes, an den Vertreter des Kindes im Verfahren, an das Kind selbst, soweit es das 14. Lebensjahr vollendet hat, an einen Elternteil, der nicht am Verfahren beteiligt war, sowie an das Jugendamt zu bewirken.

(4) Handelt es sich bei der für vollstreckbar erklärten Maßnahme um eine Unterbringung, so ist der Beschluss auch dem Leiter der Einrichtung oder der Pflegefamilie bekannt zu machen, in der das Kind untergebracht werden soll.

§ 22 Wirksamwerden der Entscheidung

¹Der Beschluss nach § 20 wird erst mit seiner Rechtskraft wirksam. ²Hierauf ist in dem Beschluss hinzuweisen.

§ 23 Vollstreckungsklausel

(1) Auf Grund eines wirksamen Beschlusses nach § 20 Abs. 1 erteilt der Urkundsbeamte der Geschäftsstelle die Vollstreckungsklausel in folgender Form: „Vollstreckungsklausel nach § 23 des Internationalen Familienrechtsverfahrensgesetzes vom 26. Januar 2005 (BGBl. I S. 162). Gemäß dem Beschluss des … (Bezeichnung des Gerichts und des Beschlusses) ist die Zwangsvollstreckung aus … (Bezeichnung des Titels) zugunsten … (Bezeichnung des berechtigten Person) gegen … (Bezeichnung der verpflichteten Person) zulässig.
Die zu vollstreckende Verpflichtung lautet:
… (Angabe der aus dem ausländischen Titel der verpflichteten Person obliegenden Verpflichtung in deutscher Sprache; aus dem Beschluss nach § 20 Abs. 1 zu übernehmen)."

(2) Wird die Zwangsvollstreckung nur für einen oder mehrere der durch den ausländischen Titel zuerkannten oder in einem anderen ausländischen Titel niedergelegten Ansprüche oder nur für einen Teil des Gegenstands der Verpflichtung zugelassen, so ist die Vollstreckungsklausel als „Teil-Vollstreckungsklausel nach § 23 des Internationalen Familienrechtsverfahrensgesetzes vom 26. Januar 2005 (BGBl. I S. 162)" zu bezeichnen.

(3) ¹Die Vollstreckungsklausel ist von dem Urkundsbeamten der Geschäftsstelle zu unterschreiben und mit dem Gerichtssiegel zu versehen. ²Sie ist entweder auf die Ausfertigung des Titels oder auf ein damit zu verbindendes Blatt zu setzen. ³Falls eine Übersetzung des Titels vorliegt, ist sie mit der Ausfertigung zu verbinden.

Unterabschnitt 2 Beschwerde

§ 24 Einlegung der Beschwerde; Beschwerdefrist

(1) ¹Gegen die im ersten Rechtszug ergangene Entscheidung findet die Beschwerde zum Oberlandesgericht statt. ²Die Beschwerde wird bei dem Oberlandesgericht durch Einreichen einer Beschwerdeschrift oder durch Erklärung zu Protokoll der Geschäftsstelle eingelegt.

(2) Die Zulässigkeit der Beschwerde wird nicht dadurch berührt, dass sie statt bei dem Oberlandesgericht bei dem Gericht des ersten Rechtszugs eingelegt wird; die Beschwerde ist unverzüglich von Amts wegen an das Oberlandesgericht abzugeben.

(3) Die Beschwerde gegen die Zulassung der Zwangsvollstreckung ist einzulegen
1. innerhalb eines Monats nach Zustellung, wenn die beschwerdeberechtigte Person ihren gewöhnlichen Aufenthalt im Inland hat;
2. innerhalb von zwei Monaten nach Zustellung, wenn die beschwerdeberechtigte Person ihren gewöhnlichen Aufenthalt im Ausland hat. Die Frist beginnt mit dem Tag, an dem die Vollstreckbarerklärung der beschwerdeberechtigten Person entweder persönlich oder in ihrer Wohnung zugestellt worden ist. Eine Verlängerung dieser Frist wegen weiter Entfernung ist ausgeschlossen.

(4) Die Beschwerdefrist ist eine Notfrist.

(5) Die Beschwerde ist dem Beschwerdegegner von Amts wegen zuzustellen.

§ 25 Einwendungen gegen den zu vollstreckenden Anspruch

Die verpflichtete Person kann mit der Beschwerde gegen die Zulassung der Zwangsvollstreckung aus einem Titel über die Erstattung von Verfahrenskosten auch Einwendungen gegen den Anspruch selbst insoweit geltend machen, als die Gründe, auf denen sie beruhen, erst nach Erlass des Titels entstanden sind.

§ 26 Verfahren und Entscheidung über die Beschwerde

(1) Der Senat des Oberlandesgerichts entscheidet durch Beschluss, der mit Gründen zu versehen ist und ohne mündliche Verhandlung ergehen kann.

(2) ¹Solange eine mündliche Verhandlung nicht angeordnet ist, können zu Protokoll der Geschäftsstelle Anträge gestellt und Erklärungen abgegeben werden. ²Wird in einer Ehesache die mündliche Verhandlung angeordnet, so gilt für die Ladung § 215 der Zivilprozessordnung.

(3) Eine vollständige Ausfertigung des Beschlusses ist den Beteiligten auch dann von Amts wegen zuzustellen, wenn der Beschluss verkündet worden ist.

(4) § 20 Abs. 1 Satz 2, Abs. 2 und 3, § 21 Abs. 1, 2 und 4 sowie § 23 gelten entsprechend.

§ 27 Anordnung der sofortigen Wirksamkeit

(1) [1]Der Beschluss des Oberlandesgerichts nach § 26 wird erst mit seiner Rechtskraft wirksam. [2]Hierauf ist in dem Beschluss hinzuweisen.

(2) Das Oberlandesgericht kann in Verbindung mit der Entscheidung über die Beschwerde die sofortige Wirksamkeit eines Beschlusses anordnen.

Unterabschnitt 3 Rechtsbeschwerde

§ 28 Statthaftigkeit der Rechtsbeschwerde

Gegen den Beschluss des Oberlandesgerichts findet die Rechtsbeschwerde zum Bundesgerichtshof nach Maßgabe des § 574 Abs. 1 Nr. 1, Abs. 2 der Zivilprozessordnung statt.

§ 29 Einlegung und Begründung der Rechtsbeschwerde

[1]§ 575 Abs. 1 bis 4 der Zivilprozessordnung ist entsprechend anzuwenden. [2]Soweit die Rechtsbeschwerde darauf gestützt wird, dass das Oberlandesgericht von einer Entscheidung des Gerichtshofs der Europäischen Gemeinschaften abgewichen sei, muss die Entscheidung, von der der angefochtene Beschluss abweicht, bezeichnet werden.

§ 30 Verfahren und Entscheidung über die Rechtsbeschwerde

(1) [1]Der Bundesgerichtshof kann nur überprüfen, ob der Beschluss auf einer Verletzung des Rechts der Europäischen Gemeinschaft, eines Anerkennungs- und Vollstreckungsvertrags, sonstigen Bundesrechts oder einer anderen Vorschrift beruht, deren Geltungsbereich sich über den Bezirk eines Oberlandesgerichts hinaus erstreckt. [2]Er darf nicht prüfen, ob das Gericht seine örtliche Zuständigkeit zu Unrecht angenommen hat.

(2) [1]Der Bundesgerichtshof kann über die Rechtsbeschwerde ohne mündliche Verhandlung entscheiden. [2]§ 574 Abs. 4, § 576 Abs. 3 und § 577 der Zivilprozessordnung sind entsprechend anzuwenden; in Angelegenheiten der freiwilligen Gerichtsbarkeit bleiben § 574 Abs. 4 und § 577 Abs. 2 Satz 1 bis 3 der Zivilprozessordnung sowie die Verweisung auf § 556 in § 576 Abs. 3 der Zivilprozessordnung außer Betracht.

(3) § 20 Abs. 1 Satz 2, Abs. 2 und 3, § 21 Abs. 1, 2 und 4 sowie § 23 gelten entsprechend.

§ 31 Anordnung der sofortigen Wirksamkeit

Der Bundesgerichtshof kann auf Antrag der verpflichteten Person eine Anordnung nach § 27 Abs. 2 aufheben oder auf Antrag der berechtigten Person erstmals eine Anordnung nach § 27 Abs. 2 treffen.

Unterabschnitt 4 Feststellung der Anerkennung

§ 32[1] Anerkennungsfeststellung

[1]Auf das Verfahren über einen gesonderten Feststellungsantrag nach Artikel 21 Absatz 3 der Verordnung (EG) Nr. 2201/2003, nach Artikel 24 des Haager Kinderschutzübereinkommens oder nach dem Europäischen Sorgerechtsübereinkommen, einen Titel aus einem anderen Staat anzuerkennen oder nicht anzuerkennen, sind die Unterabschnitte 1 bis 3 entsprechend anzuwenden. [2]§ 18 Absatz 1 Satz 1 ist nicht anzuwenden, wenn die antragstellende Person die Feststellung begehrt, dass ein Titel aus einem anderen Staat nicht anzuerkennen ist. [3]§ 18 Absatz 1 Satz 3 ist in diesem Falle mit der Maßgabe anzuwenden, dass die mündliche Erörterung auch mit weiteren Beteiligten stattfinden kann.

Unterabschnitt 5 Wiederherstellung des Sorgeverhältnisses

§ 33[1] Anordnung auf Herausgabe des Kindes

(1) Umfasst ein vollstreckungsfähiger Titel im Anwendungsbereich der Verordnung (EG) Nr. 2201/2003, des Haager Kinderschutzübereinkommens oder des Europäischen Sorgerechtsübereinkommens nach dem Recht des Staates, in dem er geschaffen wurde, das Recht auf Herausgabe des Kindes, so kann das Familiengericht die Herausgabeanordnung in der Vollstreckungsklausel oder in einer nach § 44 getroffenen Anordnung klarstellend aufnehmen.

(2) Liegt im Anwendungsbereich des Europäischen Sorgerechtsübereinkommens ein vollstreckungsfähiger Titel auf Herausgabe des Kindes nicht vor, so stellt das Gericht nach § 32 fest, dass die Sorgerechtsentscheidung oder die von der zuständigen Behörde genehmigte Sorgerechtsvereinbarung aus dem anderen Vertragsstaat anzuerkennen ist, und ordnet zur Wiederherstellung des Sorgeverhältnisses auf Antrag an, dass die verpflichtete Person das Kind herauszugeben hat.

Unterabschnitt 6 Aufhebung oder Änderung von Beschlüssen

§ 34 Verfahren auf Aufhebung oder Änderung

(1) [1]Wird der Titel in dem Staat, in dem er errichtet worden ist, aufgehoben oder abgeändert und kann die verpflichtete Person diese Tatsache in dem Verfahren der Zulassung der Zwangsvollstreckung nicht mehr geltend machen, so kann sie die Aufhebung oder Änderung der Zulassung in einem besonderen Verfahren beantragen. [2]Das Gleiche gilt für den Fall der Aufhebung oder Änderung von Entscheidungen, Vereinbarungen oder öffentlichen Urkunden, deren Anerkennung festgestellt ist.

---

[1] § 32 neu gef. mWv 1.1.2011 durch G v. 25.6.2009 (BGBl. I S. 1594), vgl. Bek. v. 25.10.2010 (BGBl. I S. 1498).
[1] § 33 Abs. 1 eingef., bish. Wortlaut wird Abs. 2 mWv 1.1.2011 durch G v. 25.6.2009 (BGBl. I S. 1594), vgl. Bek. v. 25.10.2010 (BGBl. I S. 1498).

(2) Für die Entscheidung über den Antrag ist das Familiengericht ausschließlich zuständig, das im ersten Rechtszug über den Antrag auf Erteilung der Vollstreckungsklausel oder auf Feststellung der Anerkennung entschieden hat.

(3) [1]Der Antrag kann bei dem Gericht schriftlich oder durch Erklärung zu Protokoll der Geschäftsstelle gestellt werden. [2]Die Entscheidung ergeht durch Beschluss.

(4) Auf die Beschwerde finden die Unterabschnitte 2 und 3 entsprechend Anwendung.

(5) [1]Im Falle eines Titels über die Erstattung von Verfahrenskosten sind für die Einstellung der Zwangsvollstreckung und die Aufhebung bereits getroffener Vollstreckungsmaßregeln die §§ 769 und 770 der Zivilprozessordnung entsprechend anzuwenden. [2]Die Aufhebung einer Vollstreckungsmaßregel ist auch ohne Sicherheitsleistung zulässig.

§ 35 Schadensersatz wegen ungerechtfertigter Vollstreckung

(1) [1]Wird die Zulassung der Zwangsvollstreckung aus einem Titel über die Erstattung von Verfahrenskosten auf die Rechtsbeschwerde aufgehoben oder abgeändert, so ist die berechtigte Person zum Ersatz des Schadens verpflichtet, der der verpflichteten Person durch die Vollstreckung des Titels oder durch eine Leistung zur Abwendung der Vollstreckung entstanden ist. [2]Das Gleiche gilt, wenn die Zulassung der Zwangsvollstreckung nach § 34 aufgehoben oder abgeändert wird, sofern der zur Zwangsvollstreckung zugelassene Titel zum Zeitpunkt der Zulassung nach dem Recht des Staates, in dem er ergangen ist, noch mit einem ordentlichen Rechtsbehelf angefochten werden konnte.

(2) Für die Geltendmachung des Anspruchs ist das Gericht ausschließlich zuständig, das im ersten Rechtszug über den Antrag, den Titel mit der Vollstreckungsklausel zu versehen, entschieden hat.

Unterabschnitt 7 Vollstreckungsgegenklage

§ 36 Vollstreckungsgegenklage bei Titeln über Verfahrenskosten

(1) Ist die Zwangsvollstreckung aus einem Titel über die Erstattung von Verfahrenskosten zugelassen, so kann die verpflichtete Person Einwendungen gegen den Anspruch selbst in einem Verfahren nach § 767 der Zivilprozessordnung nur geltend machen, wenn die Gründe, auf denen ihre Einwendungen beruhen, erst

1. nach Ablauf der Frist, innerhalb deren sie die Beschwerde hätte einlegen können, oder

2. falls die Beschwerde eingelegt worden ist, nach Beendigung dieses Verfahrens entstanden sind.

(2) Die Klage nach § 767 der Zivilprozessordnung ist bei dem Gericht zu erheben, das über den Antrag auf Erteilung der Vollstreckungsklausel entschieden hat.

Abschnitt 6 Verfahren nach dem Haager Kindesentführungsübereinkommen

§ 37 Anwendbarkeit

Kommt im Einzelfall die Rückgabe des Kindes nach dem Haager Kindesentführungsübereinkommen und dem Europäischen Sorgerechtsübereinkommen in

Betracht, so sind zunächst die Bestimmungen des Haager Kindesentführungsübereinkommens anzuwenden, sofern die antragstellende Person nicht ausdrücklich die Anwendung des Europäischen Sorgerechtsübereinkommen begehrt.

§ 38 Beschleunigtes Verfahren

(1) ¹Das Gericht hat das Verfahren auf Rückgabe eines Kindes in allen Rechtszügen vorrangig zu behandeln. ²Mit Ausnahme von Artikel 12 Abs. 3 des Haager Kindesentführungsübereinkommens findet eine Aussetzung des Verfahrens nicht statt. ³Das Gericht hat alle erforderlichen Maßnahmen zur Beschleunigung des Verfahrens zu treffen, insbesondere auch damit die Entscheidung in der Hauptsache binnen der in Artikel 11 Abs. 3 der Verordnung (EG) Nr. 2201/2003 genannten Frist ergehen kann.

(2) Das Gericht prüft in jeder Lage des Verfahrens, ob das Recht zum persönlichen Umgang mit dem Kind gewährleistet werden kann.

(3) Die Beteiligten haben an der Aufklärung des Sachverhalts mitzuwirken, wie es einem auf Förderung und Beschleunigung des Verfahrens bedachten Vorgehen entspricht.

§ 39 Übermittlung von Entscheidungen

Wird eine inländische Entscheidung nach Artikel 11 Abs. 6 der Verordnung (EG) Nr. 2201/2003 unmittelbar dem zuständigen Gericht oder der Zentralen Behörde im Ausland übermittelt, ist der Zentralen Behörde zur Erfüllung ihrer Aufgaben nach Artikel 7 des Haager Kindesentführungsübereinkommens eine Abschrift zu übersenden.

§ 40¹ Wirksamkeit der Entscheidung; Rechtsmittel

(1) Eine Entscheidung, die zur Rückgabe des Kindes in einen anderen Vertragsstaat verpflichtet, wird erst mit deren Rechtskraft wirksam.

(2) ¹Gegen eine im ersten Rechtszug ergangene Entscheidung findet die Beschwerde zum Oberlandesgericht nach Unterabschnitt 1 des Abschnitts 5 des Buches 1 des Gesetzes über das Verfahren in Familiensachen und in den Angelegenheiten der freiwilligen Gerichtsbarkeit statt; § 65 Abs. 2, § 68 Abs. 4 sowie § 69 Abs. 1 Satz 2 bis 4 jenes Gesetzes sind nicht anzuwenden. ²Die Beschwerde ist innerhalb von zwei Wochen einzulegen und zu begründen. ³Die Beschwerde gegen eine Entscheidung, die zur Rückgabe des Kindes verpflichtet, steht nur dem Antragsgegner, dem Kind, soweit es das 14. Lebensjahr vollendet hat, und dem beteiligten Jugendamt zu. ⁴Eine Rechtsbeschwerde findet nicht statt.

(3) ¹Das Beschwerdegericht hat nach Eingang der Beschwerdeschrift unverzüglich zu prüfen, ob die sofortige Wirksamkeit der angefochtenen Entscheidung über die Rückgabe des Kindes anzuordnen ist. ²Die sofortige Wirksamkeit soll angeordnet werden, wenn die Beschwerde offensichtlich unbegründet ist oder die Rückgabe des Kindes vor der Entscheidung über die Beschwerde unter Berücksichtigung der berechtigten Interessen der Beteiligten mit dem Wohl des Kindes zu vereinbaren ist. ³Die Entscheidung über die sofortige Wirksamkeit kann während des Beschwerdeverfahrens abgeändert werden.

---

¹ § 40 Abs. 2 neu gef., Abs. 3 Sätze 1–3 geänd. mWv 1.9.2009 durch G v. 17.12.2008 (BGBl. I S. 2586); Abs. 2 Satz 1 2. Halbs. geänd. mWv 15.12.2010 durch G v. 8.12.2010 (BGBl. I S. 1864).

§ 41 Bescheinigung über Widerrechtlichkeit

[1]Über einen Antrag, die Widerrechtlichkeit des Verbringens oder des Zurückhaltens eines Kindes nach Artikel 15 Satz 1 des Haager Kindesentführungsübereinkommens festzustellen, entscheidet das Familiengericht,
1. bei dem die Sorgerechtsangelegenheit oder Ehesache im ersten Rechtszug anhängig ist oder war, sonst
2. in dessen Bezirk das Kind seinen letzten gewöhnlichen Aufenthalt im Geltungsbereich dieses Gesetzes hatte, hilfsweise
3. in dessen Bezirk das Bedürfnis der Fürsorge auftritt.
[2]Die Entscheidung ist zu begründen.

§ 42 Einreichung von Anträgen bei dem Amtsgericht

(1) [1]Ein Antrag, der in einem anderen Vertragsstaat zu erledigen ist, kann auch bei dem Amtsgericht als Justizverwaltungsbehörde eingereicht werden, in dessen Bezirk die antragstellende Person ihren gewöhnlichen Aufenthalt oder, mangels eines solchen im Geltungsbereich dieses Gesetzes, ihren tatsächlichen Aufenthalt hat. [2]Das Gericht übermittelt den Antrag nach Prüfung der förmlichen Voraussetzungen unverzüglich der Zentralen Behörde, die ihn an den anderen Vertragsstaat weiterleitet.

(2) Für die Tätigkeit des Amtsgerichts und der Zentralen Behörde bei der Entgegennahme und Weiterleitung von Anträgen werden mit Ausnahme der Fälle nach § 5 Abs. 1 Kosten nicht erhoben.

§ 43[2] Verfahrenskosten- und Beratungshilfe

Abweichend von Artikel 26 Abs. 2 des Haager Kindesentführungsübereinkommens findet eine Befreiung von gerichtlichen und außergerichtlichen Kosten bei Verfahren nach diesem Übereinkommen nur nach Maßgabe der Vorschriften über die Beratungshilfe und Verfahrenskostenhilfe statt.

Abschnitt 7 Vollstreckung

§ 44[1] Ordnungsmittel; Vollstreckung von Amts wegen

(1) [1]Bei Zuwiderhandlung gegen einen im Inland zu vollstreckenden Titel nach Kapitel III der Verordnung (EG) Nr. 2201/2003, nach dem Haager Kinderschutzübereinkommen, dem Haager Kindesentführungsübereinkommen oder dem Europäischen Sorgerechtsübereinkommen, der auf Herausgabe von Personen oder die Regelung des Umgangs gerichtet ist, soll das Gericht Ordnungsgeld und für den Fall, dass dieses nicht beigetrieben werden kann, Ordnungshaft anordnen. [2]Verspricht die Anordnung eines Ordnungsgeldes keinen Erfolg, soll das Gericht Ordnungshaft anordnen.

---

[2] § 43 Überschr. und Wortlaut geänd. mWv 1.9.2009 durch G v. 17.12.2008 (BGBl. I S. 2586).

[1] § 44 neu gef. mWv 1.9.2009 durch G v. 17.12.2008 (BGBl. I S. 2586); Abs. 1 Satz 1 geänd. mWv 1.1.2011 durch G v. 25.6.2009 (BGBl. I S. 1594), vgl. Bek. v. 25.10.2010 (BGBl. I S. 1498); Abs. 2 eingef., bish. Abs. 2 wird Abs. 3 mWv 1.9.2009 durch G v. 30.7.2009 (BGBl. I S. 2474).

(2) Für die Vollstreckung eines in Absatz 1 genannten Titels ist das Oberlandesgericht zuständig, sofern es die Anordnung für vollstreckbar erklärt, erlassen oder bestätigt hat.

(3) [1]Ist ein Kind heraus- oder zurückzugeben, so hat das Gericht die Vollstreckung von Amts wegen durchzuführen, es sei denn, die Anordnung ist auf Herausgabe des Kindes zum Zweck des Umgangs gerichtet. [2]Auf Antrag der berechtigten Person soll das Gericht hiervon absehen.

Abschnitt 8 Grenzüberschreitende Unterbringung

§ 45[1] Zuständigkeit für die Zustimmung zu einer Unterbringung

[1]Zuständig für die Erteilung der Zustimmung zu einer Unterbringung eines Kindes nach Artikel 56 der Verordnung (EG) Nr. 2201/2003 oder nach Artikel 33 des Haager Kinderschutzübereinkommens im Inland ist der überörtliche Träger der öffentlichen Jugendhilfe, in dessen Bereich das Kind nach dem Vorschlag der ersuchenden Stelle untergebracht werden soll, andernfalls der überörtliche Träger, zu dessen Bereich die Zentrale Behörde den engsten Bezug festgestellt hat. [2]Hilfsweise ist das Land Berlin zuständig.

§ 46 Konsultationsverfahren

(1) Dem Ersuchen soll in der Regel zugestimmt werden, wenn
1. die Durchführung der beabsichtigten Unterbringung im Inland dem Wohl des Kindes entspricht, insbesondere weil es eine besondere Bindung an Inland hat,
2. die ausländische Stelle einen Bericht und, soweit erforderlich, ärztliche Zeugnisse oder Gutachten vorgelegt hat, aus denen sich die Gründe der beabsichtigten Unterbringung ergeben,
3. das Kind im ausländischen Verfahren angehört wurde, sofern eine Anhörung nicht auf Grund des Alters oder des Reifegrades des Kindes unangebracht erschien,
4. die Zustimmung der geeigneten Einrichtung oder Pflegefamilie vorliegt und der Vermittlung des Kindes dorthin keine Gründe entgegenstehen,
5. eine erforderliche ausländerrechtliche Genehmigung erteilt oder zugesagt wurde,
6. die Übernahme der Kosten geregelt ist.

(2) Im Falle einer Unterbringung, die mit Freiheitsentziehung verbunden ist, ist das Ersuchen ungeachtet der Voraussetzungen des Absatzes 1 abzulehnen, wenn
1. im ersuchenden Staat über die Unterbringung kein Gericht entscheidet oder
2. bei Zugrundelegung des mitgeteilten Sachverhalts nach innerstaatlichem Recht eine Unterbringung, die mit Freiheitsentziehung verbunden ist, nicht zulässig wäre.

(3) Die ausländische Stelle kann um ergänzende Informationen ersucht werden.

(4) Wird um die Unterbringung eines ausländischen Kindes ersucht, ist die Stellungnahme der Ausländerbehörde einzuholen.

(5) [1]Die zu begründende Entscheidung ist auch der Zentralen Behörde und der Einrichtung oder der Pflegefamilie, in der das Kind untergebracht werden soll, mitzuteilen. [2]Sie ist unanfechtbar.

---

[1] § 45 Satz 1 geänd. mWv 1.1.2011 durch G v. 25.6.2009 (BGBl. I S. 1594); vgl. Bek. v. 25.10.2010 (BGBl. I S. 1498).

§ 47 Genehmigung des Familiengerichts

(1) [1]Die Zustimmung des überörtlichen Trägers der öffentlichen Jugendhilfe nach den §§ 45 und 46 ist nur mit Genehmigung des Familiengerichts zulässig. [2]Das Gericht soll die Genehmigung in der Regel erteilen, wenn
1. die in § 46 Abs. 1 Nr. 1 bis 3 bezeichneten Voraussetzungen vorliegen und
2. kein Hindernis für die Anerkennung der beabsichtigten Unterbringung erkennbar ist.

[3]§ 46 Abs. 2 und 3 gilt entsprechend.

(2) [1]Örtlich zuständig ist das Familiengericht am Sitz des Oberlandesgerichts, in dessen Zuständigkeitsbereich das Kind untergebracht werden soll, für den Bezirk dieses Oberlandesgerichts. [2]§ 12 Abs. 2 und 3 gilt entsprechend.

(3) Der zu begründende Beschluss ist unanfechtbar.

Abschnitt 9 Bescheinigungen zu inländischen Entscheidungen nach der Verordnung (EG) Nr. 2201/2003

§ 48 Ausstellung von Bescheinigungen

(1) Die Bescheinigung nach Artikel 39 der Verordnung (EG) Nr. 2201/2003 wird von dem Urkundsbeamten der Geschäftsstelle des Gerichts des ersten Rechtszugs und, wenn das Verfahren bei einem höheren Gericht anhängig ist, von dem Urkundsbeamten der Geschäftsstelle dieses Gerichts ausgestellt.

(2) Die Bescheinigung nach den Artikeln 41 und 42 der Verordnung (EG) Nr. 2201/2003 wird beim Gericht des ersten Rechtszugs von dem Familienrichter, in Verfahren vor dem Oberlandesgericht oder dem Bundesgerichtshof von dem Vorsitzenden des Senats für Familiensachen ausgestellt.

§ 49 Berichtigung von Bescheinigungen

Für die Berichtigung der Bescheinigung nach Artikel 43 Abs. 1 der Verordnung (EG) Nr. 2201/2003 gilt § 319 der Zivilprozessordnung entsprechend.

Abschnitt 10 Kosten

§§ 50–53[1] *(aufgehoben)*

§ 54 Übersetzungen

Die Höhe der Vergütung für die von der Zentralen Behörde veranlassten Übersetzungen richtet sich nach dem Justizvergütungs- und -entschädigungsgesetz.

Abschnitt 11 Übergangsvorschriften

§ 55 Übergangsvorschriften zu der Verordnung (EG) Nr. 2201/2003

Dieses Gesetz findet sinngemäß auch auf Verfahren nach der Verordnung (EG) Nr. 1347/2000 des Rates vom 29. Mai 2000 über die Zuständigkeit und die Anerken-

---

[1] §§ 50–53 aufgeh. mWv 1.9.2009 durch G v. 17.12.2008 (BGBl. I S. 2586).

nung und Vollstreckung von Entscheidungen in Ehesachen und in Verfahren betreffend die elterliche Verantwortung für die gemeinsamen Kinder der Ehegatten (ABl. EG Nr. L 160 S. 19) mit folgender Maßgabe Anwendung:

Ist ein Beschluss nach § 21 an die verpflichtete Person in einem weder der Europäischen Union noch dem Übereinkommen vom 16. September 1988 über die gerichtliche Zuständigkeit und die Vollstreckung gerichtlicher Entscheidungen in Zivil- und Handelssachen (BGBl. 1994 II S. 2658) angehörenden Staat zuzustellen und hat das Familiengericht eine Beschwerdefrist nach § 10 Abs. 2 und § 50 Abs. 2 Satz 4 und 5 des Anerkennungs- und Vollstreckungsausführungsgesetzes bestimmt, so ist die Beschwerde der verpflichteten Person gegen die Zulassung der Zwangsvollstreckung innerhalb der vom Gericht bestimmten Frist einzulegen.

§ 56 Übergangsvorschriften zum Sorgerechtsübereinkommens-Ausführungsgesetz

[1]Für Verfahren nach dem Haager Kindesentführungsübereinkommen und dem Europäischen Sorgerechtsübereinkommen, die vor Inkrafttreten dieses Gesetzes eingeleitet wurden, finden die Vorschriften des Sorgerechtsübereinkommens-Ausführungsgesetzes vom 5. April 1990 (BGBl. I S. 701), zuletzt geändert durch Artikel 2 Abs. 6 des Gesetzes vom 19. Februar 2001 (BGBl. I S. 288, 436), weiter Anwendung. [2]Für die Zwangsvollstreckung sind jedoch die Vorschriften dieses Gesetzes anzuwenden. [3]Hat ein Gericht die Zwangsvollstreckung bereits eingeleitet, so bleibt seine funktionelle Zuständigkeit unberührt.

Sachregister

Sachregister

Sachregister

Sachregister

Sachregister